THE TRAGEDY OF GREAT POWER POLITICS

大國政治的悲劇

約翰・米爾斯海默
JOHN MEARSHEIMER

王義桅、唐小松——譯

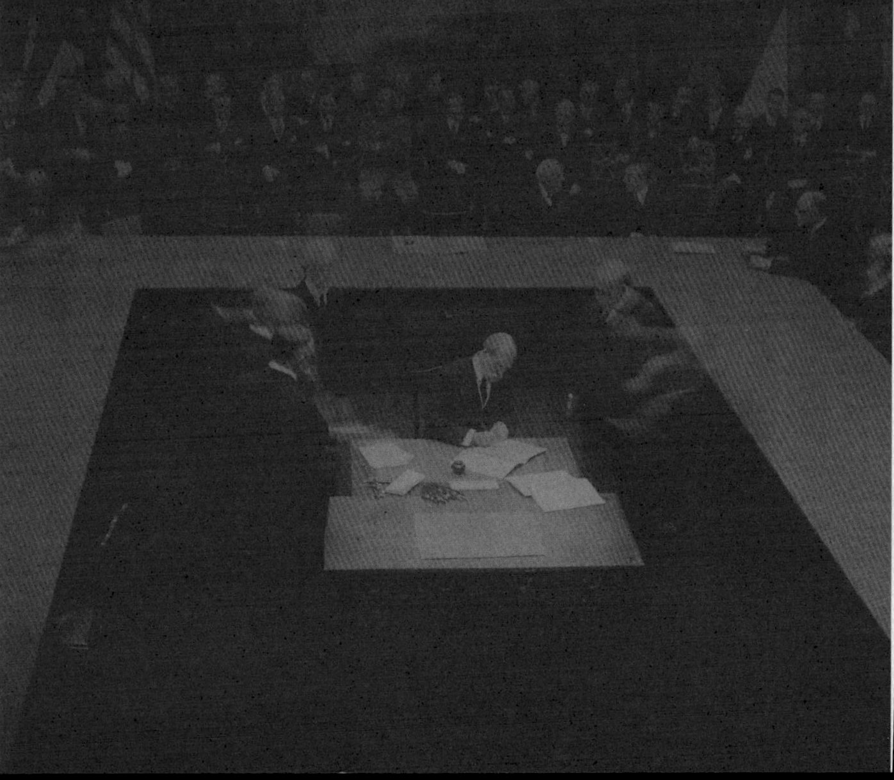

目錄

推薦序（一）

二十一世紀國際政治的先知

鄭端耀
政大國關中心美歐所研究員

每次閱讀米爾斯海默教授的文章，都會讓人思緒澎湃、熱血沸騰。他總是如此的坦率、辛辣和不留餘地，總是要把人逼到角落，至毫無閃避的空間，以及總是語帶狡黠的提示，他的攻勢現實主義理論的正確性。

數十年來，米爾斯海默教授始終如一，忠於自己主張，不曾妥協和改變。當冷戰結束大部分學者揚棄現實主義，轉向其它理論風向時，他毅然決然的站出來強力捍衛現實主義。在二十一世紀初世界還沉浸在美國霸權穩定的氛圍時，他卻提出強權衝突無可避免，也就是他攻勢現實主義的主張。以及到今日世界還在猜測中國崛起和未來美中關係發展時，他已言之鑿鑿認定只要中國持續壯大，美中必然走向衝突。

米氏在二〇一三年底曾受邀參加中華民國國際關係學會年會，這是他第一次到台灣來訪問，在大會演講中，他直言表示，中國崛起就是台灣夢魘，幾乎全是負面後果，只要中國持續壯大，台灣必然成為中國一部分。勿庸置疑，他的發言讓在座感到吃驚，他的坦率留給與會者深刻印象。

實際上，攻勢現實主義並不難理解，簡單來說，就是現實主義加上權力不斷擴張。世人對現實主義都不陌生，畢竟該理論自摩根索（Hans J. Morgenthau）提出至今已超過半個世紀之久，而且現實主義所標示的國際政治權力鬥爭與人類歷史經驗相共存。然而，權力鬥爭是個模糊概念，它將會如何運作發展，以及產生何種的影響和結局？在這方面，米氏藉由結構現實主義的理論架構，特別是國家意圖難以預知的關鍵問題，將國際權力鬥爭具體化，並推到極大化地步，成為現今眾所周知的攻勢現實主義。

攻勢現實主義最大貢獻在於巧於掌握國家意圖難測的要害，也就是說，無論是怎麼樣的安排——賄賂、收買、承諾、協議、恫嚇或威脅——都沒法確知和確認國家意圖，因此在國際叢林環境下，國家為了求取生存發展，最好的發展策略就是壯大實力和擴張權力，一方面成就自己成為區域霸權（沒有國家有能力成為世界霸權），另一方面阻止它國成為另一個區域霸權。在此情況下，國際強權注定相互猜疑、害怕和不斷權力鬥爭，這是國際政治悲劇，但也是無可避免的發展。

顯然的，攻勢現實主義立論簡明而有力，邏輯清晰且連貫，並配合人類歷史發展的經驗，呈現強大說服力。米氏對此引以為傲，經常至四處演講和參加辯論。但是，另一方面，該理論對國際權力鬥爭所做赤裸裸的描述，卻讓人感到觸目驚心和寢食難安，也讓人對國際政治不敢有太多的想像和期待。

當然，不是所有人都同意米氏的主張，不論在美國和近來中國大陸皆有許多不同觀點和批判。

在美國國關學界中，攻勢現實主義只被視為現實主義理論中的一支，不能代表現實主義，其它現實主義的理論如守勢現實主義和新古典現實主義皆各有不同主張。此外，有些認為攻勢現實主義過於簡化或甚至忽略國際關係的發展和變遷。國際關係已進入全球化階段，大量相互往來和跨界分工，而且國際社會變得更加複雜化和連環牽動，已不是簡化的強權爭霸可以說理。

還有，中國大陸反對聲浪可想而知。過去十餘年來，北京官方推出一系列「和平崛起」、「和平發展」、「和諧世界」、和近來「新型大國關係」的說法，其目的就是要化解中國威脅和避免大國衝突，而米氏卻不斷表示「中國無法和平崛起」、「美中衝突無法避免」。此種公然唱衰的中國威脅論，自然引起中方不滿，也提出許多反駁觀點，其中包括中國一向秉持儒家文化精神，追求「王道」而非「霸道」；中國安全戰略遵循「守勢」而非「攻勢」；以及中國崛起可以增進周邊國家共同利益，和創造更多發展機會。有關這方面的主張和反駁意見，在本書新版的最後一章，有精彩的說明和回應。

總的來說，米爾斯海默才華洋溢、熱力四散，所到之處，總能引發腦力激盪；攻勢現實主義是米氏代表之作，也是當今最具攻擊性的國際關係理論。本書提供了米氏對攻勢現實主義的最佳詮釋，以及當代強權政治關係的深入分析，不論是否同意他的觀點，閱讀此書都會給您帶來無比震撼的國際關係知識饗宴。

推薦序（二）

理性的總和？恐懼的總和？

臺灣大學政治學系教授

「美國人不喜歡權力政治，所以公開的場合總是用自由主義與道德談論外交政策。但一關上門，菁英們必然滿口權力語言。在國際體系中，美國按現實主義邏輯辦事……許多人時常批評美國言行不一，例如卡爾（按：E. H. Carl，一般認為是國際政治學與現代現實主義學派的創始者之一）便認為英語民族都有這種偽善偏好……

（實際上，）現實主義政策有時的確與自由主義的要求一致。這時，現實主義政策自然可用道德規範裝飾。例如二戰反法西斯與冷戰反共，其實都是奉行現實主義，但又剛好與自由主義理念一致，所以可以把政策當作意識型態推銷給大眾。但權力與利益也可能與自由理念衝突，這時就需要政治化妝師（spin doctor）出來講個與理念相匹配的荒誕故事。…例如二戰時美國要與蘇聯抗德，史達林也可以被說成『約瑟夫大叔』（Uncle Joseph）。」

《大國政治的悲劇》英文版，第二十六至二十七頁。

米爾斯海默的《大國政治的悲劇》（以下簡稱《悲劇》）無疑已是二十世紀與二十一世紀國際政治學最重要的專著之一。無論該書各項預言是否應驗，它勢將影響深遠。

許多臺灣讀者直到今年（二〇一四）米爾斯海默在著名的智庫網站「國家利益」（*The National Interest*）發表了〈向臺灣說再見？〉（*Say Goodbye to Taiwan*，全文中譯收於本書附錄）專文才注意到他。而後或出於安慰、或出於沉著、或者無奈，台美許多學者與政策研究者紛紛說米氏不過又發「書生之見」。此文上網之時，筆者正在華府。至少有兩個智庫的學者在會議中主動問道「讀了〈向臺灣說再見？〉麼？」或許是尊重客人，對方很快就異口同聲地說：「又是書生之見，美國的政策沒有改變。」但筆者聞之，實在是揣揣不安。於是在後面的會議，主動把〈向臺灣說哈囉〉（**Say Hello to Taiwan**）塞入講稿。但這樣勉強的應付，對於一個曾仔細拜讀《悲劇》的學生來講，實在是於心有愧。

《悲劇》的英文版首刊於二〇〇一年，簡體中文版很快就在二〇〇三年由上海人民出版社發行。作為結構現實主義（structural realism）理論的信徒，米氏其實早在冷戰剛結束的一九九〇年就為文斷言「我們很快會懷念冷戰！」（*"We will soon miss the Cold War"*，發表於《大西洋月刊》）。在當時與後來至少十年，自由主義學派或歷史終結論者多半認為，這不過就是現實主義者愧對蘇聯瓦解所做的狡辯。等到九一一事件後，《悲劇》和另一本「不祥之書」——杭廷頓的《文明衝突與世界秩序的重建》（一九九六年發行）才一起受到重視。與杭廷頓從「理念」預言伊斯蘭文明與基督教文明的衝突不同，米氏堅守結構現實主義的本體論（即物質主義的結構論）立場，預言崛起的中國與現狀霸主美國勢必難以共處。他也因此屢屢為文反對美國出兵阿富汗、伊拉克，認為這些行動與美國國家利益嚴重衝突，讓中國有可乘「機遇」。

筆者記得中國大陸學界幾乎是立刻注意到《悲劇》一書。出於宣導「和平崛起」，北京的公開言論不免駁斥一番。但「一關上門」，《悲劇》與其他幾本中譯的西方理論大作（例如美國學者溫特闡述建構主義的《國際政治的社會理論》）立刻成為大陸國關學界當紅的讀本，米氏也數次受邀到多個中國名校舉行講座。像是銅人陣，要提倡「和平崛起」與「和諧世界」，米氏重兵正把守著中國不可迴避的一關。相形之下，《悲劇》的正體中文版與臺灣讀者實在是相見恨晚。不過既然中譯本已久經考驗，米氏又增補了原文最後一章，特別是二〇一四年台北與北京又走到了一個歷史新叉口；激情之餘，重讀《悲劇》一書又正當其時。

簡明、坦率、理性；冷酷、矛盾、激情是《悲劇》這本重量級著作的六項特點。

在國際政治學中，「簡明」向來是許多理論家推崇的重要原則。《悲劇》的第一章就符合這項原則，把結構現實主義宗師沃爾茲（Kenneth N. Waltz）用一本書講的道理以更直白簡練的方式說出。*「理性」據說是所有現實主義理論家奉為圭臬的倫理原則，因為唯有如此，「國家」才能在「無政府狀態」（anarchy）下追求「國家利益」。而且米氏「冷酷」地直指「恐懼」（fears）才是國家在無政府國際體系中唯一永久共享的情感。換句話說，有「恐懼」的情感才是「理性」的；擁抱

*〈向臺灣說再見？〉一文又極致簡明，想走「捷徑」練功的讀者可以先讀。

「信任」（或者相互依存、信心建立、集體安全、國際法、國際組織與制度或者建構主義者的「康德式國際社會」）而忘了害怕，那才真是「非理性」的愚蠢。「非理性」的話語當然可用來呼弄民眾，如同前面說到的「政治化妝師」。「一關上門」進入研究室或戰情室，就應該「理性」地堅守「坦率」的美德。《悲劇》的讀者們正可以從米氏用結構現實主義重構現代外交史的許多細節中，學習「理性、簡明、坦率」三種美德。

坦率得近乎冷酷，使得《悲劇》具有歷史上一切「決定論」的缺點：如果物質「結構」已經簡明而理性地把握了大國宿命的攻勢，理論家又何必勸說呢？《悲劇》奉行結構現實主義，並把「恐懼」邏輯推至極致以使理論更「簡明」，則不僅「小國」只能「彼此互道再見」，勢必追逐「區域霸權」的大國們也只有走上「悲劇」這條死路，這無疑是米氏論述矛盾與弔詭之處。

所幸《悲劇》引進了「地緣政治」補充古典意義下的體系「結構」（有時也稱為「權力分佈」），使得美國這個世界地緣大棋盤上唯一獨居兩洋之中的「離岸平衡手」（offshore balancer）比只能相互殘殺的陸權大國們更加理性。這個主張看似冷酷，其實不啻是唯物主義版的美國例外論或「天賦使命論」（the manifest destiny）：(1)歐亞大陸必無休止地相互攻伐；(2)海權美國卸責德法、德俄、中俄、日中、中印、英歐、俄日在歐亞大陸及其邊緣相互制衡；(3)其他「小國」則視情況「請坐」或「再見」。讀了這種國際政治史，體察《悲劇》用「結構」而非什麼「民主和平論」之類的道德價值去證明美國必將保衛全球均勢，美國與一切大小國家的讀者能沒有一點激情？筆者認為，以「冷酷」的話語剋制理論必然蘊含的矛盾和歷史必然帶有的偶然，正是米氏論述精彩、激情之所在，也是本書展現「人性」之所在。

《悲劇》問世十餘年來，國際政治學自由主義、建構主義、馬克思主義與解構論、後實證論針對它的批判、反思不計其數。正所謂譽之所至，謗亦隨之。筆者無意另行列舉對《悲劇》的批評，因為尋找理論的缺口應該是讀者自己去玩味的事。筆者自己的一點體會是，「理性的總和」與「恐懼的總和」是《悲劇》這個銅板的一體兩面。至於是不是「臺灣很快會懷念冷戰？」又可以是另一個故事。

張登及

甲午年七月於臺灣大學徐州路法學院院區

推薦序（三）

米爾斯海默的思想及其應用

張國城
台北醫學大學通識教育中心教授
台灣智庫諮詢委員

國際關係理論是將國家看待世界的方式予以系統化、概念化的方式。了解西方國際關係史的人都清楚，它是一部分析、預測和反駁的學問。利用理論用以分析現狀、預測未來，有助於我們了解國際關係的本質；從反駁理論的過程中，解析預測和現實之間的差距，察覺理論的假設及結論之所以成立或未成立的原因，則是解讀國際關係發展動力的主要方法。

冷戰結束後，國際關係理論家對於世界將何去何從，以及大國之間的互動之本質和狀況作出了不同的預測，並且產生了多次的交鋒和辯論。新自由主義者對現實主義者發起了猛烈的攻擊，認為現實主義者的主張已經不再適合後冷戰時期的國際社會，軍事衝突和權力爭奪在國家領導人決策時的重要性將被更廣泛的跨國議題所取代，此外，各國的相互依存、擴大的區域整合將帶來較持久的和平；現實主義者則認為後冷戰時代的世界本質與冷戰時期並沒有多大的區別，相對的由於缺乏超強國家的約制，多極體系比兩極體系更加危險。

持此看法的代表性人物就是美國芝加哥大學教授，「攻勢現實主義」的發明人——約翰．米爾斯海默博士。在攻勢現實主義中，可以看見霍布斯的思想遺產，以及摩根索（H. Morgenthau）和沃爾茲兩位大師思想的結合。

就筆者受教於米爾斯海默教授時和他的無數討論，似可將攻勢現實主義的目的總結為：

(1)闡述後冷戰時期的國際關係，仍是為強權（大國）之間爭奪權力的互動所主導；

(2)解釋一些國際關係的歷史問題，主要是近代以來歐洲大國的關係及十九世紀以來美國和日本的關係，在新版中還加入了對中國這個崛起霸權的分析和討論；

(3)對於未來大國之間的關係進行預測。

什麼是攻勢現實主義？

攻勢現實主義強調大國在國際政治中扮演的角色，特別強調大國會不斷尋求機會採取攻勢攫取權力。但是甚麼是權力？米爾斯海默教授認為，權力就是一國所具有的實力，包括潛在權力和軍事權力，潛在權力就是一國用來建立軍事權力的社會資源，最重要的社會資源是財富和人口。此外，大國必然深切關心權力分配，並在可見的未來競逐更多的權力；雖然冷戰已經結束，但是在世界的各個區域裡，仍然存在競逐權力的情況。實際上，攻勢現實主義認為有明顯的證據證明自一九九〇年以來，權力政治並未在亞洲消失。

攻勢現實主義認為因為國際社會中沒有中央政府提供保護，同時許多國家都尋求軍事力量以發動攻勢，在對於別人意圖不確定的情況下，懷疑和恐懼充斥於國際互動中。也因此國家必須自助（self-help），也就是說，無政府狀態的國際體系為國家創造了有力的動機去獲得權力；大國習於對其他國家採取攻勢，而非合作，因為這是在無政府狀態的國際社會中保障自己安全的最佳方式。

同時，一些大國會想成為「修正主義者」（revisionist），就是想要改變「現狀」（status quo）。大國的終極目標就是成為區域霸權。

攻勢現實主義認為，不平衡的國際體系還未達到權力平衡，因此發生戰爭的可能性遠高於平衡的兩極體系或平衡的多極體系。體系內的大國必須獲取足夠的軍事力量以對付其他同類的國家。即使他們沒有辦法打敗對方，也必須採取方法削弱對方。為了變成最強的國家，國家將盡可能強化軍力，軍備競賽也就隨之而起。

在這種體系中，非大國的小國在此一國際體系中，也會受到大國間「抗衡」（balance）或「推卸責任」（buck-passing）政策的影響（Mearshiemer, 1994，267-333），且在大國間的戰爭中很難置身事外。因此，筆者認為強化軍力以求自保的作法也適用於小國。因為小國的實力雖不足以完全和大國抗衡，但本身若有實力仍非常重要；首先，若大國發動侵略，小國本身若有一定的軍事實力，仍可爭取時間等待其他大國介入；其次，大國也未必能以全部實力獅子搏兔，仍需保留一定實力警戒、制衡和對抗其他大國；第三，小國仍可用本身軍事實力配合大國的平衡政策做為結盟的籌碼。

攻勢現實主義與中國

攻勢現實主義適用於中國嗎？首先，我們可以看見中國就土地面積、人口和經濟總量（財富）來看，無疑是個大國。同時也會不斷尋求機會採取攻勢攫取權力（Goldstein, 1997; Layne, 1993）。這種權力包括經濟、軍事和外交。同時中國也高度關切東亞各國權力的分配，事實上和拉丁美洲與西歐相比，這一區域的權力基本上處於較為變動的狀況。Friedberg（1993）認為以十九世紀末的歐洲能更好的理解二十世紀末的亞洲，因為傳統的強權正在一個多極狀況下進行經濟和戰略的對抗。各國對權力分配的關心更是不在話下。

其次，東北亞是標準的「無政府狀態」，所有這一區域沒有一個中央的權威。區域內國家必須自行和其他國家建立關係，沒有一個更高的實體來規範，目前也沒有動力來創造類似歐洲的新安全關係（Duffield, 2003: 260）。以現狀來看，雖然美國和日本與韓國有軍事同盟，東京和首爾並不需要在同一架構下跟從美國。美韓同盟和美日同盟是不同的，因為兩國不在相同的基礎和狀態下和美國建立各自的安全關係。日本在二次大戰戰敗，美國在日本的駐軍是建立在占領軍的基礎上，在《美日安保條約》裡，美國單方面對日本的防衛負責（Katzenstein & Okawara, 2004: 98）。而美國駐軍南韓是一九五〇年聯合國任務的延續，當時聯合國負起了防衛南韓免於北韓進攻的責任。今天兩國分別和美國進行軍事合作，美日、美韓雖然有軍事同盟，美國並未扮演區域秩序最高仲裁者的角色。譬如美國就不對東北亞海上領土和經濟海域的主權爭端表達支持特定方的主權主張。因此，東北亞各國除了台灣和北韓外都積極擴充海軍力量，這正是自助（self-help）的表現。

第三，中國和日本都有成為「修正主義者」的傾向。中國從二〇〇八年之後使台灣接受一中原則，逐步推動並落實兩岸的統合進而統一，在釣魚台和南海採取更強硬的姿態，固然有國內政治權力鬥爭的考量，但很容易被定義為修正主義者。

中國是否會成為區域霸權？目前中國的官方立場仍然堅持中國在國際上「不稱霸」的立場。但是東北亞和東南亞的國家都知道，未來區域內國際關係的模式將視中國這個鄰國強大或衰弱而定（Segal, 1990）。這可能會使各國更加受中國的態度所影響，而能影響他國正是霸權的象徵。攻勢現實主義者認為國家基本上是具侵略性的，領土的擴張通常會被具敵意的實力所阻。大部分東亞的戰略衝突都和領土主權有關；台灣問題、釣魚台、獨島都是最好的例子。這些爭端都是零和遊戲。米爾斯海默認為零和遊戲有時可能導向戰爭。

至於發生戰爭的可能性如何？目前雖然各國仍然保持相當的克制，但是大國努力獲取足夠的軍事力量以對付其他同類的國家是非常明顯的趨勢。每年中國大筆增加國防預算是眾所周知的。米爾斯海默認為若中國維持經濟高速成長，它會變成潛在的霸權，因為具有龐大的人口，可以建立一支龐大的陸軍，也遠比周邊國家富有；若中國變為潛在的霸權，那麼很可能逐步成為真正的霸權，也更可能招致周邊國家和美國的圍堵（Mearshimer, 2001: 400）。而在國際關係的歷史上，大國更可能發動戰爭也不是攻勢現實主義者獨特的想法（Wright, 1965: 221-23）。而中國歷來是非常喜歡動用武力的國家（Palmer & Morgan, 2006: 87）。在身為大國並成為霸權之後，這種傾向可能更加強烈。

總的來看，這一區域的特色包括：權力平衡逐步轉變；國內與國家間政治力量分配不均；政治與文化仍存在異質性；安全機制缺乏功能性；以及包含後殖民民族主義與天然資源因素的領土衝突（Christensen, 1999: 49），這正是攻勢現實主義可以發揮解釋力的場域。

攻勢現實主義與「棄台論」

米氏在最近知名文章〈向台灣說再見？〉（Say Goodbye to Taiwan）中說道：「透過和中國進行貿易並促使她成為世界經濟成長的引擎，台灣成全了一個懷有修正主義式目標的巨人，而這個巨人要終結台灣的獨立，使之成為巨人的一部分。總而言之，對台灣而言，一個強大的中國不僅僅只是一個問題，而是一場噩夢。」引起各界對於攻勢現實主義的質疑：是否大國政治之下，台灣就注定要被棄？

對此，筆者認為米教授是語重心長；因為攻勢現實主義向來不認為美國該採取綏靖主義，也因此保台或棄台都不會是因為要和中國改善關係的緣故。真正會導致台灣被棄的原因，恐怕是在於台灣自身的因素。

首先，是缺乏對環境的覺知能力；依據攻勢現實主義，潛在強權基本會招來他國的攻擊，至少是制衡其成為霸權以避免變更現狀。所以和強權結盟的國家必須有對抗另一個霸權的準備。台灣長期以來的政策，不僅是支持了中國的經濟發展，現在透過一系列兩岸協議的簽訂，更積極走上了很有可能與中國結盟的態勢，這可能會被解讀為在「變更現狀」。

目前兩岸關係雖略有和緩，但中方從未放棄以武力進犯台灣，除軍事預算持續上升外，對台軍事準備也沒有任何放鬆。但台方的作為卻是和中方益形親密，並在若干安全議題上採取和北京較為貼近或主張邏輯類似的作法。剛好北京在外交、軍事與經濟的影響力又日增，區域權力平衡已有鬆動跡象。若台灣不能展現自我防衛的決心及投資，勢將影響其他大國支持的意願。若更進一步被定位為中國的附庸，依據攻勢現實主義，這樣的政權更難吸引大國出手，得到大國的幫助。未來在區域外大國遏制中國的過程中，一旦發生衝突，台灣甚至將可能遭大國壓制，當局將更難保障台灣的利益。

其次，台灣有必要認真理解攻勢現實主義中大國行為的邏輯。要鞏固台美關係或與任一大國的關係，必須讓美國人相信台美關係是美國的國家利益，支援台灣不僅有利台灣，更有利於美國；但台灣目前似未能具體描繪台美關係是如何能為美國的國家利益服務，而且這種服務所產生的好處難以為其他的關係所取代。無論藍綠，常見的言論似乎仍存有部分冷戰思維，一方面暗示美國在「中國崛起」的亞太大環境下，台灣是美國制衡中國霸權的重要棋子，但本身卻又對中寄望甚殷；更別說台灣當局在對外關係上的「一面倒」以及中國對台的「讓利」可能已經讓美產生思維上的質變，因為從韓國和歐盟、美國與澳洲簽訂自由貿易協定（簡稱FTA）的漫長談判過程，對照台灣在美牛談判中的態度，很難讓人相信中台能快速簽訂各類協議會沒有檯面下的政治交易。因此恐怕不是台灣該擔心美國是否會堅守「六項保證」，反倒是美國該擔心台灣是否能堅持站在「民主陣營」。未來「和平協議」的倡議，更可能被解讀為準備擺脫對美國安全依賴的訊號。且中方爭取台灣實質結盟的可能性也隨著兩岸關係的進展和台對中的依賴日亟，而漸露端倪。

因此在攻勢現實主義之下，未來在台北擔心華府的「棄台論」以前，華府恐怕更擔心台北的「棄美論」。

攻勢現實主義的其他貢獻

在筆者於芝加哥大學就讀時，有幸容米爾斯海默教授收於門下；也因此在論文撰寫過程中，透過無數次的晤談，得以對他「攻勢現實主義」的思維形成過程和目的有更多了解。首先，攻勢現實主義對國家間的暴力和安全競爭做出了有力的解釋。其次，攻勢現實主義提出的「修正主義者」擴大了新現實主義的理論基礎。新現實主義有時候不免有重視均勢，因而流於「現狀偏好」，因此可能忽略了修正主義者的重要性。事實上在目前的東亞，中國和台灣都是積極的修正主義者，都意圖變更現狀。

第三，攻勢現實主義重視地理因素。實際上國際政治上的「大國」之所以大，除了土地人口經濟大以外，重點還在於影響力要大；這就和其所處的地理位置有絕對關係。因為大國要影響他國行為，一是靠軍事，這自然受地理位置的絕對影響。因為要以軍事力量加諸他國都必須克服地理因素；如果地理位置不佳，譬如出海口受限，或距離其利益所在區域或挑戰渠利益的國家太遠時，其影響力就會受限，或是需要付出額外籌碼爭取海外基地以伸展其意志。二是靠外交，但二次大戰後國際組織林立，至少在形式上國際組織內的會員都是平等的，大國以外交手段壓迫小國的作法已經越來越需要技巧。所以地理距離對大國的影響力有重要的作用。

攻勢現實主義對於平衡的兩極體系和不平衡的多極體系的重視和分析，有助於分析國際關係中「影響國家行為」的動力。一般認為兩極體系比不平衡的多極體系較為安定，但一般被認為屬於「平衡的兩極體系」的冷戰時期，只是兩大超強沒有直接的軍事對抗，但是代理戰爭仍不斷發生，越戰就是歷史上最具毀滅性的戰爭之一；冷戰結束後進入不平衡的多極體系，但從事戰爭的仍然是大國而非原先被認為針鋒相對的多極，這些都可用攻勢現實主義來解釋——因為攻勢現實主義對於「聯盟如何形成」有相當大的貢獻。國家究竟是在怎樣的動機下形成同盟？一直是國際關係研究的重要課題。傳統上受威脅的國家可能採取的方式是和威脅自己的國家結盟，或聯合其他受威脅的國家結盟。但攻勢現實主義是主張「維持均勢」和「推卸責任」才是大國和他國結盟的理由。

不過，筆者也對攻勢現實主義中對戰爭的討論有一些其他看法。在冷戰時期，僅是大國之間未直接發生戰爭。但大國直接實施或介入代理的戰爭如韓戰、越戰、阿富汗戰爭、中越戰爭、以阿戰爭、兩伊戰爭和印巴戰爭中戰鬥進行之慘烈、投射的火力與武器毀滅性之強大，並不下於二次大戰中德蘇戰場之外的多數戰役。同時中等強權的區域戰爭數量之多也非常驚人——如法國一九四六到一九五四年出兵越南，一九五四到一九六二年出兵阿爾及利亞、英國一九四八年出兵巴勒斯坦、一九五二年出兵肯亞（這場戰爭持續七年）、一九五五年出兵賽普勒斯、一九五五年撤出伊拉克、一九六一年出兵科威特、一九六四年出兵亞丁、一九六五年出兵婆羅洲；其他區域強國如南非常年和安哥拉和古巴作戰；查德和摩洛哥的衝突從一九六〇持續到一九八〇年；越南出兵柬埔寨等等，因此，所謂「冷戰兩極體系較為穩定和平」此一經典論述和觀念，似乎仍有可討論空間。反倒是冷戰結束之後，區域衝突實際上還是減少，上述的長年交戰國家多半都已解甲歸田。

無論如何，攻勢現實主義的光芒在國際關係研究領域是難以掩藏的。如果要深入理解國際關係，筆者以為，對這一理論的詳加理解，進而對於戰爭和武力的運用，包括「戰略是如何形成的」、「軍隊是如何運作的」、「戰爭是如何進行的」及「科技是如何運用的」等四大課題延伸研究，或可更加了解國際關係和國際政治的全貌。

參考書目

Downs, Erica Strecker, and Phillip C. Saunders. 1998. "Legitimacy and the Limits of Nationalism: China and the Diaoyu Islands." *International Security*, Vol. 23, No. 3, pp. 114-46.

Duffield, John.S. 2003. "Asia Pacific Security Institutions." in G. John Ikenberry, and Mastanduno, eds. *International Relations Theory and the Asia-Pacific*, pp. 243-70. New York: Columbia University Press.

Friedberg, Aaron L. 1993. "Ripe for Rivalry: Prospects for Peace in Multipolar Asia." *International Security*, Vol. 18, No. 3, pp. 5-33.

Goldstein, Avery. 1997. "Great Expectations: Interpreting China's Arrival." *International Security*, Vol. 22, No. 3, pp. 36-73.

Katzenstein, Peter J., and Nobuo Okawara. 2004. "Japan and Asian-Pacific Security," in J. J. Suh, Peter J. Katzenstein, and Allen Carlson, eds. *Rethinking Security in East Asia: Identity, Power, and Efficiency*, pp. 97-130. Stanford: Stanford University Press.

Kissinger, Henry A. 1994. *Diplomacy*. New York: Simon & Schuster.

Layne, Christopher. 1993. "The Unipolar Illusion: Why New Great Powers Will Rise." *International Security*, Vol. 17, No. 1, pp. 5-51.

Lentner, H. Howard. 1973. *Foreign Policy Analysis: A Comparative and Conceptual Approach*. Columbus, Ohio: Charles E. Merrill Publishing Co.

Mearsheimer, John. 1994. "The False Promise of International Institutions." *International Security*, Vol. 19, No. 3, pp. 5-49.

Mearsheimer, John. 2001. *The Tragedy of Great Power Politics*. New York: W. W. Norton & Co.

Naval History and Heritage. n.d. "Battle of the Coral Sea, 7-8 May 1942: Overview and Special Image Selection." (http://www.history.navy.mil/ photos/events/wwii-pac/coralsea/coralsea.htm) (2013/5/1)

Palmer, Glenn, and T. Clifton Morgan. 2006. *A Theory of Foreign Policy*. Princeton: Princeton University Press.

Segal, Gereld. 1990. *Rethinking the Pacific*. Oxford: Clarendon Press.

Wright, Quincy. 1965. *A Study of War*. Chicago: University of Chicago Press.

二〇一四年新版前言

一九九一年底蘇聯解體時，筆者便開始寫作本書，一寫便寫了十年。十年間很多美國人包括美國學者對國際政治的未來都十分樂觀。因為既然冷戰確實已經結束，未來便似乎不會再有大國戰爭，權力平衡一類概念也就完全可以進博物館了。今後世界各國必將互敬互愛，互幫互助。而我等現實主義者失去了棲息地，必將為時代淘汰，步上恐龍的後塵。

但筆者不服，便寫書來打破天下太平的迷夢。依筆者所見，世界仍然危機四伏，現實主義也仍然是認識世界的有力工具。本書大部是筆者原創的國際政治理論，雖然同是現實主義，但與漢斯．摩根索和肯尼士．沃爾茲的理論都大不相同。創制理論還要以理服人，所以書中也用不少篇幅解釋攻勢現實主義為什麼適用於二十一世紀的世界。

本書二〇〇一年一經面世，並未大受歡迎，因為二十一世紀頭幾年眾人仍然往往認為未來世界必定河清海晏，歌舞昇平。但二〇〇四年伊拉克戰爭擴大，美國在伊拉克和阿富汗兩線作戰，進退維谷。社會大眾又逐漸醒悟，發現反恐戰爭結束其實遙遙無期。上世紀九十年代彌漫全社會的喜悅便煙消雲散，人們開始既思考國際政治的慘澹現實，更思考美國向何處去。於是時至今日，美國人大都已經明白當代世界暗流湧動，而長治久安的辦法不是子虛烏有，就是遠在天邊。

人們是該醒悟了，冷戰結束二十五年來，美國已打了六仗。一九九一年有波斯灣戰爭，之後一九九五和一九九九年又在波士尼亞和科索沃與塞爾維亞打了兩仗。二〇〇一年打阿富汗至今未完，伊拉克戰爭從二〇〇三年打到二〇一一年倒是已經結束，但美國剛離開伊拉克，同年卻又出兵利比亞。所以一九八九年以來美國每三年裡就有兩年要用兵。但這六場戰爭對手都是次等國家。美國不用擔心大國強力干預。

但現在中國崛起，事情正在起變化。中國經濟如果再迅速增長幾十年，就要變成冷戰後美國的第一個旗鼓相當的對手。而且中國崛起也確實震動了世界，最近皮尤公司（Pew Research）的全球態度調查（Global Attitudes Project）研究了三十九個國家，其中二十三國受訪者要麼大多認為中國能取代或者已經取代美國的地位成為超級大國中的超級大國，要麼雖意見紛紜，但持上述觀點的人數最多。*美國人也意識到了中國崛起，調查中美國受訪者有百分之四十七認為將來中國是世界第一，而不這麼想的人也正好是百分之四十七。

人們緊接著要擔憂的是中國是否能和平崛起？上世紀九十年代末筆者就注意到中國可能成為超級強國，所以本書第一版曾討論這個問題。筆者認為，如果中國繼續崛起，就要強軍備戰，並循著美國稱霸西半球的模式來稱霸亞洲。因為國家要生存，最好最保險的辦法無非是做地區霸主（regional hegemon）。但中國的鄰國和美國一定會設法遏制中國，阻止其稱霸。這就會引起安全競爭（security competition），最終威脅亞洲安全。

本書二〇〇一年初版之後，筆者在各種場合一直反覆強調中國不可能和平崛起。在別國這樣講，在中國也照樣講，二〇〇四年還曾與前總統卡特（Jimmy Carter）的國家安全顧問布里辛斯基（Zbigniew Brzezinski）辯論過這一問題†。頭幾年不管筆者費多大口舌，聽眾不是無人相信，就是半信半疑。但是二〇〇八年以後便不然，因為其時中國一方面繼續崛起，一方面挾積累下來的實力開始活動筋骨，結果既嚇壞了鄰國，又驚動了美國。如今筆者再講中國不能和平崛起，未來中美關係險惡，大家已經很能聽進去了。

既然中國崛起大概算二十一世紀最大的大事，而這件大事又很可能是戰事，那重寫本書最後一章詳談這件大事便是題中之義。二〇〇一初版終章雖然涉及中國能否和平崛起，但也只是涉及，與諸多內容並列，並不突出。筆者其他著作和文章又都未詳談此事。所以新版最後一章專談中國崛起，要原原本本、紮紮實實，論述為什麼中國實力大增，亞洲就有危機。

本書新版重寫了前言和終章，其他內容大體不變。而攻勢現實主義理論更不變。有些讀者讀到這裡可能驚詫，因為攻勢現實主義在學界早已被廣泛流傳，許多學者都從不同角度加以分析，甚

---

* "America's Global Image Remains More Positive Than China's: But Many See China Becoming World's Leading Power," Pew Research Global Attitudes Project，華盛頓特區，二〇一三年七月十八日。

† 該辯論節錄內容請見：Zbigniew Brzezinski 和 John J. Mearsheimer, "Clash of the Titans," *Foreign Policy*, No. 146 (January–February 2005), pp. 46-49.

至時而嚴厲批評。各界學人關注該理論，筆者感念在心，對於批評乃至批判，也事無巨細，悉心聽取。而學界同仁既然批評筆者理論，必定先研究過，理論有人研究卻正是做一個學者最大的光榮。但筆者相信自己的理論經得起批評。世界上固然沒有終極真理，攻勢現實主義理論有朝一日也將功成身退。但本書第一版建立的理論框架歷經十餘年風雨仍然堅固。

新版最後一章便用攻勢現實主義理論來回答中國能不能和平崛起這個廣大學者、決策者及各國大眾都十分關心並且要一直關心下去的問題。很遺憾的，答案終究是不能。

新版最後一章的完成並非筆者一人之功，首先有賴八位友人群策群力，各抒己見。便是潔西嘉・阿爾姆斯（Jessica Alms）、查理斯・格拉瑟（Charles Glaser）、麥克・理斯（Michael J. Reese）、瑪麗亞—依芙・芮妮（Marie-Eve Reny）、麥克・羅利（Michael Rowley）、盧克・舒馬赫（Luke Schumacher），和王元綱，其中史蒂芬・沃爾特（Stephen Walt）更對筆者幫助良多。而後芝加哥大學國際政治經濟與安全專案舉辦研討會，也曾討論本書初稿。與會諸學者惠賜意見，更教益無窮。所以本書若有什麼長處，筆者絕不能專美。若尚有不周之處，筆者當負全責。

最後還要感謝諾頓出版社編輯羅比・哈靈頓（Roby Harrington），以更新版慶祝本書出版十周年原本是他的建議。新版本來預定二〇一一年付梓，但幾經雕琢，最終還是好事多磨。正如本書初版十年磨一劍，所費的工夫也是大大超過筆者預期。我們相識已有二十五年，友情甚篤，筆者久蒙關照，受之頗為有愧。而羅氏之外，另有一位編輯麗莎・卡姆納・麥凱（Lisa Camner McKay）具體負責本書新版，此書能與讀者見面，全賴她兢兢業業。

二〇〇一年舊版前言

二十世紀是一個國際社會充斥著大規模暴力行為的世紀。第一次世界大戰（一九一四至一九一八年）使差不多九百萬人葬身歐洲戰場。第二次世界大戰（一九三九至一九四五年）期間有大約五千萬人喪失了生命，其中半數以上是平民。二戰結束後不久，整個世界又陷入了冷戰的泥潭。在冷戰對峙中，蘇聯及其華沙公約組織盟國從未直接與美國及其北大西洋公約組織盟國作戰，但數百萬的人死於韓國、越南、阿富汗、尼加拉瓜、安哥拉、薩爾瓦多等地的「代理人戰爭」（proxy wars）；這一時期的其他一些戰爭，儘管規模小，但也異常激烈，奪去了數百萬人的性命，包括一九〇四年至一九〇五年及一九三九年的日俄戰爭、一九一八年至一九二〇年協約國對俄國內戰的干涉、蘇聯—波蘭戰爭（一九二〇至一九二一年）、一系列的阿以戰爭及一九八〇年至一九八八年的兩伊戰爭。

如此暴力的循環往復，在新的千年裡還遠未終結。和平的願望可能仍不會實現。因為塑造國際體系的大國相互提防，其結果是爭權奪利。實際上，它們的最終目標是去取得凌駕於他國的支配性權力，因為擁有支配性權力是確保自身生存的最好方式。力量確保安全，最大的力量確保最大程度的安全。面對這一驅動力的國家註定因此相互衝突，因為每個競爭對手都想取得壓倒他人的競爭優勢。這是一種悲劇。除非塑造這種體系的國家同意組成世界政府，否則便難以逃脫這種悲劇。然而發生巨大轉變的機會幾乎是不存在的，因此衝突與戰爭註定會持續不斷，成為世界政治突出而持久的特徵。

當然，你可以不同意這種悲觀論調，而是強調隨著冷戰的終結，二十世紀以和平的方式結束了，並且注意到進入二十一世紀時，大國關係還相當平靜。事實的確如此，但簡單地從當前推斷未來，這種分析並非合理。

讓我們設想一下，如果使用這種方法，處於前兩個世紀開端的觀察家們會預測到些什麼。一八〇〇年，歐洲處於法國大革命與拿破崙戰爭之間。後者持續了二十三年（一七九二至一八一五），那個年代所有大國都捲入其中。從那種血腥歲月往後推斷，可以料到十九世紀肯定充滿了大國的紛爭。而事實上，它是歐洲歷史上衝突最少的時期之一。相反，一九〇〇年，歐洲並無大國捲入的戰爭，很少有跡象表明一場大戰即將爆發。從平靜的歲月推斷，人們會以為二十世紀歐洲的衝突會很少。我們都知道，結果恰恰相反。

國際政治的一般理論提供了預測未來的有效工具。其中最有效的理論將描述大國通常如何打交道並解釋它們的行為。有效的理論還以很好的篇幅解釋大國過去的行為，包括解釋為什麼有些歷史時期的衝突比其他歷史時期要多。滿足這些要求並幫助我們回顧和理解過去的理論，應該可以幫助我們展望和預知未來。

在本書中，我試圖提出這樣一種理論，我把它稱之為「攻勢現實主義」（offensive realism）。在本質上它是現實主義的；它歸屬於E·H·卡爾（E.H.Carr）、漢斯·摩根索（Hans Morgenthau）、肯尼士·沃爾茲（Kenneth Waltz）等現實主義思想家的傳統，其組成要素很少並能從簡單的命題中提煉出來。例如，我強調大國追求使其所分得的世界權力最大化。我還認為，包含一個特別強大的國家，換句話說，包含一個潛在霸權國家的多級體系，特別傾向於導致戰爭。

本書的上述和其他觀點將是有爭議的。為支持我的觀點，我會試圖表明支撐它們的邏輯是合理的和令人信服的。我還用歷史紀錄檢驗了這些觀點。為清楚起見，我主要關注一七九二年以來的大國關係。最後，我用此理論來預測未來大國關係的可能模式。

本書既是寫給學者們看的，也是寫給那些有興趣瞭解大國行為是受何種力量驅使的老百姓看的。為此，我儘量使我的觀點更清楚也更易於理解，使那些尚未沉浸在學術界的行話與爭論中的人也能讀懂。有一句話我總是牢記在心，就是文學學者萊昂內爾·特里林（Lionel Trilling）曾告訴傑出的社會學家賴特·米爾斯（Wright Mills）的那句話：「假定你被邀請就你所熟知的某題材作一演講，聽眾有來自名牌大學各系的老師與學生，也有附近城市中各種各樣有興趣的人；假定你面對這樣的聽眾，他們有知道的權利，而你又想使他們知道些什麼，那麼開始寫吧！」我期盼讀者得出結論說，我遵循這一建議的努力卓然有成。

致謝

本書的觀點都是筆者原創，但最終成書仍然有賴各方添磚加瓦。

首先許多學者同儕在百忙之中審讀本書並不吝賜教，新版處處凝聚著他們的心血。各位同仁校讀一番，或指出內容疏漏，或佐證書中觀點，或提出全新見解，每每讓筆者受益良多。可以說如果沒有各方學人群策群力斧正本書原稿，新版書中會有多少貽笑大方之處殊難想像。但意見雖然寶貴，筆者卻有主見，並不盲目接受，新版成書中的瑕疵，筆者亦決意自負其責。

筆者首先謹感謝柯林．艾爾曼（Colin Elman）、麥克．德施（Michael Desch）、彼得．利伯曼（Peter Liberman）、卡爾．穆勒（Karl Mueller），和馬克．特拉亨伯格（Marc Trachtenberg），而史蒂芬．沃爾特（Stephen Walt）筆者更感激不盡。以上六人不僅通讀手稿，各抒己見，而且對其中重點難點更反覆斟酌，力圖改進。羅伯特．阿特（Robert Art）、黛博拉．阿萬特（Deborah Avant）、理查．貝茨（Richard Betts）、戴爾．科普蘭（Dale Copeland）、麥克．克雷斯威爾（Michael Creswell）、麥克．多伊爾（Michael Doyle）、大衛．艾德爾斯坦（David Edelstein）、班傑明・法蘭克（Benjamin Frankel）、海因・戈曼斯（Hein Goemans）、傑克・戈德史密斯（Jack Goldsmith）、約瑟夫・格里科（Joseph Grieco）、阿爾曼・格里高利（Arman Grigorian）、大衛・赫爾曼（David Herrmann）、艾瑞克・拉布斯（Eric Labs）、卡爾・勞滕施拉格（Karl Lautenschlager）、克里斯多福・萊恩（Christopher Layne）、傑克・列維（Jack Levy）、麥克・曼德爾鮑姆（Michael Mandelbaum）、卡倫・明斯特（Karen Mingst）、西恭之（Takayuki Nishi）、羅伯特・佩普（Robert Pape）、巴里・波森（Barry Posen）、達里爾・普雷斯（Daryl Press）、辛西婭・羅伯茨（Cynthia Roberts）、羅伯特・羅斯（Robert Ross）、布萊恩・施密特（Brian Schmidt）、傑克・史耐德（Jack Snyder）、史蒂芬・凡・艾佛拉（Stephen Van Evera）和亞歷山大・溫特（Alexander Wendt）也曾閱讀手稿，惠賜意見，在此一併致謝。又筆者寫作期間得到各界學者幫助甚多，雖努力盡錄姓名於此，難免掛一漏萬，若有遺漏，當屬無意，還請見諒。

筆者眾研究助理多年胼手胝足，辛勤工作，堪稱幕後英雄。值新版成書之際，在此謹向羅什那・巴拉蘇不拉曼尼安（Roshna Balasubramanian）、大衛・艾德爾斯坦、丹尼爾・金斯伯格（Daniel Ginsberg）、安德里亞・傑特（Andrea Jett）、賽斯・鐘斯（Seth Jones）、凱爾・利伯（Keir Lieber）、丹尼爾・馬西納克（Daniel Marcinak）、賈斯汀・羅森塔爾（Justine Rosenthal）、約翰・施盧瑟（John Schussler），和史蒂文・韋伊（Steven Weil）深表謝意。特別是亞歷山大・唐斯（Alexander Downes）不僅深入研究書中討論的諸多問題廣積資料供筆者參考，本書圖表也大部出自他手，筆者萬分感謝。

本書殺青之時，筆者蒙紐約外交關係委員會厚愛，選為一九九八-一九九九年度惠特尼・H・謝波德森研究員（The Whitney H. Shepardson Fellow）。該項目本來旨在幫助學者著作。所以筆者當選之後，外交關係委員會便在紐約三次召集學者討論書稿。紐約三次開會，都由理查・貝茨（Richard Betts）主席，會上名家雲集，羅伯特・傑維斯（Robert Jervis）、傑克・列維、吉迪恩・羅斯（Gideon Rose）、傑克・史耐德、理查・烏爾曼（Richard Ullman）、肯尼士・沃爾茲（Kenneth Waltz），和法理德・札卡瑞亞（Fareed Zakaria）都曾參與。對本書不足與會專家必定直言不諱，筆者亦廣泛聽取，受教良多，終稿遂成。委員會並曾請作者在舊金山和華盛頓特區宣讀本書內容，以上專家也都有精彩評論。

每逢紐約會後，筆者必乘車趕赴哥倫比亞大學，再參加阿爾曼・格里高利和霍爾格・施密特（Holger Schmidt）二同學的研究生學術論壇，討論當天會上所讀章節。各位同學也頗如初生牛犢，暢所欲言之際，使筆者獲益匪淺。

本書能夠寫成，離不開芝加哥大學支持。本校素以學風嚴謹聞名，贊助研究又十分熱心。學者在此任教治學著作，可謂無比舒暢，無限便利。列位研究生更後生可畏，本書中理論幾經改進，才能招架諸生的唇槍舌劍，而和學生思想交鋒，又讓筆者在國際關係理論和國際關係史方面溫故知新，教學相長。且政治學系的凱西・安德森（Kathy Anderson）、海蒂・派克（Heidi Parker）、米米・沃爾什（Mimi Walsh）及其他管理人員在筆者著作期間，多年不辭辛勞，鼎力支持，在此亦表感謝。

但此時此刻筆者最不能忘記的還是四位恩師。多年前在西點軍校，是威廉·施瓦茨（William Schwartz）老師領筆者走進國際安全研究之門。後來在南加州大學讀研，又幸蒙查理斯·鮑威爾（Charles Powell）老師教導。到了康奈爾大學，又有喬治·奎斯特（George Quester）和理查·羅斯克蘭斯（Richard Rosecrance）二位指導畢業論文。筆者所以走上學術之路，今日又寫出本書新版，全賴恩師和母校栽培，必將永遠感念於心。

筆者寫作本書新版，本來是遵從老友諾頓出版社編輯羅比·哈靈頓建議，而寫作本書花費的時間精力遠遠超出我們二人預計。但他卻能有始有終，一路從容不迫，巧解難題，直到全書大功告成。之後又有賴特雷西·納格爾（Traci Nagle）巧手裝扮本書文稿，艾佛里·詹森（Avery Johnson）和羅伯·懷特塞德（Rob Whiteside）掌管裝幀印刷，本書才能與各位讀者見面。

筆者說完眾友人，便要感謝家人耐心支持。眾所周知，寫書既要耐力，也要體力。筆者日日起床提筆，便感到有如和狗熊掰腕子般吃力，何況不僅要一掰一天，還要日復一日。若要熊口餘生，學界友人的熱心幫助和家人的耐心支持缺一不可。回顧寫作歷程，更感幸運之至。但最想感謝的還是愛妻潘蜜拉（Pamela），筆者縱有千言萬語，無以表達對她的感激，無以回報她的理解、支持和愛。所以只有獻上本書，以期聊補萬一。

大國政治的悲劇

第一章

導論

西方許多人似乎認為，大國間的「永久和平」就要降臨。這一觀點認為，冷戰的結束標誌著大國關係的極大改變，我們已進入了這樣一個世界：大國為安全而競爭的可能性幾乎為零，更不用說戰爭了，因為戰爭已經成為「被淘汰的行業」。用一位著名學者的話說，冷戰的結束把我們帶入了「歷史的終結」。[1]

該觀點還指出，大國不再把彼此看成潛在的軍事對手，而是國際大家庭或有時被稱為「國際共同體」的成員。在這個能把與日俱隆的繁榮與和平帶給所有大國的美麗新世界裡，四處洋溢著合作的可能。即便一直以來對大國之間保持和平的希望持悲觀態度的某些現實主義者，也似乎萌生了強烈的樂觀主義情緒。二十世紀九〇年代中期一篇題為《作為樂觀者的現實主義者》（Realists as Optimists）[2]的文章就充分說明了這一點。

實際上，那種認為國際體系中的大國安全競爭與戰爭已經消亡的觀點是荒謬的。許多證據表明，對大國間永久和平的許諾如同胎死腹中的嬰兒。我們不妨看看以下事例：儘管蘇聯的威脅不復存在，但美國在歐洲的駐軍仍達十萬之眾，在東北亞也駐紮著相當數目的兵力。美國之所以這樣做，是因為它意識到一旦自己撤出軍隊，危險的對手很可能從該地區的大國中突然出現。還有，幾乎所有歐洲國家，包括英國和法國，它們雖然默默無聲，但心中仍藏著根深蒂固的憂慮：一個未受美國權力約束的德國可能重染侵略惡習；東北亞地區對日本的恐懼也許更加深刻，這一話題無疑會被經常提起。最後，美中在台灣問題上可能的衝突也並非遙不可及。這並不是說此類戰爭一定會爆發，但其存在的可能性提醒我們，大國戰爭的威脅尚未消失。

悲哀的是，國際政治從來就是一項殘酷而危險的交易，而且可能永遠如此。雖然大國競爭的激烈程度時有消長，但它們總是提防對方，彼此爭奪權力。每個國家壓倒一切的目標是最大化地占有世界權力，這意味著一國獲取權力是以犧牲他國為代價的。然而，大國不止是為了爭當大國中的強中之強，儘管這是受歡迎的結果；它們的最終目標是成為霸主（hegemon），即體系中唯一的大國。

國際體系中沒有維持現狀的國家，除了那種想對潛在的對手保持主宰地位的一時霸主。大國很少對眼前的權力分配感到心滿意足，相反，它們時刻懷著以自己利益為中心的求變動機。它們幾乎總是擁有修正主義（revisionist）意圖，倘若能用合算的代價達到目的，它們會以武力改變權力平衡。[3]有時，當大國認為改變權力平衡的成本過於高昂時，它們不得不坐等更有利的形勢，但獵取更多權力的欲望不會消隱，除非一國達到了最高的霸權（hegemony）目的。然而，由於任何國家都不可能取得全球霸權，因此整個世界充斥著永久的大國競爭。

這種對權力的無情追逐意味著大國可能傾向於伺機使世界權力的分配朝有利於大國的方向改變。一旦具備必要的實力，它們就會抓住這些機會。簡言之，大國存有進犯的預謀。然而，一個大國為了獲取權力不但要犧牲他國利益，而且會不惜代價阻止對手獲得權力。因此，當權力隱約出現有利於另一國的變化時，大國會極力捍衛權力平衡；而當有可能出現有利於本國的變化時，它就會抓住機會，想方設法打破平衡。

為什麼大國會如此表現呢？我的答案是，國際體系的結構迫使一心尋求安全的國家彼此採取侵略行為。國際體系的三個特徵一併導致了國家間的相互提防：(1)缺乏一個凌駕於國家之上並能保護彼此不受侵犯的中央權威；⑵國家總是具有用來進攻的軍事能力；⑶國家永遠無法得知其他國家的意圖。有了這一擔心——不可能完全一勞永逸地消除——國家認為實力愈是強過對手，自己生存的機率就愈高。毫無疑問，生存的最高保證是成為霸主，因為再沒有其他國家能嚴重威脅此類巨無霸。

這種局面並非有人有意預設或構想，而且它將會是一場悲劇。雖然大國沒有理由彼此攻擊——它們只關心自己的生存——但在該體系中，它們除了追求權力和征服其他國家之外別無選擇。這一困境早在十九世紀六〇年代就被普魯士政治家奧圖・馮・俾斯麥（Otto von Bismark）以殘酷而直率的言辭作了表述。當時，並非獨立國家的波蘭正想奪回自己的主權。對此，俾斯麥說：「無論以何種形式恢復波蘭王國都無異於給任何想要攻擊我們的國家塑造了一個盟友。」因此他主張，普魯士應該「痛擊那些波蘭人，直到他們喪失希望、一個個倒斃在地；雖然我對他們的處境非常同情，但是我們要想生存，除了剷除他們別無他法。」[4]

儘管認識到大國的這種思維和行為會令我們樂觀不起來，但是我們也理應看到這個世界的本來面目，而不只是看到我們想要看到的面目。譬如，美國面對的外交政策的一個關鍵問題是，如果中國經濟快速增長下去，變成一個巨大的香港（第十章將討論究竟會不會這樣），那麼它可能採取什麼樣的行為。許多美國人相信，倘若中國實行民主制並融入全球資本主義體系，它就不會好鬥，而會對東北亞的現狀感到滿足。按照這一邏輯，美國應該接觸（engage）中國，加快後者進入世界經濟整合的進程，這是一項鼓勵中國向民主過渡的政策。倘若接觸政策獲得成功，那麼美國就能與一個富裕民主的中國協同努力，推進世界和平。

不幸的是，接觸政策註定要失敗。如果中國成為一個經濟火車頭，它必然會把經濟實力轉化為軍事實力並主宰東北亞。無論中國實行民主並深深融入全球經濟體系還是成為專制和自給自足的國家，這都無礙於它的行為表現，因為民主國家與非民主國家一樣在乎安全，況且霸權是任何國家確保自己生存的最佳手段。當然，當中國不斷增加權力時，中國的鄰國和美國誰也不會袖手旁觀，而會採取行動遏制它，很可能通過組建一個權力平衡聯盟的方式達到此目的。結果是中國與其對手進行激烈的安全競爭，大國戰爭的危險常常環繞在它們頭上。簡單地說，如果中國權力增長，美國與中國勢必成為對手。

攻勢現實主義

本書闡述一種國際政治現實主義理論，它對在大國關係問題上頗為流行的樂觀主義觀點提出了挑戰。這項工程包含著三個具體任務。

首先，我闡述了該理論的核心要件，我稱之為「攻勢現實主義」。關於大國關係的互動，我提出了一系列觀點，特別強調它們尋求機會來攫取權力，欲損人以利己。另外，我區分了較易和較難引發衝突的情況。譬如，我認為多極體系比兩極體系更容易導致戰爭，而含有特別強大的國家，或曰含有潛在霸主的多極體系是眾體系中最危險的體系。但我不只是提出諸如此類的論點，我也試圖為居於這一理論核心的行為和結果提供確鑿的解釋。換言之，我將提供因果邏輯或推理，以支持我的每一個論點。

這一理論關注的是大國，因為大國對國際政治所發生的變故影響最大。[5]所有國家——不管是大國還是次大國（minor power）——其命運都從根本上取決於那些最具實力的國家的決策和行為。例如，一九四五至一九九〇年間，世界上幾乎每個角落的政治都深受美蘇對抗的衝擊。冷戰之前的兩次世界大戰也對全世界的地區政治產生了相似的影響。其中的每一場衝突都是大國對抗，都給全球各地投下了長久的陰影。

大國主要由其相對軍事實力來衡量。一國要具備大國資格，它必須擁有在一場全面的傳統戰爭中同世界上最強大的國家進行一次正規戰鬥的軍事實力。[6]候選國家不一定要具備打敗領先國家的實力，但它必須具有把衝突轉向消耗戰並嚴重削弱優勢國家的潛能，即便優勢國最終贏得戰爭的勝利。在核子時代，大國不但要擁有令人生畏的傳統武力，而且還必須具有能承受他國核武打擊的核武威懾力（nuclear deterrent）。但也不排除這一可能：一國擁有超過其他所有對手的核武優勢（nuclear superiority），它非常強大，在該體系中獨霸天下。如果體系中出現了核霸權（nuclear hegemon），那麼傳統武力的權力平衡在很大程度上就顯得無關緊要。

本書的第二項任務是想說明，該理論告訴我們很多關於國際政治的歷史問題。檢驗任何理論的最終手段是看它能否很好地解釋現實世界中的事件，所以我花了大量筆墨將我的觀點與歷史紀錄進行對照，著重討論自一七九二年法國大革命和拿破崙戰爭以來至二十世紀末期的大國關係。[7]我更關注歐洲大國，因為在過去二百年的大部分時間裡，它們一直支配著世界政治。確實，在日本和美國分別於一八九五年和一八九八年獲得大國地位之前，歐洲一直是世界所有大國的發祥地。不過，本書也用了大量篇幅探討東北亞政治，特別論及了一八九五至一九四五年間的日本帝國以及二十世紀九〇年代的中國。美國也是我在用攻勢現實主義檢驗過去的事件時必須重點考察的國家。

我打算揭示的歷史疑點主要如下：

(1)如何解釋現代史上三次歷時最長、最殘忍並把所有大國都捲入其中的戰爭——法國大革命和拿破崙戰爭（一七九二至一八一五年）、第一次世界大戰（一九一四至一九一八年）以及第二次世界大戰（一九三九至一九四五年）？

(2)如何解釋一八一六至一八五二年、一八七一至一九一三年、特別是一九四五至一九九〇年冷戰期間歐洲出現的一段相當長的和平時期？

(3)十九世紀中期，英國是世界上最富裕的國家，為什麼它當時沒有建立一支強大的軍隊並主宰歐洲呢？換句話說，拿破崙法國、威廉德國、納粹德國以及蘇聯都把自己的經濟實力變成了軍事力量，而英國為何沒有這樣做？

(4)為什麼俾斯麥德國（一八六二至一八九〇年）在一八六二至一八七〇年間極具侵略性——它與另兩個大國打了兩次大戰，並與一個較小的國家進行了另一場戰爭——但在一八七一至一八九〇年期間卻根本不顯侵略性，而是遠離戰事，尋求維護歐洲的現狀呢？

(4)為什麼在第一次世界大戰前英國、法國和俄國結成了反對威廉德國的權力平衡聯盟，卻未能組成一個反對納粹德國的有效聯盟呢？

(6)為什麼日本和西歐國家在冷戰的早期與美國聯手反對蘇聯，但事實上美國當時已從二戰中一躍成為世界上最富強的經濟大國並擁有核武壟斷？

(7)如何解釋二十世紀美國軍隊在歐洲和東北亞承擔的義務？例如，為什麼美國要等到一九一七年而不是一九一四年八月第一次世界大戰爆發時參加戰爭？還有，為何一九一四年之前美國不派兵赴歐洲去阻止戰爭呢？同樣，為什麼二十世紀三〇年代美國不派軍隊反對納粹德國或於一九三九年九月之前派兵去歐洲阻止二戰的爆發呢？

(8)美國和蘇聯都擁有針對對方的第二次核武打擊能力，為什麼它們仍不斷擴建核武儲備呢？一個雙方具有「確保摧毀」（assured destruction）能力的世界被認為是穩定的，它的核武權力平衡也難以顛覆。然而，兩個超級大國都耗費數十億美元和盧布，力圖贏得第一次打擊優勢。

第三，我用這一理論預測二十一世紀的大國政治。這種嘗試可能讓一些讀者迷惑不解，因為如同其他社會科學，國際關係的研究建立在比自然科學更為脆弱的理論基礎上，加之政治現象非常複雜，因此，如果我們不具有比目前所掌握的更高明的理論工具，要作出精確的政治預言是不可能的。這樣一來，所有政治預測勢必錯誤百出。那些如同我現在一樣進行冒險預測的人，應該懷著謙恭的姿態，不必盲目自信，還要承認事後之明很可能會帶來驚訝和紕繆。

儘管有諸多險阻，社會科學學者還是應該用其理論預測未來。預測有利於辨識政策，因為它有助於我們瞭解在周圍世界逐一發生的事件。通過廓清爭執點，作出清晰的預報，使那些滿腹歧見的人茅塞頓開。況且嘗試預測新事物是檢驗社會科學理論的最好方法，因為理論家無法未卜先知，所以他們不可能矯正自己的觀點以與證據相吻合（因為還無法獲得證據）。簡單地說，世界可被看作一個實驗室，它決定哪種理論能最好地解釋國際政治。據此精神，我運用攻勢現實主義來展望未來，並留心預測未來事件的利益與風險。

理論的價值與局限

顯而易見，本書是一部表達個人觀點的理論專著。然而，在學術的大牆之外特別是在政策世界裡，理論的名聲並不好。社會科學理論常被描繪成如墜雲霧的學術空想，與「現實世界」毫無牽連。例如，冷戰時期美國著名的外交政策制定者保羅．尼采（Paul Nitze）寫道：「二戰以來，大多數由美國人所著和所教的所謂『政治科學』……就其對政治的實際指導意義而言，即便不起負面作用，其價值也是非常有限的。」[8]根據這一觀點，理論只能局限於單純的學術層面，而決策者應根據常識、本能和實際經驗來履行他們的義務。

這顯然是荒唐的論調。事實上，沒有理論，我們誰也無法弄懂我們所處的世界或作出明智的決定。無可否認，國際政治學的所有研究者和實踐者都靠理論來領悟他們周圍的環境。只是有些人意識到了，有些人沒有；有些人承認它，有些人不承認。但不管怎樣，我們都無法迴避一個事實，那就是如果沒有能夠提綱挈領的理論，我們就不可能認識周圍複雜的世界。比如說，柯林頓政府的外交政策內涵大體上可以用國際關係的三個主要自由主義理論來解讀：(1)經濟上相互依存的繁榮國家彼此不可能發動戰爭的「經濟相互依存和平論」；(2)民主國家彼此不打仗的「民主和平論」；(3)國際制度能使國家避免戰爭並集中建立合作關係的「國際制度和平論」。

想一想二十世紀九〇年代柯林頓及其幕僚如何為北大西洋公約組織（North Atlantic Treaty Organization，簡稱北約）的擴大提供各種理由。柯林頓總統認為，北約東擴的一個主要目標是「守住中歐的民主成果」，因為「民主國家以和平方式解決它們的分歧」。他指出，美國應該培育一個「開放的貿易體系」，因為「我們的安全維繫在其他民族自由開放的繁榮基礎上，美國應與其攜手並進，而不應該反對它們」。[9]柯林頓在牛津大學的同窗、常務副國務卿斯特羅布·塔爾博特（Strobe Talbott）對於北約擴大問題也提出了相似的觀點：「隨著冷戰的結束，構建一個透過對開放社會與開放市場的共同承諾而更加團結的歐洲，已變得可能。」他認為，北約東擴有助於「鞏固對民主和市場改革的民族共識」，這一改革已存在於匈牙利和波蘭等國之中，並因此有助於加強本地區的和平前景。[10]

同樣，國務卿瑪德琳·歐布萊特（Madeleine Albright）在讚揚北約締造者時指出：「他們的根本貢獻在於開創……以法制為基礎的制度網路以及有助於維持和平的安排。」但是她警告說：「這一成績還不完滿……我們今天的挑戰是完成後冷戰時代的建設任務……拓寬世界領地，讓美國的利益和價值觀遍地開花。」[11]

這些事例表明，有關世界如何運作的基礎理論在決策者辨識他們所追求的目標和選擇達到這些目標的手段時發揮著重要作用。當然，這並不是說我們應該全盤接受任何得到普遍認可的理論，不管它多麼受歡迎，因為理論有優劣之分。譬如說，有些理論只解決一些微不足道的問題，而另一些理論則晦澀難懂，幾乎讓人無法理解。還有一些理論的基本邏輯自相矛盾，而另一些則不具任何解釋力，因為世界並不按它們預測的方式發展。問題的關鍵在於區分有效的和殘缺的理論。[12]本書的目的就在於令讀者相信，攻勢現實主義是一個完備的理論，它能清晰地解剖世界的運作。

當然，與所有理論一樣，攻勢現實主義的解釋力也有其局限性。有若干個案與該理論的主要觀點相抵觸，這些個案是攻勢現實主義本應解釋但卻不能作出解釋的現象。所有的理論都存在此類難題，儘管理論越好，異常現象便越少。

與攻勢現實主義思想相抵觸的一個事例是關於一九〇五年的德國。當時，德國是歐洲最強大的國家，它在大陸的對手是法國和俄國。大約在此前十五年，法俄曾建立過遏制德國人的聯盟。英國當時只有一支很小的軍隊，因為它指望法國和俄國鉗制德國。當一九〇四至一九〇五年日本出乎意料地大敗俄國並暫時把後者從歐洲權力平衡圈驅逐出去後，法國不得不孤單地面對巨大無比的德國。此時是德國征服法國並奪取歐洲霸權的絕好機會，因此德國在一九〇五年而不是一九一四年挑起戰爭無疑更為合理。但一九〇五年的德國甚至沒有認真考慮過戰爭問題，這與攻勢現實主義的預計是背道而馳的。

理論之所以會遇到難以解釋的現象，原因在於它們把現實簡單化了，只重視某些因素而忽視了其他變數。攻勢現實主義認為，國際體系強有力地塑造了國家的行為。我主張，結構因素如無政府狀態（anarchy）和權力分配（distribution of power）等是解釋國際政治的最關鍵因素。該理論對個人或意識形態等一些國內政治因素幾乎不予關注，它往往把國家當作黑匣子或撞球一樣看待。再看上述例子，一九〇五年的德國無論是受俾斯麥、威廉二世（Kaiser Wilhelm）還是阿道夫・希特勒（Adolf Hitler）的統治，也無論德國是民主抑或專制國家，這都對該理論無關緊要。該理論關心的是，當時的德國擁有多少相對權力。然而，這種被忽視的因素不時支配著一國的決策過程。在這種情形下，攻勢現實主義是起不到正常的解釋作用的。簡言之，簡化現實是要付出代價的。

另外，攻勢現實主義不可能回答國際政治中出現的所有問題，因為在有些案例中，該理論會與數個可能的結果相吻合。一旦出現此類情況，就不得不運用其他理論作更精確的解釋。

社會科學學者會說，用一個理論解釋這些案例是「難以奏效」（indeterminate）的，這種情形對於像攻勢現實主義這種不存偏見的理論來說並非不正常。

用攻勢現實主義不能確切解釋的另一難題是，為什麼冷戰中的大國安全競爭在一九四五至一九六三年要比一九六三至一九九〇年更為劇烈。[13]該理論也無法解釋北約應採取進攻型還是防禦型軍事戰略來遏止中歐的《華沙公約》（Warsaw Pact）。[14]要解答這些問題，有必要運用更為細化的理論，如威懾理論等。但是，那些理論及其提出的答案與攻勢現實主義並無抵觸，只是對後者進行補充。簡而言之，攻勢現實主義如同黑屋子中的一道耀眼的亮光：即便不能照亮每一個角落和縫隙，但在大部分時間內它仍是引導人們穿越黑暗的極好工具。

從這一討論中我們可以清楚地看到，攻勢現實主義主要是一種敘述性理論。它解釋大國過去如何表現以及將來可能怎樣行動。但它也是一種指導性理論。國家「應該」按照攻勢現實主義的指令行事，因為它指引了國家在險惡的世界裡求生存的最好辦法。

有人可能會問，既然該理論描述大國怎樣行動，為何還要說明它們「應該」怎樣行動呢？該體系中強有力的強制因素使得大國毫無選擇，只能像這一理論所指明的那樣行動。雖然把大國比作陷入鐵籠的罪犯不無道理，但事實仍然是，它們有時——雖然不是經常如此——採取有悖於該理論的行動。這就是上面所說的例外現象。如同我們所見到的，這類魯莽行為一向具有負面影響。簡言之，大國要想生存，它們應當總是像正常的攻勢現實主義者一樣行動。

追逐權力

理論方面已說得夠多，有必要更多地談談我的論點的實質內容，即「權力」的核心概念。對於所有現實主義者來說，關於權力的盤算是國家在其所處的世界中危言慎行的第一步。權力是大國政治的貨幣，國家為之爭鬥。權力對於國際關係的意義正如貨幣之於經濟學。

本書圍繞六個問題對權力展開討論。第一，為什麼大國想要權力？國家爭奪權力的根本邏輯是什麼？第二，國家想要多少權力？多少權力才是足夠的？這兩個問題至關重要，因為它們關係到大國行為的最根本問題。如上所述，我對這些問題給出的答案是，國際體系的結構鼓勵國家追求霸權。

第三，什麼是權力？這一核心概念是如何定義和度量的？有了好的權力指標，才可能確定個別國家的權力水準，然後我們就能描繪該體系的架構，特別是認定哪些國家具備大國資格。這樣，我們就很容易確定此體系是霸權（hegemonic，由單一大國主宰）、兩極（bipolar，由兩個大國控制）還是多極（multipolar，由三個或更多大國主導）體系，而且我們還可得知主要大國的相對力量。我們尤其想弄清它們的權力是否或多或少地得到了均衡分配或存在極大的不對稱性，特別是體系內是否存在一個潛在的霸主——一個比它的任何大國對手都強大得多的國家。

同時，明確地定義權力還可為我們考察國家行為提供一個窗口。如果充分瞭解權力的內涵，一旦國家為權力競爭，我們對競爭的屬性就懂得更多，進而得知國家展開競爭的原因。概言之，更多地瞭解權力的真實本質有助於揭示大國之間如何競爭。

第四，當一個大國威脅要打破權力平衡時，其他國家以何種策略獲取或鞏固權力？訛詐（blackmail）和挑起戰爭是國家獲取權力時所採取的主要策略，抗衡（balancing）和推卸責任（buck-passing）是大國面對危險對手時用以鞏固權力分配的主要手段。抗衡意味著受威脅的國家承擔起阻遏對手的重任，並投入大量資源以實現這一目標。而推卸責任是指處於危險中的大國設法讓另一國承擔起阻止或打敗有威脅性的敵國的重任。

最後兩個問題集中討論國家最大化地占有世界權力的關鍵策略。第五，戰爭的起因是什麼？何種權力因素促使安全競爭的加劇及進而導致的公開對抗更容易或更難以發生？第六，在什麼情況下，受威脅的大國會採取權力平衡策略以對抗危險的敵手，又何時企圖把責任推卸給另一受威脅的國家？

我將為這些疑問提供清晰有力的答案。但應該強調的是，對於其中任何一個問題，現實主義者都沒有一致的意見。現實主義具有悠久的豐富傳統，現實主義者對基本問題的爭論向來是司空見慣的。在後面的章節裡，我不想過多討論其他現實主義理論。我只解釋攻勢現實主義與其主要現實主義對手之間的區別，並挑戰這些對手在某些問題上的觀點，主要目的在於闡明我自己的論點。但我不打算系統地考證任何其他現實主義理論，而是重點闡述我的攻勢現實主義理論，用它解釋過去、預測未來。

當然，本書也沒有忽視國際政治中許多其他非現實主義理論，稍前已提及三種不同的自由主義理論；還有其他非現實主義理論，譬如說社會建構主義（social constructivism）和官僚政治（bureacratic politics）兩種流派。在第十章裡，為了探討中國能不能和平崛起，我會簡要分析國際政治中代表主流自由主義理論的經濟相互依存理論（economic-interdependence theory），和代表文化理論的儒家和平主義（Confucian pacifism）。但囿於篇幅，我不準備對這些非現實主義理論進行全面評述。總之，我研究的重點是為攻勢現實主義設置一個分析框架。

儘管如此，此時似乎有必要從學術和政策兩個層面去分析支配國際關係思想的主流理論，並將攻勢現實主義與其在現實主義陣營與非現實主義陣營的主要敵手進行比較，這項研究才有意義。

自由主義與現實主義

在國際關係理論譜系上，自由主義和現實主義是兩個主要的理論典範。大多數國際關係學者的知識論戰要麼來自現實主義與自由主義兩大陣營的彼此交鋒，要麼是各個陣營的內部之爭。[15]為了說明這一點，我們可以看看二十世紀最具影響力的三部現實主義著作：

(1) E．H．卡爾的《二十年危機，一九一九至一九三九》（*The Twenty Years' Crisis, 1919-1939*），該書在二戰爆發後不久（一九三九年）出版於英國，至今仍深受讀者青睞。

(2) 漢斯．摩根索的《國家間政治》（*Politics Among Nations*），冷戰初期在美國首次出版，在隨後至少二十年時間裡，它一直主導著國際關係領域。

(3) 肯尼士．沃爾茲的《國際政治理論》（*Theory of International Politics*），自冷戰後期（一九七九年）首次出版以來，一直深深影響著這一領域。[16]

所有這三位現實主義大師在其作品中都批評了自由主義的某些方面。比如說，卡爾和沃爾茲對自由主義關於經濟相互依存能夠提升和平的觀點提出了質疑。[17]更籠統地說，卡爾和沃爾茲不斷指責自由主義的政治烏托邦思想，認為這種觀點若得以採納，必然把國家引向災難。同時，這些現實主義者在一系列重要問題上的看法也不盡相同。如沃爾茲挑戰摩根索關於多極比兩極體系更為穩定的論點。[18]另外，雖然摩根索認為國家努力爭取權力是由其本能的貪欲使然，但沃爾茲卻堅持認為，國際體系的結構迫使國家追求權力以提高它的生存機會。這些例子只是現實主義思想家眾多分歧的縮影。[19]

現在我們近距離地考察一下自由主義和現實主義。首先從各理論的核心要點開始，然後集中討論個別自由主義流派和現實主義理論的分歧。

自由主義

自由主義的傳統可上溯至十八世紀歐洲的啟蒙運動，當時的知識分子和政治領導人懷有一種強烈的意識，認為可以運用理智把世界變成更美好的居所。[20]因此，自由主義對世界的和平與安全前景抱有信心。大多數自由主義者相信，極大地減少戰爭災難、促進國際繁榮是可能的。有鑑於此，自由主義理論常常被貼上「烏托邦」或「理想主義」的標籤。

自由主義對國際政治的樂觀之見建立在三個核心信念之上，這些信念是該理論所有流派耳熟能詳的共識。第一，自由主義者把國家看成國際政治中的主要行為體。第二，他們強調，國家的內部屬性存在很多變數，其差異對國家的行為產生深刻的影響。[21]此外，自由主義理論家常常認為，有些內部安排（如民主）天生優於其他因素（如專制）。因此，對自由主義者來說，國際體系中存在「好」與「壞」的國家。好國家尋求合作政策，彼此很少發生戰爭；而壞國家則挑起與其他國家的爭端，傾向於用武力解決問題。[22]因而，通向和平的鑰匙在於讓好國家遍佈全球。

第三，自由主義者相信，關於權力的盤算幾乎不可能解釋好國家的行為。其他的政治與經濟問題的盤算更具重要性，儘管不同理論對盤算的方式各有不同，這點以下還會詳述。壞國家可能受貪欲驅使，為獵取權力而犧牲他國利益，但這只是因為它們被誤導罷了。在一個只有好國家的理想世界裡，權力基本上無關緊要。

在自由主義大旗下衍生出的種種理論中，前面提到的三個主要論點頗具影響力。第一，「經濟相互依存和平論」指出，國家間經濟的高度相互依存使它們不可能彼此發動戰爭。[23]根據這一理論，穩定的根基在於創設和維持一個自由的經濟秩序，允許國家開展自由的經濟往來。這種秩序將使國家更加繁榮，進而促進和平。因為繁榮的國家更能在經濟上獲得滿足，而滿足的國家更愛和平。許多國家投入戰爭是為了獲得或保護財富，而國家一旦富足，就很少萌生戰爭動機。更何況，相互依存的富裕國家彼此廝殺勢必造成繁榮局面的喪失，這等於是對財富的恩將仇報。簡言之，如果國家建立廣泛的經濟聯繫，它們就會避免戰爭，而專注於財富的積累。

第二，「民主和平論」聲稱，民主國家不會對其他民主國家發動戰爭。[24]因此，只包含民主國家的世界將是一個沒有戰爭的世界。這種觀點並非指民主國家不如非民主國家好戰，而是指民主國家之間不會彼此發動戰爭。對於民主和平論有很多種解釋，孰是孰非仍沒有定論。然而，自由主義思想家確實認為民主和平論對現實主義提出了直接挑戰，並為和平開出了極具藥力的治療偏方。

第三，「國際制度和平論」強調，國際制度提升國家間的合作前景，並能極其有效地減少戰爭的可能性。[25]制度不是凌駕於國家之上的獨立政治實體，不能迫使國家按可接受的方式行事。相反，制度是一整套讓國家彼此合作和競爭的法則。它們列出可接受的和不能被接受的國家行為類別。這些法則不是由某一萬能的權威強加給國家的，而是由國家磋商後共同遵循之，因為這樣做符合它們的利益。自由主義者還認為，制度或法規能從根本上改變國家的行為，打消國家對私利的計較，使它們認識到每一絲利己動機對其相對權力地位的影響是何其大，這樣制度就會使國家遠離戰爭，並推動和平。

現實主義

與自由主義者相比，現實主義者悲觀地看待國際政治。現實主義者認為，創造一個和平的世界是令人嚮往的，但要逃脫這種充滿安全競爭和戰爭的冷酷無情世界並非易事；建設一個和平的世界無疑是一個有吸引力的思想，但它並不現實。正如卡爾指出的，「現實主義強調現存力量的不可抗拒與現存趨勢的不可避免，並堅持認為最明智的選擇是接受，並使自己適應這些力量和趨勢」[26]。

這一國際關係悲觀論由三個核心要件組成。第一，和自由主義者一樣，現實主義者也把國家看成世界政治中的主要行為體。但現實主義者重視大國，因為這些國家主宰和塑造著國際政治，同時也會發動毀滅性的戰爭。第二，現實主義者認為，大國行為主要受其外部環境而不是內部屬性的影響，所有國家必須面對的國際體系的結構在很大程度上塑造著它們的外交政策。現實主義者一般不對國家的「好」或「壞」進行明確劃分，因為任何大國無論它的文化和政治體系如何，也不管它由誰來掌控政府，都會按照相同的邏輯行事。[27]因此，國家很難被區分開來，惟獨相對權力的差異例外。實質上，大國猶如撞球，只是型號不同而已。[28]

第三，現實主義者認為，對權力的追求支配國家的思維，國家為權力而競爭。有時，競爭使戰爭成為必需品，戰爭被視為一種可接受的政治手段。用十九世紀軍事戰略家卡爾·馮·克勞塞維茨（Carl von Clausewitz）的話說：「戰爭是政治以另一種方式的繼續。」[29]最後，競爭具有零和屬性，有時非常慘烈和不可饒恕。當然，國家彼此也有偶爾的合作，但它們從根本上具有相互衝突的利益。

雖然許多現實主義理論者都討論不同類別的權力概念，但其中兩個流派尤其突出：一個是「人性現實主義」（human nature realism），摩根索在《國家間政治》一書中對其作了分析。另一個是「守勢現實主義」（defensive realism），主要體現在沃爾茲《國際政治理論》一書中。這些著作非常重要並具有爭議性，與其他現實主義著述的區別在於它們為上述基本問題提供了答案。特別是，它們分析了為什麼國家追求權力，即對安全競爭的原因給出了說法，而且對一國可能追求多少權力的問題都提出了一家之言。

其他一些著名的現實主義思想家也強調大國極其在乎權力，但它們並不打算解釋國家為什麼爭奪權力或何種水準的權力會使國家感到滿意。實質上，他們為現實主義方法進行了一般性辯護，但他們卻拿不出自己的國際政治理論。卡爾和美國著名的外交家喬治·凱楠（George Kennan）就屬此類。卡爾在他的具有開創性的現實主義小冊子《二十年危機》中以很長的篇幅批評了自由主義，認為國家的動機主要受權力驅使。然而，他對國家為什麼在乎權力以及它們想要多少權力的問題幾乎隻字未提。[30]坦率地說，該書沒有理論。凱楠的名作《美國外交，一九〇〇至一九五〇》

（*American Diplomacy, 1900-1950*）[31]也屬同一格調。而摩根索和沃爾茲卻提出了自己的國際關係理論，這就是為什麼他們在過去五十年裡主導國際政治著述的原因。

人性現實主義，有時又被稱作「古典現實主義」（classical realism）。從二十世紀四〇年代晚期摩根索的著作吸引大量讀者開始到七〇年代早期為止，它一直領導著國際關係的研究。[32]它的基本命題是，國家受人性支配，人生來就具有「權力欲望」（will to power）。[33]亦即國家對權力擁有無法填補的胃口，用摩根索的話說就是「對權力貪得無厭」，意思是它們不斷尋找機會採取進攻姿態，企圖控制其他國家。[34]由於所有國家都「充滿敵意」，所以沒有任何根據對各個國家之侵略性的強弱作出區分，因而在這一理論中也就不應存在任何想要維持現狀的國家（status quo states）。[35]人性現實主義者認定國際間的無政府狀態——大國之上不存在治理權威——導致國家對權力平衡的擔憂。但是這一結構限制因素被視為引起國家行為的次要原因。國際政治中的主要驅動力是體系中每一國家的內在權力意志，它促使國家爭奪霸權。

守勢現實主義又常被稱為「結構現實主義」（structural realism）。二十世紀七〇年代後期沃爾茲所著的《國際政治理論》一書標誌著該理論的問世。[36]與摩根索不同，沃爾茲並未假定大國因為被灌輸了權力意志而具有內在的侵略性，相反，他假定國家的目標只是為了生存，追求安全是其最優先的考慮。不過，他強調，國際體系的結構迫使大國極為關注權力平衡，特別是無政府狀態使得追求安全的國家彼此爭權奪利，因為權力是生存的最佳手段。可見，在摩根索的理論中，人性是安全競爭的深層原因，而在沃爾茲的理論中，是無政府狀態在扮演那一角色。[37]

但是，沃爾茲並不認為，國際體系會鼓勵大國以侵略行動來奪取權力，他似乎提出了相反的觀點：無政府狀態鼓勵國家採取防禦措施，促使它們維持而不是打破權力平衡。他說：「國家的首要顧慮是維持它們在體系中的位置。」[38]這似乎像國際關係理論家蘭德爾・施韋勒（Randall Schweller）所說的，沃爾茲的理論存在一種「對現狀的偏好」（status quo bias）。[39]

沃爾茲承認，國家具有損人利己、以犧牲對手而獲取權力的動機，而且一旦時機成熟，按照上述動機行動就是很好的戰略考量。不過，他沒有對這一論點展開詳細討論。相反，他強調，當大國採取侵略行動時，潛在的受害國常常會通過抗衡的方式反對侵略者，阻止後者獵取權力的企圖。[40]簡言之，對沃爾茲來說，抗衡截斷了進攻的後路。[41]另外，他還強調，大國應忌諱獲取太多的權力，因為「過多的力量」容易引起其他國家聯合起來反對它，這比它一開始就放棄增加權力的局面更加糟糕。[42]

沃爾茲關於戰爭誘因的觀點進一步反映了其理論對現狀的偏好。在他的理論中，戰爭沒有深刻的原因。他沒有說明戰爭可能帶來重要的利益。實際上，他很少論及戰爭的原因，只強調戰爭主要是由不確定性和誤斷而引發的結果。換言之，如果國家更清楚地瞭解局勢，它們就不會發動戰爭。

羅伯特・傑維斯（Robert Jervis）、傑克・史耐德（Jack Snyder）以及史蒂芬・凡・艾佛拉（Stephen Van Evera）通過闡述名為「攻擊—防禦平衡」的結構性概念，為守勢現實主義提供了理論支援。[43]他們指出，無論何時，軍事力量都可以被劃分為要麼有利於進攻，要麼有利於防禦兩類。倘若防禦明顯高於進攻，征服變得困難，那麼大國就不會萌發用武力攫取權力的動機，而是集中保護它們已經擁有的權力。當防禦佔優勢時，保護已有的權力就更為容易。相反，倘若進攻更易於得手，國家就非常渴望征服他國，那麼體系中出現頻繁的戰爭也就在所難免。不過，守勢現實主義者認為，「攻擊─防禦平衡」常常向防禦的方向嚴重傾斜，從而讓征服變得極其困難。[44]總之，建立充分的權力平衡加上防禦比進攻所具有的自然優勢，應該能打消大國尋求侵略性戰略的念頭，而使其成為「防禦的宣導者」。[45]

我的攻勢現實主義理論也是國際政治中的結構理論。與守勢現實主義一樣，我的理論認為，在一個沒有機構來保護國家相互安全的世界裡，大國主要的關懷是如何生存。它們很快就意識到，權力是其生存的關鍵。然而，攻勢現實主義在國家需要多少權力的問題上與守勢現實主義分道揚鑣了。對守勢現實主義者而言，國際結構幾乎不為國家提供任何尋求擴大權力的誘因，相反的，它促使國家維持現有的權力平衡，守住權力而不是增加它才是國家的主要目標。而在攻勢現實主義者看來，國際政治中幾乎看不到想要維持現狀的國家，原因是國際體系為國家犧牲對手以獲得權力創造了巨大的誘導因素，當利益超過成本時，它們就會抓住這一機會。一國的終極目標是成為體系中的霸主。[46]

很明顯，攻勢現實主義與人性現實主義都將大國刻畫成無情的追逐權力者。二者的關鍵區別在於攻勢現實主義者反對摩根索關於國家天生具備A型性格的觀點。相反，他們相信，國際體系迫使大國殫精竭慮地擴充它們的相對權力，因為這是獲得最大安全的最佳途徑。換一句話說，為了生存它們不得不採取侵略性行為。大國具有侵略行為並不是因為它們想要這樣做或具有內在的宰制他國

表1.1 主要現實主義理論

	人性現實主義	守勢現實主義	攻勢現實主義
引起國家爭奪權力的原因是什麼？	國家內在的權力欲望	體系結構	體系結構
國家想要多少權力？	越多越好。國家力求相對權力的最大化，並以霸權作為終極目標。	不多於它們手上所擁有的。國家著重於固守目前的權力平衡。	越多越好。國家力求相對權力的最大化，並以霸權作為終極目標。

的欲望，而是因為它們要想獲得最大的生存機會，就不得不尋求更多的權力。表1.1概述了主要現實主義理論是如何回答上述基本問題的。

至今還沒有文章或著作能夠像摩根索論證人性現實主義、沃爾茲論證守勢現實主義那樣，為攻勢現實主義發幽掘微，闡述其大義。確實，有的現實主義者確實提到過體系給了大國採取侵略行為的理由。也許我們可以從一戰期間一位英國學者、「國際聯盟」（Leagues of Nations）的早期宣導人洛斯・迪金遜（Lowes Dickinson）所著的一本簡短而晦澀的書中找到對攻勢現實主義最輕描淡寫的概述。[47]他在《歐洲無政府狀態》（*The European Anarchy*）一書中說，第一次世界大戰的根本原因「既不是德國也不是其他大國，真正的罪魁禍首是歐洲的無政府狀態」，這一無政府狀態對於那些「為了自身安全與宰制他國兩大動機而企圖壓倒其他國家」的國家產生了巨大的誘惑力」。[48]但是，迪金遜沒有提出全面的理由闡述攻勢現實主義，其他人也沒有。[49]我寫此書的目的就是想填補這一漏洞。

自由美國對權力政治的反感

無論現實主義對詮釋現實世界的政治有多大的貢獻，也無論現實主義對外交政策的形成有多大的指導作用，它在西方都不是一種受歡迎的思想流派。現實主義的核心思想為國家自私地追逐權力提供絕佳的憑據，但它不具有熱情的吸引力。很難想像一個現代政治領導人會公開地要求其國民為改善權力平衡而拚死一戰。歐洲或美國的領導者在世界大戰或冷戰中都沒有這樣做。大多數人更願意把本國與敵國間的戰爭看成善與惡的較量，認為自己站在天使一邊，而對手與惡魔為伍。因此，領導者常把戰爭描繪成一場道德十字軍討伐或意識形態之爭，而不是為權力而戰。所以，現實主義很難討好大眾。

美國人似乎對權力平衡思想特別反感。例如，二十世紀的總統言辭中充滿了攻擊現實主義的調子。伍德羅・威爾遜（Woodrow Wilson）也許是這一觀點的最著名代表，因為他在一戰期間及剛剛結束之時發動過具有感召力的反權力平衡政治運動。[50]然而，威爾遜並非獨一無二，其後繼者不斷地重複他的觀點。例如，在二戰末年，富蘭克林・羅斯福（Franklin Roosevelt）聲稱：「在未來的世界裡，濫用『權力政治』（power politics）術語中的權力不能成為國際關係中的主導因素。」[51]更近的事例是比爾・柯林頓提出的與其驚人相似的觀點，他聲稱：「在這個自由而不是專制向前邁進的世界裡，無視於理想、對純權力政治做的精打細算不可能成氣候。它已經被新時代淘汰了。」[52]一九九七年，他在為北約東擴作辯護時又重複了同樣的主題，指出，那種認為北約東擴政策將孤立俄羅斯的觀點是建立在一種錯誤的認識基礎上的，意指「二十世紀的大國領土政治將主導二十一世紀」已經不合時宜。相反，柯林頓強調了他的信念：「開明的利己主義和共同的價值觀一道將驅使國家以更具建設性的方式成就自身的偉大事業……並將驅使我們攜手合作。」[53]

為什麼美國人不喜歡現實主義？

美國人對現實主義懷有敵視傾向，因為它與美國的基本價值觀相衝突。現實主義有悖於美國人對自身及大千世界的看法。[54]尤其是，現實主義與遍及美國社會的根深蒂固的樂觀主義和道德準則不相吻合。而自由主義則與這些價值觀非常匹配。無怪乎，美國的外交政策辭令聽起來宛如自由主義的訓詞。

美國人基本上是樂觀主義者。[55]無論是國家抑或國際層面的進步，他們都視為既可遇亦可求。正如法國作家托克維爾很久以前所言，美國人相信「人被賦予一種不可限量的本能，以求精益求精。」[56]相比之下，現實主義對國際政治的觀點是悲觀的，它把世界描繪為充滿安全競爭和戰爭的場所，認為「不論採取何種措施，都難以逃避邪惡的權力。」[57]這種悲觀主義與美國強有力的信念相矛盾。美國人的信念是，假以時日和努力，理智的個人可以聯合起來解決重要的社會問題。[58]自由主義對世界政治抱有更大的希望，美國人認為它比現實主義所刻畫的恐怖幽靈更具吸引力。

美國人也傾向於認為，道德應在政治中發揮重要作用。著名的社會學家西摩．馬丁．李普塞（Seymour Martin Lipset）寫道：「美國人是烏托邦式的道德家，他們試圖讓德行制度化、剷除邪惡的人並消滅邪惡的制度和作為。」[59]這種看法與現實主義精神相斥，後者認為戰爭是國際體系生活中的固有部分。大多數美國人把戰爭看成醜惡的行為，最終應從地球上被澈底消滅。戰爭固然可以被用來服務於自由主義的崇高目標，如反對專制、普及民主，但是如果戰爭僅僅是為了改變或維持權力平衡，從道德層面來說，這就是不正確的。這就使克勞塞維茨式的戰爭概念為大多數美國人所詛咒。[60]

美國這種道義化傾向也使得他們無法苟同以下事實：現實主義不對國家好壞作出評判，而主要依據它們相對權力的多寡來分辨。比如，用全然的現實主義解釋冷戰，就很難對衝突期間美國和蘇聯背後的動機差異作出有意義的區分。按照現實主義理論，美蘇雙方都為權力平衡的考慮所驅使，每一方都力圖使自己的權力最大化。但大多數美國人不願接受這種對冷戰的解釋，因為他們相信，美國是受善意驅使，而蘇聯則不然。

當然，自由主義理論者是將國家區分為好壞的，他們常常認為具有市場經濟的自由民主國家最值得稱道。無怪乎，美國人更喜歡這一觀點，因為它認定美國是世界政治中的慈善力量，而把美國當前的或潛在的敵人看成誤入歧途或心懷惡意的麻煩製造者。可以肯定的是，這一思想極大地鼓舞了蘇聯解體和冷戰結束帶給美國人的那種愜意感。當「邪惡帝國」解體時，許多美國人（以及歐洲人）就一廂情願地認為民主之花將遍及全球，世界和平會突然出現。此類樂觀主義在很大程度上是建立在「民主的美國是一個品德高尚的國家」這一信條基礎上的。如果其他國家效仿美國，那麼善良的國家將遍佈全球，這種進步必將終結國際上的紛紛擾擾。

說一套與做一套

因為美國人不喜歡權力政治，所以在公開場合他們常常以自由主義的口吻談論美國的外交政策。政策精英的言論也渲染了濃重的樂觀主義和道德主義色彩。美國學術界特別擅長提升思想市場中的自由主義成分。然而，關起門來，籌畫國家安全政策的精英們卻滿口權力語言，而不是什麼道德原則；在國際體系中，美國也在按現實主義邏輯行事。[61]實質上，他們的公開言論與美國外交政策的具體操作之間存在明顯的鴻溝。

著名的現實主義者經常批評美國的外交過於理想化，並抱怨美國領導者對權力平衡關注不夠。譬如，凱楠在一九五一年寫道：「我發現，我們過去政策制定的最嚴重錯誤在於以『循規蹈矩與道德勸誡』的方式解決國際問題。這種方式在我們過去五十年的整個外交政策中簡直一團糟。」[62]按照這一說法，美國的自由言論與其外交政策行為之間不存在真正的差距，因為美國人向來言行一致。但這種觀點是不正確的，下面我將詳細論證這一問題。美國的外交政策向來受現實主義邏輯支配，雖然其領導者的公開言論可能讓人產生相反的理解。

聰明的觀察者應該清楚地注意到，美國是說一套，做一套。實際上，其他國家的決策者總在評論美國的這種外交政策傾向。例如，卡爾早在一九三九年就說過，歐洲大陸國家把講英語的民族看成是「在善良的外衣下掩蓋其自私的國家利益的藝術大師」，「這種偽善是盎格魯—薩克遜人思維中的特有怪癖」。[63]

儘管如此，美國本身對表面言論與實際作為之間的差距是視而不見的。兩種因素可以解釋這一現象。首先，現實主義政策有時與自由主義的要求是一致的，即當追求權力與追求道德原則並不衝突時，現實主義政策可以名正言順地裝扮上自由主義的花言巧語，而無須討論背後的權力現實。這種一致性有利於外交政策的推行。試舉一例，美國在二戰中抗擊法西斯主義和在冷戰時期反對共產主義都主要源於現實主義原因。但是，兩次反擊又都與自由主義原則相一致，因而，決策者幾乎不費吹灰之力就把它們包裝成意識形態衝突並推銷給了社會大眾。

其次，當美國出於權力計算不得不採取與自由主義相衝突的行動方式時，「政治化妝師」（spin doctors）就會出現，並會講述一個與自由理想極為匹配的荒誕故事。[64]例如，十九世紀晚期，美國把德國看成是值得效仿的進步的憲制國家。但是，在一戰爆發前十年中，隨著兩國關係的惡化，美國對德國的看法改變了。直到一九一七年四月美國對德國宣戰時，美國才不得不承認德國比它的歐洲對手更加專制好戰。

同樣，二十世紀三〇年代晚期，許多美國人把蘇聯看成魔鬼國家，部分原因是由於約瑟夫·史達林（Joseph Stalin）在國內實施血腥清洗政策以及他在一九三九年與納粹德國簽訂惡名昭彰的互不侵犯條約。可是，當美國在一九四一年末與蘇聯聯合抗擊德意志第三帝國（Third Reich）時，美國政府展開了一場大規模的公關運動，以清理美國這一新盟國的形象，使其符合自由主義理念。蘇聯此時已被描繪成「初階民主國家」（proto-democracy），史達林也成了「約瑟夫大叔」（Uncle Joe）。

如何擺脫這種言辭與政策之間的矛盾呢？多數美國人容易接受這套能自圓其說的甜言蜜語，

因為自由主義在他們的文化土壤裡扎下了深深的根基。因此，他們容易相信自己在按照珍愛的原則而非冷酷和蓄意的權力計算行事。[65]

本書的構想

本書的以下章節主要回答我上述提出的關於權力的六大問題。第二章可能是本書最重要的一章。它闡明了我的理論，即國家為什麼爭奪權力和追求霸權。

在第三章和第四章裡，我給權力下了定義，並解釋如何測量權力。這主要是為檢驗我的理論做鋪墊。不弄懂什麼是權力以及國家為了極大地占有世界權力所採用的不同策略，就無從確定國家是否按照攻勢現實主義的旨意行事。我首先對潛在的權力與實際的軍事實力進行了區別，然後指出國家對這兩類權力都非常在意。第三章集中討論潛在權力，主要包括一國的人口規模及財富數量。第四章討論軍事實力。這一章很長，因為我探討的是「地面力量的首要地位」和「水域的阻遏力量」這兩個既新穎又可能引起爭議的問題。

第五章主要探討大國為獲取和鞏固權力所運用的策略。用較大的篇幅討論戰爭對獲取權力的實效性。同時，我還重點討論了抗衡和推卸責任等主題，這是國家面對那些想打破權力平衡的對手的威脅時所採用的主要策略。

在第六章和第七章中，我對歷史紀錄進行考證，看是否存在支持本理論的證據。我特別對一九七二至一九九〇年之間的大國行為作了比較，並檢查這些行為是否符合攻勢現實主義的預測。

在第八章中，我提出了一個簡單理論，解釋大國何時選擇抗衡以及何時選擇推卸策略，然後運用歷史紀錄檢驗該理論。第九章討論戰爭的誘因。在這一章裡，我也提出了一個理論，然後以實證紀錄檢驗它。

第十章研究中國崛起。中國崛起是本世紀以來最重要的國際政治問題，而我要討論這個最重要問題裡最最重要的問題，那就是中國能不能和平崛起。所以本章將用攻勢現實主義理論預測崛起的中國會怎樣面對其他亞洲國家和美國。而預測的結果並不樂觀，中美兩國安全競爭將愈演愈烈，周邊國家大都會聯合美國制衡中國。而且雖然很多人預測中美不會打仗，我卻認為兩國很可能爆發戰爭。

第二章

無政府狀態與權力競爭

我認為，大國總是虎視眈眈地伺機而動，拚命尋找機會謀求力壓其國際上的對手，且在取得霸權的地位之前絕不罷休。除了那個國家以世所罕見的絕對優勢凌駕所有其他國家，我不認為會有那個國家是安於現狀的。相反的，國際體系中到處是心懷修正主義意圖的大國。[1]本章將展現一個解釋這種權力競爭的理論。特別是，我想闡述支持我觀點的一種令人信服的邏輯，即大國謀求最大限度地占有世界權力。在本章中，我不打算用歷史紀錄檢驗攻勢現實主義，這一重要任務將留待後面的章節討論。

國家為什麼追逐權力？

大國為什麼彼此角逐權力和爭奪霸權？我對它的解釋源自國際體系中的五個命題（assumption）。其中任何一個單獨的命題都不足以確保國家表現出競爭行為。但這些命題綜合在一起則可以刻畫出這樣的世界：在這裡，國家有充分的理由考慮採取侵略行為。特別是，該體系鼓勵國家尋找機會最大化地奪取權力。

命題是否一定得忠於現實世界裡的事實？有些社會科學者認為，支持理論的命題無須與現實相吻合。確實，經濟學家密爾頓．傅利曼（Milton Friedman）說過，最好的理論的「命題往往不能恰當地反映現實。一般而言，理論越是重要，其命題越是不切實際」。[2]按照這一觀點，解釋力（explanatory power）是一個理論的全部價值所在，不合現實的命題如果能衍生出一個理論，告訴我們世界是怎樣運作的，那麼這些潛在的命題是否具有現實性並不重要。

我反對這一說法。儘管我贊同估價理論的最終標準是看它的解釋力，但我同時也相信，一個建立在非現實或錯誤命題上的理論，不可能充分解釋世界的運作情況。[3]健全的理論應該建立在有效的命題之上。因此，這五個命題中的每一個都合理地展現了國際體系中的一個重要方面。

五大基本命題

第一個命題是，國際體系處於無政府狀態。這並不意味它四處充滿混亂和無序。我們很容易得出這一結論，因為現實主義描述的是一個以安全競爭和戰爭為特色的世界。但是，就概念本身而言，現實主義關於無政府狀態的概念與現實世界裡的國家衝突毫無關係；這一概念說明的只是一種秩序狀態原則，即國際體系由眾多獨立國家組成，但並不存在任何凌駕於這些獨立國家之上的中央權威機構。[4]換句話說，這些國家的主權是與生俱來的，因為國際體系中沒有更高的統治機構。[5]政府之上不再有政府。[6]

第二個命題是，大國本身具備某些用於侵略擴張的軍事力量，為其彼此傷害甚至摧毀提供必要的資本。雖然有些國家比其他國家更具軍事實力，並因此更加危險，但國家本身就是彼此潛在的危險。一國的軍事力量常常等於任其擺佈的特殊武器，即便沒有武器，那些國家的個人也會以拳腳為工具攻擊另一國的人民。說到底，只有人有雙手，就可以掐住別人的脖子。

第三個命題是，國家永遠無法把握其他國家的意圖（intentions）。尤其是，任何國家都不能肯定另一個國家不會以進攻性軍事力量攻擊它。這並不是說國家非得圖謀不軌、野心勃勃。確實，體系中的所有國家也許都非常仁慈善良，但它們不可能確信這一判斷，因為沒有人可以百分之百的確定別人的意圖為何。[7]導致侵略的原因有多種，任何國家都無法肯定另一個國家不會因其中一個原因而產生侵略野心。[8]另外，意圖稍瞬即變，一國的意圖很可能今天是善意的，明天卻是敵意的。意圖的這種非確定性是無法避免的，這意味著國家永遠無法斷定其他國家在具備進攻能力的同時不會心懷進攻的意圖。

第四個命題是，生存是大國的首要目標。具體而言，國家力圖維護自己的領土完整和國內政治秩序的自治。生存支配其他動機，因為一旦國家被征服，它就沒有資格追求其他目標。早在一九二七年戰爭恐怖時期，蘇聯領導人史達林就很好地領悟了這一道理：「我們能夠而且必須（在蘇聯）建立社會主義，但是，要達到這一目標，首先必須生存。」[9]當然，國家能夠而且確實在追求其他目標，但安全是其最重要的目標。

第五個命題是，大國是理性的行為體。它們清楚自己的外部環境，並從戰略高度考慮如何從中求得生存。尤其是，它們考慮其他國家的優先選擇和本國的行動會怎樣影響其他國家的行為，以及那些國家的行為會怎樣影響自己的生存戰略。另外，國家既關注自己行為的短期後果，也關注中長期的影響。

前面已強調過，上述五條中的任何單一命題都不能萬無一失地保證大國彼此「應該」採取侵略舉動。很可能是，某一些國家的確心懷不軌，但處理這種所有國家都普遍存在的特定動機的唯一假設是：它們的首要目標是為了生存。求生存本身是一個絕對無害的目標。不過，當五個命題同時具備時，它們就創造了強大的壓力，驅使大國對其他國家有所圖謀，甚至付諸行動。尤其可能出現三種的行為模式：恐懼（fear）、自助（self-help）和權力最大化（power maximization）。

國家行為

大國彼此恐懼。它們以猜忌的眼光看待對方，擔心戰爭迫在眉睫。它們預測危險。國家之間幾乎沒有信任的餘地。當然，恐懼的程度因時空而不同，但不可能降至微不足道的水準。任何大國都認為所有其他大國是潛在的敵人。這一點可以從英法對冷戰後德國統一事件的反應得到體現。儘管這三個國家已是四十五年之久的親密盟友，但英國和法國突然對統一的德國的潛在危險感到擔心。[10]

這種國家彼此恐懼的基礎是，在大國擁有攻擊彼此的能力並可能具有進攻動機的世界裡，任何關注生存的國家至少對其他國家存有疑心，不敢掉以輕心。如果再加上「911難題」（編輯注：911是美國的報警電話號碼，正如台灣的119。）——即缺乏一個能讓受威脅的國家向其求救的中央權威，因此，國家彼此間具有更強的動機彼此防範。另外，除因涉及本身利益而可能出現的協力第三方，沒有任何機構可以懲罰侵略者。因為有時很難遏止潛在的侵略者，所以國家很不信任他國，而是做好與它們戰爭的準備。

大國淪為侵略犧牲品的悲慘後果，進一步增加了恐懼在世界政治中作為一種驅動力的重要性。大國彼此之間的競爭暗潮洶湧，因此國際政治不比於經濟市場。國家之間的政治競爭比單純的經濟往來要危險得多。前者可能導致戰爭，戰爭常常意味著戰場上的殺戮和對平民的大屠殺。

更有甚者，戰爭可能毀滅國家。有時，戰爭的可怕後果不但使國家視彼此為競爭者，而且可能成為潛在的死敵。簡言之，政治對抗常常是慘烈的，因為賭注巨大。

國際體系中的國家也以確保自己的安全為目標。由於他國是潛在的威脅，而當國家撥打911時，沒有更高的權威趕來救援，所以它們不能依靠其他國家保護自己的安全。每個國家都把自己看成孤單且易受攻擊的一方，因此，它得為自己的生存提供保障。在國際政治中，天助自助之人。強調自助並不意味著排除國家結成聯盟。[11]但聯盟只是圖一時之便的權宜結合（marriage of convenience）：今天的聯盟夥伴可能是明天的敵人，今天的敵人也可能是明天的聯盟夥伴。例如，在二戰中，美國與中國和蘇聯並肩反對德國和日本，但隨後不久，美國的敵人和夥伴角色轉換了，在冷戰期間，它又聯合西德和日本對抗中國與蘇聯。

在一個自助的世界裡運作的國家總是按照自身的利益行動，不會把自己的利益屈從於其他國家的利益，或從屬於國際共同體的利益。道理很簡單：在一個自助的世界裡，自私是有好處的。無論從眼前利益還是長遠利益看，這一點都是正確的，因為國家一朝受損，可能長時間難以恢復元氣。

國家意識到其他國家的終極意圖並清楚自己生活在一個自助體系後，很快就會懂得確保自己生存的最佳方式是成為體系中最強大的國家。一國的實力越是強於對手，對手攻擊和威脅其生存的可能性就越小。較弱的國家不太可能挑起與較強國家的爭端，因為前者可能遭受軍事失敗，任何兩國的實力差距越大，較弱一方進攻較強一方的可能性就越小。比如，加拿大和墨西哥都不會站出來反對美國，後者比其鄰國要強大得多。理想的情況是成為體系中的霸主。正如伊曼紐爾・康德所說，如果可能的話，通過征服整個世界來達到永久的和平狀態正是每個國家或其統治者的欲望。[12]這樣，生存也幾乎可以得以保證了。[13]

因此，國家極其關注權力如何在它們之中得以分配，並盡力使自己占有的世界權力最大化。特別是，它們伺機損人以利己，以此改變權力平衡。國家採用各種各樣的手段如經濟、外交和軍事等，對權力平衡進行有利於自己的改變，即使這種做法使其他國家產生懷疑甚至敵意。由於一國所得為另一國之所失，所以大國彼此在打交道時帶有一種零和心理（zero-sum mentality）。當然，這種詭計旨在成為競爭中的勝者，統治體系中的其他國家。因此，我們說國家最大化地追求權力，就等於說國家彼此間懷有一種侵略擴張的傾向，即使它們的最終動機只是為了生存。一句話，大國具有侵略意圖。[14]

甚至當一個大國取得明顯高於其對手的軍事優勢時，它仍會繼續尋找機會增加權力。只有當一國獲得霸權後，它才會停止追求權力。那種認為一個大國只需擁有「適量」的權力而無須宰制體系就可以高枕無憂的觀點是難以令人信服的。[15]原因有二。第一，在一國感到安全前，很難估算它必須具備多少高於其對手的相對權力。兩倍權力是適度的極限，還是三倍權力才算誘人的量？問題的根本在於，單是計算權力無法裁決哪一方將贏得戰爭。比如，高明的戰略有時能讓次強的國家打敗更強大的敵人。

第二，當大國考慮今後十年或二十年內如何分配權力時，更難確定多少權力是足夠的。單個國家的能力隨著時間的推移會變化，有時變化很大，常常難以預測權力平衡變化的程度與範圍。我們記得，在蘇聯解體之前，西方很少有人預見到它會解體。事實上，在冷戰的前半葉，西方許多人擔心，蘇聯的經濟將最終生產出多於美國的財富，造成不利於美國及其盟國的權力轉移。中國和蘇聯的未來會怎樣以及二〇二〇年的權力平衡又將出現何種局面，是很難預見的。

因為很難確定多少權力才算是今天和明天夠用的權力，因此，大國認識到，保證自己安全的最佳辦法是當前就爭取成為霸主，這樣就消除了任何其他大國挑戰的可能性。只有腦袋不清醒的國家才會感到它已獲得了足夠的生存權力，而不願抓住機會爭做體系中的霸主。[16]然而，即使一個大國不擁有獲得霸權的資本（這是常見的情況），它仍會採取進攻姿態，盡可能多地斂聚權力，畢竟，擁有較多權力而不是較少權力會讓國家感到好過些。簡單地講，在完全控制體系之前，國家是不會成為安於現狀的國家的。

所有國家都受這一邏輯的影響：它們不但尋找機會利用對方，而且保證其他國家不會利用自己。畢竟，對手也受同一邏輯的驅使，而且大多數國家很可能意識到，自己在策劃動機時，其他國家也在採取行動。簡言之，國家基本上既注意進攻又關注防禦。它們一邊盤算著如何開疆拓土，一邊又要擔心他國以鄰為壑。這就無情地產生了一個無休止的安全競爭的世界：如果國家能獲得超過對手的優勢，它們就不惜撒謊、欺詐甚至動用粗暴的武力。如果有人把和平定義為寧靜及彼此和睦相處的狀態，那麼在這個世界裡是不可能看到和平的。

「安全困境」（security dilemma）是國際關係文獻中最著名的概念之一，它體現了攻勢現實主義的基本邏輯。該困境的基本主張是，一個國家用來增加自己安全的措施常常會損傷他國的安全。因此，一個國家在不威脅其他國家的安全的情況下增加自己的生存機會是困難的。一九五〇年，約翰·赫茲（John Herz）在《世界政治》（*World Politics*）期刊上發表的一篇文章中，首次提出了安全困境的概念。[17]在討論國際政治的無政府屬性後，他寫道：「為了從……進攻中獲得安全，（國家）被迫攫取越來越多的權力，以避免受到他國的權力的衝擊。這又反過來使其他國家感到更不安全，並迫使後者作最壞的打算。在一個人人你爭我奪的世界裡，沒有任何國家能感到澈底安全，因此權力競爭相繼而生，瘋狂累積安全的惡性循環也接踵而至。」[18]赫茲的意思很清楚，即在無政府狀態下，一個國家的最佳生存之道是利用其他國家，犧牲他國之利，為自己獲取權力。最好的防禦就是一種有效的進攻。由於這一教訓被普遍認同，因此，無休止的安全競爭連綿不斷。不幸的是，只要國家生活在無政府狀態中，就幾乎不可能採取任何措施扭轉安全困境。

從這一討論中我們可以清楚地看出，我們說國家是追求權力的最大化者，就等於說它們在乎的是相對權力（relative power）而不是絕對權力（absolute power）。這裡有一個重要區別，因為關心相對權力的國家與對絕對權力感興趣的國家表現不同。[19]最大量地占有相對權力的國家主要關心物質能力的分配。特別是，它們試圖盡可能多地奪取超出其對手的權力優勢，因為在險惡的世界裡，權力是生存的最好手段，因此，受相對權力考慮驅使的國家可能會為了較小的但卻能給自己帶來比對手更多的權力優勢的國家利益，而放棄自己權力中較大的利益，如果這種較大的利益會給對手帶來更大的權力的話。[20]另一方面，追求絕對權力最大化的國家只在乎自己利益的大小，不關心他國利益的多少。它們不受權力平衡邏輯的驅使，只關心權力的集聚，不在乎其他國家控制多少權力。它們會抓住巨大利潤的機會，即使對手在該交易中獲得了更多的利益。根據這一邏輯，權力不是達到其目標（即生存）的手段，而是目標之本身。[21]

謀定而後動的侵略

顯然，在國家伺機獵取權力的世界裡，幾乎不存在想要安於現狀的大國的餘地。不過，大國不能總是按照它們的進攻意圖行事，因為國家行為不但受國家的欲望的影響，而且受制於它們實現這些欲望的能力。所有國家都想成為山大王，但並非每一個國家都有資本競爭這一尊貴地位，更不用說獲取它。這在很大程度上取決於軍事力量在大國中如何分配。一個比其對手擁有明顯權力優勢的國家可能更具侵略性，因為它不僅具有採取此類行動的動機，而且還具有採取此類行為的能力。

相比而言，面對強大對手的大國一般較少考慮採取進攻行動，而是更關心保護現存權力平衡，以免受更強大對手的威脅。然而，假如讓那些較弱國家擁有一個以自己利益為中心來修正權力平衡的機會，它們就會利用它。史達林在第二次世界大戰結束時把這一點闡述得很深刻：「每一個國家都把自己的體制強加於它的軍隊力所能及的地方，絕不會出現相反的情況。」[22]也許國家有能力獲得多於其對手的優勢，但它們認為，進攻代價太高，無法保證獲得預期的利益。

簡單地說，大國並非無頭腦的侵略者，它們不只是魯莽地衝鋒陷陣，直到輸掉戰爭或追求得不償失的勝利（Pyrrhic victory）。相反的，大國採取進攻行動之前，會仔細考慮權力平衡以及其他國家對它們行動的反應。它們將估算進攻的代價、危險與可能的利益之間的得失。倘若利益不足以抵消危險，它們會按兵不動，等待更有利的時機。國家從來不會發動不可能提高它們總體地位的軍備競賽。正如第三章將會詳細討論的那樣，國家有時限制防禦開支，要麼是因為較大的開支不會帶來戰略優勢，要麼是因為它將削弱經濟、損害國家的長遠實力。[23]用克林・伊斯威特（Clint Eastwood）的話說，一國必須知道它在國際體系中的生存底線。

不過，大國也不時會出現誤算（miscalculation），因為它們總是根據不完整的資訊作出重要決定。國家對它們面對的任何形勢幾乎都沒有完整的資訊。這一難題來自於兩個方面。潛在的對手有虛報它們自己的實力和弱點、隱藏真實目標的動機。[24]試舉一例，一個弱國為了阻止一個強國的進攻，前者可能誇大它的實力，以打消潛在侵略者的進攻念頭。另一方面，一個打算採取侵略行動的國家可能偽裝出熱愛和平的面孔，而誇大自己的軍事弱點，以使潛在的受害者疏於建立它的軍備，處於被動挨打的局面。也許沒有哪一國的領導人比希特勒更會玩弄這種伎倆了。

然而，即使假情報不是問題，大國也常常無法肯定敵我雙方的軍事力量在戰場上將如何表現。譬如，有時，很難事先確定新式武器和未經戰爭洗禮的戰鬥部隊如何在敵人的火力面前發揮作用。和平時期的軍事演習和戰爭遊戲雖然有益，但是無法準確表現實戰中可能發生的一切。打仗是一項複雜的賭博，常常難以預料結果。我們還記得，雖然一九九一年早期美國及其盟國在對伊拉克一戰中輕而易舉地贏得了勝利，但是，當時大多數專家認為，伊拉克的軍隊是令人恐懼的敵人，在它們最終屈服於美國的軍事實力之前，將頑抗到底。[25]

有時，大國也既摸不准盟國的想法，也無法確定對手的意志。比如，德國相信，如果它在一九四一年夏攻打法國與蘇聯，那麼英國很可能會置身於戰外。海珊（Saddam Hussein）在一九九〇年八月入侵科威特時，也估計美國會袖手旁觀。兩個侵略者都猜錯了，但二者都有充分的理由認為自己當初的判斷是正確的。二十世紀三〇年代，希特勒相信，他的大國對手很容易被利用和孤立，因為每一個對手都沒有興趣同德國交戰，因而會下定決心讓其他人承受這一重擔。他的猜測是對的。總之，大國不斷發現自己面對一個不得不依靠不完整的情報作出重要決策的情形。難怪它們有時作出錯誤判斷並以嚴重傷害自己收場。

有些守勢現實主義者甚至認為，國際體系的限制因素之強，足以令進攻無功而返，侵略者勢必落到遭受懲罰的下場。[26]他們強調：(1)受威脅的國家會選擇抗衡侵略者，並最終擊潰它們；(2)存在一個經常朝防禦嚴重傾斜的攻守平衡，這使征服變得極其困難。因此，大國應該對自己現有的權力平衡感到滿足，不應以武力改變它。畢竟，一國挑起自己可能輸掉的戰爭是沒有絲毫意義的，是自取滅亡的行為，因此，更好的做法是維護權力平衡。[27]另外，由於侵略者很少能得逞，國家應該認識到安全是充足的，因此，沒有什麼好的戰略理由把爭取更多權力的目標放在首位。在一個採取征服行動往往得不償失的世界裡，國家彼此之間應該懷有相對良性的意圖。這些守勢現實主義者認為，如果它們做不到這一點，其原因很可能在於惡性的國內政治，而不是因為國家精確地估算了自己如何在一個無政府世界中確保安全。

無疑，體系因素限制了侵略行為，特別是受威脅國家的制衡手段不容小覷。但守勢現實主義者誇大了那些限制力量。[28]事實上，很少有歷史紀錄能夠證明他們關於進攻很少得逞的觀點。一項研究估計，一八一五年至一九八〇年間發生了六十三場戰爭，其中發動戰爭的一方贏了三十九次，有百分之六十的勝算率。[29]再看看具體事例，奧圖．馮．俾斯麥於一八六四年、一八六六年和一八七〇年分別贏得了對丹麥、奧地利和法國的軍事勝利。我們今天所知道的美國在很大程度上也是通過十九世紀的征服建立起來的。在這些事例中，征服當然獲得了巨大的紅利。納粹德國分別在一九三九年和一九四〇年贏得了對波蘭和法國的戰爭勝利，卻在一九四一年至一九四五年輸給了蘇聯。最終，征服沒有為第三帝國帶來福祉。然而，假如在攻陷法國後，希特勒能控制住自己，不去侵略蘇聯，那麼征服很可能會為納粹帶來不薄的收穫。概言之，歷史記載表明，進攻有時會成功，有時不會成功。關鍵在於，虎視眈眈瞄準權力的國家要決定何時出手，何時收場。[30]

霸權的極限

正如我所強調的，大國試圖獲得超出其對手的權力，並希望成為霸主。一旦國家獲得了那一人人嫉妒的地位，它就成了一個想要維持現狀的國家。然而，這裡有必要更多地討論霸權的內涵。

霸主是指一個強大到足以統治體系中所有其他國家的國家。[31]其他任何國家都不具有能承受起與之進行重大戰爭的資本。具體來說，霸主是體系中唯一的大國。一個只比體系中其他國家更強大的國家不算霸主，因為嚴格地說，它還面對其他大國。例如，十九世紀中期的英國有時被稱作「霸主」。但它並非霸主，因為當時歐洲還有其他四個大國——奧地利、法國、普魯士和俄國——而英國沒有以任何有意義的方式統治過它們。事實上，當時英國把法國看成是權力平衡的最大威脅。十九世紀的歐洲屬多極而非單極格局。

霸權意味著對體系的控制，這一概念通常被理解為對整個世界的統治。不過，我們可以更狹義地定義「體系」這一概念，用它來描述一些特定地區，如歐洲、東北亞以及西半球等，因此，人們可以將支配世界的「全球霸主」（global hegemon）和統治某特定地域的「地區霸主」（reginal hegemon）區別開來。美國至少在過去一百年裡一直是西半球的地區霸主。美洲的其他國家都不具備向它挑戰的足夠軍事能力。這就是美國被公認為該地區唯一大國的原因。

在接下來的章節裡，我要詳細討論這一觀點，除非一國可能獲得明顯的核武優勢，任何國家都不可能成為全球霸主。統治世界的主要障礙在於，國家要跨越世界海洋到大國對手的領土上謀取權力非常困難。譬如，美國是當今地球上最強大的國家。但它沒有以控制西半球的方式主宰過歐洲和東北亞，而且它也從未打算要征服和控制這些遙遠的地區，主要原因就在於水域的阻遏力量。我們確實有理由認為，在今後的十年內，美國可能會逐步減少在歐洲和東北亞承擔的義務。總之，過去從來沒有出現過全球霸主，最近的將來也不會有。

大國能得到的最好結果是成為地區霸主，並可能控制在陸地上與之毗鄰或易於到達的另一地區。美國是現代歷史上唯一的地區霸主，儘管其他國家為了尋求地區霸權打過許多大仗：如東北亞的日本帝國、歐洲的拿破崙法國、威廉德國和納粹德國等，但沒有一個獲得成功。冷戰期間，地跨歐洲和東北亞的蘇聯也威脅過要統治這兩個地區。蘇聯也許還嘗試過征服與之接壤的、具有豐富石油的波斯灣地區。然而即使莫斯科能統治歐洲、東北亞和波斯灣（從未夢想成真），它也無法征服西半球而成為一個真正的全球霸主。

取得地區霸權的國家，常常試圖阻止其他地區的大國複製它們的輝煌成就。換句話說，地區霸主不想要能與之匹敵的對手。因此，美國在阻止日本帝國、威廉德國、納粹德國和蘇聯獲得地區霸權的過程中發揮過關鍵作用。地區霸主之所以試圖阻遏其他地區出現有野心的霸主，是因為它們擔心一個控制該地區的大國對手將是一個特別強大的敵人，尤其是，後者能在前者的後院肆無忌憚地製造麻煩。地區霸主寧願其他地區至少出現兩個大國，因為兩個大國接近的地理位置迫使它們把注意力集中在彼此身上，而不會關注遠處的霸主。

此外，如果兩個大國中冒出一個潛在霸主，那麼那一地區的其他大國本身可能會牽制它，使遠處的霸主還能高枕無憂。當然，假如本地區大國不能完成這一使命，遠方的霸主可能採取恰當的措施應對這一威脅國。如上所說，美國在二十世紀四個不同的時機挑起過那一重擔。這就是為什麼它通常被稱作「離岸平衡手」（offshore balancer）的原因。

總之，任何大國的理想局面是成為世界唯一的地區霸主。那一國家將是一個維持現狀的國家，它可以盡情地保護現有的權力分配。今天的美國就處於這種令人垂涎的位置，它支配著西半球，而且世界上其他地區都沒有霸主。但如果一個地區霸主面對一個可與之匹敵的競爭對手，那麼它就不再是偏好現狀的國家。無疑，它一定會竭盡全力削弱甚至消滅它的遠方對手。當然，兩個地區霸主都會受到那一邏輯的驅使，它們之間必然發生劇烈的安全競爭。

權力與恐懼

大國彼此恐懼是國際體系中普遍存在的核心問題。但如我所指出的那樣，恐懼的程度因情形不同而各異。例如，蘇聯在一九三〇年對德國的擔心就明顯少於一九三九年。國家在多大程度上彼此懼怕關係重大，因為它們之間的恐懼程度在很大程度上決定著它們之間發生戰爭的可能性，也決定著它們之間安全競爭的激烈度。恐懼越深，安全競爭就越是強烈，越是可能出現戰爭。這個道理十分明白易懂：感到恐懼的國家特別賣命地尋找提高自己安全的出路，它傾向於用危險的政策達到那一目的。因而，弄懂是什麼引起國家彼此或多或少地恐懼對方非常重要。

大國間的彼此恐懼起源於這一事實：它們總是具備一定用來抗擊彼此的進攻性軍事能力，而且任何國家都永遠無法肯定其他國家不打算用這一能力來對付自己。此外，由於國家在無政府狀態下運作，萬一另一大國進攻它們，沒有任何「守夜人」（night watchman）為它們提供幫助。雖然無政府狀態和對其他國家意圖的不確定性造成國家間無法消滅的恐懼程度，導致追求權力最大化的行為，但是它們不能解釋為什麼有時恐懼程度要高於其他時候。原因在於無政府狀態和辨別國家意圖的困難是生活中常有的事實，常數是不可能被用來解釋變化的。然而，國家威脅彼此的能力因情況不同而各有區別，而且它是驅使恐懼程度或高或低的關鍵因素。特別是，一國獲得的權力越多，它令對手產生的恐懼就越深。試舉一例，二十世紀三〇年代後期，德國要比這十年的早期強大得多，這就是為什麼蘇聯在這十年中對德國的恐懼不斷加深的原因。

在討論權力怎樣引起恐懼之後，我們勢必會問一個更深層的問題，即什麼是權力。區別潛在的權力與實際的權力很重要。一國的潛在權力（potential power）建立在它的人口數量和財富水準上。這兩種資源是軍事能力的主要支柱。擁有大量人口的富裕對手通常能建立令人膽寒的武裝部隊。一國的實際權力（actual power）主要體現在它的陸軍和直接支持它的空軍及海軍力量上。陸軍是軍事力量的核心成分，因為它是征服和控制領土（在一個以領土國家為特徵的世界裡極為重要的目標）的主要工具。

簡言之，即便在核武時代，軍事能力的核心成分也是陸上能力。

權力因素在三個主要方面影響恐懼的程度。第一，一個擁有能經受核武攻擊並實施報復的敵國與它不具有核子武器時相比，前一種情況造成彼此恐懼的程度要小一些。例如，在冷戰期間，假如當時核子武器還未問世，那麼超級大國之間的恐懼程度很可能要高得多。個中道理很簡單。因為核子武器能在短時間內給對方造成毀滅性破壞，所以裝備核子武器的雙方不願相互攻擊，這意味著，每一方懼怕對方的理由要少於相反的情況。但正如冷戰所表明的那樣，這並不意味著核武大國間不再有戰爭，它們仍有理由相互提防。

第二，當大國被巨大的水體分隔時，它們常常不具有相互攻擊的軍事能力，不管其軍隊的相對規模有多大。巨大的水體是一個可怕的障礙，它給進攻軍隊的力量投擲帶來了難題。例如，水域的阻遏力量可以很好地解釋為什麼英國和美國（自一八九八年成為大國以來）從未被另一大國入侵。它同時也可以解釋美國從未幻想過征服歐洲和東北亞領土以及英國從未試圖統治歐洲大陸的緣由。位於同一大陸的大國則處於可以輕易彼此攻擊和征服的位置。這一點尤其適用於擁有共同邊界的國家。因而，被水體分隔的大國，可能不如在陸地上相通的國家那樣相互提防。

第三，國家之間的權力分配也會極大地影響恐懼的程度。[32]關鍵的問題在於，大國間的權力是否或多或少地得到了平衡分配，或是否存在極大的權力不對稱性。產生最大恐懼的權力結構是多極體系，它包含一個潛在的霸主，我稱之為「不平衡多極」（unbalanced multipolarity）。

一個潛在的霸主不僅僅是體系中最強大的國家，它是個具有巨大實際軍事能力和很大潛力的大國，很可能支配和控制它所在地區的所有大國。一個潛在的霸主不一定立即擁有攻擊它所有對手的資本，但必須能夠游刃有餘地擊敗任何單一對手，並且還能相對輕鬆地逐個擊敗數個對手。關鍵因素在於體系中的潛在霸主與次強國之間的權力差距——它們之間一定要存在顯著的差距。要成為潛在的霸主，一個國家在本地區所有國家中不僅必須——以相當的差距——擁有最大的潛在權力，而且還要擁有最龐大的軍隊。

兩極體系是最不容易引起大國彼此恐懼的權力結構，儘管這一恐懼並非微不足道。兩極下的恐懼並非劇烈，原因在於，該體系中的兩個大國常常保持大致的權力平衡。不存在潛在霸主的多極體系，我稱之為「平衡多極」（balanced multipolarity），這種體系中的成員之間仍可能存在權力的不對稱性，儘管這些不對稱性不像體系中出現潛在霸主時那樣明顯。因此，平衡的多極可能比不平衡的多極體系產生的恐懼要少，但比兩極體系引起的恐懼要多。

關於大國間恐懼的程度如何隨權力分配的變化而改變，而不是隨國家對每一方意圖的揣摩推測而變化的討論，引出了一個相關的問題。當一國考察它的環境，以決定哪些國家對自己構成威脅時，它主要關注潛在對手的進攻能力，而不是它們的意圖。前面已經強調，意圖是根本無法得知的，所以，為生存擔心的國家必須對其對手的意圖作最壞的假設。而力量卻不一樣，它不但可以被測量，而且能夠決定一個對手是否為嚴重的威脅。總之，大國針對能力而非意圖來建立權力平衡。[33]

顯然，大國會抗衡擁有龐大軍事力量的國家，因為那種進攻性軍事能力是它們生存的有形威脅。然而，大國對於對手控制多少無形權力也非常關注，因為人口眾多的富裕國家通常能夠而且事實上也建立了強大的軍隊。因而，大國常常提防擁有大量人口、經濟增長快速的國家，即使這些國家還未把它們的財富轉化為軍事能力。

國家目標的輕重緩急

按照我的理論，生存是大國的首要目標。但是，在實際中，國家也追求非安全目標。例如，大國總是尋求繁榮富庶的經濟以提高其公民的福利。有時，它們試圖在海外推行某種特定的意識形態，如冷戰期間，美國試圖在世界範圍內散播民主思潮和蘇聯試圖在世界各地推銷共產主義思想就屬這一類。有時，國家統一是激發國家的另一目標，就像十九世紀的普魯士和義大利以及冷戰後的德國一樣。大國也偶爾試圖在全球範圍內改進人權問題。國家既可能追求一系列其他非安全目標，也可能尋求其中任何目標。

攻勢現實主義無疑也認識到，大國可能追求這些非安全目標，但很少論及它們。但攻勢現實主義強調：唯有在必要的行為與權力平衡邏輯不相衝突的前提下，國家才可以追求這些目標，這狀況其實常常發生。[34]事實上，追求這些非安全目標有時補充了對權力的獵取。試舉一例，納粹德國向東歐擴張是基於意識形態和現實主義兩方面的原因。冷戰期間，超級大國彼此間的較量也出於相似的原因。另外，較繁榮的經濟總是意味著較多的財富，這對安全具有重要的意義，因為財富是軍事能力的基礎。富裕的國家能負擔起強大的軍事力量，它提高一國的生存前景。正如五十多年前政治經濟學家雅各·瓦伊納（Jacob Viner）所說，財富和權力之間「具有長期的和諧性」。[35]國家統一也是一個與追求權力相輔相成的目標。例如，一八七一年出現的統一德國比它所取代的普魯士更為強大。

有時，追求非安全目標對權力平衡幾乎沒有任何影響。人權干涉常常屬於這種情況。因為它們往往是小規模的行動，代價很小，也不會減損一個大國的生存前景。無論好壞，國家很少願意以流血耗財的方式，保護外國人免受虐待甚至種族清洗。例如，儘管美國聲稱其外交政策充滿著人道準則，但是，索馬利亞事件（一九九二至一九九三年）是過去一百年來美國唯一一次為了執行人道主義任務而讓自己的士兵喪身異域。在這一事件中，一九九三年十月的一次灰頭土臉的交火只丟掉了十八名美國士兵的性命，卻重創了美國決策者，逼著他們不得不立即從索馬利亞撤出美國所有的軍隊。隨後，一九九四年春，當盧安達的胡圖族（Hutu）對其臨近的圖西族（Tutsi）大肆清洗時，美國拒絕出兵干預。[36]對美國而言，阻止那種大屠殺也許輕而易舉，不會對自己的權力平衡地位產生實質性影響。[37]但它未採取任何行動。總之，現實主義雖然沒有規定必須實施人道干預，但也未必禁止這樣做。

然後，有時，追求非安全目標與權力平衡邏輯相抵觸，在這種情況下，國家常常按現實主義的旨意行事。比如說，儘管美國承諾在全球傳播民主，但在冷戰中，美國卻推翻一些民選的政府，扶植獨裁政權，因為美國決策者認為這些行動有助於遏制蘇聯。[38]在第二次世界大戰中，自由民主國家把對共產主義的嫉恨拋置一邊，聯合蘇聯抗擊納粹德國。富蘭克林・羅斯福說：「我不能接受共產主義」，但為了擊敗希特勒，「我願與魔鬼攜手」。[39]同樣，史達林也不斷表示，當他對意識形態的偏愛與權力考慮發生衝突時，會優先考慮後者。他最廣為人知的現實主義例子是，一九三九年八月蘇聯與納粹德國簽訂《互不侵犯條約》，即惡名昭彰的《莫洛托夫—里賓特洛甫協定》（Molotov-Ribbentrop Pact），希望這一協定至少能暫時滿足希特勒在東歐的領土野心，使他的國防軍（Wehrmacht）對準法國和英國。[40]總之，當大國面對嚴重威脅時，一旦需要尋找聯盟夥伴，它們很少顧及意識形態。[41]

當安全與財富這兩個目標相衝突時，前者重於後者，正如亞當・史密斯（Adam Smith）在《國富論》（The Wealth of Nations）中所言，「國防比富庶來得重要得多」[42]。當國家被迫在財富和權力之間作出選擇時它將如何表現，史密斯對此作了很好的描述。一六五一年，英國制訂了一部著名的《航海法案》（Navigation Act），這一保護貿易的立法旨在重創荷蘭的商業，並最終削弱荷蘭的經濟。該法案規定，所有進口到英國的貨物要麼用英國船隻要麼以貨物原產國的船舶運送。由於荷蘭本身很少生產貨品，因此這一措施將嚴重損害其經濟繁榮的支柱，即航運業。當然，《航海法案》也損害了英國的經濟，主要是因為它剝奪了英國的自由貿易利益。史密斯寫道：「《航海法案》對於對外貿易和由此產生的財富增長都沒有好處。」但是，史密斯把這一立法視為「英國所有商業法規中最明智的一個」，因為它對荷蘭經濟造成的損害要大於對英國經濟的損傷，何況，十七世紀中期，荷蘭是「唯一能危及英國安全的海上強國」[43]。

創造世界秩序

有人主張，大國可以集體創建一個能超越現實主義邏輯、培育和平與正義的國際秩序。世界和平對增進一國的繁榮和安全似乎有百利而無一害。二十世紀，美國的政治領導人對這一論點開出了大量的空頭支票。比如，一九九三年九月，柯林頓總統在聯合國演講時說：「四十八年前，這個組織誕生時……來自許多國家富有才華的一代領導人為了安全和繁榮，毅然決然把世界的力量團聚起來……現在，歷史賦予了我們更大的機會……讓我們下定決心把夢做大……讓我們確保傳給我們子孫的是一個比我們今天居住的更健康、更安全和更富裕的世界。」[44]

儘管說得舌粲蓮花，大國不會為促進世界秩序而一同合作來促進世界秩序。相反的，每一個國家都力求最大量地占有世界權力，這很可能與創造和維持一個穩定的國際秩序的目標背道而馳。[45]這並不是說大國從不想阻止戰爭與維持和平。事實上，它們竭盡全力阻止使自己可能成為犧牲品的戰爭。然而，在這種情況下，國家行為主要受狹隘地計較相對權力的動機所驅使，而不是為了創設一種對於自身利益不痛不癢的的世界秩序來盡心力。例如，冷戰期間，美國花費大量的資源阻止蘇聯在歐洲發動一場戰爭，並不是因為某種改進全球和平的偉大承諾，而是因為美國領導者擔心蘇聯的勝利將導致權力平衡出現危險的改變。[46]

無論何時，某種國際秩序的出現，大體上都是體系中大國自私行為的副產品。換句話說，體系的構造是大國安全競爭的額外結果，而不是國家採取集體行動構建和平的結局。歐洲冷戰秩序的建立就說明了這一點。既非蘇聯亦非美國有意去建立它，它們也沒有去共同創造它。事實上，在冷戰的早期，每一個超級大國都極力以犧牲對方為代價來獲得權力，並阻止對手這樣做。[47]二戰結束後，歐洲出現的體系是超級大國間激烈的安全競爭產生的偶發結果。

儘管隨著一九九〇年冷戰的結束，超級大國的激烈對抗已經消失，但俄羅斯和美國仍未聯手在歐洲創立目前的秩序。譬如，美國已經拒絕俄羅斯提出的關於建立「歐洲安全與合作組織」（Organization for Security and Cooperation in Europe，以取代美國主導的「北約組織」）這一歐洲安全核心支柱的各種建議。另外，俄羅斯強烈反對北約東擴，將它視為對俄羅斯安全的嚴重威脅。但是，美國深知俄羅斯的虛弱，不可能進行任何報復，因此它置俄羅斯的擔心於不顧，繼續推進北約東擴，接納捷克共和國、匈牙利和波蘭為該組織的成員。俄羅斯也反對美國過去十年在巴爾幹半島的政策，尤其是一九九九年北約發動對南斯拉夫聯盟共和國（Federal Republic of Yugoslavia，簡稱南聯盟）的戰爭。美國再一次不顧俄羅斯的擔心，採取它認為必要的步驟在那一不穩定的地區締造和平。最後，值得注意的一點是，雖然俄羅斯堅決反對美國飛彈防禦體系（ballistic missile defense），但一旦美國覺得技術成熟，它很有可能部署這種系統。

誠然，正如冷戰時的情況，大國對抗有時會產生一個穩定的國際秩序。然而，大國將繼續尋找機會，增加其分得的世界權力，而且假若一旦出現有利形勢，它們會站出來打破那一穩定的秩序。我們看到，二十世紀八〇年代後期，美國非常賣力地削弱蘇聯，並在冷戰後期推翻歐洲已經出現的穩定秩序。[48]當然，權力喪失已成定局的國家將起來抵禦侵略，維持現存的秩序。但它們的動機是自私的，是出於權力平衡邏輯考慮，而不是出於某種對世界和平的承諾。

有兩個原因可以解釋大國不可能致力於追求和平的世界秩序。首先，各個國家無法對什麼是創造、維繫和平的基本原則達成共識。誠然，對這一和平藍圖應該是什麼樣子，國際關係學者從未有過共同的答案。事實上，解釋戰爭與和平的理論與從事這一主題研究的學者幾乎一樣多。但更重要的是，決策者不能對如何創造一個穩定的世界秩序達成一致意見。比如，在第一次世界大戰後的巴黎和會上，在如何創立歐洲穩定問題上的重要分歧，使喬治·克里孟梭（Georges Clemenceau）、大衛·勞合·喬治（David Lloyd George）和伍德羅·威爾遜分道揚鑣了。[49]特別是，在萊茵地區問題上，克里孟梭打算比勞合．喬治和威爾遜對德國提出更苛刻的條件。而勞合．喬治是主張分割德國的強硬派。因此，《凡爾賽條約》在改進歐洲的穩定問題上徒勞無功也就不奇怪了。

再看看美國在冷戰早期是如何考慮爭取歐洲穩定的。[50]早在二十世紀五〇年代，一個穩定而持久的體系所需的關鍵因素就已經準備就緒。它們包括分裂德國、美國地面部隊駐紮在西歐以抵抗蘇聯的進攻、確保西德不發展核子武器等。但杜魯門政府對於一個分裂的德國可能帶來和平還是戰爭的問題，沒有形成一致意見。例如，位居國務院重要位置的喬治．凱楠和保羅．尼采認為，一個分裂的德國將是不穩定的根源，而國務卿迪安．艾奇遜（Dean Acheson）卻不同意這種看法。二十世紀五〇年代，艾森豪（Dwight Eisenhower）總統想要結束美國對歐洲的保護義務，並向西德提供核子武器，讓後者擁有自己的核威懾力量。雖然這一政策從未實施過，但它極大地造成了歐洲的不穩定性，直接導致了一九五八至一九五九年和一九六一年的「柏林危機」。[51]

其次，大國不可能置權力考慮於不顧，而著手增進國際和平，因為它們無法肯定它們的努力能否成功。倘若努力失敗，它們必將為忽視權力平衡付出慘重的代價，因為一旦侵略者來到家門口，它們再撥打911，是得不到回應的。很少有國家會冒這種風險。因此，這種謹慎態度要求它們必須按現實主義邏輯行事。這些理由告訴我們，呼籲國家摒棄狹隘的權力平衡考慮而按國際共同體的更廣泛利益行事的集體安全計畫，不可避免地要夭折。[52]

國家間的合作

也許有人會從以上討論中得出結論，認為我的理論排除了大國間任何形式的合作。這個結論是錯誤的。國家能夠合作，雖然有時合作難以實現，而且總是難以持久。兩類因素制約了合作：對相對收益的顧慮和對欺詐的提防。[53]從根本上而言，大國處在一個競爭的世界中，在這裡，它們至少把彼此看成潛在的敵人，因而它們希望以犧牲對手為代價獲取權力。

任何兩個試圖合作的國家，都必須考慮在它們之間如何分配收益。它們可能按照絕對或相對收益（前面已對追求絕對權力和相對權力作了區別，這裡的概念是一樣的）的標準來考慮分配問題。在絕對收益情況下，每一方關心的是自己最大化地占有利益，毫不在乎他國在交易中的得失。只有當他國行為影響到自己對權力的最大化占有時，各方才會在乎對方。而另一方面，在相對收益的情況下，每一方不但考慮自己的個體收益，而且關心己方是否獲得了較他方更多的收益。

由於大國非常注重權力平衡，因此，當它們考慮與其他方合作時，會傾向考慮相對收益問題。每個國家無疑想使自己的絕對收益最大化。但對一個國家來說，更重要的是確保它在任何協議中都不會虧待自己，而且做得更好。然而，當國家把著眼點轉向相對收益而不是絕對收益時，合作就變得更為困難了。[54]這是因為，關心絕對收益的國家必須保證，一旦餅做大後，它們至少能得到增加部分的份額，而關注相對收益的國家必須對餅的分配特別留心，這就使合作的努力複雜化了。

對欺詐的擔心也會妨礙合作。大國常常不願參加合作協定，擔心其他方會在協議中耍欺騙手段，以獲得更大的優勢。這一擔心在軍事方面尤其敏感，並會引起「背信棄義的特殊危險」，因為在權力平衡情況下，軍事裝備的屬性是快速變化的。[55]這種變化可以為國家創造一個機會，讓其運用欺騙方式，使它的受害者遭受決定性的失敗。

儘管合作存在諸如此類的障礙，但現實主義世界中的大國確實也存在合作。權力平衡邏輯常常促使大國結成聯盟，聯合反對共同的敵人。譬如，在二戰之前和二戰中，英國、法國和蘇聯就是反對德國的盟國。國家有時集結起來對付第三國，就像一九三九年德國與蘇聯聯合對付波蘭一樣。[56]最近的事例是，塞爾維亞和克羅埃西亞協定，由雙方占領和分割波士尼亞，儘管美國和它的歐洲盟國阻止其通過協議。[57]對手和盟友都會合作。畢竟，只要這些交易能大體反映權力的分配和消除對欺詐的擔心，就可以成交。冷戰期間，超級大國簽訂的各式軍備控制協定（arm control agreements）就說明了這一點。

不過，千萬不要忘記，合作發生在一個以競爭為本質的世界中，在這裡，國家具有占他人便宜、損人利己的強烈動機。第一次世界大戰前的四十年裡，歐洲的政治狀況可以很好地說明這一點。雖然這一時期大國頻繁合作，但是，那種合作並沒有妨礙它們在一九一四年八月一日走向戰爭。[58]第二次世界大戰期間，美國與蘇聯也有極好的合作，但德國和日本戰敗後不久，這一合作未能阻止冷戰的爆發。也許最令人驚訝的是，在納粹軍隊進攻紅軍前的兩年裡，德國與蘇聯進行過很好的經濟和軍事合作。[59]無論有再多的合作，都無法改變國家在安全上是互相競爭的根本邏輯。只要國家體系仍處於無政府狀態，就不可能出現真正的和平，世界總是充滿安全競爭。

結論

總之，我的觀點是，是國際體系之結構，而不是各個國家之內在屬性，促使它們以進攻的方式思維、行動並追求霸權。[60]摩根索認為國家不可避免地表現出侵略行為，是因為它們具有一種內在的權力意志。我不接受他這種觀點。相反的，我認為，大國行為背後的首要動機是生存。然而，在無政府狀態下，對生存的渴望促使國家實施侵略行為。因此，我的理論從不以國家的經濟和政治體系為依據，進而把它們劃分為侵略性強或弱的國家。攻勢現實主義只是提出了關於大國的少數假設，這些假設同樣適用於所有大國。除了在每一國家控制多少權力問題上的差異外，該理論對所有國家一視同仁。

我已闡明了這一邏輯，即為什麼國家追求盡可能多地占有超出其對手的權力，但對這種追求的目標——即權力本身——還未處理。接下來兩章將詳細討論這一重要主題。

第三章

財富和權力

權力是國際政治的核心，但是，對於什麼是權力以及如何測量權力，學界仍存在很大分歧。在本章和下一章裡，我將給權力下定義，並展示測度權力的大致而可靠的方法。特別是，我認為，權力以國家擁有的某些物質能力為基礎。因此，權力平衡是一個有形資產的函數，這些有形資產包括每一個大國控制的裝甲師和核子武器等。

國家有兩種權力：潛在權力和軍事權力。這兩種形式的權力緊密相聯，但並不等同，因為它們源自不同類別的資產。潛在權力指的是，用來構築軍事權力的社會經濟要素。它主要以一國的財富和總的人口規模為基礎。大國需要資金、技術和人員來建設軍隊並實施戰爭，一個國家的潛在權力是指它與對手競爭時所能調動的潛能之總和。

然而，在國際政治中，一國的有效權力是指它的軍事力量所能發揮的最大作用，以及與對手的軍事實力之對比。冷戰期間，美國和蘇聯是世界上最強大的國家，因為它們的軍事設施讓其他國家相形見絀。日本算不上當今的大國，儘管它經濟富足。因為它的軍事實力相對弱小，靠美國來保護它的安全。因此，權力平衡在很大程度上等同於軍事權力平衡。我主要從軍事角度來定義權力，因為攻勢現實主義把這種力量看成國際政治的最後手段（ultima ration）。[1]

軍事權力的基礎是一個國家的陸軍規模、實力以及與之相配的海空力量。即使在一個核子世界裡，陸軍也是軍事權力的核心成分。單獨的海軍和戰略空軍力量不能用於搶占領土，也無法用來脅迫他國作出領土讓步。雖然它們有助於贏得一次成功的戰役，但大國間的戰爭主要通過地面戰獲得勝利。故此，最強大的國家是指那些具有非常龐大的地面部隊的國家。

儘管軍事權力具有以上優勢，但國家也特別在乎潛在權力，因為充足的財富和眾多的人口是建立龐大軍隊的先決條件。例如，冷戰期間，美國領導人非常擔心蘇聯的經濟增長，尤其對蘇聯的科技進步（如一九五七年發射的人造衛星）感到震驚。他們把這些看成是蘇聯的潛在能力有朝一日可能超過美國的跡象。今天，美國對中國越來越感到擔憂，不是因為它相對弱小的軍事，而是因為中國有十二億多人口以及快速增長的現代化經濟。一旦中國變得特別富裕，它很容易成為一個軍事超級大國，並挑戰美國。這些事例說明，國家既關注潛在權力平衡，也在乎軍事權力平衡。

下一節將討論為什麼從物質能力而不是從結果這一學者青睞的方法來給權力下定義更具意義。我也會解釋，為什麼權力平衡不能很好地保證軍事勝利。接下來的三節著重探討潛在權力。首先，我討論了財富對建立強大軍隊的重要性，然後描述我認為可以用來獲取潛在權力的財富標準。其次，我運用一些歷史範例證明，在過去兩個世紀裡，大國的興衰在很大程度上是由於國際體系中主要行為體之間財富分配的變化。第三，我解釋了為什麼財富和軍事權力雖然緊密相聯，但並不等同。我還說明了，財富不能被用來作為軍事實力的測度標準。最後，我認為，有必要為潛在權力和軍事權力分別設立一個參考指標。

權力的物質基礎

就其最基本的層次而言，權力可以用兩種方式來定義。根據我對它的定義，權力不過是國家所能獲得的特殊資產或物質資源。但是，其他人從國家間的互動結果來定義權力。他們認為，權力的關鍵意義是指對其他國家的控制和影響，是指一國迫使另一國去做某事。[2]羅伯特・道爾（Robert Dahl）就是這一觀點最著名的宣導者，他認為：「A對B的權力達到A可以迫使B做某項它原本不會做的事的程度，這就叫權力。」[3]根據這一邏輯，只有當一國實施控制和影響時，權力才存在，因而，只有當結果確定後，它才能得以度量。簡單地說，最強大的國家就是在一場爭端中占上風的國家。

這兩種定義之間似乎不存在意義上的差別。畢竟，當兩個大國產生衝突時，難道具有較強物質實力的一方不應占上風嗎？一些國際政治學者似乎認為，在戰爭中，擁有較多資源的國家幾乎大部分時間裡都可以贏得勝利，因此，權力平衡應該能很好地預示戰爭的勝利。例如，大量的研究運用了各種權力測度方式，試圖解釋國家間的衝突結果。[4]這一觀點同時也支持了傑佛瑞・布萊內（Geoffrey Blainey）的著名論點，即戰爭的爆發很大程度上是由於國家不能就權力平衡達成一致，而隨之而來的戰爭則「在勝利者和失敗者之間建立了權力的有序梯級」。[5]他指出，如果敵對的國家事先都認識到了這一真正的平衡，那麼就不會有戰爭。雙方應該早就預測到這一結果，並達成以現存權力為基礎的和平方案，而不是打一場血腥的戰爭來達到同樣的目標。

但是，也不可能把權力的這些定義合二為一，因為權力平衡不是軍事成功的可靠預測指標。[6]原因在於，有時非物質因素能提供參戰者決定性的優勢。這些因素包括戰略、情報、意志、天氣以及疾病等。雖然單有物質資源不能決定戰爭的結局，但成功的機率無疑極大地受資源權力平衡的影響，特別是在曠日持久的消耗戰中，每一方都試圖依靠物質的優勢拖垮對方。[7]國家當然想擁有多於而不是少於對手的權力，因為一國擁有可自由支配的資源越多，它越有可能在戰爭中占據優勢。這就是為什麼國家試圖最大限度地占有世界權力的原因。然而，提高成功的可能性並不意味著一定勝券在握。事實上，在許多戰例中，勝利者可能與失敗者旗鼓相當，甚至還不如對方，但非物質因素幫助勝利的一方取得優勢。

戰略是指一個國家如何部署它的軍隊以對付敵對國家。這可能是非物質因素中最重要的要素。有時，聰明的戰略使弱於或不強於戰場對手的國家取得勝利。[8]例如，一九四〇年春，德國採用閃電戰（blitzkrieg strategy）擊敗了英法軍隊，後者的力量和規模與德國軍隊相差無幾。[9]而一九一四年著名的「施里芬計畫」（Schlieffen Plan）卻未能幫助德國打敗相同的對手，儘管事後的證據表明，該計畫的原版比最後執行的方案要大膽得多，並能為擊敗法國和英國提供藍圖。[10]可見，有時戰略更重要。[11]

一八一二年，俄國對拿破崙的決定性勝利，展示了這些非物質因素如何能幫助缺槍少炮的防禦者贏得戰爭。[12]一八一二年六月二十三日，法國軍隊首先進犯俄國，它與俄國的前線部隊人數之比是四十四萬九千對二十一萬一千。[13]算上後備役部隊，拿破崙共擁有六十七萬四千可調遣的部隊來與俄國戰鬥，而俄國在戰爭之初總共只有四十萬九千名正規軍。另外，法國軍隊在品質上優於俄國軍隊。然而，俄國人在隨後的六個月內徹底擊敗了拿破崙軍隊，並贏得了決定性的勝利。到了一八一三年的一月一日，拿破崙只剩下九萬三千名士兵與俄國作戰。不可思議的是，四十七萬名法國戰士喪命俄國，另有十萬人成了戰俘。相比之下，俄國總共才損失十五萬名士兵。

天氣、疾病和俄國的聰明戰略擊敗了拿破崙。俄國不在西部邊界投入進攻力量，而是把部隊向莫斯科方向後撤，在向東部移動的過程中實施焦土政策。[14]法國軍隊則試圖追趕撤退的俄國部隊，並決心在戰鬥中擊潰之。可是，惡劣的天氣阻礙了拿破崙的野心。在法國入侵的頭幾周內，暴雨夾雜著燥熱的天氣阻礙了部隊的進攻，讓俄國人得以逃逸。士兵的疾病和逃亡很快就成了法國軍隊的一大難題。最後，拿破崙決定在斯摩棱斯克（Smolensk，八月十七日）和博羅季諾（Borodino，九月七日）與後撤的俄國軍隊大戰一場。法國贏得了這兩場戰鬥的勝利，但它們只是得不償失的勝利：法國損失慘重，俄國軍隊拒絕投降，這樣，法國軍隊更深地陷入俄國而不能自拔。九月十四日，拿破崙占領莫斯科，但當俄國人仍然拒絕放棄戰爭時，他被迫於十月中旬撤軍。隨後的西撤是法國軍隊的惡夢，儘管法國軍隊與俄國的追兵堅持戰鬥，但已潰不成軍。[15]隨著冬天的降臨，天氣也幫了後撤法軍的倒忙。儘管在一八一二年戰役中，俄國從未贏得一次大戰，但弱小的俄軍痛扁了兵強馬壯的法軍。

顯然，布萊內的理論是錯誤的。他認為如果國家能精確地測量權力平衡就不會有戰爭，但其實較弱的國家有時也能打敗較強的國家。[16]因此，弱國有時會首先發起對較強國家的戰爭。同樣的邏輯也適用於實力幾乎相當的國家。而且，弱國有時會奮起抵抗威脅要進攻它的強國，因為防禦者有充分的理由認為，儘管它們在數量上不佔優勢，但能夠冒險一戰，並能取得勝利。

事實上，我們不可能把有形資產的權力平衡與戰爭結果劃上等號，因為非物質因素如戰略等有時會極大地影響結果。因此，我們在定義權力時，必須在物質力量和結局之間作出選擇，作為定義的基礎。後者有效地結合了軍事成功的非物質因素和物質成分。

有三個原因表明權力並不等同於結果。首先，當強調結果時，就不可能在衝突之前評估權力平衡，因為只有在我們看到哪一方贏得勝利後，權力平衡才能被確定。其次，這種方法有時導致荒謬的結論。譬如，一八一二年，俄國也許澈底打敗了拿破崙軍隊，但俄國並不如法國強大。然而，倘若從結果來定義權力，就會毫無疑問地使人認為，俄國比法國更為強大。另外，誰也無法否認美國要比北越強大得多，但在越南戰爭中（一九六五至一九七二年），較弱的一方卻能打敗較強的一方，因為非物質因素顛覆了權力平衡。第三，國際關係中最有趣的議題之一是，權力作為一個手段如何影響政治結果這一目的。[17]但當權力和結果混為一談時，這無法進一步發揮了。如果是這樣的話，手段和目的之間就不再有區別，我們就只剩下自圓其說的論點了。

人口與財富：軍事權力的源頭

潛在權力構成了一國用來打造軍事力量的社會資源。[18]儘管這種資源的類別有多種，但一國的人口和財富規模是產生軍事能力的兩種最重要的要素。人口規模關係重大，因為大國需要一支龐大的軍隊，這只能從人口大國中產生。[19]只有少量人口的國家不可能成為大國。例如，只有七百七十萬人口的以色列和九百一十萬人口的瑞典不可能像分別具有一億四千兩百萬、三億一千七百萬和十三億五千萬人口的俄羅斯、美國和中國那樣在世界上取得大國地位。[20]人口規模還具有重要的經濟影響力，因為大規模的人口能產生大量的財富，是另一種形式的軍事力量集聚。[21]

財富很重要，因為如果一國沒有金錢和技術來準備、訓練，並不斷使其戰鬥部隊現代化，它就不可能建立強大的軍事力量。[22]更何況發動大國戰爭的代價非常巨大。例如，參加第一次世界大戰的所有國家的直接損失之總和大約為二千億美元。[23]單是美國在一九四一至一九四五年抗擊軸心國，就耗費了約三千零六十億美元，這一數字是它一九四〇年國民生產總值的三倍。[24]因此，國際體系中的大國總是處在世界最富裕的國家之列。

雖然人口規模和財富是軍事能力的必要成分，但我只用財富一項來衡量潛在權力。這種強調財富的做法，並不是因為它比人口重要，而是因為財富涵蓋了權力中的人口和經濟面向。正像前面所分析的那樣，一國必須有大量人口來產生財富。因而，有理由認為，擁有充足財富的國家同時也是具有大量人口的國家。簡而言之，我並不忽視人口規模問題，只是認為我用來衡量財富的尺度包含了它。

用人口規模本身度量潛在權力更為容易些，因為衡量一個國家的人口比度量其財富要簡單些。但是，我們不能用人口規模來度量潛在權力，原因是，人口數目常常不能體現國家間的財富差距。譬如，中國和印度在冷戰期間比蘇聯和美國的人口都要多，但中國和印度都未能獲得大國地位，因為它們根本不如超級大國富裕。實際上，人口眾多並不能確保產生大量財富，但巨大的財富需要一個巨大的人口規模。因此，只有財富本身才能被用作衡量潛在權力的尺度。

財富的概念有多種意義，可以用不同方式度量。但我認為有必要選定一個能體現一國潛在權力的財富指標。特別是，我必須注重一國的可支配財富（mobilizable wealth）和它的技術發展水準。「可支配財富」指的是，一國可隨時用來建軍備戰的經濟資源。它比財富總量更重要，因為重要的不是一國如何富裕，而是它有多少財富可資利用。同時，擁有能生產最新和最先進技術的產業也非常重要，因為它們能轉化成最先進的軍備。例如，十九世紀中葉鋼鐵業的發展和二十世紀噴射飛機的問世極大地改變了大國的軍備狀況。它使得當時大國的一些產業發生了翻天覆地的變化，並理所當然地幫助它們建立了龐大的軍事力量。

國民生產總值（gross national product，簡稱GNP）代表一個國家一年的總產值，它可能是衡量一國財富的最常見的指標。事實上，如下所述，我會用它來估算一九六〇年後的財富情況。然而，國民生產總值並非總是潛在權力的很好指標，如果運用不當，它就很難真實地體現潛在權力的面貌。問題的關鍵在於，國民生產總值主要是一國財富總值的尺規，並不總是反映不同國家在可支配財富和技術精度方面的重大差異。

但是，當相關大國處於同一經濟發展水準時，國民生產總值確實能很好地衡量這兩類財富的規模。試舉一例。兩個高度工業化的經濟國，如一八九〇年的英國和德國或一九九〇年的日本和美國，很可能具有相似的快速發展工業，其財富總和與可支配財富之比也大致相同。比較兩個農業大國，如一七五〇年的普魯士和法國，這一邏輯也是適用的。

但是，當相比較的國家處於不同經濟發展水準時，國民生產總值就算不上一個好的潛在權力指標。當國民生產總值用來衡量一個半工業化國家和一個高度工業化國家時，想一想會發生什麼。國民生產總值代表一個國家在某特定時間裡所有商品和服務業的市場價值，是一國勞動力規模及生產力的函數。一國勞動力的規模與人口規模有直接的關係，而其勞動力的生產效率與國家的經濟發展水準有直接的關係。因此，很可能兩個國家擁有相同的國民生產總值，但人口規模不同，工業化水準也迥異。譬如，一國工業基礎薄弱，但人口規模較大，其中大部分人口從事農業，而另一國高度工業化，但人口要少得多。[25]

從一八一五年拿破崙潰敗到一九一四年第一次世界大戰爆發這一百年間，英國和俄國正屬於這一情況。這期間，它們的國民生產總值相近，儘管英國的工業生產總值遙遙領先於俄國（參見表3.1）。但是，俄國能保持自己的國民生產總值，因為十九世紀的俄國農業人口快速增長。

然而，像英國與俄國之間的工業能力差異，對潛在權力平衡有重大的影響。首先，高度工業化的國家總是比半工業化國家具有更多用來防禦的盈餘財富，主要原因在於，農民的許多勞動產品由當地農民自產自銷。第二，只有擁有最先進工業的國家，才能生產出賦予武裝部隊強大優勢的先進軍備。[26]

但只單獨考察國民生產總值，會使人覺得一八一五至一九一四年間的英國和俄國是歐洲經濟實力最強的國家，認為它們擁有建立巨大軍事力量並主宰該地區的政治資本。因為比較表3.1和表3.2就可以發現，在這一階段的大部分時間內，英國和俄國在國民生產總值方面都領先於歐洲其他大國。實際上，這一結論是錯誤的。[27]在十九世紀特別是其中葉的幾十年裡，英國無疑比其他任何歐洲國

表3.1 1830-1913年間，英國與俄國財富和人口對比

	1830年	1860年	1880年	1900年	1913年
國民生產總值（10億美元）					
英國	8.2	16.1	23.6	36.3	44.1
俄國	10.6	14.4	23.3	32.0	52.4
占歐洲財富的比例（百分比）					
英國	53	68	59	37	28
俄國	15	4	3	10	11
能源消費量（相當煤的百萬立方噸）					
英國	—	73.8	125.3	171.4	195.3
俄國	—	1.0	5.4	30.4	54.5
鐵或鋼產量（千噸）					
英國	690	3,880	7,870	4,979	7,787
俄國	190	350	450	2,201	4,925
占世界生產量（百分比）					
英國	9.5	19.9	22.9	18.5	13.6
俄國	5.6	7.0	7.6	8.8	8.2
總工業潛力（1900年的英國＝100）					
英國	17.5	45.0	73.3	100.0	127.2
俄國	10.3	15.8	24.5	47.5	76.6
人口（百萬）					
英國	23.8	28.8	34.6	41.2	45.6
俄國	57.6	76.0	100.0	135.7	175.1

資料來源：國民生產總值按1960年的美元價格計算。Paul Bairoch, "Europe's Gross National Product: 1800-1975," *Journal of European Economic History* 5, No. 2 (Fall 1976), p.281. 有關占世界產量的百分比的資料出自Paul Bairoch, "International Industrialization Levels from 1750 to 1980," *Journal of European Economic History* 11, No. 2 (Fall 1982), p.296。把1900年英國的指數定為100的總工業潛力資料也出自同一處，第292頁。能源消費指數、鋼／鐵產量指數以及人口資料出自J. David Singer and Melvin Small, *National Material Capabilities Data*, 1816-1895 (Ann Arbor, MI: Inter-University Consortium for Political and Social Research, February 1993)。占歐洲財富比資料參見表3.3。

表3.2　1830-1913年間，法國與普魯士／德國的財富和人口對比

	1830年	1860年	1880年	1900年	1913年
國民生產總值（10億美元）					
法國	8.6	13.3	17.4	23.5	27.4
德國	7.2	12.8	20.0	35.8	49.8
占歐洲財富比例（百分比）					
法國	21	14	13	11	12
德國	5	10	20	34	40
能源消費（等於煤的百萬立方噸）					
法國	—	13.2	29.1	48.0	62.8
德國	—	15.0	47.1	113.0	187.8
鐵或鋼產量（千噸）					
法國	270	900	1,730	1,565	4,687
德國	60	400	2,470	6,461	17,600
占世界產量比例（百分比）					
法國	5.2	7.9	7.8	6.8	6.1
德國	3.5	4.9	8.5	13.2	14.8
總工業潛力（1900年的英國＝100）					
法國	9.5	17.9	25.1	36.8	57.3
德國	6.5	11.1	27.4	71.2	137.7
人口（百萬）					
法國	32.0	37.4	37.5	38.9	39.7
德國	12.9	18.0	45.1	56.0	67.0

注：1830年和1860年的「德國」指的是普魯士，此後年份才是德國。

資料來源：同表3.1。

家的潛在權力都要大，這一時期常被稱作「英國治下的和平」（Pax Britannica）。[28]但正如下面要討論的，至少從十九世紀中期到二十世紀二〇年代，俄國的經濟一直處於貧弱狀態。這一時期，俄國的潛在權力相對弱小。這就可以極好地解釋為什麼俄國在克里米亞戰爭（一八五三至一八五六年）、日俄戰爭（一九〇四至一九〇五年）和第一次世界大戰（一九一四至一九一七年）中遭受重大的軍事失敗。[29]總而言之，國民生產總值不能對工業國和半工業國之間潛在權力的明顯區別作出適當的說明。

把當今的中國與日本和美國進行比較，也會出現同樣的問題。儘管在過去二十年中，中國的經濟發展迅速，但它仍然是一個半工業化國家，約百分之十的財富依賴於農業。[30]而日本和美國是高度工業化的國家，只有百分之一的財富來自農業。但中國的人口數量是美國的五倍，約為日本的十倍。因此，如果選擇國民生產總值作為指標的話，那麼這三個國家之間的潛在權力平衡必然對中國有利。也許，這一問題會隨著時間的推移而改變，因為隨著中國經濟的現代化，中國的農業基礎會進一步縮減（一九八〇年它占財富的百分之三十）。但對現在而言，這種因素必須計入到任何以國民生產總值來分析中國潛在權力的結果中去。

可見，國民生產總值有時是一種理想的潛在權力指標，有時則不然。在後一種情況下，我們要麼選擇能更好地測量潛在權力的指標，要麼採用國民生產總值並加上其他恰當的標準。

在衡量一七九二年至二〇〇〇年這一相當長的歷史時期的潛在權力平衡時，我們不可能找到一個簡單而可靠的財富指標。首先，缺乏一七九二至一八一五年間的經濟資料。這一點帶來的難題會在第八章中更明顯，這一問題是，拿破崙法國是否比它的大國對手，特別是英國，具有更多的潛在權力。我會通過描述歷史學家對英國和法國相對財富的記載，同時考察人口規模和其他軍事權力的累積方式，力圖解決這一問題。這些資料粗略但可能恰當地描述了拿破崙年代的潛在權力平衡。

我用一種相當簡單的複合指標來測來一八一六至一九六〇年間的潛在權力，即一國的鋼鐵產量和它的能源消費量，並賦予它們同樣的權重。該指標能有效地體現一國的工業實力，很好地反映那一相當長的時段內的可支配財富和技術發展水準。[31]自一九六〇年至今，國民生產總值一直被用來衡量財富問題。我改變一九六〇年的指標有兩個原因。[32]第一，我的複合指標不適用於一九七〇年以後的情況，因為當時鋼鐵在主要工業經濟國中的作用已經嚴重下滑。[33]因此，對於一九七〇年以後的年代，需要一個不同的指標衡量潛在權力。國民生產總值是明顯的選項。第二，對於當時體系中的蘇、美兩大國，我們最容易得到的國民生產總值資料來自於一九六〇年到冷戰結束這一階段。[34]所以，在考察冷戰最後三十年（一九六〇至一九九〇年）和後冷戰階段的頭十年（一九九一至二〇〇〇年）時，我採用國民生產總值作為指標。同時注意到，在評估當前中國的潛在權力指標時，國民生產總值存在一定的局限性。[35]

軍事權力的經濟基礎

簡單回顧上兩個世紀歐洲三大國的興衰，就可以證明我的觀點：財富是軍事權力的基礎，財富本身是潛在權力很好的指標。十九世紀，法國和德國（一八七〇年前為普魯士）之間權力平衡的深刻變化以及一八〇〇至二〇〇〇年間俄國權力平衡地位的變化，充分說明了財富是決定權力的關鍵因素。

一七九三至一八一五年間，拿破崙法國是歐洲最強大的國家。事實上，它差一點控制了整個歐洲大陸。普魯士很可能是當時大國中最為弱小的一個。一八〇六年，它被拿破崙軍隊擊敗，直到一八一三年，它被完全逐出歐洲權力平衡圈。此後，它利用俄國給法國以毀滅性打擊之機加入了權力平衡聯盟，並最終在一八一五年滑鐵盧一戰中擊潰了拿破崙。然而，到一九〇〇年，局面卻完全顛倒過來了，威廉德國一躍成了歐洲下一個潛在霸主，反而是法國需要締結聯盟來遏制德國這個鄰居，並於一九一四年和一九三九年與盟國一道投入了與德國的戰爭，以防止後者稱霸歐洲。

滑鐵盧戰爭後的一百年間，法國和德國的相對財富的變化很大程度上解釋了它們之間軍事權力的轉移。表3.2清楚地顯示，從一八一六年到十九世紀六〇年代晚期俾斯麥將普魯士變成德國時，法國比普魯士要富裕得多。實際上，普法戰爭爆發時的一八七〇年，德國的鋼產量首次超過法國。[36]從這以後到第一次世界大戰爆發，法國和德國之間的財富差距不斷朝著有利於後者的方向擴大。至一九一三年，德國的富裕程度大約是法國的三倍。

法德相對財富的顯著變化，部分是由於十九世紀晚期和二十世紀早期德國的工業化快於法國。但主要原因是，它們各自的人口規模出現了很大變化，這說明了財富的改變如何反映了人口的變化。從表3.2可以看出，一八三〇年，法國對普魯士的人口優勢大約是二·五比一，但到一九一三年，德國取得了對法國約一．七比一的人口優勢。這一資料之所以完全顛倒過來，是兩方面因素作用的結果。一是法國在十九世紀的出生率特別低，而德國的出生率是歐洲最高的；二是俾斯麥在普魯士基礎上建立起來的統一德國，比普魯士本身的人口數目大得多。例如，一八六五年普魯士的人口是一千九百三十萬，而一八七〇年德國的人口是三千四百六十萬。[37]

另一個例子是俄國，它在權力平衡中的地位也極大地受其經濟富裕程度的影響。俄國當時可能是拿破崙法國最可怕的軍事對手。確實，一八一二至一八一五年間，俄國軍隊在擊潰法國的過程中起了關鍵作用。隨著法國的崩潰，歐洲國家甚至擔心俄國可能會主宰歐洲。[38]可是，一八一五年後，俄國並沒有急於追逐霸權。相反的，在隨後的一百多年裡，它在歐洲權力平衡中的地位下滑了。如前所述，俄國在這一時期與其他大國打了三次戰爭——克里米亞戰爭、日俄戰爭和第一次世界大戰，而且它在每一場戰爭中都遭受了恥辱性的挫敗。

對比俄國在拿破崙戰爭、第一次世界大戰和第二次世界大戰中的表現可以發現，到一九一四年時，它已變得何等虛弱。每一次衝突都是由一個入侵俄國的潛在霸主所主導。雖然拿破崙法國和納粹德國不得不在其他戰場部署一些部隊，但它們都能集中優勢兵力對付俄國。[39]然而，俄國卻決定性地擊敗了這兩個入侵者。但在第一次世界大戰期間，德國在西線部署了近三分之二的戰鬥部隊對抗英法軍隊，而用剩下的三分之一對付東線的俄國。[40]雖然德國把最具優勢的力量留在了後方，但它仍然擊敗了俄國，並把後者逐出了戰爭，這一戰績既非拿破崙亦非希特勒所能輕而易舉地達到的。

在第一次世界大戰後的若干年內，俄國的實力已滑到了最低點，當時，波蘭侵入了新生的蘇聯並取得了重大勝利。[41]在波蘭重新獲得主動並贏得有限勝利之前，蘇聯紅軍暫時扭轉了局勢。但從二十世紀早期開始，蘇聯開始打造令人敬畏的軍事機器，並在一九三九年的一次小規模戰爭中擊敗了日本軍隊，然後在第二次世界大戰中打敗了狂妄的納粹軍隊。一九四五年後的蘇聯已變得非常強大，只有美國能阻止它稱霸歐洲。從希特勒潰敗到一九九一年蘇聯解體為十五個獨立的國家時為止，蘇聯的龐大軍事權力持續了四十多年。

在過去的兩個世紀裡，俄國軍事權力的興衰，很大程度上可以用它在財富金字塔中的地位變化來加以解釋。雖然對於一八〇〇至一八一五年間的大國財富，我們並沒有很多資料，但英國和法國是歐洲最富強的經濟國家，這一點是清楚的。[42]不過，沒有明顯的證據表明，這期間俄國就一定不如英國和法國富裕。[43]即便如此，俄國的經濟仍然能承擔起抵抗拿破崙法國的軍事所需，儘管在這場衝突中俄國多次接受過英國的補給。總之，沒有證據證明，法軍強於俄軍是因為法國比俄國富裕。[44]

拿破崙失敗後的七十五年間，俄國在財富權力平衡中的地位跌落得很厲害（參見表3.3），主要由於俄國的工業化步伐慢於英國、法國和德國。俄國缺乏工業能力這一點帶來了嚴重的軍事後果。例如，在第一次世界大戰前的二十年內，俄國沒有能力在其西部地區建立起巨大的鐵路網，這使它很難快速向俄德邊境線上調遣軍隊。反觀德國，它擁有極其先進的鐵路系統，因此，它能夠迅速向同一邊境調集部隊。為了彌補這種不對稱的實力對比，法國與俄國結盟制衡德國，並資助俄國修築

表3.3 1816-1940年間，歐洲財富分佈情況

年份	1816	1820	1830	1840	1850	1860	1870	1880	1890	1900	1910	1913	1920	1930	1940
英國	43%	48%	53%	64%	70%	68%	64%	59%	50%	37%	30%	28%	44%	27%	24%
普魯士／德國	8%	7%	5%	5%	4%	10%	16%	20%	25%	34%	39%	40%	38%	33%	36%
法國	21%	18%	21%	16%	12%	14%	13%	13%	13%	11%	12%	12%	13%	22%	9%
俄國／蘇聯	19%	18%	15%	9%	7%	4%	2%	3%	5%	10%	10%	11%	2%	14%	28%
奧地利—匈牙利	9%	9%	7%	6%	7%	4%	5%	4%	6%	7%	8%	8%	—	—	—
義大利	—	—	—	—	—	—	0%	1%	1%	1%	2%	2%	3%	5%	4%

注：這裡的「財富」是一個直接的綜合指數，它把鋼／鐵以及能源消費看成一樣重要。我特別確定了所有大國在某特定年份內的鋼／鐵總量，然後算出各大國占有該總量的百分比。對能源消費量也採用相同的計算方式。然後，我一併計算出每一國所占鋼／鐵和能源的平均百分比。但1830-1850年期間的百分比只以鋼鐵產量為依據，因為缺少能源消費方面的資料。注意，此處以及全書對歐洲財富的計算只以相關大國的資料為依據，不包括次大國，如比利時和丹麥等。最後，必須注意1870年前的德國為普魯士。（譯者注：1867至1918年的奧地利—匈牙利為奧匈帝國。）

資料來源：所有資料都出自Singer and Small, *National Materials Capabilities Data*。

鐵路系統。[45]實際上，第一次世界大戰前夕，俄國是一個準備向高度工業化的德國開戰的半工業化國家。[46]

無怪乎，俄國的經濟不能滿足軍隊的需要。由於它的步槍產量少得可憐，因此，一九一五年，「只有部分軍隊得到了武裝，其餘的人正等候傷亡的士兵騰出武器」。[47]直至一九一七年，俄國的大炮也非常缺乏。當時，德國擁有一千八百一十九門大炮，而俄國只有一千四百三十門。據喬納森·阿德爾曼（Jonathan Adelman）估計，在此次戰爭中，俄國最多只有百分之三十的軍備需求得到了滿足。考察俄國之窮困的另一種辦法是，對一九一四至一九一七年這一階段進行比較：

(1)飛機：德國四七三〇〇架；俄國三五〇〇架。
(2)機槍：德國二八〇〇〇挺；俄國二八〇〇〇挺。
(3)大炮：德國六四〇〇〇門；俄國一一七〇〇門。
(4)步槍：德國八五四七〇〇〇支；俄國三三〇〇〇〇〇支。

因此，在第一次世界大戰中，德國只用不到一半的兵力就能擊敗整個俄軍就一點都不令人意外了。

二十世紀三〇年代，史達林堅定而有效地使蘇聯經濟走向了現代化，所以在第二次世界大戰開始時，德國只比蘇聯稍占財富方面的優勢（參見表3.3）。[48]因而，在二戰中，蘇聯的戰時經濟能有效地與德國的戰時經濟對壘。從一九四一年到一九四五年，實際上蘇聯在任何武器門類方面的產量都多於德國：

(1)飛機：蘇聯一〇二六〇〇架；德國七六二〇〇架。
(2)機槍：蘇聯一四三七九〇〇挺；德國一〇四八五〇〇挺。
(3)步槍：蘇聯一一八二〇五〇〇支；德國七八四五七〇〇支。
(4)坦克：蘇聯九二六〇〇輛；德國四一五〇〇輛。
(5)迫擊炮：蘇聯三五〇三〇〇台；德國六八九〇〇台。[49]

無怪乎，紅軍能在東線打敗納粹軍隊。[50]

雖然蘇聯經濟在二戰中遭到重大破壞（參見表3.4），但它從這次戰爭中蛻變成了歐洲最強大的經濟國。[51]因此，它在二十世紀四〇年代已具備主宰該地區的軍事實力也就不足為奇了。然而，比蘇聯富足得多的美國（參見表3.5）堅決要遏制蘇聯成為歐洲霸主。二戰後的頭三十年，隨著蘇聯從戰爭中恢復元氣，它的經濟開始快速增長，與它的兩極對手之間的財富差距極大地縮小了。一九五六年，赫魯雪夫（Nikita Khrushchev）總書記吹噓蘇聯能「埋葬」美國的說法可能並不假。[52]

可是，二十世紀八〇年代早期，蘇聯的經濟開始搖搖欲墜，因為在發展電腦和其他資訊技術方面，它未能跟上美國經濟的步伐。[53]這一落後本身並不至於導致蘇聯國民生產總值的劇烈下滑，雖然它的領導人很久以前就預料了這一點。他們同時承認，他們在此新興科技上的停滯最終也會損害蘇聯的軍事。一九八四年夏，尼古拉·奧加可夫（Nikolai Ogarkov）元帥被撤銷總參謀長一職，其

表3.4 1941-1944年間，歐洲財富分佈情況

年份	1941	1942	1943	1944
美國	54%	58%	61%	63%
德國	22%	23%	23%	19%
蘇聯	12%	7%	7%	9%
英國	9%	9%	9%	9%
義大利	3%	3%	—	—

注：本表採用表3.3一樣的綜合指數衡量「財富」，只是這裡用能源產量取代了能源消費。儘管美國不屬於歐洲大國，但也被列入此表，因為二戰期間，它深深地捲入了歐洲的戰爭。

資料來源：美國的能源和鋼資料出自B. R. Mitchell, *International History Statistics: The Americas, 1750-1988*, 2nd ed. (New York: Stockton Press, 1993), pp.356, 397。英國和義大利的數據出自B.R. Mitchell, *International History Statistics: Europe, 1750-1988*, 3rd ed. (New York: Stockton Press, 1992), pp.457-458, 547。蘇聯的資料來自Mark Harrison, *Soviet Planning in Peace and War, 1938-1945* (Cambridge: Cambridge University Press, 1985), p.253。德國的資料需要解釋一下，因為我們使用的資料取決於哪一領土被視為德國的一部分。大致有三種選擇：(1)「較老的德國」包括一九三八年前的邊界；(2)「較大的德國」包括奧地利、蘇台德區（Sudetenland）以及在戰爭中占領的地區，如亞爾薩斯（Alsace）—洛林（Lorraine）和波蘭的奧爾薩（Olsa）與東布羅瓦（Dombrowa），所有這些地區都併入了德意志第三帝國；(3)「較大德國加上占領的國家」是德國藉以增加自己財富的途徑。關於這一劃分請參見United States Strategic Bombing Survey (USSBS), *The Effects of Strategic Bombing on the German War Economy*, Europe War Report 3 (Washington, D. C.: USSBS, October 31, 1945), p.249。另請參見Patricia Harvey, "The Economic Structure of Hitler's Europe," in Arnold Toynbee and Veronica M. Toynbee, eds., *Hitler's Europe* (Oxford: Oxford University Press, 1954), pp.165-282。關於1941年和1945年的德國鋼產量，我採用的相關資料是依據上述第三類德國而言的，出自USSBS, *The Effects of Strategic Bombing*, p.252。但關於德國在第二次世界大戰中的可靠能源產量資料難以找到，ibid., p.116。喬納森·阿德爾曼採用蘇聯的資料，估測蘇聯和德國在二戰中的電力和鋼產量。參見Adelman, *Prelude to the Cold War: The Tsarist, Soviet, and U.S Armies in the Two World Wars* (Boulder, Co: Lynne Reinner, 1988), p.219。由於阿德爾曼得出德國的鋼產量資料（13,370萬噸）接近我得出的總數（12,700萬噸），因此，我估計他的電力資料是可靠的。為了以年為單位來分配能源，我只以鋼產量代表每一年的情況。例如，如果戰爭期間德國鋼產量的27%是在1943年生產的話，那麼我認為27%的電力也產自那一年。

表3.5 1945-1990年間，超級大國的財富對比

年份	1945	1950	1955	1960	1965	1970	1975	1980	1985	1990
美國	84%	78%	72%	67%	67%	65%	63%	65%	66%	68%
蘇聯	16%	22%	28%	33%	33%	35%	37%	35%	34%	32%

注：1945年、1950年及1955年的資料採用與表3.3相同的綜合指標。

資料來源：1945-1955年間所有資料和資料都出自Singer and Small, *National Material Capabilities Data*。1960-1990年間的資料以國民生產總值為依據，資料源自美國軍控與裁軍署的《世界軍事開支與武器轉移資料庫》。應該指出的是，專家對1945-1991年期間蘇聯國民生產總值的實際規模仍不能肯定，也沒有一致的說法。但依我之見，這份資料是最可靠的。

原因就在於他在公開場合說過蘇聯的工業嚴重落後於美國這樣的話，這意味著蘇聯的武器裝備很快也就會落後於美國。[54]蘇聯領導人認識到了形勢的險峻，並試圖力挽狂瀾。但他們的經濟和政治改革出了問題，引發一場民族主義危機，這不但讓美國贏得了冷戰的勝利，而且此後不久便導致了蘇聯的解體。

以上關於財富對建立軍事力量重要性的討論，很可能會讓人誤以為能夠得出如下結論：國家間潛在權力的分配應該大致地反映出軍事權力的分配，因而，把這兩類權力劃上等號也是可行的。我關於大國的目標是最大限度地占有世界權力的觀點，也可能被認為是加強了這一論點，因為它似乎暗示，國家把它們的財富轉化為大致相同比例的軍事權力。然而，事實並非如此，經濟實力並不總是軍事能力的很好指標。

潛在權力與軍事權力之間的鴻溝

冷戰期間形成的同盟模式表明，當財富與軍事潛力持平時，這一問題就出現了。從這場衝突的開始到結束，美國一直比蘇聯富足得多，而在一九四五至一九五五年北約和華沙公約組織形成之時，情況更加明顯（參見表3.5）。歐洲的英國、法國、西德、義大利以及亞洲的日本等都選擇加入美國領導的聯盟，以遏制蘇聯為目標。倘若財富能準確地體現權力，那麼那些弱國早就應該聯合蘇聯遏制美國，而不是相反。總之，如果財富是測量權力的一把尺，那麼美國顯然是更加龐大的超級大國。[55]

權力本身並非總能反映財富的金字塔，原因有三。第一，不是所有國家都會把其所有財富轉化為軍事實力，每個國家會轉化的財富比例都不一樣；第二，財富轉化為軍事實力的效率因情況不同而各異，有時對權力平衡產生重要的影響；第三，各個大國建造各式各樣的軍事力量，而且那些選擇也關係到對軍事平衡的估價。

逐漸縮小的軍事回報

富有的國家有時並不建立額外的軍事力量，即使它們大體上能擔負得起這一代價。因為它們意識到，這樣做不會給自己帶來多於對手的優勢。當一國用於國防的投資獲得的回報越來越少（即它的能力已處於「曲線圖的最高位置」）時，或者對手能很容易與之對抗並維持權力平衡時，它再花費更大的代價就沒有什麼意義了。簡言之，如果發動軍備競賽不可能使發起者處於更有利的戰略位置，它就會按兵不動，等待更有利的形勢。

十九世紀的英國就是很好的例子，當時它就算花下大筆的軍事預算也不會提高其軍事實力多少。一八二〇年至一八九〇年，英國無疑是歐洲最富強的國家，在這七十年間，它控制的大國財富從未少於百分之四十五，而且在該世紀中期的二十年裡（一八四〇至一八六〇年），它占有近百分之七十的財富（參見表3.3）。法國是那二十年中最接近英國的競爭者，但它對歐洲工業能力的控制從來沒有超過百分之十六。沒有任何其他歐洲大國擁有過如此大的壓倒其對手的經濟優勢。倘若單一的財富是衡量權力的極好指標，那麼英國很可能早就是歐洲的第一霸主，或至少是其他大國不得不抗衡的潛在霸主。

但是，歷史記載表明，情況並非如此。[56]儘管英國具有充足的財富，但它沒有建立起一支對法國、德國或俄國構成威脅的軍事力量。確實，從一八一五年到一九一四年，英國花在防禦上的財富比起它的大國對手要少得多。[57]英國僅僅是歐洲權力平衡中的一員而已。因而，其他大國從未建立遏制它的權力平衡聯盟，這一情況完全不同於拿破崙法國、威廉德國、納粹德國和蘇聯時的情況。[58]

英國之所以沒有興建龐大的軍隊並試圖控制歐洲，原因在於它不得不面對跨過英吉利海峽向歐洲大陸投送力量的巨大難題。如同下章所討論的，巨大的水體似乎剝奪了軍隊的進攻能力。反過來也一樣，水體的阻遏力量也使得任何大陸國家很難跨過海峽進犯英國。因此，聰明的英國人知道，建立一支龐大的軍隊沒有戰略意義：它對進攻毫無用處，用於保衛本土也沒有必要。

十九世紀另一富裕國家保持一支較小軍隊的例子是美國。到一八五〇年時，美國已經非常富裕，足可以算得上一個大國。但人們普遍認為，直到一八九八年，它才算是榮登大國寶座。此時，它開始建立強大的軍事力量，可與歐洲大國一較高下。[59]這一問題將在第七章詳細論述。在這裡這一情況足以證明，儘管十九世紀的美國軍隊規模很小，但它當時已經是高度擴張主義的國家，它把歐洲大國推回大西洋彼岸，並將邊境往西面的太平洋延伸。美國一心在西半球建立霸權，這一目標在二十世紀初就已明顯實現了。

十九世紀後半期，美國仍保持一支小於其歐洲對手的軍事力量，原因在於它能以極小的代價控制西半球。本地區的對手，如美國本土的印第安部族和墨西哥等，美國甚至只需用一支小部隊就可以加以解決。嚴格地講，歐洲的大國沒有能力與美國對抗。歐洲人不但要投入重要的資源以保護自己的國家免遭彼此攻擊，而且跨過大西洋向北美投送力量非常困難。

另一個原因也可以解釋國家有時限制其軍事預算的原因，那就是，它們認為，過度的國防預算可能對經濟不利，並最終影響國家權力，因為經濟力量是軍事力量之基石。例如，二十世紀三〇年代，儘管英國面對許多全球威脅，但其決策者仍嚴格控制國防開支，因為他們擔心，大量增加開支將破壞經濟，他們稱之為「國防的第四隻臂膀」（**fourth arm of defence**）。[60]同樣，艾森豪政府（一九五三至一九六一年）受財政保守派的左右，後者把高水準的國防開支看成對美國經濟的威脅。這就是美國在二十世紀五〇年代削減國防預算，並把重心轉移至發展核子武器上的原因之一。他們認為，從長遠看，以核武為基礎的戰略可以為一個穩定且財政健全的國防政策的基石。[61]

盟國也影響一個大國用於防禦的資源水準。當然，任何兩個捲入激烈安全競爭或彼此戰爭的大國，都不惜在軍事上砸下大筆預算。但是，倘若其中一個對手擁有富強的盟國而另一方沒有，那麼擁有富強盟友的國家就有條件減少開支了。比如，冷戰期間，蘇聯花在防禦上的代價要比美國大得多。[62]這種不對稱現象的部分原因在於，美國擁有英國、法國、義大利特別是西德和日本這類富裕的盟國，而蘇聯的盟友如捷克斯洛伐克、匈牙利和波蘭等都是窮國。[63]

最後，在有些情況下，一個富裕國家由於被一個大國所占領而不能建立強大的軍事力量，後者要求前者保持弱小的軍備。例如，在拿破崙戰爭期間，奧地利和普魯士都被法國打敗，並被趕出大國的行列。而在一九四〇年中期，法國又被納粹德國占領，並最終於一九四四年夏末被英、美部隊所解放。冷戰期間，美國在西德和日本駐紮部隊，儘管它是仁慈的占領者，但它仍不允許這兩個盟國建立一個大國所需的軍事力量。雖然日本至少在二十世紀八〇年代中期就與蘇聯一樣富裕，但美國仍想牽制它。確有證據表明，到一九八七年為止，日本的國民生產總值就已經超過了蘇聯。[64]這一情況說明，儘管所有的大國都是富裕國家，但並非所有富裕國家都是大國。

不同水準的轉化效率

把經濟實力的分配與軍事實力的分配混為一談是錯誤的，因為國家把財富轉化為軍事權力的效率各不相同。有時，大國對手之間存在很大的效率差距，這對權力平衡產生極大影響。第二次世界大戰時，納粹德國和蘇聯之間的生死之戰就說明了這一點。

一九四〇年，德國控制歐洲百分之三十六左右的財富，蘇聯約占百分之二十八（參見表3.3）。一九四〇年春，德國占領了比利時、丹麥、法國、荷蘭和挪威，且及時地掠奪了它們的經濟資源，增加了它對蘇聯的財富優勢。[65]接著，納粹軍隊在一九四一年六月入侵蘇聯。在六個月內，德國就占領了莫斯科以西幾乎所有的蘇聯領土，這是最重要的資產。到一九四一年底，在蘇聯失去的領土中，包含百分之四十一的鐵路線、百分之四十二的發電能力、百分之七十一的鐵礦石、百分之六十一的煤礦和百分之五十八的粗鋼鍛造能力。[66]一九四二年春，納粹戰爭機器進一步伸展觸角，向石油儲量豐富的高加索地區進發。在一九四〇至一九四二年間，蘇聯損失了約百分之四十的國民收入。[67]到一九四二年，德國與蘇聯的經濟實力之比已超過了三比一（參見表3.4）。

儘管德國的潛在權力占有很大優勢，但是在戰爭過程中，蘇聯的戰時經濟能力極大地超越了德國的戰時經濟能力，使權力平衡朝有利於紅軍的方向改變。如前所述，一九四一年至一九四五年，蘇聯生產的坦克車數量是德國的二．二倍，飛機產量是德國的一．三倍。最令人稱奇的是，甚至還在戰爭的早期，蘇聯的生產能力就已經超過了德國，當時，德國正在瘋狂地搶占蘇聯的領土，而且同盟國的聯合轟炸對德國的戰時經濟還幾乎沒有任何影響。比如，一九四二年，蘇聯擁有二萬四千四百四十六輛坦克車，德國是九千二百輛。大炮數量之比是十二萬七千比一萬二千，蘇聯占優勢。[68]這種武器產量的不對稱性，最終導致蘇聯在地面力量權力平衡中占據重大優勢。當一九四一年六月德國入侵蘇聯時，蘇軍的數量稍佔優勢，蘇軍擁有二百一十一個師，德國為一百九十九個師，這是軍事實力的關鍵指標。然而，到一九四五年一月，蘇聯又增至四百七十三個師，德國卻只有二百七十六個師，而且紅軍的平均武器裝備和運輸設備比納粹軍隊要好得多。[69]

為何蘇聯生產的武器要比比自己富得多的納粹德國還要多得多呢？一種可能的答案是，蘇聯花在軍事上的財富比例要大於第三帝國。然而，事實上，德國用在防禦上的國民收入比例仍稍大於蘇聯。例如，一九四二年，德國與蘇聯的國防花費之比是百分之六十三比六十一，一九四三年是百分之七十比六十一。[70]也許在戰爭的最後幾個月，反法西斯聯盟的戰略轟炸嚴重損傷了德國的戰時產量，但如上所述，早在盟軍開始對德國轟炸並對其產量產生重大影響之前，蘇聯的武器產量就已大大超過了德國。蘇聯得到了美國《租借法案》（Lend lease Program）的幫助，儘管這一支援只占蘇聯產量的極小比例。[71]蘇聯比德國多產出如此多的武器，其主要原因在於，蘇聯更合理地使經濟適應了總體戰的需要。特別是，蘇聯（和美國）對經濟的組織規劃要比德國經濟更適合用來生產大量武器。[72]

軍事力量的不同種類

財富不是軍事能力的可靠指標還有最後一個原因，那就是國家可以建造不同種類的軍事力量，而且它們如何建立武裝部隊對權力平衡也具有影響。這一問題將在下一章詳細討論。這裡要討論的核心問題是，一個擁有一支龐大軍隊的國家是否具備可觀的「武力投送能力」（power-projection capability）。然而，並非所有的國家都把相同比例的國防經費用於陸軍，也並非所有的陸軍都具有相同的投送能力。

例如，一八七〇至一九一四年間，當大國都把國防經費要麼用於陸軍要麼花在海軍方面時，英國卻把絕大部分軍事預算放在了海軍上，其比例比法國和德國都要大。[73]這種不同的軍事投資模式具有重要的戰略意義，因為英國是一個島國，需要一支強大的海軍來保護它的海上商業，並幫助陸軍橫跨歐洲與大英帝國之間的巨大水體。而法國和德國是陸上國家，其帝國要小得多，所以它們不如英國那樣依賴海軍。但它們比英國更依賴陸軍，因為它們時刻擔心鄰國的入侵。英國更少擔心他國的進攻，因為它與其他歐洲大國被英吉利海峽所分開，這是阻遏進攻的巨大障礙。因此，英國的軍隊比法國或德國都要小得多。

另外，小型的英軍不具備進攻其他歐洲大國的武力投送能力，因為阻礙其他對手侵略英國的地理障礙同樣也使英國難以入侵歐洲大陸。一九一一年，德皇威廉二世在與一位英國訪客談話時，總結了英國的軍事脆弱性：「恕我直言，你們在這一領域投入的微不足道的幾個師發揮不了什麼作用。」[74]總之，在一戰前的四十四年裡，英國並不如法國或德國強大，儘管它在整個這一時期比法國更富裕，而且在差不多四分之三的時間裡比德國富有（參見表3.3）。

顯然，財富和權力在大國之間如何分配，有時存在重大差異。然而，這種不調和性並非因為國家拒絕最大限度地占有世界權力而造成的。為了合理的戰略原因，國家在建軍備戰時偏重不同的種類組合，投入不同比例的財富用於建構戰鬥力量。而且，國家從財富中提煉軍事力量的效率水準各不相同。所有這些因素都影響著權力平衡。

可見，雖然財富是軍事能力的基礎，但是不能簡單地把財富等同於軍事能力，有必要採用不同的軍事權力指數。下一章將討論這一主題。

第四章

地面力量的首要地位

國際政治中的權力很大程度上是一國軍事力量的產物。但是，大國可以選擇不同種類的戰鬥力量，每一種力量的多少對權力平衡具有重要的意義。本章考察國家選擇的四類軍事力量——獨立的海軍力量、戰略空中力量、地面力量（land power）和核子武器——以便交叉比較，提出權力的實用度量模式。

在下面的討論中，我將提出兩個觀點。第一，地面力量是當今世界軍事力量的主導形式。一國的權力很大程度上根植於它的陸軍以及支援這些地面力量的海、陸、空力量。簡單地說，最強大的國家擁有最難以披敵的陸軍。因此，估量地面力量權力平衡本身就能基本把握大國對手的相對能力。

第二，巨大的水體極大地影響地面力量的投送能力。當敵對的陸軍必須跨過像大西洋和英吉利海峽這樣寬闊的水體相互攻擊時，無論雙方軍隊規模多大，品質多好，都不可能具備太大的進攻能力。水體的阻遏力量極具重要性，因為它不僅是地面力量的核心因素，而且它對霸權的概念具有重要影響。特別是占地球表面很大部分的海洋使任何國家都不可能取得全球霸權。即便世界上最強大的國家也不可能征服只靠船隻才能到達的遙遠地區。因此，大國的野心只能主宰它們所處的地區，以及在陸地上能到達的毗鄰地區。

一個多世紀以來，戰略家就一直在爭論哪種軍事力量能主導戰爭的結果。美國海軍上將艾爾福雷德．塞耶．馬漢（Alfred Thayer Mahan）在《海權對歷史的影響，從一六六〇至一七八三》（*The Influence of Sea Power upon History, 1660-1783*）及其他著述中提出過一個著名論斷：獨立的海軍力量是至高無上的。[1]一九二一年，義大利將軍吉烏利奧·杜黑（Giulio Douhet）則在他的名著《制空權》（*The Command of the Air*）中提到戰略空中力量的統治地位。[2]這些著作至今仍是世界各地參謀學院的流行讀物。我認為，這兩種觀點都是錯誤的：地面力量才是決定性的軍事手段。戰爭靠龐大的陸軍而不是海上的艦隊和空中的飛機贏得勝利。最強大的權力是擁有最強大陸軍的國家。

也許有人會說，核子武器極大地降低了地面力量的重要性，它要麼使大國間戰爭變得少之又少，要麼使核武權力平衡（**nuclear balance**）在一個競爭世界裡成為軍事權力的必要組成部分。毫無疑問，在一個核世界裡，大國間更少發生戰爭，但是，即使在核陰影下，大國仍為安全而競爭，而且有時還很激烈，它們之間仍存在戰爭的實際可能性。例如，美國和蘇聯展開了長達四十五年的安全競爭，儘管雙方都擁有核子武器。另外，除了一個大國取得核武優勢這一未必會出現的局面外，核武權力平衡在決定相對權力方面幾乎無關緊要。即使在核世界裡，陸軍和支持它們的海空力量都是軍事力量的核心成分。

冷戰期間形成的聯盟模式，就可以證明地面力量是軍事力量的主要成分。在兩個大國主導的世界裡，我們期望其他重要國家加入實力較弱的一方，以遏制較強的一方。整個冷戰期間，美國不但比蘇聯富裕，而且它在海軍力量、戰略轟炸機和核彈頭方面都強於後者。然而，法國、西德、義大利、日本、英國甚至中國，都把蘇聯而不是美國看成體系中最強大的國家。無疑，那些國家與美國結盟反對蘇聯，是因為它們害怕蘇聯而不是美國的軍隊。[3]而今天，俄羅斯的威脅已不那麼可怕了，儘管它仍有數千枚核彈頭，但因為俄羅斯的陸軍弱小，根本不可能發動一次很大的地面進攻。

一旦它恢復元氣並再次成為一支可怕的戰鬥力量，那麼美國和它的歐洲盟國必然會對新的俄羅斯威脅感到擔憂。

本章包含八個部分。在前四部分，我比較了不同類型的傳統軍事力量，旨在說明地面力量主導著獨立的海上力量和戰略空中力量。在第一部分，我更詳細地描述了這些不同種類的軍事力量，並解釋為什麼地面力量是贏得戰爭的主要手段。在接下來的兩部分裡，我探討了海空力量所承擔的各種任務，然後討論關於獨立的海空力量能影響大國的戰爭結局的說法。地面力量在現代軍事史上的作用將放在第四部分討論。

第五部分分析浩瀚的水體如何削弱陸軍的軍事投送能力，並因此極大地改變地面力量的權力平衡。核子武器對軍事權力的影響將在第六部分討論。在第七部分裡，我分析了如何衡量地面力量，然後得出一個簡短的結論，即根據我對權力的分析來觀察國際的穩定性。

征服與脅迫

地面力量以陸軍為中心，但它也包括支援它的海空力量。例如，海軍運送陸軍跨越巨大的水體，有時它們還設法把地面部隊投送到敵人的海灘。空軍也運送陸軍，但更重要的是，它們以空中火力協助陸軍。然而，這些海空使命是直接幫助陸軍，而不是獨立行動。因此，這些使命也劃歸於地面力量的範疇。

在戰爭中，陸軍極為重要，因為它們是征服和占據領土的主要軍事工具，而在領土國家的世界裡，領土是最高的政治目標。[4]英國著名的海軍戰略家朱利安·科比特（Julian Corbett）精闢地說明了陸軍與海軍的關係：「由於人們生活在陸地而非海面上，因此交戰國間的重大問題總是（除了少數特例外）若非取決於你的陸軍能取得敵人多少領土和有生力量，就是取決於艦隊協助你的陸軍所產生的威力使對方感到恐懼的程度。」[5]科比特的邏輯同樣適用於空中和海上力量。

然而，海軍和空軍並不一定只能作為陸軍的輔助力量。正如許多海軍至上者和空中力量熱衷者所強調的，海空力量也能單獨作用於敵國。例如，海軍可以不顧戰場上的戰事情況而對敵人實施封鎖，而空中力量可以飛越戰場，轟炸敵人的本土。封鎖和戰略轟炸可以通過迫使敵人的陸軍於在戰場上被擊敗之前就繳械投降，從而獲得戰爭的勝利。它的目的是，通過摧垮敵人的經濟進而破壞它持續作戰的能力，或是給對方的國民以巨大的懲罰，逼著它俯首稱臣。

儘管杜黑和馬漢這麼說，但實際上，獨立的海上力量和戰略空中力量都不具備贏得戰爭的太大作用。這兩種脅迫手段都不可能單獨贏得一次大國戰爭。惟獨地面力量本身具有單獨贏得一次大戰的潛力。如下文所說，其主要原因在於它們很難強迫一個大國投降。尤其是，單有封鎖和轟炸難以摧垮敵國的經濟。再者，即使在遭受重大懲罰時，現代國家的人們和領導者也不會輕易心甘情願地投降。雖然海軍封鎖和戰略轟炸機本身不能取得勝利，但有時它們通過摧毀經濟和破壞敵人的軍備來協助陸軍贏得勝利。然而，儘管這麼說，海空力量通常充其量也不過就是輔助工具。

地面力量主導其他形式的軍事力量還有另一種原因：只有陸軍才能快捷地擊敗對手。下文將談到，在大國戰爭中，封鎖和戰略轟炸不可能產生快速而具有決定性的勝利。它們主要有利於打消耗戰。但是，除非國家認為能速戰速決，它們一般很少開戰。事實上，如果國家預見到可能會發生一場曠日廢時的衝突，那麼，它就會極力避免戰爭的爆發。[6]因而，一個大國的陸軍是它發動侵略的主要工具。換言之，一國的攻擊能力主要來自陸軍。

現在，讓我們近距離考察一下海軍和空軍在戰時所執行的不同使命，並特別關注封鎖和戰略轟炸行動如何影響過去大國衝突的結果。

獨立海上力量的有限性

企圖向敵國投送力量的海軍必須首先獲得「制海權」，這是海軍的根本使命。[7]制海權意味著控制海洋表面縱橫交錯的航線，以便一國的商業和軍事船隻能自由航行。一支能控制海洋的海軍並不需要全面控制所有海域，但是，無論何時，只要它需要，就必須能控制部分有重要戰略意義的海域，並阻止敵人與之競爭。[8]制海權可以通過在戰爭中摧毀敵人的海軍、封鎖它們的港口或使對方無法使用關鍵的海上航線等方式獲得。

一支控制海洋的海軍也許可以在它控制的區域自由活動，但它仍需找到向對手領土投送兵力的途徑。制海權本身不具有這一能力。海軍能執行三種軍事投送任務，在這三種任務中，它可以直接支援陸軍而不是採取獨立行動。

兩棲進攻。當海軍跨越巨大的水體運送陸軍並在對手控制的領土登陸時，兩棲進攻是必不可少的。[9]在到達登陸區或隨後的時間裡，進攻部隊必然遭遇對方陸軍的阻擊。他們的目的是擊敗防衛方的主力陸軍，即便不能占領整個領土，也得占領某一區域。一九四四年六月六日，盟軍攻打諾曼第就是兩棲進攻的範例。

兩棲登陸。相比之下，如果海上部隊在登陸敵人領土時幾乎未遭遇抵抗，並在與敵人交火前能建立一個灘頭陣地，順利向內陸推進，那麼兩棲登陸就派上了用場。[10]如下所述，在拿破崙戰爭期間，英軍插入法國控制的葡萄牙領土，即為兩棲登陸的例子。另一個例子是一九四〇年春德國部隊在挪威的登陸。

軍隊運送。海軍運送軍隊牽涉到跨海輸送部隊和在友軍控制的領土上登陸，它們從這裡投入對敵作戰。實質上，海軍扮演的是渡輪的工作。在第一次世界大戰中，美國海軍執行過這一使命，當時，它從美國把部隊運送至法國。在第二次世界大戰中，它又把部隊從美國輸送到英國。我在下文討論水域如何限制陸軍的巨大威力時，會對這些不同類型的兩棲行動進行分析。這裡已充分說明，從海上入侵一個大國防禦的領土常常是一項可怕的任務，而軍隊運送是一項容易得多的使命。[11]

海軍還可以採用兩種方法獨立地向另一國投送力量。在海軍炮轟（naval bombardment）中，敵人的城市或被鎖定的軍事目標往往處於沿海，它們會遭到船上的火炮、潛射飛彈以及來自航空母艦上飛機的持續火力攻擊。其目的是通過懲罰對方城市或摧毀對方軍力來脅迫敵手。這並不是一種重大的戰略。海軍炮轟只是皮毛戰事，對目標國幾乎無任何影響。

雖然在帆船年代（一五〇〇至一八五〇年），海軍常常炮轟敵人的港口，但它們向目標發射的火力非常有限，至多不過是給對方製造一點騷擾而已。[12]再者，海軍火力無法到達遠離海岸的目標。英國著名海軍上將霍雷肖．納爾遜（Horatio Nelson）在歸納帆船時代的海上炮轟效果時說：「海船攻打港口是愚不可及的舉動。」[13]一八五〇年以後，海軍的工業化極大地增加了海軍可發射的砲火數量與射程。但如下所述，工業化也對陸基部隊產生了深刻的影響，增加了它們擊沉海軍的能力。因此，二十世紀的水面海軍在戰爭時往往遠離敵人的海岸線。[14]然而，更重要的是，倘若一個大國試圖以傳統轟炸脅迫對手就範，那麼毫無疑問，它會採用空中而非海上力量來達到這一目的。

當代兩位偉大的海軍理論家科比特和馬漢相信，封鎖是海軍贏得大國戰爭的王牌戰略。馬漢稱封鎖為「海上力量中最有吸引力和最可怕的特色」，它能攪亂敵國的經濟。[15]其目的是截斷對手的海上貿易——斷絕其經由水路的進口，並阻止它的商品和原料出口到境外。

一旦海上貿易被截斷，封鎖就可以有兩種方式脅迫一個大國臣服。第一，主要通過斷絕食物進口，對敵國的民眾施加嚴厲的懲罰。這種懲罰即使不是致命的，也可以讓敵國國民不聊生。如果餓死到一定程度，那麼國內民眾對戰爭的支持將消失殆盡，其結果是，要麼導致平民起來造反，要麼迫使政府由於害怕內亂而停止戰爭。第二，封鎖可以極大地削弱敵人的經濟，使之無法繼續戰爭。也許達到這一目的的最佳方法是截斷關鍵的進口，如石油等。實施封鎖的海軍通常對這兩種方法不加選擇，而是盡可能地斷絕對手的海外貿易，希望其中一種做法獲得成功。無論如何，封鎖不能產生快速而具有決定性的勝利，因為海軍摧垮一個對手的經濟要花很長時間。

國家通常使用海軍力量來封鎖通往目標國的遠洋貿易。例如，歷史上，英國就依靠它的水面海軍封鎖拿破崙法國和威廉德國等對手。潛艇也可以用來截斷對手的海上貿易。如德國在兩次世界大戰中，都試圖封堵英國，美國在二戰期間也採用相似的做法對付日本。美國還使用水面艦隻、陸基飛行器和水雷封鎖日本。然而，實施封鎖戰術未必須要海軍。控制一片大陸及其主要港口的國家，可以阻止該大陸上的國家與位居他處的國家之間的貿易，並因此封鎖外部國家。針對英國的「拿破崙大陸體系」（一八〇六至一八一三年）就屬這一模式。

封鎖的歷史

在現代歷史上，大國試圖以戰時封鎖脅迫另一大國的事例有八個：(1)拿破崙戰爭時期法國封鎖英國；(2)英國對法國採取同樣的做法；(3)一八七〇年，法國封鎖普魯士；(4)第一次世界大戰時，德國封鎖英國；(5)英國和美國封鎖德國和奧匈帝國；(6)第二次世界大戰時，德國封鎖英國；(7)英國和美國封鎖德國和義大利；(8)第二次世界大戰期間，美國封鎖日本。美國內戰期間（一八六一至一八六五年），聯邦軍隊（the Union）封鎖邦聯軍隊（the Confederacy）可算得上是第九個例子，儘管雙方實際上並非大國。我在這裡也將其納入討論的範疇。[16]

在評估這些事例時，應該注意兩個問題。第一，是否有證據證明單獨的封鎖能脅迫敵人俯首稱臣？第二，封鎖能為地面軍隊取得勝利發揮很大作用嗎？封鎖對戰爭最後的結果起決定性的影響嗎？它與地面力量的影響大致相等還是相去甚遠？

毫無疑問，英國的經濟受到「拿破崙大陸體系」的重創，但英國在戰爭中堅持了下來，並最終成了贏家。[17]英國對拿破崙法國的封鎖，沒有使法國的經濟走到毀滅的邊緣，後者並沒有表現出對封鎖的弱不禁風。[18]任何嚴肅的學者都不會認為，英國的封鎖在拿破崙的覆滅過程中起了關鍵作用。一八七〇年，法國的封鎖對普魯士的經濟幾乎未造成任何影響，對普魯士軍隊的影響就更小了，結果普魯士贏得了對法國的決定性勝利。[19]第一次世界大戰時，德國的潛艇挑戰英國的艦船，威脅要在一九一七年一舉擊敗英國。可是，封鎖最終失敗了，英國陸軍在一九一八年擊敗威廉德國的過程中起了關鍵作用。[20]就在同一場衝突中，英國和美國海軍對德國和奧匈帝國實施了封鎖，對它們的平民造成了重大災難。[21]然而，德國是當它的王牌陸軍（沒有受封鎖的嚴重損害）在一九一八年夏季的西線戰鬥中潰敗後才投降的。奧匈帝國也是在戰場中被擊敗的。

在第二次世界大戰中，希特勒對英國發起了又一次艦艇戰（U-boat campaign），但這並沒有拖垮英國的經濟，也未能一舉殲滅英國。[22]在同一場戰爭中，英美對納粹德國的封鎖，也沒有給德國的經濟帶來重大損害，後者對封鎖並不是不堪抵禦。[23]同樣，盟軍的封鎖也沒有給義大利的經濟造成太大的損傷，這也自然與一九四三年中期義大利作出的停戰決定毫無關係。再看看美國內戰，南部邦聯（Confederacy）的經濟被北部聯邦（Union）軍隊的封鎖嚴重損害，但它並沒有崩潰，羅伯特·李（Robert E.Lee）將軍也只是在邦聯陸軍遭遇戰爭慘敗後才投降的。而且，李將軍的陸軍並不是因為封鎖造成的物資短缺而失敗的。[24]

第二次世界大戰期間，美國對日本的封鎖，是封鎖摧垮對手經濟並對其軍事力量造成嚴重打擊的唯一範例。而且它是九個脅迫戰例中唯一成功的例子，因為日本在其本土二百萬陸軍敗於戰場之前就投降了。[25]無疑，在促使日本投降的過程中，封鎖起了核心作用。但是，美國的勝利也是在地面力量的協同下才取得的，它對戰爭的勝利起了同等重要的作用。日本在一九四五年八月的無條件投降值得仔細研究，因為它是一個有爭議的例子，而且它對分析戰略空中力量和封鎖具有重要的意義。[26]

分析日本投降的原因有一種好方法，就是區別一九四五年八月和那關鍵一月的頭兩周發生了什麼。一九四五年七月下旬，日本已經是一個戰敗國，它的領導者也承認了這一事實。唯一尚未確定的重大區別是，日本是否可以避免接受美國所要求的無條件投降。失敗已不可避免，因為在這之前的三年裡，地面力量的平衡已變得完全不利於日本了。由於美國的破壞性封鎖，加上日本在長期的兩線作戰中損耗太大，日本的陸軍和支援它的海空力量已處於崩潰的邊緣。亞洲大陸是日本的西線，自一九三七年以來，它的陸軍在與中國的戰爭中陷入了泥淖，代價慘痛。日本的東線戰場是它在西太平洋的本島帝國，它在這一線的主要敵人是美國。美國的地面部隊無疑擁有巨大的海空支援，它擊敗了困守島嶼的大部分日軍，並於一九四五年秋天發動對日本的進攻。

至一九四五年七月底，美國空軍對日本主要城市的轟炸已長達約五個月之久，對日本平民的生活造成了巨大破壞。然而，這一懲罰行動既沒有迫使日本民眾給政府施壓，促其結束戰爭，也沒有使日本領導者認真考慮投降。相反的，日本之所以倒下，是因為它的陸軍由於封鎖和經年累月的廝殺而大量陣亡。可是，日本仍拒絕無條件投降。

日本為何要頑抗到底呢？並不是因為其領導者認為，日本如強弩之末的陸軍能抵擋美國的侵入。事實上，普遍的觀點是，美國擁有占領日本島的軍事實力。日本決策者之所以拒絕接受無條件投降，是因為他們認為，透過談判來結束戰爭有可能維持日本主權的完整。對日本來說，成功的關鍵是使美國認為它必須付出巨大的血腥代價才能征服日本。他們估計，如果美國人知道得犧牲慘痛才能取得勝利，他們在談判桌上就會比較有彈性。另外，日本領導者希望當時仍未參加太平洋戰爭的蘇聯調停和平談判，幫助日本達成一個沒有無條件投降的協定。

一九四五年八月上旬，兩大事件最終瓦解了日本領導人堅持的決心，接受無條件投降。廣島（八月六日）和長崎（八月九日）遭受原子彈轟炸，以及更多核攻擊的威脅促使包括裕仁天皇在內的一些核心人物決定立即停戰。不堪忍受的最後一擊是，八月八日蘇聯決定參加對日戰爭以及它第二天對滿洲關東軍的進攻。這一局勢的發展不但排除了任何仰仗蘇聯達成和平協定的可能性，而且此時的日本要同時與蘇聯和美國開戰。再者，關東軍迅速敗於紅軍之手，意味著日本的本土陸軍也很可能輕而易舉地迅速敗於美國的入侵部隊。總之，到一九四五年八月，日本爭取有條件投降的戰略徹底落空，這一事實已廣為日本軍方特別是陸軍所認同，後者一直是停戰的主要障礙。

從這些事例中可以得出兩點結論來說明封鎖對贏得戰爭的作用。第一，單靠封鎖不可能迫使敵人投降。這種戰略的無效性已被一個事實證明，即沒有任何交戰國曾經採用過它。其次，有記錄表明，即使封鎖加上地面力量也很少產生脅迫結果，這就說明了，封鎖總體上無法達到脅迫目的。在上述考察的九個例子中，實施封鎖的國家贏了五次，失敗四次。但在五次勝利中，有四次未使用脅迫戰略，勝利者不得不征服其他國家的陸軍。在脅迫成功的唯一例子中，美國海軍封鎖日本只為戰爭結局作出了部分貢獻，地面力量至少與封鎖一樣重要。

第二，封鎖難以重創敵方陸軍，因而它很少在地面戰爭的勝利中發揮重大影響。封鎖的作用至多是，它有時通過破壞對手的經濟來幫助地面力量打贏持久戰。無疑，封鎖日本是封鎖在贏得大國戰爭中與地面力量一樣重要的唯一戰例。

為什麼封鎖會失敗

許多因素可以解釋封鎖在大國戰爭中的有限效果。它們有時失敗，是因為實施封鎖的海軍在海上受挫，導致無法截斷敵人的海上交通線。在兩次世界大戰中，英美海軍使德國的潛艇難以在有效的距離內向盟軍艦隻發射魚雷，從而成功地阻擊了德國的封鎖。另外，在一場漫長的戰爭中，由於封鎖不全面或中立國家充當物資轉運中心，封鎖有時會變得漏洞百出。例如，「大陸體系」經過一段時期後，就逐漸失去了功能，因為拿破崙不可能完全封閉英國與歐洲大陸的貿易。

即使當封鎖完全截斷了目的國所有的海上貿易，它的效果也常常是有限的，原因有二。第一，大國自有窮則變、變則通的應變方法，比如物資回收、儲存和替代等。在兩次世界大戰前，英國都嚴重依賴糧食進口，而德國在這兩場戰爭中的封鎖，旨在以饑荒逼迫英國，使其降服。然而，英國大量增加它的糧食生產，化解了對其生存的威脅。[27]在第二次世界大戰中，當德國的橡膠供應被斷絕後，它就生產人造替代品。[28]另外，大國可以征服和壓榨鄰國，特別是鐵路出現後尤其如此。例如，第二次世界大戰時，德國完全剝奪了歐洲大陸的資源，大大降低了盟國的封鎖效果。

現代官僚國家特別善於調節和合理配置經濟，以反擊戰時封鎖。曼瑟・奧爾森（Mancur Olson）在《戰時短缺經濟學》（*The Economics of the Wartime Shortage*）一書中就闡明了這一點。他在該書中對拿破崙戰爭、第一次世界大戰和第二次世界大戰中對英國的封鎖作了比較。[29]他認為：「英國在二戰中遭受的糧食供應損失最大，一戰中的損失次之，而在拿破崙戰爭中的損失最小。」同時，英國在二十世紀比在拿破崙時期更依賴於糧食進口。因而，人們會由此認為，英國在二戰中「遭受缺糧之苦」最大，而拿破崙戰爭時最小。

然而，奧爾森發現情況剛好相反：拿破崙時期由於缺糧而遭受的痛苦「很可能比兩次世界大戰中的每一次都要大得多」。他對這種違背直覺的發現是這樣解釋的：英國的行政能力在一百年後已大大提高，因此，它在戰時重組經濟和改進封鎖效果的能力分別是，「拿破崙時期最差，一戰時更好，二戰時最為傑出」。

第二，現代國家的人們能承擔很大的苦痛，而不會起而反對政府。[30]歷史紀錄中沒有一個事例可以證明，以封鎖或戰略轟炸懲罰敵國的平民，會引起過群眾對所在國政府的大規模抗議。如果有的話，也似乎是「懲罰引起更多人民對進攻者而不是本國政府的憤怒」[31]。以二戰中的日本為例，不但它的經濟受到了美國封鎖的破壞，而且它還遭到戰略轟炸，城市滿目瘡痍，成千上萬市民被炸死。然而，日本民眾忍辱負重地承受了美國給予的毀滅性懲罰，他們並沒有給自己的政府施加壓力，促其投降。[32]

最後，統治精英們很少會作出放棄戰爭的決定，因為他們的民眾正受野蠻的摧殘。事實上，我們可以這樣認為，平民受到的懲罰越多，政府就越難停戰。這種論點似乎違背直覺，但它是有根據的。因為屈辱、慘痛的戰敗很可能會導致群眾在戰後對領導人進行秋後算帳，責怪他們把大家拖向毀滅的深淵。因此，那些領導人勢必不顧人們遭受的苦難，決心戰爭到底，希望能渡過難關，走向勝利，保全自己。[33]

戰略空中力量的有限性

在戰爭中，國家如何部署它們的空軍和海軍同等重要。但是，在海軍把力量投送到敵國之前，它們必須獲得制海權；而空軍在轟炸敵人的地面部隊或進攻對手的本土前，一樣必須取得制空權，或獲得通常所謂的空中優勢（air superiority）。如果空中力量不能控制天空，它的打擊力量很可能遭受重大損失，至少是難以有效地向敵人進攻。

例如，一九四三年八月和十月，美國轟炸機對德國城市雷根斯堡（Regensburg）和舒溫佛特（Schweinfurt）進行大規模偷襲，但沒有控制德國的領空。結果是，實施攻擊的轟炸機受到重創，迫使美國放棄了進攻，直到一九四四年在遠程戰鬥機的護衛下，進攻才得以恢復。[34]在一九七三年十月猶太人贖罪日戰爭（Yom Kippur War）的頭幾天，以色列空軍想要給被困於蘇伊士運河和戈蘭高地（Golan Heights）的以色列地面部隊提供緊急援助。但埃及的密集火力加上敘利亞的地對空飛彈與防空炮火，迫使以色列空軍取消了這一任務。[35]

一旦空軍控制了天空，它就可以執行三項力量投送使命，支持在地面作戰的陸軍部隊。就「低空援助」的作用而言，空軍力量飛掠戰場上空，為在下方進攻的我方地面部隊提供直接的戰術支援。空軍的主要目的是從空中殲滅敵人，實際上是充當「飛翔的炮兵」（flying artillery）。這一使命要求空中與地面力量的密切配合。「阻斷」（interdiction）指的是空軍打擊敵人陸軍的後方地區，主要是為了破壞並延緩敵人對前線的供給和運送部隊。打擊目標可能包括補給站、預備部隊、長程炮兵以及聯繫敵人後方與前線的交通線等。空軍同時也提供空運，向戰區或在戰場內運送部隊和提供補給。當然，這些使命只是加強陸軍的能力。

然而，空軍也可以用戰略轟炸單獨向對手作戰，它可以直接打擊敵人的本土，而無須考慮戰場上的戰況。[36]這種任務本身可能產生這樣一種論調，認為單有空軍即可贏得戰爭。無怪乎，空中力量的擁戴者常常主張戰略轟炸，這與海軍鼓吹者誇大封鎖的作用如出一轍。[37]戰略轟炸和封鎖的目的是，通過嚴厲懲罰敵國的平民或破壞它的經濟，並最終令其戰鬥力量癱瘓，逼迫敵人投降。主張以經濟生產為打擊目標的人，有時贊成打擊敵人的整個工業基礎並予以全面剷除。而另外一些人則主張，把打擊目標局限在一個或多個「關鍵部位」，如石油、滾珠軸承（ball bearings）、機床、鋼鐵或運輸網路等敵人經濟的致命罩門。[38]戰略轟炸如同封鎖一樣，不可能取得快速和輕而易舉的勝利。

在過去的十年裡，一些空軍支持者認為戰略轟炸可以用來「斬首」敵人的領導中樞，以此擒賊先擒王的方式取得勝利。[39]具體來說，戰略轟炸機可以用來刺殺敵國的政治領導人，或攻擊領導層的通訊設施和安全部隊，把他們與國民隔離開來。這種觀點希望，在這種情況下，敵人陣營中的溫和派將發動政變，舉行和談。持這派觀點的人認為，把政治領導人與其軍事力量隔離開來，進而阻止它控制、指揮軍隊是可行的策略。

在考察歷史紀錄之前，我想先針對獨立的空中力量進行兩點補充。首先，我所說的戰略轟炸的意思是不含核武的對他國領土進行攻擊。自一九四五年來，它一直不是一種重要的軍事力量，這一情況在可預見的將來也不可能改變。隨著核子武器在第二次世界大戰末期的問世，大國不再以傳統的武裝轟炸機威脅彼此的領土，而是依賴核子武器完成這一使命。例如，冷戰期間，萬一超級大國之間爆發戰爭，美國和蘇聯都不打算以戰略轟炸來應付對方。反之，兩國都有用核武攻擊對方領土的周密計畫。

不過，老式的戰略轟炸沒有完全消失。大國還在用它攻擊次大國，就像二十世紀八〇年代蘇聯入侵阿富汗和九〇年代美國進攻伊拉克和南聯盟那樣。[40]然而，當評估大國之間的軍事力量平衡時，擁有轟炸小國和弱國的能力是無足輕重的。最關鍵的是，大國在彼此對抗時可能使用的軍事裝備，這裡不再包括戰略轟炸。因此，我對獨立空中力量的分析主要與一九一五—一九四五年這一時段有關，而不是指最近的過去、現在或將來。

歷史紀錄包括十四個戰略轟炸的例子：其中大國進攻其他大國的有五個，大國對次大國動武的有九個。敵對大國之間的戰爭為確定如何評估大國間的軍事平衡提供了最重要的依據。不過，我同時也考察有關次大國的事例，因為有人可能認為，這些事例，特別是像美國對伊拉克和南聯盟動武的例子，證明了大國可以用空中力量脅迫另一大國就範。但是，我的分析表明，情況並非如此。

戰略轟炸的歷史

大國試圖以戰略轟炸脅迫另一大國就範的五個例子，發生在兩次世界大戰期間：(1)第一次世界大戰時，德國轟炸英國城市；(2)第二次世界大戰中，德國再次轟炸英國城市；(3)英國與美國轟炸德國；(4)英國和美國攻擊義大利；(5)美國轟炸日本。

大國試圖以戰略空中力量脅迫次大國的九個例子包括：(1)一九三六年，義大利打擊衣索比亞；(2)一九三七至一九四五年，日本進攻中國；(3)第二次世界大戰中，蘇聯攻擊芬蘭；(4)二十世紀五〇年代早期，美國進攻北韓；(5)二十世紀六〇年代中期，美國攻擊北越；(6)一九七二年，美國再次打擊北越；(7)二十世紀八〇年代，蘇聯入侵阿富汗；(8)一九九一年，美國及其盟國攻擊伊拉克；(9)一九九九年，北約轟炸南聯盟。

這十四個戰例應參照前面關於封鎖的兩個問題來評估。第一，有無證據證明，單憑戰略轟炸就能脅迫敵人投降呢？第二，戰略轟炸能為地面陸軍取得勝利起到很大作用嗎？戰略轟炸對戰爭的最終結局是否有決定性的影響？它與地面力量的效果大致相等還是相距甚遠？

轟炸大國

在兩次世界大戰中，德國對英國的空中打擊不但未能迫使英國投降，而且還輸掉了這兩場戰爭。[41]而且，沒有證據表明，這兩次轟炸行動嚴重破壞了英國的軍事能力。倘若有事例證明這些戰略轟炸的決定性影響，那麼它在很大程度上也是依靠二戰中所謂的軸心國（德國、義大利和日本）的聯合轟炸。

要說轟炸左右了這三場戰爭的結局是難以令人信服的，因為總是在每一國明顯顯露敗象之後，對目標國的猛烈轟炸才開始。比如，一九三九年九月和一九四一年十二月，德國分別與英國和美國交戰。雖然德國在一九四二年底就明顯就走向失敗了，但是，它在一九四五年五月才投降。納粹軍隊向紅軍發動最後一次大規模進攻是一九四三年在庫爾斯克（Kursk），並遭到慘敗。而盟國在經過多次爭吵後，才於一九四三年一月的卡薩布蘭加會議（Casablanca Conference）上，決定對德國發動大規模的戰略轟炸。然而，空中打擊遲遲未能啟動，直到一九四四年春，轟炸機才開始猛轟第三帝國，此時盟國最終取得了對德國的空中優勢。甚至連歷史學家理查·奥佛里（Richard Overy）都相信空中力量在贏得對德戰爭中起了核心作用，只不過「在戰爭最後一年轟炸技術才成熟了。」[42]

義大利分別於一九四〇年六月和一九四一年十二月與英國和美國開戰。但是與德國不一樣，義大利在被占領之前就於一九四三年九月放棄了戰爭。嚴格地講，盟軍對義大利的轟炸開始於一九四三年七月，大約在義大利投降前的兩個月。由此可知，義大利當時已經處於災難性的失敗邊緣。它的陸軍已被殲滅，不能再保衛義大利本土免受侵略。[43]事實上，一九四三年七月，當盟軍從海上入侵西西里島時，是納粹軍隊在為義大利的防禦提供主要援助。

日本與美國的戰爭始於一九四一年十二月，一九四五年八月結束。一九四五年三月，即離日本投降前五個月，日本開始遭到猛烈的空中打擊。然而，日本此時已明顯輸掉了戰爭，只剩下無條件投降的選擇。美國在太平洋重創了日本帝國，並在一九四四年十月的萊特海戰（Battle of Leyte Gulf）中，有效地消滅了日本的海軍餘部。另外，一九四五年三月，美國海軍的封鎖摧垮了日本經濟，這對日本陸軍產生了極大的消極影響，而它的大部分陸軍困在與對中國的一場無法打贏的戰爭中。

事實上，只是到了戰爭的後期，軸心國被打得七零八落並走向失敗時，戰略轟炸才得以成功。否則，被攻擊的目標國不可能對持續的空中打擊不堪一擊。例如，直到摧毀日本的海空力量並把戰爭推進到日本島後，美國才實施重大的轟炸行動。只有這時，美國的轟炸機才能到達有效距離內，對日本發動摧枯拉朽的進攻。同樣，只有當美國取得對德國的空中優勢後，才能有效地採用戰略轟炸機攻擊第三帝國。這一艱巨的任務需要時間，且其最終之所以能獲得成功，只是因為德國把大量的資源轉移到與紅軍的戰爭中去了。

盟國的三次戰略轟炸行動最多只能說明，它們是壓垮已經瀕臨敗戰的對手的最後一根稻草，這幾乎無法證明單獨的空軍力量是第二次世界大戰中決定勝負的武器。特別是，有人可能認為，那些戰略空中打擊加快而不是延緩了戰爭的結束，同時還幫助盟國確保了更好的形勢。然而，除了義大利的情況外，證據似乎表明，戰略轟炸對這些戰爭的結束方式幾乎沒有任何影響。讓我們更詳細地分析這些戰例。

盟國試圖給德國的平民造成痛苦並毀壞它的經濟，迫使其投降。盟國對德國城市的懲罰（包括對漢堡和德勒斯登投擲「燃燒彈」這一令人髮指的行動）摧毀了德國七十個大城市的百分之四十的城區，炸死了約三十萬五千平民。[44]但是，德國民眾忍受了這一懲罰，希特勒並未感到內疚，也沒有投降。[45]無疑，一九四五年早期，盟國的空中打擊加上不斷推進的地面部隊，打垮了德國的工業基礎。[46]不過，戰爭此時已差不多接近了尾聲，而且更重要的是，德國工業基礎的破壞仍然不足以脅迫希特勒終止戰爭。最後，美國、英國和蘇聯的陸軍不得不占領德國。[47]

與德國和日本相比，美國對義大利的戰略轟炸要少得多。[48]義大利的一些經濟目標受到了打擊，但它的工業基礎並未遭破壞。盟國也試圖給義大利的平民造成痛苦。但從一九四二年十月到一九四三年八月，它們只炸死了三千七百名義大利人，相對於在空襲中死亡的三十萬五千德國人（一九四二年到一九四五年四月）和九十萬日本人（一九四五年三月至八月），這是一個非常小的數目。儘管義大利只遭受了有限的毀滅，但是，一九四三年（當時加強了轟炸），盟國開始對義大利的統治精英窮追猛打，不斷施加壓力，促其儘快投降。然而，當時義大利之所以絕望地放棄戰爭並最終於一九四三年九月八日投降，主要是因為義大利的陸軍已潰不成軍，沒有任何機會阻止盟軍的進犯。[49]早在轟炸開始產生效果之前，義大利就註定要失敗了。因此，盟軍對義大利實施空中打擊的最大作用，充其量是比在沒有空中協助的情況下，提前一到兩個月時間迫使後者放棄戰爭。

一九四四年底，當盟國對日本採取空中行動時，其初衷是運用威力巨大的炸彈協助摧毀已經被美國海軍的封鎖嚴重削弱的日本經濟。[50]然而，事實很快表明，這一空中力量戰略並沒有嚴重毀壞日本的工業基礎。因而，一九四五年三月，美國決定轟炸日本的城市，試圖懲罰其平民。[51]這一致命的空中打擊一直持續到五個月後的戰爭結束，共破壞日本六十四個最大城市中的百分之四十，炸死近七十八萬五千名市民，迫使八百五十萬人流離失所。[52]雖然在美國侵入和占領日本本土之前，日本就於一九四五年八月投降了（權且把它視為一個脅迫成功的例子），但是，空中打擊行動在促使日本停戰的過程中只起到很小的作用。如前所論，儘管原子彈和蘇聯對日宣戰（都在八月上旬）幫了忙，但是封鎖和地面力量對戰爭的結局起了主導作用。

因此，在轟炸大國以脅迫其投降的五個戰例中，失敗的有三例：第一次世界大戰和第二次世界大戰時，德國對英國的空中進攻，以及美國對納粹德國的轟炸。另外，在盟軍對納粹軍隊的勝利中，戰略轟炸並沒有起關鍵作用。雖然在第二次世界大戰中，義大利和日本是被迫投降的，但盟國的兩次成功都有多種因素，而不是獨立的空中力量所致。接著讓我們考察一下，在過去大國對次大國行使空中打擊時，發生了什麼。

轟炸小國

儘管在大國的戰略轟炸機進攻次大國的幾個例子中，存在嚴重的力量不對稱性，但其中有五個例子並沒有成功的脅迫對手投降。一九三六年，義大利轟炸衣索比亞的城鎮和村落，偶爾還使用毒氣彈。[53]然而，衣索比亞拒絕投降，迫使義大利的陸軍必須占領其整個國家。一九三七至一九四五年間，日本對中國的城市狂濫亂炸，屠殺了大量平民。[54]但中國並沒有投降，最終，盟國澈底擊敗了日本。一九六五至一九六八年間，美國採取著名的「驚雷」（Rolling Thunder）行動，對北越進行轟炸，其目的是迫使北越停止對南越戰爭的支持，接受一個獨立南越的存在。[55]但這一努力失敗了，戰爭仍然繼續。

一九七九至一九八九年間，蘇聯對阿富汗人口密集區進行轟炸，試圖迫使阿富汗反叛軍放棄與蘇聯支持的喀布爾政府的戰爭。[56]最終，是蘇聯而不是反叛軍放棄了戰爭。一九九一年初，美國對伊拉克發動了一次戰略空中攻擊，企圖逼迫海珊撤出伊拉克陸軍在一九九〇年八月占領的科威特。[57]然而，轟炸行動未能嚇倒海珊，最後，美國及其盟國不得不動用地面力量完成這一使命。這一空中行動非常引人注目，因為美國採用了「斬首策略」（decapitation strategy）：它試圖從空中消滅海珊，而且它還試圖把海珊與他的國民以及在科威特的軍事力量隔絕開來。這一戰略全盤失算了。[58]

在四個涉及小國的例子中，脅迫確實取得了成功。但在其中三個戰例中，戰略轟炸在達到脅迫目的的過程中，似乎只起到輔助作用。一九三九年十一月三十日，當蘇聯入侵芬蘭時，蘇聯領導者史達林對芬蘭城市進行了規模不大的轟炸，炸死約六百五十名市民。[59]據說，在芬蘭失敗並被紅軍占領之前，轟炸行動與芬蘭在一九四〇年三月作出的停戰決定沒有多大關連。芬蘭之所以停戰，是因為它感到自己的陸軍數量遠遠不如紅軍，沒有任何取勝的機會。

韓戰期間，美國試圖以空中懲罰迫使北韓放棄戰爭。[60]這一努力實際上包括三次明顯的戰役。

從一九五〇年七月到十月下旬，美國轟炸機集中轟炸北韓的五個主要工業中心。從一九五二年五月到九月，轟炸的主要目標是北韓一系列水力發電站以及北韓的首都平壤。一九五三年五月到六月，美國的轟炸機攻擊北韓的水壩，試圖毀壞它的糧食作物，使其陷入饑荒，並束手就擒。

由於到一九五三年七月二十七日才簽訂停戰協定，因此，前面兩次懲罰行動顯然未能結束戰爭。有可靠證據表明，這兩次行動都沒有對北韓的行為產生任何有意義的影響。雖然在美國採取毀壞北韓糧食作物的行動後，緊接著就簽訂了停戰協定，但是，轟炸水壩並未毀壞北韓的糧食作物，導致大面積饑荒。北韓最終被迫簽訂停戰協定，是由於艾森豪總統的核威脅，以及雙方都了解到，誰也沒有能力和意志打破地面戰場上的僵局。簡言之，傳統的空中懲罰沒有達到成功的脅迫目的。

除了在北越（一九六五至一九六八年）採取的「驚雷」行動失敗外，美國還於一九七二年發起了「捍衛後方」（linebacker）的轟炸行動。[61]最終，北越在一九七三年早期簽訂了停火協定，使美國得以從戰爭中脫身，延緩了北越對南越採取進一步地面進攻。雖然就技術角度而言，這是脅迫的一個成功例子，但是，實際上這一協定只是把北越對南越的勝利推遲到一九七五年罷了。此外，戰略轟炸在促使北越接受美國的停火協議方面，起的作用很小。

與當時流行的觀點相反，美國轟炸機給北越平民造成的懲罰相對較小。大約一萬三千名北越人死於一九七二年的空襲，這種程度的痛苦幾乎不可能迫使像北越這樣的頑固敵人屈從於美國的要求。[62]北越於一九七三年一月接受停火協定的主要原因是，一九七二年春，美國空軍擊退了北越的一次地面進攻，因而，在美國繼續進攻之前，北越很想讓美國迅速撤軍，簽訂停火協定的意義僅僅如此而已。兩年後，北越贏得了對南越的澈底勝利，後者在沒有美國空中力量的幫助下，打完了最後的戰爭。

一九九九年北約發動對南聯盟的戰爭，乍一看似乎是一個由單純戰略空中力量脅迫對手屈服的戰例。[63]一九九九年三月二十四日，美國及其盟國開始對南聯盟進行空襲。其目的是迫使南聯盟總統米洛塞維奇（Slobodan Milošević）停止對科索沃省的阿爾巴尼亞人的鎮壓，讓北約部隊進駐該省。空襲持續了七十天，一九九九年六月八日，米洛塞維奇屈從了北約的要求。儘管在整個戰爭中，反叛的科索沃解放軍與南聯盟地面部隊發生了小規模衝突，但北約沒有對科索沃發動地面進攻。

米洛塞維奇為什麼停止抵抗，無法考證，但有一點似乎是明確的，那就是轟炸並沒有使米洛塞維奇就範，單純的轟炸並不是這一戰爭結局的保證。[64]最初，盟國只採取小規模的轟炸行動，因為北約領導者相信，幾天輕微的懲罰後，米洛塞維奇就會認輸。雖然這一策略失敗後，北約加劇了空中戰爭，但是，它沒有南聯盟的打擊力道的政治意願。因此，北約的轟炸機長時間地打擊南聯盟為數不多的經濟和政治目標，避免傷及平民。轟炸造成約五百名平民死亡。[65]無怪乎，沒有任何證據顯示，米洛塞維奇是在他的人民要求結束痛苦的戰爭的情況下舉起白旗的。

似乎有多種原因可解釋為什麼米洛塞維奇決定屈服北約的要求。他對遭受進一步空中懲罰的擔心也許是關鍵的因素，然而，另外兩個原因似乎至少與此一樣重要。當時，北約正準備對南聯盟實施大規模的地面入侵，而且在五月底，美國柯林頓政府通過俄羅斯向米洛塞維奇送去了一個明確的資訊：如果他不投降，北約將很快派地面部隊進駐科索沃。另外，俄羅斯這一南聯盟的關鍵盟友特別反對戰爭。實際上，六月初，俄羅斯就站在了北約一邊，向米洛塞維奇施加了很大的壓力，要求他立即停戰。同時，北約也適度地緩和了自己的要求，讓爭端的解決對南聯盟更具吸引力。總之，單純的懲罰行動沒有產生對南聯盟戰爭的勝利，儘管它一直是一個重要因素。

這十四個戰例證明了關於戰略轟炸有效性的幾個結論：單純的戰略轟炸不能脅迫敵人投降。除了南聯盟的例子外，沒有大國（或大國聯盟）曾試圖依賴單純的空軍力量贏得戰爭，即便是北約最終威脅以地面入侵來脅迫米洛塞維奇的例子也不例外。在其餘的十三個戰例中，戰略轟炸從一開始就與地面力量一前一後協同配合。這一紀錄說明了，依靠單純的戰略轟炸是沒有效果的。另外，幾乎沒有任何證據證明，以往的轟炸行動明顯地影響了戰爭的結果，並由此證明戰略轟炸本身可以強迫另一大國投降。紀錄表明，即使當戰略轟炸與地面力量同時使用，戰略轟炸在決定戰爭結局方面起主要作用的例子也只有一個。總的來說，戰略轟炸本身不可能扮演脅迫對手投降的角色。

我們考察一下十四個例子中的另外九個大國運用戰略空中力量贏得戰爭的情況。不過，在這九個例子中的三個，勝利者並未成功逼退它的對手，而是在地面上打敗它的：義大利攻打衣索比亞、盟軍抗擊納粹德國以及美國進攻伊拉克等。在餘下的六個例子中，大國運用戰略空軍力量成功地達到了脅迫對手的目的。然而，在這六個例子中，有五個例子的情況是，戰略轟炸在決定戰爭的結局方面起次要作用：美國反擊日本、蘇聯進攻芬蘭、盟軍抗擊義大利和美國入侵韓國和越南（一九七二年）。在每一個例子中，地面力量是勝利的關鍵，儘管在美日這一戰例中，封鎖也是成功的必要成分。

科索沃戰爭似乎是唯一能證明戰略轟炸在成功脅迫中起關鍵作用的例子。不過，那一戰例並不能讓我們對獨立空中力量的有效性感到樂觀。這不但是因為單獨對抗強大的美國及其盟國的南聯盟是一個特別弱小的次大國，而且轟炸以外的其他因素也促使米洛塞維奇勉強接受了北約的要求。

從歷史紀錄中得出的第二個教訓是，戰略轟炸幾乎不可能削弱敵人的陸軍，因此，它也就不可能為地面戰爭的成功作出重大貢獻。二戰期間，獨立的空中力量有時確實幫助過大國贏得漫長的消耗戰，但是，它在那些勝利中只起一種輔助作用。在核武時代，大國只運用這一威懾工具打擊次大國，而不是彼此攻擊。不過，即使用來打擊較弱的國家，戰略轟炸的效果也一直與打擊其他大國時差不多。一句話，它很難把對手轟向投降之路。

戰略轟炸行動為什麼失敗

戰略轟炸不能奏效與封鎖常常不能脅迫對手的原因是一樣的：平民對飢寒交迫的困境有很強的忍耐力，而不致起來反對他們的政府。政治學家羅伯特．佩普（Robert Pape）對空中懲罰與平民造反的歷史證據作了總結：「在七十五年多的時間裡，空中力量的運用策略無非是試圖以進攻或威脅要攻擊大量平民等方式，來迫使敵人改變行為。從這些戰役中得出的無可爭議的結論是，空中打擊不會引起國人反對他們的政府……事實上，在過去三十多場重大的戰略轟炸行動中，空中力量從未迫使群眾走向街頭要求任何東西。」[66]再者，現代工業經濟不是容易摧毀的脆弱結構，即使大規模的空中攻擊也難以奏效。用亞當．史密斯的話來解釋就是，大國的經濟有許多經得起毀滅的餘地。用這一戰略來進攻次大國就更沒有多少意義了，因為它們的工業基礎都很小。

然而，那「斬首策略」又如何呢？如上所述，一九九一年，這一戰略在攻擊伊拉克時失敗了。它還在其他三個場合被採用過，但都不包括在前面討論的範疇內，因為行動的規模都很小。不過，這一戰略已有三次失敗的例子，其結果是預料中的。一九八六年四月十四日，美國轟炸格達費（Muammar Qaddafi）。這位利比亞領導的幼女被殺，但他本人逃過了災難。普遍認為，兩年後，恐怖主義在蘇格蘭上空炸毀泛美航空公司一〇三航班的事件，就是針對那次未遂暗殺的復仇。一九九六年四月二十一日，俄羅斯試圖剷殺車臣叛亂武裝力量領導人杜達耶夫（Dzhokhar Dudayev），目的是脅迫車臣接受克里姆林宮的條件，與俄羅斯解決分裂主義戰爭。事實上，叛亂分子發誓要為杜達耶夫的死進行報復，幾個月後（一九九六年八月）俄羅斯軍隊被迫撤出車臣。一九九八年十二月，美國對伊拉克發動了短短的四天攻擊行動。代號為「沙漠之狐」（Operation Desert Fox）的行動是又一次暗殺海珊的企圖，也失敗了。[67]

暗殺政治領導人的行動是一個新奇的戰略。[68]不過，儘管有狙殺杜達耶夫的成功案例，戰時要找到並剷殺對手的政治領導人絕非易事。但即使剷殺行動得手，對手繼任領導人的政見也不會與其前任有多大差異。這一戰略是基於根深蒂固的美國信念：敵對國家本質上是由其邪惡政府控制的仁慈民眾所組成的。他們認為，除掉邪惡領導，善意的力量就會占上風，戰爭也將很快結束。這個如意算盤很少奏效。殺死某一領導者，並不能確保他其中一位最親密的副手不會取而代之。例如，倘若盟軍暗殺了希特勒，他們很可能用馬丁・鮑曼（Martin Bormann）或赫曼・格林（Hermann

Goering）取代其領導位置，這兩人都不會比希特勒好多少。另外，像希特勒一樣的邪惡領導人擁有廣泛的民眾支持：有時，他們不僅代表他們國家的觀點，而且民族主義常常會在政治領導者和其人民之間培育出緊密的紐帶，特別是在戰時，當國家面臨一個強大的外來威脅時尤其如此。[69]

另外，想要把政治領導人與其廣大人民切割開來的戰略也是不切實際的。領導者有許多管道與其人民保持聯繫，實際上，空中力量不可能將其一舉摧毀，並長時間地阻隔這些管道。例如，轟炸機可能很容易破壞敵人的通訊系統，但它們無法堵住報紙的發行，也難以摧毀秘密員警和其他鎮壓機器。最後，戰爭期間，促使敵國內部發生一場能產生友好領導者的政變，是一項特別困難的任務。

同樣，把一個領導人與他的軍事力量切割開來也是不切實際的。在這一戰略中，成功的關鍵在於切斷聯繫戰場與政治領導人之間的交通或通訊線。不過，有兩個原因可以解釋為何這一戰略註定會失敗。領導者擁有多種管道與其軍隊和人民保持聯繫，轟炸機不可能同時將它們封堵，更不可能讓其長時間保持緘默。另外，對這一難題感到擔心的政治領導人，會事先將權力移交給軍方指揮官，以防交通線被切斷。例如，冷戰期間，由於擔心核子武器可能傷害領導人，兩個超級大國都為這種不測作了安排。

歷史紀錄似乎很清楚地表明，封鎖和戰略轟炸偶爾會對大國戰爭的結果產生影響，但很少對戰爭的最終結局起決定性作用。陸軍和為陸軍提供後援的海空力量才是哪一方能贏得大國戰爭的決定性因素。地面力量是國家最具威力的傳統軍事力量。[70]事實上，大國間的戰爭很少不是由交戰雙方的陸軍最終在戰場上決出勝負的。儘管前面的章節已討論過某些相關歷史，但是，通過對自一七九二年來大國間戰爭的簡要分析，我們可以發現，戰爭是在地面打贏的。

陸軍的決定性影響

過去的兩個世紀裡，大國間發生過十場戰爭，其中三場主要戰爭把所有大國都捲進去了：法國大革命和拿破崙戰爭、第一次世界大戰和第二次世界大戰；後者實際上把亞洲和歐洲都捲入了衝突。

緊接著法國大革命後，法國在二十三年內與包括奧地利、普魯士、俄國和英國在內的不同歐洲大國聯盟進行了一系列戰爭。幾乎每一次戰爭的結局都是由對手雙方的陸軍而非海軍間的交戰決定的。比如說，我們看看這些戰爭中著名的特拉法爾加海戰（Battle of Trafalgar）的作用。一八〇五年十月二十一日，即拿破崙在烏爾姆（Battle of Ulm）一戰中贏得對奧地利重大勝利的第二天，英國海軍徹底擊潰了法國的艦隊。不過，英國在海上的勝利對拿破崙的命運幾乎沒有什麼影響。在隨後的兩年裡，拿破崙的陸軍取得了最大的勝利：一八〇五年在奧斯特利茨（Austerlitz）擊敗了奧地利和俄國，一八〇六年在耶拿（Jena）和奧爾施泰特（Auerstadt）打敗了普魯士，以及一八〇七年在佛里德蘭（Friedland）擊潰了俄國。[71]

另外，英國封鎖過歐洲大陸，拿破崙也封鎖過英國。但兩次封鎖都沒有對戰爭的結局產生顯著影響。事實上，英國最終被迫派遣一支陸軍赴歐洲大陸在西班牙抵抗拿破崙陸軍。這支英國陸軍，特別是一八一二年在俄國國土深處消滅法國陸軍的俄國陸軍，是把拿破崙趕出戰爭的主要原因。

地面力量的平衡也是第一次世界大戰勝利的首要決定因素。特別是，這一結果取決於德俄陸軍在東線持久而代價慘痛的戰爭，以及德國與協約國（英國、法國和美國）在西線的戰鬥。一九一七年十月，德國在東面取得令人震驚的勝利，俄國陸軍一敗塗地，退出了戰爭。一九一八年春，德國還在西線取得了雙倍於這一戰績的成功，但英國、法國和美國陸軍堅持了下來。不久後，德國陸軍土崩瓦解，由於這一原因，一九一八年十一月十一日，戰爭結束了。戰略轟炸在最後的勝負中幾乎難當重任。英美對德國的封鎖無疑有助於勝利，但它只是次要因素。後來所稱的「大戰」，主要靠雙方數百萬戰士在凡爾登（Verdun）、坦能堡（Tannernberg）、帕斯申德爾（Passchendaele）以及索穆河（Somme）等地的浴血奮戰才分出勝負的。

在歐洲，第二次世界大戰的結果主要是由交戰雙方的陸軍以及輔助的海空力量之間的戰爭所決定的。德國早期的速勝，幾乎完全歸功於納粹的地面力量：一九三九年進攻波蘭、一九四〇年五月至六月進犯法國和英國，以及一九四一年六月至十二月突襲蘇聯。一九四二年，戰爭形勢急轉直下，變得對第三帝國不利，到一九四五年五月，希特勒自殺身亡，他的繼任者接受無條件投降。德國主要是在東線戰場上被紅軍澈底擊敗的，在這一過程中，德國損失了八百萬士兵，占德國戰時傷亡人數的四分之三。[72]英國和美國陸軍也消耗了納粹軍隊的實力，但它們所起的作用比蘇聯陸軍要小得多。這主要是由於英、美陸軍直到一九四四年六月，即戰爭結束前一年，才在法國登陸。

直到一九四五年早期，戰爭的結局已在地面得以解決後，盟軍的戰略轟炸才能使德國的經濟癱瘓。不過，僅僅是空軍力量還無法摧毀德國的工業基礎。盟國的陸軍向第三帝國的逼近也厥功甚偉。英美海軍對第三帝國實施過封鎖，但它對戰爭結局的影響也非常小。簡言之，擊敗像希特勒德國那種龐大的陸地強國的唯一辦法，是在地面的血腥戰爭中擊潰其陸軍，並占領它。封鎖與戰略轟炸也許能幫上一些忙，但它們很可能只是錦上添花而已。

很多美國人都以為，當一九四一年十二月七日珍珠港遭到襲擊後，第二次世界大戰才在亞洲爆發。但是，自一九三一年開始，日本就已經在亞洲發動了戰爭，並在美國參戰之前就占領了中國的滿州（**編輯注：Manchuria，即今日中國的東北地區。**）、華北許多地區以及印度支那的部分地區。「珍珠港事件」後，日本軍隊已占領東南亞的大部分以及太平洋西部的所有島嶼。日本陸軍是它的主要征服工具，儘管它的海軍常常把陸軍運往戰場。日本對中國實施了戰略轟炸，但它明顯一無所獲（本章前文已討論過）。而且，從一九三八年開始，日本試圖運用封鎖來切斷中國與外部世界的聯繫，到一九四二年，進入中國的武器裝備和物資已少到了極點。然而，中國陸軍仍然固守陣地，拒絕向他們的敵人投降。[73] 簡單地說，地面力量是日本在第二次世界大戰中軍事成功的關鍵手段。

一九四二年六月，戰局發生了逆轉，在中途島戰役中，美國海軍將日本海軍打得落花流水。在隨後的三年裡，日本的實力在兩線作戰中消耗殆盡，最終於一九四五年八月無條件投降。如前所述，地面力量在擊敗日本的過程中起了關鍵作用。美國海軍對日本本土的封鎖也是這一衝突的一個決定性因素。對日本的轟炸（包括廣島和長崎）無疑給目標城市造成了重大災難，但它在迫使日本投降的過程中只起了很小的作用。這是現代史上唯一一場單純的地面力量對戰爭結局未能起主要作用的大國戰爭，脅迫手段——空中或海上力量——在這裡不僅僅是起輔助作用。

在過去的二百年裡，還爆發了另外七場大國對大國的戰爭：克里米亞戰爭（一八五三至一八五六年）、義大利統一戰爭（一八五九年）、普奧戰爭（一八六六年）、普法戰爭（一八七〇至一八七一年）、日俄戰爭（一九〇四至一九〇五年）、蘇俄內戰（一九一八至一九二一年）以及蘇日戰爭（一九三九年）。這些戰例都不包含戰略轟炸，只有日俄戰爭中發生過很多海戰，儘管雙方都未對對方實施過封鎖。對手雙方主要爭奪制海權，這是戰爭中很重要的環節，因為不管哪一方控制水域，都有利於自己在行動區域內運送地面力量。[74]所有七場戰爭都是由雙方的陸軍在戰場上一決雌雄的。

最後，如果冷戰期間發生戰爭，一場大規模傳統戰的結果也應該主要由核心陣營的戰事決定，在這裡，北約和華沙公約組織的陸軍會發生正面衝突。當然，支援這些陸軍的戰略空中力量也可能會影響地面戰局的發展。另外，戰爭主要取決於雙方陸軍在戰場上如何表現。雙方都不會向對方發動戰略轟炸，因為核子武器的出現已使這一使命失去了實際意義。北約盟國絕對不可能用獨立的海上力量擔當此重任，因為蘇聯不像二戰中的日本一樣對封鎖不堪抵禦。[75]蘇聯的潛艇可能想方設法切斷美國與歐洲的海上交通線，但就像德國在兩次世界大戰中一樣，它們肯定會失敗。如同與拿破崙法國、威廉德國和納粹德國的戰爭一樣，北約與蘇聯的爭霸戰爭，最終也得通過地面陸軍的對壘來定生死。

水域的阻遏力量

地面力量有一個特別重要的面向值得深入而仔細地研究：巨大的水體對地面力量的移動、輸送能力有何種重大影響。對於跨海運送地面力量並在友好國家登陸的海軍而言，水體不是一個大的障礙。但當海軍試圖向敵對大國嚴密防守和控制的領土運送陸軍時，水體便是一個可怕的障礙。向強大的陸地部隊發動兩棲進攻時，海軍處於非常不利的地位，海上入侵者很可能被扔回大海。總而言之，越過共同邊境發動陸上進攻要容易得多。當陸軍不得不橫越一個巨大的水體進攻一個武裝精良的對手時，其進攻能力要大打折扣。

為什麼水域是陸軍的屏障

實施海上入侵時，海軍面對的基本問題是，海軍能攜帶的用於兩棲行動的士兵人數和火力數量受到很大的限制。[76]因此，海軍難以向敵方海岸安插足以壓倒對方防禦軍隊的突擊力量。這一特殊限制從帆船時期到工業時代各有不同。[77]

十九世紀五〇年代以前，艦隻以風帆為動力，海軍比陸軍更具機動性。陸軍不但得越過諸如山脈、森林、沼澤和沙漠等障礙，而且連一條利於行走的道路都不容易獲得，鐵路和動力化交通工具更是一種無法想像的奢望。因而，陸基部隊移動緩慢，這意味著它們很難阻止海岸線受到來自海上的入侵。而另一方面，具有制海權的海軍能在洋面上迅速移動，並在敵人陸基部隊抵達灘頭陣地之前，讓部隊在對方的海岸登陸。由於帆船時代的兩棲登陸相對容易得手，所以大國很少對另一國領土發動兩棲進攻，而是在對手軍隊部署很少的地方登陸。事實上，從一六四八年國家體系建立時起，到十九世紀中期汽船開始取代帆船，歐洲沒有發生過兩棲進攻的戰例。

儘管在敵人領土上登陸部隊相對容易，但海軍不可能把大部隊送上岸並長期堅守陣地。帆船海軍運載能力有限，因此，它們無法為入侵部隊在敵人領土上的生存提供必要的後勤支援[78]，也不可能迅速提供必要的物品增援。何況，敵方陸軍在自己的領土作戰，終究會趕至兩棲部隊所在地，在戰鬥中將他們一舉擊潰。因而，帆船時代的歐洲大國極少向敵對大國本土和被其控制的領地實施兩棲登陸。實際上，在一七九二年拿破崙戰爭開始前的兩個世紀內，儘管歐洲大國間頻繁開戰，但沒有出現兩棲登陸的戰例。[79]帆船時代僅有的兩次兩棲登陸作戰是，發生在英國與俄國登陸荷蘭（一七九九年）和英國入侵葡萄牙事件（一八〇八年）。如下所述，在這兩例中，海軍都失敗了。

十九世紀的戰爭工業化使得大規模的兩棲登陸變得較有可能，但向一個武裝完備的對手發起攻擊仍然是一個令人聞之喪膽的任務。[80]從入侵方而言，最大的進步是新式、裝備蒸汽動力的海軍比帆船具有更大的攜載能力，而且不過分依賴於風向。因此，相對帆船海軍，汽船海軍可向敵方海灘運送更多的部隊，並能堅持更久。一八四五年，帕麥斯頓伯爵（**Lord Palmerston**）警告說：「蒸汽船使得在過去軍隊難以逾越的地方（如英吉利海峽），在現在卻如同一條架了蒸汽橋的河流一樣暢通。」[81]

然而，帕麥斯頓過於誇大了英國遭侵略的威脅，因為其他方面的技術發展抵消了海上力量的進攻。特別是飛機、潛艇和水雷的發展，增加了海軍到達敵方海岸的困難，而飛機和鐵路（後來還有公路、卡車和坦克車）尤其使兩棲力量在登陸後難獲優勢。

十九世紀中期開始橫貫於歐美的鐵路在德國對奧地利（一八六六年）和法國（一八七〇至一八七一年）的統一戰爭以及美國內戰中發揮過重要的作用。[82]兩棲力量在橫跨巨大的水體時不能從鐵路中受益。同時，海上力量不可能把鐵路帶在身邊，至少短期內它很難搶占和利用敵方的鐵路線。相反，鐵路極大地增加了陸地部隊擊敗兩棲行動的能力，因為它們使防禦者在進攻方的登陸點或附近地區，迅速集中大量軍隊。而且由鐵路輸送的陸軍可以完好無缺地到達戰場，因為它們避免了行軍中的損耗。還有，當陸軍困在與兩棲力量的戰鬥中時，鐵路也是支援陸軍的絕佳工具。由於這一相似的原因，在二十世紀初期，公路、摩托化及機械化交通工具的發展，更有利於陸上部隊阻擊海上的入侵者。

雖然在二十世紀頭十年的戰爭中，飛機就首先投入了使用，但是，直到二〇年代和三〇年代，海軍才開始發展用於支持兩棲進攻的航空母艦。[83]不過，被進攻的領土國家得益於空中力量要多於發動兩棲進攻的一方，因為更多的飛機停留於陸地而不是屈指可數的幾艘航空母艦上。[84]領土國家實際上是一艘能儲備無數飛機的龐大航空母艦，而一艘實際的航空母艦只能搭載數量有限的飛機。由此類推，其他方面也一樣，領土國家應該能獲得制空權，利用這一優勢打擊海灘上的兩棲力量，甚至在後者到達海灘之前就給予還擊。當然，倘若從海上進攻的一方能依賴自己從陸地上起飛的飛機，那麼這一問題就能迎刃而解。例如，一九四四年六月的諾曼地登陸行動，就是極大地依賴駐紮在英國的飛機。

陸基空中力量同時具有擊沉敵方艦隊的能力。實際上，海軍緊挨著擁有強大空中力量的大國海岸是非常危險的。比如，一九四二年三月至十二月間，處於英國和冰島港口與蘇聯摩爾曼斯克（Murmansk）之間的盟軍護衛艦進入離挪威很近的水域，德國在這裡部署了大量的空中力量。德國陸基飛機無情地大量摧毀這些護衛艦，直到一九四二年末之後，因為那時德國在這一地區的空中力量開始大量減少。[85]因此，即使海軍控制了制海權，它也不能靠近領土國家，除非它同時控制制空權，而僅僅靠航空母艦很難控制制空權，因為陸基空中力量常常要遠遠大於海基空中力量。

潛艇也是在第一次世界大戰中首次被使用，主要是德國在英國和大西洋水域向同盟國艦隻發起進攻。[86]儘管德國的潛艇戰最終失敗了，但是，這已表明，一支龐大的潛艇部隊能輕易地擊毀沒有護航的商船。德國潛艇也嚴重威脅過英國壯盛的水面海軍，後者在北海與德國海軍展開了貓捉老鼠的遊戲式戰爭。事實上，英國的艦隊處於隨時陷入德國潛艇攻擊的恐懼中，即便它處在自己的港口時，也是如此。然而，它們最擔心的是冒險進入北海並靠近德國的海岸，因為德國的潛艇就埋伏在那裡。海軍史學家保羅．哈爾本（Paul Halpern）指出：「潛艇的危險確實使得適合大型軍艦航行的北海有點像陸地上壕溝對峙戰中的無人地帶。它們在那裡要冒風險，但只是為了特殊目的。」[87]對向敵人海岸發動兩棲進攻的海軍而言，潛艇對水面艦隻造成嚴重的威脅。特別是，擁有強大潛艇部隊的對手，可以在進攻力量到達海灘之前就將它們擊沉，或者在進攻力量登陸後擊沉海軍的大部分艦隻，從而使海上進攻部隊擱淺於海灘。

最後，佈置於水下的海軍水雷能使過往船隻觸雷爆炸，這也增加了從海上入侵領土國家的困難。[88]在美國內戰中，海軍首次有效地使用水雷，但直到第一次世界大戰中水雷才第一次被大量使用。一九一四至一九一八年間，交戰國放置了約二十四萬枚水雷，極大地改變了戰爭的過程。[89]水面艦隻不可能毫無傷害地通過密集的佈雷水域。他們必須首先清掃雷區，而在戰時，這是難以辦到甚至不可能辦到的。這樣，領土國家就能有效地保衛海岸免受侵略。例如，在美國及其盟國在波斯灣大量集結入侵部隊前，伊拉克就在沿科威特的海岸一帶水域布上了水雷。當一九九一年二月二十四日地面戰爭打響時，美國的海軍陸戰隊便無法衝鋒陷陣，而是被困在波斯灣的船艦上。[90]

儘管向大國控制的大陸發起兩棲進攻很難成功，但在特定情形下也是可能的。尤其是，它們可能對一個處於災難性失敗邊緣的大國發起進攻，這主要是因為受害國將不再有保衛自己的資本。另外，它們可以成功地向需要保衛大面積國土的大國發動攻擊。在這種情形下，防禦方的軍隊可能被大量分散，使自己領土的某一邊陲地帶容易遭受攻擊。事實上，如果防禦大國的力量過於延伸，力量相當單薄，那麼未遭抵抗的兩棲登陸就有可能實現。特別是，當防禦方正進行兩線作戰時，兩棲行動更容易得手，因為此時防禦方的大部分力量會被牽制在前線戰場，而遠離海上進攻。[91]在所有這些例子中，侵略一方應在其登陸點上空擁有明顯的空中優勢，以便它的空軍能提供就近的空中支援，阻止敵人增援海灘。[92]

但如果所有這些條件都不具備，而且防禦大國能把其絕大部分軍事力量都用來反擊兩棲力量，那麼毫無疑問，陸基部隊能將海上入侵者打得一敗塗地。因此，在考察歷史紀錄時，我們應該看到，只有當上述特定條件具備時，向大國直接發動兩棲進攻的例子才可能會出現。從海上向一支強大的陸地部隊發起進攻的例子應該是很少見的。

兩棲進攻的歷史

簡要回顧海上入侵的歷史，就可以找到許多關於水域阻遏力量的證據。一個大國對另一個領土嚴密防禦的大國發起兩棲進攻的例子從來沒有過。第一次世界大戰前，英國一些海軍謀劃者提出，在歐洲全面戰爭的初期對德國實施海上入侵。[93]然而，軍事專家和國內的決策者認為這一想法無異於自殺。科比特的觀點無疑代表了這一問題的主流思想。他在一九一一年寫道：「假如能擊敗敵人的潛艇自然是最好，我們可以因此為入侵打開打門，但任何一個大陸國家都會嘲笑我們這種不自量力的企圖。」[94]德國的俾斯麥就是一個著名的例子。當被問及如果英國軍隊在德國的海灘登陸他將作何種反應時，據說俾斯麥這樣回答，他會「叫當地的警察逮捕他們！」[95]第一次世界大戰爆發前後，英國都沒有認真考慮過要入侵德國，而是把部隊護送到法國，駐紮在靠法國陸軍的西線一帶。一九三九年九月一日，德國侵入波蘭後，英國採用了同樣的戰略。

冷戰期間，美國及其盟國從未認真考慮過對蘇聯發動兩棲進攻。[96]當時，美國決策者意識到，倘若蘇聯侵吞了西歐，那麼美國和英國陸軍不可能第二次上演諾曼地登陸的壯舉，並重返歐洲大陸。[97]蘇聯不太可能面臨兩線作戰的壓力，因此，它幾乎可以把所有的精良部隊集中在法國。何況，蘇聯還擁有對付入侵者的強大空軍。

實質上，現代歷史上所有向大國控制的領土發動兩棲進攻的戰例，都發生在上述所說的特殊情況下。比如，在法國大革命和拿破崙戰爭期間，英國海軍向法國控制的領土發動了兩次兩棲登陸和一次兩棲進攻。儘管進攻獲得成功，但兩次登陸都最終失敗了。

一七九九年八月二十七日，英國和俄國兩棲部隊在法國控制的荷蘭登陸。[98]當時，法國軍隊已在歐洲中部與奧地利和俄國陸軍的戰鬥中受到牽制，英俄兩棲登陸的目的是迫使法國兩線作戰。然而，就在英俄軍隊在荷蘭登陸並準備開闢第二戰線之際，法國在另一戰線贏得了決定性勝利。接著，奧地利退出了戰爭，使法國騰出手來，集中軍隊對付從一開始就裝備簡陋、後援匱乏的侵略軍（這是帆船時代）。為了避免災難，英俄陸軍來了一個大後撤，試圖通過海路逃離荷蘭。但他們未能逃出大陸，被迫在一七九九年十月十八日向法國陸軍投降，距離當初登陸還不到兩個月。

第二個兩棲登陸的戰例，發生在一八〇八年八月的葡萄牙海岸。當時，拿破崙的戰爭機器深深陷入鄰國西班牙。[99]葡萄牙當時處於一支弱小的法國陸軍的控制下，這使英國部隊能在友好的葡萄牙軍力控制下的海岸線登陸。英國侵略軍把法國陸軍趕出了葡萄牙，然後向西班牙進發，在伊比利亞半島與法國陸軍主力展開戰鬥。由於遭到拿破崙軍隊的重創，英國不得不在一八〇九年一月即登陸葡萄牙六個月後，由海路撤出西班牙。[100]在這兩次戰例中，最初的登陸都是可能成功的，因為法國軍隊主力在其他地方決戰，英國海軍能在一片沒有抵抗的領土上找到安全著陸點。不過，一旦兩棲力量遭遇強大的法國軍隊時，他們就很快掉頭往海灘逃跑。

一八〇一年三月八日，英軍在埃及的阿布吉爾灣（Aboukir）成功地實現了對法國軍隊的兩棲進攻。駐防者實際上是一七九八年夏天拿破崙調往埃及的陸軍殘餘部隊。[101]隨後，英國海軍很快就切斷了那一部分陸軍與歐洲的聯繫線，從而註定了法軍最後的毀滅。拿破崙意識到眼前黯淡的戰略形勢，於一七九八年八月就悄然撤回法國。因而，到一八〇一年英國入侵埃及時，法國軍隊處於廢弛的狀態已達三年之久，毫無應戰的準備。而且，軍隊統帥是一個特別無能的指揮官。因此，在埃及，英國進攻部隊面對的是一個毫無強大可言的對手。實際上，法國陸軍根本沒作什麼努力去保衛阿布吉爾灣海灘，在隨後與英軍戰爭中的表現也差強人意。埃及的法國軍隊於一八〇一年九月二日投降。

在現代史上，克里米亞戰爭是一個大國從海上入侵另一個大國本土的兩個戰例中的一個（一九四三年七月盟軍入侵西西里為另一例）。一八五四年九月，約五萬三千名英法軍隊在克里米亞半島登陸，該半島是伸向黑海的一個俄控領土，屬於俄國的邊陲。[102]英法軍隊在這裡登陸的目的是，通過奪取由四萬五千名俄軍防衛的塞瓦斯托波爾（Sevastopol）俄國海軍基地，挑戰俄國對黑海的控制。[103]此次行動是兩棲登陸，而不是兩棲進攻。英法軍隊登陸後向塞瓦斯托波爾北部推進了近五十英里，未遇到俄國的抵抗，直至建立灘頭陣地並順利向內陸進發。儘管英法軍隊非常疲弱，塞瓦斯托波爾還是於一八五五年陷落了。俄國隨後很快輸掉了戰爭，並於一八五六年春在巴黎簽訂了和平條約。

許多例外因素可以解釋克里米亞戰例。第一，英法在兩個廣闊的獨立戰場威脅俄國：波羅的海和黑海。但是，由於波羅的海緊靠俄國最重要的城市，而黑海遠離這些城市，因此，俄國將它的大部分陸軍部署在波羅的海一帶。甚至當英法軍隊在克里米亞登陸後，駐紮在波羅的海地區的俄軍仍然安兵不動。第二，奧地利對波蘭進攻的可能性，鉗制了俄國本應派往克里米亞的額外軍隊。第三，十九世紀中期，俄國的通訊和交通網絡非常落後，這使它難以向塞瓦斯托波爾周邊地帶增援。指揮普軍打敗奧地利和法國的普魯士陸軍元帥毛奇（Helmuth von Moltke）認為：「如果一八五六年俄國有通往塞瓦斯托波爾的鐵路，那麼戰爭肯定是另一種結果。」[104]最後，英法對克里米亞的貪欲不大：它們並未威脅要在那裡擴大立足點，也不會威脅要向北挺進，以給俄國造成決定性失敗。只有英法跨過波羅的海實施海上進攻，才能導致俄國的重大失敗。然而，在波羅的海，俄國部署了足夠的軍隊抵禦此類進攻。

第一次世界大戰期間，德國和任何其他大國控制的領土都沒有遭到海上入侵。災難性的加利波里戰役（Gallipoli campaign）是此次戰爭中唯一一次大型兩棲登陸。[105]英法軍隊試圖奪取加利波里半島，該半島是土耳其的一部分，是通往黑海的要塞。土耳其不是一個大國，但它是德國的盟國，儘管德國並沒有與土耳其人並肩作過戰。然而，土耳其人卻在灘頭陣地遏制了進攻的盟軍部隊，最終迫使他們經海路從加利波里撤退。

第二次世界大戰中，針對一個大國控制的領土發動兩棲進攻的情況出現過很多次。在歐洲戰場，英美軍隊發動過五次大的海上進攻。[106]一九四三年七月，當時義大利仍處於戰爭中（儘管剛開始），盟軍侵入了西西里；一九四三年九月義大利剛退出戰爭，盟軍又進攻了義大利本土，[107]這兩次入侵行動都取得了成功。占領義大利南部後，盟軍於一九四四年一月在安齊奧（Anzio）發起了大規模入侵。[108]目的是通過在德國後防線約五十五英里處登陸大量海上部隊，從側翼包抄德國。雖然登陸很順利，但安齊奧行動還是失敗了。納粹軍隊將進攻部隊牽制在他們的登陸區，直到德國軍隊開始往北部的羅馬方向撤退時，盟軍的登陸部隊才得以解救。最後兩次入侵是針對占領法國的德軍展開的：一九四四年六月在諾曼第和八月在法國南部的行動。兩次行動都獲得了成功，對納粹德國的覆滅功不可沒。[109]

姑且不論安齊奧的例子，其他四個海上進攻的戰例之所以獲得成功，部分原因在於，在每一個戰例中盟軍都擁有絕對的空中優勢，這意味著登陸軍直接受到「飛翔炮兵」的支援。盟軍還採用空中力量阻止德國對登陸區的增援，使盟軍在與納粹主力部隊交火前，贏得了集結部隊的時間。加之，當盟軍入侵時，德國正占領和防衛義大利和法國，同時還進行兩線作戰，其大部分軍隊被東線拖住了。[110]駐守在義大利和法國的德國陸軍，也不得不防守大面積的海岸線，這樣，他們不得不將部隊伸展開來，而這很容易遭到盟軍的兩棲攻擊，因為當時盟軍正集中攻擊這些海岸中的某一處。想像一下，假設諾曼地登陸時德國控制法國的天空而且不需與蘇聯交戰，那會是什麼情形？盟軍根本不敢入侵。

在安齊奧登陸成功，也是由於相同的原因：絕對的空中優勢和德國在登陸點有限的抵抗。然而，盟軍並沒有迅速利用這最初的優勢取得驚人的成功。盟軍不但從登陸點向內地推進得很慢，而且它們的空中力量不能阻止納粹軍向登陸點調集強大的軍隊，後者在這裡遏制了入侵力量。另外，盟軍並未努力增援，以加強最初的登陸部隊，主要是因為安齊奧行動對義大利戰役的結局關係不大。

第二次世界大戰中，太平洋戰區的兩棲進攻行動分為兩類。緊接著珍珠港事件後的六個月裡，日本在西太平洋對主要由英美軍隊保衛的領土發動了約五十次兩棲登陸和進攻。[111]目標包括（這裡僅列數個）馬來西亞、英屬婆羅洲、香港、菲律賓、帝汶島（Timor）、爪哇、蘇門答臘島和新幾內亞等。幾乎所有這些兩棲進攻行動都獲得了成功，使日本到一九四二年中期成了一個巨大的島嶼帝國。日本兩棲進攻的成功歸功於上面所說的特殊情況：在登陸地點上空的空中優勢，以及無法防禦綿長海岸線的孤立無援的盟國軍隊。[112]

第二次世界大戰中，美軍在太平洋對日本控制的島嶼發動了五十二次兩棲入侵。[113]這些進攻對摧毀日本早先以兩棲行動建立起來的島嶼帝國是必要的。美國的一些進攻行動規模較小，而且很多是未遇抵抗的登陸。而另外一些如在沖繩的行動，則遭到了滅頂之災，當時，入侵軍隊向內地進發時遭遇了日本的頑強抵抗。還有些如塔拉瓦島（Tarawa）、塞班島（Saipan）和硫磺列島（Iwo Jima）等地發生了對重兵把守的海灘發動大規模的海上進攻。幾乎所有這些海上入侵都是成功的，儘管勝利的代價有時很高昂。

這一亮眼的記錄，部分是由於美國的空中優勢。就像「戰略轟炸研究學會」（U.S. Strategic Bombing Survey）上的資料所說：「我們的一系列登陸行動總是獲得成功，是因為在實施登陸前，我們就能先在目標地區獲得空中支配地位。」[114]擁有制空權不但意味著入侵的美軍具有就近的空中支援而日本沒有，而且它使美國可以集中力量對日本太平洋帝國的周邊某個島嶼進行攻擊，切斷日本對那些前哨的補給和增援。[115]「因而，周邊防禦點變成了孤立無援的要塞，被各個擊破。」[116]再者，日本正在兩線作戰，只有一小部分陸軍駐守在那些太平洋島嶼上，其大部分陸軍都駐紮在亞洲大陸和日本本土。

最後，值得注意的是，當一九四五年八月二戰結束之際，美國正在制定入侵日本的計畫。因此毫無疑問，假如日本不投降，美國的海上部隊就會攻擊日本本島，那種入侵是肯定會成功的。

在一九四五年對日本實施兩棲攻擊的贏面很大，因為當時日本已經是一個奄奄一息的大國，進攻軍隊無疑可以給它致命一擊。從一九四二年六月的中途島戰役到一九四五年六月占領沖繩，美軍已經殲滅了太平洋上的日本軍隊。[117]至一九四五年夏，日本的太平洋帝國已成廢墟，一度令人畏懼的海軍殘餘力量在美國的軍事機器面前已不堪一擊。二戰開始時，只有美國經濟規模八分之一大小的日本經濟，到一九四五年春更是混亂不堪。[118]而且，到一九四五年夏天，日本的空軍如同其海軍一樣已經被摧毀，這意味著美國的軍機控制了日本的上空。日本所剩下來保衛其本土的力量就只有陸軍了。但即便在這裡，幸運之神還是鍾情於美國，因為一半以上的日本地面部隊陷入亞洲大陸的泥淖，這就根本無法阻止美國的入侵。[119]簡言之，到一九四五年夏，日本只是一個名義上的大國。因此，美國決策者決定支持入侵行動。即便如此，他們也刻意迴避對日本領土的兩棲進攻，因為他們擔心遭受過多的傷亡。[120]

大陸大國對島嶼大國

歷史紀錄以另一種方式顯示，從海上進攻大國的領土要比從陸上入侵來得困難。特別是，我們可以把島嶼國家（insular states）與大陸國家作一區分。島嶼國家是處於四周被水環繞的一片巨大陸地上的唯一大國。地球上還有其他大國，但它們與這一島國之間肯定被一片巨大水域隔開。英國和日本就是典型的是島嶼國家，因為它們各自占據一個大島嶼。美國也是一個島嶼大國，因為它是西半球的唯一大國。而大陸國家是指與其他一個或多個大國同時位處於一片大陸上的大國。法國、德國和俄國就是大陸國家的範例。

島嶼大國只能在水上遭到攻擊，而大陸大國在陸上和水上都可受到攻擊，除非它們是沒有海岸線的內陸國家。[121]由於水體的阻隔作用，我們認為，島嶼國家不如大陸國家容易受到攻擊，大陸國家從陸地上遭到攻擊的概率要高於來自海上的攻擊。為了驗證這一論點，讓我們簡單回顧一下兩個島嶼國家英國和美國，以及兩個大陸國家法國和俄國的歷史，著重考察每一國被另一國入侵的頻率，以及這些入侵是來自海上還是陸地。

至一九四五年，英國已經是一個具有四百多年歷史的大國，這期間，它捲入了無數次戰爭。然而，在那一相當長的時間內，它從來沒有遭到另一大國的入侵，更不用說哪一個次大國有這個膽子了。[122]確實，有時對手也威脅要越過英吉利海峽，向對岸派兵，但是沒有哪一個國家曾派攻擊艇發起過攻擊。例如，一五八八年，西班牙曾打算入侵英國。可是，當年在英國海岸附近水域受挫的西班牙艦隊，折損了原本打算護送西班牙陸軍橫渡英吉利海峽的海軍。[123]儘管拿破崙和希特勒都考慮過入侵英國，但是二者都放棄了這一企圖。[124]

像英國一樣，美國自一八九八年成為大國以來，也沒有被侵略過。[125]在一八一二年戰爭期間，英國向美國發動過多次大規模的偷襲，而且墨西哥也在一八四六至一八四八年的戰爭中偷襲過德州。然而，這些衝突都發生在美國仍然相對弱小的時候，即便這樣，英國和墨西哥都沒有征服過美國。[126]更重要的是，自美國在十九世紀末期成為大國以後，也未受到過入侵的嚴重威脅。實際上，美國也許是歷史上最安全的大國，主要是由於兩個龐大的「護城河」——大西洋和太平洋——一直把它與世界其他大國分隔開來。

而法國和俄國的情況就大不一樣了。自一七九二年來，法國數次遭到對手陸軍的入侵，其中三次被征服。在法國大革命和拿破崙戰爭期間，敵軍分別在四個不同時期（一七九二年、一七九三年、一八一三年和一八一五年）進攻過法國，並在最後一次入侵中，澈底擊敗了拿破崙。一八七〇至一八七一年，法國遭受普魯士的入侵並被擊敗；一九一四年，再次遭到德國軍隊的進攻，儘管法國在第一次世界大戰中僥倖逃脫了戰敗的命運；一九四〇年，德國又一次發動進攻，這一次又征服了法國。所有這七次入侵都來自陸上。法國從未受到來自海上的入侵。[127]

同樣，另一個大陸國家俄國，在過去兩個世紀中遭到過五次入侵。一八一二年，拿破崙逼近莫斯科，一八五四年英法進攻克里米亞半島。第一次世界大戰中，俄國遭到德國軍隊的入侵並澈底失敗。不久後的一九二一年，波蘭這個並非大國的國家入侵新生的蘇聯。一九四一年夏，德國又一次侵入蘇聯，開始了有史以來傷亡最慘重的軍事衝突之一。除了英法進攻克里米亞的例子，所有這些侵略都來自陸上。[128]

總之，我們的島嶼大國（英國和美國）都沒有被侵略過，而大陸國家（法國和俄國）自一七九二年來共十二次遭到侵略。這些大陸國家所遭受的侵略有十一次來自陸地上，只有一次來自海上。這一明顯的教訓是，巨大的水體使陸軍很難進犯一個軍事實力堅強的大國的領土。

至此，我們討論的重心是傳統武裝力量，強調在贏得大國戰爭的過程中，地面力量比獨立的海上力量和戰略空中力量更為重要。但是，我們幾乎沒有論及核子武器如何影響軍事力量這一問題。

核子武器與權力平衡

從純軍事角度而言，核子武器是一種革命，原因很簡單：它們能在短期內造成空前的傷亡。[129]例如，在冷戰的大部分時間內，美國和蘇聯可以在若干天內（如果不是若干小時的話）摧毀對方。不過，對於核子武器如何影響大國政治，特別是權力平衡問題，沒有一致的意見。有些人認為，核子武器有效地減少了大國的安全競爭，因為裝備核子武器的國家擔心遭到毀滅，不敢彼此攻擊。按照這一觀點，前面討論的傳統軍事力量在核武時代已無關緊要。但另一些人持相反的觀點：由於核子武器具有可怕的毀滅性，任何理智的領導人都不會使用它們，即便是用來自衛。因此，核子武器不可能大幅度地和緩安全競爭，傳統軍事力量的平衡仍然關係重大。

我的觀點是，倘若單一的大國獲得核武優勢，它將成為霸主，這無疑意味著再也沒有大國對手與之進行安全競爭。在這種世界中，傳統力量對權力平衡不再產生影響。但是，倘若兩個或更多大國擁有能經歷第一次打擊而存活下來的核報復能力，那麼它們之間的安全競爭將會持續，地面力量仍然是軍事力量的關鍵成分。然而，毫無疑問，核子武器的問世使得國家在運用任何形式的軍事力量攻擊對手時，都更為小心謹慎。

核武優勢

根據最極端也最露骨的說法，當一個大國擁有徹底摧毀對手社會的能力而無須擔心自己社會遭到大規模報復時，核武優勢就出現了。換句話說，核武優勢意味著一國能把一個大國對手變成「濃煙滾滾、輻射漫天的廢墟」，而本身卻毫髮無傷。[130]該國還可以用它的核武摧毀對手的傳統力量，同樣無須擔心核報復。國家獲得核武優勢的最好辦法是用核子武器武裝自己，並確保其他任何國家不擁有核子武器。根據定義，一個擁有「核壟斷」（nuclear monopoly）的國家在發射核子武器之後，無須擔心任何形式的報復。

在擁有兩個或更多國家裝備核子武器的世界裡，如果一國能發展壓制對手核子武器的能力，該國就可能擁有核武優勢。為了獲得這種優勢，大國要麼獲得「致命的第一次打擊」（splendid first strike）能力，瞬間瓦解對手的核武攻勢，要麼發展保護自己免受對手核武攻擊的能力。[131]但是，核武優勢的獲得，並不僅僅是因為一國比另一國擁有多得多的核子武器。一國只要有足夠的較小的核武儲備能抵擋他國的第一次打擊，並能對擁有更大核武儲備的國家實施反擊，那麼這種不對稱性其實就沒有意義了。

任何國家只要獲得了超過對手的核武優勢，就有效地成為該體系中的唯一大國，因為該國的優勢所向披靡。核霸權可以以令人生畏的核武威脅對手，使之生靈塗炭、亡國滅種。而如果潛在的受害者沒有能力進行反擊，這種核威脅就十分有效。核霸權能把它的致命武器用於軍事目的，如集中打擊敵人的地面部隊、空軍基地、海軍艦隻，或敵人指揮和控制系統的關鍵目標。再者，被打擊國沒有抵抗、反擊的能力，因此給了核霸權一個決定性優勢，根本無須考慮傳統力量的平衡問題。

每一個大國都想獲得核武優勢，但它們不可能經常如願，就算確實出現此種局面，也不可能持續很長時間。[132]沒有核子武器的對手肯定會處心積慮建立自己的核武儲備，一旦它們如願以償，那麼大國就很難（雖然不是不能）通過保護自己免受核武攻擊的方式重建核武優勢。[133]比如，從一九四五年到一九四九年，美國壟斷了核子武器，但在那一短暫的時期內，它不具備任何意義上的核武優勢。[134]因為當時美國的核武儲備小，而且五角大廈還沒有找到有效的工具能夠把它發射到蘇聯的目標地上。

在一九四九年蘇聯也試爆了核彈之後，美國曾試圖獲得超過對手的核武優勢，但未能如願。蘇聯也未能在冷戰期間的任何時候，獲得對美國的決定性核武優勢。因此，雙方被迫接受這一事實：不管它如何部署自己的核彈，另一方仍能保有在第一次打擊之後足以保存下來的核報復力量，給進攻方造成無法承受的損失。這一「德克薩斯均衡」（Texas standoff）也被稱作「相互確保摧毀」（mutual assured destruction，簡稱MAD〔瘋狂〕），因為無論哪一方挑起核戰，很可能雙方會同歸於盡。不管哪一個國家如何渴望超越「相互確保摧毀」的僵局以建立核武優勢，在可見的未來應該沒有人能辦到。[135]

在「相互確保摧毀」世界裡的軍事力量

在核武水準上，一個「相互確保摧毀」的世界是高度穩定的，因為任何大國都沒有動機發動一場無法取勝的核戰；事實上，這種戰爭可能導致它的社會走向大崩潰。因此，問題依然存在：此類恐怖平衡對核子武器大國間的傳統戰爭的前景有何影響？一種流派認為，由於在一個「相互確保摧毀」的世界裡，核子武器根本不可能被派上戰場，因此，大國可以放開手腳打傳統戰，如同核子武器不存在一樣。例如，美國前國防部長麥克納馬拉（Robert McNamara）認為：「無論如何，核子武器都達不到任何軍事目的。它們一無是處，除了用來恫嚇敵人也放棄使用核子武器之外。」[136]據此邏輯，核子武器對處於傳統水準的國家行為幾乎沒有任何影響，因而，大國可以恣意展開安全競爭，正如核子武器發明之前那樣。[137]

該觀點的問題在於，它是以這樣一種假設為前提的，即大國可以完全相信一場大規模的傳統戰爭不會升級成一場核戰。事實上，我們對傳統戰爭在何種情況下會升級至核戰知之甚少，因為（謝天謝地）沒有很多可以查證的歷史紀錄。然而，已經有極傑出的學術研究指出，核武大國間的傳統戰爭是有可能升級為核戰的。[138]因此，身處「相互確保摧毀」世界的大國在考慮彼此間的傳統戰爭時，比沒有核子武器時要小心謹慎得多。

第二個流派認為，「相互確保摧毀」世界裡的大國沒有理由擔心傳統權力平衡，因為握有核子武器的大國由於擔心核升級，根本不會以傳統武器攻擊對方。[139]因此，這一觀點認為，處在「相互確保摧毀」世界裡的大國相當安全，它們也就沒有理由進行安全競爭。核子武器使大國戰爭不可能發生，因而，克勞塞維茨（Carl von Clausewitz）的格言「戰爭是政治以另一種方式的延續」已經過時了。實質上，可怕的平衡使得地面力量變得無關緊要。

這一觀點的問題在於，它對戰爭升級問題的看法走向了另一個極端。尤其是，它取這一假設為前提，即一場傳統戰爭非常可能（如果不是必定可能的話）會上升為核戰。而且它還假設，所有大國都認為傳統戰和核戰是同一個光譜上連續的兩段，因而，兩種衝突之間並無有意義的差別。但如同第一個流派所強調的，核戰駭人的後果會讓決策者強烈地感到，傳統戰不會升級至核戰。因此，一個擁有核子武器的大國很可能據此認為，它可以向擁有核子武器的對手發動傳統戰，而不會演變成核戰；如果進攻一方限制自己的貪欲，不威脅要澈底擊敗其對手，則情況更是如此。[140]一旦這種可能性得到認可，那麼，大國除了在傳統水準進行安全競爭外別無選擇，這與它們在核子武器出現前所做的一樣。

冷戰表明，處在「相互確保摧毀」世界的大國同樣展開激烈的安全競爭，而且很在乎傳統力量，特別是地面力量的平衡。從二戰以後的對抗開始到大約四十五年後的冷戰結束，美蘇一直在全球範圍內爭奪盟國和基地。這是一場漫長的艱苦鬥爭。很明顯，九任美國總統和六屆蘇聯領導人都沒有得出這樣的結論：他們在「相互確保摧毀」的世界裡非常安全，無須過多關注其邊境所發生的一切。儘管各自擁有巨大的核武儲備，但雙方也在傳統力量方面投入了大量資源，並極度關注歐洲和全球其他地方的地面和空中力量的平衡。[141]

還有其他證據可以對核武足以保證安全這一論點提出質疑。最重要的是，埃及和敘利亞都知道以色列在一九七三年就有了核子武器，然而，它們照樣向以色列發起了大規模的地面進攻。[142]實際上，對戈蘭高地的進攻直逼以色列的門檻，為敘利亞陸軍進逼以色列的心臟之地打開了暫時的通道。一九六九年春，中國和蘇聯也沿烏蘇里江開戰，並有上升為全面戰爭的危險。[143]當時，中國和蘇聯都有核子武器。一九五〇年秋，儘管中國並沒有自己的核子武器，而美國已擁有核武儲備（雖然很小），但中國和美國還是在韓國戰場上交火了。

過去十年的印度和巴基斯坦之間的關係，也對核武保證安全的說法提出了進一步的反駁。雖然印度和巴基斯坦在二十世紀八〇年代各自就有了核子武器，但是，它們之間的安全競爭並沒有消失。相反，它們在一九九〇年發生了一場嚴重危機，而且在一九九九年發生了一場邊境衝突（雙方共損失一千多士兵）。[144]

最後，我們考察一下，當前仍擁有巨大核武儲備的美國和俄羅斯如何看待傳統力量。俄羅斯強烈反對北約東擴的事實表明，它害怕北約傳統力量靠近其邊境。很明顯，俄羅斯並不接受這一觀點，即它強大的核報復力量能為自己提供絕對安全。美國也似乎對歐洲的傳統權力平衡感到擔憂。歸根結底，北約東擴是基於這種顧慮，即將來某一天，俄羅斯可能會控制歐洲的領土。另外，美國一直堅持，俄羅斯應遵守一九九〇年十一月十九日蘇聯解體前簽訂的《歐洲傳統軍事力量條約》（Treaty on Conventional Armed Force in Europe）所規定的界限。

可見，地面力量的平衡仍然是核武時代軍事力量的核心要素，儘管核子武器肯定使大國戰爭的可能性變得更小。既然我們已詳細討論了地面力量的支配地位，我們理應闡明如何測量它。

測量軍事力量

測量地面力量的權力平衡有三個步驟。第一，必須評估對手軍隊的規模和素質。在和平時期和軍事動員後，研究這些力量的實力很重要，因為國家通常保持小型的常備軍，一旦預備役軍隊被動員執行任務，常備軍可以迅速擴充規模。

測量對手的陸軍力量，沒有簡易的方法可循。這主要是因為它們的實力取決於複雜的因素，而所有這些因素往往在整個陸軍中又有變化：(1)士兵的數目；(2)士兵的素質；(3)武器數量；(4)武器的品質；(5)士兵和武器在戰爭中的組織運用。任何要能夠準確反映地面力量的指標都應該考慮到這些因素。比較對手陸軍的基本戰鬥單位，如旅或師級的數量，有時是判斷地面權力平衡的有益方法，儘管有必要關注這些單位間的量與質的差異。

例如，冷戰期間，很難對北約與華沙組織的傳統權力平衡作出評估，因為中央前線（central front）上的不同軍種存在規模和組成成分的極大差別。[145]為了解決這一難題，美國國防部設計出「裝甲師等量物」（armored division equivalent，簡稱為ADE），作為衡量地面力量潛力的基本測量值。這一ADE參數主要依據對每支軍隊的軍備數量和質量的評估。[146]隨後，政治學家巴里·波森（Barry Posen）對這一指標作了重要的修正，使之成了歐洲相對軍事實力的可靠參考指標。[147]

雖然有些研究試圖推算某些個別歷史戰例中的權力平衡，但是沒有任何研究對相當長時段內不同軍隊的力量水準進行過系統而詳細的比較。因此，我們還沒有好的資料庫可以用來估計過去兩個世紀內的軍事力量。開發這種資料要花費極大的努力，超出了本書的篇幅。故此，當我在隨後的章節裡評估對手的陸軍力量時，只約略拼湊了相關陸軍的規模和素質方面的資料，提出軍事實力的粗略指標。我從計算每一支陸軍的士兵數量開始，這是容易做到的。然而，解釋影響陸軍實力的其他四個因素，比較困難。

測量地面力量的第二個步驟是，把任何支援陸軍的空中力量列入分析之中。[148]我們得算出各方飛機的總數，詳細考察能得到的數目和品質。同時，除了飛行員的技巧之外，還要評估每一方以下幾方面的實力：(1)陸基防空系統；(2)偵察能力；(3)戰爭管理系統。

第三步，我們必須考慮陸軍內在的力量投送能力，尤其關注巨大的水體是否限制陸軍的進攻能力。如果有這樣一種水體，並有一盟友橫跨其中，那麼人們就可以估算出海軍保護部隊行進的能力以及從那一盟友處來回運送後援的能力。但是，如果一個大國只是直接攻擊對手嚴加防禦的領土，以期橫渡該水域，那麼很可能就沒有必要評估海軍力量了，因為此類兩棲攻擊很少成功的。這樣，支援那一陸軍的海軍力量幾乎毫無用處，因此，對它們能力的判斷也就與戰略無關了。然而，在那些能成功地向對手領土實施兩棲攻擊的少數特殊情況下，評估相關海軍的投送能力就是必要的了。

陸軍和支持它的海空力量是當今世界首要的軍事力量。然而，龐大的水體極大地限制了陸軍投送力量的能力。核子武器大大降低了大國陸軍衝突的可能性。不過，即便在核子世界裡，地面力量仍然是至高無上的。

結論

這一結論對大國間的穩定性具有雙重涵義。國際體系中最危險的國家是擁有龐大陸軍的大陸強國。事實上，過去大國之間的大多數征服戰爭都是由此類國家發動的，而且它們幾乎總是攻擊其他大陸國家，而不是四周被水體圍繞的島嶼國家。這一模式在過去兩個世紀的歐洲歷史中得到了明顯體現。在一七九二至一八一五年這一烽火連天的歲月裡，法國是主要的侵略者，它征服或試圖征服其他大陸國家，如奧地利、普魯士和俄國等。一八六六年，普魯士進攻奧地利；雖然法國於一八七〇年對普魯士宣戰，但法國的這一決定是受普魯士的挑釁而作出的，後者入侵並占領了法國。德國利用「施里芬計畫」發動了第一次世界大戰，試圖將法國趕出戰爭，然後揮師東進，擊敗俄國。德國分別對波蘭（一九三九年）、法國（一九四〇年）和蘇聯（一九四一年）發動了地面進攻，挑起第二次世界大戰。在這些侵略者中，沒有哪一國曾妄想入侵英國或美國。冷戰期間，令北約決策者擔心的主要問題是蘇聯可能入侵西歐。

相比而言，島嶼大國不可能發動針對其他大國的征服戰爭，因為為達到它們的目標，它們必須橫跨巨大的水體。這一保護島嶼大國的護城河同樣也阻礙了它們投送力量的能力。例如，英國和美國都未曾嚴重威脅過要征服另一大國。英國決策者沒有考慮過發動對威廉德國或納粹德國的戰爭，而在冷戰中，美國決策者也不贊成發動對蘇聯的征服戰。儘管英國（和法國）在一八五四年三月發動過對俄國的戰爭，並於隨後侵入了克里米亞半島，但英國沒有征服俄國的打算。相反，它參與了正在進行的俄土戰爭，旨在遏止俄國在黑海周邊地帶的擴張。

一九四一年十二月，日本對美國珍珠港的進攻，似乎違反了這一定律，因為日本是個島嶼國，而且它首先向另一大國發起攻擊。不過，日本沒有侵略美國的任何部分，日本領導者當然也沒有想過要征服美國。它只是想奪下它與夏威夷之間的諸島嶼，希望在西太平洋建立一個帝國。日本也分別於一九〇四年和一九三九年發動過對俄國的戰爭，但在這兩次戰爭中，日本都未入侵過俄國，甚至從來沒有考慮過要征服它。相反，這些戰爭都是日本占領韓國、滿州和外蒙古的必要部分。

最後，由於海洋限制了軍隊投送力量的能力，而且核子武器降低了大國軍事衝突的可能性，因此，最和平的世界可能是，所有大國皆為島嶼國家，並都擁有能經得起第一次打擊的核武儲備。

有關權力問題就討論到這裡。不過，瞭解權力的本質其實是為了瞭解國家的行為，特別是它們如何最大限度地占有世界權力，這是我們在下一章要討論的主題。

第五章
國家的生存戰略

現在我們來考察大國如何最大限度地占有世界權力。本章第一項任務是，列出國家在權力競爭中所追求的特殊目標。我對國家目標的分析是以前述章節所討論的權力為基礎的。特別是，我認為大國會在它們所控制的地區內爭奪霸權。由於巨大的水體增加了向對岸進攻的困難，因此，任何國家都不可能主宰整個世界。大國也追求富裕，最好是比對手富庶千百倍，以確保其軍事力量有一個穩固的經濟基礎。另外，大國渴望在它們所處地區內擁有最強大的地面部隊，因為陸軍和輔助性的海空部隊是軍事力量的核心。最後，大國尋求核武優勢，儘管這一目標很難達到。

本章第二項任務是，分析國家爭取有利於自己的權力平衡，以及阻止其他國家勝過自己的各種不同戰略。戰爭（war）是國家獲取權力所採用的主要戰略。訛詐（blackmail）是一個更具吸引力的選擇，因為它依靠武力威脅而不是運用實際武力達到目的，因此成本較低。然而，訛詐往往難以得手，因為大國很可能在屈服於他國威脅之前就投入了戰爭。獲得權力的另一種戰略是誘捕（bait and bleed），即一國試圖通過挑起對手間長期而昂貴的戰爭來削弱它們。不過，這一伎倆也難行通。比誘捕更容易實現的戰略是是「坐觀血腥廝殺」（bloodletting），即一國採取某些措施，確保敵國所捲入的任何戰爭都是持久而致命的。

抗衡（balancing）和推卸責任（buck-passing）是大國用來阻止敵人顛覆權力平衡的主要戰略。[1]抗衡意味著受威脅的國家本身必須參與遏制對手的危險工作。換句話說，它們願意擔負制衡和必要時對抗入侵者的重任。而採用推卸責任的戰略，它們就可以設法讓另一大國對付入侵者，自己則作壁上觀。受威脅的國家常常會採用推卸責任而不是權力平衡戰略，因為在戰爭爆發時，推卸責任者（buckpasser）可避免與侵略者硬碰硬。

綏靖（appeasement）和扈從（bandwagoning）戰略對應付侵略者不是特別有效。二者都要求向敵對國家出讓權力，在一個無政府體系中，這將後患無窮。就扈從而言，受威脅的國家放棄抵抗侵略者的侵略，而是與敵人結盟，希望至少可以從戰爭中瓜分少量戰利品。綏靖是一個更具野心的戰略，綏靖者的目的是通過讓與權力來轉化侵略者的行為，希望這一姿態能讓侵略者感到更安全，從而減少或消除它的侵略動機。儘管綏靖和扈從都是無效而危險的戰略，因為它們使權力平衡朝不利於自己的方向變化，但我還是要討論一些特殊情況，於其中一國向另一國讓與權力是有意義的。

一般來說，國際關係學者多半認為抗衡和扈從是受威脅的國家所能選擇的唯二關鍵戰略，而大國總是要挺身抗衡對手。[2]我不同意這一說法。正如前面所強調的，扈從不是現實世界中的有效選擇，因為雖然扈從的國家可以獲得較多的絕對權力，但是侵略者會取得更多權力。在現實世界中，實際有效的選擇是抗衡和推卸責任。而且只要可能，受威脅的國家更願意推卸責任而不是抗衡。[3]

最後，我把我的理論與現實主義的著名論斷聯繫起來，即效仿敵對大國的成功實踐是安全競爭的重要結果。我承認其基本點是正確的，但是我認為，這種觀點狹義地定義了這種效仿行為，過於強調照搬進攻而非防禦行為。另外，大國也提防革新，這常常意味著，它們會採用聰明的辦法以犧牲對手為代價來獲得權力。儘管本章考察了各種各樣的國家戰略，但是有三個中心點：戰爭是增加額外權力的主要戰略，而抗衡和推卸責任是維持權力平衡的主要戰略。對於受威脅的國家如何選擇抗衡和推卸責任的問題，將在第八章中加以分析，而第九章將研究國家何時會選擇戰爭的問題。

國家可追求的目標：地區霸權、財富、陸軍、核武

儘管我已經強調大國尋求最大限度地占有世界權力，但有必要進一步對細節進行說明。本節將考察國家所追求的不同目標，以及它們在獵取更多相對權力時所採取的戰略。

地區霸權

大國瞄準四個基本目標。第一個目標是它們追求地區霸權。雖然當一國主宰了整個世界後，它會最大限度地確保安全，但是，全球霸權是不可能實現的，除非一國取得了超過其他對手的核武優勢（見下文）。如前一章所討論的，任何大國都不可能征服和占領被海洋隔離的地區，因為巨大的水體限制了軍力的投送。地區霸權無疑擁有強大的軍事實力，但跨海對另一大國控制和防衛的領土實施兩棲進攻，是一種自殺性冒險。難怪美國這個現代歷史上唯一的地區霸權從未考慮過征服歐洲或東北亞。一個大國可以征服它從陸地上能到達的相鄰地區，但是絕對不可能獲得全球霸權。

大國一方面想支配它們所處的地區，另一方面也力求阻止其他地區的對手成為霸權。地區霸權會擔心旗鼓相當的競爭者可能在它們的後院顛覆權力平衡，構成它們的霸權的威脅。因此，它們希望世界上其他重要地區出現兩個或更多大國，因為這樣那些鄰國就可能在大部分時間內相互牽制，而很少有機會威脅遠處的霸權。

地區霸權如何阻止其他大國主宰遠處的地區，要取決於那些地區的權力平衡。如果那些大國之

間的權力分配均勻，它們之中就不存在潛在霸權，那麼遠處的霸權就可以高枕無憂，因為沒有國家強大到可以征服所有其他國家。不過，即使另一地區出現霸權，遠處霸權的首要選擇也可能是袖手旁觀，讓當地大國遏制那一威脅。這就是絕妙的推卸責任戰略在起作用，就像下面要討論的，國家在面對一個危險的敵人時，更願選擇推卸責任而不是抗衡。然而，倘若當地大國不能遏制那一威脅，那麼遠處的霸權就會進駐該地區，與之交手。雖然它的主要目標是遏制，但是遠處的霸權同時也會伺機消除這一威脅，在那一地區重建大致的權力平衡，以便它能打道回府。實質上，地區霸權在世界其他地區扮演「離岸平衡手」的角色，儘管它們只願意在最後緊要關頭才出手。

也許有人會問，一個在本地區獨霸一方的國家，為何要在乎另一地區是否存在霸權，尤其是當對方與自己被海洋分隔開來了呢？畢竟，兩個地區霸權的任何一方，都幾乎不可能跨越水體攻擊另一方。例如，即使納粹德國在歐洲贏得了二戰的勝利，希特勒也不會跨過大西洋對美國發動兩棲進攻。倘若中國有朝一日成為亞洲霸主，也不會跨過太平洋去征服美國。

然而，被大洋分隔的敵對霸權，仍然可以通過在對方的後院搗亂的方式來彼此威脅。特別是，一個地區霸權有朝一日可能會面對來自本地的新興國家的挑戰，後者無疑非常渴望能與遠處霸權結盟，以保衛自己免受鄰近霸權的攻擊。同時，遠方霸權與那一新興國家合作也有自己的原因。務必記住，有許多原因可解釋為什麼國家會彼此占便宜。在這些情形下，水體的阻遏力量幾乎不會影響遠處霸權的武力投送，因為它無須跨過海洋發動兩棲進攻，而是跨過水體，將軍隊和補給運到處於敵對霸權後院的盟友領土。用船艦運送部隊要比從海上入侵對手要容易得多，儘管遠處的霸權仍能在海上自由行動。

為闡明這一邏輯，我們來考察如下假設。如果德國贏得第二次世界大戰的勝利，而墨西哥的經濟和人口在二十世紀五〇年代迅速增長，那麼墨西哥很可能就與德國結盟了，甚至邀請德國在墨西哥駐軍。美國防止此類局面出現的最好辦法是，確保其對墨西哥的巨大權力優勢，同時使德國和其他敵對大國陷入地區性安全競爭，使之無暇干預西半球。當然，倘若德國成為歐洲霸主，它也會盡一切可能結束美國對西半球的宰制，這就是德國一開始會與墨西哥聯合對付美國的原因。

現實世界的證據顯示，在確信遙遠地區的對手陷入安全競爭的同時，在本地區獲取霸權很重要。例如，在美國內戰期間，法國把軍隊部署在墨西哥以阻擋美國的野心。可是，美國軍隊當時無力反對法國的部署，因為當時它正捲入與邦聯軍的戰爭。戰爭勝利後，美國迫使法國從墨西哥撤出軍隊。不久後的一八六六年早期，奧地利威脅要把自己的部隊派往墨西哥。但奧地利沒有付諸行動，因為它自己捲入了與普魯士的一場嚴重危機，二者在一八六六年夏爆發了一場大戰。[4]

雖然每一個國家都想成為地區霸主，但是，只有很少幾個能到達那一頂峰。如前所述，美國是現代歷史上唯一控制了它所處地區的大國。地區霸權寥寥無幾有兩個原因。首先，很少國家具有奢望霸權的財力。一國要具備潛在霸主的資格，它必須比當地的對手富裕得多，並在當地擁有最強大的軍隊。在過去兩個世紀裡，只有為數不多的幾個國家享有這些標準：拿破崙法國、威廉德國、納粹德國、冷戰期間的蘇聯和美國。而且，即使一國具備了成為潛在霸主的資本，該體系的其他大國也將設法阻止它成為實際上的潛在霸主。例如，上面提到的歐洲大國，沒有哪一國能擊敗它的所有對手以主宰全歐洲。

創造最大財富

大國的第二個目標是最大限度地占有世界財富。國家關注相對財富，因為經濟實力是軍事實力的基礎。實務上，這意味著大國把很大的賭注押在強大的經濟發展之上。因為它不但會增加整個財富，而且它是超過對手軍事優勢的可靠途徑。馬克斯・韋伯（Max Weber）認為：「國家的自我防衛和經濟增長是一枚硬幣的兩面。」[5]任何國家的理想情況是實現經濟的大幅增長，而希望對手的經濟增長緩慢或停滯不前。

還要指出的是，大國特別把富裕的國家和經濟快速成長的國家看作嚴重威脅，不管它們是否擁有龐大的軍事能力。畢竟，財富能快速轉化為軍事能力。最典型的例子是十九世紀末期和二十世紀初期的威廉德國。光是德國擁有巨大的人口數目和蓬勃發展的經濟這一事實，就能成為歐洲其他大國坐立難安的理由，更不要說德國的行為有時加劇了這些恐懼。[6]在談到當今的中國時，類似的恐懼也存在，因為它擁有大量人口和快速現代化的經濟。反之，大國對窮國不是很擔心。例如，美國對俄羅斯的恐懼程度要少於對蘇聯的恐懼，部分原因在於，俄羅斯所占有的世界財富不如全盛時期的蘇聯多。俄羅斯不能像它的蘇聯前身那樣建立強大的軍隊。如果中國的經濟開始走下坡路而且無法挽回，那麼美國對中國的恐懼也將極大地降低。

同時，大國也想阻止對手控制世界上的財富生產地。在近代，這些地區常常遍佈主要的工業國家，儘管它們可能被那些擁有相當重要的原料但不怎麼發達的國家所占有。有時，大國本身也試圖控制那些地區，至少會極力避免讓這些地區落入敵對大國的勢力範圍。大國對缺乏經濟潛力的地區是不會關注的。[7]

比如，冷戰期間，美國戰略家把注意力集中在西半球之外的三個地區：歐洲、東北亞和波斯灣。[8]美國儘量不讓蘇聯控制這些地區的任何地方。保衛西歐是美國的頭號戰略考慮，因為它是直接受蘇聯陸軍威脅的富裕地區。若蘇聯控制歐洲大陸，將使權力平衡對美國大為不利。從戰略上而言，東北亞非常重要，因為日本是世界上最富裕的國家之一，而且面臨蘇聯的威脅，儘管它不如西歐面對的威脅大。美國關心波斯灣，主要因為這裡的石油為亞洲和歐洲的經濟提供燃料。因此，美國主要圍繞這三個地區部署軍事力量。美國很少關注非洲、中東的其他地方、東南亞和南亞次大陸，因為這些地區沒有多大潛在權力。

恐怖的地面力量

大國的第三個目標是控制地面的權力平衡，因為那是它們最大限度地占有軍事力量的最好方法。實務上，這意味著國家要建立強大的陸軍以及支援這些地面力量的海軍和空軍。但是，大國並不會把它們的所有防禦經費用於地面力量。正如下文將要討論的，它們把大量的資源用來發展核子武器。有時，它們也仰賴獨立的海上力量和戰略空中力量。然而，由於地面力量是軍事力量的首要形式，因此，國家會渴望在本地區擁有令人望之生畏的陸軍。

核武優勢

大國的第四個目標是尋求超過其對手的核武優勢。對每一個國家來說，最理想的狀況是它擁有世界上唯一的核武儲備，為它提供摧毀對手的能力，而無須擔心報復。如此一來，巨大的軍事優勢將使該國成為全球霸主，在這種情況下，我前面討論的地區霸權就毫無意義了。而且，在一個被核霸權主宰的世界裡，地面權力平衡的重要性不大。然而，要獲取和維持核武優勢並不容易，因為對手會盡最大努力發展它們自己的核報復能力。如同第四章強調的那樣，大國可能發現自己處在一個核武大國都有能力摧毀敵人的世界裡，即一個「相互確保摧毀」的世界裡。

有些學者，特別是守勢現實主義者認為，在一個相互確保摧毀的世界裡，擁有核子武器的國家追求核武優勢沒有什麼意義。[9]尤其是它們不應該建立反擊武器，如那些能打擊對方核武儲備的武器。它們也不應建立能擊落對手核彈頭的防禦體系，因為相互確保摧毀的世界的本質是，沒有國家能確保它已經摧毀了對手的所有核彈頭，因此它仍然容易遭受核毀滅。因此，這一觀點進一步認為，每一個國家都「應該」容易遭到另一方核子武器的攻擊。有兩點理由可以解釋這種認為核國家不應尋求核武優勢的觀點。一方面，相互確保摧毀是穩定的強大力量，所以削弱它沒有任何意義。另外，幾乎不可能通過建立反擊武器和防禦系統，來獲得有意義的軍事優勢。不管這些系統多麼高明，都幾乎不可能打贏一場核戰，因為核子武器具有強大的破壞力，雙方都可能在衝突中毀滅。因此，幻想在核武水準條件下獲得軍事優勢，沒有多大意義。

但是，大國不可能滿足於生活在一個相互確保摧毀的世界裡，它們很可能會處心積慮獲得多於其核對手的優勢。毫無疑問，儘管相互確保摧毀使大國間的戰爭不太可能發生，但如果一國擁有了核武優勢，可能會更安全。特別是，一個生活在相互確保摧毀的世界中的大國仍有令自己擔憂的大國對手，它仍然容易遭受核攻擊，儘管這種可能性小，但還是存在的。另一方面，一個獲得核武優勢的大國是一個霸主，因而，它沒有什麼大的對手可懼怕的。最重要的是，它不會面臨核攻擊的威脅。因此，國家都會想要成為核霸主。這一邏輯並不否認有意義的核武優勢是一個很難達到的目標。不過，由於國家指望獲得巨大利益，所以它仍會追求核武優勢。尤其是，國家將建立許多反擊能力，挖空心思發展有效的防禦，以期能獲得核武優勢。

總之，大國追求四個主要目標：(1)成為全球唯一的地區霸主；(2)盡可能多地控制世界財富；(3)能主宰它們所在地區的地面力量；(4)擁有核武優勢。目標問題就討論到這裡，我們再來討論國家提高相對力量所採用的戰略。

獵取權力的戰略：戰爭、訛詐、誘捕、坐觀血腥廝殺

戰爭

大國可利用戰爭增加它們對世界權力的占有額，但戰爭也是最富爭議的戰略。它不但導致悲

劇性的死亡和破壞，而且在二十世紀，有一種觀點突然流行了起來：征服得不償失，因而戰爭是毫無效益的冒險。提出這一論點的最著名之作可能是諾曼・安吉爾（Norman Angell）的《大幻滅》（*The Great Illusion*），此書是在第一次世界大戰爆發前的幾年內出版的。[10]這一主題也是當代許多國際政治學者著述的核心。不過，這個論點是錯誤的，征服還是能增加一國的權力地位的。

那種認為戰爭沒有什麼意義的觀點有四個基本形式。有人認為，侵略者幾乎總是會輸掉戰爭。我已經在第二章中討論過這一觀點，即過去發動戰爭的國家大約有六成把握贏得勝利。另外一些人認為，核子武器實際上使得大國之間幾乎不可能彼此攻擊，因為存在相互毀滅的危險。我在第四章中闡述過這一問題，我認為核子武器使大國戰爭的可能性變小了，但並沒有使戰爭絕跡。在核武時代，沒有任何大國的行為能夠證明它與另一大國的戰爭已不復可能。

另外兩個觀點認為，戰爭是可以打贏的，但是，那種成功的征服所費不貲，且得不償失。二者分別強調戰爭的損失和利潤。這兩個觀點實際上是相通的，因為考慮侵略的國家不可避免地要權衡它的預期損失和收益。

「成本論」在二十世紀八〇年代受到極大關注。這一論點指出，征服得不到應有的報償，因為它產生帝國，而維持一個帝國的代價最終非常巨大，並導致國內經濟增長急劇放慢。實質上，隨著時間的推移，高額的防禦花費會壓垮一國的相對經濟地位，並最終腐蝕它在權力平衡中的地位。因此，對大國來說，致力於創造財富比窮兵黷武更有利。[11]

根據「收益論」，軍事勝利也是得不償失的，因為入侵者不可能利用現代工業經濟，特別是那些以資訊科技為基礎的經濟，並從中獲利。[12]征服者的難題之根源在於，民族主義使它很難征服和控制戰敗國家的人民。勝利者可能會嘗試鎮壓，但在大量的反抗跟前，這一做法會產生適得其反的負面效果。何況，在資訊時代，鎮壓是行不通的，因為知識經濟的順利運作有賴於開放。因而，如果征服者實施鎮壓，就無異於殺雞取卵。然而，倘若它不去鎮壓，顛覆性的思想就會在戰敗國內部四處蔓延，於是可能出現反抗運動。[13]

無疑地，大國有時會面臨這種局勢：征服的代價很高，而預期的利益不大。在這些情況下，發動一場戰爭沒有意義。但是，那種認為征服幾乎總是讓侵略者敗興而歸而且看不到任何收益的觀點，是經不起檢驗的。

國家發動武力擴張而沒有損害自己經濟的事例很多。十九世紀上半葉的美國和一八六二至一八七〇年間的普魯士就是明證。侵略為兩國的經濟贏得了極大的紅利。另外，學界幾乎沒有證據能證明沉重的國防花費就一定會損傷大國的經濟。[14]例如，自一九四〇年以來，美國在防禦上投注了大量的資金，而它的經濟卻令世界各國垂涎。英國昔日是一個巨大帝國，它的經濟最終失去了競爭優勢，但是，幾乎沒有經濟學家將它的經濟衰落歸咎於國防負擔。事實上，從歷史上看，英國用於防禦的資金要比它的大國對手少得多。[15]也許能證明龐大的軍事預算會毀滅一國經濟的最好例子是二十世紀八〇年代末期蘇聯的解體。然而，對於蘇聯經濟崩潰的原因，學界並沒有一致的看法。我們更有理由相信，原因在於它經濟中的深層結構問題而不是軍事開支。[16]

至於收益論，征服者可以利用被征服國的經濟來盈利，即便是在資訊時代也能達到這一點。它們可以通過徵稅、徵用工業收入、甚至沒收工業廠礦等手段，從被占領國攫取財富。彼得．利伯曼（Peter Liberman）在他的成名作中提出了與安吉爾和其他人相反的觀點。他認為，現代化不但使工業社會變成了富裕和有利可圖的目標，而且它使征服者的脅迫和鎮壓變得更容易而不是更難。[17]譬如，他提出，儘管資訊技術有一種「顛覆性的潛力」，但同時也帶有「歐威爾風格」（Orwellian）的性質（譯者注：喬治．歐威爾在《一九八四》一書中所描述的受嚴酷統治而失去人性的社會。），這為鎮壓提供了很多方便。他強調說：「進行脅迫和鎮壓的征服者，能使被戰敗的現代國家把它們的大量經濟盈餘像貢品一樣奉獻出來。」[18]

比如二戰期間，德國「單是通過金融過戶一項……就動用了法國年平均國民收入的百分之三十，挪威、比利時和荷蘭戰前國民收入的百分之四十二至四十四，以及至少百分之二十五的捷克斯洛伐克戰前的國民收入」[19]。德國還在二戰中從蘇聯榨取了重要的經濟資源。後來，蘇聯在冷戰的早期逮到機會以牙還牙，透過榨取東歐經濟來填補自己的缺口。[20]不過，對征服者來說，征服並非不花成本，也有榨取另一國經濟所花的成本超過所得收益的例子。而且，有時征服要付出極大的代價。

征服者也可能通過沒收自然資源如石油和糧食等，為充實自己的國庫。例如，任何征服沙烏地阿拉伯的大國，肯定會藉由控制沙烏地阿拉伯的石油獲得可觀的經濟收益。這就是二十世紀七〇年代美國建立「快速反應部隊」（Rapid Deployment Force）的原因。它擔心蘇聯會侵略伊朗，進而奪取胡齊斯坦省（Khuzestan）這一豐富產油區，從而大幅加強蘇聯的力量。[21]而且，一旦蘇聯進入伊朗，它就處於威脅沙烏地阿拉伯和其他石油儲量豐富的國家的地位。在兩次世界大戰期間，德國一心想得到蘇聯生產的糧食和其他食品，以便以很小的成本養活自己的人民。[22]德國人還覬覦蘇聯的石油和其他資源。

然而，即便有人不接受征服能獲得經濟紅利的觀點，獲勝的侵略者也有其他三個方法使權力平衡朝有利於自己的方向改變。征服者可以徵召被占領國中的一部分人口進入自己的部隊，或作為本國的勞動力。例如，拿破崙的軍事機器利用了戰敗國的人力。[23]實際上，當一八一二年夏法國進攻俄國時，近乎一半的主力入侵力量（共計六十七萬四千人）不是法國人。[24]納粹德國的部隊也雇用了來自占領國的士兵。比如，「在一九四五年的三十八師親衛隊（SS divisions）中，沒有哪一個師完全由德國本土人組成，而且其中十九師主要由外籍人員組成」[25]。還有，第三帝國盡可能運用外籍勞工。確實，到一九四四年八月止，可能有多至七百六十萬外籍工人和戰俘被德國雇用，這一數字占當時德國總勞動人口的四分之一。[26]

再者，征服有時獲得報償是因為勝利者在戰略上獲得了重要領土。特別是，國家能獲得有助於保護其免受另一國進攻，或者用於向對手發動進攻的緩衝區。例如，第一次世界大戰時，在德國戰敗之前和之後，法國認真考慮過吞併萊茵地區（Rhineland）。[27]一九六七年六月，以色列在「六日戰爭」中奪取西奈半島、戈蘭高地和約旦河西岸後，它的戰略地位更加鞏固了。一九三九至一九四〇年冬，蘇聯向芬蘭開戰，目的是獲取可以幫助紅軍抵抗納粹入侵的領土。[28]另一方面，一九三九年九月，納粹軍隊占領波蘭的一部分，用於一九四一年六月入侵蘇聯的跳板。

最後，戰爭勝利者為了確保自身的地位，可能設法完全消滅被占領國的實力，使之從大國當中除名。征服國可用不同的方式達到這一目的。它們可以藉由屠殺戰敗國的大量人口來摧毀它，將它從國際體系中完全消除。國家很少採取這一極端做法，但是，這種行為存在的事實使得國家不會不想到它。比如，羅馬就大量屠殺迦太基人。此外，有理由認為，希特勒曾想要把波蘭和蘇聯從歐洲地圖上抹去。[29]西班牙在中南美洲消滅了阿茲特克與印加帝國。冷戰中，兩個超級大國都擔心對方會使用核子武器發動一次「致命的第一次打擊」來消滅自己。以色列人常常擔心，如果阿拉伯國家造成以色列的決定性失敗，它們將強加自己一種「迦太基式的和平」。[30]

至少，征服國有可能併吞戰敗國。比如，在過去的三個世紀裡，奧地利、普魯士和俄國曾四次瓜分波蘭。[31]戰勝國還可能使戰敗國中立和解除武裝。第一次世界大戰後，盟國對德國使用過這種戰略。冷戰早期，史達林曾想過成立一個統一但軍事上脆弱的德國。[32]著名的「摩根索計畫」（Morgenthau Plan）規定，希特勒後的德國應為非工業區，並變成兩個大農業國，不能再建立強大的軍事力量。[33]最後，征服國可以將戰敗國分割成兩個或更多較小的國家。一九一八年春，德國就是通過《布列斯特—里托夫斯克和約》（Treaty of Brest-Litovsk）對蘇俄採取了這一做法。第二次世界大戰後，英國、美國和蘇聯也有效地對德國實施過這一做法。

訛詐

國家可以不發動戰爭，而只是以威脅要對對手使用武力的方式，逼對方讓步、壯大自己的實力。威脅和恫嚇就可以產生這種不戰而屈人之兵的效果。[34]倘若這種訛詐能起作用，那麼它顯然比戰爭更好，因為訛詐能兵不血刃就達到目的。然而，訛詐不太可能導致重大的權力平衡改變，主要原因在於，單獨的威脅常常不足以迫使一個大國向另一大國對手作出重大讓步。就定義而言，大國指的是它們彼此具有龐大的軍事力量，因此，它們不可能在沒有戰爭的情況下向威脅投降。訛詐更可能發生在那些沒有大國盟友的次大國身上。

不過，也有針對大國訛詐成功的例子。例如，在第一次世界大戰之前的十年裡，德國四次脅迫過它的歐洲對手，而且成功了一次。[35]一九〇五年和一九一一年，德國就摩洛哥問題兩次挑起與法國和英國的外交對抗。雖然德國明顯比法國和英國都要強大，甚至強於二者的總和，但是，德國這兩次都遭到了外交失敗。在另外兩例中，德國試圖訛詐俄國，使後者在巴爾幹作出讓步。一九〇九年，奧地利在沒有得到德國的任何慫恿下兼併了波士尼亞。當俄國提出抗議時，德國以戰爭相威脅，迫使俄國接受了奧地利的行動。在這種事例中，訛詐之所以起作用，是因為俄國軍隊還沒有從日俄戰爭的慘敗中回神，因而它沒有資本發動對德國的戰爭。一九一四年夏，德國試圖再次以脅迫的方式威脅俄國人，可是，當時俄國軍隊已從十年前的失敗中振作了起來。俄國毫不示弱，其結果是第一次世界大戰。

在另外三個著名的訛詐事例中，只有一個對權力平衡具有重要的影響。第一個例子是，一八九八年，英法關於非洲尼羅河上游的重要戰略據點法紹達（Fashoda）的爭論。[36]英國警告法國不要企圖控制尼羅河的任何部分，因為它將威脅到英國對埃及和蘇伊士運河的控制。當英國得知法國已向法紹達派遣了遠征部隊時，它要求法國撤出部隊，否則英國將宣戰。法國退卻了，因為它知道英國將贏得接下來的戰爭，也因為當時的法國更擔心東部邊境德國的威脅，因此，它不想挑起與英國的戰爭。第二個例子是著名的一九三八年「慕尼黑危機」，當時，德國威脅要發動戰爭，迫使英國和法國允許德國吞併蘇台德地區，當時該地區是捷克斯洛伐克的一部分。第三個例子是，一九六二年秋，美國迫使蘇聯從古巴撤走飛彈。在這些事例中，只有慕尼黑危機對權力平衡有明顯的影響。

誘捕

誘捕是國家賴以增加自己相對權力的第三種策略。這一策略旨在誘使兩個對手相互纏鬥，在漫長的戰爭中搞得民窮財盡，而投放誘餌者在一旁隔山觀虎鬥，完好無缺地保持軍事力量。例如，在冷戰期間，美國擔心第三國可能會密謀挑起美蘇之間的核戰。[37]同樣，其中一個超級大國也許也曾圖謀唆使對方在第三世界發動一場毫無希望的戰爭。比如，美國可能煽動蘇聯步向阿富汗戰爭這樣的陷阱。但那不是美國的政策。事實上，在現代史上，國家尋求誘捕策略的例子就有好幾個。

我能舉出關於誘捕的最好例子是，緊接著法國大革命後，俄國試圖引誘奧地利和普魯士發動對法國的戰爭，以便它能在中歐放手擴充勢力。一七九一年十一月，俄國凱薩琳大帝對她的大臣說：「我正絞盡腦汁想要使維也納和柏林的朝廷陷入法國事務中……其原因我不能說出來。我想讓他們捲入那一攤子事情，以便我能騰出手來。我有許多未竟事業，最好能讓他們打成一團，別來礙我的事。」[38]儘管奧地利和普魯士確實在一七九二年與法國發生戰爭，但是俄國的鼓動對它們的決定幾乎沒有影響。事實上，他們有自己迫切的理由與法國開戰。

另一個非常接近誘捕戰略的例子涉及以色列。[39]一九五四年，以色列國防部長卞海斯·拉方（Pinhas Lavon）指使特務人員炸掉美英設在埃及亞歷山大和開羅的目標。其目的是，在英國和埃及之間製造緊張關係，希望這能促使英國放棄從蘇伊士運河附近基地撤出軍隊的計畫。結果，特務人員被捉，行動以慘敗告終。

誘捕戰略最大的難題在於，要拐騙一個敵國去做一件它本來不會做的事是很難的，拉方事件剛好可以說明這一點。要在兩國之間製造紛爭而不暴露陰謀實在難如登天，至少也會引起目標國的懷疑。另一方面，被煽動唆使的國家也會擔心鷸蚌相爭的後果，因此不會讓投放誘餌者輕易獲得漁翁之利。國家不會這麼笨地身陷網羅。最後，採用誘捕戰略的國家還要擔心，被唆使的某一國是不是有可能凱旋而歸，最終反而贏得而不是喪失實力。

坐觀血腥廝殺

坐觀血腥廝殺是生存戰略中比較容易實現的招數。其目的是，確保其對手之間的戰爭變成一個耗盡它們力量的長期而代價高昂的衝突。這種戰略不施放誘餌。對手獨立地參加戰爭，而且坐觀者（bloodletter）只關心促使對手彼此消磨力量，自己則置身於戰爭之外。一九四一年六月，當哈利·杜魯門還是參議員的時候，他的腦海裡就有了這種戰略，當時他對納粹入侵蘇聯作出的反應是：「如果我們看到德國將要取得勝利，我們就應該幫助俄國，而一旦俄國將要贏得勝利，我們就應幫助德國，這種方法可以讓它們廝殺到最後一兵一卒。」[40]

當列寧（Vladimir Lenin）將蘇聯撤出第一次世界大戰而它的盟國（英國、法國和美國）仍在西部與德國戰鬥時，他的腦海裡也有這種戰略。他在一九一八年一月二十日說：「藉由單獨簽訂和約，我們自己……跳出帝國主義集團彼此廝殺的圈子。我們可以利用它們的爭鬥，這樣，它們很難以犧牲我們為代價去達成一項交易。而且我們可以利用這一空檔，騰出手來發展和鞏固社會主義革命。」正如惠勒—貝內特（John Wheeler-Bennett）所說，「很少有文獻像列寧的那樣……將權力政治的精髓表述得如此傳神」[41]。二十世紀八〇年代，美國在阿富汗也採用過這種戰略對付蘇聯。[42]

制止侵略的戰略：抗衡、推卸責任

大國不但尋求獲取多於對手的權力，同時也盡力避免對手侵奪我方的權力以壯大自己。有時，牽制潛在的侵略者是相當容易的任務。由於大國謀求最大限度地占有世界權力，因此，它們不惜在防禦上下重本，特別是建立龐大的武裝力量。那種令人生畏的能力常常足以抵禦對手破壞權力平衡。然而，有時候會出現一些侵略性特強的國家而難以與以制衡。尤其是強權國家，如潛在的霸主總是屬於這一類。為了對付這些侵略者，受威脅的國家可從兩種戰略中作出選擇：抗衡或推卸責任。如果有機會，它們肯定會選擇推卸責任，儘管有時它們除了挺身面對威脅之外別無選擇。

抗衡

通過抗衡，一個大國直接承擔阻止侵略者破壞權力平衡的責任。[43]其初期目標是嚇阻侵略，但如果嚇阻失敗，該國就只好準備打戰，兵戎相見。受威脅的國家可採取三個措施進行「權力平衡」工作。第一，它們可以通過外交管道（和下面所說的各種行動）向侵略者發出清晰信號，表明它們將堅定地捍衛權力平衡原則，即使這意味著戰爭。權力平衡維持者的照會中強調的是對抗，而不是安撫。也就是說，權力平衡維持者會劃下紅線，不許侵略者越雷池一步。在整個冷戰期間，美國對蘇聯採取了這類政策。第一次世界大戰前，法國和俄國也是用同樣的方式對付德國的。[44]

第二，受威脅的國家可以締結防禦同盟（defensive alliance），幫助它們遏制潛在的對手。這一外交手段常常被稱作「外部平衡」（external balancing），它在兩極世界較難發揮，因為這裡沒有潛在的大國聯盟夥伴，儘管與次大國結盟仍然是可能的。[45]例如，在冷戰期間，美國和蘇聯沒有其他選擇，只有與次大國結盟，因為它們是體系中的唯一大國。受威脅的國家把很高的賭注押在尋找聯盟夥伴上，因為阻止侵略的代價由聯盟分攤（戰爭爆發時一個很重要的考慮）。另外，募集盟國增加了對抗侵略者的火力，反過來又增加了威懾的作用。

儘管存在這些利益，外部權力平衡還是有一個缺陷：它常常啟動緩慢，而且效率很低。一位法國將軍的評論清楚地傳達了讓聯盟順利運轉的困難所在，他在第一次世界大戰結束時說：「由於我已經發現了聯盟在發揮作用，所以我對拿破崙（他幾乎不用盟國就能單獨對抗一個聯盟）的崇拜程度有所減弱。」[46]即使大家對目標已經有了基本共識，要把權力平衡聯盟快速集結起來並讓它迅速發揮作用往往很困難，因為整合盟國或成員國需要時間。受威脅的國家經常在聯盟成員如何分攤任務的問題上存在分歧。畢竟，所有國家都先只考慮自己的利益，都想要以最小的代價來遏制侵略者。如下所述，這一問題還有另外一個原因，即聯盟成員國之間還會彼此推卸責任。最後，聯盟成員國之間很可能就哪個國家有資格擔任領袖的問題爭執不休，特別是需要擬訂共同策略的時候。

第三，受威脅的國家能調整它們自己剩餘的資源對抗侵略者。比如，增加國防投資或是增兵。這種行動通常被稱為「內部平衡」（internal balancing），並且最能夠反映出國家只能自立自強這個事實。但是，通常一個國家沒辦法運用太多的多餘資源來對抗侵略者，因為大國通常已將其很大比例的資源用於防禦。由於國家一心想最大限度地占有世界權力，所以事實上國家隨時都在設法進行內部平衡。不過，當面對一個如狼似虎的侵略者的時候，大國會設法勒緊褲帶、精打細算，以增加國防預算。

然而，在一種特殊的例外中，大國確實會增加支出來嚇阻侵略者。像英國和美國這樣的離岸平衡手，當它們沒有必要在一個重要的戰略區域遏制一個潛在霸主時，往往只會維持較小規模的軍事力量。它們蓄養一支小部隊就足夠了，因為遠處的對手還忙著互鬥，而且水體的阻遏力量為它們提供了足夠的安全。因此，當一個離岸平衡手需要遏制一個潛在霸主時，它可能急劇地擴充軍隊規模和力量，就像美國在一九一七年參加第一次世界大戰和一九四〇年參加第二次世界大戰的前一年所做的那樣。

推卸責任

推卸責任是受威脅的大國在抗衡之外的主要選擇。[47]推卸責任者試圖讓另一國承擔嚇阻或對抗侵略者的重任，自己則置身於外。推卸責任者清楚認識到，有必要阻止侵略者增加對世界權力的占有，但它必須指望某個其他受到侵略者威脅的國家能夠完成這項重責大任。

受威脅的國家可採取四個措施實施推卸責任戰略。第一，它們可以尋求與侵略者建立良好的外交關係，或至少不要刺激它，並希望後者把注意力集中在「責任承擔者」（buck-catcher）身上。例如，二十世紀三〇年代，面對納粹德國的死亡威脅，法國和蘇聯試圖把責任推給對方。每一方都試圖與希特勒建立良好關係，以使他把槍口對準別人。

第二，推卸責任者往往與它心目中的責任承擔者保持疏遠的關係，這不僅因為這種外交距離有助於與侵略者發展良好的關係，而且因為推卸責任者不想被責任承擔者一塊拖下水。[48]畢竟，推卸責任者的最終目標是避免與侵略者的戰爭。無怪乎，在第二次世界大戰之前，法國與蘇聯的關係表現為低調的敵意。

第三，大國可以動員自己額外的資源，使推卸責任發揮作用。推卸責任者似乎應該降低國防預算上，因為該戰略的目標是讓其他人遏制侵略。但是，除了上述所說的離岸平衡手這一例外情況，這一結論是錯誤的。姑且不論國家最大限度地占有世界權力這一事實，還有其他兩個原因也會促使推卸責任者尋找機會增加防禦開支。首先，藉由增強軍備，推卸責任者把自己裝扮成令人畏懼的國家，從而促使侵略者把注意力集中預定的責任承擔者身上。這裡的邏輯很簡單：一個國家越強大，侵略者就越不可能進攻它。當然，前提是，在沒有推卸責任者的幫助下，承擔責任者必須仍有實力抵抗侵略者。

基於有備無患的戰略考量，推卸責任者也會建立龐大的軍事力量。在具有兩個或更多國家試圖推卸責任的世界裡，任何國家都不能肯定它不會承擔責任並獨自對付侵略者。未雨綢繆、以防不測才是萬全之道。例如，二十世紀三〇年代，法國和蘇聯都無法保證自己不需要承擔責任並單獨抵抗納粹德國。然而，即使一國成功地推卸了責任，也總是存在侵略者可以迅速而澈底地擊敗責任承擔者，然後再進攻推卸責任者的可能性。因此，為了保險起見，一國可能會增加防禦，以防推卸責任策略的失敗。

第四，有時，推卸責任者會允許甚至協助它心目中的責任承擔者增強軍備。這樣，責任承擔者的贏面會增加一些，並增加推卸責任者安然無恙的機率。比如，一八六四至一八七〇年期間，英國和俄國袖手旁觀，讓俾斯麥的普魯士占領歐洲心臟地帶的領土，創建一個比其前身普魯士要強大得多的德意志帝國。英國的推斷是，一個統一的德國不但會牽制法國和俄國在歐洲心臟地帶的擴張，而且會轉移它們對非洲和亞洲的關注，消除它們在這些地區對英帝國的威脅。而俄國則希望一個統一的德國牽制奧地利和法國，並抑制波蘭的民族野心。

推卸責任的誘惑

推卸責任和共組權力平衡聯盟代表了對付侵略的兩種截然不同的作法。不過，在權力平衡聯盟中還是有一種強烈的推卸責任或「搭便車」（free ride）的傾向，儘管因為推卸責任可能造成聯盟的瓦解，大家不敢明目張膽地這麼做。例如，第一次世界大戰早期，英國決策者試圖儘量減少英軍在西線的戰事，而讓自己的同夥法國和俄國承擔消磨德國軍隊的重任。[49]然後，英國希望用自己鬥志仍然高昂的部隊贏得對德戰爭的最後勝利，如此方能爭取談判籌碼。英國可能會「贏得和平」，因為它從戰爭中確立了比戰敗的德國和被戰爭消磨的法國、俄國要強大得多的地位。但是，英國的盟國很快就看穿了英國的伎倆，並強迫英國軍隊毫無保留地參加與德國的血腥戰爭。因為國家計較的總是相對權力。[50]

英國試圖搭盟國的便車，以及第七章和第八章將要討論的歷史事實證明，受威脅的國家之間存在推卸責任的強烈渴望。的確，大國似乎對推卸責任的喜好明顯勝過對抗衡的興趣。這種喜好的一個原因是，推卸責任是最廉價的防禦方式。畢竟，一旦威懾失敗而爆發戰爭，承擔責任的國家要花費很大的代價來對付侵略者。當然，為了方便推卸責任戰略的實施，並謹防該戰略的失敗，推卸責任者有時會在自己的軍事上花費巨額資金。

推卸責任也具有攻擊的成分，這使得該戰略更具吸引力。特別是，當侵略者和責任承擔者捲入一場同歸於盡的戰爭時，權力平衡有可能朝有利於推卸責任者的方向轉移，然後，它將處於支配戰後世界的有利位置。例如，美國在一九四一年十二月參加第二次世界大戰，但直到一九四四年，即在戰爭結束前不到一年，它才在法國部署軍隊。因此，消耗納粹德國龐大軍隊的重任主要落到了蘇聯身上，後者付出了慘重代價才得以打到柏林。[51]儘管美國更願意在一九四四年前入侵法國，而且無意做一個推卸責任者，但是，美國把諾曼地登陸拖到戰爭的後期——當時德國和蘇聯軍隊都已遭受重創並疲憊不堪——因此美國無疑從中獲得了很大利益。[52]於是，史達林自然有理由相信，英國和美國故意讓德國和蘇聯兩虎相爭，相互消磨力量，以便這些離岸平衡手能控制戰後的歐洲。[53]

當一國面對不止一個危險對手並缺乏與之立即對抗的軍事力量時，推卸責任也不失為一種具有吸引力的選擇。推卸責任有助於減少威脅的數量。例如，二十世紀三〇年代，英國面臨三個危險對手——德國、義大利和日本——但它不具備同時制衡所有這三個國家的軍事實力。英國試圖把對付德國的重任推給法國來減輕這一難題，以便自己能集中力量對付義大利和日本。

然而，推卸責任並非絕對安全的戰略。它的主要缺陷在於，責任承擔者可能無法阻止侵略者，使推卸責任者處於危險的戰略地位。譬如，法國不能單獨對付德國，因而，一九三九年三月，英國不得不與法國建立共同對抗希特勒的權力平衡聯盟。不過，當時希特勒控制了整個捷克斯洛伐克，英法遏止納粹德國已為時太晚，結果五個月後的一九三九年九月，戰爭爆發了。與此同時，蘇聯成功地把責任推卸給了法國和英國，然後安逸地期待德國與那兩個責任承擔者展開慘烈且無止境的戰爭。但是德國國防軍只花了六個星期就在一九四〇年春天踏平了法國，讓希特勒騰出手來進攻蘇聯而無須擔心他的西線。由於採取推卸責任的方式，而不是與英法聯手對抗德國，蘇聯最終與希特勒打了一場艱苦得多的戰爭。

另外，在推卸責任者允許責任承擔者增加力量的情況下，也存在一種危險，那就是承擔責任者最終變得相當強大，從而威脅權力平衡局面，就像一八七〇年德國統一後所發生的一切。實際上，在隨後的二十年裡，俾斯麥極力維持權力平衡。的確，就像英國所希望的那樣，一個統一的德國在歐洲大陸充當了牽制俄國和法國的角色。但是，一八九〇年後形勢發生了戲劇性變化。當時，德國已變得越來越強大，並試圖以武力一統歐洲。從這一事例看來，推卸責任對英國和俄國至多是利弊參半：短期有效，而從長遠來看是一種災難。

雖然這些潛在的問題值得關注，但是它們最終不會減弱推卸責任戰略的吸引力。大國並不認為它會導致失敗。相反，它們期望這一戰略成功。否則，它們會避開推卸責任，而與體系中其他受到威脅的國家組成權力平衡聯盟。但是，預測國際政治中的未來並不容易。有誰在一八七〇年就猜到德國在二十世紀早期會成為最強大的國家並突然挑起兩次世界大戰呢？此外，就算不推卸責任，抗衡也不是絕對安全的選擇。事實上，抗衡的效率很差，而且結成聯盟一起抗衡的國家有時也會慘敗，就像一九四〇年春發生在英法身上的一切。

很明顯，推卸責任有時產生與誘捕戰略一樣的結果。特別是當推卸責任導致戰爭時，推卸責任者會像誘餌投放者一樣隔岸觀虎鬥，坐享漁翁之利，而讓它的主要對手彼此消耗。另外，如果戰爭中的一方贏得迅速而徹底的勝利，那麼這兩種戰略會以相同的方式失敗。不過，這兩種戰略有一個重要區別：推卸責任主要是一種威懾戰略，戰爭只一個選項，而誘捕的目的在於挑起戰爭。

逃避衝突的戰略：扈從、綏靖

有人認為，受威脅的國家用來應付危險對手的戰略並不止抗衡和推卸責任兩種。這種觀點認為，綏靖（appeasement）和扈從（bandwagoning）也是可行的選擇。但那是錯誤的。這兩種戰略都主張向侵略者讓出權力，這違反了權力平衡邏輯，這麼做的國家等於是飲鴆止渴。在乎自己生存的大國應該既不能對敵人採取綏靖政策，也不能對它們採用扈從的戰略。

所謂的扈從，是指一國選擇跟隨另一個實力強大的國家，而且前者願意讓後者不成比例地占有它們共同所獲的戰利品。[54]換句話說，權力分配的變化更不利於扈從的一方，而對較強的國家有利。扈從是弱者的戰略。它的基本假設是，如果一國的力量遠遠不如對手，那麼它反對對手提出的要求就沒有意義，因為那一對手無論如何會通過武力獲得所要的一切，並在這一過程中給前者實施嚴厲懲罰。這樣，扈從的一方只好希望麻煩製造者慈悲為懷。修昔底德斯（Thucydides）的格言——「強者隨心所欲，弱者任人宰割」——精闢地道出了扈從戰略的精髓。[55]

該戰略違背了攻勢現實主義的基本原則，即國家最大限度地擴大自己的相對權力，因此，它很少被大國採用，因為從概念上講，這些國家具有與其他大國一較高下的實力，更何況，它們也有這麼做的合理理由。扈從戰略主要是被那些無法獨自與敵對大國對壘的次大國所採用。[56]它們毫無選擇，只好向敵人屈服，因為它們弱小而無助。扈從戰略的一個很好例子是在第二次世界大戰早期，保加利亞、羅馬尼亞決定與納粹德國結盟，然後在戰爭尾聲時，它們又把這一忠誠轉移到蘇聯身上。[57]

綏靖指的是受威脅的國家對侵略者讓步，使權力平衡朝後者傾斜。綏靖者常常同意將第三國的全部或部分領土讓與其強大敵人。他們期望這種讓步能軟化侵略者的行為，引導侵略者朝更和平的方向發展，甚至使之成為一個偏好維持現狀的國家。[58]該戰略基於這樣的前提：對手的侵略行為主要是由於它對戰略弱點的敏感反應所致。因此，採取任何能緩和這一不安狀態的措施，都將減弱甚至消除對方發動戰爭的根本動機。這種觀點指出，綏靖達到這一目的方式是，允許綏靖者採用對被綏靖國有利的方式表明善意，並改變權力平衡結構，使後者更安全、不易受攻擊，最終放棄侵略野心。

扈從的國家不會想要制衡侵略者，但綏靖者不同，它仍要制衡威脅。然而，如同扈從一樣，綏靖也違背了攻勢現實主義的思想，因而，它是一個荒謬且危險的策略。它不可能把危險的對手變成一個更善良、更溫和的對手，更不可能指望它成為愛好和平的國家。毫無疑問，綏靖將激起而不是減弱侵略國家的征服欲望。當然，如果一國將大量權力讓與一個感到極度不安全的敵人，那麼，該敵人對它的生存前景的估計會感覺更好些。一旦恐懼程度降低，它按照自己的意願改變權力平衡的意願也會隨之降低。但那只說對了一半。事實上，另外兩種因素推翻了這種一廂情願的邏輯。正如我們所強調的，國際無政府狀態導致國家損人利己，無不圖謀為自己獲取額外的權力。因為大國註定要進犯他國，因此，一個被綏靖的國家很可能把另一國的任何權力的讓渡或贈與看作軟弱的信號，認為這是綏靖者不願意維護權力平衡的象徵。然後，被綏靖者會儘量向綏靖者索取更多的讓步。國家不盡可能多地獲取權力是愚蠢的，因為隨著額外權力的增多，一國的生存前景也隨之增加。再有，藉由獲得綏靖者授與的權力，被綏靖的國家也將增強獲得更多權力的能力（很可能增加很多）。簡言之，綏靖很可能使一個對手變得更加危險，而不是相反。

為什麼國家會讓出權力？一個現實主義的解釋

不過，在有些特殊情況下，大國可能會向另一國讓與權力，而這種行為並不違背權力平衡邏輯。如前所述，有時推卸責任者允許責任承擔者獲得權力是很有意義的，只要這種做法能增加責任承擔者單獨遏制侵略者的機會。另外，倘若一個大國同時面對兩個或更多侵略者，而它既無資源應付所有這些對手，又沒有盟國供它推卸責任，那麼被圍攻的國家可能會區別威脅的優先次序，允許自己與威脅較小一方的權力平衡局面出現逆轉，以便騰出資源來對付首要威脅。如果運氣好的話，次要威脅最終會成為主要威脅的敵人，從而實現與前者結盟反對後者的目標。

這一邏輯可部分地解釋二十世紀早期英國與美國的和緩政策（rapprochement）。[59]當時，美國明顯是西半球占支配地位的國家，儘管英國在那一地區仍有重要的利益，有時還為此與美國發生嚴重糾紛，但是，英國卻決定放棄那一地區，與美國建立良好的關係。部分原因是，在沿大西洋一帶這一美國的後院與美國對抗，英國處於不利的地位。不過，英國在世界其他地區也面臨著日益增加的威脅，特別是德國在歐洲的興起，這比一洋之隔的美國威脅要大得多。這種威脅環境的變化迫使英國向美國讓步，以便集中火力對付德國。最終，德國也威脅到美國，導致美英在兩次世界大戰中聯手對付德國。

最後，出於短期戰略考慮，以便爭取時間籌措對抗侵略的必要資源，而向一個危險的對手讓與權力，也是有意義的。實施讓與的國家不但要應付短期的脆弱形勢，而且要具有高超的長期動員能力。歷史上關於此類行為的記錄並不多。我所知道的一個案例是一九三八年九月的《慕尼黑協定》，在該協定中，英國允許納粹德國吞併蘇台德區（它是捷克斯洛伐克不可分割的一部分），因為英國決策者相信，權力平衡暫時對德意志第三帝國有利，但隨著時間的進展，它會逐漸有利於英國與法國。但事實上，慕尼黑會議後權力平衡反而更加不利於盟國：英法應該早在一九三八年就為捷克斯洛伐克問題與德國開戰，而不是等到一九三九年的波蘭問題。[60]

結論

最後，關於國家如何獲取和維持權力還有一點值得討論。肯尼士・沃爾茲提出了一個著名的論點：安全競爭會驅使大國模仿其對手的成功經驗。[61]他認為，國家會被「社會化」（socialized），並「遵循共同的國際慣例」。確實，要想在殘酷無情的世界政治中求得生存，它們別無選擇，只好這麼做。「因為不效法成功的範例就只會落入人後，相鄰的國家於是變得越來越相像。」[62]沃爾茲把模仿的概念與抗衡的行為聯繫起來：他認為，透過學習，國家都知道自己必須制衡那些威脅要破壞權力平衡的對手。這一趨同的結果導致了現狀的維持。畢竟，抗衡是重要的趨同行為，它力圖維護而不是顛覆權力平衡。這正是守勢現實主義的核心觀念。

誠然，國家有一種模仿體系中其他國家成功經驗的強烈傾向。把抗衡看成國家想要模仿的戰略，也是有道理的，儘管並不清楚為什麼國家需要經過社會化才知道要去抗衡侵略者。單是體系結構就足以促使國家抗衡危險的對手，或依賴其他國家去遏制它們。

但是，沃爾茲忽視了國家行為中緊密相關的兩個面向，它們使得國際政治比他設想得還要更危險、更具侵略性。國家不但仿效成功的權力平衡行為，而且仿效成功的侵略行為。例如，有人認為，一九九〇至一九九一年美國之所以不得不擊退海珊對科威特的占領，是因為它擔心其他國家可能得出這樣的結論：侵略可以得到報償，因而發動更多的征服戰爭。[63]

另外，大國不但仿效彼此的成功經驗，同時也重視創新。[64]國家通過發展新式武器、創新軍事思想或出奇制勝的戰略，尋找新辦法以獲取比對手更多的優勢。不墨守成規的國家通常可以斬獲重大利益，這就是國家對新穎的戰略感到極度擔心的原因。[65]納粹德國的案例能最好地說明這一點。希特勒當然仿效了歐洲對手的成功經驗，但他同時也施展了令對手感到措手不及的新式戰略。換句話說，安全競爭不僅促使國家接受成功經驗，也逼迫國家超越它。[66]

總而言之，我解釋了國家如何最大限度地占有世界權力，重點論述了它們追求的特殊目標，以及它們達到這些目標所採用的戰略。現在，我們來看看歷史紀錄中是否存在大國不斷追求多於其對手優勢的證據。

第六章

行動中的大國

——攻勢現實主義的歷史案例

在第二章中，我的理論試圖解釋為什麼大國常常懷有野心，為什麼它們的目標是最大化地占有世界權力。我試著為自己的觀點提供一個合理的邏輯基礎，即在國際體系中維持現狀是很少見的，尤其是大國常常會追求地區霸權。我的理論最終是否有說服力，要看它能在多大程度上解釋大國的實際行為。是否有大量的證據表明，大國的一舉一動和攻勢現實主義預測相符呢？

如果要回答「是」，並且表明攻勢現實主義為大國行為提供了最好的解釋，我必須證明：⑴大國政治的歷史包含了大量的修正主義國家（revisionist states）的衝突；⑵在此過程中唯一想要維持現狀的國家是地區霸權國家，即達到權力頂峰的國家。換句話說，必須表明大國在崛起的時候會尋找並利用機會來獲取權力。還要證明，大國在有能力按照自己的意願動搖權力平衡時是不會自我克制的；一旦國家有了很多權力，它對權力的欲望是不會減退的。相反，只要可能性夠高，有權力的國家就會尋求地區霸權。最後，我必須確定沒有什麼證據能證明決策者們在有能力獲得更多權力的時候會說，他們對已占有的世界權力份額表示滿意。事實上，我們幾乎總是發現領導人一向認為，想要提高國家的生存機會，就必須獲得更多的權力。

要證明國際體系是由修正主義國家組成的並不是件簡單的事情，因為可資參考的案例實在是太多了。[1]畢竟，大國之間互相競爭已經持續了那麼多世紀，有那麼多的國家行為可以成為我驗證觀點的證據。為了使這項調查便於執行，我從四個不同的角度選取歷史紀錄。雖然我自然會想找一些支持攻勢現實主義的證據，但我仍然認真地在找能反駁這種觀點的證據。特別是，我儘量對擴張和非擴張的事例一視同仁，試圖表明非擴張的案例很大程度上是成功遏制的結果。在衡量案例中的擴張所受的限制時，我也試著採用一致的標準。

首先，我考察了在過去的一百五十年中，五個主要大國在外交政策上的表現：從一八六八年明治維新到第二次世界大戰中戰敗的日本；從一八六二年俾斯麥掌權到一九四五年希特勒最後戰敗的德國；從一九一七年革命到一九九一年解體的蘇聯；從一七九二年到一九四五年的英國；從一八八〇年到一九九〇年的美國。[2]我選擇考察每個國家的一長段歷史，而不是許多不連續的時間段，因為唯有這樣做能證明，軍事侵略不是各國國內政治造成的異常行為的結果，而是像攻勢現實主義所預測的一樣，是一個更為廣泛的進攻行為模式的一部分。

日本、德國和蘇聯是證實我的理論的最佳案例。它們幾乎一直在尋找透過軍事征服來擴張權力的機會，當它們看到機會時，一定會迫不及待地抓住它。掌握權力之後並沒有改變它們進攻的傾向，反而使之更興奮。事實上，這三個大國都追求地區霸權。德國和日本通過戰爭達到目的；只有美國和它的同盟國遏制了蘇聯征服歐洲。此外，有充分的證據說明這些國家的決策者的思想和言論都像是攻勢現實主義者。很難找到主要領導人表示對現存的權力平衡表示滿意的情況，特別是當他們的國家有能力來改變這種權力平衡的時候。總之，德國、日本和蘇聯的侵略性政策背後的主要動力似乎是安全上的考慮。

但是，英國和美國的行為方式似乎與攻勢現實主義矛盾。例如，英國顯然是十九世紀歐洲最富裕的國家，但它從未試圖將巨大的財富轉變成軍事力量來主宰歐洲。因此，雖然英國有實力這麼做，但它似乎對攫取權力不感興趣。在二十世紀上半葉，看上去美國好像放棄了許多在東北亞和歐洲攻城掠地的機會，取而代之的是追求一種孤立的外交政策——幾乎沒有侵略行為的跡象。

雖然如此，我認為英國和美國還是依照著攻勢現實主義行事的。十九世紀的美國在西半球積極地追求霸權，主要是為了在一個充滿敵意的世界中最大化地實現生存希望。它成功了，成了現代史上唯一獲取地區霸權的大國。美國在二十世紀不想在歐洲或東北亞獲得領土，因為橫跨大西洋和太平洋投送力量有很大的難度。然而，它仍然在那些重要的戰略地區扮演著離岸平衡手的角色。水域的阻遏力量也解釋了為什麼英國在十九世紀從未試圖統治歐洲。英國和美國的問題需要更細緻的討論，我們將在下一章中繼續。

第二，我考察了義大利從一八六一年成為一個統一國家到二戰中被打敗的外交政策行為。也許有些人認為，只有有能耐的大國才會尋求獲取權力的機會，其他一些大國，特別是比較弱的國家，它們的行為比較偏好維持現狀。義大利是討論這個觀點的好案例，因為作為歐洲政治中的一個重要角色，在歷史上它幾乎是「最不重要的大國」。[3]雖然義大利缺乏軍事力量，但它的領導人一直在尋求強國的機會；當機會出現時，他們不會放過。而且，義大利的決策者們很大程度上是因為考慮權力平衡而變得具有侵略性的。

第三，有人也許承認「一個強有力的國家卻因為已經滿足或自我克制而停止侵略的案例確實很少」，但同時他們卻堅持認為那些大國的侵略行為是愚蠢的，因為進攻常常導致災難。[4]他們認為，如果這些國家集中精力保持權力平衡，而不是企圖用武力來改變它，它們最終也許會更安全。這種觀點還認為，這種玩火自焚的行為，不能用戰略邏輯來解釋，而應該是國內決策者被自私的利益團體誤導，推動錯誤的政策的結果。守勢現實主義者常常採用這種論點。他們最好的玩火自焚的例子是二戰前的日本、一戰前的德國和二戰前的德國：每個國家都在緊接著的戰爭中被澈底擊敗。我對這種觀點提出了質疑，特別針對德國和日本的案例做討論，發現它們並不是因為愚蠢自私的國內政治才發動後續的戰爭的。

最後，我考察了冷戰中美國和蘇聯之間的核武競賽。守勢現實主義者認為，作為兩個健全的社會，一旦掌握核子武器的競爭雙方發展了摧毀對方的能力，它們應該對這個自己創造的世界感到滿意，不會再試圖改變它。換句話說，它們應該在核武水準上成為維持現狀的國家。但是，根據攻勢現實主義，那些核對手國家不會簡單地接受「相互確保摧毀」（MAD），相反的，它們努力獲取相對於對手的核武優勢。我將努力證明，兩個超級大國的核武政策很大程度上和攻勢現實主義的預言是一致的。

除了將在下一章中討論的英國和美國的案例外，我對歷史紀錄的四個不同的切入點將按上述的順序進行。因此，讓我們先對從明治維新到廣島事件的日本外交政策作一個評估。

日本：一八六八至一九四五年

一八五三年以前，日本與外部世界，特別是與美國和歐洲大國很少有接觸。兩個多世紀的自我孤立的影響是，日本有一個封建政治體系和落後於其他發達工業國家的經濟。列強用「炮艦外交」

（gunboat diplomacy）於十九世紀五〇年代「打開」了日本的大門，強迫它接受一系列不平等的商業協議。同時，列強企圖控制亞洲大陸的疆域。日本無力影響這些進展；它只能乖乖聽話。

日本通過在國內和國外模仿列強，對自己不利的戰略地位作出反應。日本領導人決定改革他們的政治體系，在經濟上和軍事上與西方競爭。正如日本外相在一八八七年所說：「我們必須做的是改造我們的帝國和人民，讓我們的國家像歐洲的國家，我們的人民像歐洲的人民。不同的是，我們必須在亞洲的邊緣上建立一個新的、歐洲式的帝國。」[5]

一八六八年的明治維新是復興路上的第一步。[6]雖然日本早期的現代化重點放在國內政策上，但是它幾乎立刻就開始在世界舞臺上扮演一個大國的角色。[7]韓國是日本第一個征服對象，但在十九世紀九〇年代中期，顯然日本專心於控制亞洲大陸的大部分；到一戰結束時，日本已經明顯要在亞洲尋求霸權。直到一九四五年在二戰中被澈底擊敗，日本的進攻傾向一直未受到動搖。從明治維新到日本在東京灣投降中的近八十年裡，日本幾乎利用了大國權力平衡中每個有利的變化來積極行動，增加其世界權力的份額。[8]

在研究日本外交政策的學者中有一種共識，即日本在一八六八至一九四五年間一直在尋找擴張和得到更多權力的機會，而這種行為背後的主要動力是對於安全的考慮。例如，池信孝（Nobutaka Ike）寫道：「回顧歷史就會發現，這個時代裡反覆上演主題就是戰爭，不論是正在進行還是在為其做準備……這讓我們得出這樣一個推測，即戰爭代表了日本現代化過程中一個固有的組成部分。」[9]甚至傑出的守勢現實主義者傑克·史耐德（Jack Snyder）也承認：「從一八六八年明治維新到一九四五年，所有的日本政府都是擴張主義政府。」[10]關於日本的動機，馬克・皮蒂（Mark Peattie）以這句話表達了許多有識之士的心聲。他寫道：「有證據表明，日本帝國在判斷要取得哪些領土時，核心的關切是其相對於西方大國在亞洲的擴張造成的安全——與不安全——問題。」[11]甚至E・H・諾曼（E. H. Norman），一位對明治維新的獨裁領導提出尖銳批評的批評家，在總結所有的歷史教訓時也「警告明治時期的政府官員，在一個受人宰制的國家和一個如旭日東升般強大的帝國之間沒有第三條道路。」[12]石原莞爾在一九四六年五月東京戰犯審判庭上也明白地表達了相同的觀點。他在挑戰一位美國檢察官時說了以下這段話：

你沒有聽說過佩里嗎（美國海軍的準將馬修・佩里（Matthew Perry），他參與了第一次美日貿易協定的談判）？你難道不知道自己國家的歷史嗎？……日本的德川家族相信孤立；它不想和別的任何國家發生關係，緊緊地鎖著自己的門。然後佩里坐著黑色的船從你們的國家來了，打開了那些門。他把他的大炮對準日本並警告說：「如果你們不和我們做生意，當心這些東西；打開你們的門，也要和別的國家談判。」當日本打開門並試圖和別的國家做生意時，它明白了所有的那些國家都非常具有侵略性。所以為了自己的防禦，它把你的國家當作老師，開始學習怎樣能有侵略性。你們也許會說我們成了你們的徒弟。為什麼你們不把佩里從另一個世界傳來審訊，把他當作一個戰犯？[13]

目標和對手

日本原則上要控制亞洲大陸的三塊地區：韓國、滿洲和中國滿洲指中國東北一帶，是中國的一部分。韓國是第一個目標，因為它離日本很近（參見圖6.1）。大部分日本決策者當然同意德國指揮官把韓國描繪成「一把刺向日本心臟的匕首」[14]。滿洲在日本的目標名單上列第二，因為它也正好位於日本海的對面。中國是比韓國和滿洲更遠的一個威脅，但它仍是一個重要的因素，因為一旦行動起來，在經濟和政治體系進行現代化改革之後，它有統治整個亞洲的潛力。無論如何，日本想讓中國保持弱小和分裂。

日本在不同時期也對獲得外蒙古和俄國的領土感興趣。此外，日本尋求征服大部分的東南亞地區。事實上，在二戰早期日本就已達到了這個目標。而且，日本還關注遠離亞洲大陸的許多島嶼。它們包括福爾摩沙（即現在的台灣）、澎湖列島、海南島和琉球群島。但是，日本在亞洲尋求霸權的努力主要在包括韓國、滿洲和中國的亞洲大陸部分上展開。最後，當日本於一九一四年和一九四一年分別與德國、美國開戰時，已經征服了西太平洋上的很多島嶼。

中國和韓國都沒有能力阻止日本的帝國野心，雖然中國在一九三七至一九四五年間幫助列強阻止了日本成為地區霸主。和日本在第一次與西方接觸後即走上現代化道路不同，中國和韓國直到一九四五年後很久經濟仍很落後。因此，十九世紀晚期，日本在軍事上對中國和韓國有很大的優勢，最後吞併了韓國，且征服了中國的大部分。如果沒有大國的牽制，日本很可能在二十世紀早期就統

圖6.1　1868-1945年間，日本在亞洲的擴張目標

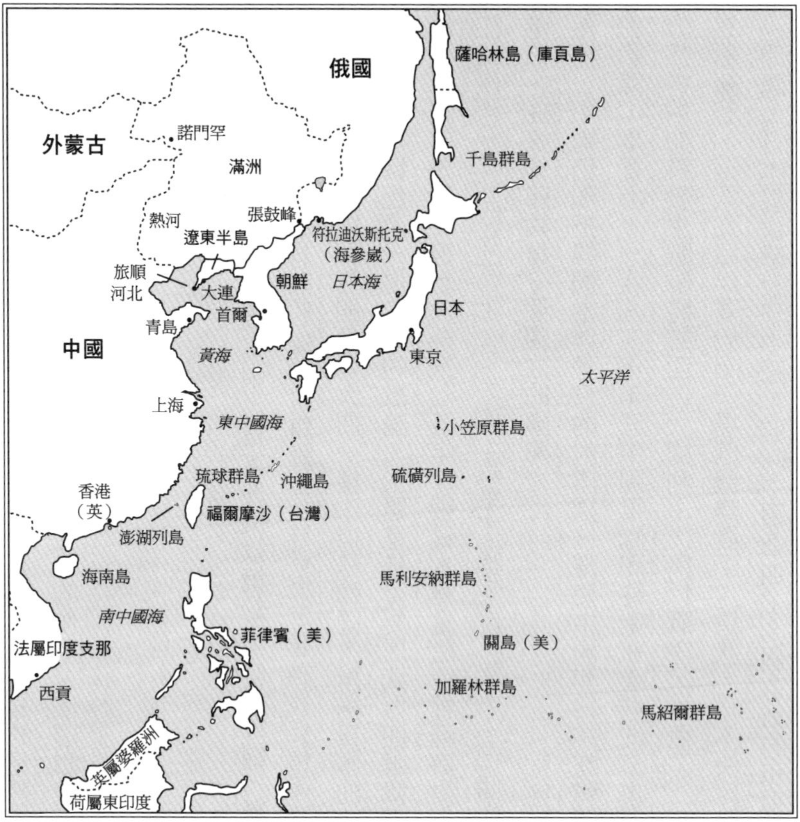

治了亞洲大陸。

俄國、英國和美國對一八九五至一九四五年間制衡日本扮演了關鍵的角色。俄國一部分在亞洲，一部分在歐洲，這樣它同時是亞洲和歐洲的大國。事實上，俄國是日本在東北亞最主要的大國對手，它也是唯一一個在大陸上和日本軍隊作戰的大國。當然，俄國在東北亞有它自己的帝國野心，它挑戰日本對韓國和滿洲的控制。但是，在日俄戰爭的部分時間中，俄國的軍事力量非常弱，以致打不過日本。雖然主要依靠的是經濟和海上力量，而不是軍隊，但英國和美國還是在遏制日本的過程中發揮了重要的作用。法國和德國在大部分時間裡只是遠東較小的角色。

日本的擴張紀錄

在明治維新結束後的頭幾年中，日本外交政策的中心是韓國，雖然那時韓國仍孤立於外部世界，被視為中國的一個若即若離的附庸國。[15]日本決定通過外交和經濟手段打開韓國的大門，正像西方大國在十九世紀中葉打開日本大門一樣。但是韓國人拒絕日本的建議，這使得一八六八至一八七三年間在日本掀起了一場激烈的辯論，主題是是否要用武力征服韓國。最後的決定是放棄戰爭，致力於進行國內改革。但是，一八七五年一艘日本測量船與韓國海岸軍隊發生了衝突。在韓國接受了《江華條約》（一八七六年二月）後，戰爭才勉強得以避免。這個條約使韓國向日本開放了三個通商港口，並宣佈韓國是一個獨立的國家。

然而，中國仍然把韓國當作是它的附庸國，這使中國和日本在韓國問題上不可避免地處於緊張的敵對狀態。事實上，一八八四年年底中國軍隊和駐紮在漢城的日本軍隊之間發生了衝突。但是因為雙方都害怕如果發生戰爭將被西方大國利用，所以戰爭被避免了。可是，中日在韓國問題上的競爭仍然繼續著。一八九四年夏天另一場危機爆發了。這次，日本決定發動對中國的戰爭，並在戰場上解決問題。日本很快擊敗了中國，並向中國強加了一個苛刻的和平條約。[16]根據一八九五年四月十七日簽訂的《馬關條約》，中國向日本割讓了遼東半島、福爾摩沙和澎湖列島。遼東半島是滿洲的一部分，包括了重要城市旅順。而且，中國被迫承認韓國獨立，這實際上就意味著韓國將處在日本而非中國的監護之下。日本同樣得到了在中國的重要的商業權利，並強迫中國承擔巨額賠償。毫無疑問，這表明日本致力於成為亞洲政治的主要角色。

日本權力的增長和它在亞洲大陸的突然擴張，使列強特別是俄國感到恐慌。俄國、法國和德國決定改變這種情況，和平條約簽訂一些日子後，它們強迫日本將遼東半島還給中國。俄國人決定阻止日本控制滿洲的任何部分，因為他們自己想控制。俄國同時清楚地表示，它將和日本爭奪對韓國的控制。列強允許日本保留福爾摩沙和澎湖。通過「三國干涉」，俄國取代中國成為日本控制韓國和滿洲的對手。[17]

到了二十世紀早期，俄國在滿洲的軍事力量已占主導地位，在義和團運動時（一九〇〇年）曾向那裡調動了很多軍隊。不管日本還是俄國，誰都不能在韓國占上風，主要的原因是韓國的決策者們巧妙地使兩個大國互相爭鬥，避免自己被任何一方吞併。日本無法接受這個戰略局勢，於是向俄國提議一個交易：如果日本能控制韓國，俄國就可以主宰滿洲。但是俄國不同意，於是日本翻臉了，在一九〇四年二月通過與俄國進行戰爭來解決問題。[18]

日本在海上和陸地上都獲得了澈底的勝利，這在一九〇五年九月五日在新罕布夏州樸資茅斯（Portsmouth）簽訂的和約中反映得一清二楚。俄國在韓國的影響結束了，這保證了日本在韓國半島的優勢。而且，俄國把遼東半島，包括對南滿鐵路的控制權交給了日本。俄國還把庫頁島的南半部交給了日本。日本將「三國干涉」的結果完全顛倒了，獲得了在亞洲大陸的大片立足點。

日本很快開始鞏固自己的成果，於一九一〇年八月吞併了韓國。[19]但是，因為俄國在東北亞還有很多軍隊，在滿洲也有巨大的利益，所以，日本在滿洲還需謹慎行事。而且，日本力量的增長使美國感到緊張，美國希望通過保持俄國的強大來遏制日本，使俄國成為針對日本的一股平衡力量。針對這個新的戰略環境，一九〇七年七月，日本同意與俄國在滿洲瓜分勢力範圍。日本還認同了俄國在外蒙古的特殊利益，而俄國承認了日本對韓國的控制。

在一九一四年八月一日第一次世界大戰爆發時，日本仍繼續它的攻擊性路線。一個月內日本就站在同盟國一邊加入了戰爭，並很快征服了由德國控制的太平洋島嶼（馬紹爾群島、加羅林群島、馬利安納群島）和在中國山東半島上被德國控制的青島市。當時的中國政治昏暗，戰略地位岌岌可危，但仍要求日本將那些城市的控制權還給自己。日本不僅拒絕了這些要求，而且在一九一五年一月，向中國提出了惡名昭彰的「二十一條」，要求中國在經濟和政治上向日本作出重大讓步，這些將最終使中國像韓國一樣成為日本的附屬國。[20]美國強迫日本放棄最過分的要求，而中國在一九一五年五月勉強同意了日本有限的要求。這清楚地表明日本致力於加速而非拖延統治中國。

一九一八年夏天，當日本軍隊侵入滿洲北部和俄國時，俄國剛經歷了布爾什維克革命（一九一七年十月），日本的野心昭然若揭。[21]俄國正處於血腥的國內戰爭中，日本和英國、法國、美國卻一個接一個地進行干涉。西方列強仍在西線與德國皇帝的軍隊作戰，它們希望通過這個干預能使俄國回到與德國的戰爭中來。實際上，這意味著幫助反布爾什維克的力量在國內戰爭中獲勝。雖然日本派出了七萬軍隊作為干預部隊，比任何一個大國都多，但是它對與布爾什維克作戰並不感興趣，相反卻集中精力控制其已占領的庫頁島北部、滿洲北部和東西伯利亞。因為嚴酷的氣候條件、敵對的群眾，以及它想要控制的領土太過巨大，所以日本對俄國的侵入從一開始就很難。當布爾什維克贏得國內戰爭後，日本開始從俄國撤出部隊，一九二二年撤出西伯利亞，一九二五年撤出庫頁島。

到第一次世界大戰結束時，美國覺得日本過於驕傲自大，於是要改變這種情況。在一九二一年冬至一九二二年的華盛頓會議（Washington Conference）上，美國強迫日本接受了三個條約，這三個條約有力地迫使日本歸還了一戰期間在中國所攫取的利益，並限制了美國、英國和日本的海軍數量。[22]這些條約中有很多冠冕堂皇的話，說是要在未來危機中需要合作，以及在亞洲保持政治現狀的重要性。但是日本從一開始就對這些條約不滿意，主要是因為日本已經決定在亞洲擴張其帝國，但條約的目的是要遏制它。可是，日本領導人仍然簽署了條約，因為他們覺得日本仍不能挑戰那些剛在一戰中獲勝的西方大國。事實上，日本在二十世紀二〇年代沒有做什麼來改變現狀，因而亞洲和歐洲在這一時期相對和平。[23]

但是，三〇年代初日本回到了它侵略的道路上，而且，在這十年中，日本的外交政策越來越具侵略性。[24]日本的關東軍於一九三一年九月十八日挑起了一場與中國的危機。[25]眾所周知，「瀋陽事變」只是日本要通過戰爭控制整個滿洲的一個藉口。關東軍很快就贏得了戰爭，一九三二年三月，日本幫助建立了「獨立的」滿洲國，它實際上是日本的殖民地。

一九三三年初，在韓國和滿洲都已被日本牢牢控制後，日本開始想占領整個中國。事實上，日本在滿洲國正式建立之前，已經開始在中國進行偵察和滲透。[2] 一九三二年一月，中國十九路軍和日本的海軍部隊在上海發生了衝突。日本被迫向上海派出地面部隊，後來的戰爭持續了近六周，直到一九三二年五月英國調停休戰。一九三三年初，日本軍隊轉向中國的兩個北部省份熱河和河北。一九三三年五月末，在那兒正式休戰，但日本仍繼續控制熱河，而中國人被迫接受在河北的北部有一個非軍事化的地區。

為了避免別人還搞不清楚日本的企圖，日本外相於一九三四年四月十八日發表了一個重要聲明，宣稱東亞是在日本的勢力範圍之內的，警告其他大國不要幫助中國與日本鬥。事實上，日本等於是在東亞創造了自己版本的門羅主義（Monroe Doctrine）。[27] 最後在一九三七年夏末日本對中國發起了全面的侵略。[28] 到一九三九年九月一日，希特勒侵入波蘭時，日本已經控制了中國北部的大部分地區和中國沿海許多孤立的小塊地區。

二十世紀三〇年代末，日本和蘇聯也有一系列的衝突，包括張鼓峰（一九三八年）和諾門罕（一九三九年）兩場戰役。[29] 關東軍的領導人想突破滿洲，擴張至外蒙古和蘇聯。紅軍在兩場戰役中都澈底擊敗了關東軍，日本很快就失去了東進的胃口。

第二次世界大戰早期在歐洲發生的兩件關鍵的事情——一九四〇年春天法國的淪陷和一年以後德國入侵蘇聯——為日本入侵東南亞和西太平洋創造了機會。[30] 日本抓準了時機大肆擴張，但在從一九四一年十二月到一九四五年八月與美國的戰爭中，日本被澈底擊敗，並被從大國名單上除名。

德國：一八六二至一九四五年

一八六二至一八七〇年和一九〇〇至一九四五年間，德國一直攪亂著歐洲的權力平衡，增強自己的軍事實力。在那五十五年中，它挑起了很多危機和戰爭，在二十世紀甚至兩次試圖征服歐洲。一八七〇至一九〇〇年間，德國主要是想要保持權力平衡，而不是改變它。但德國並沒有成為一個容易滿足的國家，這點它在二十世紀上半葉已經表現得很清楚了。十九世紀晚期德國的循規蹈矩是因為在當時它還沒有足夠的能力來挑戰對手。

德國侵略性的外交政策主要是受戰略計算推動的。由於地緣的關係，安全始終是德國極其關心的問題：德國處於歐洲的中心，東部和西部都少有天然屏障，這使得德國很容易受到攻擊。因此，德國領導人總是在尋找機會獲取權力，增強國家生存的希望。這並不是否認別的影響德國外交政策的因素。比如，讓我們考慮一下德國在兩位著名領導人統治下的行為。一位是俾斯麥，另一位是希特勒。儘管俾斯麥常被稱作是一位出神入化的「現實政治」（realpolitik）的大師，但當他於一八六四年、一八六六年和一八七〇至一八七一年發動並贏得戰爭的時候，推動他的不僅是安全上的考慮，而且還有民族主義。[31]特別是，他不僅尋求擴大普魯士的疆界，讓它更安全，而且決定要創造一個統一的德國。

毫無疑問，希特勒的侵略很大程度上受到根深蒂固的種族主義的影響。而且，毫不掩飾的權力算計是希特勒國際政治思想的中心。[32]一九四五年以來，學者們就開始辯論，納粹和他們的前人之間究竟還有多少傳承。但是，在外交政策領域，大家公認的是，希特勒並不代表著與過去澈底的決裂，恰恰相反，他的思想和行動與他之前的德國領導人是相同的。大衛・卡萊奧（David Calleo）精闢地指出：「在外交政策上，威廉和納粹德國的相同之處是很明顯的。希特勒也有一樣的地緣分析：同樣相信在國家之間將發生衝突，同樣具有在歐洲稱霸的野心，也有著同樣的戰略思考。他宣稱，第一次世界大戰只能增加這種地緣分析的合理性。」[33]即使沒有希特勒和他的兇殘的意識形態，德國也肯定會在二十世紀三〇年代末成為一個具有侵略性的國家。[34]

目標和對手

一八六二至一九四五年，法國和俄國是德國的兩個主要對手，雖然俄德關係曾短暫友好。而法德關係卻從未改善過。一九〇〇年前英國和德國的關係還是過得去的。但到了二十世紀初，這種關係開始變化，英國像法國、俄國一樣，最後在兩次世界大戰中與德國為敵。在俾斯麥統治早期，奧匈帝國是德國的死敵，但一八七九年它們卻成了同盟，直到一九一八年奧匈帝國解體。雖然在一戰中義大利曾與德國作戰，但從一八六二年到一九四五年，義大利和德國的關係大體還是不錯的。美國在兩次世界大戰中都曾與德國作戰，但在這八十多年中，兩國在其他方面卻沒有明顯的對抗。

從一八六二年到一九四五年，德國侵略目標的名單是很長的，因為德國從一九〇〇年起就有了擴張的野心計畫。例如，威廉德國不僅尋求統治歐洲，而且想成為一個世界大國。這個被稱作「世界政策」（*Weltpolitik*）的野心計畫，包括攫取非洲的一大片殖民地。[35]不僅如此，德國在二十世紀上半葉最重要的目標是，以損害法國和俄國為代價來獲得在歐洲大陸的擴張。它在兩次世界大戰中都是這麼做的。正如下面所述，從一八六二年到一九〇〇年時，德國只是因為實力還不夠強大，所以才目標有限。

德國的擴張紀錄

一八六二年九月，俾斯麥掌握了普魯士政府。那個時候還沒有統一的德國，而是在德意志邦聯（German Confederation）下鬆散聯繫在一起的各個說德語的政治實體的聯合，它們分散在歐洲的中部。其中兩個最具實力的成員是奧地利和普魯士。在隨後的九年中，俾斯麥摧毀了這個邦聯，建立了一個統一的德國。這個統一的德國比它所取代的普魯士強大得多。[36]俾斯麥通過發起並贏得三場戰爭勝利地完成了任務。普魯士於一八六四年和奧地利一起擊敗了丹麥，然後和義大利一起於一八六六年擊敗了奧地利。最後，普魯士於一八七〇年擊敗了法國。在這個過程中，德國把法國的亞爾薩斯省和洛林省納入了新的德意志帝國中。毫無疑問，普魯士按照攻勢現實主義行事，這從一八六二年到一八七〇年都可以進行判斷。

一八七一年一月十八日，俾斯麥成為新德國的總理，他在這個職位上呆了十九年，直到一八九〇年三月二十日威廉二世辭退了他。[37]雖然在那二十年中，德國是歐洲大陸上最有實力的國家，但是它沒有和別的國家發生戰爭，它的外交政策主要是保持權力平衡，而不是改變它。甚至到俾斯麥離職後，德國的外交政策在隨後的十年中仍然在本質上保持不變。直到二十世紀初，德國的外交開始變得具有煽動性，它的領導人開始認真考慮用武力擴張德國。

怎麼解釋德國這三十年相對和平的行為？為什麼在任職的最初九年中頗具進攻性的俾斯麥，在他的後十九年中卻變得傾向於防禦了？這不是因為俾斯麥突然頓悟，成為了一個愛好和平的外交天才。[38]事實上，這是因為他和他的繼任者們正確地認識到，不用挑起一場大國間的戰爭，德國的軍隊就已經征服了足夠多的領土。如果真的挑起了一場大國間的戰爭，德國很可能會輸。只要我們認真看一下當時的歐洲地理情況，其他歐洲大國對德國的侵略可能作出的反應，以及德國在大國權力平衡中所處的位置，就很清楚了。

在德國的東面和西面邊界上小國家很少。事實上，在東面緊鄰著俄國和奧匈帝國，它們都不是小國家（參見圖6.2）。這意味著，如果不侵入到另一個大國，即法國或俄國的領土中，德國將很難獲得新的領土。而且，在這三十年中，德國領導人很清楚，如果德國入侵法國或俄國，那麼德國將可能最後同時在兩個戰場上和兩個國家作戰——甚至還有英國。

讓我們考察一下這個時期中兩次主要的法德危機。一八七五年的「戰爭迫在眉睫危機」（**War in Sight Crisis**）期間，英國和俄國都清楚地表示，它們不會袖手旁觀、任由德國壓垮法國，正像它們一八七〇年做的那樣。[39]在一八八七年的「布朗熱危機」（**Boulanger Crisis**）中，俾斯麥有理由相信如果法德戰爭爆發，俄國會幫助法國。[40]當那次危機結束後，俾斯麥與俄國就著名的《再保條約》（**Reinsurance Treaty**）進行了談判（一八八七年六月十三日）。他的目的是拴住沙皇，阻止法國和俄國之間形成軍事同盟。但正如喬治·凱楠指出的，俾斯麥也許認識到，「像許多別的人一樣，如果

圖6.2 1914年的歐洲

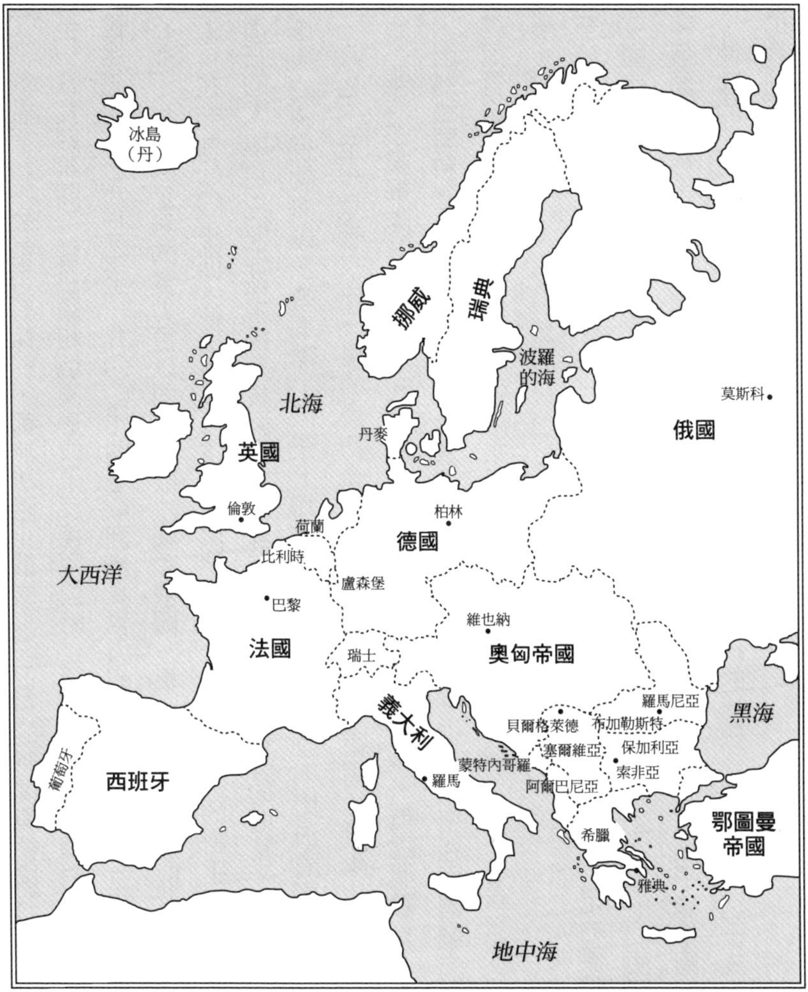

發生了法德戰爭，不管是否有條約，都無法阻止俄國人在很短的時間與德國為敵。」[41]事實上，一八九〇至一八九四年間，當法國和俄國形成了反德同盟時，所有的懷疑都煙消雲散了。

雖然德國在一八七〇至一九〇〇年間是歐洲最具實力的國家，但是它並不是一個潛在的大國，因此它並不自信有足夠的實力可以同時擊敗法國和俄國，更不要說同時擊敗英國、法國和俄國了。事實上，在一九〇〇年前，德國也許覺得僅法國一國就已經是可怕的對手了。正如第二章中討論的，潛在的大國在它的地區中擁有最強大的軍隊和比別的國家都多的財富。

德國的確有歐洲最多的軍隊，但在十九世紀末它本質上並不比法國軍隊更強大。在普法戰爭（一八七〇至一八七一年）後的最初幾年和十九世紀末，德國的軍隊比法國軍隊強大（參見表6.1）。雖然法國軍隊的人數在十九世紀八〇和九〇年代比德國多，但這個數量上的優勢沒有什麼意義，因為法國和德國不一樣，它有大量訓練極差的預備隊，這些隊伍在兩國發生戰爭時將毫無貢獻。總而言之，德國軍隊相對法國軍隊來說，擁有明顯的品質優勢，雖然差距並不如普法戰爭時那樣顯著。[42]

至於財富，一八七〇至一九〇〇年期間，德國相對於法國和俄國有一定的優勢。但在那個時候，英國比德國更有錢。例如，一八八〇年德國控制了歐洲財富的百分之二十，法國控制了百分之十三，俄國是百分之三。但是，英國卻控制了全部的百分之五十九，這幾乎是德國的三倍。一八九〇年，德國的比例增長到百分之二十五，同時法國和俄國的比例分別為百分之十三和百分之五。而英國仍控制著歐洲財富的百分之五十，等於德國的兩倍。

表6.1 1875-1895年間，歐洲軍隊的兵力

	1875		1880		1885		1890		1895	
	常備軍	潛在兵力	常備軍	潛在兵力	常備軍	潛在兵力	常備軍	潛在兵力	常備軍	潛在兵力
奧匈帝國	278,470	838,700	239,615	771,556	284,495	1,071,034	336,717	1,818,413	354,252	1,872,178
英國	192,478	539,776	194,512	571,769	188,657	577,334	210,218	618,967	222,151	669,553
法國	430,703	1,000,000	502,697	2,000,000	523,833	2,500,000	573,277	2,500,000	598,024	2,500,000
德國	419,738	1,304,541	419,014	1,304,541	445,392	1,535,400	492,246	2,234,631	584,734	3,000,000
俄國	765,872	1,213,259	884,319	2,427,853	757,238	1,917,904	814,000	2,220,798	868,672	2,532,496
義大利	214,667	460,619	214,667	460,619	250,000	1,243,556	262,247	1,221,478	252,829	1,356,999

注：「潛在兵力」（war potential）代表在動員後能立即加入部隊的總人數（《政治家年鑒》〔*The Statesman's Year Book*〕將其作為一種部隊的「戰備狀態」）；它包括現役部隊和後備役部隊（可能訓練很差）。這些資料不那麼確切，因為僅靠估計，而且還包括許多僅部分受過訓練的後備役部隊，有時根本就沒有訓練過。《政治家年鑒》未列出英國的「戰備狀態」，我通過統計未列入本土或英帝國戰鬥部隊內的各種後備役部隊、民兵及志願軍而得到有關資料。

資料來源：所有資料均來源於《政治家年鑒》（London: Macmillan，年代各異），除了1875年及1880年的法國潛在兵力、義大利的常備軍，它們源於作者的估計。年份與頁碼如下（年份指的是《政治家年鑒》是哪年版的）。奧匈帝國：1876，第17頁；1881，第17頁；1886，第19頁；1891，第350頁；1896，第356頁。英國：1876，第226-227頁；1881，第224-225頁；1886，第242-243頁；1891，第55-56頁；1896，第55-56頁。法國：1876，第70頁；1881，第70頁；1886，第76頁；1891，第479頁；1895，第487頁。德國：1876，第102頁；1881，第102頁；1886，第108頁；1891，第538-539頁；1896，第547-548頁。俄國：1876，第371頁；1882，第380頁；1887，第430頁；1891，第870，872頁；1896，第886，888頁。義大利：1876，第311頁；1881，第311頁；1886，第337頁；1891，第693頁；1896，第702頁。

總之，在十九世紀的最後三十年中，德國的擴張將導致一場它無法取勝的大國戰爭。德意志第二帝國將同時和兩個或三個大國作戰，它沒有贏取這種戰爭的相對實力。德國的實力足夠向英國、法國和俄國警告，它將要開戰，但它卻無法馬上同這三個大國開戰。所以在一八七〇至一九〇〇年間，德國被迫接受現狀。

但是，到一九〇三年時，德國卻是個潛在的霸主了。[43]德國控制了大部分的歐洲工業力量，超過了英國在內的別的國家，而德國軍隊則是世界上的首強。現在它有能力考慮開始進攻以獲取更多的權力。毫不奇怪德國在這時開始認真考慮改變歐洲的權力平衡，成為一個世界大國。

德國挑戰現狀的第一個重大決策是，它決定在世紀之交建立一支強大的海軍，以挑戰英國對世界海洋的控制，以使自己能追求「世界政策」。[44]這個決定的結果是英德兩國展開了海軍軍備競賽，並一直持續到第一次世界大戰時。德國和法國於一九〇五年三月在摩洛哥發生了一場較大的危機。德國的目標是使法國孤立於英國和俄國，防止它們形成對德國的聯合力量。事實上，此次危機使德國惹火上身，那三個國家形成了「三國協約」（Triple Entente）。雖然德國領導人在一九〇八年十月沒有挑起所謂的波士尼亞危機，但他們干涉奧匈的利益，幾乎把危機帶到了戰爭的邊緣，直到俄國放棄了原先的主張，於一九〇九年三月接受了恥辱的失敗。一九一一年七月，德國在摩洛哥發起了第二次危機，再一次把目標定為孤立和羞辱法國。但這次努力仍然沒有成功：德國被迫打退堂鼓，而「三國協約」則更緊密了。最重要的是，德國領導人應該為一九一四年夏天開始的第一次世界大戰負主要責任。他們的目標是澈底擊敗德國的那些大國對手們，重繪歐洲版圖，以確保在可預見的未來中實現德國霸權。[45]

魏瑪時期（一九一九至一九三三年）的《凡爾賽條約》（**Treaty of Versailles**，一九一九年）拔去了德國的尖牙利齒。[46]德國不能有空軍，且軍隊不能超過十萬人。軍隊的徵召和著名的德國參謀本部（**Gerneral Staff**）都被認為是不合法的。二十世紀二〇年代，德國軍隊非常弱，以至於德國領導人很害怕波蘭軍隊的入侵。波蘭軍隊在一九二〇年曾打敗蘇聯的紅軍。[47]雖然德國不能通過武力獲取土地，但其實，魏瑪時期的所有領導人都承諾要打破現狀，至少拿回在一戰結束時被搶走的在比利時和波蘭的領土。[48]他們也決心要重建德國的軍事力量。[49]魏瑪時期統治精英們的這種修正主義傾向，部分解釋了為什麼當一九三三年希特勒掌權後很少有人反對他的軍事和外交政策。

魏瑪時期德國的主要領導人古斯塔夫・施特萊斯曼（**Gustav Stresemann**）從一九二四年到一九二九年去世，一直擔任外交部長的職務。和他的政治對手相比，他關於外交政策的觀點比較溫和。他的對手們抱怨說，他推動德國的修正主義計畫還不夠積極。他簽署了《洛迦諾公約》（**Locarno Pact**，一九二五年十二月一日）和《凱洛格—白里安公約》（**Kellogg-Briand Pact**，一九二八年八月二十七日）。這兩個公約試圖鼓勵國際合作，不要把戰爭當作治理國家的一種工具。他還把德國帶進了「國際聯盟」（一九二六年九月八日），很少提到要用武力打破權力平衡。不過，學者已經有了普遍的共識，認為施特萊斯曼不是一個理想主義者，而是「一個強權政治（*Machtpolitik*）的忠實信徒，相信強權政治是國際關係中唯一的決定因素，只有一個國家的權力潛能才能夠決定它在世界上的地位」[50]。而且，他還非常熱衷於擴張德國的邊界。他簽署了互不侵犯條約，與英法友善談判，因為他認為這種聰明的外交，是一個軍事薄弱的德國能拿回一些它所失去領土的唯一辦法。如果德國在他外交部長的任期內擁有了強大的軍隊，他肯定也會用它——或威脅去使用它——來為德國獲得土地。

納粹德國（一九三三至一九四五年）就不用多說了，因為人們普遍認為它是世界歷史上最具侵略性的國家之一。[51]一九三三年一月希特勒掌權後，德國的軍事仍然落後。他立刻開始改變這種狀況，為侵略目的建立了強有力的國防軍。[52]到一九三八年，希特勒覺得是時候開始擴張德國的領土了。奧地利和捷克斯洛伐克的蘇台德地區在一九三八年被德國不費一槍一彈就得到了，一九三九年三月捷克斯洛伐克的其他地區和立陶宛的麥默爾城（Memel）也是如此。當年晚些時候，德國國防軍侵入了波蘭，一九四〇年侵入了丹麥和挪威。同年五月侵入比利時、荷蘭、盧森堡和法國。一九四一年四月是南斯拉夫和希臘，一九四一年六月是蘇聯。

蘇聯：一九一七至一九九一年

在一九一七年十月布爾什維克掌權之前，俄國的擴張歷史很長。事實上，「一九一七年出現的俄羅斯帝國是它四個世紀來持續擴張的結果」[53]。有充分的證據表明，列寧、史達林和他們的繼任者們想要追隨沙皇的足跡，進一步擴張俄國的疆土。不過在蘇聯七十五年的歷史中，擴張的機會並不多。從一九一七年到一九三三年，這個國家過於虛弱，無力攻擊那些大國對手們。一九三三年後，它馬不停蹄地對付來自東西兩翼的威脅：東北亞的日本帝國和歐洲的納粹德國。冷戰期間，美國及其同盟國們決定阻止蘇聯在全球的擴張。不過，蘇聯仍有一些擴張的機會，而且幾乎一直在利用這些機會。

俄國的統治者自古以來就非常懼怕自己的國家很容易被入侵，而對付這個問題最好的辦法就是擴張俄國的領土。布爾什維克革命前後，俄國的外交政策很大程度上被現實主義邏輯推動，這一點毫不奇怪。威廉・富勒（William Fuller）在描述一六〇〇至一九一四年間「俄國政治家的言論」時寫道：「一般他們使用戰略和分析的冷血語言。他們衡量自己打算做的事情在國際上的影響；他們考慮未來敵人的優勢和弱點；他們依據希望為俄國權力和安全獲得的利益來證明自己的政策。任何人都會為這種無所不在的推理方式而震驚。」[54]

一九一七年布爾什維克掌權時，很顯然他們相信國際政治將經歷一場根本的變化，權力平衡的邏輯將被扔到歷史的垃圾堆中去。特別是，他們認為有了蘇聯的幫助，共產主義革命將遍佈整個歐洲和世界的其他地方，創造出一些志同道合的國家，和平地生活在一起，直到最終共同消亡。這樣，當托洛茨基（Leon Trotsky）一九一七年十一月被任命為外交事務代表時，說出了以下妙語：「我應向人民發佈一些革命宣言，然後（外交部）就要關門大吉了。」列寧在一九一七年十月也說過類似的話：「什麼，我們會有外交事務嗎？」[55]

但是，世界革命從未發生，而列寧也很快成了「首屈一指的政治現實主義者」[56]。事實上，理查・迪博（Richard Debo）懷疑列寧之所以那麼快地放棄了傳播共產主義的想法，是因為他從來就沒把它當回事。[57]列寧死後，史達林掌握蘇聯的外交政策近三十年，也在很大程度上受冷酷的現實主義邏輯的推動。這可以由他在一九三九至一九四一年間願意與納粹德國合作來證明。[58]意識形態對史達林的繼任者們影響不大，這不僅簡單地因為他們也受無政府體系中生活規則的影響，而且因為「史達林切斷了對馬克思列寧主義意識形態的普世主義信仰，殺死了其忠實信徒；在他的全球計畫中，史達林把黨的思想家變成了宣傳棋子」[59]。

簡言之，蘇聯當時的外交政策行為主要受相對權力計算的推動，而非共產主義意識形態的推動。正如巴林頓．摩爾（Barrington Moore）所說，「在國際範圍內，俄國的共產主義統治者很大程度上依靠的是俾斯麥、馬基維利，甚至是亞里斯多德，而不是卡爾．馬克思或列寧。世界政治的模式如用權力平衡的概念來描述，就是一種內在不穩定的系統」[60]。

這不是說在蘇聯外交政策中共產主義意識形態一點也沒起作用。[61]在二十世紀二〇年代，蘇聯領導人一定程度上也想要推動世界革命，冷戰期間在與第三世界的互動中他們也注重意識形態。而且，在馬克思主義意識形態的指導和現實主義之間幾乎少有衝突。比如，蘇聯在一九四五年到一九九〇年間與美國的衝突既有意識形態的原因，也有權力平衡的考慮。事實上，每次蘇聯的侵略舉動都是基於與安全有關的原因，而以推廣共產主義運動為由。但每當這兩種方式發生衝突時，現實主義總是會贏。一個國家會做任何能讓它生存下來的事，蘇聯當然也不例外。

目標和對手

蘇聯主要想控制領土，並統治它所在的歐洲和東北亞的其他國家。直到一九四五年，它在這兩個地區的主要對手還是該地區的大國。一九四五年以後，它在歐洲和東北亞的主要對手都是美國；美國還是它在全球範圍內的競爭對手。

一九一七至一九四五年，德國是蘇聯在歐洲的主要對手，雖然它們在一九二二至一九三三年和一九三九至一九四一年曾是盟友。從布爾什維克革命到第二次世界大戰之間，英國和法國與莫斯科的關係冷淡，有時甚至懷有敵意，直到二戰早期，英國和蘇聯最終聯手與納粹作戰。冷戰期間，蘇聯和它的東歐盟友與美國及其西歐盟友對抗，事實上，在歷史上蘇聯主要的外交政策目標是控制東歐。蘇聯當然也願意統治西歐，成為歐洲的第一霸主，但那是不可行的，甚至在二戰中紅軍擊敗了納粹德國國防軍以後也是如此，因為北大西洋公約組織正好擋了它的道。

一九一七至一九四五年，日本是蘇聯在東北亞最大的敵人。像沙皇俄國一樣，蘇聯想控制韓國、滿州、千島群島和庫頁島的南半部，這些地方在這段時間裡都被日本控制著。當一九四五年二戰結束時，美國成了莫斯科在東北亞的主要敵人。而中國在一九四九年毛澤東戰勝了國民黨後，成了蘇聯一個重要的盟友。但是，在五〇年代末，中國和蘇聯的關係一落千丈，這導致中國和美國、日本聯合起來在七〇年代初反對蘇聯。蘇聯在一九四五年獲得了千島群島和全部的庫頁島，而滿州在一九四九年後重回中國懷抱，只剩下韓國成為冷戰期間該地區主要的對抗場所。

蘇聯領導人對進入波斯灣地區也很感興趣，特別是對進入石油豐富並與蘇聯接壤的伊朗感興趣。最後，在冷戰期間，蘇聯的決策者們決定在第三世界的幾乎每個地區，包括非洲、拉丁美洲、中亞、東南亞和南亞次大陸，都爭取朋友並擴大影響力。不過，莫斯科並不想在那些不發達地區征服和控制領土。它只想尋找附庸國，使它們在與美國的全球競爭中派上用場。

蘇聯的擴張紀錄

蘇聯在它剛成立的三年裡（一九一七至一九二〇年），為生存而進行了艱苦的戰爭。[62]布爾什維克革命以後，列寧馬上把蘇聯拉出了一戰，但在這個過程中，他被迫在《布列斯特—里托夫斯克和約》（一九一八年三月十五日）中把大片領土割讓給德國。[63]此後不久，仍與德國在西部前線作戰的西方同盟們，將地面部隊開進了蘇聯。[64]它們的目的是想強迫蘇聯重新加入到對德戰鬥中去。但是，那種情況並未發生，很大程度上是因為德國軍隊在一九一八年夏末秋初就被擊敗了，而第一次世界大戰也在一九一八年十一月十一日結束。

德國被擊敗對蘇聯領導人來說是個好消息，因為這意味著《布列斯特—里托夫斯克和約》作廢了。但是，莫斯科的問題遠沒有結束。一九一八年最初的幾個月中，布爾什維克和各種敵對集團間慘烈的國內戰爭爆發了。而讓情況更糟的是，西方聯盟支持反布爾什維克的「白軍」與布爾什維克的「紅軍」作戰，它們投送在蘇聯的干涉力量一直持續到一九二〇年夏天。雖然布爾什維克有時候看上去已經到了潰敗的邊緣，但力量的平衡卻在一九二〇年初發生了對白軍不利的變化，隨後不久白軍就被擊敗了。但在這之前，新成立的波蘭利用了蘇聯的弱點，於一九二〇年四月侵入了烏克蘭。波蘭希望能使蘇聯分裂，並使白俄羅斯和烏克蘭成為獨立的國家，然後這些新的國家能加入一個由波蘭控制的東歐獨立國家聯盟。

戰爭初期，波蘭軍隊贏得了幾場主要的戰役，於一九二〇年五月攻佔了基輔。但那年夏天，紅軍徹底改變了戰爭情形，到七月底，蘇聯軍隊已經到達了蘇聯和波蘭的邊境。令人吃驚的是，蘇聯現在有機會去入侵並征服波蘭了，也許有了德國（不喜歡波蘭存在的另一個大國）的幫助，它可以重繪東歐的版圖。列寧很快抓住了機會，紅軍進入華沙。[65]但是，波蘭軍隊在法國的幫助下，擊潰了入侵的蘇聯軍隊，並把他們趕出了波蘭。直到那時，雙方都已被戰爭搞得精疲力竭，因此在一九二〇年十月同意休戰，一九二一年三月簽訂了正式的和平協定。國內戰爭其實到那時就結束了，西方同盟們撤出了它們在蘇聯境內的軍隊。[66]

從二十世紀二〇到三〇年代初，蘇聯領導人實際上不可能追求一種擴張主義的外交政策，主要是因為他們必須集中精力鞏固國內政治，重建在戰爭歲月中受到重創的經濟。[67]例如，到一九二〇年，蘇聯的工業實力僅占歐洲的百分之二（參見表3.3）。但莫斯科仍然關注外交事務。特別是從簽訂《拉巴羅條約》（Treaty of Rapallo）的一九二二年到希特勒掌權的一九三三年初的這段時間，[68]蘇聯和德國保持著密切的關係。雖然兩個國家都對改變領土現狀很感興趣，但它們都不具備足夠的軍事侵犯能力。蘇聯領導人在二〇年代也努力在全球推廣共產主義。但他們總是很小心，不至於激怒其他大國，使它們都反對蘇聯，威脅到它的生存。事實上，所有這些為挑起革命而做的努力，不管在亞洲還是在歐洲，都沒有持續很長時間。

也許，二〇年代蘇聯最重要的行動，就是史達林提出的通過強制的工業化和不惜代價的農業集體化使蘇聯的經濟現代化。史達林提出這個觀點，很大程度上是出於安全考慮。他相信，如果蘇聯經濟持續落伍於世界其他工業化國家，蘇聯將在一場未來的大國戰爭中被消滅。一九三一年，史達林說：「我們落後於先進國家五十年到一百年。我們必須在十年中縮小這個差距。要不我們做到這點，要不我們被它們消滅。」[69]從一九二八年十月起的一系列五年計劃，使蘇聯從一個二〇年代貧窮的大國，變成了二戰結束時歐洲最強大的國家。

三〇年代對蘇聯來說，是一個充滿了危險的十年。它面臨歐洲的納粹德國和東北亞的日本的致命威脅。雖然紅軍在二戰中是與德國國防軍而非與日本軍隊進行了生死存亡的戰鬥，但整個三〇年代蘇聯面臨的最嚴重的威脅也許是來自日本。[70]事實上，三〇年代末蘇聯和日本軍隊在邊境上有一系列衝突。這些衝突的頂點是一九三九年夏天在諾門罕發生的一場短暫的戰爭。在三〇年代，莫斯科不可能對亞洲發動進攻，而只是集中遏制日本的擴張。為達到這個目標，蘇聯在該地區保留了強有力的軍隊，當一九三七年夏天中日戰爭開始後，蘇聯向中國提供了可觀的幫助。它的目的是讓日本在與中國的消耗戰中陷入泥潭。

蘇聯對付納粹德國的主要戰略是有侵略性的。[71]希特勒掌權後不久，史達林就清楚地認識到，第三帝國很可能在歐洲發動一場大國戰爭，而一旦戰爭開始，重新形成三國協約（英國、法國、俄國）抵抗納粹德國的可能性很小。所以史達林採取了推卸責任的策略。他甚至和希特勒發展友好關係，使納粹領導人先與英國和法國作戰，而不是蘇聯。史達林希望接下來的戰爭會長一點，讓雙方都付出高昂的代價，就像第一次世界大戰中的西線，這樣能使蘇聯以英國、法國特別是德國為代價獲得權力和領土。

一九三九年夏天，史達林通過簽訂《莫洛托夫—里賓特洛甫協定》（即《德蘇互不侵犯條約》）最終成功地把責任推卸給了英國和法國。在此條約中，希特勒和史達林同意聯合對付波蘭，將其瓜分，希特勒同意讓蘇聯在波羅的海國家（愛沙尼亞、拉脫維亞和立陶宛）和芬蘭為所欲為。這個條約意味著德國國防軍將和英國、法國作戰，而不是蘇聯。蘇聯很快開始執行這個條約。一九三九年九月征服波蘭的東半部後，十月史達林強迫波羅的海國家同意蘇聯軍隊駐紮在它們的領土上。不到一年後，即一九四〇年六月，蘇聯吞併了那三個小國。一九三九年秋天史達林要求芬蘭向蘇聯割讓土地，但芬蘭不同意。所以一九三九年十一月，史達林派紅軍進入芬蘭，用武力奪走了他想要的土地。[72]一九四〇年六月，史達林還要希特勒同意讓蘇聯吞併羅馬尼亞的比薩拉比亞（Bessarabia）和北布科維那（Northern Bukovina）。總之，一九三九年夏天到一九四〇年夏天之間，蘇聯在東歐獲得了可觀的領土。

但是，到一九四〇年春天，史達林推卸責任的策略就顯得自食惡果了。德國國防軍蹂躪法國六個星期，在敦克爾克（Dunkirk）把英國軍隊趕出歐洲大陸。納粹德國現在比任何時候都強大，不用擔心西翼而可放手入侵蘇聯。赫魯雪夫在回憶史達林和他的副手們聽到西線崩潰的消息後有什麼反應時，這麼寫道：「當史達林聽說法國不行的時候，他非常生氣……這是蘇聯歷史上面對的最緊迫和最致命的威脅。我們的感覺是我們好像得獨自面對這威脅。」[73]一年後，即一九四一年六月二十二日，德國的進攻就來了。

第二次世界大戰開始的幾年中，蘇聯損失慘重，但最後，在與第三帝國的戰爭中發生了澈底的改變，開始向西發動進攻，一九四三年初，已經到了柏林。但是，紅軍不是簡單地要擊敗德國國防軍，奪回蘇聯失去的土地而已。史達林還打算征服東歐，在擊敗德國後，由蘇聯來統治這些地方。[74]紅軍必須征服波蘭和波羅的海國家來打敗德國。但蘇聯發起了對保加利亞、匈牙利和羅馬尼亞的軍事行動，雖然這些行動對於擊敗德國並不必要，甚至也許會拖延最後的勝利。

二戰中，蘇聯也很重視在東北亞的權力和影響。事實上，史達林贏回的土地比一九〇五年俄國被日本打敗前在遠東控制的土地更多。蘇聯人成功地避開了太平洋戰爭，直到最後一段時間，紅軍才於一九四五年八月九日向在中國東北的日本關東軍發起進攻。蘇聯的這次進攻很大程度上是對美國長期施壓的回應，美國要求在擊敗德國後，蘇聯加入到對日本的戰爭中來。但是，史達林為蘇聯的加入開出了價碼，於是一九四五年二月在雅爾達，邱吉爾、羅斯福和史達林達成了一個秘密協定。[75]如果參加對日作戰，蘇聯被允諾可以得到千島群島和庫頁島的南半部。在中國東北，它拿到了旅順的租借權，把它作為海軍基地，蘇聯在大連商業港口和該地區的兩條最重要鐵路的「優先利益」（preeminent interests）也獲得承認。

雖然在二戰最後的日子裡，紅軍占領了韓國的北部，但關於韓國的未來，在二戰中並未形成明確的決定。[76]一九四五年十二月，美國和蘇聯同意聯合掌管韓國，即所謂託管統治（trusteeship）。

但一九四六年二月，那個計畫很快土崩瓦解了，史達林開始在北韓建立一個附庸國。美國則在南韓國建立了一個附庸國。

隨著德國和日本的崩潰，蘇聯在二戰之後成了歐洲和東北亞的一個潛在的霸主。如果可能，蘇聯一定會在這兩個地區進行統治。事實上，如果一九四五年有哪個國家有很好的理由統治歐洲的話，那一定是蘇聯。它在三十年中兩次被德國入侵，每次德國都讓它付出了血的代價。沒有哪個負責的蘇聯領導人會錯過二戰結束所帶來的成為歐洲霸主的機會。

但是，有兩個原因使這種霸權不可行。首先，由於第三帝國對蘇聯社會造成的巨大傷害，一九四五年後史達林必須集中精力進行重建工作，而不是開展另一場戰爭。這樣，他把蘇聯軍隊的規模從二戰結束時的一千二百五十萬裁減到一九四八年時的二百八十七萬。[77]第二，美國是個非常富有的國家，它不會同意蘇聯統治歐洲或東北亞地區。[78]

由於這些限制，史達林尋求在不挑起與美國及其盟友的熱戰（a shooting war）的同時，盡可能地擴大蘇聯的影響力。[79]其實，已有的證據表明，他希望避免和美國發生緊張的安全競賽，雖然他的努力並不成功。簡而言之，史達林在冷戰早期是個謹慎的擴張主義者。他的四個主要目標是伊朗、土耳其、東歐和南韓。

蘇聯在二戰中占領了伊朗北部，而英國和美國占領了伊朗南部。[80]三個大國都同意在對日戰爭後六個月內撤離伊朗。一九四六年一月一日，美國軍隊撤離了；英國軍隊於一九四六年三月二日撤離。但是，莫斯科卻未見動靜。而且，它還支持在北部伊朗的亞塞拜然族（Azeri）和庫德族

（Kurds）的分離主義運動以及信仰共產主義的伊朗人民黨（Tudeh Party）。英國和美國都向史達林施加壓力，要他撤出在伊朗的軍隊，一九四六年春天史達林照做了。

至於在二戰期間直至一九四五年三月為止一直保持中立的土耳其，一九四五年六月時史達林就要求它把在一八七八至一九一八年間屬於俄國的阿爾達漢（Ardahan）和卡爾斯（Kars）歸還給蘇聯。[81]他還要求得到土耳其境內的軍事基地，這樣蘇聯就可以幫助控制連接黑海和地中海的土耳其達達尼爾海峽。為了實現這些要求，史達林一度把大批部隊派到土耳其邊境上。但這些要求從未實現，因為美國決定阻止蘇聯在東部地中海的擴張。

冷戰早期蘇聯擴張的主要區域在東歐，這主要是因為在二戰的最後階段，紅軍征服了這裡的大部分地區。愛沙尼亞、拉脫維亞和立陶宛在戰後正式併入蘇聯，還有波蘭的東部三分之一、東普魯士的一部分、比薩拉比亞、北布科維那、捷克斯洛伐克的東部省份——南喀爾巴阡山脈的魯塞尼亞省（Ruthenia），還有芬蘭東部邊界的三塊領土（參見圖6.3）。保加利亞、匈牙利、波蘭和羅馬尼亞在戰後立刻變成了「衛星國」。一九四八年二月捷克斯洛伐克也遭受到相同的命運，一年以後，蘇聯在東德創造了另一個「衛星國」。

在東歐，只有芬蘭和南斯拉夫逃脫了蘇聯完全的統治。它們的幸運主要有兩個原因。第一，在二戰中這兩個國家都清楚地展現，如果蘇聯軍隊想要長期地占領這兩個國家，將是既困難又賠錢的。蘇聯當時正試圖從納粹的巨大破壞中恢復過來，並且忙於占領東歐的其他國家。所以，它儘量避免在芬蘭和南斯拉夫有代價很大的行動。第二，兩國都願意在東西衝突中保持中立，這意味著它

圖6.3　冷戰初期蘇聯在東歐的擴張

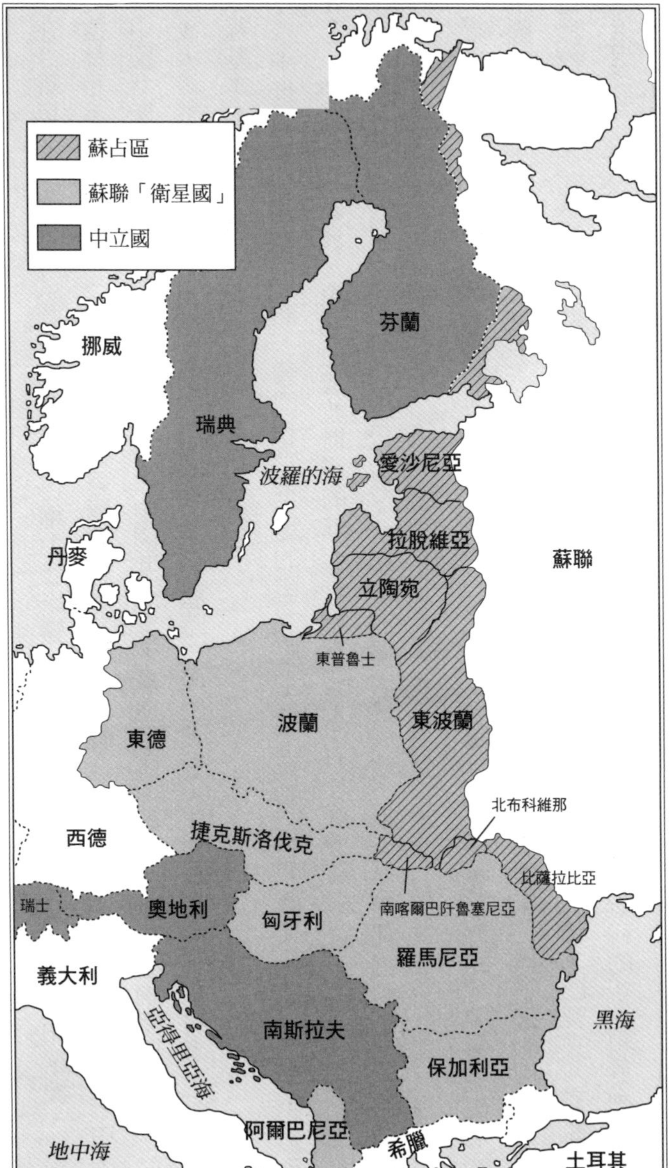

們對蘇聯沒有軍事威脅。如果芬蘭或南斯拉夫中的任何一國顯示出與北約結盟的傾向，也許就會遭到蘇聯的入侵。[82]

在冷戰早期，蘇聯也試圖在東北亞獲得權力和影響，雖然它對這個地區的重視不如歐洲。[83]儘管史達林和毛澤東之間有一些不信任，但蘇聯在中國共產黨和蔣介石領導的國民黨部隊的戰爭中，仍向中國共產黨提供了援助。一九四九年，中國共產黨人贏得了國內戰爭，並與蘇聯結盟反美。一年以後，韓戰爆發，蘇聯支持北韓入侵南韓，這場歷時三年的戰爭，使得韓國被劃分開來，而這條劃分線基本上和戰前相同。[84]

二十世紀五〇年代早期，美國和它全球的盟友堅定地推行強硬的圍堵政策（containment policy），使蘇聯在歐洲、東北亞或波斯灣的進一步擴張幾乎沒有什麼機會。從一九五〇年到一九九〇年，蘇聯擴張的努力被限制在第三世界。這些努力偶爾會成功，但大多數都遭到了美國的強烈抵制。[85]

經過幾十年與美國為控制歐洲而展開的競爭，一九八九年蘇聯突然轉變了方向，放棄了在東歐的帝國。這個大膽的行動結束了冷戰。一九九一年末蘇聯分裂成十五個國家。幾乎毫無例外，研究這段歷史的第一代學者都認為，冷戰結束是因為主要的蘇聯領導人，特別是戈巴契夫（Mikhail Gorbachev），在八〇年代經歷了一次關於國際政治的根本的思想改變。[86]莫斯科的新思想家們放棄了追求權力的最大化，而致力於創造經濟繁榮，並受到反對暴力的自由主義思想的感召。蘇聯的決策者們不再像現實主義者一樣思考和行動，而是採用了一種新的視野，強調國家間合作的重要性。

但是，更多的證據表明，在冷戰結束時對蘇聯行為的第一代解釋即便不是錯的，至少也是不完全的。蘇聯和它的帝國的消失，很大程度上是因為它的過時的煙囪經濟沒法再跟上世界主要經濟大國的技術進步。[87]除非給經濟衰退下猛藥，否則蘇聯作為超級大國的日子將屈指可數。

為此，蘇聯領導人希望藉著破釜沉舟地縮減在歐洲的東西方安全競賽、國內的政治體系自由化，和減少他們在第三世界的損失，來獲得使用西方技術的權利。但是這個方法卻產生了事與願違的結果，因為政治自由化使長期處於休眠狀態的民族主義力量得以釋放，造成蘇聯的支離破碎。[88]總之，冷戰結束後的第一代學者的判斷完全顛倒：蘇聯領導人的行為和想法非但沒有放棄現實主義的原則，而且再次強化了歷史的模式，即國家總是為了在國際競爭中獲得安全，而企圖將其權力最大化。[89]

義大利：一八六一至一九四三年

在研究義大利外交政策的學者中有一種共識，即雖然義大利在一八六一至一九四三年間是大國中最弱的一個，但它始終尋求機會來擴大和獲得更多的權力。[90]例如，理查·博斯沃思（Richard Bosworth）寫道：「一九一四年前的義大利只具大國的雛形，只能尋求一個以大國來說最卑微的地位。」[91]由墨索里尼（Benito Mussolini）主導的一戰後的義大利外交政策持有同樣的基本目標。法西斯義大利（一九二二至一九四三年）只不過面臨著與其前身，即自由時期的義大利（一八六一至一九二二年），不同的機會。馬克斯維爾．麥卡特尼（Maxwell Macartney）和保羅．克雷莫納（Paul Cremona）於一九三八年，即義大利在二戰中崩潰的四年前，寫道：「過去義大利的外交政策顯然不受任何抽象思想的拘束。義大利人把他們的先祖馬基維利對誠實正直的貶抑發揮的淋漓盡致。」[92]

目標與對手

義大利領土征服的胃口有多大可通過考察其作為大國的八十年間的主要目標而作出精準的判斷。它企圖染指的地區有五，即北非，包括埃及、利比亞、突尼西亞；非洲之角（the Horn of Africa），包括厄利垂亞（Eritrea）、衣索比亞、索馬利蘭（Somaliland）；南巴爾幹，包括阿爾巴尼亞、科孚島（Corfu）、多德卡尼斯群島（Dodecanese Islands），甚至土耳其西南部分地區；南奧匈帝國，包括達爾馬提亞（Dalmatia）、伊斯特利亞（Istria）及特蘭提諾（Trentino）〔蒂羅爾州（Tyrol）南部〕及威尼西亞（Ventia）；法國南部，包括科西嘉、尼斯（Nice）及薩伏伊（Savoy）（參見圖6.4）。

控制這些區域的義大利的主要對手是，巴爾幹地區為奧匈帝國（至少直到一九一八年這一多種族國家分裂之前），非洲是法國。當然，義大利也垂涎於部分奧匈和法國的領土，這兩個國家長期「將義大利半島視為其外交與軍事力量任意馳騁的區域」[93]。一八六一年分裂並於一九二三年滅亡的鄂圖曼帝國（Otoman Empire），也是義大利盤算中的一個重要因素。因為它控制了巴爾幹及北非

圖6.4　1861-1943年間，義大利在歐洲及非洲的擴張目標

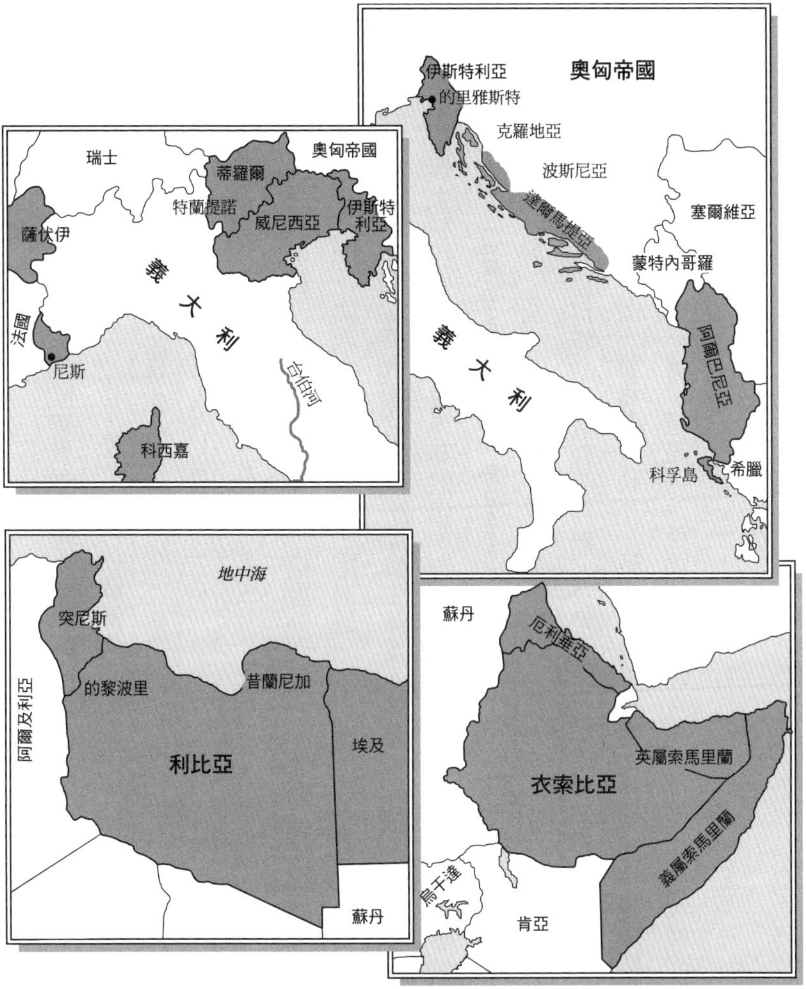

的大幅領土。

儘管義大利的敵意始終存在，但其軍隊裝備簡陋，難以勝任擴張的要求。事實上，義大利軍隊還是一支相當脆弱的戰鬥力量。[94]它不僅不是其他歐洲大國的對手，在打擊歐洲更小國家的軍隊及非洲的本地軍時也差強人意。還是俾斯麥說得好：「義大利的胃口很大，卻只有一口破牙。」[95]因此，義大利的領導人傾向於避免與其他大國直接交手，除非是其敵人即將被其他國家打敗，或是陷入另一場戰爭而不可自拔的時候，義大利才會出手。

由於義大利缺乏軍事實力，它的領導人十分倚重外交手段。他們很仔細地選擇同盟夥伴，並擅長引起其他大國相互爭鬥，使義大利從中漁利。特別是，他們總是假設雖然義大利力量比較弱，但是它還是擁有足夠的軍事力量使大國之間的平衡發生傾覆，同時，這些大國也認識到這一事實，所以他們不得不對義大利作出讓步來獲得其效忠。布萊恩·沙利文（Brian Sullivan）把這一方法稱為「關鍵第三者的戰略」（the strategy of the decisive weight）[96]。第一次世界大戰可能為這種戰略的實施提供了最好的案例。當一九一四年八月一日衝突爆發時，義大利仍置身局外，與交戰各方討價還價，以便在捲入衝突前獲得可能的、最好的待遇。[97]戰爭雙方都給予了義大利豐厚的報酬，因為每一方都相信義大利會左右平衡。雖然義大利在一戰前曾經正式與奧匈帝國和德國結盟，但是它在一九一五年五月卻站到了協約國一邊。這是因為英國和法國願意向它提供比其先前的盟國作出的更大的領土讓步。

自由義大利和法西斯義大利的擴張紀錄

義大利第一次領土擴張的努力是在歐洲。一八六六年，義大利投入兵力與普魯士一起同匈牙利作戰。普魯士人在戰場上粉碎了匈牙利人，但是義大利人被匈牙利人擊敗了。然而，在和約中，作為獎勵，義大利得到了威尼斯。接著，義大利對普法戰爭袖手旁觀，當從前保護羅馬獨立的法國很明顯將在戰爭中輸給普魯士時，義大利於一八七〇年九月出兵占領了羅馬。正如丹尼斯・麥克・史密斯（Denis Mack Smith）所說，「於是作為普魯士勝利的另一個副產品，義大利偶然地獲得了羅馬，就像得到威尼斯一樣」[98]。在一八七五年爆發的「近東危機」（Great Eastern Crisis）中，即鄂圖曼土耳其帝國對於東南歐的控制看似要急速地瓦解時，義大利開始計畫從奧匈帝國攫取領土。但這一計畫失敗了，義大利從結束危機的柏林會議（Congress of Berlin，一八七八年）上空手而歸。

在十九世紀八〇年代，義大利把它的注意力從歐洲轉向了非洲。甚至在一八六一年統一前，義大利的精英就開始垂涎北非沿海領土。突尼西亞是第一個目標。但是法國在一八八一年重創了義大利並奪取了突尼西亞。這惡化了義大利和法國在隨後二十年中的關係，並導致義大利在一八八二年與奧匈帝國和德國結成了三國同盟（Triple Alliance）。同一年，義大利嘗試協同英國占領埃及，但是俾斯麥拒絕了這個計畫。於是義大利把它的注意力轉向了其他大國很少關注的非洲之角。在一八八五年，義大利的一支探險部隊被派到了這一地區，並且在十年之內，義大利擁有了其最初的兩個殖民地——厄利垂亞和意屬索馬利蘭。但是，它沒能征服衣索比亞。事實上，一八九五年，衣索比亞的軍隊在阿杜瓦（Adowa）戰役中重挫了義軍。

此後直到一九〇〇年，義大利再次尋求在北非和歐洲的擴張。當鄂圖曼土耳其帝國再也控制不了利比亞和巴爾幹時，在這兩個地區擴張的機會擺在了義大利面前。在這一問題上，三國同盟的夥伴奧匈帝國和義大利的關係開始惡化了，很大程度上是因為在巴爾幹它們成了對手。這一處於萌芽期的競爭促使義大利開始認真考慮從奧匈帝國手中奪取伊斯特利亞和特蘭提諾。

義大利在一九一一年就利比亞與鄂圖曼帝國發生了戰爭；當戰爭一年後結束時，義大利贏得了它對第三個非洲殖民地的控制。在這場衝突中，義大利也征服了多德卡尼斯群島，這個群島的居民幾乎都是希臘人。但是一戰為義大利擴張權力和增進安全提供了最佳的時機。如前所述，義大利的政策制定者在把軍事力量投入到英、法、俄一邊之前，與雙方進行了艱苦的討價還價。義大利的基本目標是確保在與奧匈帝國的邊界上有一個「可防禦的陸地邊境」，同時還要能夠掌控位在義大利與巴爾幹半島之間的亞得里亞海。[99]在著名的《倫敦和約》（Treaty of London）中，同盟軍許諾義大利在贏得戰爭以後，它將會得到：(1)伊斯特利亞；(2)特蘭提諾；(3)達爾馬提亞海岸的一大塊；(4)持久地控制多德卡尼斯群島；(5)土耳其的阿達利亞省（Adalia）；(6)阿爾巴尼亞的發羅拉（Valona）市和緊鄰它的周圍地區；(7)在阿爾巴尼亞中部的勢力範圍。[100]就像泰勒（A.J.P. Taylor）指出的，「義大利人提出的主張一點也不謙虛」。[101]

在一戰中義大利遭受了超過一百萬人的傷亡，但是後來證明它是勝利的一方。一戰後，義大利不僅期望得到一九一五年被許諾給它的好處，而且它也看到了隨著奧匈帝國、鄂圖曼土耳其帝國和俄國的崩潰給它帶來的擴張機會。於是，就像沙利文所說的，「義大利人開始計畫控制羅馬尼亞、烏克蘭和高加索的石油、穀物和礦產，以及計畫作為克羅埃西亞和紅海東部沿岸的保護國」[102]。然而，由於各種原因，義大利巨大的野心並沒有實現。在戰後最終的解決方案中，它只獲得了伊斯特利亞和特蘭提諾，不過這兩個地區在戰略上是重要的。[103]義大利也繼續占領多德卡尼斯群島。在一九二三年的《洛桑條約》（Treaty of Lausanne）中，義大利得到了對這一地區的正式控制權。

這樣，在義大利統一和一九二二年十月墨索里尼上臺之間的六十多年間，自由的義大利在歐洲獲得了羅馬、威尼斯、伊斯特利亞、特蘭提諾和多德卡尼斯群島，在非洲獲得了厄利垂亞、利比亞和義屬索馬利蘭。法西斯義大利接手後，很快就將先人的傳統繼續發揚光大。一九二三年八月，墨索里尼的軍隊侵略了在亞得里亞海海口的希臘的科孚島，但是英國強迫義大利放棄這一征服。他也緊盯著阿爾巴尼亞。義大利在一戰期間曾占領過該國，但是，在一九二〇年當地人民起義反對外國統治時放棄了占領。在二十世紀二〇年代中期，墨索里尼曾支持一個阿爾巴尼亞的首領，他與義大利簽署了一個使阿爾巴尼亞淪為義大利保護國的協定。但是，這對於法西斯領導人來說是不夠的，他於一九三九年四月正式吞併了阿爾巴尼亞。

衣索比亞是墨索里尼的另一個關鍵目標。二十世紀二〇年代，義大利就開始制定計劃要占領它，並且「至少從一九二九年開始就秘密地占領了衣索比亞的一些地方」[104]。在一九三五年十月，義大利發動了針對衣索比亞的全面戰爭，一年後它正式控制了這個非洲國家。最後，在西班牙內戰（一九三六至一九三九年）中，義大利派軍隊站在佛朗哥將軍（General Francisco Franco）的反動集團一邊。義大利的主要目標是獲得西地中海的巴利阿里群島（Balearic Islands），這使義大利可以威脅法國和北非之間的交通線，以及英國在直布羅陀與馬爾他之間的交通線。[105]

墨索里尼把二戰視為幫義大利擴增領土與權力的大好時機。尤其是，在戰爭最初幾年內納粹德國令人驚異的軍事勝利「給予義大利史無前例的優勢和行動的自由。」[106]墨索里尼第一個主要的步驟是於一九四〇年六月十日對法宣戰，當時是德國侵略法國後一個月，法國已經很明顯註定要失敗了。義大利挑在這樣一個絕佳的時機加入戰爭，想要獲取法國的領土和殖民地。雖然義大利也有興趣獲得法國控制的其他地區，如阿爾及利亞，以及英國的地區，如亞丁（Aden）和馬爾他，但是尼斯、薩伏伊、科西嘉、突尼西亞和吉布地（Djibouti）是主要的目標。墨索里尼也要求法國的海軍和空軍應該被移交給義大利。但是，德國幾乎不能滿足義大利的任何要求，因為希特勒並不想給法國人任何動機來抵抗納粹占領。

儘管有這一挫折，但墨索里尼仍繼續尋求征服領土的機會。在一九四〇年夏初，他提議如果德國侵略英國的話，義大利會加入。在一九四〇年八月，義大利占領了英屬索馬利蘭。同時，墨索里尼正在圖謀侵略希臘、南斯拉夫和由一小部分英國軍隊防衛的埃及。在一九四〇年九月，義大利為試圖控制蘇伊士運河而侵略了埃及。接下來的一個月，義大利侵略了希臘。在兩次軍事行動中義大利軍隊都一敗塗地，並靠著德國國防軍的救援倖免於難。[107]儘管遭到了這些軍事潰敗，但在一九四一年夏義大利還是向蘇聯宣戰了，那時紅軍看似將是納粹機器的下一個受害者。義大利派遣了大約二十萬部隊到東部前線。墨索里尼又希望為義大利獲得一些戰利品，但是他的希望從來沒有實現，並且義大利在一九四三年向盟軍投降了。

總之，像在他之前的義大利的自由派領導人一樣，墨索里尼是一個不擇手段的擴張主義者。

玩火自焚的行為？

前述的四個例子——日本、德國、蘇聯和義大利——都印證了大國應該尋求增加它們在世界權力中的份額的主張。而且，這些例子也表明大國經常樂於使用武力來達到這一目標。感到滿足的大國在國際政治中是很少的。事實上，描述大國的長期行為並沒有太多爭議，甚至對守勢現實主義者也是如此。例如，傑克．史耐德寫道：「在工業時代，許多大國的大戰略都相信透過擴張可以保障安全。」[108]此外，在《帝國的迷思》（*Myths of Empire*）一書中，他對過去大國的行為進行了詳細的研究，這些研究為大國的進攻性傾向提供了充分的證據。

人們可能承認，歷史上充斥著大國侵略行為的例子。但是人們也認為，這一行為不能由攻勢現實主義的邏輯來解釋。這一觀點的基礎，也是所有守勢現實主義者的共同想法，就是軍事擴張是不理性的。實際上，他們把擴張看作是國家自毀長城的行為。他們還認為，因為想要擴張的國家最終都會失敗，所以征服並不划算。相反的，國家通過遵循「深溝高壘、選擇性的綏靖、鞏固核心區域並捨棄邊陲區域、或僅是善意的疏忽」等等戰略來維持現狀才是明智的。[109]否則，國家所做的就是非理性或不符核戰略要求的行為，而且不能歸因於國際體系的運作邏輯。更進一步說，這些行為恐怕是國內政治惡鬥的不良後果。[110]

在此爭論中有兩個問題。就像我已經討論過的，歷史紀錄並不支持這種主張，即戰爭總是得不償失，以及侵略者最終的下場都比原先還不如。擴張有時候會帶來大量的利潤，而在另外一些時候則不會。而且，惡性國內政治會引起大國侵略行為的這一觀點也難以成立，因為各種不同政治體系的各式各樣的國家都曾採用過進攻性軍事政策。甚至，認為至少存在某一種類型的政治體系或文化——包括民主——能經常避免軍事侵略並可以用來維護現狀也是沒有根據的。另外，歷史紀錄也不能證明在特別危險的時期——如核武時代——大國會盡可能地限制其進攻性傾向。如果認為擴張生來就是被誤導的，那麼這就意味著在過去的三百五十多年裡大國都沒搞清楚國際體系究竟是怎麼運作的。顯然，這麼說是難以令人置信的。

然而，有一個更加詭辯的作為退路的立場，可能在守勢現實主義的著作中可以看到。[111]雖然他們通常認為，征服很少是划算的，但是他們在其他時候也承認侵略在很大一部分時間是成功的。他們細膩地把侵略者分為「擴張者」（expander）和「過分擴張者」（overexpander）。擴張者基本上是贏得戰爭的聰明的侵略者。他們認識到只有有限的擴張才有戰略價值。太大的征服野心就很可能是搬起石頭砸自己的腳，因為權力平衡聯盟總是會形成來反對貪心的國家，並且使這些國家都以災難性的失敗而告終。擴張主義者可能會偶然挑起一場失敗的戰爭，但是他們一旦看到苗頭不對，就會在失敗前趕緊收手。他們在本質上是「好的學習者」（good learners）。[112]對於守勢現實主義者來說，俾斯麥就是典型的聰明的侵略者，因為他戰果輝煌，而且還沒有犯下妄想成為歐洲霸主的愚蠢錯誤。也可以舉蘇聯作為一個有智慧的侵略者的例子，主要是因為它意識到不要妄想去征服整個歐洲。

另一方面，過分擴張者是非理性的，他們發動會失敗的戰爭並且當已經很明顯他們註定要失敗時，還意識不到應該退出。特別是，冒險追求地區霸權的大國總是導致他們自己災難性的失敗。守勢現實主義者認為這些國家應該知道這一點，因為歷史很清楚地說明追求霸權的國家總是失敗的。守勢現實主義者接著會說，這種玩火自焚的行為一定是瘋狂的國內政治的產物。守勢現實主義者通常愛引用三個大家都熟悉的例子：一八九〇至一九一四年間的威廉德國、一九三三至一九四一年間的納粹德國、一九三七至一九四一年間的帝國主義日本。這三個侵略者中的每一個都發動了導致毀滅性損失的戰爭。甚至我們可以說，進攻性軍事政策會導致玩火自焚的行為這一觀點主要就是建立在這三個案例之上。

這種「適度的是好的」的觀點的主要問題是它錯把非理性的擴張和軍事失敗等同起來。戰爭失敗並不必然意味著發動戰爭的決定是資訊不完全的或非理性的決策過程。當然，國家不應該發動它們註定要失敗的戰爭，但是沒有人可以確切地預測戰爭結果最終將會怎樣。戰爭結束以後，專家和學者經常假設結果從一開始就是明顯的；事後諸葛亮總是聰明的。但是，事實上，預測是困難的，國家有時候會猜錯並受到懲罰。於是，對於一個理性的國家來說，發動一場最終是失敗的戰爭是可能的。

決定一個類似於日本或德國的侵略者是否會採取玩火自焚的行為的最好方法是檢驗發動戰爭的

政策制定過程，而不是衝突的結果。對於日本和德國的案例的仔細分析能夠說明，他們發動戰爭的決定都是深思熟慮的結果，他們對國家面臨的特殊環境都做出合理的回應。下面的討論將澄清，戰爭並非國內政治惡鬥導致的不理性決策。

把追求地區霸權比喻為唐吉訶德攻擊風車這一論點也不公平。美國確實是唯一的試圖追求本地區霸權並獲成功的國家。拿破崙法國、威廉德國、納粹德國和帝國主義日本都嘗試過但失敗了。五個案例當中只有一個成功了，所以追求地區霸權似乎不明智。然而，美國的案例說明了獲得地區霸權是可能的。在遙遠的過去也有成功的例子：歐洲的羅馬帝國（西元前一三三至西元二三五年），南亞次大陸的蒙兀兒王朝（一五五六至一七〇七年），以及亞洲的清王朝（一六八三至一八三九年），還可以舉出一些。而且，即使拿破崙、威廉皇帝和希特勒都沒能支配歐洲，但他們每人都贏得了主要戰場的勝利，征服了大量的領土，因此接近於他們的目標。只有日本幾乎沒有什麼機會在戰場上贏得霸權。但是我們應該看到，日本政策制定者知道他們很可能失敗，他們進行戰爭只是由於美國使他們沒有別的合理選擇。

批評進攻性政策的人會說，權力平衡聯盟的形成是用來擊敗野心勃勃的霸主的，但是歷史表明這種聯盟很難以一種及時有效的方式組織起來。受威脅的國家寧願相互推卸責任，也不願形成一個聯盟來反對它們危險的敵人。例如，澈底擊敗拿破崙法國和納粹德國的聯盟只是在這些侵略者征服了歐洲大部分後才建立起來。而且，在這兩個例子中，直到拿破崙法國和納粹德國在俄國遭遇了重大的軍事失敗（而這兩次戰爭都是俄國在沒有盟軍的情況下取得勝利的）後，防禦性聯盟才建立起來。[113] 構建有效的防禦性聯盟的困難有時候為強國提供了侵略的機會。

最後，主張大國本應該從歷史教訓中學到圖謀地區霸權的努力註定會失敗的這一觀點並不具有說服力。不僅僅是美國的案例與這一基本觀點相矛盾，而且把這個論點應用於最初那些為追求地區霸權付出代價的國家也是困難的。畢竟，它們沒有先例，而且最早的案例中得來的證據是很模糊的。例如，威廉德國既能夠看到失敗的拿破崙法國又能夠看到成功的美國。同樣也很難認為德國的政策制定者本應該讀過告訴他們如果試圖征服歐洲就一定會失敗的歷史。人們可能在這點上作出讓步，但還是會爭辯說，希特勒當然不會不知道，他看到了征服歐洲失敗的拿破崙法國及威廉德國。但是，正如下面要討論的，希特勒從這些案例中學到的不是戰爭是不划算的，而是當第三帝國努力追求霸權時他不應該重蹈他前任的覆轍。換句話說，學習並不總是導致一個和平的結果。

總之，雖然我承認地區霸權並不容易取得，但是追求地區霸權並不是一個唐吉訶德式的妄想。既然霸權的安全利益是巨大的，那麼強國總是會被吸引來仿效美國並試圖主宰它所在的地區。

威廉德國：一八九〇至一九一四年

批評威廉德國自毀長城通常是基於兩個原因。第一，它的侵略性行為引起了英國、法國和俄國組成了一個聯盟——三國協約——來反對德國。因此，它等於是作繭自縛。第二，德國在一九一四年發動了針對權力平衡聯盟的戰爭，而這場戰爭它幾乎是必敗無疑。它不僅必須在被包圍的環境中兩面作戰，也沒有迅速克敵致勝的好戰略。

細究起來，這些指責都不能成立。德國做了有助於三國協約形成的行動是毫無疑問的。就像所有的大國，德國有良好的戰略原因來擴展它的邊界，有時候它刺激了它的對手，特別是在一九〇〇年以後。儘管如此，仔細地研究一下協約國聯盟是如何形成的就會看出，在它產生背後的主要推動力是德國不斷增長的軍事經濟實力，而不是它的侵略性行為。

讓我們想想，是什麼促使法國和俄國在一八九〇至一八九四年間走到了一起？又是什麼促使英國在一九〇五至一九〇七年加入其中？正如前文所提到的，法國和俄國都對德國在十九世紀七〇與八〇年代間不斷增長的實力感到擔心。俾斯麥自己則擔心這兩個國家會結成聯盟來對抗德國。當俄國威脅要在「戰爭迫在眉睫危機」時期幫助法國後，俾斯麥就建立了一個旨在把法國從其他歐洲大國中孤立出去的聯盟組織。儘管他在擔任首相期間成功地阻止了法俄結盟對抗德國，但俄國是不會坐視德國打敗法國而不管的，正如它在一八七〇至一八七一年所做的那樣。確實，在十九世紀八〇年代後期，有非常明顯的跡象表明，不管俾斯麥繼續在位與否，法國和俄國在隨後不久的將來都極有可能結成聯盟來對抗德國。在一八九〇年三月俾斯麥離任之後，法國和俄國旋即著手簽訂盟約，並在四年後生效。但德國在俾斯麥離任前後的幾年間並未立即採取攻擊性的行動。俾斯麥的繼任者們在一八九〇至一九〇〇年間並未造成任何重大的危機事件。[114]所以很難說德國人在這段時期的攻擊性行為導致自身被包圍。[115]

有觀點認為俾斯麥的繼任者們之所以導致俄國與法國結盟，不是因為其所表現出的進攻性行為，而是他們極其愚蠢地沒有成功續訂德俄《再保條約》。俾斯麥於一八八七年不顧一切地與俄國簽訂此條約以離間法俄。然而，學術界普遍認為，到了一八九〇年這一條約已成一紙空文，並且沒有任何相關可行的外交戰略來替代它。的確，梅德利科特（W. N. Medlicott）認為，一八八七年時儘管有《再保條約》，但俾斯麥的「俄國政策已被破壞」。[116]哪怕俾斯麥在一八九〇年以後依然在位，他也不可能通過靈活的外交預先阻止法俄結盟。伊曼紐爾·蓋斯（Imanuel Geiss）認為：「不管是俾斯麥，還是其他的德國外交政策的更偉大的天才，都不可能阻止……俄國與法國之間的結盟。」[117]法國和俄國走到了一起是因為它們害怕德國不斷增長的實力，而不是因為德國進攻性或魯莽的行動。

在二十世紀初，當英國加入法俄聯盟組成三國協約集團時，德國確實表現出積極的進攻性。但哪怕在這一點上，英國這麼做主要也是被德國不斷增長的實力所逼迫，而不是它的進攻性行為。[118]一八九八年，德國決定建立一支可與英國海軍相媲美的艦隊，這自然惡化了英德關係，但還不至於促使英國與法國和俄國結盟。畢竟，對於英國來說，對付這一海軍軍備競賽的最好方法是迎頭痛擊德國海軍，而不是將自己捲入一場對抗德國的陸戰中。而後者將把寶貴的國防軍費花在陸軍而不是海軍身上。一九〇五年的摩洛哥危機作為德國第一次公然的進攻性行動，當然對一九〇五至一九〇七年間三國協約集團的形成起了非常重要的作用，但英國決定組成三國協約背後的真正原因是俄國在日俄戰爭中的慘敗，而與德國的行動無關。[119]俄國的失敗打破了歐洲的權力平衡，並意味著德國在歐洲大陸的地位突然得到大幅度的提升。[120]英國的領導者們意識到光是法國一國是不可能在戰爭中順利打敗德國的，所以它們與法俄結盟來維持權力平衡並遏制德國。總之，形成三國協約的主要原因是歐洲體系結構的變化，而不是德國的行動。

德國在一九一四年決定發動戰爭也不荒誕，因為它並非不可能取勝。如前所述，這是一種算計好的冒險，它很大程度上是基於德國要衝破三國協約集團的包圍，阻止俄國實力的增長，以及在歐洲建立霸權的願望。而促成這一願望的事件就是在奧匈帝國與塞爾維亞之間發生的巴爾幹危機。在這場危機中，德國支持前者而俄國支持後者。

德國領導者們清楚地知道他們將不得不打一場兩線戰爭，而「施里芬計畫」也並不能保證勝利。然而，他們依然認為這個冒險值得一試，尤其是因為德國當時無論是比起法國還是俄國來說都要強大得多，而且還有充分的理由判斷英國不會參戰。[121]他們幾乎證明了自己是對的。「施里芬計畫」差一點就在一九一四年給德國帶來迅速而具有決定性的勝利。[122]正如政治學家斯科特・薩根（Scott Sagan）所說的，法國人把一九一四年九月在巴黎附近取得的決定性勝利比作「馬恩河的奇跡」是有道理的。[123]而且，德國差一點就在一九一五至一九一八年間的消耗戰中取勝：德皇的軍隊在一九一七年秋天的戰爭中打敗了俄國，並在一九一八年春天把英國特別是法國的軍隊逼入了絕境。如果不是美國在最後時刻加入這場戰爭，德國極有可能贏得第一次世界大戰的勝利。[124]

以上關於一戰前德國的討論卻也點出了一個攻勢現實主義的反例。一九〇五年夏天，德國有非常好的機會在歐洲建立霸權。這不僅由於它是潛在的霸權國，而且因為俄國當時正被自己在遠東的失敗搞得暈頭轉向，自顧不暇，根本無力抵抗德國的攻擊。還有，英國這時還沒有與法國和俄國結盟。所以法國此時實際上是隻身與強大的德國抗衡，而後者也就「有了天賜良機來按照他們的偏好改變歐洲的權力平衡」[125]。但是德國在一九〇五年並未認真考慮要發動戰爭，而是一直等到了一九一四年。此時俄國已從失敗中恢復過來，英國也與法國和俄國結成同盟。[126]在攻勢現實主義看來，德國本該在一九〇五年發動戰爭的，因為這個時候它幾乎能在戰爭中穩操勝券。

納粹德國：一九三三至一九四一年

有一種對希特勒的批評是，他本該從一戰中吸取教訓，即一旦德國表現得具有進攻性，其他國家就會形成一個權力平衡聯盟並再次在腥風血雨的兩線戰爭中打垮德國。所以這種觀點認為，希特勒無視這一顯而易見的教訓，輕率地一頭栽進戰爭的無底深淵。這必然是決策過程中完全缺乏理性所造成的結果。

仔細分析起來，這一指責並不站得住腳。雖然希特勒在大屠殺的萬神殿占有特殊的地位是毫無疑問的，但是他的罪惡並不會掩蓋他作為一個熟練的戰略家的技巧。在他作出一九四一年夏入侵蘇聯的致命的錯誤決定之前，他取得了長期的勝利。希特勒確實從一戰中學到了東西。他認為德國不得不避免同時在兩線作戰，並且需要贏得快速的決定性軍事勝利的方法。事實上，他在第二次世界大戰初期的幾年就實現了這些目標。這就是為什麼第三帝國能夠在歐洲造成如此大規模的死亡和破壞。這個案例說明了我們更早提到的關於學習的觀點：戰敗國不會得出戰爭是徒勞無功的冒險的結論，相反的，它們努力確保在下一場戰爭中不會重複同樣的錯誤。

希特勒的外交政策是經過精心籌劃的，其目的是阻止它的對手組成反對德國的權力平衡聯盟，以便國防軍能夠逐一擊敗它們。[127]成功的關鍵是，他必須阻止蘇聯加入英國和法國的軍事聯盟，從而組成三國協約。他是成功的。事實上，在一九三九年九月，即使當時英國和法國已經因為德國侵略波蘭而向德國宣戰，蘇聯還是幫助德國國防軍瓜分了波蘭。在隨後一年的夏季，當德國軍隊的鐵蹄踐踏法國並且把英國軍隊在敦克爾克趕出歐洲大陸時，蘇聯還是站在局外。當希特勒在一九四一年侵略蘇聯時，法國退出戰爭，而美國還沒有加入戰爭，英國對德國已不是一個嚴重的威脅。所以，德國國防軍可以有效地在一九四一年與紅軍展開單線作戰。[128]

希特勒的大部分勝利是由於他的對手彼此鉤心鬥角，不能和衷共濟，但是希特勒本身的戰略天賦也是有目共睹的。他不僅使他的對手相互鬥爭，而且他也盡了相當大的努力來使它們確信納粹德國抱有良好的意願。就像諾曼．里奇（Norman Rich）指出的：「為了掩蓋或模糊他的真實意圖，希特勒相當著重他的外交和宣傳技巧。在他的公開演講和外交對話中，他不厭其煩地吟詠他的和平願望，他簽署了友好條約和互不侵犯協定，他非常慷慨地給出了善意的保證。」[129]希特勒的確對一戰以前德國威廉皇帝和其他德國領導人的大放厥詞不表認同。

希特勒也認識到有必要改革軍事裝備，以便能夠克敵致勝並避免第一次世界大戰慘烈的戰鬥。為了這一目的，他大力支持建立裝甲師，並在設計閃電戰略（blitzkrieg strategy）中起了一個重要的作用。後來，閃電戰略幫助德國在法國（一九四〇年）取得了一場史無前例的最出色的軍事勝利。[130]希特勒的納粹德國國防軍也贏得了對小國的軍事勝利，如波蘭、挪威、南斯拉夫和希臘。正如賽巴斯提安．哈夫納（Sebastian Haffner）指出的：「從一九三〇年到一九四一年，希特勒實際上在他所從事的每一件事上都取得了成功，無論是在國內政治還是對外政治，甚至最後在軍事領域也取得了成功。這使全世界都感到驚奇。」[131]如果希特勒在一九四〇年七月占領法國後就死了，他或許會被認作為「最偉大的德國政治家之一。」[132]

幸運的是，希特勒犯了一個關鍵的錯誤，從而導致了第三帝國的滅亡。他在一九四一年六月派出國防軍攻擊蘇聯，但這一次德國的閃電戰沒有產生快速的和決定性的勝利。相反，一場殘忍的拉鋸戰在東部邊界展開了，在這場戰爭中，德國國防軍最終輸給了蘇聯。與此同時，美國在一九四一年十二月加入了戰爭，隨後是英國，並且最後在西部開闢了第二戰場。考慮到襲擊蘇聯的災難性後果，人們可能認為預先有足夠的證據表明蘇聯可以贏得戰爭，希特勒被多次警告發動「巴巴羅薩行動」（Operation Barbarossa）等同於帶領德國走向滅亡，不管怎麼說他還是這樣做了，因為他不是一個理性的算計者。

但是，並沒有支持這一解釋的證據。在德國精英中對於希特勒侵略蘇聯的決定幾乎沒有任何反對；事實上，他們相當熱衷於這一招險棋。[133]可以確定的是，一些德國將軍不滿意最終計畫的一些重要方面，一些計畫者和政策制定者認為紅軍可能不會屈服於德國的閃電戰。儘管如此，在德國精英之間還是存在著普遍的共識，認為國防軍會迅速地擊潰蘇聯，就像他們一年前擊敗法國和英國軍隊一樣。在英國和美國，人們也都認為在一九四一年德國會擊敗蘇聯。[134]實際上，有充分的理由認為紅軍在面對德國的猛攻時會崩潰。史達林在二十世紀三〇年代大規模地肅清他的軍隊已經嚴重地削弱了它的戰鬥力。紅軍在與芬蘭的戰爭（一九三九至一九四〇年）中表現得很糟糕，於是從旁證明了這一點。[135]而且，到一九四一年六月，德國國防軍已經是一支調整良好的戰鬥力量。最終，希特勒和他的助手們只是計算錯了「巴巴羅薩行動」的結果。他們作出了一個錯誤的決定，不是一個非理性的決定。這在國際政治中並不少見。

關於德國兩次嘗試建立霸權都失敗，還有最後一點要說明。哈夫納寫道，在冷戰期間廣泛的信念是，對德國來說試圖控制歐洲「從一開始就是一個錯誤。」[136]他強調在那時的西德，更年輕的一代人「經常地盯著他們的父輩和祖父輩，就好像他們是瘋子一樣，為自己立下這樣一個目標。」但是，他指出，「應該記住的是，父輩和祖父輩的大多數人，例如第一次世界大戰和第二次世界大戰的一代人，把這一目標看作是合理的和可以達到的。他們被這一目標鼓舞著，並且為之拋頭顱灑熱血。」

帝國主義日本：一九三七至一九四一年

指責日本過度擴張的關鍵在於它不該對美國發動戰爭。一九四一年時潛在力量大概是日本八倍的美國（參見表6.2），最終對日本侵略者予以毀滅性打擊。

的確，日本在一九三八年和一九三九年便已同紅軍交火並且兩次都失敗了。但其結果是，日本從此不再招惹蘇聯，日蘇邊界保持安靜直到二戰的最後時日，那時日本的命運才塵埃落定。日本在一九三七年侵略中國並捲入了一場不可能取勝的長期戰爭也是事實。但是，不僅僅是日本不願意捲入這場衝突，而且它的領導人也確信那時幾乎沒有令人畏懼的軍事力量的中國將會被輕易擊敗。雖

表6.2 1830-1940年間，世界財富的相對份額

	1830	1840	1850	1860	1870	1880	1890	1900	1910	1913	1920	1930	1940
英國	47%	57%	59%	59%	53%	45%	32%	23%	15%	14%	16%	11%	11%
德國	4%	4%	3%	9%	13%	16%	16%	21%	20%	21%	14%	14%	17%
法國	18%	14%	10%	12%	11%	10%	8%	7%	6%	6%	5%	9%	4%
俄國	13%	8%	6%	3%	2%	2%	3%	6%	5%	6%	1%	6%	13%
奧匈帝國	6%	6%	6%	4%	4%	3%	4%	4%	4%	4%	—	—	—
義大利	—	—	—	0%	0%	0%	1%	1%	1%	1%	1%	2%	2%
美國	12%	12%	15%	13%	16%	23%	35%	38%	48%	47%	62%	54%	49%
日本	—	—	—	0%	0%	0%	0%	0%	1%	1%	2%	4%	6%

注：「財富」按表3.3中同樣的複合指標計算。需注意的是這裡的世界財富計算是基於相關大國的資料，除了十九世紀的美國（那時美國尚未成為大國）外，本資料的計算沒有包括小國。

資料來源：所有的資料均來源於J. David Singer and Melvin Small, *National Material Capabilities Data, 1816-1985* (Ann Arbor, MI: Inter-University Consortium for Political and Social Research, February 1993)。

然他們錯了，日本沒有贏得在中國的勝利，但這很難說是一次災難性的失敗。中日戰爭也不是使美國與日本發生衝突的催化劑。[137]美國政策制定者對於日本侵略中國很明顯是不高興的，但當戰爭升級時美國仍袖手旁觀。事實上，直到一九三八年末，美國幾乎沒有給中國什麼幫助，並且甚至在那時，它只給被圍困的中國人提供少許的經濟援助。[138]

歐洲兩個令人震驚的事件——一九四〇年六月法國淪陷，特別是一九四一年六月納粹德國侵略蘇聯——驅使美國去對付日本，並最終導致了珍珠港事件。就像保羅・施羅德（Paul Schroeder）指出的：「在遠東戰爭明顯地與更巨大的（並且對美國來說，是更重要的）歐洲戰爭糾纏在一起之前，美國並沒有認真地考慮以軍事力量阻止日本的推進，或者把日本看做是一個真實的敵人。」特別是，「反對希特勒而非任何其他因素決定了美國在遠東的政策」[139]。

德國國防軍在西線的勝利不僅僅把法國和荷蘭逐出了戰局，而且強迫受到嚴重削弱的英國集中於防衛德國來自空中和海上的襲擊。這三個歐洲強國控制了東南亞的大部分，那一物產豐富的地區現在成為日本公開的侵略目標。並且如果日本征服了東南亞，它就可能截住流向中國的相當大一部分的外援，日本的贏面也會大大升高。[140]如果日本控制了中國和東南亞，以及韓國和滿州，它就會等於主宰了亞洲的大部分。美國決定阻止這個結果，於是在一九四〇年夏天，美國開始努力阻止日本的進一步擴張。

日本焦急地避免一場和美國的戰爭，所以它在東南亞謹慎行事。直到一九四一年初夏，只有印度支那北部處於日本的控制之下，儘管東京本來可以使英國在一九四〇年七月和十月之間關閉緬甸通道，並使荷蘭為日本提供額外的原油。看起來到一九四一年六月中旬，即使在日美之間「沒有任何達成真正協議的希望，但是仍然存在一個達成某種暫時和有限的解決方案的機會」[141]。在那時，它們之間看來並不可能在六個月後爆發戰爭。

但是，一九四一年六月二十二日德國對蘇聯的侵略根本地改變了日美之間的關係，並且把它們迅速地推向了戰爭。[142]大多數的美國政策制定者，就像已經提到過的，認為德國國防軍可能擊敗蘇聯紅軍，從而使德國在歐洲建立霸權。既然蘇聯是在亞洲唯一擁有軍事力量制衡日本的大國，那麼納粹德國的勝利將使日本成為亞洲的霸主。[143]這樣，蘇聯輸給了德國，美國就會發現它同時面臨著在亞洲和歐洲的敵對霸權。毫無疑問，美國得極力避免這一夢魘，這就意味著美國必須確保蘇聯在一九四一年德國的入侵和任何德國將來的進攻下生存下來。

不幸的是，對日本來說，一九四一年的它威脅到蘇聯的生存機會。特別是，美國政策制定者深切地擔憂日本會從東邊襲擊蘇聯並幫助納粹德國國防軍全殲紅軍。不僅德國和日本在三國《同盟條約》（Tripartite Pact）中結盟，並且美國有足夠的情報證明日本正在考慮對被包圍的蘇聯發動進攻。而日本在兩年前已經與蘇聯交過戰。[144]為了排除這種可能性，美國在一九四一年後半期施加了極大的經濟和外交壓力。但是，目標不僅僅是阻止日本侵襲蘇聯，而且還要強迫日本放棄中國、印度支那，可能的話還包括滿州，以及更一般地說，包括日本可能有的支配亞洲的任何野心。[145]總之，美國對日本施加大規模的強制性壓力，企圖使之從大國名單上除名。

美國有足夠的實力威嚇日本。在二戰前夕，日本從美國進口了百分之八十的燃料產品、百分之九十多的汽油、百分之六十多的機器工具以及幾乎是百分之七十五的鐵屑。[146]這一依賴使日本在美國的禁運下變得很脆弱。禁運會破壞日本的經濟以及威脅日本的生存。一九四一年七月二十六日，隨著蘇聯紅軍在東線情形正在惡化以及日本已經占領了印度支那南部，美國和它的盟國凍結了日本的資產，導致了對日本毀滅性的全面禁運。[147]美國向日本強調，只有其放棄中國、印度支那，或許還包括滿州，才能避免經濟制裁。

經濟禁運留給日本兩個可怕的選擇：向美國的壓力投降並大量削減它的力量，或者與美國交戰，即便人們廣泛地認為可能的結果是美國將贏得戰爭的勝利。[148]果不其然，日本領導人在一九四一年夏末和秋天試圖與美國進行交易，稱一旦在中國達到一個「公正的和平」，他們願意從印度支那撤軍，並且同意在中日達到和平之後二十五年內從中國撤出所有的軍隊。[149]

但是美國堅持它的要求並拒絕對日益絕望的日本做任何的讓步。[150]美國沒有任何意圖允許日本在一九四一年或戰爭末期威脅蘇聯。事實上，日本人會被和平地或暴力地繳械，選擇權在他們手中。[151]

日本選擇了攻擊美國。它清楚地知道這很可能失敗，但是相信它可以在一場長期的戰爭中困住美國，最後強迫它退出這一衝突。例如，一九四一年十一月，在莫斯科大門外的納粹德國國防軍有可能決定性地擊敗蘇聯，這樣可以強迫美國把它的大部分精力和資源集中於歐洲，而不是亞洲。而且，美國軍隊在一九四一年是一個無效率的戰鬥機器，可能由於日本的突然襲擊而進一步削弱。[152]暫且把能力放在一邊，還不能確定的是如果美國受到襲擊它是否有意願去戰鬥。畢竟，在二十世紀三〇年代美國幾乎沒做什麼來阻止日本的擴張，並且孤立主義仍然是美國的主流民意。到一九四一年八月，延長那些在一九四〇年被徵募的人一年服役期的法案僅以一票之差在眾議院獲得通過。[153]

但是日本人並不是傻子。他們知道美國更可能去戰鬥並更可能贏得隨後的戰爭。然而，因為屈服於美國的要求看起來是一個更壞的選擇，所以他們願意進行這場無法置信的、冒險的賭博。薩根說得好：「不斷把日本當作是不理性的是不公平的說法……日本發動戰爭的決定看起來是理性的。如果更深入地研究他們於一九四一年在東京所作出的決定，就會發現，日本的決定不是不經思考的自我毀滅，而是在兩個都不誘人的選項之間經過痛苦掙扎後的結果。」[154]

核子武器競爭

我要對攻勢現實主義進行的最後一項考驗，是檢驗它關於大國尋求核武優勢的預測是否正確。由守勢現實主義者所堅定支持的相反主張是，一旦擁有核子武器的對手發現他們自己是在「相互確保摧毀」的世界裡生活時——就是說，在每一方遭遇了第一次核子襲擊後仍有能力毀滅另一方的一個世界——他們應該樂意接受現狀而不是追求核武優勢。所以國家不會想要建造擁有第二次打擊力量的武器（counterforce weapons）或能夠抵消對方報復能力、破壞「相互確保摧毀」的防禦系統。為了能夠針對這兩種矛盾的觀點孰是孰非做出論斷，接下來我們要對冷戰期間超級大國的核武政策做一番研究，它們提供了理想的案例。

歷史紀錄能夠清楚證明，攻勢現實主義更能夠解釋冷戰期間美國和蘇聯的核武政策，沒有任何一個超級大國接受守勢現實主義者關於「相互確保摧毀」的建議。相反，雙方都發展和部署大型、先進的第二次打擊武器，每一方都想獲得核武優勢或阻止對方獲得。而且，雙方都尋求能夠瓦解對方核子武器的防禦能力，以及打贏一場核戰的精心設計的聰明戰略。

美國的核武政策

超級大國之間的核子武器競爭在一九五〇年以前並未變得激烈起來。美國在冷戰的最初幾年擁有核壟斷權，蘇聯直到一九四九年八月才爆炸它的第一顆原子彈。於是，由於蘇聯還沒有美國可用來作為打擊目標的核子武器，所以諸如「第二次打擊」（counterforce）這樣的概念在二十世紀四〇年代還是不切題的。這一時期美國的主要考慮是如何阻止蘇聯紅軍蔓延到西歐。他們認為最好的處理方法是威脅要對蘇聯的工業基地進行一場原子轟炸。[155]其實，這個戰略是美國在二戰時針對德國進行戰略性原子轟炸的「延伸」，儘管「時間上是極其緊迫的，但效果上是極其顯著的，成本上是極其低廉的」。[156]

蘇聯發展了核子武器以後，美國就尋求發展「致命的第一次打擊」能力，也就是說，一場先發制人的摧毀蘇聯所有核武的打擊。二十世紀五〇年代美國的核武政策被稱為「大規模報復」（massive retaliation），然而這一術語可能是用詞不當，因為「報復」一詞暗示著美國計畫等待在遭到蘇聯的核武攻擊之後再攻擊蘇聯。[157]事實上，有大量的證據表明，為了在蘇聯小型核子武器降落地面之前消除它，美國打算在一場危機中首先使用核子武器。柯帝士・勒梅（Curtis LeMay）將軍——戰略空軍司令部（Strategic Air Command，簡稱SAC）的首長——在二十世紀五〇年代清楚地表明這一觀點。當時他就指出了SAC轟炸機的脆弱性——那時擔憂的一個原因——並沒有引起他的多少關注，因為他在一篇關於核戰的文章中要求美國首先攻擊並解除蘇聯的武裝。他說：「如果我知道俄國人正在集結飛機準備攻擊我們，我就會在起飛之前將它們擊毀。」[158]因此，把美國在二十世紀五〇年代的核武政策定義為「大規模先發制人」（massive preemption）而不是大規模報復，才更為準確。不管怎樣，關鍵的一點是，在二十世紀五〇年代，美國致力於獲得對蘇聯的核武優勢。

然而，美國在五〇或者六〇年代初都未能取得對蘇聯核武儲備的第一次打擊能力。的確，如果那時美國在核戰中首先出擊，那麼，給蘇聯造成的損失要遠遠大於蘇聯給美國帶來的損失。而且，美國的計畫者們也確實提出過一些看似可行的最優選擇方案，方案中美國第一次的核武攻擊就能消滅幾乎所有的蘇聯核報復力量，但是因此引發了一個疑問，即蘇聯是否真的具有確保摧毀能力。[159]換句話說，美國那時幾近擁有第一次核武攻擊能力。但是，當時幾乎所有的美國決策者都認為美國在與蘇聯的核戰中可能遭受無法接受的損失，哪怕這種損失還不足以毀滅整個美國。[160]

然而，在六〇年代初，一個非常明顯的事實是，蘇聯核武儲備的規模和種類的不斷升級意味著美國欲以當時的技術先發制人、解除蘇聯核武的企圖很快變得不可能了。[161]莫斯科也正在發展一種靈活而頑強的「第二次打擊能力」（second-strike capability），從而將兩個超級大國直接推到了一個相互確保摧毀的世界。美國的決策者們是如何看待蘇聯的這一發展成果，又如何作出回應的呢？他們不僅對此深感憤怒，而且在接下來的冷戰裡，他們投入大量的資源用以逃避相互確保摧毀，以及企圖獲得超過蘇聯的核武優勢。

考察美國計畫在核戰中摧毀的蘇聯目標物的數目可以看出，這個數字遠遠超過了相互確保摧毀的要求。當時普遍認為，為了擁有確保摧毀能力，美國在承受了蘇聯的第一次核武攻擊後，必須能夠摧毀蘇聯約百分之三十的人口和大約百分之七十的工業。[162]為了達到這一毀壞程度，就要摧毀蘇聯二百座最大的城市。這一任務需要大約四百個百萬噸級的武器或威力與之相當的武器組合（下文簡稱四百EMT）。然而，美國計畫摧毀的蘇聯目標物的實際數量遠遠超過了確保摧毀所要求的二百座城市。例如，**SIOP-5**，這個於一九七六年一月一日正式生效的關於使用核子武器的軍事計畫，列出了二萬五千個潛在目標。[163]而雷根政府於一九八三年十月一日提出的**SIOP-6**，則令人吃驚地包括了五萬個潛在目標。

雖然美國從未取得將所有潛在目標一舉擊毀的能力，但仍發展了巨大的核武儲備，其規模在二十世紀六〇年代初到九〇年代冷戰結束這段時期裡得到迅速發展。而且，這些武器大都有強大的反擊力。因為美國的決策者們不僅僅滿足於摧毀二百座蘇聯城市，而且決心毀滅蘇聯絕大部分的報復能力。例如，一九六二年十二月，當**SIOP-62**（第一個**SIOP**）被批准時，美國的武器清單裡已有三千一百二十七顆核彈和核彈頭。[164]二十三年後，當**SIOP-6**生效時，美國的戰略核武儲備已增大到包括一萬八百零二件核子武器。雖然美國需要相當強大的報復力量來確保摧毀目標——因為它不得不假定自己的一部分核子武器可能在蘇聯的第一次核武攻擊中被摧毀——但毫無疑問，美國的核武儲備在冷戰的最後二十五年中遠遠超過了摧毀二百座蘇聯城市所要求的四百EMT的威力。

美國同樣也不遺餘力地推動核技術的發展，以便在核武發展水準上占據優勢。例如，孜孜不倦地提高它的第二次打擊武器的毀滅性。美國特別注意提高飛彈的精確性，這被武器設計專家認為是成功的保證。美國還開拓了多彈頭分導重返大氣層運載工具（multiple independently targeted re-entry vehicles，即MIRVs）的領域，使其在其武器清單中可以大幅度增加戰略性彈頭的數量。到冷戰結束時，美國彈道飛彈的「硬目標殺傷能力」（hard-target kill capability），即美國的第二次打擊力量，已達到能使蘇聯的陸基飛彈發射井（land-based missile silos）的倖存都成問題的程度。華盛頓還投入大量財力來保護其「控制指揮」系統免受打擊，從而大大增加了其進行一場指揮若定的核戰的能力。此外，如果可能的話，美國還會大力發展彈道飛彈防禦系統。美國的決策者有時說，飛彈防禦的最終目標就是遠離一個著重進攻的核世界，而進入一個更安全的、以防禦為主的世界。但真實的情況是，他們需要防禦是為了便於以最小的代價來贏得核戰。[165]

最後，美國提出大規模報復戰略的替代品，希冀這可以允許它發動並贏得針對蘇聯的一場核戰。這一替代戰略最初在一九六一年的甘迺迪政府時期形成，冠名為「有限核選擇」（limited nuclear options）。[166]新的政策假定沒有哪個超級大國能消除另一方的確保摧毀能力，但是它們仍將利用第二次打擊武器進行有限的核戰。美國試圖避免打擊蘇聯的城市以便將平民的傷亡減少在可控制的範圍內，相反的，它專注於藉由有限的二次打擊戰爭來擊敗蘇聯。它曾經希望蘇聯會按照同樣的規則行事。這一政策被編入一九六二年八月一日生效的SIOP-63當中。在後來的冷戰裡，有四個重要的改良版SIOP陸續誕生，每個新的SIOP都提供了比以前更小、更精確，和更多的第二次打擊武器的選擇，同時也包括能導致一場有限核戰的「控制指揮」方面的改進。[167]這些改進的最終目標當然是確保美國在一場核戰中相對於蘇聯的優勢。[168]

總之，有充足的證據表明，在冷戰的後二十五年間美國並未放棄建立核武優勢。儘管如此，它並沒有對蘇聯取得太大的優勢。事實上，美國的優勢在五〇及六〇年代初曾達到頂峰，後來就再也沒回去過了。[169]

蘇聯的核武政策

雖然與美國方面相比，我們對蘇聯方面的瞭解要少得多，但是要確定蘇聯是否尋求對美國的核武優勢，或蘇聯是否滿足於生活在一個相互確保摧毀的世界裡，並不是一件困難的事情。我們不僅有蘇聯冷戰期間的核武儲備在數量和組成上的詳細資料，而且獲得了大量蘇聯方面的研究成果，這些成果可以反映莫斯科在核武戰略上的想法。

蘇聯和美國一樣建立了大規模的具有充分二次打擊力量的核武儲備。[170]然而，蘇聯是一個後來者。直到一九四九年八月，它才試爆了第一顆原子彈，而且其核武儲備在五〇年代發展得很緩慢。在那十年裡，蘇聯在發展和部署核子武器方面都落後於美國，它的發射系統也是如此。到一九六〇年，蘇聯的武器清單中只有三百五十四件戰略核子武器，而同期的美國擁有三千一百二十七件。[171]

但是在六〇年代，蘇聯的核力量得到了飛速發展。到一九七〇年，它擁有二千二百一十六件戰略核子武器；十年後達到了七千四百八十件。儘管戈巴契夫提出「新思維」（new thinking），蘇聯在八〇年代期間還是將它的核彈和核彈頭的數量增加了將近四千枚。到一九八九年柏林牆倒塌，蘇聯已擁有一萬一千三百二十件戰略核子武器了。

另外，大多數的蘇聯戰略家表面上都相信他們的國家已經準備好打一場核戰並能獲勝。[172]這並不是說蘇聯的領導人熱衷於打一場核戰，也不意味著他們有足夠的信心獲得具有實際意義的勝利。蘇聯的戰略家們明白核戰會導致極端的毀滅。[173]但是他們決心要減少對蘇聯的破壞，並在任何一次超級大國間的核戰中獲得勝利。很少有證據表明，蘇聯的領導人接受守勢現實主義者有關相互確保摧毀之效力和第二次打擊力量之危險的觀點。

然而，美國和蘇聯的戰略家在如何才能贏得一場核戰的問題上觀點相左。很明顯，蘇聯領導人永遠也不會接受美國關於「有限核選擇」的觀點。[174]相反，他們看上去更喜歡一種目標性的政策，很像是美國五〇年代的大規模報復戰略。明確地講，他們堅持認為，要防止一場核戰和減少蘇聯可能受到的毀滅，就要建立一支迅速的和大規模的二次打擊力量來應對美國及其盟國的戰爭發動能力。蘇聯並不像確保摧毀戰略那樣強調針對美國的人民，雖然一場全面的核武攻擊不可避免地會使美國陷入人間煉獄。

這樣看來，兩個超級大國在冷戰期間可說是盡全力地在打造龐大的二次打擊核武力量，以確保相對於對方的核武優勢。而且雙方都不僅僅滿足於建立和維持一個可以確保摧毀的能力。

對於核武革命的誤解

人們可能認識到超級大國無情地尋求核武優勢，但是仍然爭論這種行為如果不是非理性的，就是被誤導了，並且這種現象是不能用權力平衡邏輯所解釋的。沒有一方可以獲得相對另一方的有意義的核武優勢，更進一步地說，相互確保摧毀政策有利於建立一個穩定的世界。因此，對於核武優勢的追求必定是美國和蘇聯的官僚本位主義或是國內政治惡鬥所造成的。大多數守勢現實主義者都抱持著這種觀點。他們很遺憾兩個超級大國都沒有接受自己關於相互確保摧毀政策之優點和二次打擊力量之危險的主張。[175]

將這種觀點套用在二十世紀五〇年代和六〇年代初說不太通，因為當時蘇聯小規模的核武儲備給予了美國一個現實的機會來獲得核武優勢。事實上，一些專家相信美國不具有對蘇聯的「致命的第一次打擊」的能力。[176]我不同意這種評價，但是比較沒有問題的是，在冷戰的早期，美國相比它的對手會遭受更小的傷害。因此，守勢現實主義頂多只能運用在整個冷戰的後二十五年，當時美國和蘇聯擁有明確的相互確保摧毀的能力。然而即使在這段戰略對峙時期，每個超級大國仍然試圖獲得對於對方的核武優勢。

戰略核武政策的大方向與攻勢現實主義者的預測是一致的。明確地說，當第一次打擊能力被證實是掌握在自己手中時，美國在二十世紀五〇年代竭力獲得核武優勢。一旦蘇聯獲得一種可靠的報復能力，美國在核武優勢上的努力效果就減弱了，雖然它從來沒有消失過。雖然美國的政策制定者從來就沒有確保摧毀的邏輯，但是美國國防開支中投入戰略核力量的比例在一九六〇年後穩步下降。[177]另外，兩國都同意不部署有效的彈道飛彈防禦系統以及逐步限制它們進攻性武器的品質和數量。核武競賽以許多不同的形式繼續，其中一些形式在上面已經談到，但是一旦實現相互確保摧毀，沒有哪一方會全力追求優勢。

而且，持續的軍備競賽並非是不理性的，即使核武優勢仍然是一個難以企及的目標。事實上，蘇聯和美國有很好的戰略理由在核武領域進行競爭，因為軍事技術往往以一種難以預測的方式躍進。舉例來說，在一九一四年很少有人會瞭解到潛艇會在一戰中成為一種致命的和有效的武器。很少有人在一九六五年預見到資訊技術領域的革命會對傳統武器如戰鬥機和坦克車有如此深刻的影響。這裡的要點是沒有人在一九六五年時可以確定一些新技術的革命是否會改變核均衡或給予一方以明顯的優勢。

另外，軍事競爭通常帶有一種羅伯特．佩普稱之為「軍事技術的不對稱分佈」（asymmetric diffusion of military technology）的特點。[178]國家不是同時獲得新技術的，這意味著發明者常常獲得相對於後來者的明顯優勢，儘管是短暫的優勢。舉個例子，在整個冷戰過程中，美國在發展偵察敵方潛艇和隱藏己方潛艇的新技術上始終保持著明顯的優勢。

大國總是希望成為新技術發明的領導者，它們要確保其對手不會將它們打敗以及獲得相對於它們的優勢。因此，這就使得超級大國得汲汲營營地發展二次打擊和彈道飛彈防禦的技術。最理想的是，成功的突破將帶來明顯的優勢；最起碼，這些努力防止了任何一方獲得單邊的優勢。總之，在核武優勢可以帶來巨大的戰略利益的條件下，而在整個冷戰期間我們都很難知道美蘇哪一方會取得這種利益，那麼兩個超級大國極力追求核武優勢就既非不合邏輯也不令人驚訝了。

結論

超級大國間的核武競賽，以及日本、德國、蘇聯和義大利的外交政策與行為表明，大國尋求並抓住機會來改變權力平衡，使之朝著有利於自己的方向發展。此外，這些例子支持著我的觀點，即國家不會因為獲得權力多了就放棄對更多權力的欲望，而且特別是那些強國有強烈地傾向於尋求地區霸權的願望。例如日本、德國和蘇聯都設立了雄心勃勃的對外政策目標，並且隨著自身實力的上升，其外交行為也變得具有侵略性了。事實上，日本和德國打仗是為了在其地區獲得主導地位。雖然蘇聯沒有這樣做，但這不是因為它是一個安於現狀的大國，而是因為美國軍事力量的遏制所造成的。

持反對立場的觀點，即接受主要國家在過去的確拚命追逐權力，而將這種追逐描述為由於國內政治的惡鬥而導致的飲鴆止渴行為，是不具有說服力的。侵略不總是破壞生產的。發動戰爭的國家常常獲得勝利並且在這一過程中提高其戰略地位。此外，許多不同類型的大國尋求相對於其對手優勢的事實可以證明，國家這麼做並不是不理性或是病態的。若我們能仔細觀察那些一般被當作是不理性的戰略行為的經典案例，如冷戰期間最後二十五年的核武競賽、帝國主義的日本、威廉德國和納粹德國，其實能得到不同結論。雖然國內政治在這些例子中都有一定的影響，但是每個國家都有理由嘗試獲得相對於其對手的優勢並且有理由相信這種嘗試會獲得成功。

在大多數情況下，本章討論的例子中，大國都採用積極的手段來獲得相對於其對手的優勢——正如攻勢現實主義者們預測的那樣。現在讓我們來看看美國和英國的例子，乍一看它們好像說明了大國會忽視那些獲得權力的機會。然而，正如我們將看到的，每一個這樣的例子事實上都是支持我的理論的。

第七章

離岸平衡手——英國與美國的特殊地位

我已準備了一章來專題討論美國與英國的個案，因為它們似乎提供了最有力的證據來反駁我的觀點，即大國致力於最大限度地占有世界權力。許多美國人當然將他們的國家看作一個真正例外的大國，認為它主要是受高尚的意圖而非權力平衡的邏輯所驅使。即便是重要的現實主義思想家如諾曼・格雷伯納（Norman Graebner）、喬治・凱楠、沃爾特・李普曼（Walter Lippmann）都認為，美國常常忽視了權力政治的法則而按理想主義的價值觀行事。[1]同樣的觀點在英國也很明顯，這就是為什麼E・H・卡爾在二十世紀三〇年代撰寫《二十年危機》一書的原因。他當時就英國外交事務中過於理想主義這點警告其國民，並提醒他們國家間的權力角逐才是國際政治的本質。[2]

下列三個特例似乎表明英國和美國錯過了獲得權力的機會。第一，通常認為美國在一八九八年前後獲得了大國地位，當時美國贏得了與西班牙的戰爭，控制了古巴、關島、菲律賓及波多黎各的命運，並開始建立相當可觀的軍事力量。[3]然而，到一八五〇年，美國的手已從大西洋伸到了太平洋（參見表6.2），它明顯擁有成為大國的經濟實力，與歐洲主要國家在全球進行角逐。但在一八五〇至一八九八年間，它並未建立起強大的軍事力量，也很少努力在西半球爭奪領土，西半球之外就更不用說了。法理德・札卡瑞亞將這一時期描繪成「帝國延伸不足」（imperial understretch）的例子。[4]美國表面上沒能成為一個大國，十九世紀下半葉也沒有追求一種征服性政策，這似乎與攻勢現實主義是矛盾的。

第二，美國在一九〇〇年時已不是一般的大國，它擁有世界上最強大的經濟並明顯獲得了在西半球的霸權（參見表6.2）。儘管這些條件在二十世紀均未改變，美國並沒有試圖控制歐洲或東北亞的地盤，也沒有占領世界上那些富裕的土地。即便有的話，美國也會設法避免派兵去歐洲和東北亞；當它被迫這樣做時，它會急於撤兵。這種不情願擴張至歐洲及亞洲的例子，或許與我認為的國家努力使其相對權力最大化的觀點相抵觸。

第三，英國在十九世紀的大部分時期基本上比任何其他歐洲國家都擁有更大的潛在權力。事實上，在一八四〇至一八六〇年間，英國控制了近百分之七十的歐洲工業實力，幾乎是法國這一實力最接近對手的五倍（參見表3.3）。然而，英國並未將其豐富的資源轉化為實際的軍事實力並試圖控制歐洲。

在攻勢現實主義的世界裡，大國都被認為對權力貪得無厭，以獲取地區霸權為最終目的，人們或許預見英國會如拿破崙法國、威廉德國、納粹德國及蘇聯那樣行事，力圖成為歐洲的霸主。但是它並沒有這樣做。

美國和英國在過去的兩個世紀中並未追求權力最大化的觀點，乍看起來是有吸引力的。然而事實上，兩國還是都一貫地按照攻勢現實主義所預測的那樣行事。

整個十九世紀美國外交政策的一個首要目標，就是獲取在西半球的霸權。此項任務很大程度上受現實主義的邏輯驅使，包括建立強大的美國，使之能支配其他獨立的南北美洲國家，並阻止歐洲大國跨過大西洋將軍事力量投放到美洲。美國追求霸權的努力是成功的。事實上，如以前強調的那樣，美國是現代唯一獲取了地區霸權的國家。這種偉大成就並不是它所聲稱的對外部世界的高尚行為，而是美國例外主義（American exceptionalism）在外交政策領域的真實基礎。

一八五〇年後，美國沒有充足的戰略理由在西半球獲取更多的領土，因為它已經獲得極為遼闊的土地，且必須專心鞏固其統治。只要能做到這一點，在美洲大陸美國將會變得無比強大。美國在十九世紀後半葉很少關心歐洲及東北亞的權力平衡，不但因為它專注於獲取地區霸權，而且也因為這兩個地區都沒有令美國擔心的能與之匹敵的潛在對手。最後，美國在一八五〇至一八九八年間並未建立起強大而了不起的軍事力量，因為這期間不存在反對美國力量增長的明顯敵人。[5]英國在北美只駐守少量的部隊，美國印第安人也只擁有很小的軍事實力。實質上，美國當時很容易獲得地區霸權。

美國在二十世紀並未試圖征服歐洲和東北亞的領土，因為跨越大西洋及太平洋投送軍事力量以對付這些地區的大國是困難的。[6]每個大國都想去支配世界，但沒有哪個國家已經或可能擁有成為全球性霸主的軍事實力。這樣，大國的最終目標是去獲得地區霸權，並阻止旗鼓相當的競爭對手在全球不同地方的崛起。確切來說，獲得地區霸權的國家在其他地區扮演著「離岸平衡手」的角色。但不過，這些遠處的霸權通常喜歡讓地區大國來制衡熱衷於追逐霸權的國家，它們則坐山觀虎鬥。但有時這種推卸責任的策略並不可行，遙遠的霸權國家不得不插手以平衡崛起中的國家。

美國軍事力量在二十世紀的不同年代被派往歐洲和東北亞，介入模式則遵循上述邏輯。特別是，無論何時一個潛在的勢均力敵的競爭對手在這兩個地區中的任何一個出現，美國都會設法去制衡它，並捍衛美國作為世界上唯一地區霸權國家的地位。就像我強調的那樣，霸權國自然是維持現狀的國家。美國在這方面也並不例外。而且，美國的政策制定者試圖將責任推給其他大國，讓後者去抗衡潛在的霸權國。但當這種方法失效時，美國便用其軍事力量去消滅威脅，並在該區域重塑權力平衡，然後打道回府。一言以蔽之，美國在二十世紀扮演離岸平衡手的角色，以確保其處於唯一的地區霸權國的地位。

令人驚奇的是，英國也從未試圖支配歐洲，而是依靠其軍事力量在歐洲之外建立起一個巨大的帝國。另外，與美國不同的是，英國是一個歐洲大國。人們預計十九世紀中葉的英國會將其豐富的資源轉化為軍事實力，以維繫其獲得的地區霸權。然而它之所以沒有這樣做，基本上源於與美國同樣的原因：和美國一樣，英國也是一個兩面靠洋的國家，地理上由一大片水域（英吉利海峽）與歐洲大陸隔開，這使它事實上不可能征服和控制所有歐洲國家。

正如攻勢現實主義所預測的，英國仍一貫在歐洲扮演一種離岸平衡手角色。尤其是，當某一敵對的大國威脅要支配歐洲，而推卸責任並非可行的選擇時，英國就會向歐洲大陸派兵；當歐洲存在大致的權力平衡時，英國軍隊總是傾向於避開歐洲大陸。總之，不論英國還是美國在現代都未試圖去征服歐洲領土，兩者在此區域都扮演了作為最後依靠的平衡者的角色。[7]

本章將更仔細地考察攻勢現實主義是否能夠合理地解釋英美兩國以往之行為。首先關注的是美國在十九世紀爭取地區霸權的努力。接下來的兩部分考察美國在二十世紀派兵至歐洲及東北亞。第四部分分析英國作為歐洲平衡手的角色。最後將對前面的有關分析作更寬泛的解釋。

美國的崛起：一八〇〇至一九〇〇年

人們普遍認為，在十九世紀的大部分時期裡，美國致力於國內事務，對國際事務很少有興趣。但這種觀點只有在將美國的外交政策定義為捲入西半球之外的地區特別是歐洲時，才有道理。自然，美國在這一時期避免捲入歐洲的國家聯盟之中。然而，它在一八〇〇至一九〇〇年間卻十分關注西半球的安全事務與外交政策。事實上，美國集中精力於建立地區性霸權，它是美洲大陸頭等的擴張主義國家。[8]亨利・卡伯特・洛奇（Henry Cabot Lodge）一語道破了這一點，他注意到美國擁有「征服、殖民及領土擴張的記錄，十九世紀的任何民族都無法望其項背。」[9]二十世紀亦然。當人們考察美國在西半球的侵略行為，特別是其結果時，美國似乎能充當攻勢現實主義的完美活標本。

為說明美國軍事實力的擴張，讓我們考察一下美國在十九世紀初及十九世紀末的戰略位置。美國在一八〇〇年處於相當危險的戰略境地（參見圖7.1）。從正面來說，美國是西半球唯一的獨立國家，它擁有除佛羅里達（為西班牙所控制）之外大西洋至密西西比河（Mississippi River）之間所有的領土。然而，從負面來說，阿帕拉契山脈（Appalachian Mountains）與密西西比河之間的多數領土很少有美國白人居住，大部分仍被有敵意的印第安部落所控制。而且，英國和西班牙在北美擁有巨大的帝國。它們控制了幾乎所有的密西西比河以西區域及大多數美國南部和北部的領土。事實上，最後成為墨西哥的西班牙領土人口比一八〇〇年的美國人口還稍多些。（參見表7.1）

圖7.1 1800年的北美

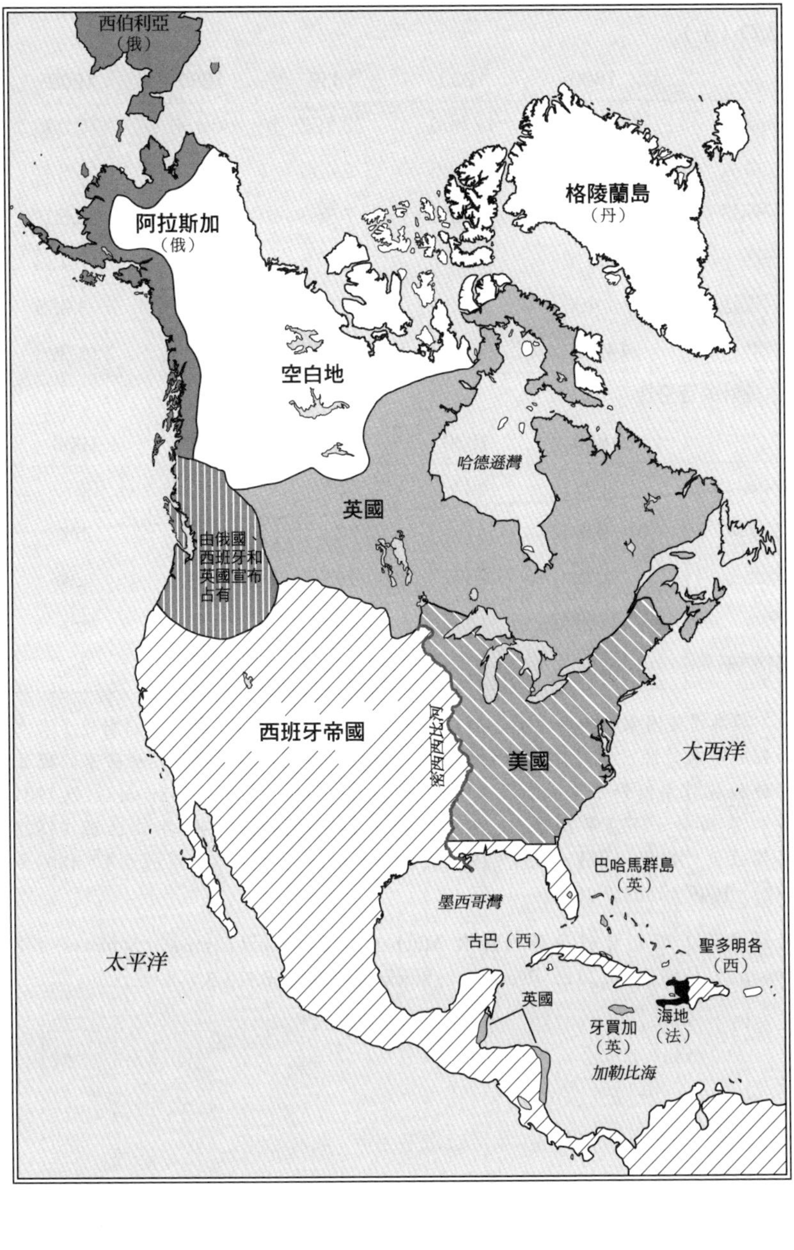

表7.1 1800-1900年間，西半球的人口

人口（千）	1800	1830	1850	1880	1900
美國	5,308	12,866	23,192	50,156	75,995
加拿大	362	1,085	2,436	4,325	5,371
墨西哥	5,765	6,382	7,853	9,210	13,607
巴西	2,419	3,961	7,678	9,930	17,438
阿根廷	406	634	935	1,737	3,955
總計	14,260	24,928	42,094	75,358	116,366

占總計的百分比	1800	1830	1850	1880	1900
美國	37%	52%	55%	67%	65%
加拿大	3%	4%	6%	6%	5%
墨西哥	40%	26%	19%	12%	12%
巴西	17%	16%	18%	13%	15%
阿根廷	3%	3%	2%	2%	3%

注：因為這些國家的調查通常是在不同的時間進行的，僅僅美國的資料對應了表上所列的準確時間。同時在整個十九世紀也只有美國是主權國家。其他國家的獨立年份和統計年份如下：加拿大（1867年獨立），1801、1831、1851、1881及1901年；墨西哥（1821年獨立），1803、1831、1854、1873及1900年；巴西（1822年獨立），1808、1823、1854、1872及1900年；阿根廷（1816年獨立），1809、1829、1849、1869及1895年。

資料來源：所有資料來源自B. R. Mitchell, *International Historical Statistics: The Americas, 1750-1988*, 2d ed. (New York: Stockton, 1993), pp.1, 3-5, 7-8。

然而到一九〇〇年時，美國成了西半球的霸主，不僅是因為它控制了從大西洋至太平洋的廣袤領土，而且因為歐洲帝國已經垮臺並離開美洲，取而代之的是獨立的國家如阿根廷、巴西、加拿大、墨西哥。但是它們當中沒有哪國的人口數量和財富能挑戰美國這一十九世紀九〇年代後期地球上最富有的國家（參見表6.2）。很少有人反對美國國務卿理查·奧爾尼（Richard Olney）的觀點。一八九五年七月二十日他直截了當地照會英國伯爵索爾斯伯利（Lord Salisbury）道：「今天美國在這一大陸上是實際的主權者；它的命令就是法律，對外干涉是該法律的一部分……它無限的資源及孤立的位置使它主宰著這一情勢，與任何或所有其他國家的競爭對手相比，它實際上更不容易受攻擊。」[10]

美國通過不懈地追求以下兩項緊密相連的政策，在十九世紀建立了地區霸權：(1)在北美擴張並建立西半球最強大的國家，這項政策通常冠名為「天定命運論」（Manifest Destiny）；(2)儘量減少英國及其他歐洲大國在美洲的影響，這一政策就是大家所熟知的「門羅主義」。

天定命運論

美國建立於一七七六年，當時只不過是一個弱小的邦聯，由沿著大西洋海岸線的十三個殖民地拼湊而成。在此後的一百二十五年裡，美國領導人的首要目標是獲得國家所謂的「天定命運」。[11]我們知道，美國在一八〇〇年時就已擴展至密西西比河，儘管它仍未控制佛羅里達。在接下來的五十年裡，美國沿著北美大陸向太平洋擴張。在十九世紀下半葉，它著手鞏固已獲得的領土，建立起

圖7.2 1800-1853年間，美國的向西擴張

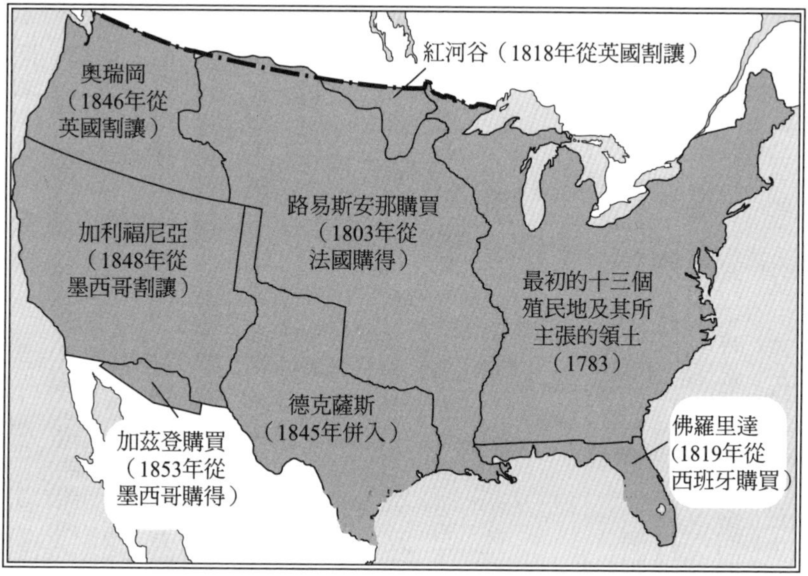

一個富裕和富有凝聚力的國家。

美國在一八〇〇至一八五〇年間的擴張包含著五大步驟（參見圖7.2）。密西西比河西邊巨大的路易斯安那是一八〇三年美國以一千五百萬美元從法國手裡購買的。法國當時剛從西班牙那裡獲得這塊土地，儘管它在一六八二至一七六二年間就曾控制過這塊領土。拿破崙當時需要用這筆錢資助他在歐洲的戰爭。而且，法國已無力在北美與英國競爭，因為英國擁有超級的海軍，這使得法國很難越過大西洋投送其軍事力量。由於獲得了巨大的路易斯安那，美國將其領土擴充了不止一倍。美國向外擴張的下一步是一八一九年從西班牙那裡獲得了佛羅里達。[12]美國領導人在十九世紀初就開始設計獲得佛羅里達的方案，包括一系列的軍事入侵。在美國一八

一八年武裝打下彭薩科拉城（Pensacola）後，西班牙最後讓出了整個佛羅里達。

最後三次重要的擴張都發生在一八四五至一八四八年的短時期內。[13]德州在一八三六年從墨西哥獨立出來，不久便申請加入美國。然而，申請被拒絕了。主要因為國會反對接納視蓄奴制為合法的德州為美國的一個州。[14]但這種僵局最終被打破，德州終於在一八四五年十二月二十九日併入美國。六個月後，即一八四六年六月，美國與英國解決了奧瑞岡領土糾紛，在太平洋西北部獲得了一大塊領土。一八四六年五月初，就在奧瑞岡協定簽訂前數周，美國對墨西哥宣戰，轉而征服加利福尼亞，其大部分今天已成為美國的西南部。在兩年時間裡，美國的領土增長了百分之六十四，即一百二十萬平方英里。按照人口普查局（Census Bureau）的統計，美國領土當時「近乎法國與英國總和的十倍大，是法國、英國、奧地利、普魯士、西班牙、葡萄牙、比利時、荷蘭與丹麥領土之和的三倍，與羅馬帝國和亞歷山大帝國的領土同樣廣袤」[15]。

儘管美國在一八五三年的確從墨西哥那裡獲得了一小部分領土（史稱「加茲登購地」〔Gadsden Purchase〕）以劃定兩國的疆界，但至十九世紀四〇年後期，它橫跨北美大陸的擴張就差不多完成了。一八六七年它又從俄國手裡購得了阿拉斯加。然而，美國並未獲得所有想要得到的領土。特別是在一八一二年與英國開戰時，美國試圖控制加拿大，美國的大部分領導人在整個十九世紀一直對加拿大垂涎三尺。[16]向南部拓展至加勒比海地區也遇到了阻力，在那裡，古巴被視為有價值的目標。[17]然而向北向南的擴張從未實現，美國故而向西擴展至太平洋，在此過程中建立起領土巨大的國家。[18]

一八四八年後，至少從安全原因考慮，美國已很少需要領土了。因此，其領導人便致力於在既有的領土內締造強大的國家。這一鞏固過程有時是野蠻和血腥的，它包含四個主要步驟：進行南北戰爭，以消除奴隸制及國家解體的威脅；驅離那些控制了大部分美國新近所獲領土的印第安人；吸納大量移民至美國，以幫助其在廣袤的領土上定居；建立世界上最大規模的經濟。

在十九世紀的最初六十多年裡，北南雙方對奴隸制，特別是對在密西西比河西部新近獲得的領土上實施奴隸制的問題始終存在摩擦。這一問題足以威脅到分裂美國的地步，其後果可能澈底改變西半球的權力平衡。一八六一年，這一問題浮上台面，內戰就此爆發。捍衛美國的統一的北方起先岌岌可危，但最終恢復過來，赢得了澈底勝利。奴隸制在美國的所有地方迅速瓦解，儘管戰爭造成了創傷，但國家還是牢固地結合在一起，再也沒有分裂。如果南部邦聯獲勝的話，美國就不會變成地區霸主了，因為在北美至少會出現兩個大國。而這可能為歐洲大國增強其在西半球的政治干預與影響提供了機會。[19]

直到一八〇〇年，印第安人仍控制著北美的大塊領土。美國如果想要實現天定命運，就必須控制這些領土。[20]印第安人很少有機會去阻止美國掠奪他們的土地。他們有一系列的不利因素，但最重要的是他們的人口被美國白人大大超越了，他們的生存環境日益惡化。例如，一八〇〇年時，大約十七萬八千名印第安人住在美國境內，當時美國已拓展到密西西比河。[21]同時，美國的人口大約是五百三十萬（參見表7.1）。這就一點也不令人奇怪，美國軍隊不費吹灰之力便在密西西比河東部打垮了印第安人，奪去了他們的土地，在十九世紀的最初數十年將許多印第安人趕到密西西比河西邊。[22]

到一八五〇年時，美國大陸現有邊界已大大地拓展，大約六十六萬五千名美洲原住民居住在美國境內，其中大約四十八萬六千人住在密西西比河西邊。然而，美國人口到一八五〇年時已增至兩千四百三十萬。這就毫不奇怪，在十九世紀下半葉為數不多、訓練不精的美國軍隊也可以將印第安人趕到密西西比河以西的地方，並奪得他們的土地。[23]一九〇〇年，美國完全贏得了對印第安人的勝利。他們現在住在少量的保留地上，總人口減至四十五萬六千人，其中二十九萬九千人住在密西西比河以西。當時的美國人口已增至七千六百萬。

美國的人口在十九世紀下半葉增長了三倍多，很大程度上是因為大量的歐洲移民越過大西洋來到美國。事實上，在一八五一至一九〇〇年間，大約一千六百七十萬人來到了美國。[24]到一九〇〇年時，七千六百萬美國人中的百分之三十四．二不是出生在外國就是雙親中至少有一位出生在外國。[25]這些移民中多數是來美國尋找工作的，因為美國經濟在不斷增長。然而同時他們對美國經濟也作出了貢獻，使美國經濟在十九世紀後期獲得了飛速的增長。例如，英國在一八五〇年是世界上最富有的國家，差不多是美國工業實力的四倍。然而僅僅五十年後，美國就成為地球上最富有的國家，是英國工業實力的一．六倍（參見表6.2）。

二十世紀初，英國和美國結束了在北美的長期敵對狀態。事實上，英國人從大西洋退卻，讓美國掌管西半球。對這種雙方和解的公認解釋是，英國不得不集中歐洲兵力以制衡崛起中的德國，因此它就與美國妥協，而美國也與其方便，因為將英國人趕出北美對美國來說有極大的利益，同時還

表7.2 1800至1900年間，英國與美國

占世界財富的相對份額

	1800	1830	1850	1880	1900
英國	na	47%	59%	45%	23%
美國	na	12%	15%	23%	38%

人口（千）

	1800	1830	1850	1880	1900
英國	15,717	24,028	27,369	34,885	41,459
美國	5,308	12,866	23,192	50,156	75,995

注：na＝未知。

資料來源：世界財富資料來源自表6.2；英國人口資料來源自Mitchell, *Abstract to British Historical Statistics* (Cambridge: Cambridge University Press, 1962), pp.6-8。1800年的資料來源自1801年的調查，此項調查包括英格蘭、威爾斯、蘇格蘭及愛爾蘭；美國人口資料來源自Mitchell, *International Historical Statistics: The Americas*, p.4。

可以讓他們回到歐洲去維持權力平衡。[26]這些觀點大多屬實，但英美在一九〇〇年結束敵對狀態還有更重要的原因，那就是英國不再擁有在西半球挑戰美國的實力。[27]

潛在軍事實力的兩個首要指標是人口數量與工業實力。到一九〇〇年時，美國在這兩方面都遠遠超過了英國（參見表7.2）。而且，英國必須越過大西洋才能進入西半球，而美國就位於西半球。英美安全競爭就此終結。即便在二十世紀初沒有德國的威脅，英國也幾乎肯定會放棄西半球，將其留給自己的後代，後者在當時已經翅膀長硬了。

門羅主義

十九世紀的美國政策制定者實際上不只是考慮將美國變成一個強大的國家，他們還十分堅定地要將歐洲國家永遠趕出西半球。[28]只有這樣，美國才能使自己成為地區霸主，免於大國的威脅，並獲得高度的安全。當美國在北美擴張時，它吞併了以前屬於英國、法國和西班牙的領土，削弱了這些國家在西半球的影響，美國還用門羅主義達到同樣的目的。

門羅主義最初是詹姆斯·門羅（James Monroe）總統在一八二三年十二月二日致國會的年度諮文中首先提出來的。他對美國外交政策作了三點主要闡述。[29]第一，美國不會捲入歐洲戰事，而牢記喬治·華盛頓著名的「告別演說」（farewell address）中的忠告（這一政策在二十世紀自然沒有被採納）。[30]第二，他聲明歐洲不能再通過獲得西半球新的土地來擴張它們已經相當大的帝國。他指出：「今後歐洲任何列強不得把美洲大陸業已獨立自由的國家當作將來殖民的對象。」但是這項政策並未鼓吹瓦解在西半球已經建立起來的歐洲帝國。[31]第三，美國想要確保歐洲國家不與西半球獨立的國家結成聯盟或以任何方式控制它們。為此，門羅聲明：「對於那些宣佈獨立並維持了獨立的國家……任何歐洲列強為了壓迫它們或以任何方式控制它們的命運而進行的任何干涉，我們只能認為是對合眾國不友好態度的表現。」

十九世紀初，美國擔心歐洲的進一步殖民化是可以理解的。例如，英國便是一個強國，有著在全球建立帝國的豐富歷史。美國當時並沒有強大到在西半球的每一處都能制衡英國。事實上，在門羅主義提出的最初幾十年內，美國可能不具備足夠的軍事實力來推行這一主義。不過，這個擔憂到後來就顯得是杞人憂天了，因為歐洲帝國在十九世紀紛紛衰敗，也沒有新的帝國取代它們。[32]這些帝國由於內部的民族主義之興起而紛紛瓦解，其實與美國沒有什麼關係。[33]巴西、加拿大、墨西哥和一七七六年的美國殖民地開拓者一樣，並不想歐洲人控制它們的政治命脈，因此它們以美國為榜樣紛紛建立了獨立的國家。

美國在十九世紀面臨的真正威脅是，歐洲列強與西半球某個獨立國家簽訂反美協定的可能，甚至在二十世紀這種威脅仍然存在。這樣的一種同盟會最終強大到挑戰美國在美洲的霸權，反過來影響到美國的安全。因此，當國務卿奧爾尼照會英國伯爵索爾斯伯利時，他強調道：「美國的安全與福祉與維持美洲各國的獨立休戚相關，不管何時當這種獨立陷入危險時，都必須確保並需要美國的干預，來反對任何歐洲國家。」[34]

當美國在十九世紀崛起時，它能夠應對這種威脅。例如，法國在美國內戰時期在墨西哥安置了一位皇帝，但是法國和墨西哥軍隊加在一起也不足以對美國構成嚴重威脅，即便美國當時正處於血腥的內戰之中。當內戰結束時，貝尼托・胡亞雷斯（Benito Juárez）的國民軍及美國軍隊迫使法國從墨西哥撤出。美國在一八六五至一九〇〇年間變得更為強大，使得任何歐洲大國與某一西半球的獨立國家建立反美聯盟都不太可能。不過，問題並未消失。事實上，美國在二十世紀不得不三次處理這一問題：一戰期間德國插手墨西哥，二戰期間德國對南美的圖謀，冷戰時期蘇聯與古巴的結盟。[35]

必要的戰略原則

一八〇〇年以後的一百年裡，美國的驚人發展在很大程度上由現實主義邏輯所支援。[36]奧爾尼在十九世紀末寫道：「美國人已經瞭解國家間的關係建立在既非感情亦非道德原則的基礎上，而是建立在自私的利益基礎上。」[37]而且，美國領導人已經明白他們的國家越是強大，在國際政治的危險世界裡就越是安全。富蘭克林．皮爾斯（Franklin Pierce）總統在一八五三年三月四日的總統就職演說中就講到這一點，他說：「可以坦白地說，作為一個國家我們的態度及我們在地球上的地位，使得獲取某些不在我們權限範圍之內的財富，對保護我們具有特別突出的重要性。」[38]

當然，美國在大陸擴張還具有其他目的。例如，某些人具有強烈的意識形態使命感。[39]他們認為美國已經創造了世界歷史上從未有過的道德共和國，其公民具有道德責任並到處推廣其價值觀與政治制度。除此之外，還有由經濟利益所驅使的原因，這也是擴張的強大動力。[40]然而，其餘這些動機並不與安全原則相矛盾；事實上，通常它們還相互補充。[41]對經濟動機來說尤其是這樣。因為經濟實力是軍事實力的基礎，任何增強美國相對財富的行動也會改善其生存條件。根據理想主義，毫無疑問許多美國人強烈地認為擴張在道德上是正義的。但理想主義的口號為美國在十九世紀實力的巨大增長而採取的野蠻政策提供了巧妙的掩飾。[42]

即便在美國於一七七六年宣佈獨立之前，權力平衡政治學在西半球就已經流傳很久了。[43]特別是，英國和法國在十八世紀中期在北美展開了激烈的安全角逐，包括殊死的七年戰爭（一七五六至一七六三年）。而且，通過與法國這一英國最主要對手的結盟，美國發動了對英國的戰爭並最終獲得了獨立。詹姆斯．赫特森（James Hutson）有句話說得好：「美國的革命領導人發現自己所處的世界是一個野蠻的、不道德的競技場……最重要的是，權力是這個世界的主宰（power was king）。」[44]這樣，在國家獨立後的數十年裡，掌握美國國家安全政策的精英們便沉浸於現實主義的思維中。

一八〇〇年西半球的政治為那些精英繼續以權力平衡思維進行思考提供了很好的解釋。美國仍然生活在危險的環境裡。英國及西班牙兩大帝國從三面包圍著它，使得擔心被包圍成為美國政策制定者的一個共同惡夢，他們還擔心法國這一歐洲最強大的國家，會試圖在北美建立一個新的帝國。當然，法蘭西帝國並未如此。事實上，法國在一八〇三年還將巨大的路易斯安那賣給了美國。

不過，歐洲國家，特別是英國，極力遏制美國，阻止它進一步擴張。[45]英國在一八一二年戰爭中事實上成功地阻止了美國征服加拿大。儘管英國並沒有什麼好的辦法來阻止美國繼續向西擴張，但是它在一八〇七至一八一五年間的確與大湖地區（Great Lakes region）的美洲原住民構築了短暫的聯盟，其後又與獲得短暫獨立的德州做了同樣的事。[46]但是這種努力從未嚴重威脅到阻止美國將其領土拓展至太平洋。

事實上，歐洲國家扼制美國的任何努力都造成了適得其反的後果：推動了美國急切擴張的努力。例如，歐洲國家在十九世紀四〇年代便開始公開談論需要在北美維持一種「權力平衡」，委婉地說，就是要遏制美國的進一步擴張，同時增強歐洲帝國的相對實力。[47]在美國越過路易斯安那繼續向西擴張之前，這成為一個熱門的話題。當然，它立即成為美國政治中的重大問題，儘管美國人對此並沒有大的分歧。詹姆斯・波爾克（James Polk）總統的一番話道出了美國人民的心聲：權力平衡概念「不許運用到北美，特別是美國。我們必須堅持這一原則，那就是這塊大陸的人們有權決定自己的命運」[48]。就在波爾克於一八四五年十二月二日講這番話後不久，德州與美國合併，奧瑞岡、加利福尼亞及其他在一八四八年從墨西哥那裡獲得的地方也紛紛步其後塵。

歷史學家菲德烈克．默克（Frederick Merk）簡潔地總結了美國在十九世紀的安全政策，他寫道：「首要的防禦問題是英國，其野心看來是想包圍美國。英國人是危險的潛在侵略者，阻止他們的最好辦法是獲得邊緣地帶。這就是門羅主義在天定命運時代的意義。」[49]

美國與歐洲：一九〇〇至一九九〇年

攻勢現實主義推測，當歐洲存在潛在的霸主而當地大國本身又無力遏制時，美國將越過大西洋。否則，美國就會逃避接受其「大陸義務」（continental commitment）。美國軍隊在一九〇〇至一九九〇年出入歐洲的行為正是離岸平衡手的典型作為。對十九世紀後期及二十世紀五個不同時期的美國外交行為做進一步的了解，就可以大致掌握美國的軍事政策。

一八五〇至一九〇〇年間，美國很少有派一兵一卒去歐洲的想法，部分是因為截至一八五〇年，遠離歐洲戰事的想法深入到美國人的骨髓。喬治．華盛頓、詹姆斯．門羅及其他人都已清楚地表明了這一點。[50]而且，在十九世紀後半葉美國首要關注的是在西半球建立霸權。而更重要的是，美國並未設想派遣軍隊越過大西洋，因為當時歐洲並不存在潛在的霸主。相反的，當時歐洲大陸存在著大致的權力平衡。[51]法國，這個在一七九二至一八一五年試圖建立霸權的國家，在整個十九世紀都在衰落。而在二十世紀初將成為潛在霸主的德國，在一九〇〇年之前尚未強大到宰制歐洲的地步。不過，即便存在某個雄心勃勃的歐洲霸主，美國也會採取推卸責任的策略，寄希望於其他歐洲大國來遏制這種威脅。

二十世紀的第一個時期是一九〇〇年至一九一七年四月。很明顯在這一時期的最初幾年裡德國不只是歐洲最強大的國家，而且也是這一地區日益增長的威脅。[52]事實上，德國在這一時期釀成了許多嚴重的外交危機，並最終導致一九一四年八月一日第一次世界大戰的爆發。不過，美國軍隊並沒有被派往歐洲去挫敗德國的侵略，相反的，美國想要推卸責任，依靠英法俄三國協約來遏制德國。[53]

第二個時期是一九一七年四月至一九二三年，包括美國參加第一次世界大戰，這是美國歷史上第一次派兵去歐洲戰鬥。美國於一九一七年四月六日對德宣戰，但在該年末只是派遣了四個師去法國。[54]然而，在一九一八年初，大量美國軍隊開始抵達歐洲大陸，而到一九一八年十一月十一日第一次世界大戰結束時，大約有兩百萬美國軍隊駐紮在歐洲，更多的還在奔赴歐洲的途中。其實，美國遠征軍司令約翰・潘興（John Pershing）將軍預計到一九一九年七月時會有超過四百萬的部隊在其麾下。大多數被派往歐洲的軍隊在戰爭結束後都返回美國，儘管小部分占領軍直到一九二三年一月仍留在德國。[55]

美國參與第一次世界大戰很大程度上是由於它認為德國在與三國協約的較量中占據了上風，並可能贏得戰爭而成為歐洲的霸主。[56]換句話說，美國推卸責任的策略在兩年半的戰爭後被發現是行不通的。俄國軍隊幾乎在每一場與德國軍隊的交戰中都被嚴重挫敗，到一九一七年三月十二日時已處於瓦解的邊緣，而當時革命已爆發，沙皇被趕下了台。[57]法國軍隊最初也處於危險的境地，一九一七年五月，就在美國參戰後不久，還經歷了叛亂。[58]英國軍隊在三個聯盟軍隊中狀況最好，主要是因為它在戰爭的最初兩年發展成一支能徵調廣大兵源的部隊，故而沒有像法國和俄國那樣的損耗。不過英國軍隊直到一九一七年四月依然處於絕望的境地，因為德國在一九一七年二月對英國發動了無限制潛艇戰，威脅在秋季初要將英國趕出戰爭。[59]因此，美國在一九一七年春被迫參戰以幫助三國協約，阻止德國獲得勝利。[60]

第三個時期從一九二三年到一九四〇年夏，美國在這些年裡與歐洲無戰事。事實上，在兩次世界大戰期間，美國的外交政策都被認為是奉行「孤立主義」（isolationism）。[61]歐洲在二十世紀三、四〇年代相對平靜，主要是因為德國有《凡爾賽條約》的束縛。但是一九三三年一月三十日阿道夫·希特勒上臺，不久歐洲再次陷入混亂之中。到二十世紀三〇年代，美國的政策制定者認識到德國是潛在的霸主，希特勒可能試圖征服歐洲。一九三九年九月一日，德國入侵波蘭，第二次世界大戰爆發，英國與法國對德宣戰。然而，美國並未在「大陸義務」方面採取重大行動。像一戰那樣，它最初依靠歐洲其他大國來遏制德國的威脅。[62]

一九四〇年夏以後的五年為第四個時期，在這一時期德國澈底擊敗了法國，在敦克爾克將英國軍隊趕回本土，直至一九四五年五月初征服了半個歐洲。美國的政策制定者預期英國和法國軍隊會在西線阻止納粹德國國防軍，並且會發動削弱德國軍事實力的漫長消耗戰。[63]約瑟夫·史達林也期待同樣的結果，但是納粹德國國防軍在法國贏得了迅速而決定性的勝利，使整個世界為之震驚。[64]由於這一勝利，德國就嚴重威脅到英國了。

然而更重要的是，希特勒可以用其大部分軍隊來入侵蘇聯，因為他無西線的顧慮。在英國和美國，人們幾乎都認為德國可能會擊敗蘇聯紅軍並在歐洲建立起霸權。[65]畢竟，德國曾將俄國趕出一戰，在那種情形下，德國曾兩線作戰，將更多的師投入了與英法的作戰而不是對付俄國。[66]而這次德國基本上是單線作戰。而且史達林在一九三七至一九四一年間對紅軍的清洗更明顯地削弱了其戰鬥力。這種弱點在一九三九至一九四〇年冬就暴露出來，當時紅軍便很難擊敗人數少得多的芬蘭軍隊。總之，人們有足夠的理由相信一九四〇年夏德國已跨過了稱霸整個歐洲大陸的門檻。

法國的崩潰促成了美國對「大陸義務」想法的巨大變化。[67]美國給單獨對德國作戰的英國提供充足的物質資源，同時也為美國軍隊與德國之間可能的戰爭作準備，這些做法在美國突然獲得了熱烈的支持。在一九四〇年初秋，大眾民意測驗顯示，大部分美國人認為確保英國擊敗德國比避免一場歐洲戰爭更為重要，這在希特勒上臺後還是第一次。[68]美國國會也在一九四〇年極大地增加了國防開支，使開始建立一支派往歐洲的遠征軍成為可能：在一九四〇年六月30日，美國軍隊規模是二十六萬七千七百六十七人；一年後，大約是珍珠港事件的五個月前，美國軍隊已增至一百四十六萬九百九十八人。[69]

而且，一九四一年三月十一日通過的《租借法案》，使美國開始向英國輸送大量的戰爭物資。很難不同意愛德華·科溫（Edward Corwin）的說法，他稱這一步驟是對德國的「有保留的宣戰」

（a qualified declaration of war）。[70]在一九四一年夏秋兩季，美國在幫助英國贏得對德國的戰爭方面捲入得更深了，直到九月中旬富蘭克林・羅斯福總統命令美國海軍在大西洋一發現德國潛艇便對其開火。然而，美國並未正式對德宣戰，直到一九四一年十二月十一日，當希特勒在日本偷襲珍珠港事件後的四天對美宣戰時，美國才正式對德宣戰。美國軍隊也沒有被派往歐洲大陸，直到一九四三年九月才從義大利登陸。[71]

第五個時期是冷戰時期，從一九四五年夏至一九九〇年。美國在二戰結束時計畫將絕大多數軍隊立即調回國內，僅留一小部分占領軍維護德國的治安，就像一戰後做的那樣。[72]截至一九五〇年，僅約八萬名美國軍隊留在歐洲，主要是從事在德國的占領工作。[73]但是在二十世紀四〇年代後期隨著冷戰的加劇，美國推動北大西洋公約組織（一九四九年）並最終承擔了駐軍歐洲的義務，相應地增加了其在歐洲大陸的作戰力量（一九五〇年）。到一九五三年，有四十二萬七千萬名美國軍人駐紮在歐洲，達到冷戰時期的頂峰。二十世紀五〇及六〇年代初，美國還在歐洲領土部署了七千枚核子武器，儘管美國在歐洲的駐軍數量時有變化，但實際數目從未少於三十萬。

美國在二戰後勉強駐軍歐洲，是因為蘇聯控制了歐洲大陸東部三分之二的領土，並具有軍事實力來征服歐洲其餘地方。[74]歐洲已沒有大國能夠遏制蘇聯：德國已被毀壞，不論法國還是英國都缺乏軍事手段來阻止強大的蘇聯紅軍。後者打垮了在一九四〇年輕而易舉擊敗英國和法國軍隊的納粹德國國防軍。只有美國才有足夠的軍事力量來阻止一九四五年後的蘇聯霸權，因此美國軍隊在整個冷戰時期便留在了歐洲。

美國與東北亞：一九〇〇至一九九〇年

美國軍隊在二十世紀跨越太平洋的行動一樣不脫與在歐洲同樣的離岸平衡手模式。理解美國對東北亞軍事政策的一個好方法是將一九〇〇至一九九九年分成四個時期，並描述其在各個時期的實踐。

第一個時期是指二十世紀的最初三十年，期間美國軍隊在東北亞無大規模的介入。[75]然而這一時期一支小規模的美國分遣部隊被派往亞洲。美國在菲律賓群島保持了一支小規模的分遣部隊，[76]一九〇〇年又派遣一支五千人的部隊去中國鎮壓義和團運動，維持著名的「門戶開放」（Open Door）政策。正如美國國務卿約翰·海（John Hay）當時直言不諱指出的：「我們立場的固有弱點在於：我們自己並不想掠奪中國，我們的公共輿論也不允許我們採用軍事手段干涉阻止其他人掠奪她。而且，我們也沒有派遣軍隊。報紙上所言『我們的高尚道德立場給了我們對世界發號施令的權威』完全是胡說八道。」[77]大約一千名美國士兵從一九一二年一月至一九三八年三月被調往中國的天津。最後，美國海軍炮艦這一時期還在這一區域巡邏。[78]

美國並未向東北亞派遣大規模軍隊是因為東北亞不存在潛在的霸主。中國在這一地區政治中扮演著重要的角色，但中國並非大國，很難威脅並支配東北亞。英國和法國在二十世紀初是亞洲的主要角色，但它們畢竟是來自遙遠大陸的擅自闖入者，受限於扮演這一角色所需承擔的所有力量投送問題。而且，它們在這一時期的多數時候考慮的是如何遏制德國，因此它們的注意力大都放在歐洲而不是東北亞。日本和俄國是東北亞地區的潛在霸權候選國，因為它們都是這一地區的大國，但是沒有哪個符合要求。

日本在一九〇〇至一九三〇年期間在該區域投入了巨大的軍事力量。它還在日俄戰爭中毫不留情地擊潰俄國。[79]俄國軍隊在第一次世界大戰期間更是每況愈下，並於一九一七年最終解體。新成立的紅軍在整個二十世紀二〇年代只是一隻紙老虎。同時，日本軍隊保持著令人欽佩的戰鬥力。[80]但是日本並非一個潛在的霸主，因為俄國是這一地區最富有的國家。例如，俄國在一九〇〇年控制了世界工業份額的百分之六，而日本還不到百分之一（參見表6.2）。截至一九一〇年，俄國的份額減至百分之五，而日本的增至百分之一——俄國仍然遙遙領先。在這些年裡，義大利實際上是日本最接近的經濟競爭對手。一九二〇年，日本曾在短期內以百分之二比百分之一的比例超出了蘇聯；但那是因為蘇聯處於哀鴻遍野的內戰之中。到一九三〇年，蘇聯控制了世界工業實力的百分之六，而日本是百分之四。總之，日本在二十世紀的最初幾十年並非強大到能夠在東北亞稱霸。

第二個時期是二十世紀三〇年代，當時日本在亞洲大陸橫行無阻。日本在一九三一年征服了中國東北，並將其變成了傀儡的滿洲國。在一九三七年，日本全面發動了對中國的戰爭，其目標是征服華北及中國沿海要害地區。日本在二十世紀三〇年代還對蘇聯挑起了一系列邊界衝突，明顯是想從莫斯科那裡占些便宜。日本看來是致力於支配亞洲。

美國在二十世紀三〇年代並未派兵至亞洲，因為日本的巨大野心並不能持久，它不是一個潛在的霸主。中國、法國、蘇聯及英國都有能力遏制日本軍隊。蘇聯實際上在那個時期獲得了對日本的足夠力量優勢，主要是因為蘇聯在一九二八年的第一個「五年計畫」生效後經歷了快速的工業化，其在世界財富中所占的份額從一九三〇年的百分之六躍升至一九四〇年的百分之十三，而日本在同一時期只從百分之四升至百分之六（參見表6.2）。而且，蘇聯紅軍在二十世紀三〇年代發展成為一支有效的戰鬥力量。事實上，它在遏制日本時發揮了關鍵性的作用，在一九三八年及一九三九年給日本軍隊以致命的打擊。[81]

二十世紀三〇年代，英國和中國也制衡過日本。英國實際上有意將其大多數兵力調出亞洲並在二十世紀三〇年代末與日本達成妥協，以便它能集中精力對付納粹德國這一比日本更直接更危險的威脅。[82]但是美國在此時推卸責任，告訴英國其在亞洲駐軍水準的任何減少都是不可接受的，英國應該繼續留在亞洲以制衡日本。否則，美國便不會幫助它對付歐洲日益增長的德國威脅。於是英國留在了亞洲。儘管中國當時並非一個大國，但它纏住了日本的軍隊，雖然自己耗得民窮財盡，但日本也無法獲勝。[83]事實上，一九三七至一九四五年間，日本在中國的經歷與美國在越南（一九六五至一九七二年）及蘇聯在阿富汗（一九七九至一九八九年）的經歷有極大的相似之處。

第三個時期從一九四〇年到一九四五年，當時由於歐洲的一系列變故，日本突然變成了亞洲潛在的霸主。一九四〇年六月法國淪陷，德國於一九四一年六月入侵蘇聯，從根本上改變了東北亞的權力平衡。德國在一九四〇年春末對法國迅速而決定性的勝利，就算不是消除也極大地減少了法國對日本在亞洲的影響。事實上，法國和荷蘭的潰敗使它們在東南亞的帝國在面對日本時幾乎毫無招架之力。

在法國退出戰爭後，英國在西線單獨同納粹德國作戰。但是敦克爾克大撤退及納粹德國空軍在一九四〇年七月中旬開始連續襲擊英國城市後，英國軍隊已潰不成軍。英國還不得不在地中海及其周邊地區與義大利法西斯戰鬥。總之，英國在歐洲苟延殘喘，對在亞洲遏制日本貢獻甚少。

然而，美國在一九四〇年並未派兵至亞洲，主要是因為：⑴日本已陷入了同中國戰爭的泥淖；⑵當時尚未捲入二戰之歐洲戰場的蘇聯，是對付日本的巨大平衡力量。當一九四一年六月二十二日德國入侵蘇聯時，這種狀況澈底改變了。在接下來的六個月中，納粹德國國防軍對蘇聯紅軍進行了連續的致命性打擊。在一九四一年夏天晚些時候，蘇聯似乎可能會像一年前的法國一樣崩潰。日本將處於極佳的位置來建立在東北亞的霸權，因為它將是這一區域唯一尚存的大國。結果，作為二戰另外半個戰場的歐洲正在亞洲創造一個日本準備去填補的權力真空。

美國的政策制定者特別擔心日本會向北推進，從後面攻擊蘇聯，幫助德國擊敗蘇聯。這樣的話德國就會成為歐洲的霸主，而在東北亞，只有中國是日本獲得霸權的障礙。正如攻勢現實主義預計的，美國在一九四一年秋開始向亞洲派兵以對付日本的威脅。[84]此後不久，日本在珍珠港襲擊了美國，導致大規模的美國軍隊第一次越過太平洋。他們的目標將是在日本獲得地區霸權以前將其打垮。

第四個時期是冷戰（一九四五至一九九〇年）時期。戰後美國在亞洲駐軍，實質上與它在歐洲接受「大陸義務」的原因相同：二戰後期，蘇聯在滿州取得了對日本關東軍的決定性軍事勝利，它在歐洲和東北亞都是一個潛在的霸主，並且當地沒有大國來遏制它。[85]日本已遭重創，而中國無論如何還不是一個大國，又處於血腥內戰之中。英國和法國在歐洲尚不能制衡蘇聯，更不用說亞洲了。因此美國別無選擇，只能承擔在歐洲遏制蘇聯的重任。[86]在冷戰期間美國在亞洲投入了兩場血腥的戰爭，而在歐洲則一彈未發。

英國大戰略：一七九二至一九九〇年

和美國一樣，英國與歐洲大陸也被一片巨大水域隔開，它也擁有派兵至歐洲大陸的歷史。英國也採用了離岸平衡策略。[87]正如艾爾・克羅爵士（Sir Eyre Crowe）在其著名的一九〇七年關於英國安全政策的備忘錄中所指出的：「英國歷史上一貫的、毫無疑問的安全政策，就是將其力量用來反對最強大的國家的獨裁野心，以此來維持歐洲的平衡。」[88]而且，英國一貫努力讓其他國家來承擔遏制歐洲潛在霸主的負擔，而自己則盡可能地置身事外。博林布羅克伯爵（Lord Bolingbroke）在一七四三年扼要地總結了英國考慮何時擔負義務：「我們應該盡量避免捲入大陸事務，更不會從事一場地面戰爭，除非非要英國出面才能阻止平衡局面被顛覆不可。」[89]這種推卸責任的做法在很大程度上解釋了為什麼歐洲其他國家在過去的幾個世紀裡稱英國為「不講信用的阿爾比恩」（Perfidious Albion）（**譯者注：古希臘人以 Albion 來稱呼英國。**）。

讓我們來看看從一七九二年法國大革命及拿破崙戰爭爆發直到一九九〇年冷戰終結這段時期英國對歐洲大陸的軍事政策。[90]這兩個世紀可粗略地分為六個時期。

第一個時期從一七九二年到一八一五年，包括整個法國大革命和拿破崙戰爭時期。法國在這一時期顯然是歐洲大陸最強大的國家，它野心勃勃，企圖稱霸歐洲。[91]在一七九九年拿破崙上臺後，法國成了一個特別具有侵略性的可怕大國。事實上，當拿破崙軍隊在一八一二年秋進入莫斯科時，法國控制了歐洲大陸的大部分。然而，法國追求霸權最終受挫。英國軍隊在擊敗法國方面扮演了重要的角色。大英帝國在一七九三年派遣了一支小規模的軍隊至歐洲大陸，但是一七九五年當反法聯盟崩潰後，它被迫調回這些武裝。英國在一七九九年在荷蘭安置了另一支軍隊，但是兩個月內被擊潰並向法國軍隊投降。一八〇八年，英國派兵至葡萄牙和西班牙，幫助它們最終擊潰了在西班牙的大規模法國軍隊。也是這支英國軍隊參加了在滑鐵盧發動的對拿破崙的最後一擊（一八一五年）。

第二個時期從一八一六年至一九〇四年，當時英國採取了一般被稱為「光輝孤立」（splendid isolation）的政策。[92]這一時期，它並未承擔「大陸義務」，也不管歐洲大陸爆發了眾多的大國戰爭。最重要的是，英國既未干涉普奧戰爭也未干預普法戰爭，而這些戰爭導致了統一德國的形成。在這九十年內，英國並未向歐洲大陸派一兵一卒，因為歐洲大陸存在大致的權力平衡。[93]一七九三至一八一五年間，作為潛在霸主的法國在十九世紀已經喪失了其相對權力，而在二十世紀初將成為潛在霸主的德國在此時尚不足以強大到來支配歐洲。在不存在一個潛在霸主的情形下，英國沒有任何好的戰略理由派兵至歐洲大陸。

第三個時期從一九〇五年至一九三〇年，表現為英國努力遏制在二十世紀初作為潛在霸主出現的德國。[94]到一八九〇年，很明顯德國憑藉其可怕的軍隊、大量的人口和強大的工業基礎，快速成為歐洲最強大的國家。事實上，法國和俄國在一八九四年組成了聯盟來遏制日益增長的威脅。英國選擇讓法國和俄國去對付德國，但很清楚到了一九〇五年，這兩個國家都不可能單獨行事，需要英國的支援。不僅由於法國與其大陸對手的權力差距日益朝有利於德國的方面擴大，而且俄國在日俄戰爭中受到巨大的軍事打擊，導致其師老兵疲，無力與德國軍隊交戰。最後，德國在一九〇五年三月因摩洛哥問題導演了與法國的一系列危機，旨在離間法國與英俄，使德國處於歐洲的支配地位。

面對這種戰略環境的惡化，英國在一九〇五至一九〇七年聯合法國、俄國形成了三國協約。本質上，英國承擔了大陸義務去對付德國霸權的威脅，一九一四年八月一日第一次世界大戰爆發時，英國立即派遣遠征軍至大陸以幫助法國軍隊挫敗「施里芬計畫」。當戰爭升級時，英國遠征軍規模也在不斷增加。直至一九一七年夏成為聯盟軍隊中實力最堅強者，在一九一八年更成為了擊潰德軍的主要力量。[95]多數英軍在戰後不久就撤出了歐洲大陸，只有一小部分占領軍留在德國直至一九三〇年為止。[96]

第四個時期從一九三〇年到一九三九年夏，期間英國追求一種被解讀為「有限責任」（limited liability）的歐洲政策。在二十世紀三〇年代，英國沒有履行大陸義務，因為歐洲相對太平，存在大致的權力平衡。在希特勒一九三三年上臺並重新武裝德國後，英國並未派遣地面部隊去歐洲大陸作戰。相反的，經過許多爭議之後，它於一九三七年三月決定將責任推給法國以遏制德國。然而，英國的政策制定者最終認識到，單是法國無力阻止德國，而在戰爭時期，英國將不得不派兵去打擊納粹德國，就像一戰前它曾對付拿破崙法國和威廉德國那樣。

英國最終在一九三九年三月三十一接受了大陸義務，這標誌著第五個時期的開端。特別是，它承諾如果納粹德國國防軍攻擊波蘭便和法國一道打擊德國。一周以後，英國對希臘和羅馬尼亞作出了同樣的保證。五個月後，第二次世界大戰爆發，英軍立刻被派往法國，就像它在一戰中所做的那樣。儘管一九四〇年六月英軍在敦克爾克大撤退，一九四三年九月它還與美軍一起登陸義大利，重返歐洲。英國軍隊在一九四四年六月從諾曼地登陸，並最終以自己的方式打到德國。這一時期隨著一九四五年五月初德國的投降而結束。

最後的時期是從一九四五年至一九九〇年，為冷戰時期。[97]隨著二戰的結束，英國計畫在短暫占領德國後從大陸撤軍。然而，蘇聯威脅的出現，迫使英國在一九四八年接受了大陸義務，對付一百五十年以來歐洲第四個潛在的霸主。英國軍隊和美軍一起，在整個冷戰時期留在了中央前線。

結論

總之，不論是英國還是美國在歐洲都一貫扮演著離岸平衡手的角色。這兩個孤立的大國沒有哪個嘗試去支配歐洲。美國在東北亞的行動也遵循同樣清楚的模式。再加上十九世紀美國在西半球追求霸權，所有這些行為都契合攻勢現實主義的斷言。

最後，本章要提出了兩個值得注意的問題。首先，島國日本在二十世紀上半葉征服了亞洲大陸的大片領土，這看來與我的觀點相矛盾。既然水域對權力的阻遏使英國在十九世紀、美國在二十世紀幾乎不可能征服歐洲大陸領土，那麼，如果日本能跨過將其與亞洲大陸隔開的海洋投送力量，為什麼英國、美國就不能在歐洲做到這一點呢？

答案在於亞洲和歐洲大陸在所討論的時期內是不同類型的目標。特別是，歐洲大陸在過去的兩個世紀中可怕的大國輩出，這些國家既具有動機也有工具來阻止英國和美國支配它們的地區。而日本在一九〇〇至一九四五年間在亞洲的條件看來十分不同：俄國是位於亞洲大陸的唯一大國，但它通常更關注歐洲的事務而不是亞洲，大多數時候它是一個軍事弱國。俄國的近鄰如韓國和中國都是弱國，是招致日本進攻的目標。簡言之，亞洲大陸易於受外部控制，這就是歐洲大國在那裡建立起帝國的原因。相反，歐洲大陸是一個有效的巨大要塞，很難被遙遠的大國如英國、美國所控制。

第二，我先前已說明了，大國並不真心想要維持世界和平，而是處心積慮地極大化它們所占有的世界權力。在這點上，值得注意的是美國在一九〇〇至一九九〇年間一點都不願意為了保持歐洲的和平而承擔起大陸義務。沒有一名美國士兵跨越大西洋被派往歐洲來阻止第一次世界大戰的爆發，或在戰爭爆發後來平息戰事。在一九三九年德國入侵波蘭後，美國也不願承擔大陸義務來阻止德國或者中止戰爭。這兩種情形下，美國最終加入了反對德國的隊伍以幫助贏得戰爭並創建歐洲和平。但是美國並非為了世界和平而戰鬥。相反，它是為阻止一個危險的敵人獲得地區霸權而戰。和平只是這些努力的受歡迎的副產品。同樣的基本結論也適合於冷戰：美國軍隊在歐洲是為了遏制蘇聯，而不是維持和平。隨後的長期和平只是一個成功遏制政策的幸運結果。

在東北亞我們也找到了類似的例子。美國並沒有以武裝介入以終止日俄戰爭，在二十世紀三〇年代當日本進攻亞洲大陸，通過一系列的野蠻軍事行動控制中國大片領土時，美國也並未派兵至東北亞。美國在一九四一年夏開始在亞洲進行大規模的軍事干預，並不是因為美國的領導人決定給這一地區帶來和平，而是因為他們害怕日本會和納粹德國聯手把蘇聯紅軍消滅，導致德國與日本分別在歐洲與東北亞稱霸。美國於一九四一至一九四五年在遠東地區作戰以阻止這種結果出現。就像在歐洲一樣，美國軍隊在冷戰時期駐軍東北亞是為了阻止蘇聯征服這一地區，而不是為了維持和平。

我已強調離岸平衡手如英國和美國在歐洲或東北亞遭遇到一個潛在的霸主時，它們傾向於將責任推給其他的大國而不是自己親自對抗這些威脅。當然，不僅僅是離岸平衡手，大多數大國都一樣會選擇推卸責任而不是抗衡策略。第八章將考慮國家是如何在這兩種策略間進行選擇的。

第八章

抗衡與推卸責任——論國家如何自保？

我已在第五章中說過，抗衡與推卸責任是國家用以保衛權力平衡，反對入侵者的主要策略。被威脅的國家懷有強烈的動機去推卸責任。之所以傾向於推卸責任而不是抗衡，是因為一旦嚇阻失敗，成功的推卸責任者不必非要與入侵者交戰。事實上，如果入侵者和承擔責任者陷入一場玉石俱焚的戰爭，推卸責任者甚至還可漁翁得利。儘管推卸責任具有損人利己的進攻性特點，但總有意外情況發生，即入侵者會大勝而歸，使權力平衡朝著有利於自己而不利於推卸責任者的方向變化。

本章有三個目的。首先，我解釋被威脅的國家何時傾向於抗衡，何時傾向於推卸責任。這種選擇主要是國際體系結構作用的結果。在兩極體系中，受威脅的大國必須去抗衡其對手，因為沒有其他大國來承擔責任（catch the buck）。在多極體系中，被威脅國家能夠而且經常推卸責任。發生推卸責任的次數很大程度上取決於威脅的程度與地緣因素。當沒有要對付的潛在霸主，以及當被威脅國家不與入侵國接壤時，多極體系中推卸責任便很普遍。但是，就算有一種恐怖的威脅，被威脅國家仍然會尋求機會去推卸責任。一般而言，潛在霸主控制越多的相對權力，體系中所有被威脅國家就越有可能摒棄推卸責任而形成一種權力平衡聯盟。

第二，用過去兩個世紀以來歐洲五個安全競爭最激烈的例子，來驗證我的關於被威脅國家何時推卸責任的觀點。特別是，我在考慮現代歐洲歷史上大國是如何對四個潛在霸主作出反應的：革命和拿破崙時期的法國（一七八九至一八一五年）、威廉德國（一八九〇至一九一四年）、納粹德國（一九三三至一九四一年）及蘇聯（一九四五至一九九〇年）。[1]我還考察了一下歐洲大國是如何應對俾斯麥在一八六二至一八七〇年以武力統一德國的努力。然而，俾斯麥式的普魯士並非潛在的霸主。所有這些例子中的體系都是多極的，只有冷戰時期的美蘇對峙才是兩極體系。

這五個例子的證據很大程度上與我關於國家何時推卸責任、何時去抗衡入侵者的理論相一致。例如，美國在冷戰時期別無選擇，只能去抗衡蘇聯，因為國際體系是兩極的。理所當然，美國的抗衡策略比其他多極體系的例子都更適時、更有效。在這四個多極例子中，一個明顯的變化是，國家可以選擇推卸責任。推卸責任在反對俾斯麥的普魯士時更清楚，這並不令人奇怪，因為普魯士是研究中並非潛在霸主的入侵者。推卸責任在反對威廉德國時最不明顯，在一戰爆發前的七年左右，一個頗強大的反德權力平衡聯盟成立了。在一七九二年法國大革命走向戰爭之前，在納粹德國一九三九年發動戰爭之前，都存在相當多的針對它們的推卸責任行為。這些案例中的變化很大程度上可以由相對的權力分配及地緣因素來解釋，它們鼓勵了各國在面對拿破崙與希特勒的威脅時推卸責任，而在面對威廉皇帝的威脅時卻相反。

第三，我希望能證明我的主張，即在面臨入侵者時，被威脅的國家傾向於推卸責任而非與之抗衡。在第七章中關於英國及美國在歐洲（或東北亞）面對潛在霸主時總是指望推卸責任的討論，提供了國家間這種趨向的相應證據。然而，我將通過探討五個特別富有侵略性的歐洲國家及其對手如何對它們作出反應，來進一步闡述這一問題。

我對何時國家會推卸責任的解釋在下部分給出。這五個例子按年代順序依次討論，從大革命時期與拿破崙法國開始，以冷戰結束。最後，對這五個例子中的發現進行比較與對照。

國家何時推卸責任？

當入侵者出現時，至少有一個國家會最終承擔直接的責任來抗衡它。抗衡幾乎總是會發生的，儘管它並不總會成功。這一點與推卸責任的邏輯相一致，後者本質上是關於誰來抗衡、而非抗衡成功與否的問題。推卸責任者只是想要其他人負起重擔，不過它也自然希望威脅能被減緩。另一方面，當入侵者威脅要推翻權力平衡時，推卸責任並不總是會發生。被威脅的大國可能會採取推卸責任的策略，但這並非一個必然可行的選擇。這時的國家就要評估推卸責任是否能夠帶來戰略優勢。

推卸責任是否會發生，很大程度上取決於體系結構的特殊條件。最關鍵的是大國間的權力分配與地緣性因素。[2]權力在大國間通常以三種方式分配。[3]兩極體系（bipolar system）由軍事實力差不多相等的兩個大國所支配；失衡的多極體系（unbalanced multipolar system）包含有三個或更多的大國，其中之一是潛在的霸主；平衡的多極體系（balanced multipolar system）不存在雄心勃勃的霸主，相反的，權力在大國間，或至少是在體系中最重要的兩個大國間被平均的分割。

兩極體系中的大國是不會有推卸責任行為的，因為沒有第三方來承擔這一責任。被威脅大國別無選擇，只能去抗衡其大國對手。在一個只有兩個大國的世界裡也不可能形成權力平衡同盟。相反，被威脅大國不得不依賴其自身資源，或許與更小的國家結盟，來遏制入侵者。因為在兩極體系中推卸責任與大國權力平衡聯盟並不可行，我們應該預計到在這種體系中的抗衡將會快速而有效。

推卸責任在多極體系中則總是可行，因為這一體系中總是會有至少一個潛在的承擔責任者。但是推卸責任在平衡的多極體系中可能更普遍一些，主要是因為，根據定義，沒有入侵者會強大到足以擊敗所有的其他大國從而支配整個體系。這意味著在一個平衡的體系中並非所有的大國都被入侵者所直接威脅，那些並不處於受直接攻擊危險中的國家幾乎總是選擇推卸責任。那些直接被入侵者威脅到的國家可能試圖與另一受威脅國家一道來應對這一局面，這樣它們就可以不受傷害，而讓承擔責任者去捍衛權力平衡。簡言之，當多極體系中的權力在大國間平分時，就不可能形成權力平衡聯盟來對付入侵者。

推卸責任在不平衡的多極體系中更不可能，因為被威脅的國家強烈希望聯手阻止潛在的霸主來控制其地區。畢竟，潛在的霸主明顯比其所在地區任何大國擁有更巨大的潛在權力和更可怕軍隊，因此有實力從根本上改變權力平衡。相應地，它們對這一體系中幾乎所有國家都構成了直接威脅。德國歷史學家路德維格·德亥俄（Ludwig Dehio）堅信，國家「只有在其身邊有一個國家試圖稱霸時，才會團結在一起」；巴里·波森也注意到，「那些在歷史上最常被當作是有強烈霸權野心的國家，也激發了其鄰國最強烈的抗衡行為。」[4]

然而，推卸責任行為在不平衡的多極體系中還是經常發生。被威脅的國家不情願組成權力平衡聯盟來反對潛在的霸主，因為遏制的代價可能太大；如果有可能讓另外一個國家去承擔這種代價的話，被威脅國家將以此為首選戰略。潛在的霸主相對於其對手來說越是強大，潛在的受害者就越不能彼此推卸責任，因此更有可能攜手抗衡入侵者。事實上，某些時候，需要靠所有被威脅大國的集體努力才能遏制一個特別強大的國家。在這種情形下，推卸責任就沒有意義，因為承擔責任者不可能有能力單獨去制衡潛在的霸主。

既然權力的分配告訴我們大國間多大程度上可能存在推卸責任的行為，那麼地緣因素也能幫助辨識多極體系中可能的推卸責任者與承擔責任者。從地緣的角度來看，關鍵問題是被威脅的國家是否與入侵者接壤，是否存在另一個國家的領土或一大片水域可以作為緩衝地帶，將那些對手分隔開來。原則上，兩國之間有共同邊界會推動抗衡戰略，有緩衝地帶則可以推卸責任。

共同邊界以兩種方式促進抗衡。第一，這使被威脅國家可以直接及相對容易地進入入侵者的領土，這意味著陷入危險的國家處於有利的位置對其危險的對手施加軍事壓力。如果所有被威脅國家與其共同的敵人都接壤，它們會很容易讓敵人處於多面作戰的恐懼中，這通常是一種遏制強大入侵者的有效方式。[5]另一方面，如果被威脅國家由水域或陸地緩衝地帶與其對手分開，那麼岌岌可危的國家便很難派軍隊對威脅性國家施壓。例如，被夾在中間的較小國通常不情願邀請被威脅大國進入其領土，這就迫使被威脅國家去入侵較小的國家以接近入侵者。正如第四章中所討論的，越過水域投送力量也是一件難事。

第二，與入侵者接壤的大國可能感到特別容易受攻擊，這樣它們可能自覺地去抗衡其危險的敵人。推卸責任對它們來說不是一個好選擇，儘管嘗試這一戰略的誘惑總是存在。另一方面，由緩衝地帶阻隔的被威脅國家可能感到遭受入侵的可能性較小，因此更傾向於將責任推給與危險國家接壤的被威脅國家。這樣，在被威脅國家當中，那些與入侵者為鄰的國家通常被迫承擔抗衡的責任，而那些離威脅更遠的國家便推卸責任。這也道出了「地緣因素至關重要」這一格言的真理。

總之，在兩極體系下大國推卸責任是不可能的，而在多極體系中不僅可能，而且很普遍。事實上，只有存在一個特別強大的霸主，而入侵者與被威脅大國之間不存在緩衝地帶時，多極體系中才可能沒有推卸責任行為。相反的，如果威脅不是特別強大，又沒有共同邊界，推卸責任的行為就會充斥在多極體系當中。

現在讓我們來考察一下這個理論是否能妥貼解釋過去的歷史案例。首先來看看大約兩個世紀前歐洲大國是如何對大革命時期及拿破崙時期的法國的侵略行為作出反應的。

大革命時期及拿破崙時期的法國：一七八九至一八一五年

背景

一七九二至一八一五年間，歐洲大國戰事不斷，幾乎沒有停過。基本上是一個強大的、極富侵略性的法國與其他地區不同的大國聯盟作戰，這些國家有奧地利、英國、普魯士、俄國等。法國一心想成為歐洲的霸主，在一八一二年九月中旬當拿破崙軍隊進入莫斯科時達到其頂峰。當時，法國控制了從大西洋到莫斯科、從波羅的海到地中海幾乎所有的歐洲大陸。然而，不到兩年以後，法國被擊敗，拿破崙被囚禁在厄爾巴島（Elba）。

在一七八九年法國大革命爆發與一七九二年大國戰爭爆發期間，沒有國家出面抗衡法國。奧地利與普魯士曾在一七九二年對大革命時期的法國作戰，但那是在從中謀利，而不是遏制它。然而，法國迅速地建立起強大的軍隊，至一七九三年末已經成為潛在的霸主。然而，遲至一八一三年在戰爭打響後二十年，所有法國的四個主要對手才走到了一起，組成權力平衡聯盟，一舉擊敗了法國。在拿破崙二十年的征討歲月中，法國的敵國拚命彼此推卸責任，抗衡舉動也相當軟弱無力。事實上，在一七九三至一八一五年間形成過五個不同的權力平衡聯盟來對付法國，但是沒有哪個包含所有的法國對手，並且每個聯盟在戰場上表現拙劣，先後都瓦解了。有很長一段時期，英國單獨同法國作戰。

法國的對手在一七八九年至一八一五年間的行為很大程度上可以通過權力分配與地緣因素來解釋。一七九三年幾乎沒有國家挺身抵制法國，因為法國還不是一個潛在的霸主。儘管法國在一七九三年末成為一個壓迫歐洲的威脅，但奧地利、英國、普魯士與俄國在接下來的十二年間相互推諉，這主要是因為法國儘管強大，但還沒有強大到需要其所有四個對手阻止它橫行的地步。然而，到一八〇五年時法國軍隊在拿破崙手下變得如此厲害，惟有所有歐洲大國的集體努力才能遏制它。但直到一八一三年這些國家仍未遏制它，部分原因是推卸責任的誘因仍然在作祟，但更主要的原因抗衡無效。特別是，拿破崙在一八〇五年時將奧地利踢出權力平衡圈，一八〇六年普魯士又步上了奧地利的後塵，這就使得敵人不可能形成一個聯合的反法聯盟。這種狀況在一八一二年末改變了，當法國在俄國遭受巨大失敗時，法國被暫時削弱，奧地利、英國、普魯士和俄國在一八一三年便能聯手埋葬法國追逐霸權的努力。

大國的戰略行為

研究一七八九至一八一五年歐洲大國行為的一個好方法是從簡要描述法國侵略的不同目標開始，然後考察一七八九至一七九一年、一七九二至一八零四年、一八〇五至一八一二年和一八一三至一八一五年四個特別時期法國與其對手的交往。[6]

法國試圖去征服歐洲所有的領土，儘管它傾向於從西到東漸進著手。其在西歐的主要目標是一七九二年曾為奧地利所控制的比利時；荷蘭共和國；緊鄰法國東部邊界的多個德國政治實體，如巴伐利亞（Bavaria）、漢諾威（Hanover）及薩克森（Saxony），我在整個這一章將其稱為「第三德國」（Third Germany）[7]；瑞士；義大利半島，特別是其北部；伊比利亞半島上的葡萄牙與西班牙；英國。除了拿破崙本來計畫入侵但從未實施的英國外，法國在斷斷續續控制了所有這些區域。在中歐，法國的主要目標是奧地利、普魯士及波蘭，後者當時由奧地利、普魯士與俄國所宰制。在東歐，法國的主要目標是俄國（參見圖8.1）。

一七八九年爆發的法國大革命並未導致法國發動傳播其意識形態的戰爭，也沒有導致歐洲的其他大國與法國交戰以鎮壓革命，恢復君主專制。事實上，直到一七九二年春奧地利與普魯士挑起對法國的戰爭以前，大國間太平無事。但那場衝突主要是基於權力平衡的考慮，儘管它並非被威脅國家抗衡強大的法國的例子。[8]相反的，奧地利、普魯士夥同起來對付虛弱不振的法國以從中獲得權力。英國則袖手旁觀，俄國鼓勵奧地利與普魯士與法國交戰，以便自己能從波蘭獲益。

圖8.1　1810年，拿破崙權力頂峰時期的歐洲

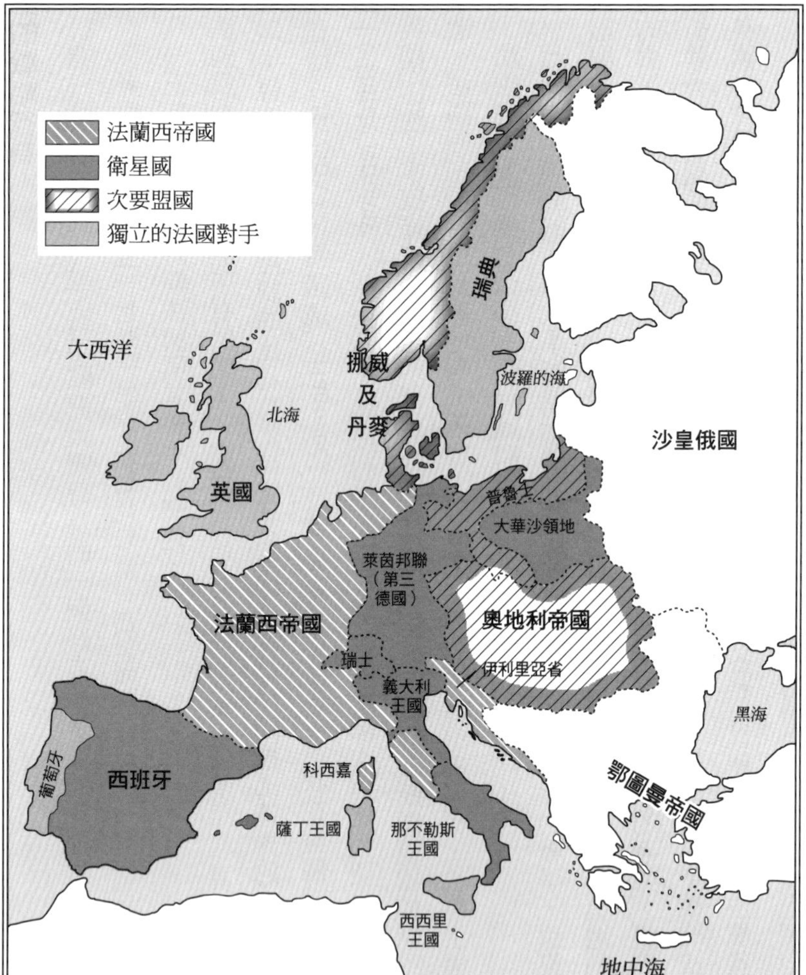

法國在戰爭的開始幾個月遭遇很慘，於是在一七九二年夏，法國軍隊進行了改革和擴充。它於一七九二年九月二十日在瓦爾米（Valmy）入侵普魯士時贏得了一場漂亮的勝利。此後不久，法國繼續東征西討，在一八一五年六月拿破崙在滑鐵盧的最終潰敗之前，它一直是一個無情而可怕的入侵者。

一七九三至一八〇四年間，法國並未試圖去征服所有的歐洲國家，相反的，它只想要在西歐建立霸權。特別是，它獲得了對比利時、義大利的大部及部分第三德國的直接控制。法國還支配了荷蘭共和國及瑞士。但是葡萄牙、西班牙，以及更重要的是英國，不在法國控制之下。這些在西歐的收穫並非來得那麼迅速和容易。例如，通過在一七九二年十一月六日的熱馬普（Jemappes）戰役中擊敗奧地利而贏得了對比利時的控制，但是奧地利人在一七九三年三月十六日的內爾溫登（Neerwinden）戰役中又贏回了比利時。然而，法國在一七九四年六月二十六日的佛勒魯（Fleurus）戰役中再次奪得比利時。

在義大利的情形也類似。在一七九六年三月至一七九七年四月間，拿破崙領導法國軍隊在義大利取得對奧地利的勝利。法國接下來通過《坎波—佛米奧和約》（Treaty of Campo Formio，一七九七年十月十八日）獲得了在義大利的領土與政治影響，結束了奧地利與法國的戰事。但是它們在一七九九年三月十三日又重開戰火。在那年秋季，幾乎所有的法國軍隊都被趕出義大利。拿破崙在一八〇〇年春重返義大利，經過漫長的戰鬥擊敗了奧地利，並在《呂內維爾和約》（Treaty of Luneville，一八〇一年二月八日）中贏回了對義大利大部分的控制，結束了好幾個回合的惡鬥。

在一七九三至一八〇四年間，法國不僅具有有限的領土野心，而且也未做實質性努力來控制任何其大國對手。當然，是法國發動了對奧地利、英國、普魯士及俄國的成功軍事戰役，但它並未威脅要將它們中的任何一個擊垮。其結果是，法國在一八〇五年以前的戰爭規模有限，非常類似前一世紀典型的「有限戰爭」（limited wars），這些戰爭很少產生促使一個大國去征服另一個大國的決定性勝利。[9]

法國的對手在一七九三至一八〇四年間形成了兩個權力平衡聯盟，但是那些被威脅的國家仍然在彼此推卸。第一個聯盟於一七九三年二月一日組成，當時英國聯合奧地利、普魯士制衡法國在比利時與荷蘭的擴張。[10]但是俄國並未加入反法戰爭，而是追求一種坐觀血腥廝殺的戰略，奧地利、普魯士只好獨立面對法國。[11]普魯士疲於戰事，並於一七九五年四月五日退出聯盟，相當於將責任推給了奧地利和英國。事實上，奧地利並沒有承擔責任，因為英國的少量軍隊不可能與法國軍隊在歐洲大陸展開實質性的競爭，這樣奧地利軍隊就要同強大的入侵者作戰。然而，奧地利在其後與法國的戰鬥中狀況並不佳，它在一七九七年秋臨時退出了戰事，留下英國單獨同法國作戰。

第二個權力平衡聯盟在一七九八年十二月二十九日組成，成員包括奧地利、英國、俄國，而沒有普魯士，後者打算繼續推卸責任。這一聯盟在一七九九年三月至八月贏得了對法國的一些戰役的勝利，但是法國在一七九九年九月及十月扭轉了這一局面，大勝反法聯盟。俄國於一七九九年十月二十二日退出了聯盟，讓奧地利和英國去遏制法國。再一次，重任落到了奧地利而非英國肩上。在幾次被法國軍隊在戰場上擊敗後，奧地利於一八〇一年二月九日與法國簽訂了和約。英國最終於一八〇二年三月二十五日簽訂《亞眠和約》（Treaty of Amiens）而退出了戰事。這是自一七九二年春以來歐洲首次無大國戰事。但是和平實際上只是一種武裝的休戰，只持續了十四個月，一八〇三年五月十六日戰爭重新爆發，英國對法國宣戰。

一八〇五至一八一二年間，拿破崙拋棄了在上一世紀中影響歐洲衝突的「有限戰爭」模式。[12]易言之，他尋求征服所有歐洲國家，企圖使法國成為霸主。到一八〇九年夏，法國牢牢地控制了所有的中歐國家，正為征服西班牙和支配伊比利亞半島這一法國尚未支配的歐洲大陸西部唯一的地區而戰。[13]一八一二年六月，法國入侵俄國，希望獲得對東歐的控制。為追逐歐洲霸權，拿破崙征服了其他大國，並將它們徹底擊垮，這在一七九二至一八〇四年之間是沒有的現象。例如，在一八〇五年法國勢如破竹地擊垮奧地利，並予以征服，一年後即一八〇六年普魯士也遭此厄運。一八〇九年，奧地利短暫地振作了起來，但拿破崙的軍隊再次踏平它。可以說，一八〇五至一八一二年間，只剩下英國和俄國還有能力抗衡法國了。

在這期間，又形成了三個權力平衡聯盟來反對法國。儘管還是有互相推卸責任的行為，但沒有一七九二至一八〇四年間那麼多。一八〇五年後，反拿破崙勢力面臨的最主要問題是，它們無法團結在一起組成夠強大的權力平衡聯盟。這使得拿破崙可以各個擊破，瓦解它們的抗衡力量。總之，外交的速度趕不上槍砲快。[14]

第三個聯盟於一八〇五年八月九日組成，當時奧地利與英國、俄國進行軍事聯合。普魯士最初選擇推卸責任，置身於聯盟之外，因為它當時以為三個聯盟成員加起來的實力已足夠遏制法國。

法國自一八〇〇年末起沒有在歐洲打過一場大的地面戰爭。[15]事實上，儘管在外交戰線上仍極度挑釁，但拿破崙自從一八〇一年早期以來與其強大的大陸敵人一直和平共處。保羅・施羅德注意到：「對拿破崙而言，和平只是藉由別的方式延續的戰爭。」[16]

而且，在英國與法國於一八〇三年春重新開戰時，拿破崙建立起了一支能跨越英吉利海峽並入侵英國的強大軍隊。拿破崙大軍從未攻擊英國，但拿破崙在一八〇五年秋用它來攻擊第三次反法聯盟。在戰事的首回合，法軍在烏爾姆大敗奧軍（一八〇五年十月二十日）。[17]普魯士認識到法國是自己生存的嚴重威脅，於是加入了反法聯盟。而在此之前，拿破崙於一八〇五年十二月二日在奧斯特利茨擊敗了奧俄兩國軍隊。[18]在不到三個月的時間內經歷第二次大敗後，奧地利便不再算作一個大國了。

不到一年，也就是一八〇六年七月二十四日，英、普、俄形成第四次反法聯盟。這次沒有誰推卸責任，因為奧地利根本沒有加入聯盟。但這無關大局：拿破崙在一八〇六年十月十四日通過贏得耶拿及奧爾施泰特戰役而征服了普魯士。奧普兩國被踢出了大國行列。在艾勞（Eylau）的血腥僵局中與俄軍交戰（一八〇七年二月八日）後，拿破崙在佛里德蘭的戰場粉碎了它（一八〇七年六月十四日）。此後不久，嚴重受挫的俄軍與拿破崙簽訂了《提爾西特和約》（Treaty of Tilsit），結束了法俄間的對抗，讓法國放手進攻孤立無援的英國。法國集中精力與英國交戰，俄國則從失敗中恢復過來，努力提高其在中歐的地位。

拿破崙在一八〇五年的凱旋部分是俄國推卸責任的結果，這是一八一五年之前的十年間唯一典型的推卸責任案例。俄國在一八〇七至一八一二年將責任推給英國，不僅是因為奧地利與普魯士曾被法國控制，不能加入權力平衡聯盟，而且因為俄軍在一八〇五至一八〇七年遭受大敗，使它不可能在沒有歐洲大陸盟友的情形下同法國軍隊作戰。更好的做法是讓英國和法國相互攻擊而俄國靜觀其變，恢復並等待權力平衡的有利轉換。

有了一八〇五年和一八〇七年的兩次教訓，在第五次反法聯盟中，俄國仍然選擇作旁觀者，奧地利在一八〇九年春已重新獲得了足夠的力量與英國聯手，在阿斯佩恩和艾斯林（Asperm-Essling）（一八〇九年五月二十一至二十二日）及華格姆（Wagram）（一八〇九年七月五至六日）發動了對拿破崙的兩場大戰，但又是一敗塗地。鑑於普、奧都從權力平衡聯盟中被逐出，俄國成為法國在歐洲大陸唯一的可觀對手。條約並沒有持續多久，拿破崙於一八一二年六月將矛頭指向了俄國，希望能一舉殲滅它。結果，法國軍隊在一八一二年六月至十二月間在俄國兵敗如山倒。[19] 同時，法國在西班牙的地位逐漸惡化，在一八一三年一月早些時候，拿破崙最終露出敗象，再也不是戰無不勝的了。

毫無意外，第六次反法聯盟在一八一三年組建起來。普魯士於一八一三年二月二十六日與俄國組成聯盟。拿破崙在俄國的潰敗給了普魯士亟需的喘息機會，不到一個月以後，也就是一八一三年三月十七日它便與法國交戰。英國於一八一三年六月八日加入此聯盟，奧地利效仿之，於一八一三年八月十一日對法國宣戰。自從一七九二年戰爭爆發後，所有法國的對手第一次在一個權力平衡聯盟中聯合起來。[20]

此時拿破崙無視於在俄國的潰敗以及強敵的環伺，仍決定繼續打。一八一三年，為了爭奪被法國統治了近十年的第三德國（現稱為「萊茵邦聯」〔Confederation of the Rhine〕），戰爭爆發。法國軍隊於一八一三年五月在呂岑（Lützen）和包岑（Bautzen）贏得了重大勝利。在整個一八一三年夏天，戰事都非常順利，一八一三年八月二十六至二十七日法國又贏得了在德勒斯登的一場主要戰役，但是法國的勝利很大部分是由於第六次反法聯盟尚未完全成形。在一八一三年十月中旬，當聯盟最終組成時，拿破崙在萊比錫（Leipzig）戰役中遇到了可怕的奧、普、俄軍隊。法國遭遇到又一次毀滅性失敗並永遠失去了德國。

到一八一三年底，法國的對手攻入其領土，一八一四年的戰事便是為法國自身的存亡而戰了。拿破崙軍隊於一八一四年一月在一些關鍵戰役中表現出奇地好，但反法聯盟儘管經歷勞損，還是聯合在一起並在三月份打敗了法軍，使拿破崙在一八一四年四月六日退位。[21] 他最終被流放在厄爾巴島。一八一五年三月初他又跑回法國。第六次反法聯盟立即於一八一五年三月二十五日重組，並於一八一五年六月十八日在滑鐵盧最後將拿破崙擊潰。法國追求霸權的努力就此結束。

各國權力概況統計

後代的學者很難斷定法國比任何其他大國對手都具有更大的潛在權力，這主要是因為在一七九二至一八一五年間，沒有多少可以依賴的的人口，特別是財富方面的資料。儘管如此，當我們考慮已知的軍事實力基礎時，就仍然有理由認為法國比其他歐洲國家具有更多的潛在權力。

儘管很難找到拿破崙時期所有國家財富的任何比較資料，但學者們一般同意英國和法國是國際

表8.1　1750-1816年間，歐洲大國的人口（百萬）

	1750	1800	1816
奧地利	18	28	29.5
英國	10.5	16	19.5
法國	21.5	28	29.5
普魯士	6	9.5	10.3
俄國	20	37	51.3

資料來源：1750年和1800年的數據引自Paul Kennedy, *The Rise and Fall of the Great Powers: Economic Change and Military Conflict from 1500 to 2000* (New York: Vintage, 1987), p.99。1816年數據引自J. David Singer and Melvin Small, *National Material Capabilities Database, 1816-1985* (Ann Arbor, MI: Inter-University Consortium for Political and Social Research, February, 1993)。

體系中最富有的國家。英國擁有巨大財富的一個很好的標誌是英國給奧地利、普魯士和俄國提供了大量的財政援助，使之能建立擊潰法國的軍隊，而後者當然不會從英國或任何其他國家那裡獲得補貼。很難對英國和法國的財富作一詳細比較，但有理由認為在這一時期法國比英國更富有，儘管不會富到哪裡去。[22]例如，一八〇〇年法國比英國擁有更多的人口（兩千八百萬比一千六百萬）（參見表8.1）。對兩個繁榮的經濟體來說，更多人口的一方將擁有更多的綜合財富。而且，如納粹德國一樣，法國從其對歐洲大部分地區的控制中獲得了相當的財富。一位學者估計，「一八〇五年以來，拿破崙的征服給法國財政部提供了百分之十至十五的年收入」。[23]

就人口規模而言，法國也具有相對其對手的優勢。表8.1所列一八〇〇年和一八一六年間的人口資料顯示法國人口幾乎以一．五比一的比例超出英國，幾乎是普魯士的三倍。[24]但法國既未超出奧地利也未超出俄國。法國的人口基本上與奧地利處於同等規模，比俄國少得多。然而，在奧地利和俄國的兩個例子中，一個關鍵因素有效地改變了人口平衡，使之朝著有利於法國的方向發展。

正如第三章所強調的那樣，人口數量是軍事實力的重要組成因素，它影響了一國軍隊的潛在規模。[25]大規模人口才能組成大規模的軍隊。但是競爭國家之間有時具有大大不同的徵兵政策。在那些例子中，簡單比較人口數量不是特別有效。對一七八九至一八一五年間的法國及其對手來說也同樣如此。在法國大革命前，歐洲軍隊規模很小，主要由外國傭軍及社會底層人口組成。由法國大革命所喚醒的民族主義成為法國的強大力量，還帶來了「全民皆兵」（**nation in arms**）的新觀念。[26]所有適合為法國而戰的人都應該為國家服役這一觀念被採納，這樣，法國領導人能夠要求其服兵役的人口百分比激增。然而，不論奧地利還是俄國都不情願模仿法國採用「全民皆兵」制，這就意味著相比法國而言，它們能夠服役的人數明顯少了。這樣，正如下文要討論的，法國相應地能負擔起比奧地利和俄國更大規模的軍隊。[27]

讓我們來考慮實際的軍事實力，在一七八九至一七九二年間，法國在歐洲並不擁有最強大的軍隊，它並非潛在的霸主。[28]單從數量來說，奧地利、普魯士和俄國都比法國的規模更大（參見表8.2）。只有英國維持了一支規模比法國更小的軍隊。[29]而且，法國軍隊與其對手相比並未占有質量優勢。事實上，在革命後這種混亂的年代中，這支法國軍隊連是否能保護法國免受外敵侵略都還有問題。[30]這種脆弱性解釋了為什麼在一七九三年前其他國家沒有去抗衡法國，以及為什麼奧地利和普魯士又在一七九二年聯合攻擊法國。

表8.2 1789-1815年間，歐洲軍隊的兵力

年份	法國	奧地利	英國	普魯士	俄國
1789	180,000	300,000	45,000	200,000	300,000
1790	130,000				
1791	150,000				
1792	150,000（年初）				
	450,000（11月）				
1793	290,000（2月）				
	700,000（年末）				
1794	732,474		↓		↓
1795	484,363		120,000		400,000
1796	396,016				
1797	381,909				
1798	325,000				
1799	337,000				
1800	355,000		↓		
1801	350,000		160,000		
1802	350,000				
1803	400,000				
1804	400,000				
1805	450,000				
1806	500,000			↓	
1807	639,000			42,000	
1808	700,000		↓		
1809	750,000	↓	250,000		
1810	800,000	150,000			
1811	800,000				
1812	1,000,000	↓		↓	↓
1813	850,000	300,000		270,000	500,000
1814	356,000				
1815	300,000	↓	↓	↓	↓

資料來源：法國軍隊的數字引自 Jean-Paul Bertaud, *The Army of the French Revolution*, trans. R. R. Palmer (Princeton, NJ: Princeton University Press, 1988), pp.239 (N. 2), 272; Georges Blond, *La Grande Armée*, trans. Marshall May (London: Arms and Armour Press, 1995), pp.510-511; David G. Chandler, *The Campaigns of Napoleon* (New York: Macmillan, 1996), p.333; Owen Connelly, *French Revolution/ Napoleonic Era* (New York: Holt, Rinehart, and Winston, 1979), p.240; Robert A. Doughty and Ira D. Gruber, *Warfare in the Western World*, vol. 1, *Military Operations from 1600 to 1871* (Lexington, MA: D.C. Heath, 1996), p.213; John R. Elting, *Swords around a Throne: Napoleon's Grande Armée* (New York: Free Press, 1988), pp.61, 653; Vincent J. Esposito and John Robert Elting, *A Military History and Atlas of the Napoleonic Wars* (New York: Frederick A. Praeger, 1964), p.35; Alan Forrest, *The Soldiers of the French Revolution* (Durham, NC: Duke University Press, 1990), p.82；Kennedy, *Rise and Fall*, p.99; John A. Lynn, *The Bayonets of the Republic* (Urbana: University of Illinois Press, 1984), pp.48, 53; Gunther E. Rothenberg, *The Art of Warfare in the Age of Napoleon* (Bloomington: Indiana University Press, 1978), pp.43, 98。1801-1802年和1810-1811年間的數字是作者的推測。其他歐洲國家軍隊的數位建立在以下資料基礎上：Chandler, *Campaigns of Napoleon*, pp.42, 666, 750; Connelly, *French Revolution/Napoleonic Era*, p.268; Clive Emsley, *The Longman Companion to Napoleonic Europe* (London: Longman, 1993), p.138; David French, *The British Way in Warfare*, 1688-2000 (London: Unwin Hyman, 1990), p.107; Charles J. Esdaile, *The Wars of Napoleon* (New York: Longman, 1995), p.18; David R. Jones, "The Soviet Defence Burden through the Prism of History," in Carl G. Jacobsen, ed., *The Soviet Defence Enigma: Estimating Costs and Burden* (Oxford: Oxford University Press, 1987), p.155; Kennedy, *Rise and Fall*, p.99; Evan Luard, *The Balance of Power: The System of International Relations, 1648-1815* (New York: St. Martin's, 1992), p.37; Walter M. Pintner, *Russia as a Great Power: Reflections on the Problems of Relative Backwardness, with Special Reference to the Russian Army and Russian Society*, Occasional Paper No.33 (Washington, DC: Kennan Institute for Advanced Russian Studies, July 18, 1979), p.29; Rothenberg, *Art of Warfare,* pp.167, 171-173, 177, 188, 1 99; and William O. Shanahan, *Prussian Military Reforms, 1786-1813* (New York: AMS, 1966), pp.33-34, 178, 206, 221。

在一七九二年夏，當戰爭對法國非常不利時，它採取措施將其軍隊轉化成歐洲最強大的戰鬥力。到一七九三年秋初，這一目標達到了。法國已明顯成為一個潛在的霸主。在一七九三至一八〇四年間法國軍隊一直是歐洲最精良的軍隊。不過，當我們考慮相對規模與品質時，法國軍隊並未強大到足以使其所有四個對手都被迫聯手對付它的程度；相反的，這種情況使得在法國對手間大量的推卸責任行為成為可能。

在一七九二年四月戰爭爆發前，法國軍隊就達到了十五萬人。到那年的十一月份增加到四十五萬人，是七個月前的三倍（參見表8.2），成為當時歐洲規模最大的軍隊。但此後不久便縮減了規模，到一七九三年二月降至二十九萬人，比奧俄軍隊規模還要略小。然而，著名的「集體徵召入伍」（levée en masse）政策於一七九三年八月二十三日提出，是年年末，軍隊規模激增至七十萬人，對任何其他歐洲軍隊具有壓倒性的優勢。然而，法國無法維持如此大規模的軍隊，到一七九五年時，規模減至四十八萬四千人多一點，但仍是歐洲最大規模的軍隊。一七九六至一八〇四年間，法國軍隊規模在三十二萬五千至四十萬人間波動，始終比奧地利（三十萬人）大，而通常又比俄軍（四十萬人）小。

當然資料只是一個方面的因素。當法國在一七九二年夏天成為一個全民皆兵的國家時，相比其對手的陸軍，法國軍隊獲得了重要的品質優勢。[31]不僅是因為法國軍隊由願意為法國出生入死的人所組成，而且因為功績取代出身成為選拔和晉升軍官的首要標準。而且，改革為充滿愛國主義的「公民—士兵型」軍隊（an army of citizen-soldiers）使得新戰術的引進成為可能，這種新戰術給了法國軍隊在戰場上相當大的優勢，也使得新式法軍成為比舊式法軍或當時的對手都具有更大戰略機動性的軍隊。

儘管法軍比其對手（它們都反對「全民皆兵」的觀念）享有明顯的品質優勢，在一七九三至一八〇四年間是歐洲最強大的軍隊，但它也存在嚴重的缺陷。特別是，軍隊的訓練與紀律都欠佳，而且有大量的逃兵。正如傑佛瑞・貝斯特（Geoffrey Best）指出的那樣，一八〇五年前法軍只是一支「烏合之眾的大軍」（messy massive armies）。[32]

一八〇五至一八一三年間，法國軍隊與其對手的力量差距嚴重擴大。拿破崙對此起到了很大的作用。他通過改進徵兵系統及引進大量的外籍士兵加入法軍而急劇地提升了法軍規模。[33]這樣，法軍從一八〇五年的四十五萬人增至一八〇八年的七十萬人，到一八一二年時達一百萬人。是年，法國入侵俄國。就算是潰敗後，法軍在一八一三年仍然有八十五萬人。正如表8.2中所顯示的，一八〇五至一八一三年間其他歐洲軍隊並未相對擴大規模。

拿破崙還成功地提升了法軍的品質。他並未澈底地改造部隊的組織原則，而是改正現有體制中許多「不完善」的地方。[34]例如，他強化了訓練與紀律，而且還提升了步兵、炮兵、騎兵間的協調，總之，法軍在一八〇五年後比以前更專業，更有競爭力。拿破崙還是個慎謀能斷的指揮官，這使得法國比其他對手又高出一籌。[35]法國的對手並沒有跟上拿破崙改革的腳步，只有普魯士採納了「全民皆兵」的觀念並從根本上使其軍隊現代化。[36]即便如此，規模小的普軍在一對一的較量中並不能與規模比其大得多的法軍相匹敵。

一八〇五至一八一五年間法國相對於其每個對手的權力優勢，很大程度上解釋了為什麼所有這四個國家會於一八一三年聯手，直至法國被打敗並於一八一五年被征服。然而，人們或許會問，為什麼壯觀的權力平衡聯盟不能早點形成呢？比如說在一八〇六或一八一〇年？正如本章先前所強調的那樣，延遲的主要原因是拿破崙在戰場上勢如破竹的勝利，使其所有四個對手不可能形成聯盟。在拿破崙於一八〇五年末征服奧地利後，一八一三年前已無暇形成聯盟了，當時所有法國的大國對手都在玩弄權力平衡。事實上，大多數時候，奧地利、普魯士只是名義上的大國。

最後分析一下地緣因素對推卸責任的影響。奧地利是大國中唯一其所控制的領土與法國接壤的。奧地利與法國都與義大利及第三德國接壤，後兩個在大國眼中都具有征服的價值。結果，奧地利太受法國威脅了，以至於不能選擇推卸責任來遠離戰事。事實上，它正好處在扮演承擔責任者的尷尬位置上。而它也這麼做了，因為它是法國的對手最想利用的國家。[37]例如，大衛・錢德勒（David Chandler）計算，在歐洲大陸的法國對手中，奧地利在相關的二十三年間有十三年半在與法國作戰，而普魯士和俄國僅在五年半時間內分別與法國作戰。[38]

被一大片水域與歐洲大陸隔開的英國是最不容易受到攻擊的法國的敵人，然而英國從一七九三年起幾乎連續與法國作戰，錢德勒估計在相關的二十三年中有二十一年半的時間處於衝突之中。[39]但是英國將責任推給了大陸聯盟，它從不建立一支強大的軍隊去歐洲大陸對付法國，而是選擇派遣少量軍隊在邊緣地帶如西班牙作戰，支持其盟國與法國大軍拚殺。[40]一言以蔽之，英國的地理位置使它能扮演離岸平衡手的角色。

俄國位於法國的另一邊，其間夾著奧地利和普魯士。如此適宜的地理位置使俄國也推卸責任，特別是在一七九三至一八〇四年間，當時法國主要考慮在西歐獲得霸權。[41]事實上，在此期間，俄國與法國交戰不足一年，普魯士也採取了相當的推諉行為，但這不能由地緣因素所解釋，因為普魯士位於歐洲的心臟地帶，與法國相隔不遠，作為推卸責任者的普魯士其成功很大程度上歸因於其鄰國奧地利是一個理想的責任承擔者這一事實。

總之，一七八九至一八一五年間法國的對手所推行的權力平衡與推卸責任模式，很大程度上可由我強調的權力分配與地緣位置的理論來解釋。

歐洲在一八一五年拿破崙戰爭結束後的幾乎四十年間相對太平。事實上，任何大國間都無戰事，直至一八五三年克里米亞戰爭爆發。但是這些戰爭中沒有哪個以任何有意義的方式改變了歐洲的局勢，相反，俾斯麥在十九世紀六〇年代就發動了一系列戰爭，將普魯士變成德國，從根本上改變了歐洲權力平衡。在下一部分我們就來看看大國如何應對普魯士擴張。

俾斯麥的普魯士：一八六二至一八七〇年

背景

普魯士在十八世紀中期前並未變成一個大國，但即便它成為大國時它也可能是歐洲大國中最弱的一個。[42]其弱小的主要原因是它相比其他大國少得多的人口。一八〇〇年時普魯士人口約為九百五十萬，而奧地利和法國都有兩千八百萬，俄國擁有約三千七百萬人口（參見表8.1）。當俾斯麥通過三場戰役帶來一個又一個勝利時，普魯士的戰略位置在一八六四至一八七〇年間急遽變化。普魯士事實上在一八七〇年已不再是一個國家了，而變成了統一德國的核心，後者比過去的普魯士強大得多。

當俾斯麥在一八六二年九月被任命為普魯士首相時，還沒有一個稱為「德國」的國家。相反的，只有說德語的政治實體散佈在歐洲中心，鬆散地結合在德意志邦聯（German Confederation）這個一八一五年拿破崙潰敗後成立的孱弱的政治組織。這一邦聯中有兩個大國：奧地利和普魯士，但也包括中等大小的王國，如巴伐利亞、薩克森，以及許多小國與自由城市——所有這些被我稱為「第三德國」。在一八四八年革命後，很明顯德國民族主義的力量有可能導致這些說德語的政治實體形成統一的德國。當時的問題是奧地利和普魯士是否會成為新國家的核心？也就是說，哪一個大國要來接手第三德國？一八六四年、一八六六年及一八七〇至一八七一年的三場戰爭解決了這個問題，情形對普魯士有利。

除普魯士和奧地利外，十九世紀六〇年代歐洲還有四個其他大國：英國、法國、義大利和俄國（參見圖8.2）。但是義大利並沒有對德國統一這件事有顯著影響，儘管它的確在一八六六年與普魯士一起作戰。

義大利是一個非常新的國家，與其他國家相比還特別弱。因此，關鍵的問題是奧地利、英國、

圖8.2　1866年的中歐

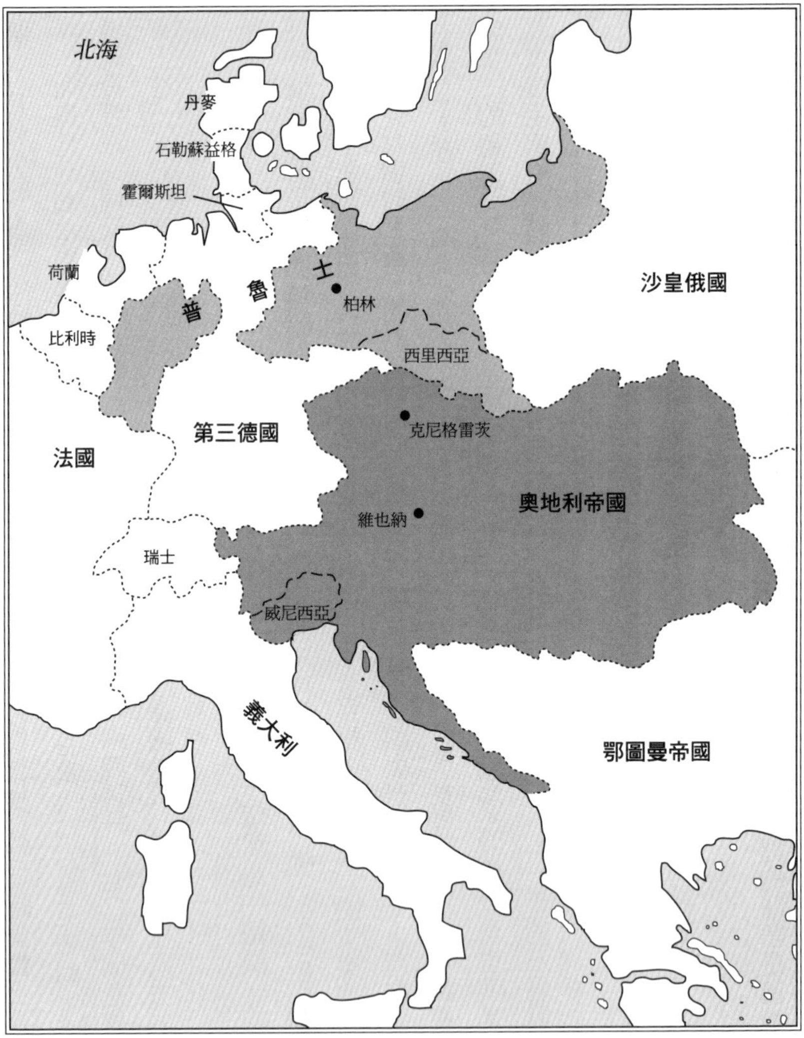

法國和俄國如何對俾斯麥將普魯士變成德國的努力作出反應。正如後文將要清楚表明的，推卸責任是它們的戰略選擇，儘管奧地利和法國在不同的時候抗衡過普魯士，但它們僅在別無選擇時才如此。

大國的戰略行為

俾斯麥領導下普魯士的第一場戰爭（一八六四年）是奧地利和普魯士兩大國聯合攻擊小國丹麥。[43]它們的目標是將易北河畔的兩個公國——石勒蘇益格（Schleswig）和霍爾斯坦（Holstein）——從丹麥手中奪去。在德意志邦聯中存在普遍的情緒認為，那些地區應該成為德國政治實體的一部分而不是丹麥的，因為幾乎所有的霍爾斯坦及大約一半的石勒蘇益格人說德語，故而他們被視為德國的國民。奧地利和普魯士不費氣力便擊敗了丹麥，但它們無法就由誰來控制這兩個地區達成一致意見。在丹麥一步步被擊潰時，英國、法國和俄國袖手旁觀。

一八六六年普奧開戰，作為奧地利競爭對手的義大利加入了普魯士同奧地利作戰。[44]這場戰爭部分由普奧如何處理石勒蘇益格和霍爾斯坦問題而引起，但更重要的危險因素是由誰去控制統一的德國。普軍很輕易地擊敗了奧軍，普魯士控制了第三德國的北部地方，沒有其他大國插手來幫助奧地利。最後，普魯士於一八七〇年與法國開戰。[45]俾斯麥基於軍事勝利能完成德國的統一這種假設而發動戰爭。法國主要是為領土補償而戰，即抵消普魯士在一八六六年所獲得的領土。普軍大敗法軍，普魯士從法國那裡獲得了亞爾薩斯和洛林的部分地區。更重要的是，普魯士獲得了對第三德國南部的控制，這意味著俾斯麥最終創造了統一的德國。在法軍潰敗的當口，歐洲的其他大國視若無睹。

在一八六四年沒有歐洲大國與奧地利、普魯士抗衡，這並不奇怪，因為賭注很小。不論奧地利還是普魯士都不是特別可怕的軍事強國；當時也還不清楚它們中的哪個（如果有的話），將最終控制石勒蘇益格和霍爾斯坦。但是一八六六年及一八七〇年的衝突卻是另一回事兒。這些戰爭基本上改變了歐洲的權力平衡，使之朝著有利於普魯士的方向發展。乍看起來，人們會預計一八六六年時英國、法國與俄國會聯奧抗普，一八七〇年時奧地利、英國和俄國會聯法抗普。事實正好相反，它們都追求推卸責任的策略，奧地利被撇在一邊，在一八六六年單獨同普魯士作戰，而法國在一八七〇年發現自己處於同樣的境地。

一八六四至一八七〇年發生在歐洲的推卸責任行為由兩種不同的原因所驅使。英國與俄國事實上歡迎普魯士的勝利，因為它們認為統一的德國符合它們的戰略利益。[46]兩者都感覺到法國是歐洲最具威脅的大國，法國旁邊有一個強大的德國將會有助於制衡法國。本質上，英國與俄國都在追求一種推卸責任的策略，但它們的目標不是讓另一國去抗衡普魯士，它們並不把普魯士視為威脅；而相反，它們的目標是創造一個強大的德國去抗衡它們真正害怕的法國。英國還考慮到統一的德國將有助於使俄國的注意力鎖定在歐洲，遠離中亞（英國和俄國在那裡正鬥得不可開交）。而且，俄國將強大的德國視為制衡奧地利的力量，後者近來變成了俄國的死對頭。儘管如此，對法國的恐懼仍然是英國和俄國想法背後的主要動力。

奧地利和法國基於不同的原因而推卸責任。與英俄不同，它們害怕在它們家門口出現一個統一的德國，因為這將會對其生存造成直接的威脅。不過，它們並未一起抗衡普魯士；相反它們相互推卸責任，讓俾斯麥逐個擊敗它們。事實上，有證據表明法國歡迎普奧在一八六六年的流血衝突，因為法國認為它會在這一過程中漁翁得利。[47]這種推卸責任的主要原因是每個國家都想靠其他國家阻止普軍，挫敗俾斯麥的野心，而不需要其他大國的幫助。事實上，當時在歐洲各國不少人還相信奧地利和法國都有實力打敗普魯士。[48]法國不僅擁有拿破崙的遺產，而且最近又在克里米亞戰爭（一八五三至一八五六年）及義大利統一戰爭（一八五九年）中獲勝。

奧地利和法國並未形成反對普魯士的權力平衡聯盟，還有其他的原因。例如，俾斯麥有很高明的策略，利用外交手段孤立其目標。而且，奧法在一八五九年前曾相互開戰。這場衝突殘留的仇恨在十九世紀六〇年代阻礙了兩國關係的發展。[49]奧地利在一八七〇年也擔心如果站在法國一邊，俄國或許會從東邊攻擊奧地利。[50]最後，奧地利軍隊在一八七〇年尚未從一八六六年所遭受的持續打擊中恢復元氣，因此無法以良好的狀態再次對付普魯士軍隊。儘管這些考慮也有助於奧地利和法國推卸責任，但如果法國的政策制定者認為需要幫助奧地利來對付普魯士，這些考慮也就無關宏旨了；反之亦然。這些因素應該一起作用來阻止俾斯麥締造統一的德國。

各國權力概況統計

十九世紀六〇年代大量的推卸責任行為很大程度上可由普魯士在歐洲權力平衡中的地位所解釋。普魯士自然不是一個潛在的霸主，儘管其軍隊在十年內迅速強大起來，但從未強大到令其大國對手看來值得形成權力平衡聯盟來對付它的程度。正如本書所強調的那樣，一個潛在霸主必須比任何其他對手更富有，必須擁有這一地區最強大的軍隊，但是是英國，而非俾斯麥的普魯士控制了十九世紀中葉歐洲最大份額的潛在權力。英國在一八六〇年控制了約百分之六十八的歐洲財富，法國控制了百分之十四，普魯士只控制了百分之十（參見表3.3）。到一八七〇年，英國仍控制了約百分之六十四的歐洲工業實力，而德國只控制了百分之十六，法國為百分之十三。[51]

看一下十九世紀六〇年代的軍事平衡，毋庸置疑，法國和俄國擁有最強大的軍隊。在一八六〇至一八六六年間，法國自然是老大，這就是為什麼英俄特別稱讚俾斯麥統一德國的努力的原因。普魯士軍隊在十九世紀六〇年代初是最弱的歐洲軍隊之一，但是在一八六七年卻成為最強大的軍隊，在一八七〇年保持了第一的地位。[52]奧地利在十九世紀六〇年代上半期擁有一支強大的軍隊，但是其實力在一八六六年後衰落了。[53]俄國保持了一支大而無效的軍隊，很少有向外投送的能力，頂多只能抵禦外敵來犯。[54]最後，儘管英國比其對手擁有更大的潛在實力，但它僅保持了一支小而低效的軍隊，在歐洲權力平衡中的作用不大。[55]

當然，英國和俄國相對軟弱的軍事對制衡俾斯麥很難起作用，因為兩國希望普魯士變成德國。在一八六六年及一八七〇年，最關鍵的是權力如何在奧地利、法國和普魯士間分配。[56]看看一八六六年的資料，奧地利軍隊自然可與普魯士軍隊相匹敵（參見表8.3）。[57]奧地利的常備軍有一．二五比一的優勢。在各方的儲備都動員起來後，奧地利仍占有類似的優勢。在一八六六年七月三日的克尼格雷茨（Königgrätz）關鍵戰役中，二十七萬奧軍迎戰二十八萬普軍。[58]但是普軍的質量比奧軍好。[59]普軍士兵使用後膛裝彈的步槍，這就使他們享有重要優勢。後者裝備的是前膛裝彈的步槍。

表8.3 歐洲軍隊的兵力，1862-1870年間（德國統一戰爭）

	1862	1864	1866		1870		1870–71
	常備軍	常備軍	常備軍	動員後兵力	常備軍	動員後兵力	總動員兵力
奧地利	255,000	298,000	275,000	460,000	252,000	na	na
英國	200,000	200,000	176,731	na	174,198	na	na
法國	520,000	487,000	458,000	na	367,850	530,870	1,980,000
普魯士	213,000	212,000	214,000	370,000	319,000	1,183,000	1,450,000
俄國	682,000	727,000	742,000	na	738,000	na	na
義大利	185,000	196,100	200,000	na	214,354	na	na

注：na＝未知。

資料來源：1862年及1864年奧地利、普魯士、俄國的數據引自Singer and Small，*National Material Capabilities Data*。俄國的資料實際上是1862年及1865年的，因為辛格（Singer）與斯莫爾（Small）莫名其妙地將1864年的俄國軍人設定在一百萬人的規模之上。英國的數據引自Michael Stephen Partridge, *Military Planning for the Defense of the United Kingdom*, 1814-1870 (Westport, CT: Greenwood, 1989), p.72。1862年義大利的數據引自Singer and Small, *National Material Capabilities*。1864年的數據引自The Statesman's Year Book (London: Macmillan, 1865), p.312。1866年奧地利、普魯士、俄國的常備軍數據引自Singer and Small, *National Material Capabilities Data*。1866年英國的數據引自Edward M. Spiers, *The Army and Society*, 1815-1914 (London: Longman, 1980), p.38。1866年法國的數據引自Douglas Porch, *Army and Revolution: France, 1815-1848* (London: Routledge and Kegan Paul, 1974), p.67。1866年義大利的數據引自Geoferry Wawro, *The AustroPrussian War* (Cambridge: Cambridge University Press, 1996), pp.52-53。1870年奧地利、普魯士、俄國的數據引自Singer and Small, *National Material Capabilities Data*。1870年英國的數據引自Spiers, *The Army and Society*, p.36。1870年法國的數據引自Thomas J. Adriance, *The Last Gaiter Button: A Study of the Mobilization and Concentration of the French Army in the War of 1870* (Westport, CT: Greenwood, 1987), p.23。1870年義大利的數據引自The Statesman's Year Book (London: Macmillan, 1971), p.312。動員後的法軍規模（如1870年7月28日）引自Adriance, *The Last Gaiter Button*, p.145。這一資料通過將7月28日抵達兵站的後備軍加上常備軍人數而推算出。普魯士的數據（如1870年8月2日）引自Michael Howare, The Franco-Prussian War: The German Invasion of France, 1870-1871 (London: Methuen, 1961), p.60。1870-1871年戰爭期間，法國與普魯士的總動員人數數據引自Theodore Ropp, *War in the Modern World* (Durham, NC: Duke University Press, 1959), p.156 (n.13)。

普軍還擁有優越的幕僚系統。奧軍是多民族構成的，這對其戰力也不利，儘管在一八六六年問題仍然可以控制。另一方面，奧軍比普軍擁有好得多的炮兵與騎兵。因此，就數量與質量來看，普軍比起奧軍明顯更強，但差距不是很大。普奧間權力平衡的概況鼓勵法國在一八六六年推卸責任。[60]

法國在一八六六年仍擁有歐洲最強大的軍隊，它其實可以與奧地利結盟而遏制俾斯麥。與普奧不同，法國仍相當依賴其常備軍，而對動員後備軍興趣不大。不過，法國的常備軍在一八六六年仍然超出普魯士全部動員起來的軍隊，前者是四十五萬八千萬人，後者只有三十七萬人。而且，此時兩者在質量上的差異不大。然而，在一八六〇至一八七〇年間，權力平衡朝著不利於法軍而有利於普軍的方向發展，儘管這種變化當時並未被廣泛地認識到。

在一八六六年的戰爭中觀察到普魯士成功動員後備軍後，法國也減少了其常備軍規模，開始建構自己的後備軍系統。四年後，從紙上作業看來，法國軍隊具有令人畏懼的後備軍實力。然而事實上它無效率，特別是與普魯士的後備軍系統相比。當法國在一八七〇年七月十九日宣戰時，這種差異影響甚鉅。[61]在這點上，雖然法國的常備軍比普魯士更強大，但普魯士在戰爭開始時能動員一百一十八萬三千名士兵，而法國僅能徵召五十三萬八百七十名士兵。最終法國設法動員所有其後備軍，在戰爭過程中，它比普魯士多動員了五十萬。到一八七〇年，普魯士在軍隊質量上略佔優勢，主要是因為它擁有一個優異的參謀系統，且其後備軍比法國的受過更好的訓練。[62]然而，法國步兵比普魯士裝備更好，儘管這種優勢被普軍的後膛裝彈火炮所抵消。

另一方面，普魯士軍隊在一八七〇年時比法軍明顯要強，主要是因為兩者在短期動員能力方面極具非對稱性。鑑於這種非對稱性，奧地利應該聯合法國來抗擊普魯士，但這並未發生。因為奧地利和法國政策制定者誤算了對方。普魯士的兩個對手都錯誤地認為法國軍隊能和普魯士軍隊一樣快速有效地動員後備軍。[63]事實上，法國的領導者認為普魯士在動員其後備軍時會有困難，這將形成法軍重要的優勢。然而，普魯士正確地認識到法軍不可能如此順利地動員，普軍因此在戰場上得以占上風。[64]如此一來，到一八七〇年機會到來時，俾斯麥便毫不遲疑地發動了對法國的戰爭。

最後，在這個例子中，推卸責任並沒有被地緣考慮所嚴重影響。英國與普魯士被英吉利海峽所分開，但英國對普魯士的政策並沒有受地理因素的影響，而是主要由英國對法國的恐懼所驅使。奧地利、法國和俄國都與普魯士接壤，因此地理因素不能幫助解釋它們對俾斯麥締造統一德國的不同反應。普魯士的四個潛在對手當然處於很好的位置來攻擊普魯士，如果它們認為值得形成權力平衡聯盟的話。但是它們並沒有這樣做，這主要是因為一八六二至一八七〇年的歐洲權力分配鼓勵了推卸責任。

威廉德國：一八九〇至一九一四年

背景

當一八九〇年三月俾斯麥被解除首相職位後，德國並非一個潛在的霸主，儘管它擁有巨大而日益增長的人口、旺盛的經濟和可怕的軍隊。這種綜合優勢在十九世紀的最後十年在歐洲其他國家間造成了巨大的不安。然而，到了二十世紀早期，德國是一個羽翼豐滿的潛在霸主，每年都在攫取更多的相對權力。於是乎，在一九〇〇年至一九一四年八月一戰爆發前夕，歐洲的政治充滿了對德國的擔心。

除德國外，這一時期的歐洲還有五個其他大國：奧匈帝國、英國、法國、義大利和俄國（參見圖6.2）。

奧匈帝國、義大利和德國是三國同盟的成員。奧匈帝國是一個特別弱的大國，前途暗淡。[65]事實上，它在一戰結束時就永遠解體了。民族主義是奧匈帝國軟弱的首要原因。它是一個多民族國家，其主要種族都想成為獨立的國家。奧匈帝國和德國在一戰前緊密結盟。它在東歐與巴爾幹地區與俄國有嚴重的邊界爭端，需要德國幫助它對付沙皇軍隊。另一方面，保持奧匈帝國的完整對德國也有利，因為它可以幫助阻止俄國的擴張。

義大利也是一個特別弱的大國。義大利的問題不是民族主義（民族主義在一八六〇年實際上還幫助統一了義大利），而是它幾乎沒有工業基礎，且軍隊多次兵敗如山倒。[66]當一位英國高層外交官在一九〇九年說這句話時，他並非開玩笑：「我們沒有期望唆使義大利脫離三國同盟，因為它只會是盟國的拖油瓶，而不會對法國及我們有任何幫助。」[67]然而，義大利在二十世紀初並不忠於三國同盟，因為其與法國的不和——這種不和最初促成了它與德國和奧匈帝國的聯盟——很大程度上又消失了，而其與奧匈帝國的關係已經惡化。[68]實際上，義大利在一戰前是一個中立國。毫不奇怪，當戰爭開始時，義大利保持中立，一九一五年五月時加入了協約國，對其自己從前的盟國——奧匈帝國及德國——作戰。

英國、法國和俄國都比奧匈帝國及義大利要強大得多，它們註定會制止德國建立在歐洲的霸權。因此，關鍵的問題是這三大國是如何對威廉德國在一八九〇至一九一四年間日益增長的實力作出反應的。很明顯，威廉德國的對手間沒有什麼推卸責任行為。相反的，英、法、俄在一戰爆發前七年開始形成了權力平衡聯盟——三國協約。

大國的戰略行為

法國和俄國這兩個德國東西兩翼的陸上強國，在一八九〇至一八九四年間談判組成聯盟以遏制德國。[69]然而，雙方都不認為德國在當時或不久的將來可能會攻擊自己。它們對德國的主要關切在於確保德國不在歐洲製造麻煩，從而它們能在世界的其他地區追逐各自重要的目標。在十九世紀九〇年代初英德關係明顯冷淡，但是英國並未顯示出聯合法俄來對付德國的跡象。[70]事實上，英國在十九世紀九〇年代經常與其未來的盟友不和，在一八九八年還為爭奪尼羅河要塞法紹達差點與法國開戰。[71]

在一八九四至一九〇四年間，三國協約的未來成員在如何就德國的威脅作出反應問題上並沒有明顯的變動。法國和俄國仍維持聯盟關係，通過兩線作戰的恐懼來威脅和遏制威廉德國。英德關係在世紀之交嚴重惡化，主因是德國為了實踐其「世界政策」的願景而開始建造龐大的海軍。儘管對德國的恐懼促使一九〇三至一九〇四年間英法關係有了顯著改進，但是英國並未與法俄聯合起來抗衡德國。[72]它們在一九〇四年四月八日簽訂了《英法協約》（Entente Cordiale），結束了它們在歐洲之外地區的激烈競爭。儘管這個協約並不意味著一個意在德國的制衡聯盟，但它確實使一九〇五年後該聯盟的成立更加水到渠成。事實上，作為典型的離岸平衡手的英國，是在推卸責任；它想依靠法國和俄國來遏制德國在歐洲大陸的擴張。當然，拒絕大陸義務意味著英國不必建立強大的軍隊，這使得它可以集中精力維持世界上最強大的海軍。

歐洲權力格局在一九〇五至一九〇七年間發生了顯著的變化。當局勢已經明朗後，英國與法國和俄國結盟，共組三國協約。[73]德國在一九〇五年時已具有潛在霸主的特徵，這一簡單的事實迫使英國不得不更進一步，接受了大陸義務。[74]但其他的考慮也影響了英國的算計。日本在一九〇五年重挫俄國，成功地將其踢出歐洲權力平衡，留下失去主要盟友的法國。[75]更糟的是，當俄國正大難臨頭時，德國因摩洛哥問題挑起了與法國的一次重要的外交危機。其目的是孤立並羞辱法國，因為後者不再擁有可靠的俄國聯盟，當時也還未與英國結盟。

英國的政策制定者很快認識到推卸責任不再是可行的政策，因為法國不能單獨遏制德國。[76]於是，在一九〇五年末，英國開始承擔大陸義務。特別是，它開始組織一支小型的遠征軍在歐洲大陸與法國並肩作戰，啟動英法軍隊間的參謀會談（staff talks）以共同協調打擊德國。[77]同時，英國開始努力改善與俄國的關係，後者在亞洲被日本嚴重束縛。《英俄協約》（Anglo-Russian Convention），即三國協約中的第三個也是最後一個協約，在一九〇七年八月三十一日完成。[78]其目標是確保英俄不捲入歐洲之外（特別是中亞地區）的嚴重衝突，以期它們能在歐洲聯手遏制德國。

儘管英、法、俄在一九〇七年夏形成了對付德國的權力平衡聯盟，但英國推卸責任的衝動從未完全消失。例如，如果其盟國受到了德國的攻擊，英國從未作出明確的承諾與它們一道作戰。[79]三國協約並非如冷戰時期的北約那樣組織嚴密的正式同盟。而且，當一九一一年俄國軍隊已明顯從日俄戰爭的潰敗中恢復過來後，可以再次想像法俄在沒有英軍的幫助下制衡德國。相應地，英俄關係再生波瀾，三國協約也有些動搖了。[80]最後，當戰爭爆發時，英國試圖讓法國和俄國承擔擊敗強大德軍的可怕任務，而自己卻袖手旁觀，為戰後時期養精蓄銳。[81]不過，儘管有這種遲疑，英國在一九〇七年後並未放棄其大陸義務，在一九一四年早些時候依然與法國、俄國一道並肩作戰。在西線，它還調撥大量的軍隊同可怕的德軍作戰，履行自己的職責。

總之，在一戰前的十五年，我們看到了針對德國的相對有效的抗衡。法國和俄國在一八九〇至一九〇五年間聯手制衡德國，而那時英國卻選擇推卸責任。然而在一九〇五年後就沒有什麼卸責的行為了，英國與法俄兩國聯手試圖抵禦德國。德國的敵人的這種行為模式很大程度上能由地理因素以及一八九〇至一九一四年間德國在歐洲權力平衡中與日俱增的地位來解釋。

各國權力概況統計

讓我們從一八九〇至一九〇五年開始。德國在這一階段後期前並非一個潛在的霸主，主要是因為直到一九〇三年為止英國比德國控制了更多的潛在權力。例如一八九〇年時英國控制了百分之五十的歐洲財富，而德國只控制了百分之二十五（參見表3.3），法國是百分之十三，俄國只占百分之五。英國在一九〇〇年時仍擁有對德國的優勢，但降到只有百分之三十七對三十四。而且，法國的比例縮減至百分之十一，儘管俄國比例增至百分之十。德國快速達到了這一點，即擁有足夠的工業實力而成為一個潛在的霸主。事實上，一九〇三年時它達到了這一比例，當時它占有歐洲財富的百分之三十四．五。[82]毫無疑問，到了二十世紀初，德國比法國和俄國擁有更大的潛在權力。

考慮實際的軍事實力，法國和德國在一八九〇至一九〇五年間是歐洲最強大的國家。正如大衛．赫爾曼（David Herrmann）注意到的，一戰前夕，「就軍事專家看來，法國和德國的軍隊是舞台上的焦點」[83]。而德軍又是其中更可怕的力量。法國和德國常備軍與其全部動員軍隊一道，在這一時期處於大致相等的規模（參見表6.1及表8.4）。然而，關鍵的差別是各方如何使用其後備軍。德國後備軍的大部分是為戰爭而訓練，且被編成戰鬥單元，隨時預備好參加一場大型歐洲戰爭的第一階段。相反，法國並不認為訓練後備軍是為了與常備軍並肩作戰。這樣，儘管法德兩軍全部動員起來的規模相差不大，但德國能產生規模更大的戰鬥力。如果戰爭在一九〇五年爆發，德國將擁有近一百五十萬士兵的戰鬥力，而法國只有約八十四萬，德國占有一．八比一的優勢。[84]最後，德軍在質量上也些微領先法軍，這主要是因為它有卓越的參謀本部以及重炮的輔助。

俄國在一八九〇至一九〇五年間擁有歐洲最大的軍隊，但是為眾多嚴重的問題所困擾，這就使它屈居老三的位置，比德法差了一大截。[85]日本軍隊在一九〇四至一九〇五年的戰爭中利用了俄軍的這些缺陷，對俄軍實施了懲罰性擊潰。英軍在一九〇五年前規模既小又未作好投入歐洲戰爭的準

表8.4 歐洲軍隊的兵力，1900-1918年間（第一次世界大戰）

	1900		1905		1910		1914		1914–18
	常備軍	潛在兵力	常備軍	潛在兵力	常備軍	潛在兵力	常備軍	潛在兵力	總動員兵力
奧匈帝國	361,693	1,872,178	386,870	2,580,000	397,132	2,750,000	415,000	1,250,000	8,000,000
英國	231,851	677,314	287,240	742,568	255,438	742,036	247,432	110,000	6,211,427
法國	598,765	2,500,000	580,420	2,500,000	612,424	3,172,000	736,000	1,071,000	8,660,000
德國	600,516	3,000,000	609,758	3,000,000	622,483	3,260,000	880,000	1,710,000	13,250,000
俄國	1,100,000	4,600,000	1,100,000	4,600,000	1,200,000	4,000,000	1,320,000	1,800,000	13,700,000
義大利	263,684	1,063,635	264,516	1,064,467	238,617	600,000	256,000	875,000	5,615,000

注：「潛在兵力」（war potential）已在表6.1中界定。一國的戰鬥部隊（fighting army）指的是集結在戰場立即可投入戰鬥的戰鬥部隊人數。1914年8月，這些戰鬥部隊不只是分佈在一條戰線上，具體如下：奧匈帝國，100萬在加利西亞（Galicia）作戰，25萬入侵塞爾維亞；德國，148.5萬入侵法國及低地國家，22.5萬在東普魯士；俄國，120萬在加利西亞，60萬入侵東普魯士。

資料來源：除了奧匈帝國1900年潛在兵力的數字是作者的估計外，所有國家在1900、1905和1910年常備軍（standing army）與潛在兵力的數字引自*The Statesman's Year Book* (London: Macmillan, various years)。具體的年份和頁碼如下（年份是指的*The Statesman's Year Book*的版本年份）：奧匈帝國，1901，第386頁；1906年，第653頁；1911年，第590頁。英國，1901年，第57-58頁；1906年，第284頁；1911年，第52-53頁。法國，1901年，第556頁；1906年，第614-615頁；1911年，第768-769頁。德國，1901年，第629-630頁；1906年，第936-937頁；1911年，第843頁。俄國，1901年，第991頁；1911年，第1166頁。義大利，1902年，第806頁；1906年，第1088頁；1911年，第963頁。法國1905年戰鬥部隊的資料出自David G. Herrmann, *The Arming of Europe and the Making of the First World War* (Princeton, NJ: Princeton University Press, 1996), p.45。德國同一年份資料是作者在下述文獻基礎上所作的估計：ibid., pp.44-45, 160, 221; Jack L. Snyder, *The Ideology of the Offensive: Military Decision Making and the Disasters of 1914* (Ithaca, NY: Cornell University Press, 1984), pp.41-50, 67, 81, 109-111, 220。1914年奧匈帝國常備軍和已動員的作戰部隊的資料出自Holger H. Herwig, *The First World War: Germany and Austria-Hungary, 1914-1918* (London: Arnold, 1997), p.12; Arthur Banks, *A Military Atlas of the First World War* (London: Leo Cooper, 1989), p.32。至於英國，其資料出自War Office, *Statistics of the Military Effort of the British Empire During the Great War* (London: His Majesty's Stationery Office, 1922), p.30; Herwig, *First World War*, p.98。法國軍隊的數據出自*Les Armées Francaises dans La Grande Guerre* (Paris: Imprimerie Nationale, 1923), p.30; J. E. Edmonds, *History of the Great War: Military Operations, France and Belgium, 1914*, Vol. I (London: Macmillan, 1933), p.18。德國的數字來自Spencer C. Tucker, *The Great War, 1914-1918* (Bloomington: Indiana University Press, 1998), p.17; Banks, *Atlas of the First World War*, pp.30, 32。俄軍的數字來自Alfred Knox, *With the Russian Army, 1914-1917* (London: Hutchinson, 1912), p.xviii; Tucker, The Great War, pp.40, 44。義大利常備軍的數字源自Herrmann, *Arming of Europe*, p.234，其已動員的戰鬥部隊的數字（截至1915年5月，當時義大利已加入戰鬥）源自Banks, Atlas of the First World War, p.200。1914-1918年奧匈帝國、英國、法國、德國和俄國的總動員兵力資料來源自Roger Chickering, *Imperial Germany and the Great War, 1914-1918* (Cambridge: Cambridge University Press, 1998), p.195；義大利的資料來自Judith M. Hughes, *To the Maginot Line: The Politics of French Military Preparation in the 1920s* (Cambridge, MA: Harvard University Press, 1971), p.12。

備，故此在權力平衡中並不重要。如赫爾曼指出的，「從巴黎、柏林到維也納與羅馬，參謀本部在調查歐洲軍隊的力量與裝備時，經常容易完全忽略了英國」[86]。

德國在一戰前十年很明顯是一個潛在的霸主。在潛在的權力方面，到一九一三年時，德國控制了百分之四十的歐洲工業實力，英國只控制了百分之二十八（參見表3.3）。[87]從這點上說，德國也擁有相對於法俄三比一的潛在權力優勢，後二者占有歐洲工業實力的比例分別是百分之十二和十一。而且，德國軍隊在一九〇五年後仍然一支令人生畏的軍隊。事實上，它在一九一二年初就開始了認真的擴張計畫。當戰爭在一九一四年爆發時，德國能投入一百七十一萬兵力於前線戰區，而法國只能徵召一百零七萬人（參見表8.4）。當然，德國在潛在權力方面的巨大優勢在戰爭過程中允許它動員比法國更多的人：一千三百二十五萬對八百六十萬。俄國軍隊由於日俄戰爭的潰敗而遭到嚴重削弱，僅在一九一一年時才稍微振作一點。然而，它仍然比法德軍隊差得多。一九〇五年後的英軍規模雖小，但它是一支精銳的戰鬥部隊，特別是相比俄軍而言。英軍可能是一戰前十年間歐洲第三好的軍隊，俄軍第四，與一九〇五年前的情況正好相反。

鑑於德國在一八九〇至一九〇五年是歐洲大陸最強大的國家，但直到一九〇三年之前還不是一個潛在的霸主，因此法俄聯手對付德國就顯得有意義了。而英國被海洋與歐洲大陸隔開，還在採取推卸責任的策略。然而到一九〇五年時威廉德國很明顯已成為潛在的霸主了，這是對權力平衡的嚴重威脅，特別是俄國被擊潰那年。事到如今，英國只好停止推卸責任並與法俄一道對付德國，一直堅持到一九一八年十一月德國被最終擊潰為止。

最後，地緣因素並未妨礙抗衡德國。法國與俄國都同德國接壤，這就使得它們很容易攻擊或威脅攻擊德國領土。當然，這種接壤也使得德國容易入侵法國和俄國，這自然會刺激它們去形成反對德國的聯盟。英國由英吉利海峽與德國分開，這使得對英國而言推託比法國和俄國都更為可行。但一旦英國不再推卸責任，接受大陸義務，它會準備通過將其軍隊運送到法國而給德國施加壓力，就像它在一九一四年做的那樣。

納粹德國：一九三三至一九四一年

背景

在一戰結束以及希特勒於一九三三年一月三十日成為德國總理期間，法國是歐洲最強大的國家。它維持了一支龐大的軍隊，密切關注保衛其東部邊界，抵禦德國的進犯（參見表8.5）。然而，德國在這一時期也未對法國造成威脅，因為魏瑪德國（Weimar Germany）僅能自保，更不用說攻擊法國了。德國自然擁有必要的人口與財富來建立歐洲的最強大軍隊，但是它被《凡爾賽條約》綁住，條約還將戰略重地萊茵地區從德國手中拿走，將其置於國際控制之下，這也阻止了魏瑪德國建立起一個強大的軍事機器。

蘇聯在一戰後的十五年內也是一個特別弱的國家，這在很大程度上可由為什麼魏瑪德國與蘇聯

表8.5 1920-1930年間，歐洲軍隊的兵力

	1920	1925	1930
英國	485,000	216,121	208,573
法國	660,000	684,039	522,643
德國	100,000	99,086	99,191
義大利	250,000	326,000	251,470
蘇聯	3,050,000	260,000	562,000

資料來源：除了1920年蘇聯的資料來源於Singer and Small, *National Material Capabilities Data*外，所有資料引自*The Statesman's Year Book*（不同年份）。具體年份與頁碼如下（年份是指*The Statesman's Year Book*的版本年份）：英國，1920年，第53頁；1925年，第44頁；1931年，第41頁。法國，1921年，第855頁；1926年，第857頁；1931年，第853頁。德國，1921年，第927頁；1926年，第927頁；1931年，第927頁。義大利，1921年，第1016頁；1926年，第1006頁；1931年，第1023頁。蘇聯，1926年，第1218頁；1931年，第1238頁。

在一九三三年前緊密合作來解釋。[88] 二十世紀二〇年代，蘇聯領導人在試圖重建被一戰、革命和內戰，及對波蘭的失敗戰爭所破壞的家園時，面臨著重重困難。其中最主要的問題是落後的經濟不足以支撐一流的軍事建設。史達林在一九二八年制定了重大的工業化計畫以挽救這一劣勢，最終功效卓著，但此不惜一切代價的工業化政策的成果僅在納粹分子掌權後才實現。英國在二十世紀二〇年代維持了一支小規模的軍隊，它在意的焦點是大英帝國內的戰鬥而非歐洲大陸。義大利自一九二二年以來就一直處於墨索里尼的統治下，是歐洲最弱的大國。

在希特勒掌權後不久，歐洲領導人認識到德國將會衝破《凡爾賽條約》的枷鎖，試圖改變權力平衡使之有利於自己。但在其掌權的最初五年內還不清楚希特勒多久才會採取行動，朝什麼方向推進，納粹德國具有多大的挑釁

性。與當代的國際關係研究者不一樣，那時希特勒在歐洲的對手並不能享受事後諸葛亮的好處。一九三八年時情形開始明朗起來，德國最初是將奧地利併入第三帝國，然後又迫使英法讓它從捷克斯洛伐克拿走蘇台德地區。到一九三九年時，情況再清楚不過了。是年三月，納粹德國國防軍征服了整個捷克斯洛伐克，這是納粹德國第一次獲得德意志民族不占多數的領土。六個月後，即一九三九年九月，納粹進攻波蘭，第二次世界大戰爆發。不到一年，一九四〇年五月，希特勒入侵法國。一年多以後，一九四一年六月，他又派納粹德國國防軍入侵蘇聯。

一九一四年前遏制魏瑪德國的三個國家（英國、法國和俄國）在一九三三至一九四一年間都是納粹德國的首要對手。儘管角色本質未變，面臨第三帝國的挑釁行為，希特勒的對手們相互推卸責任，而不是像其前人那樣形成權力平衡聯盟。

大國的戰略行為

希特勒在其掌權初期還沒有條件可以在外交戰場上放手一搏。他首先必須鞏固其在國內的政治地位，並復興德國經濟。而且，他繼承的德國軍隊在眼前的未來絕不可能打一場大規模戰爭。一九一四年戰爭爆發時動員的德軍由二百一十五萬士兵和一百零二個師組成，[89]而一九三三年的德國只有十萬士兵和七個步兵師。然而，希特勒及其將軍們決定撕毀《凡爾賽條約》，並建立一個能讓德國揚眉吐氣的軍隊，以克服眼前的障礙。他們花了六年的時間辦到這一目標。

三個主要建軍計畫奠定了德軍增長的基礎。[90]在一九三三年十二月，希特勒命令將和平時期的軍隊規模增加三倍，達到三十萬士兵和二十一個步兵師的規模。此外還創立了新的後備軍，致使完全動員的野戰軍將達到六十三個師。一九三五年三月，新的法律規定和平時期軍隊增加到七十萬人，有三十六個步兵師。同時引入徵兵制，儘管它直到一九三五年十月一日才生效，希特勒在同一月份決定在三十六個步兵師之外再打造三個裝甲師。然而，野戰軍的投送規模仍然保持在六十三至七十三個師的比例。[91]最後，根據一九三六年八月的「重新武裝計畫」（Rearmament Program）的要求，德國在一九四〇年十月之前要建立八十三萬人的常備軍、四十四個左右的師。全國動員的野戰軍預計包含四百六十二萬士兵和一百零二個師。當二戰於一九三九年九月一日爆發時，德國軍隊擁有三百七十四萬士兵和一百零三個師。

希特勒還在二十世紀三〇年代建造了強大的海軍和空軍。[92]德國海軍的發展相當沒有計畫而且效果不彰，但是納粹德國空軍的發展就另當別論了。在希特勒一九三三年上臺時德國還沒有作好戰鬥準備的空軍中隊（air squadrons），因為《凡爾賽條約》規定德國不能擁有空軍。到一九三九年八月為止，納粹空軍宣布有三百零二個作好戰鬥準備的空軍中隊。正如威廉·戴斯特（Wilhelm Deist）指出到的，「在一九三三年到戰爭爆發的六年內，納粹空軍的驚人發展引起當時的人無限的崇敬，但同時卻也起了不祥的預感。」[93]

直到德國擁有一支強大的軍隊之前，希特勒還沒有威脅使用武力來遂行其野心的實力。這樣在一九三八年前納粹的外交政策相對較溫和。希特勒將德國代表從一九三三年十月的日內瓦裁軍會議（Geneva Disarmament Conference）與國際聯盟上召回，同時在一九三四年一月又與波蘭簽訂了為期十年的《互不侵犯協定》，一九三五年六月與英國簽訂了《海軍協定》。納粹德國國防軍在一九三六年三月的確占領和重新武裝了萊茵地區，但是那一般都被認為是德國領土，即便《凡爾賽條約》指定其永久非軍事化。[94]一九三八年沒有公然的德國侵略，但是希特勒那年兩次使用威脅而獲得新的領土。一九三八年三月他強迫說德語的奧地利人加入第三帝國，一九三八年九月在慕尼黑又脅迫英法讓說德語的蘇台德地區從捷克斯洛伐克割讓給納粹德國。到了一九三九年，希特勒最終擁有了傲視群雄的軍事力量，旋即展開公然入侵。

英、法、蘇都害怕納粹德國，各國也都在設法規劃一個可行的遏制政策。然而，可能除了蘇聯之外，它們鮮有興趣去繼承如三國協約那樣的權力平衡同盟，這種同盟應該能夠藉由威脅德國面臨兩面作戰的困境而威懾之。事與願違，此時每個國家都只想推卸責任。在一九三三年至一九三九年三月間，希特勒的主要對手沒有任何聯盟。英國將責任推給法國，法國則往東推給東歐更小的國家，可能還包括蘇聯，後者又推回了英法。到一九三九年三月，英國最終與法國聯手對付第三帝國，但是蘇聯並未與以前的盟友聯手。在德國於一九四〇年六月將法國踢出戰場後，英國試圖與蘇聯結盟，但是失敗了，因為蘇聯還想繼續推卸責任。

儘管希特勒的對手鮮有興趣組織一個反德聯盟，但是法蘇在二十世紀三〇年代均奮力建軍備戰。它們這樣做是為了增加成功推卸責任的可能，因為自己越是強大，希特勒就越不可能攻擊它。強軍也是一項保險政策，可以在以下情形下保護自身：(1)它們被迫等承擔起抗衡納粹的責任；(2)推卸責任起作用，但承擔責任者沒能遏制納粹國防軍。

英國對付希特勒的最初戰略也是將責任推給法國，後者在二十世紀三〇年代中期擁有歐洲最強大的軍隊。[95]英國領導人知道法國從蘇聯那裡得不到什麼幫助，但是他們希望法國與東歐小國（如捷克斯洛伐克、波蘭、羅馬尼亞、南斯拉夫）結盟將會幫助法國牽制希特勒。英國擁有很強的動機在歐洲推卸責任，因為它在亞洲面臨著日本的威脅，在地中海面臨著義大利的威脅，其疲軟的經濟無法為這三個地區提供持久的軍事支援。

英國於一九三四年察覺到了情勢的危急，於是大幅提升其國防支出，到一九三八年時將其國防預算增加了三倍。[96]但是在一九三七年十二月十二日，英國決定不再建立一支陸軍在歐洲大陸與法國並肩作戰。事實上，英國內閣決定抽調陸軍資金。這一行為當然也是推卸責任。另一方面，英國開始擴建空軍，以嚇阻希特勒針對英國本土發動的空襲。

不過，到一九三八年底時情況變得更加明朗了。法國需要英國的幫助。不僅是納粹國防軍的實力越來越驚人，而且一九三八年納粹德國對奧地利的吞併與慕尼黑事件，又令法國本已軟弱的東歐聯盟體系遭受致命打擊。就在希特勒征服捷克斯洛伐克後不久，英國最終放棄推卸責任，於一九三九年三月與法國形成了抗德聯盟。[97]同時，英國開始拚命地建立一支戰時能被派往法國作戰的陸軍。英國也有意願與蘇聯攜手合作，但是最終未能重建當初的三國協約。[98]

在德國入侵波蘭兩天後，英國和法國於一九三九年九月三日對德國宣戰。但直到一九四〇年春它們才開始與德軍作戰，當時希特勒已在西線將法國打得潰不成軍。到一九四〇年夏，只有嚴重被削弱的英國孤獨地同德國作戰。英國領導人試圖與蘇聯結盟來對付德國，但是失敗了。主要原因是史達林繼續推卸責任。他希望看到英德打持久戰，而蘇聯遠離戰事。[99]在一九四一年六月德國入侵蘇聯後，英國和蘇聯最終走到了一起，形成聯盟。

法國也情願推卸責任。[100]在二十世紀二〇年代期間，遠在希特勒上臺前，法國就與一些東歐小國締結聯盟以便遏制未來德國的威脅。這些聯盟在一九三三年後仍然存在，看來似乎法國並沒有推卸責任而是願意建立對付納粹德國的抗衡聯盟。然而事實上，到二十世紀三〇年代中期，大部分反德聯盟失去了活力，部分原因是法國無意幫助其盟國，正如當它在一九三八年慕尼黑會議上放棄捷克斯洛伐克時所顯示的那樣。[101]事實上，法國希望將希特勒東引，指望德軍陷入與東歐乃至可能與蘇聯的戰爭泥淖。「法國的軍事政策，」正如阿諾德．沃爾福斯（Arnold Wolfers）指出的，「傾向於證明，儘管它對維斯杜拉河（Vistula）和多瑙河地區有巨大的義務，但它更考慮接受援助而非給予援助；更熱衷於保衛自己的領土而非保衛小國。」[102]

為鼓勵希特勒首先在東邊開戰，法國領導人在二十世紀三〇年代在一定程度上還培育了與第三帝國的良好關係。即便在慕尼黑會議之後這一政策仍在繼續。[103]另一方面，法國並未真正努力來與蘇聯締結聯盟。地緣因素自然阻礙了聯盟的實現（參見圖8.3），蘇聯並不與德國接壤，這意味著在德軍攻擊法國的情形下，紅軍將不得不穿過波蘭去打擊德國。毫無疑問，這一定會招到波蘭誓死反對。[104]此外，法蘇聯盟也會嚇跑其他東歐小國，因為這些小國害怕蘇聯更甚於害怕德國，這可能導致它們與希特勒結盟，而這將破壞法國的推卸責任策略。

另外，由於擔心法蘇聯盟將破壞任何英國與法國聯手對付納粹德國的機會，法國也會對蘇聯卻

圖8.3　1935年的歐洲

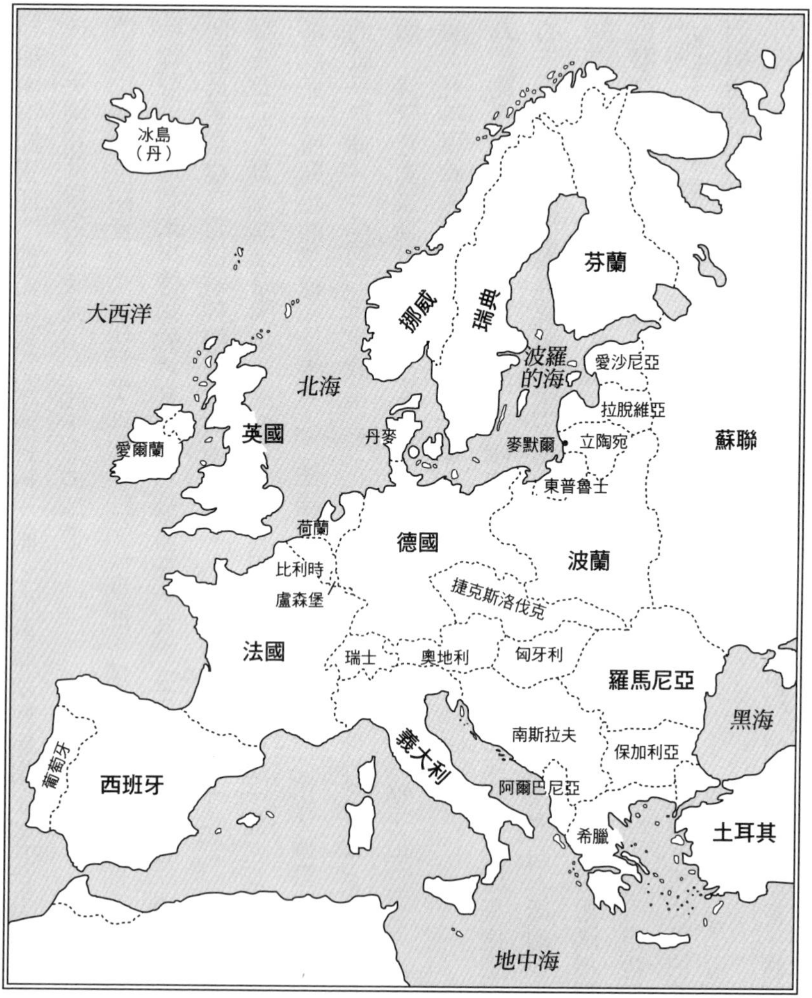

步。不僅大多數英國領導人敵視蘇聯，因為他們都鄙視和害怕共產主義，而且如果法國有一個可依靠的蘇聯盟友，它就不需要英國，後者就將很容易地繼續將責任推給法國。[105]最後，法國並未與史達林結盟，因為法國領導人想要促使希特勒先攻打蘇聯，在發生這種情況時，它們沒有意願去幫助莫斯科。總之，法國將責任推給了蘇聯及東歐更小的國家。

另一方面，在法國將責任推給蘇聯的同時，大家都相信史達林也想把責任推給法國，這麼一來，又強化了法國卸責的動機。許多法國政策制定者想當然地視蘇聯為不可信賴的盟友。[106]自然，許多蘇聯政策制定者也清楚法國打的如意算盤，這正好強化了史達林推卸責任的興趣，這恰好反過來又證實了法國對蘇聯正將責任推給它們的疑慮。[107]所有這些因素綜合在一起，使法國在二十世紀三〇年代不願與蘇聯結盟來對付希特勒。

雖然英國採取推卸責任的策略，但法國領導人在整個二十世紀三〇年代仍努力使英國答應保衛法國。[108]他們肯定英法聯盟，因為這將提高他們推卸責任策略生效的可能性。英法的軍事聯合會使德國不太可能在西邊挑釁，從而增加了納粹國防軍首先進攻東部的可能性。而且，如果推卸責任失敗，與英國聯手對付納粹國防軍，總歸比單獨對付要好。法國也動員其資源來創造推卸責任的條件，以便在推卸責任失敗的情形下保護自己。在希特勒上臺後的最初兩年內，法國的國防支出並未增加什麼，可能因為希特勒在一九三三年上臺後，法國擁有相對強大的軍事力量。但從一九三五年開始，年度國防預算規模持續急劇增長，法國各屆政府想確保一支能夠阻礙德國進攻的軍隊。例如一九三五年法國花了七十五億法郎用於國防，一九三七年時是一百一十二億法郎，一九三九年是四百四十一億法郎。[109]

學者們對一九三四至一九三八年的蘇聯對納粹德國政策存在很大分歧。一九三九至一九四一年間史達林的策略相對明確，爭議性更小。

關於對二十世紀三〇年代中期的蘇聯政策的分析，主要有三個思想流派。一些人聲稱是史達林而非希特勒是歐洲政治的主導因素，且蘇聯領導人在推動一種誘捕策略。特別是，這種觀點認為史達林介入了德國政治去幫助希特勒成為總理，因為他認為納粹會對英法發動戰爭而使蘇聯坐收漁翁之利。[110]其他人爭辯道，史達林曾決定與英法建立聯盟來對抗納粹德國，但這種「集體安全」（collective security）的努力失敗了，因為西方國家拒絕與其合作。[111]最後，一些人認為史達林追求一種推卸責任的策略，[112]其目的在於與希特勒合作，同時努力動搖希特勒與英法之間的關係，以使希特勒傾向於先攻擊它們。這種方法不僅促使將責任推給西方大國，而且也創造了希特勒與史達林聯手瓜分東歐小國（如波蘭）的可能性。

儘管可以肯定史達林當時是一個精明的戰略家，但支持誘捕策略的說法仍然證據不足。然而有相當證據表明在一九三四至一九三八年間他既追求集體安全，又追求推卸責任的策略。[113]這並不奇怪，因為歐洲的政治版圖因為希特勒的崛起而經歷了快速和根本的變化，而且並不清楚情況會向什麼方向發展。歷史學家亞當·烏拉姆（Adam Ulam）道破了其玄機：「在面臨可怕的危險時，蘇聯急切地想要抓住任何一個求生的可能，希望其中有一個會幫助蘇聯延緩或避免真正捲入戰爭。」[114]

不過，總的來說，目前得到的二十世紀三〇年代中期的證據表明，推卸責任是史達林對付納粹德國的優先策略。當然，推卸責任是一種有吸引力的策略。這就是為什麼英、法、蘇都追求這種策略的原因。[115]如果它真如預料的那樣起作用的話，推卸責任者就可以避免付出慘痛的代價與入侵者作戰，甚至還可以獲得某種相對權力。就算這樣，當法國在一九四〇年六月淪陷時，史達林的推卸責任策略最終還是失敗了。但是史達林無法知道這會發生。事實上，當時有很好的理由認為英國和法國將聯手對付納粹德國。在歐洲推卸責任對蘇聯也很有吸引力，因為蘇聯在整個二十世紀三〇年代都面臨著來自日本的嚴重威脅。[116]

而且，史達林當然認識到在二十世紀三〇年代中期有許多因素的干擾，使得他不可能恢復三國協約。例如，法國並不適合對德國採取進攻性行動，特別是在一九三六年三月希特勒奪回萊茵地區之後。因此，如果希特勒首先對付蘇聯的話，史達林無法依賴法國來對付德國。史達林還有足夠的證據看出英法都想要推卸責任，這對於它們的聯盟的可靠性並非好兆頭。另外，合作問題更被莫斯科與西方國家間根深蒂固的敵對意識形態所複雜化。[117]最後，正如我們所注意到的，東歐的地理因素是對所謂的集體安全選擇的重大阻礙。

蘇聯也動員其資源來保護自己免受德國的攻擊，以增加其推卸責任策略成功的可能性。回顧第六章我們知道，史達林在一九二八年不顧一切推動蘇聯經濟現代化的一個主要原因是為未來歐洲戰爭作準備。紅軍的規模在二十世紀三〇年代持續增長，一九三三至一九三八年間幾乎擴大到原來的三倍（參見表8.6）。軍隊武器的數量和品質也顯著提高。例如，蘇聯工業在一九三〇年生產九百五十二門大炮，在一九三三年時是四千三百六十八門，一九三六年是四千三百二十四門，而一

表8.6　1933-1938年間，歐洲軍隊的兵力

	1933	1934	1935	1936	1937	1938
英國	195,256	195,845	196,137	192,325	190,830	212,300
法國	558,067	550,678	642,875	642,785	692,860	698,101
德國	102,500	240,000	480,000	520,000	550,000	720,000
義大利	285,088	281,855	1,300,000	343,000	370,000	373,000
蘇聯	534,657	940,000	1,300,000	1,300,000	1,433,000	1,513,000

資料來源：英國的數據引自*League of Nations Armaments Year-Book* (Geneva: League of Nations, June 1940), pp.58-59。法國的資料參見每年的*League of Nations Armaments Year-Book*（日期與出版日期相符）：July 1934, p.259; June 1935, p.366; August 1936, p.368; *The Statesman's Year Book* (London: Macmillan, various years): 1937, p.898; 1938, p.908: 1939, p.904。德國的數據引自Barton Whaler, *Covert German Rearmament, 1919-1939: Deception and Misperception* (Frederick. MD: University Press of America, 1984), p.69; Herbert Rosinski, *The German Amy* (London: Hogarth, 1939), p.244; Wilhelm Deist, *The Wehrmacht and German Rearmament* (Toronto: University of Toronto Press, 1981), p.44; *The Statesman's Year Book*, 1938, p.968。義大利數據參見*The Statesman's Year Book* 1934, p.1043; 1935, pp.1051-1052; 1936, p.1062; 1938, pp.1066-1067; 1939, p.1066; Singer and Small, *National Material Capabilities Data*。蘇聯的資料引自*League of Nations Armaments Year Book*. 1934, p.720; June1940, p.348; Singer and Small, *National Material Capabilities Data*; and David M. Glantz, *The Military Strategy of the Soviet Union: A History* (London: Frank Cass, 1992), p.92。

九四〇年達到一萬五千三百門。[118]一九三〇年，建造了一百七十輛坦克車，一九三三年是三千五百零九輛，一九三六年是四千八百輛。一九四〇年減至兩千七百九十四輛，但那是因為一九三七年蘇聯開始生產中型及重型坦克，而非輕型坦克（它們更容易大規模地在生產線上製造）。在二十世紀三〇年代，蘇聯的戰鬥力是值得信賴的，並且穩步提高。事實上，到一九三六年時，「紅軍在世界上擁有最先進的戰略與最強的裝甲作戰能力」[119]。但是史達林在一九三七年夏對軍隊進行了清洗，致使軍隊戰鬥力在整個二戰初期都遭到嚴重破壞。120

對一九三九至一九四一年間史達林的政策沒有太多的爭論：一邊推卸責任，一邊尋找機會在東歐小國問題上與希特勒合夥分贓。該政策在一九三九年八月二十三日惡名昭彰的《莫洛托夫—里賓特洛甫協定》中確定了。它不僅瓜分了德國與蘇聯間的多數東歐國家，而且實質上確保了希特勒可以放手與英法交戰，而蘇聯袖手旁觀。人們或許預計在法國於一九四〇年夏淪陷後，蘇聯會放棄推卸責任而與英國聯手對付希特勒。但是我們卻看到，史達林繼續追求推卸責任策略，希望英國與納粹德國捲入一場同歸於盡的戰爭。然而，當納粹德國在一九四一年六月二十二日入侵蘇聯時，這種希望破滅了，直到那時英國與蘇聯才結盟共同對付納粹德國。

各國權力概況統計

歐洲大國間的權力分配與地緣因素很大程度上能解釋二十世紀三〇年代希特勒對手的推卸責任行為。德國在一九三〇至一九四四年間掌握了比任何其他國家都要多的潛在權力（參見表3.3及表3.4）。在一九三〇年時，魏瑪德國占有百分之三十三的歐洲財富，而其最接近的競爭對手——英國——控制了百分之二十七。法國和俄國分別是百分之二十二和十四。到一九四〇年時，德國占有歐洲工業實力的份額增至百分之三十六，其最接近的競爭對手（現在是蘇聯）只有百分之二十八，英國是百分之二十四，降至第三位。

為比較起見，德國在一九一三年控制了百分之四十的歐洲財富，而英國居第二，為百分之二十八，法、俄分別是百分之十二與十一。若僅考慮潛在權力，很明顯德國在二十世紀三〇年代幾乎處於極佳的位置成為潛在的霸主，正如這一世紀更早時期它所做的那樣。也很清楚的是，蘇聯在二十世紀三〇年代顯著增加了它在歐洲工業實力中所占的份額，這意味著它在二十世紀三〇年代末擁有權力來建立一支比它在一九一四年或一九三〇年所擁有的更可怕的軍隊。[121]

然而，儘管有這些潛在的權力，德國在一九三九年之前並非潛在的霸主，因為它在此之前並不擁有歐洲最強大的軍隊。希特勒繼承了不堪一擊的軍隊，需要時間將其轉化為組織良好、裝備精良的戰鬥力量，以便擁有實力去進攻另一大國。畢竟，極為重要的一九三六年八月的「重新武裝計畫」預計要到一九四〇年十月才完成。不過計畫中大部分的目標比預計的提早一年完成（即一九三九年夏），因為重新武裝以較快的步伐推進，也因為德國由獲得奧地利、捷克斯洛伐克而積累起來的財富。[122]但是以如此快的步伐重新武裝導致了眾多的組織問題，使得納粹德國國防軍在一九三九年完全不能打一場大國戰爭。[123]這種未作好準備的整體狀態是軍隊領導在一九三八年的慕尼黑危機期間與希特勒不和的主要原因。他們擔心希特勒將德國推向一場未作好準備的大國戰爭。[124]

在一九三三至一九三九年間納粹軍隊經歷了重重難關的同時，法國和蘇聯都擴張其軍隊以回應德國軍力的強化。整個一九三七年蘇聯紅軍與法軍都比德軍強大，但它們的優勢在接下來的兩年內消退了。到一九三九年中期，德國成為歐洲無人可擋的軍事力量。有鑑於此，許多學者現在認為希特勒的對手應該在一九三八年而非一九三九年與納粹德國軍隊作戰。[125]

正如表8.6所清楚顯示的，法國軍隊在一九三七年實際上比德國的規模更大，而且還享有質量優

表8.7 1938-1940年間，動員後的法、德軍隊規模（師的數量）

	1938	1939	1940
法國	100	102	104
德國	71	103	141

資料來源：Williamson Murray, *The Change in the European Balance of Power, 1938-1939: The Path to Ruin* (Princeton, NJ: Princeton University Press, 1984), p.242; Richard Overy, *The Penguin Historical Altas of the Third Reich* (London: Penguin, 1996), p.67; Albert Seaton, *The German Army, 1933-1945* (New York: New American Library, 1982), pp.92-93, 95.

勢，這並不是因為法國軍隊是一支有效的戰鬥力量（事實上，它不是），而是因為納粹德國的不斷擴張嚴重限制了其作戰能力。到一九三八年時，德國最終比法國擁有在和平時期更多的軍隊；但如表8.7清楚顯示的，法國仍然可能動員一支更大的戰時軍隊：一百個法國師對七十一個德國師。到一九三九年，德國趕上了法國的優勢，它們現在能動員同樣數量的師參加戰鬥。而且，德國軍隊比法國軍隊質量更優，擁有更強大的空軍支持。[126]既然德國比法國擁有更多的財富和人口，這就不奇怪，到一九四〇年它們間的軍隊實力的差距進一步擴大了。

蘇聯紅軍在一九三三至一九三七年間在質量和數量上也勝過德軍。大衛・格蘭茲（David Glantz）有句話說得不錯：「如果德國與蘇聯在二十世紀三〇年代中期作戰，紅軍將具有比其對手大得多的優勢。」[127]然而，三〇年代後期，這種優勢漸漸消失了，不僅因為德國軍隊日益強大，而且因為史達林的清洗（參見表8.8）。

由於德國在一九三九年前並非一個潛在的霸主，而且法軍與蘇聯紅軍直到一九三八年都可與德軍匹敵，一九三九年前沒

表8.8 1939-1941年間，歐洲軍隊的兵力

	1939		1940		1941		1939–1945
	常備軍	動員部隊	戰鬥部隊	總兵力	戰鬥部隊	總兵力	總動員人數
英國	237,736	897,000	402,000	1,888,000	na	2,292,000	5,896,000
法國	900,000	4,895,00	2,224,000	5,000,000	na	na	na
德國	730,000	3,740,000	2,760,000	4,370,000	3,050,000	5,200,000	17,900,000
義大利	581,000	na	na	1,600,000	na	na	9,100,000
蘇聯	1,520,000	na	na	3,602,000	2,900,000	5,000,000	22,400,000

注：na＝未知。戰鬥部隊（fighting army）按表8.4定義。動員部隊（mobilized army）代表在1939年動員後服兵役的總數。因為它不限於戰鬥人員，於是1940年及1941年的這一資料稱為總兵力（total army）。比較表8.7中的資料，很明顯更大比例的德國士兵被部署在戰鬥師而非後勤位置，這是德國戰鬥力的優勢。

資料來源：英國的數據引自 *League of Nations Armaments Year-Book* (Geneva: League of Nations, June 1940), p.59; I.C.B. Dear, ed., *The Oxford Companion to World War II* (Oxford: Oxford University Press, 1995), p.1148; John Ellis, *World War II: A Statistical Survey* (New York: Facts on File, 1993), p.228。法國的資料來自Ellis, *World War II* p.227; Pierre Montagnon, *Histoire de l'Armmee Francaise:Des Milices Royales a l'Arm de MeCtier* (Paris: Editions Pygmalion, 1997), p.250; Phillip A. Karber et al., *Assessing the Correlation of Forces: France 1940*, Report No. BDM/W-79-560-TR (McLean, VA: BDM Corporation, 1979), table 1; Dear, ed., *Oxford Companion to World War II* p.401。德國的數據參見Whaley, *Covert German Rearmament*, p.69; Dear, ed., *Oxford Companion to World War II* p.468; Matthew Cooper, *The German Army, 1933-1945: Its Political and Military Failure* (NewYork: Stein and Day, 1978), pp.214, 270; Ellis, World War II, p.227。蘇聯的資料引自Glantz, *Military Strategy*, p.92; Louis Rotundo, "The Creation of Sovit Reserves and the 1941 Campaign," *Military Affairs* 50, No.1 (January 1985), p.23; Ellis, *World War II*, p.228; Lonathon R. Adehnan, *Revolution, Armies, and War: A Political History* (Boulder, CO: Lynne Rienner, 1985), p.174。義大利的數據參見Singer and Small, *National Material Capabilities Data*; Dear, ed., *Oxford Companion to World War II*, p.228; Ellis, *World War II*, p.228。

有形成像三國協約那樣的權力平衡聯盟來對付德國，而是三國相互踢皮球，就講得通了。英國與法國在一九三九年三月時形成聯盟來對付德國也很正常，因為德國軍隊明顯優於法國軍隊的日子很快就要到來，後者到時便需要幫助來阻擋納粹德國的軍隊。

西方國家並未與蘇聯合作以重建三國協約，這一點能由以下事實作解釋，即一九三九年英法不必為蘇聯的生存而擔心，而在一戰前它們曾為俄國的生存擔心過。一九一四年前，西方國家沒有什麼選擇，只能與俄國聯合，因為後者幾乎沒有能力來頂住德國的進攻。相反的，蘇聯比以前的俄國有強得多的工業與軍事實力，因此英法不需為它操心。至於史達林，他知道英法加在一起至少與德國一樣強大，於是便將遏制納粹德國的責任推給了它們。[128]最後，在一九三三年至一九三九年九月，德國和蘇聯之間沒有共同邊界，這大大阻礙了建立聯合陣線來對付第三帝國的努力。而且，這使得法國（與德國接壤）而非蘇聯必須承擔責任。

一九四〇年六月後英國渴望與蘇聯結盟自不必解釋，因為英國已與納粹德國開戰，自然需要所有能得到的外援。更有趣的問題是，為什麼蘇聯拒絕了英國的倡議並繼續將責任推給它呢？畢竟，德國軍隊比敦克爾克大撤退後剩下的英軍強大得多，這使德國應該有能力輕而易舉地擊敗英國，然後將槍口轉向蘇聯。然而，水域的阻遏力量拯救了英國，並且對史達林而言這使推卸責任看上去是會成功的。英吉利海峽使納粹德國軍隊幾乎不可能入侵並征服英國，這意味著英國可能要在空中和海上及邊遠地區如北非、巴爾幹與德國進行長期的較量。事實上，在一九四〇至一九四五年間的戰勢正是如此。與英國結盟對史達林來說沒有什麼吸引力，因為既然英國不能向歐洲大陸派遣一支大規模軍隊，那麼不僅蘇聯將陷入與第三帝國的戰爭泥淖，而且紅軍將承擔與納粹德國的多數戰鬥。儘管有這些考慮，但在史達林的想法中還是有一重大的缺陷：他錯誤地假定希特勒在全面擊敗英國並穩住西翼前是不會入侵蘇聯的。[129]

最後說幾句有關兩次世界大戰前德國對手的矛盾行為的話，並以此作出結論。三個關鍵性差異解釋了為什麼英、法、蘇傾向於在對付第三帝國時推卸責任，而在一戰前七年卻形成權力平衡聯盟來反對威廉德國。第一，納粹德國在一九三九年前並非一個可怕的軍事威脅，而德皇軍隊至少從一八七〇年至一戰結束這段時間是歐洲最強大的戰鬥力量。事實上，希特勒德國在一九三九年前並不是一個潛在的霸主，而威廉德國在一九〇三年便獲得了歐洲霸主的地位。第二，蘇聯比一戰前的俄國在二十世紀三〇年代控制了更多的潛在和實際的軍事力量。這樣，與沙皇俄國相比，英國和法國更少擔心蘇聯的生存。第三，德國和俄國在一九一四年接壤，但在一九三九年前並不是這樣，距離鼓勵了推卸責任。

冷戰：一九四五至一九九〇年

背景

當第三帝國在一九四五年四月最終崩潰時，蘇聯是歐洲剩下的最強大的國家。四個月後即一九四五年八月日本帝國也垮臺了，這使得蘇聯還成為東北亞最強大的國家。不論在歐洲還是在東北亞都沒有大國能夠阻止強大的紅軍在這些地區建立蘇聯的霸權。美國是足夠強大來遏制蘇聯擴張的唯一國家。

然而，有理由認為美國不會去抗衡蘇聯。美國既不是歐洲國家也不是亞洲國家，而且歷史上美國也不喜歡在這些地區陷入糾纏不清的聯盟關係。事實上，一九四五年二月，富蘭克林．羅斯福在雅爾達會議中曾告訴史達林，他預計所有的美國軍隊在二戰結束後兩年內將撤出歐洲。[130]而且，既然美蘇在一九四一至一九四五年間是同納粹德國作戰的盟友，美國的政策制定者很難作出突然的一百八十度的大轉彎，告訴民眾蘇聯現在是死敵，而非友邦。戰後對史達林與杜魯門而言還有非常必要的事情要做，即共同處理被擊敗的軸心國，特別是德國。

儘管有這些考慮，但在二戰結束後美國幾乎立即去制衡蘇聯的擴張，並且一直全力執行其圍堵政策（containment policy），直到四十五年後蘇聯解體。馬克．特拉亨伯格（Marc Trachtenberg）說的好：「後來被稱為『圍堵』的政策，早在一九四六年初就被採納了，當時這個稱呼還沒誕生，甚至這個政策背後的基本理論也還沒有被其理論大師喬治．凱楠給闡述出來。」[131]美國如此樂意和有效地抗衡蘇聯，是因為阻止蘇聯支配歐洲與東北亞是美國的國家利益所在，因為在二十世紀四〇年代中期的兩極世界中沒有其他大國能遏制蘇聯。簡單說來，美國沒有推卸責任的選擇餘地，它不得不擔此重任。[132]

大國的戰略行為

在冷戰初期，伊朗和土耳其是蘇聯擴張的首要目標。[133]蘇聯在二戰期間已占領了伊朗北部，曾答應太平洋戰爭結束後六個月內撤兵。當一九四六年初沒有證據表明蘇軍正在撤退時，美國對蘇聯施加了壓力，逼它遵守諾言。蘇聯退讓了：蘇軍在一九四六年五月初離開伊朗。

史達林還對擴張到地中海東部地區有興趣。他的主要目標是土耳其。在一九一八年夏，他要求獲得土耳其東部領土及在達達尼爾海峽建造基地的權利，以便在地中海設立海軍據點。而且，在一九四四至一九四九年間的希臘，強大的共產主義起義來勢迅猛，整個國家在內戰中飽受折磨。史達林並不直接支持希臘的共產主義，但如果希臘共產黨贏得了內戰並統治希臘，他肯定會從中受益。[134]美國最初依賴英國去保護希臘和土耳其，使之不受蘇聯的影響，但整個一九四六年都擔心英國不能擔當此任。在一九四七年二月底，美國的希望完全落空，英國經濟太弱以至於不能給希臘與土耳其提供足夠的經濟與軍事援助，美國迅速填補了這一空缺。

一九四七年三月十二日杜魯門總統在國會兩院聯席會議上提出了著名的「杜魯門主義」，他斬釘截鐵地指出，美國必須挺身抵擋共產主義的威脅，不只是在地中海，而且在世界各地。他還要求給希臘和土耳其提供四億美元的援助。共和黨亞瑟．范登堡（Arthur Vandenberg）參議員事先告訴杜魯門，如果他需要這筆錢，他必須「使整個國家陷入恐懼。」[135]他做到了這一點，國會同意了他的請求。希臘共產主義分子隨後被擊敗，蘇聯未進入土耳其領土或達達尼爾海峽的基地。希臘和土耳其最終於一九五二年二月加入北約。

美國的政策制定者在整個一九四六年及一九四七年初還擔心蘇聯將很快攻下西歐。他們擔心的不是蘇軍將橫掃歐洲，而是擔心與莫斯科關係密切的強大的共產主義政黨會在法國與義大利掌權，因為這兩國的經濟非常糟糕，老百姓民不聊生，對政府相當不滿。為了力挽狂瀾，美國在一九四七年六月初提出了著名的「馬歇爾計畫」（Marshall Plan），該計畫明確表明要與西歐的「飢餓、貧困、絕望與混亂」作戰。[136]

同時，美國也深刻地考慮到德國的未來。美國人沒有，看來蘇聯人也沒有，清楚地知道二戰究竟什麼時候結束。[137]在冷戰早期，西方很少擔心蘇聯會試圖用武力控制德國。事實上，有跡象表明史達林願意與永久分裂的德國生活在一起，只要英、法、美不將它們的占領區合併形成一個獨立的西德。但是美國的政策制定者在一九四七年就認為，如果要將共產主義阻擋在西歐（包括聯合託管的德國地區）之外，自然要建立一個繁榮、強大而與西歐其他國家有緊密聯繫的西德，這種結果在一九四七年十二月倫敦會議（London Conference）上被批准。這一計畫在接下來的兩年裡生效。一九四九年九月二十一日，德意志聯邦共和國（Federal Republic of Germany）成立。總之，美國試圖通過在西歐建立一個強大的堡壘，以西德作為根據地來遏制蘇聯的擴張。

可以預料到，蘇聯將美國關於德國前途的決定看做是嚴重的警訊。正如梅爾文．萊福勒（Melvyn Leffler）提到的：「當然，沒有任何事情比英美在西德的計畫更能另克里姆林宮心驚膽戰了。西德自治政府的幽靈使俄國人感到害怕，德國將融入西方的經濟體系也是一樣。」[138]為了還以顏色，蘇聯在一九四八年二月在捷克斯洛伐克發動共產主義政變，使之成為對抗西方堡壘的一部分。更重要的是，蘇聯封鎖了柏林，切斷與德國西方占領區相連接的道路與水路，於一九四八年六月底引發了柏林危機。

對這些蘇聯行為，美國作出了迅速而強有力的反應。鑑於捷克斯洛伐克事件，美國開始認真考慮建立西方軍事聯盟以嚇阻未來蘇聯對西歐的軍事威脅。[139]一九四八年五月，這一計畫鄭重開始，並最終導致了一九四九年四月四日北約的成立。[140]儘管許多西方人認為柏林是一個戰略負擔，應被放棄，但美國還是發動了對被包圍城市的大規模空運。[141]蘇聯知道美國贏得了這一回，於是便於一九四九年五月解除封鎖。

史達林在冷戰初期還推動擴大蘇聯在東北亞的影響。[142]二戰期間蘇聯許諾一九四六年二月一日將其軍隊撤出中國東北，但在這一日期到了以後，蘇軍仍留在那裡。美國提出了抗議，於是蘇聯在一九四六年五月初撤退。美國政策制定者非常關注毛澤東領導的共產黨在長期內戰中可能打敗蔣介石領導的國民黨，使中國成為蘇聯的盟友。毛澤東與史達林關係複雜，但是蘇聯已給中國共產黨提供不算少的援助，而美國提供給國民黨的很有限。然而，對於挽救蔣介石在一九四九年的澈底失敗美國幾乎無能為力，因為蔣介石政權十分腐敗和無能。國務卿艾奇遜於一九四九年七月三十日在其轉交給杜魯門總統的著名的《中國白皮書》中清楚地指出了這一點：「美國在其能力的合理限度之內所曾經做或能夠做的，都不能改變這個結果。美國所未做的，對於這個結果也沒有影響。這是中國內部力量運作的結果，美國也曾企圖加以改變，但沒有效果。」[143]

一九五〇年六月二十五日，北韓入侵南韓，當時一般相信這是史達林同意且支持的。為了捍衛現狀，杜魯門政府立即投入戰場，於是與北韓、中國打了一場三年的仗。這場衝突的一個結果是美國在冷戰的剩餘時期在南韓國保留了相當數量的部隊。但更重要的是，韓戰導致美國大幅度增加國防支出，在圍堵蘇聯的過程中也更加步步為營。美國在歐洲、東北亞、波斯灣建立了大規模的嚇阻戰線，從一九五〇到一九九〇年間使蘇聯無法接近那些戰略要地。在這四十年中，蘇聯唯一能擴張的區域是第三世界，然而，蘇聯在那裡究竟有多少斬獲是可疑的，不過美國還是處處與其針鋒相對。[144]

不過，在整個冷戰時期，美國推卸責任的動機從未完全消失。[145]例如，一九四九年時為確保參議院批准北約，艾奇遜不得不強調美國沒有派遣大批軍隊至歐洲長期駐軍的計畫。在整個二十世紀五〇年代，艾森豪總統也一直很想將美軍撤回，讓西歐自己抵禦蘇聯威脅。[146]事實上，這種動機解釋了冷戰初期美國對歐洲整合（European intergration）的強力支持。而且，在二十世紀六〇年代末及七〇年代初，在美國參議院中有一種強烈的意願去減少（如果不是消除）美國對歐洲大陸的義務。即便在雷根時期，大量消減美國在歐洲駐軍之規模的呼籲仍然很強。[147]但是在一九四五至一九九〇年的兩極世界中，推卸責任對美國而言並非一個明智的選擇。從二戰結束直至冷戰終結，美國對蘇聯推行一種堅定的抗衡政策，而且最終高奏凱歌。

各國權力概況統計

對第二次世界大戰結束後的權力分配作一簡要回顧便會清楚地發現，在歐洲和東北亞不存在一個大國或大國組合來阻止蘇聯在這些地區的擴張，因此美國別無選擇，只能去制衡蘇聯的擴張。在東北亞，日本被迫非軍事化，並遭受戰爭重創，而中國正處於血腥的內戰中，很少有潛力著手去制衡蘇聯。在歐洲，德國被蘇聯軍隊決定性地擊潰，斷垣殘壁、滿目瘡痍，自然在短期內沒有可能建立一支軍隊。義大利軍隊遭到重創，不可能很快恢復；即便未受損傷，它也只是近代歐洲史上最無能的軍隊之一。法國在一九四〇年被踢出戰爭，被德國占領直至一九四四年夏末，最終由美英軍隊所解放。在一九四五年春天二戰結束時，法國只有一支弱小的軍隊，不論經濟上還是政治上都不可能建立起像在一九四〇年以前那樣的大規模軍隊。[148]英國在二戰期間建立了龐大的軍隊，在擊潰德國的過程中發揮了重要作用。但很明顯，仔細觀察後會發現，一九四五年後英國並不具備經濟、軍事實力來重建一個抗衡蘇聯的權力平衡聯盟。只有美國足夠強大，能擔此重任。

從二戰期間美國、英國和蘇聯軍隊建制的相對大小來看，我們會明白為什麼英國與蘇美不是一個檔次的。在一九三九至一九四五年間，英國動員了約五百九十萬軍隊，美國動員了約一千四百萬，蘇聯是兩千兩百四十萬。[149]當二戰於一九四五年結束時，英國擁有四百七十萬武裝部隊，美國擁有一千兩百萬，蘇聯是一千兩百五十萬。[150]考慮軍隊規模，英國在二戰期間招募了五十個師，而美國招募了九十個，蘇聯招募了五百五十個，儘管其規模較美英的小一些。[151]

當然，二戰結束後，這三支軍隊快速縮編，但英國仍不足以與蘇聯相匹敵。蘇聯在一九四八年擁有兩百八十七萬武裝力量，而英國只有八十四萬七千，美國在那年估計是一百三十六萬。[152]而且，一九四八年後美蘇軍隊編制在數量上明顯增加，而英國在縮減。[153]就像我們以前所看到的那樣，英國經濟在一九四七年初是如此之弱，以致根本不能為希臘、土耳其提供援助，從而使得美國必須推行杜魯門主義。英國當然不能保護西歐免於蘇聯的威脅。

英國的問題不是沒有認識到蘇聯的威脅，或者缺少意志去遏制它。相反，英國領導人正如美國一樣熱衷於挫敗蘇聯的擴張。[154]但是英國不具備足夠的物質資源與蘇聯競爭。例如，一九五〇年蘇聯的國民生產總值（GNP）是一千兩百六十億美元，軍費開支是一百五十五億美元，而英國的GNP只有七百一十億美元，軍費開支是二十三億美元。[155]更為糟糕的是，英國還擁有一個分佈廣闊的帝國，占據了軍費開支的相當大比重。這就不奇怪，英國領導人在冷戰初期就理解西方需要山姆大叔去組織和指揮對蘇聯的圍堵。

結論

仔細分析每個例子之後，讓我們現在退後一步思考，總結其結果。攻勢現實主義預測國家對權力平衡將十分敏感，會尋找機會來增加自身實力，或削弱對方實力。在現實條件下，這意味著國家將針對當下的權力分配所創造出來的機會與限制，擬訂相應的外交策略。特別是，該理論預計在兩極體系中被威脅國家可能立即而有效地去抗衡，因為在體系中只有兩個大國時，不論是推卸責任還是大國權力平衡聯盟都是不可行的。冷戰的例子看來支持了這一觀點。戰後蘇聯崛起成為歐洲（及東北亞）最強大的國家，只有美國才有能力去遏制它。

在二十世紀初，面對歐洲潛在的霸主——威廉德國、納粹德國，美國的最初反應都是將責任推給歐洲其他大國——英國、法國和俄國。但在冷戰中推卸責任就不再是一種選擇了，因為在歐洲沒有大國能遏制蘇聯。因此二戰一結束，美國就迅速而有力地去抗衡蘇聯的威脅，直到一九九〇年冷戰結束。不過，美國推卸責任的衝動在整個冷戰時期也很明顯。

至於多極體系，攻勢現實主義理論預計在沒有潛在霸主時推卸責任是非常可能的，甚至就算當體系中有一個特別強大的國家時仍有可能。本章例子看來能支持這些觀點。在四個多極體系中，俾斯麥的普魯士是唯一並非潛在霸主的侵略者。法國可能在一八六二至一八六六年間具有歐洲最強大的軍隊，而普魯士軍隊在一八六七至一八七〇年間是老大。但沒有哪個威脅去橫掃歐洲大陸。正如我的理論將預測的，推卸責任在這裡提到的例子中比在任何有一個潛在歐洲霸主的例子中更普遍。事實上，當普魯士在八年中贏得三次戰爭時，沒有出現任何一個權力平衡聯盟來抗衡它，那怕是區區兩個國家組成的都沒有。英國和俄國事實上歡迎俾斯麥統一德國的努力，它們希望它成為未來的承擔責任者！普軍直接威脅到奧法兩國，這使它們可能聯手去制衡普魯士。但是，它們推卸責任，於是俾斯麥軍隊在一八六六年攻擊奧地利時法國袖手旁觀，而一八七〇年俾斯麥軍隊攻擊法國時，奧地利又置身事外。

另一方面，權力平衡聯盟確實出現過，以對付潛在的霸主——拿破崙法國、威廉德國、納粹德國。在每個例子中，還是有國家想要推卸責任，儘管作法有很大的差異。根據我的理論，權力平衡與地緣因素可以解釋這些例子中的差異。特別是，未來霸主控制的相對權力越大，就越不可能推卸責任；共同邊界也可能使推卸責任變得不可能。這些觀點看來能夠解釋這些不平衡的多極體系中不同模式的推卸責任。

我們看到在反對威廉德國中推卸責任行為最少，包括英國、法國和俄國在內的三國協約設計來遏制德國，並在一戰爆發前七年就就位了。法俄事實上在十九世紀九〇年代初，也就是一戰危機前二十年左右，形成了抗衡聯盟的雛形。儘管英國最初將責任推給了法國和俄國，但在一九〇五至一九〇七年間還是加入了聯盟。權力計算很大程度上解釋了三國協約的形成。德國在十九世紀九〇年代初具有一支令人敬畏的軍隊，導致法俄聯合。但是德國並非一個潛在的霸主，法俄軍隊聯合看來有能力遏制德國軍隊，因此英國繼續觀望。但是二十世紀最初五年裡，所有一切都改變了，當時德國成為一個潛在的霸主，俄國被日本澈底擊潰。為此，英國停止了推卸責任，三國協約形成。

針對納粹德國的推卸責任行為，比針對威廉德國的更多。希特勒一九三三年一月上臺後，隨即開始建立一支強大的軍隊。第三帝國的主要對手——英、法、蘇——從未形成一個權力平衡聯盟來對付納粹德國。事實上，這三個國家在二十世紀三〇年代初都追求推卸責任的策略。直到一九三九年三月，英法才走到一起來反對希特勒。不過，蘇聯繼續推卸責任。當納粹德國軍隊在一九四〇年春將法國踢出戰場，迫使英國必須單獨同納粹德國較量時，史達林仍希望能作壁上觀，欣賞英德之間打一場持久戰。一九四一年夏的巴巴羅薩入侵計畫最終將英國和蘇聯結合在一起。美國在一九四一年三月加入英蘇聯盟。這個聯盟在接下來的三年半中聯合起來並擊敗了第三帝國。

二十世紀三〇年代的所有推卸責任行為很大程度上歸因於這一事實，即德國在一九三九年前並沒有一支可怕的軍隊，這就導致之前沒有急迫的原因驅使希特勒的敵人聯手合作。當納粹德國在一九三九年變成一個潛在的霸主時，英法形成聯盟，主要是因為英國認識到法國單獨的實力無法與納粹德國軍隊相匹敵。然而不論英法都沒有與蘇聯形成聯盟，主要是因為蘇聯比一九一四年之前的俄國要強大得多，蘇聯有充足條件在沒有英法的幫助下度過難關。在法國淪陷後，史達林拒絕與英國聯手對付第三帝國，因為他認為水域的阻遏力量會使德國很難迅速而決定性地擊敗英國。這就保證了它們間有一場持久戰，而這對蘇聯有利。

在大革命時期的法國和拿破崙時期的法國這兩個例子中，推卸責任最為流行，奧地利、英國、普魯士和俄國是法國面臨的四個主要對手。在一七九三年（戰爭爆發後一年）之前，法國實際上並不是一個潛在的霸主。法國的對手在一七九三至一八〇四年間始終如一地推卸責任，主要是因為法國尚未強大到使所有其對手不得不合作來阻止它橫行於歐洲大陸。然而，到一八〇五年時，拿破崙已經擁有一支軍隊足以使法國成為歐洲的首要霸主。但是在所有拿破崙的對手形成統一抗法聯盟之前，他已先將奧普力量澈底瓦解，迫使俄國停戰，簽訂和平條約。失敗的抗衡在多極體系中俯拾即是，這使拿破崙在一八〇五至一八〇九年間戰無不勝、攻無不克，讓他控制了歐洲大部分地區。法國的對手們在一八一二年末鬆了口氣，當時拿破崙在俄國遭受重大失敗，這一次反法聯盟進行了有效運作，並在一八一三至一八一五年間永久性地擊敗了法國。

地緣因素也阻礙了對威廉德國的推卸責任行為，而鼓勵了對納粹德國、拿破崙法國的推卸責任行為。英國與所有這三個潛在霸主作戰，但由英吉利海峽與它們中的每個隔開。這樣，在英國的例子中地緣因素並沒有變化，不是我們分析的對象。然而，歐洲大陸上的狀況在這三個例子中變化很大，威廉德國與法國、俄國都擁有很長的共同邊界，迫使後兩者中的任何一個都難以推卸責任，而使形成抗德聯盟更為容易，因為兩者都處於很好的位置直接打擊德國。法國與納粹德國接壤，但是蘇聯在二十世紀三〇年代的多數時候被小國，如波蘭，將其與第三帝國隔開，這種緩衝地帶鼓勵了推卸責任，而使法蘇難以共組遏制德國的聯盟。儘管歐洲版圖在一七九二至一八一五年間變化頻仍，但拿破崙的對手經常不與法國接壤，這種狀況鼓勵了推卸責任而阻礙了抗法聯盟的成立。

總之，在被威脅的大國思考究竟是要推卸責任還是組織抗衡聯盟時，地緣與權力分配是他們做決策時的關鍵因素。下章將轉而討論侵略者，研究它們何時可能對另一國家發動戰爭。我們將會看到，權力分配對解釋大國戰爭爆發也很重要。

第九章

大國戰爭的原因

對國際體系的日常生活而言，安全競爭是常有的，而戰爭則不然。僅在少數情況下安全競爭才會讓位於戰爭。本章將提出一種結構理論來解釋從競爭升級惡化到戰爭的關鍵因素。直言之，我想要解釋引爆大國戰爭的原因。我將大國戰爭定義為至少有一個大國參與的任何衝突。

人們或許會推測，國際無政府狀態是導致國家間開戰的關鍵結構因素。畢竟，在一個其他國家既攻擊能力也可能有攻擊意圖的無政府體系中，國家要求生的最好策略便是擁有更多而非更少的權力。我們在第二章中解釋的這一邏輯，驅使國家盡可能地追逐權力，有時候這就意味著要與對手開戰。毫無疑問，無政府狀態是戰爭的最深層次原因。洛斯．迪金遜（G. Lowes Dickinson）在解釋一戰原因時很清楚地指出了這一點：「某一個國家在某一個時刻可能會侵略他國；然而，對所有國家來說，侵略是生死大事，而且永遠有可能發生。而無政府狀態對於這種永久性負有全部責任。」[1]

然而，無政府狀態本身不能解釋為什麼安全競爭有時會導致戰爭，而有時不會。問題是無政府狀態是常態——體系總是無政府狀態的——而戰爭並非必然。為了解釋國家行為的這種重要變化，有必要考慮另一結構變數，即體系中主要國家（leading states）間的權力分佈。正如第八章中討論的那樣，國際體系中的權力經常以三種不同的方式分佈：兩極（bipolarity）、平衡的多極（balanced multipolarity）和不平衡的多極（unbalanced multipolarity）。這樣，為了考察權力分佈對戰爭爆發可能性的影響，我們需要知道體系是兩極的還是多極的；如果是多極的，還要看大國間是否存在一個潛在的霸主。我的理論的核心是，兩極體系最能確保和平，而不平衡的多極體系最容易導致衝突。平衡的多極體系介於兩者之間。

結構理論，比如攻勢現實主義，頂多只能大略的預測安全競爭何時會導致戰爭，但無法指出各個體系中戰爭發生的頻率多高，更不能精確預測戰爭何時爆發。例如，按照攻勢現實主義理論，因為德國在二十世紀初崛起成為潛在的霸主，於是歐洲就有可能爆發一場捲入所有大國的戰爭。但該理論不能解釋為什麼戰爭在一九一四年而非一九一二年或者一九一六年爆發。[2]

這些局限性源於這種事實，即非結構因素有時在決定國家是否捲入戰爭時扮演著重要角色。國家通常不會僅僅由於安全原因而打仗。例如，正如第二章中提到的，雖然俾斯麥在一八六四至一八七〇年間三次將普魯士帶入戰爭在這很大程度上是由現實主義的算計驅使，但每次戰爭的決定也受到民族主義以及其他國內政治考慮的影響。然而，結構性力量確實對國家行為產生巨大的影響。如果國家深切關注自己的生存，便不會想要違背結構性力量。這樣，只要能掌握結構，我們就能知道很多關於大國戰爭起源的資訊。

有許多關於戰爭原因的理論可供參考，這並不稀奇，因為這一主題對於國際關係研究者而言至關重要。其中有些理論將人性視為一種衝突的根源，而其他理論則關注個別領導人、國內政治、政治意識形態、資本主義、經濟相互依存及國際體系的結構。[3]事實上，有少數著名的理論指出，權力的分配是理解國際衝突的關鍵。例如，肯尼士・沃爾茲堅持兩極比多極導致衝突的可能性更小，而卡爾・多伊奇（Karl Deutsch）和大衛・辛格（David Singer）持相反觀點。[4]其他學者不關注體系的極性（polarity），而是關注體系中是否有一個占據優勢地位的國家。古典現實主義者例如漢斯．摩根索認為，當國際上沒有一個特別強大的國家，且主要國家之間大約勢均力敵時，和平便最有可能。相反的，羅伯特．吉爾平（Robert Giplin）與奧根斯基（A.F.K. Organski）認為，若有一個占據優勢地位的國家才容易帶來和平。[5]

攻勢現實主義既考慮極的數量又考慮體系中主要國家間的權力平衡，同意兩極比多極更穩定的觀點，但進一步將多極體系分為是否存在潛在的霸主。我認為平衡與不平衡多極體系的區別對於理解大國戰爭的歷史是重要的，攻勢現實主義也同意古典現實主義者的觀點，即如果體系中沒有佔優勢的國家，和平就更有可能，但進一步強調了穩定也取決於體系是兩極的還是多極的。

我將分兩步來闡明攻勢現實主義是如何解釋大國戰爭的。在下面的三部分中，我將闡述我的理論，表明其邏輯基礎是合理且有力的。在此之後的兩部分中，我將檢驗這一理論，看它是否能很好地解釋大國戰爭之爆發及一七九二至一九九〇年間歐洲相對和平的時期。特別地，我會仔細分析當歐洲處於兩極、平衡的多極和不平衡的多極時，大國戰爭的次數。最後，在我簡要的結論中將討論冷戰時期核子武器的出現會如何影響分析的結果。

結構與戰爭

決定戰爭是否會發生的主要原因在於國際體系的結構，而最關鍵的是大國的數目及各方掌握有多少權力。體系可能是兩極的也可能是多極的，權力在主要國家間分配的平均程度也參差不齊。所有大國間的權力比（power ratio）影響了國際體系未來的穩定性，但體系中兩個最強大的國家間的權力比是關鍵。

如果存在一個不平衡的權力差，頭號大國將是一個潛在的霸主。[6] 包含一個雄心勃勃霸主的體系就是所謂的不平衡體系；沒有這樣一個宰制性國家的體系就是所謂的平衡體系。儘管可能會出現這樣的情況，但在一個平衡體系中權力並不需要在所有大國間平等分配。平衡的基本條件是在兩個最重要的國家間，權力不存在明顯的差異。如果存在的話，體系就是不平衡的。

綜合關於權力的兩個面向，我們可以得出四種可能的體系：(1)不平衡的兩極；(2)平衡的兩極；(3)不平衡的多極；(4)平衡的多極。不平衡的兩極並非有用的分類，因為這種體系不可能在真實世界裡找到。至少我在現代歷史中並沒有發現。當然可能在某些地區只有兩個大國，其中一個明顯比另一個強大。但是這種體系可能很快會消失，因為那個強大的國家可能征服其脆弱的對手；後者沒有可能尋求其他大國的幫助，因為按定義其他大國是不存在的。事實上，弱國甚至不打就會投降，使更強大的國家成為地區霸主。簡言之，不平衡的兩極體系是如此不穩定以致它們根本無法延續太久。

於是，我們可能找到權力以三種不同模式在最重要的國家間分佈。兩極體系（「平衡的兩極體系」的簡稱）由兩個具有粗略對等力量的大國所構成——或至少沒有哪個國家一定比另一個國家更強大。不平衡的多極體系由三個或更多的大國主導，其中之一是潛在的霸主。平衡的多極體系由三個或更多的大國主導，但哪個也稱不上有機會成為霸主：儘管在大國間可能存在著某種權力的非對稱性，但在體系內的兩個主要國家間沒有明顯的軍事力量差距。

這些不同的權力分配是如何影響戰爭與和平的呢？兩極體系是三種體系中最穩定的。大國戰爭不多，就算爆發，可能也是其中一個大國與一個小國而非其大國對手開戰。不平衡的多極體系是最危險的權力分配，主要因為潛在的霸主可能與體系中所有其他大國交戰。這種戰爭一律會升級為歷時久而代價高的戰爭。平衡的多極體系介於兩極體系與不平衡的多極體系之間：大國戰爭比在兩極體系下更可能爆發，但肯定比在不平衡的多極體系下爆發的可能性小。而且，大國間的戰爭可能是一對一或二對一的形式，而不像存在潛在霸主時產生的大規模系統性衝突。

現在讓我們考慮為什麼兩極體系比多極體系穩定，而不論其中是否存在潛在的霸主。在後面我們將解釋，為什麼平衡的多極體系比不平衡的多極體系穩定。

兩極體系和多極體系

戰爭在多極體系中比在兩極體系中更可能爆發，原因有三。[7]首先，有更多的戰爭機會，因為在多極體系中存在更多的潛在衝突雙方。第二，在多極世界中權力不平衡的現象更普遍，這樣大國更可能擁有贏得戰爭的能力，這就使威懾更困難而戰爭更有可能爆發。第三，誤算的可能性在多極體系中更大：國家或許認為它們有能力去威脅或征服另一個國家，而事實上它可能沒有這種能力。

戰爭的可能性

多極體系比兩極體系有更多潛在的衝突狀況。讓我們來看一下大國——大國衝突組合（great-great power dyads）。在兩極體系中，因為只有兩個大國，因此只有一對組合會直接包含它們。例如，蘇聯是冷戰時期美國有可能與之交戰的唯一大國。相反的，一個包含三個大國的多極體系具有三組爆發衝突的組合：A對B，A對C，B對C。同理，五個大國的多極體系具有十種大國對峙的可能性。

衝突還可能在大國與小國間爆發。在一個假想的畫面裡，既然大國數目不會對小國數目產生有意義的影響，我們可以假定在兩極和多極體系中具有同樣數量的小國。因此，鑑於在多極體系中有更多的大國，大國—小國衝突組合也就可能更多。例如，在十個小國組成的兩極世界裡，有二十組大國—小國衝突組合；在五個大國與同樣的十個小國的多極體系裡，有五十個這樣的衝突組合。

在兩種體系中，大國—小國衝突組合數目懸殊可能更加有利於兩極，因為它通常比多極體系具有更小的彈性。兩極體系可能成為僵硬的結構。兩個大國處於支配性地位的事實，及安全競爭的邏輯，將意味著它們勢必會成為彼此的對手。多數小國會發現很難與兩極體系中的大國沒有瓜葛，因為大國必要求更小的國家對其忠誠。與邊緣區域相比，這種壁壘分明的對陣在重要地緣區域裡更是這樣。將小國置於其中某一大國的控制之下將使任何一個大國難以對緊密依附其對手的小國發動戰爭；結果就是可能發生衝突的局勢減少了。例如，在冷戰時期，美國並未考慮要對蘇聯陣營的匈牙利與波蘭動武。如此一來，在我們假想的兩極體系中，實際上可能存在不到二十組大國—小國的衝突組合。

相反的，多極體系在結構上更不穩定，其確切的形式變化甚大，取決於體系中大小國家數目及這些國家的地理分佈。儘管如此，在挑選聯盟夥伴時，無論是大國還是小國都有很大的彈性，且小國不可能像在兩極體系中那樣與大國緊密相連。然而，這種自主性讓小國更容易遭受到大國的攻擊。這樣，在我們假想的多極體系中，五十對大國—小國衝突組合可能是一個合理的數目。

小國間的戰爭在這種研究中被大量忽視，因為學者只關心研擬一套解釋大國戰爭的理論。然而，小國戰爭有時會升級，將大國拖入其中。儘管戰情升高（escalation）這個主題不在本書的範圍之內，但我還是想簡要論述極的屬性如何影響大國被拖入小國間戰爭的可能性。基本上，這種可能性在多極體系中比在兩極體系中更大，因為多極體系中小國相互開戰的可能性更大，大國捲入的可能性也更大。

想想看我們假想的兩極、多極世界中都包含十個大國，這就意味著每個體系中有四十五個潛在的小國—小國衝突組合。這個數字在兩極體系裡會明顯下降，因為通常兩極體系的緊密性使小國很難相互開戰。特別是，兩個大國都會希望阻止其陣營內部及陣營間的小國衝突，因為擔心這種衝突會升級。在多極體系中，小國的自主性更大，更易於相互開戰。例如，在歐洲是多極體系時，希臘和土耳其在一九二一至一九二四年間交戰。但在冷戰時期，兩國相安無事，此時歐洲是兩極體系，美國不能容忍任何其歐洲盟友間的戰爭，因為擔心這會弱化北約對付蘇聯的努力。

權力不平衡

大國間的權力非對稱性在多極體系中比兩極體系更普遍。當權力不平衡時，便難以威懾強者，因為它們有更強的能力贏得戰爭。[8]但即便我們假定大國的軍事實力大致勢均力敵，在多極體系中比在兩極體系中更有可能由於權力不平衡而導致衝突。

基於某一主要原因，多極體系傾向於不平等，而兩極體系則傾向於平等。體系中大國越多，財富與人口規模，即軍事建設的基礎要素，就越不可能在它們間平均分配。為解釋這一點，假定我們生活在這樣一個世界裡，不管體系中有多少國家，有百分之五十的可能是其中任何兩個大國大體上擁有相同的潛在權力。如果這一體系中只有兩個大國（兩極世界），顯然有百分之五十的機會令每個國家控制同樣大小的潛在權力。但是如果體系內有三個大國（多極體系），那麼只有百分之十二．五的機會讓所有國家具有相同數量的潛在權力。如果是四個大國的多極體系，在它們當中平均分配軍事力量的可能性只有百分之二。

人們或許使用不同的數據來說明任何兩個國家具有同等潛在權力的可能性，例如是百分之二十五和百分之六十而非百分之五十，但基本理論依舊。與兩極體系相比，多極體系中的大國間更有可能存在潛在權力的非對稱性，並且多極體系中大國越多，對稱性的可能性就越低。這並不是說不可能存在大國擁有同等潛在權力的多極體系，而僅僅是說這種可能性明顯比在兩極體系中要低。當然，考慮潛在權力的原因是，在主要國家間，財富與人口數量的大幅變化可能導致實際軍事力量的懸殊落差，這僅僅是因為一些國家比其他國家擁有更豐富的資源來進行軍備競賽。[9]

但即便我們假定所有的大國同樣強大，權力的失衡在多極體系中仍比在兩極體系中更普遍。例如，多極體系中的兩個大國能聯手攻擊另一個大國，如英國和法國在克里米亞戰爭中共同對付俄國，義大利與普魯士在一八六六年對付奧地利。這種聯手在兩極體系中是不可能的，因為只有兩個大國進行角逐。兩個大國還能聯合起來征服小國，例如一八六四年奧地利和普魯士對付丹麥，一九三九年德國和蘇聯對付波蘭。在兩極體系中這種聯手從邏輯上講是可能的，但由於兩個大國必定會成為主要對手而不可能作為盟友共同作戰，所以事實上這種聯手是極不可能的。

而且，大國會使用其優勢兵力去威脅或征服小國。這種行為在多極體系中比在兩極體系中更有可能，因為在多極體系中具有更多的潛在大國—小國衝突組合。

有人或許會認為，權力平衡機制能對付多極體系中浮現的任何權力不平衡。如果其他國家團結起來反抗它的話，沒有哪個國家能宰制另一國家。[10]事實上，既然大國權力平衡聯盟在兩個大國的世界裡並不可行，那麼它可以被視為多極體系相對於兩極的一個優點。但是被威脅的國家很少及時形成有效的權力平衡聯盟來遏制入侵者。正如第八章中所證明的，被威脅國家更喜歡推卸責任而不是挺身抗衡，一旦有國家會推卸責任，建立聯盟就難了。

但在多極體系中，即便被威脅國家聯合起來進行抗衡，外交仍是一個不確定的過程。建立防禦性聯盟是需要時間的，特別是在需要較多國家時。入侵者或許會認為在反對聯盟完全形成之前自己就能達到其目的。最後，地緣因素有時令聯手抗衡的國家無法對入侵者施加有意義的壓力。例如，假涉有一大塊水域或另一國家的阻隔，一個大國就無法對興風作浪的國家施加有效的軍事壓力。[11]

誤算的可能性

多極體系存在的最後一個問題是它容易造成誤算（miscalculation）。多極使國家低估了敵對國家的決心和反對聯盟的實力。國家因此會錯誤地認為它們擁有軍事能力去威脅一個反對者，或者如果失敗的話也可以在戰場上擊敗它。

當一國低估反對國家在爭議中堅持己見的決心時，戰爭更可能發生。它會把其他國家逼得太急，指望其他國家讓步，而實際上後者會狗急跳牆。這種誤算在多極體系中更可能發生，因為國際秩序的形態會因國家聯盟的變化而變化。其結果是，各國共同接受的國際規則——國家行為準則、公認的領土劃分及其他特權——的本質持續在變化。兩國關係一變得友好，原本不被接受的原則就被接受了，另一方面，原先的盟友或中立國可能反臉，於是又需要建立不同的遊戲規則。在這種情形下，一國會不知不覺地將另一國逼得太急，因為每個國家的權利與義務當中都保有太多的模糊性，因此在很多問題上，每個國家都有可能誤判對方的決心。即便是在多極體系裡，國家之間也可以建立起一套被大家接受的國家行為準則，正如十八世紀的歐洲大國逐漸地接受一套外交行為的共同基本準則那樣。不過，當國家數目多且它們之間的關係變幻無常時，明確的權力分配通常更難，正如在多極體系中的情形一樣。

此外，當國家低估了反對聯盟的相對權力時，戰爭也更容易發生。它們有可能低估了要加入反對它們的國家的數目，也有可能高估了要加入它們自己陣營的國家的數目。[12]這種錯誤在有許多國家的體系中更容易發生，因為國家為了計算聯盟間的權力平衡，必須精確預見其他國家的行為。即便假定國家明確知道要對付和反對誰，計算多國聯盟的軍事實力仍要比估計單一敵人的實力更困難。

誤算不太可能在兩極體系中發生。此時國家不太可能誤算其他國家的決心，因為與主要敵手的互動規則早就大致底定了，雙方都清楚知道對方的底線在哪裡。國家也不可能誤算反對聯盟有哪些成員，因為每一方都只面臨著一個主要敵人。單純性有助於確定性，確定性有助於和平。

平衡的多極和不平衡的多極

不平衡的多極體系由於兩個原因而特別容易導致戰爭。作為這種體系中的明顯特徵，潛在霸主擁有相對於其他大國的明確權力優勢，這意味著它們很有希望打敗弱小的對手。有人或許認為此類明顯的權力落差將減少戰爭。畢竟，如此的強大能使潛在霸主感到安全，因而也降低了它藉由發動戰爭以獲得更大權力的需求。而且，次大國應該認識到主要大國本質上是偏好現狀的國家，因此它們不必那麼緊張。此外，即便它們沒能認識到主要大國的善良意圖，它們也沒有挑戰主要大國的軍事實力。因此，按照這一邏輯，多極體系中潛在霸主的出現應該會促進和平的機會。

然而，當潛在霸主出現時，事實並非如此。儘管它們有可觀的軍事實力，但它們不可能滿足於權力平衡。相反，它們將致力於獲得更多的權力，並最終贏得地區霸權，因為霸權是最終的安全保障。在一個單極體系（unipolar system）中，沒有誰能真的威脅主宰性國家的安全。當然，潛在霸主不僅有強烈的動機去統治其所在地區，而且還有能力去追求優勢，這意味著它們是對和平的嚴重威脅。

潛在的霸主還會因為增加大國間的恐懼程度而引發戰爭。[13]對國際體系中的國家而言，害怕總是有的，這驅使它們為權力而爭鬥，以增加生存的機會。然而，潛在霸主的出現使其他國家特別害怕，它們將處心積慮地設法匡正權力不平衡，並且為達到這一目標而鋌而走險。原因很簡單：當一國威脅要宰制其他國家時，維護和平的長期價值就會減少，被威脅國家更願意趁機鞏固自己的安全。

潛在霸主並不必做太多事情來引發體系中其他國家的擔心，僅其可怕的能力就可能嚇壞了鄰近的大國，迫使其中至少一些國家組成反抗聯盟。因為一國的意圖非常難以覺察，而且它們能迅速改變意圖，所以大國對手將傾向於假定潛在霸主有最壞的意圖，從而進一步強化被威脅國家遏制它的動機，如果機會許可或許還會乾脆削弱它。

然而，被這種遏制戰略鎖定的目標自然會把這個抗衡聯盟的形成看做是其對手發動的包圍戰術。潛在霸主這樣想是對的，即便次大國的目標本質上只是防禦性的。儘管如此，主要大國可能會感到被威脅和害怕，於是可能採取措施以提升其安全，這又使臨近大國更害怕，於是它們又會採取額外的措施加強其安全，這又使得潛在霸主更加害怕。簡言之，潛在霸主的存在會導致恐懼的惡性攀升，最終一發不可收拾。這一問題由於以下事實而更加複雜化：即它們擁有相當的權力，因此可能認為它們能透過戰爭來解決它們的安全問題。

摘要

由於四個方面的原因，兩極是不同結構中最穩定的。第一，兩極體系中衝突的機會相對更少，只有一種包含大國的可能的衝突組合。當大國在兩極體系中作戰時，它們比較可能挑小國下手，而非大國。第二，在兩極體系中權力更可能在大國間公平分配，這是一個重要的穩定性的結構因素。而且，並沒有多少機會讓大國聯合起來反對其他國家或利用小國。第三，兩極中誤算的可能性不大，這減少了大國陷入戰爭的可能性。第四，在世界政治中儘管恐懼總是在起作用，但兩極體系不會加重國家的焦慮。

平衡的多極體系比兩極體系更容易導致戰爭，原因有三。第一，多極會產生更多的衝突機會，特別是大國間衝突的機會。然而，同時捲入所有大國的戰爭是不大可能的。第二，權力在主要國家間可能是非均衡分配，擁有更強軍事實力的國家傾向於挑起戰爭，因為它們認為它們有能力贏得戰爭。還有，大國有足夠的機會聯手瓜分第三國，或威脅或征服小國。第三，在平衡的多極體系中，儘管因為主要國家間不存在巨大的權力差距，所以大國相互間不需極度害怕，但誤算仍可能會成為一個嚴重的問題。

不平衡的多極是最危險的權力分配。它不僅有著平衡的多極體系中的所有問題，而且受累於一種最危險的不平等：潛在霸主的存在。這種國家既擁有強大的能力來製造麻煩，又能在大國中引起極度恐懼。這些發展增加了戰爭的可能性，且將使體系中的所有大國都捲進來，打一場玉石俱焚、你死我活的戰爭。

既然關於戰爭起因的理論都已闡明，就讓我們換個角度，檢驗這一理論將如何解釋發生在一七九二至一九九〇年的歐洲歷史事件。

近代歐洲的大國戰爭：一七九二至一九九〇年

為驗證攻勢現實主義有關權力分配影響大國戰爭之可能性的觀點，我有必要對一七九二至一九九〇年這一階段作一分析，在這一階段內歐洲不是兩極體系就是多極體系，同時在那些多極體系中都存在一個潛在霸主。接著有必要對這一階段每個時期的大國戰爭進行分析。

我們都知道，體系結構是大國數目與權力如何在其間分配作用的結果。我們將要討論的兩個世紀的歐洲大國包括奧地利、英國、德國、義大利及德國。[14]只有俄國（一九一七至一九九一年間是蘇聯）在整個時期都是大國。奧地利（一八六七年為奧匈帝國）從一七九二年至一九一八年解體為止是一個大國。英國和德國在一七九二至一九四五年間是大國，儘管德國在一八七一年實際上是普魯士。義大利在一八六一至一九四三年崩潰前可視為大國。

日本和美國的情況又怎樣呢？它們都不位於歐洲，但在相關時期的部分時段卻是大國。日本在一八九五至一九四五年間是一個大國，它之所以不在相應分析之列，是因為它從未是歐洲政治的主要角色。日本在一戰開始時對德宣戰，但除了獲取了德國在亞洲的領地之外，它沒有參與太深。日本在一戰末年派兵至蘇聯境內，以配合英國、法國和美國，這些國家試圖讓蘇聯重新回到反對德國的戰爭中。[15]然而，日本主要考慮的是獲取俄國在遠東的領土，而不是歐洲事務。不管怎樣，干涉失敗了。

美國的情形則不同。儘管它位於西半球，但在兩次世界大戰期間它都派兵至歐洲作戰，並從一九四五年起還在歐洲維持大規模的駐軍。在這種情形下，美國承擔得了大陸義務，被視為歐洲權力平衡的主要角色。但正如第七章中已討論的原因，美國在歐洲從來不是一個潛在的霸主，它扮演著離岸平衡手的角色。我們已經討論了許多關於一七九二至一九九〇年間大國相對力量的估算，第八章又特別提到在歐洲是否存在一個潛在霸主的關鍵問題。餘下的部分將在下面補充討論。

基於大國間權力的相對分配，從法國大革命爆發及一七九二年拿破崙戰爭開始直至一九九〇年冷戰結束的這段歐洲歷史，可粗略地分為七個時期：

(1)拿破崙時期前期，一七九二至一七九三年（一年），平衡的多極；
(2)拿破崙時期後期，一七九三至一八一五年（二十二年），不平衡的多極；
(3)十九世紀，一八一五至一九〇二年（八十八年），平衡的多極；
(4)德意志帝國時期，一九〇三至一九一八年（十六年），不平衡的多極；

(5)兩次世界大戰之間，一九一九至一九三八年（二十年），平衡的多極；

(6)納粹時期，一九三九至一九四五年（六年），不平衡的多極；

(7)冷戰時期，一九四五至一九九〇年（四十六年），兩極。

上述這七個時期的戰爭列表都取材自於傑克．列維廣受好評的大國戰爭資料庫。[16]不過，我對資料庫作了一點小小的調整：我將俄波戰爭（一九一九至一九二〇年）及蘇俄內戰（一九一八至一九二一年）視為不同的衝突，而利維將它們視為同一場戰爭。只有至少涉及一個歐洲大國，且是歐洲大國間的戰爭才被包含在這裡的分析當中。歐洲大國和非歐洲國家的戰爭不算在分析範圍內。這樣，英美戰爭（一八一二年）、日俄戰爭（一九〇四至一九〇五年）及蘇聯入侵阿富汗（一九七九至一九八九年）都不在此列。[17]只涉及小國的歐洲戰爭也未包括在內。最後，此分析不包括內戰，除非至少有一個歐洲國家進行強烈的干預，例如蘇俄內戰。西班牙內戰（一九三六至一九三九年）被排除了，儘管它也有被納入的機會。

可以將大國戰爭區分為三種不同的類型。「主要戰爭」（**central wars**）包含了體系中幾乎所有的大國，因而進行得非常激烈。[18]「大國對大國的戰爭」（**great power vs. great power wars**）要麼是一對一戰爭，要麼是二對一的戰爭。應該注意到在兩極體系或三國多極體系中，主要戰爭與大國對大國的戰爭並無差異。然而在近代歐洲歷史上，這種情形並不存在。最後，還有「大國對小國的戰爭」（**great power vs. minor power wars**）。在所分析的一百九十九年歐洲歷史中，總共有二十四場大國戰爭，包括三場主要戰爭，六場大國對大國的戰爭，十五場大國對小國的戰爭。

拿破崙時期（一七九二至一八一五年）

一七九二至一八一五年間的歐洲是五個大國的天下：奧、英、法、普、俄。儘管法國在這一時期明顯是最強大的國家，但在一七九三年秋初之前它一直都不是一個潛在的霸主，因為之前它並不擁有歐洲最可怕的軍隊。[19]還記得一七九二年奧普聯合攻打法國嗎？因為法國軍隊弱，故被認為是好欺負的。法國將這種潛在霸主的狀態一直保持到拿破崙最終在一八一五年春被擊潰為止。這樣，一七九二至一七九三年在歐洲出現的是平衡的多極體系，一七九三至一八一五年是不平衡的多極。

一七九二至一八一五年這段時期由**法國大革命及拿破崙戰爭**所支配。這場衝突的第一年可視為大國對大國的戰爭，因為它只涉及三個大國：奧、法、普。大英帝國及俄國在整個一七九二年及一七九三年初都在旁觀。在此之後的二十二年的衝突可歸為主要戰爭。試圖成為歐洲霸主的法國，在不同時期以不同的組合方式與奧地利、英國、普魯士和俄國作戰。

拿破崙時期也有三場大國對小國的戰爭。**俄土戰爭**（一八〇六至一八一二年）基本上是俄國試圖從土耳其（當時被稱作鄂圖曼帝國）攫取比薩拉比亞、摩達維亞（Moldavia）、瓦拉幾亞（Walachia）。俄國最終的勝利令其贏得了比薩拉比亞但並沒有獲得其他地區。**俄瑞戰爭**（一八〇八至一八〇九年）由於法國和俄國不滿瑞典與英國結盟而導致。俄國、丹麥同瑞典開戰並最終獲勝，瑞典被迫把芬蘭及阿蘭群島（Åland Islands）交給俄國。**那不勒斯戰爭**（一八一五年）是奧地利與那不勒斯（Naples）間爆發的一場衝突。在拿破崙從義大利撤出後，奧地利決心重新奪回自己在這一地區的優勢，而那不勒斯軍隊則一心想將奧地利趕出義大利。奧地利贏得了戰爭。

十九世紀（一八一五至一九〇二年）

在拿破崙法國最終被擊潰及威廉德國興起的這個時期，八十八年的歐洲體系由六大國所支配。奧地利／奧匈帝國、大英帝國、法國、普魯士／德國、俄國是這個時期的大國。義大利於一八六一年加入這一俱樂部。一八一五至一九〇二年間在歐洲不存在潛在的霸主。很明顯，英國是這一時期歐洲最富有的國家（參見表3.3），但從未將其驚人的財富轉化為軍事實力。事實上，英國在我們所討論的時期維持了一支弱小的軍隊。一八一五至一八六〇年間歐洲最強大的軍隊屬於奧地利、法國和俄國，但沒有哪個國家擁有足以橫行歐洲的軍隊（參見表9.1及表9.2）。[20]它們中也沒有哪個擁有足夠的實力有資格成為潛在的霸主。

普魯士軍隊在十九世紀六〇年代成為一支可怕的軍隊，與奧地利、法國軍隊爭做歐洲的老大。[21]法國在這十年的前半期占據老大的位置；普魯士在接下來的後半期取而代之。毫無疑問，德國在一八七〇至一九〇二年間擁有歐洲最強大的軍隊，但它不足以強大到威脅整個歐洲大陸。而且，德國並不擁有足夠的財富成為歐洲的霸主。因此，可以公平地說，在十九世紀，歐洲是一個平衡的多極體系。

在一八一五至一九〇二年間有四場大國對大國的戰爭。**克里米亞戰爭**（一八五三至一八五六

表9.1 1820-1858年間，歐洲軍隊的兵力

	1820	1830	1840	1850	1858
奧地利	258,000	273,000	267,000	434,000	403,000
英國	114,513	104,066	124,659	136,932	200,000
法國	208,000	224,000	275,000	391,190	400,000
普魯士	130,000	130,000	135,000	131,000	153,000
俄國	772,000	826,000	623,000	871,000	870,000

資料來源：奧地利、普魯士和俄國的數據引自J. David Singer and Melvin Small, *National Material Capabilities Data, 1816-1985* (Ann Arbor, MI: Inter-University Consortium for Political and Social Research, February, 1993)。英國方面的資料引自Edwards Spiers, *The Army and Society, 1815-1914* (London: Longman, 1980), p.36；1858年的資料為作者的估計。1820、1830年法國的數據引自Singer and Small, *National Material Capabilities Data*；1840年的法國數據引自William C. Fuller, Jr., *Strategy and Power in Russia, 1600-1914* (New York: Free Press, 1992), p.239；1850年法國的數據引自André Corviser, ed., *Histoire Militaire de la France*, Vol.2 (Paris: Presses Universitaires de France, 1992), p.413；1858年（實際是1857年）法國的資料引自Michael Stephen Partridge, *Military Planning for the Defence of the United Kingdom, 1814-1870* (Westport, CT: Greenwood, 1989), p.76。選擇1858年而非1860年是因為義大利統一戰爭扭曲了1860年的資料，對法國而言更是這樣。

年）最初是俄國與鄂圖曼帝國間的戰爭，前者試圖從後者那裡奪取領土。但英法加入到鄂圖曼帝國那邊。俄國被擊敗，被迫作出讓步，放棄少量領土。在**義大利統一戰爭**（一八五九年）中，法國與皮埃蒙特（Piedmont）聯手將奧地利趕出了義大利，並締造了統一的義大利國。奧地利戰敗，義大利不久獲得統一。在**奧普戰爭**（一八六六）中，普魯士和義大利聯合對付奧地利。奧普之戰本質上決定了哪國將掌握統一的德國，而義大利旨在從奧地利獲得領土。奧地利失敗了，普魯士從奧地利獲得了相應的領土補償，但是德國統一仍未完成。

表9.2 歐洲軍隊的兵力，1853-1856年間（克里米亞戰爭）

	1853	1854	1855	1856
奧地利	514,000	540,000	427,000	427,000
英國	149,089	152,780	168,552	168,552
法國	332,549	310,267	507,432	526,056
普魯士	139,000	139,000	142,000	142,000
俄國	761,000	1,100,000	1,843,463	1,742,000

資料來源：奧地利和普魯士兩國的數據引自Singer and Small, *National Material Capabilities Data*。英國方面的資料是這樣的：1853-1854年，Hew Strachan, *Willington's Legacy: The Reform of British Army, 1830-54* (Manchester: Manchester University Press, 1984), p.182; 1855-1856年，Spiers, *The Army and Society*, p.36。法國方面的資料引自Corviser, ed., *Histoire Militaire*, p.413。俄國方面的資料出處如下：1853-1854年，Singer and Small, *National Material Capabilities Data*；1855-1856年，David R. Jones, "The Soviet Defence Burden Through the Prism of History," in Carl G. Jacobsen, ed., *The Soviet Defense Enigma: Estimating Costs and Burden* (Oxford: Oxford University Press, 1987), p.155。

普法戰爭（一八七〇至一八七一年）貌似由普魯士干涉西班牙內政而引起。其實，俾斯麥是希望打這場戰爭的，以使他能夠完成德國的統一，而法國則希望得到領土補償以抵消普魯士在一八六六年之所得。普軍贏得了澈底勝利。

十九世紀同樣有八場大國對小國的戰爭。**法西戰爭**（一八二三年）由西班牙叛亂而引發。當時，西班牙為推翻國王而爆發了內戰，法國出面干涉以恢復和平和君主制。**納瓦里諾港戰役**（Navarino Bay，一八二七年）是一場以英、法、俄為一方而鄂圖曼帝國、埃及為另一方的海軍爭鬥。當時大國是在幫助希臘脫離鄂圖曼帝國而獨立。在**俄土戰爭**（一八二八至一八二九年）期間，俄國捲入反對鄂圖曼土耳其的戰爭並支持希臘的獨立，還在鄂圖曼帝國的高加索及其他地方獲得領土。**第一次石勒蘇益格─霍爾斯坦戰爭**（一八四八至一八四九年）是普魯士想要從丹麥手中併吞石勒蘇益格、霍爾斯坦兩公國，但失敗了。

在**奧薩戰爭**（一八四八年）中，皮埃蒙特─薩丁尼亞王國試圖將奧地利趕出義大利，以為義大利的統一鋪路。這種追求自由的努力失敗了。當法國派兵至羅馬以恢復教皇的權力並推翻由馬志尼（Giuseppe Mazzini）建立的共和國時，**羅馬共和國戰爭**（Roman Republic War，一八四九年）爆發。**第二次石勒蘇益格─霍爾斯坦戰爭**（一八六四年）中，奧普聯手最終將有爭議的奧地利從丹麥手中奪了過來。最後，在**俄土戰爭**（一八七七至一八七八年）中，俄國與塞爾維亞站在波士尼亞─赫塞哥維納（Bosnia-Herzegovina）及保加利亞的那邊，幫助它們從鄂圖曼帝國獨立。

德意志帝國時期（一九〇三至一九一八年）

一九〇三年後大國隊伍沒有變化。一九一八年，美國的軍隊開始大批抵達歐洲大陸，使美國開始成為這區域的主要角色，除此之外，六大國仍然是歐洲政治的中心。正如第八章中所強調的，威廉德國在這一時期是歐洲的潛在霸主，它控制了這一地區最強大的軍隊和最多的財富。於是，一九〇三至一九一八年的歐洲國際體系是不平衡的多極體系。

這一時期最重要的事件自然是**第一次世界大戰**，一戰是使所有大國和許多歐洲小國都捲入的主要戰爭。這一時期也只有一場大國對大國的戰爭。在**蘇俄內戰**（一九一八至一九二一年）中期，英國、法國、日本和美國派兵至蘇俄。它們與布爾什維克進行了一些短暫而激烈的戰鬥，而後者最終存活下來。最後，這一時期大國對小國的衝突也只有一次，這就是**義土戰爭**（一九一一至一九一二年）。義大利一心想在地中海附近建立起一個帝國，入侵並征服了北非的的黎波里（Tripolitania）和昔蘭尼加（Cyrenica）（當時是鄂圖曼帝國的省，今屬利比亞）。

兩次世界大戰期間（一九一八至一九三八年）

兩次世界大戰期間在歐洲有五個大國。奧匈帝國在一戰結束時消失了，但英、法、德、意、蘇仍然在角逐。在這二十年內歐洲也沒有潛在的霸主。英國在戰爭爆發後的最初幾年是歐洲最富有的國家，但是到二十世紀二〇年代末德國領先了（參見表3.3）。然而，在一九一九至一九三八年間，英國和德國在歐洲都不擁有最強大的軍隊。[22]事實上，在整個二十世紀二〇年代及三〇年代初期，兩國軍隊都特別弱。德國軍隊在三〇年代末毫無疑問地變得更強大，但直到一九三九年前，它仍未成為歐洲最強大的軍隊。由於法國在一九四〇年大敗，因此很難相信法國在兩次世界大戰期間擁有歐洲最強大的軍隊，但事實是如此。然而法國的財富和人口遠沒有達到成為潛在霸主的地步。所以，這一時期的歐洲國際體系是平衡的多極體系。

一九一九至一九三八年間沒有大國對大國的戰爭，只有大國對小國的戰爭。在**蘇波戰爭**（一九一九至一九二〇年）期間，波蘭乘一戰之機入侵已遭嚴重削弱的蘇俄，試圖將白俄羅斯與烏克蘭從蘇俄分裂出去，使之成為波蘭領導的聯邦的一部分。儘管波蘭並沒有達到這一目標，但它的確獲得了白俄羅斯、烏克蘭的一些領土。

納粹時期（一九三九至一九四五年）

兩次世界大戰期間的五大國在此一時期初期仍然佔據重要位置，但法國在一九四〇年被踢出大國權力平衡圈，義大利又在一九四三年步上了法國的後塵。英國、德國和蘇聯直至一九四五年仍保持大國地位。當美國於一九四一年十二月參加第二次世界大戰以後，美國就深深地捲入了歐洲政治。正如第八章中所討論的，納粹德國從一九三九年直至一九四五年被擊潰為止一直是歐洲一個潛在的霸主。因此，這一時期的歐洲國際體系是不平衡的多極體系。

作為主要戰爭的**第二次世界大戰**自然是這一時期歐洲的關鍵事件。這一時期還有另一場大國對小國的戰爭：**蘇芬戰爭**（一九三九至一九四〇年）。預料到納粹可能對蘇聯進攻，史達林於一九三九年秋要求芬蘭割讓領土，遭到芬蘭的拒絕，紅軍便於一九三九年八月底入侵了芬蘭。一九四〇年三月芬蘭投降，蘇聯得到了想要得到的領土。

冷戰（一九四五至一九九〇年）

第二次世界大戰後歐洲只剩下惟一的大國，那就是蘇聯。[23]然而，美國決定要阻止蘇聯支配歐洲，因此美國於整個冷戰時期在歐洲維持了大規模的駐軍。這是歷史上美國第一次在和平時期大規模駐軍於歐洲。因此，歐洲在一九四五至一九九〇年間是兩極體系。

這一時期，大國間並未爆發戰爭，但是有一場大國對小國的戰爭。在**匈牙利事件**（一九五六年）中，蘇聯入侵並鎮壓了匈牙利的反共叛亂。

分析

讓我們對既有資訊加以統整，看看當歐洲是兩極、平衡的多極、不平衡的多極時有多少大國戰爭。特別是，讓我們考慮一下每種體系中的戰爭數目、戰爭頻率及戰爭造成的死亡等情況。每一時期大國戰爭的數目均按照先前定義過的三種類型的戰爭——主要戰爭、大國對大國的戰爭、大國對小國的戰爭——進行統計。戰爭頻率乃由那個時期當中所有有戰爭在進行的年數加總而成。儘管戰爭只是在一年的部分時期進行，但是該年還是歸為戰爭年。例如，克里米亞戰爭從一八五三年十月延續到一八五六年二月，那麼一八五三、一八五四、一八五五、一八五六年就都被計算為戰爭年。最後，戰爭死亡由每場衝突中的軍人死亡數計算，平民死亡數忽略不計。

兩極看來是一種最和平、死亡最少的體系（參見表9.3）。一九四五至一九九〇年是歐洲唯一的兩極時期，大國間沒有戰爭。然而，有一場大國對小國的戰爭，持續不到一個月。這是四十六年的兩極體系中唯一發生在歐洲的戰爭，其只導致了一萬人死亡。

不平衡多極容易導致戰爭，死亡也最多。在有一個潛在霸主的多極化歐洲時期，共有三場主要戰爭、一場大國間戰爭、五場大國對小國的戰爭。四十四年間有三十五年有一場戰爭在進行，其中的十一年間同時有兩場戰爭。最後，在衝突中約有兩千七百萬軍人死亡（如果考慮所有二戰期間的

表9.3　從體系結構來看歐洲戰爭，1792-1990年

	戰爭數目			戰爭頻率			死亡
	主要戰爭	大國—大國	大國—小國	總年數	戰爭年份	比例	軍人死亡數
兩極 (1945–90)	0	0	1	46	1	2.2%	10,000
平衡的多極 (1792–93, 1815–1902, 1919–38)	0	5	9	109	20	18.3%	120萬
不平衡的多極 (1793–1815, 1903–18, 1939–45)	3	1	5	44	35	79.5%	2,700萬

注：我未能找到俄土戰爭（1806-1812年）及俄瑞戰爭（1808-1809年）的死亡人員資料，兩者都發生在拿破崙戰爭期間，因此我在計算中將它們忽略不計。不過，這些戰爭的戰鬥死亡數肯定很小，幾乎不影響不平衡兩極體系時的大量軍事死亡數。

資料來源：戰爭數量及總體戰爭年數資料引自Jack S. Levy, *War in the Modern Great Power System, 1495-1975* (Lexington: University Press of Kentucky, 1983), pp.90-91; J. David Singer and Melvin Small, *Resort to Arms: International and Civil Wars, 1816-1980* (Beverly Hills, CA: Sage, 1982), pp.82-95。戰爭死亡資料引自David Singer and Melvin Small, *Resort to Arms*, pp.82-95，但拿破崙戰爭的資料引自Charles J. Esdaile, *The Wars of Napoleon* (London: Longman, 1995), p.300；納瓦里諾港戰役的資料引自John Laffin, *Brassey's Battles: 3500 Years of Conflict, Campaigns and Wars from A-Z* (London: Brassey's Defence Publishers, 1986), p.299；蘇俄內戰的數據引自Levy, *War*, p.61；那不勒斯戰爭的資料引自Clive Emsley, *Napoleonic Europe* (New York: Longman, 1993)。

屠殺和暴力行為，可能有同樣多的平民死亡）。

平衡多極處於其他兩種體系之間。在歐洲處於多極體系但沒有潛在的霸主期間，沒有霸權戰爭，但有五場大國對大國的戰爭，九場大國對小國的戰爭。從頻率來看，在這一百零九年間的二十年裡，歐洲是有戰爭的。所以，平衡多極體系中百分之十八．三的時間內有戰爭，而兩極是百分之二．二，不平衡多極是百分之七十九．五。至於戰爭死亡，在平衡多極中，各類戰爭中有近一百二十萬軍人死亡，遠比不平衡多極中的兩千七百萬少得多，但又比兩極的一萬多得多。

結論

這些結果看來給攻勢現實主義提供了足夠的支持。不過，需要提醒的是，核子武器於一九四五年首次使用，在歐洲處於兩極體系中的整個時期都處於核武時代，但在之前的任何多極體系中都不存在核武因素。這就給我的觀點提出了一個挑戰，因為核子武器是維護和平的強大力量，自然有助於解釋為什麼一九四五至一九九〇年間歐洲無大國戰爭。然而，我們無法確定兩極與核子武器對歐洲長時期穩定所產生的相對影響孰輕孰重。

如果我們依靠某些經驗研究，找到可靠的證據來解釋在沒有核子武器的情形下，兩極與多極對戰爭之發生有什麼影響，那這個難題就可以解開了。可惜沒有這樣的研究。從其起源直到一九四五年，歐洲的國際體系是多極的，這就難以比較這段歷史從而發現多極與兩極的不同影響。更古早的歷史確實提供了兩極體系的典型案例，包括像雅典與斯巴達、羅馬與迦太基的戰爭，但這種歷史是不完整的，因而是不能使人信服的。

然而，當比較兩種多極體系時，這個問題並未出現。因為一九四五年前並沒有核子武器。從以上分析可以清楚地看出來，一個多極體系是否包含如拿破崙法國、威廉德國或納粹德國這樣的潛在霸主，確實對和平的維繫產生了顯著的影響。任何時候當多極體系裡有一個擁有最強大軍隊和最富有的國家時，大國間就有可能爆發慘烈的戰爭。

下面最後一章將探討中國在經濟上與政治上的崛起，及其對二十一世紀國際政治的影響。

第十章

中國是否能和平崛起？

一九八九年冷戰結束，兩年後蘇聯也解體，美國成了地球上第一強國。不少評論家說當今國際體系裡只剩美國一個強國，換言之，人類有史以來第一次進入了單極世界。果真如此，那美國一個巴掌拍不響，從此也就無所謂大國政治。

即使筆者一類人願意把中國和俄羅斯當成大國，這兩國的實力也還遠不夠挑戰美國。所以一九八九年之後大國的互動將不會再是國際政治的主要變數，在此之前世界上總有兩個或更多的大國彼此較量，在此之後將有所改觀。

稍微對比一下這一年前後的世界形勢，變化就一目了然，過去美國要下很大的力氣遏制威廉德國、日本帝國、法西斯德國，和蘇聯這些潛在對手。所以打了兩次世界大戰，又在全球各個角落與蘇聯做殊死鬥。

可一過一九八九年，美國決策者就再不用擔心和大國開戰，出兵小國也可以隨心所欲，不必顧忌其他大國的觀感或干預。於是冷戰之後首先於一九九一年在伊拉克打了一仗，四年後在波士尼亞又打了一仗，又過四年打了科索沃，二〇〇一年打阿富汗至今未完，兩年後再打伊拉克，直打到二〇一一年，當年又攻擊利比亞，一共是六場仗，還不算二〇〇一年「九一一事件」之後忙於攻打各處的恐怖分子。現實既然如此，蘇聯解體之後人們對大國政治退燒也就理所當然。

但既然現在中國崛起可能根本改變國際體系結構，大國政治研究也就有望再熱起來。中國經濟再迅速增長上幾十年，美國就可能再次棋逢對手，大國政治就將再度粉墨登場。但問題在於將來中國經濟發展究竟是保持現在的驚人勢頭，還是會略為減速但仍然不容小覷。學者專家各有不同的觀點，甚至立場南轅北轍，而筆者也難論斷誰對誰錯。[1]

但如果對中國經濟保持樂觀的專家是對的，中國就要成為超級強國，這將會是本世紀以來最大的地緣政治變化。如此一來，所有的外交政策制訂者與國際關係學者就要思考一個既粗淺又深刻的問題：中國崛起能不能和平？本章的目的就研究這個問題。

要對未來的亞洲做預測，就要有理論來解釋崛起中的大國會如何行動，而體系內的其他國家又會如何回應。之所以要理論，是因為未來既然還沒發生，可資利用的客觀事實資訊就有限。霍布斯說得好：「當下的事物自然而然地存在，過去的事物只存在於記憶之中，而未來的事物則根本不存在。」[2]所以預測國際政治走向必須有理論。

攻勢現實主義理論就很可以用來洞察中國的崛起。筆者的觀點一言以蔽之，就是只要中國的經濟持續增長，它一定會效仿美國統治西半球的模式，圖謀統治亞洲。美國則要全力以赴阻止中國成為地區霸主。而中國的鄰國如印度、日本、新加坡、韓國、俄羅斯和越南，大都會幫美國遏制中國。於是雙方安全競爭會越來越激烈，戰爭也很難避免。再說簡單些，中國絕不會風平浪靜地崛起。

筆者要提醒各位注意：本書預測的不是今天中國眼前的所作所為，而是未來中國強大後的遠期作為。目前中國兵力不強，尚不及美國，所以北京萬萬不該和美國輕啟戰端。換言之，今天的中國受到當前顯然對美國有利的權力平衡的局限。在美國享有的各項優勢當中，其中一樣是美國廣結盟邦，中國卻基本上沒有盟友。但當前形勢不是本章的重點，重點將放在一個可能的未來，屆時權力平衡開始對美國不利，中國開始掌控更多的相對權力，且經濟和軍事可以與美國陣營分庭抗禮。說到底，我們要探討的是一個羽翼漸豐、不像今天一樣被束手綁腳的中國。

本章內容安排如下。首先，下文先提綱挈領地回顧第二章已經討論過的我的理論大要。其次，我會摘要第七章討論過的美國謀求西半球霸權的原因，回顧美國開國以來怎樣一直貫徹攻勢現實主義原則。第三節裡就講強大的中國會何去何從，筆者認為中國將來大概也要走美國人的路，離不開攻勢現實主義。第四節解釋中國的鄰國為什麼要聯美制中。接著，探討中國與美國有沒有可能打仗，我的結論是中美大戰的可能性要高於冷戰時的美蘇大戰。而筆者既然如此不看好未來中美關係，就少不了受人批評，倒數第二節就試著回應兩種批評意見。最後一節總結本章，指出既然社會科學理論總有其局限，筆者也就可能看錯中國的未來。

攻勢現實主義概述

筆者理論的要旨很簡單，就是國際體系之基本結構決定了各國得為確保自身的安危而爭奪權力，所以大國都要盡可能擴大它所能分得的世界權力，以圖統治國際體系。而最強的國家將會建立地區霸權統治周邊鄰國，同時阻止別國在別的地區複製其成功之路。

本理論奠定在五大基本命題之上，它們基本上也貼近現實。命題一，國家是國際政治中最重要的行為體，不需聽從任何權威。國際體系中既沒有霍布斯說的「利維坦」（Leviathan）也不見別的最高仲裁者，國家碰到麻煩絕對投訴無門。這種情況被稱做是無政府體系，以有別於金字塔型的國際體系。

命題二與命題三分別關於國家的力量與意圖。各國都有兵力，足以侵略進犯他國，只不過是有的力量比較大，甚至是大過別人相當多。國家力量相對容易測量，因為主要是以物質為基礎，可見、可評估、可計數。

至於國家意圖就複雜了。因為意圖是只埋藏在國家領導人腦子裡的東西，誰也看不見、量不著，因此沒有一個國家能肯定別國在盤算籌劃著什麼。尤其，國家永遠不可能百分之百知道他國是不是正因為什麼理由而以自己為假想敵。而且國家領導人幾年一變，對外政策往往也隨之變化，所以揣摩國家現在的意圖難，預測未來的意圖就更是難上加難。

命題四，國家的最高目標是生存。國家目標包羅萬象，當然不止生存，但真到了圖窮匕見的時候，生存壓倒一切。因為如果國家滅亡了，也就無所謂什麼國家目標。領土完整雖然對國家生存至關重要，但國家生存卻不只是領土完整，還有獨立自主，要能自己決定自己的政策。最後一個命題是說國家都是所謂的理性行為體（**rational actor**），亦即，國家都有為了求生而制訂大致上合理的戰略的能力。

以上五大基本命題綜合起來即能指導國家行為。具體來說，世界各國都可能對他國圖謀不軌，又往往有兵力可以把陰謀付諸實施，因此國家與國家之間會彼此恐懼。[3]而這種恐懼又因為筆者稱之為「911難題」的限制而惡化——即無政府狀態的國際體系中缺少一個能維持正義的守夜人，因此國家遇上了急難沒有報警電話可打。國家因而意識到唯有靠自己才能免於死亡，為了達到這個目標，國家越強越好。

指引國家行為的邏輯於是相當清楚：一國越是強過別國就越安全。美國太強了，所以西半球就沒有國家敢攻打美國。所以大國時時刻刻想在全球權力中多分一杯羹，使權力平衡有利於自己，而且特別注意不讓別國搶走自己的權力。最終的目標是當上霸主，亦即體系中唯一的大國。

現在一般人談到霸權，通常指的都是美國，人們都說美國是全球霸主。但在筆者看來，世界上沒有一個國家有可能在全球稱霸，美國也不例外。因為要統治世界，就要能征服、壓制遠方的大國，但再大的兵力到了萬里之外都不免是強弩之末，尤其是要遠渡重洋，越過大西洋、太平洋這麼巨大的水體就更難了。對付小國看似簡單些，但即使如此，民族主義的反抗力量會使得占領與治理一個充滿敵意的國家極端的困難。所以大國至多能做地區霸主，也就是能夠統治周邊鄰國。如美國雖是地球上的第一強國，但也不是全球霸主，頂多只是西半球的地區霸主而已。

當了地區霸主的國家也不能高枕無憂，還有下個目標：阻止其他國家在其所在地理區稱霸。沒有一個地區霸主會樂見一個與其旗鼓相當的競爭者的出現。主因是地區霸主已無後顧之憂——它在鄰近區域之中的安全已經穩如泰山——因此，它有能力在全世界各處插手管事，干預各國事務。這意味著每個地區霸主都有能力在對方的後院裡煽風點火。因此，任何已經取得地區霸權地位的人都會阻止其他大國也成為地區霸權，以免後院遭人入侵。

一般美國人可能覺得美國在世界各地駐軍是天經地義的，但美國之所以能四處駐軍、干預世界上幾乎各個地區的事務，正是因為它在西半球的勢力不可撼動。美國一旦有了後顧之憂，可就沒法再在萬里之外收放自如了。

所以霸主都努力防止其他大國稱霸別處，打上自己門來。而萬一不幸有別的國家已經稱霸，就一定要亡羊補牢，迅速消滅其霸權。最好是世界幾個主要地區都各有若干大國，因為這些大國將整天忙於內鬥，互相提防，也就無力到遠處霸主家裡圖謀不軌。[4]所以總體說來，要在無政府的國際體系中生存下來，還是得當獨一無二的地區霸主。

美國通往霸權之路

現代史上只出過美國一個地區霸主，拿破崙帝國、威廉德國、日本帝國、納粹德國、和蘇聯這五大國都欲稱霸而未成。美國的西半球霸權不是天上掉下來的，而是美國開國先賢們和歷任領導人殫精竭慮、經營擘畫的結果。而他們追求美洲霸權的盤算與行動，其實不外乎是攻勢現實主義之實踐。

一七八三年美國脫離英國贏得獨立時還很弱小，領土範圍只有東部大西洋沿岸一點地方。不僅為英國和西班牙帝國勢力包圍，還有印第安人控制著密西西比河和阿帕拉契山脈間的廣闊地區。周遭環境相當險惡。

在後續的七十年裡，美國為了克服此危勢，一路向西邊的太平洋推進，終於成就了富國強兵之業。美國人為了實現其自詡的「天定命運」（Manifest Destiny），不僅殺害無數印第安人，掠奪他們的土地，一八〇三年又向法國買來今天的美國中部，一八一九年從西班牙手裡買下佛羅里達。一八四五年合併德州，隔年隨即進攻墨西哥，搶來今天的美國西南部。同年又與英國達成協議，取得美國西海岸和洛磯山脈之間的太平洋西北地區。最後，一八五三年的加茲登購地（Gadsden Purchase）又讓美國買下一部分的墨西哥。（譯者注：一八五三年美國駐墨西哥公使加茲登奉美國政府命令，採用種種手段從墨西哥大量低價購地。）

而且在整個十九世紀期間，美國始終念念不忘征服加拿大，甚至在一八一二年還真入侵加國。加勒比海上的許多小島要不是其時奴隸太多，若被併入美國會導致蓄奴州（slaveholding states）增多而不為北方各州樂見，也肯定早變成美國領土。事實清楚的表明，所謂愛好和平的美國在十九世紀創下的領土擴張紀錄，絕對足以彪炳史冊，令古往今來的帝國黯然蒙塵。甚至連希特勒都多次引用美國的西進擴張作為德國在一九四一年入侵蘇聯的楷模。他說：「在東方的此處，美國人開疆拓土的偉業將由我們再次發揚。」[5]

美國在成為西半球霸權之前還有第二項工作等待完成：將歐洲大國驅離，並永遠擋在門外。這就是門羅主義的核心目標。一八二三年門羅總統這麼宣示時，美國其實還沒有實力將之付諸實踐。但到十九世紀末，歐洲列強在美洲已經勢單力薄。美國躍升為地區霸權，從此安全無虞。

美國既然成了一方之霸，勢必再接再厲，阻撓其他地方出現新霸主。二十世紀裡先後有威廉德國、日本帝國、納粹德國，和蘇聯爭當霸主，每個都是想要仿效美國在十九世紀立下的榜樣。

而既然有人挑戰，美國便一一應戰，將四國制服、瓦解。

一九一七年四月，威廉德國眼看就要打敗協約國征服歐洲，結果美國出兵歐陸扭轉權力平衡，戰局便急轉直下，德意志帝國（Kaiserreich）次年十一月也就伏首稱臣。四〇年代初羅斯福總統使出渾身解數讓美國參加二戰，是為了防止日本和德國統治亞歐。一九四一年十二月美國參戰，對打敗德日貢獻頗大。一九四五年戰後，美國則費盡心機設法壓制德日兩國的軍事力量。最後，在冷戰中，美國更不遺餘力阻止蘇聯稱霸歐亞大陸，最後經過一九八九到一九九一年的大動盪，終於把蘇聯掃進歷史的灰燼。

冷戰結束不久，美國總統老布希（George H. W. Bush）政府於一九九二年擬訂了《防衛計畫指導》（*Defense Guidance*），後來該方針被媒體曝光而聞名於世，文中宣稱美國不僅已是唯一的超級大國，而且打算永在這寶座上。[6]換言之，美國的外交政策方針不會允許任何有可能挑戰美國的競爭者的浮現。後來小布希（George W. Bush）政府在二〇〇二年九月也發表了一份同樣知名的文件，叫做《國家安全戰略》（*National Security Strategy*），體現了相同的精神。[7]該戰略受到不少批評，尤其是它提出的「先發制人戰爭」（preemptive war）。但它主張美國要遏制新興國家，在全球權力平衡當中獨攬大權，卻無人有異議。

一言以蔽之，美國為了自身戰略利益東征西討了一百多年，終於稱霸了西半球。之後仍戰戰兢兢地睜大眼睛，確保亞洲或歐洲不會出現其他地區霸主。

以古鑑今，美國這段歷史對我們研究中國崛起能有什麼啟示？尤其是當中國越來越強大後，它將會如何作為？中國的各鄰國和美國又該怎樣面對羽翼漸豐的中國？

走山姆大叔走過的路

中國經濟若再迅速增長幾十年，它就會循著攻勢現實主義的邏輯來推動其對外政策，也就是說，那時的中國要走美國人的路，學美國統治西半球的模式來稱霸亞洲。驅使它這麼做的主因是，唯有如此才能最佳地保障它在一個無政府體系中生存的機會。而且中國與鄰國領土爭端眾多，中國自身實力越強，就越有利於按照北京的期望來解決爭端。

此外，強大的中國就像強大的美國，在世界各地都有「安全利益」（security interest），所以它得發展軍事投送力量，讓兵威能施展於亞洲以外的地區。中國在戰略上會特別重視波斯灣，但整個西半球也不會放過。因為只要能在西半球威脅美國，就可以牽制美國在世界其他地方特別是亞洲的兵力，也就有利可圖。我們在下面仔細研究這個問題。

中國式權力政治

如果筆者的理論無誤，中國希望自己的力量盡可能超過周邊國家，特別是印度、日本、俄羅斯一類大鄰國，好確保亞洲沒有一國握有威脅自己的軍事能力。然而，中國大概並不會試圖建立一支可以橫掃、征服其他亞洲國家的軍力。因為中國和美國的情況畢竟不一樣，美國開國時既小且弱，非從大西洋沿岸出發西進，才有望變大變強，做西半球霸主。對美國來說，為了稱霸非得征服與擴張不可。而中國已經是很大的大國，現有的領土基礎足以稱霸亞洲（見地圖10.1）。

圖10.1 大亞洲

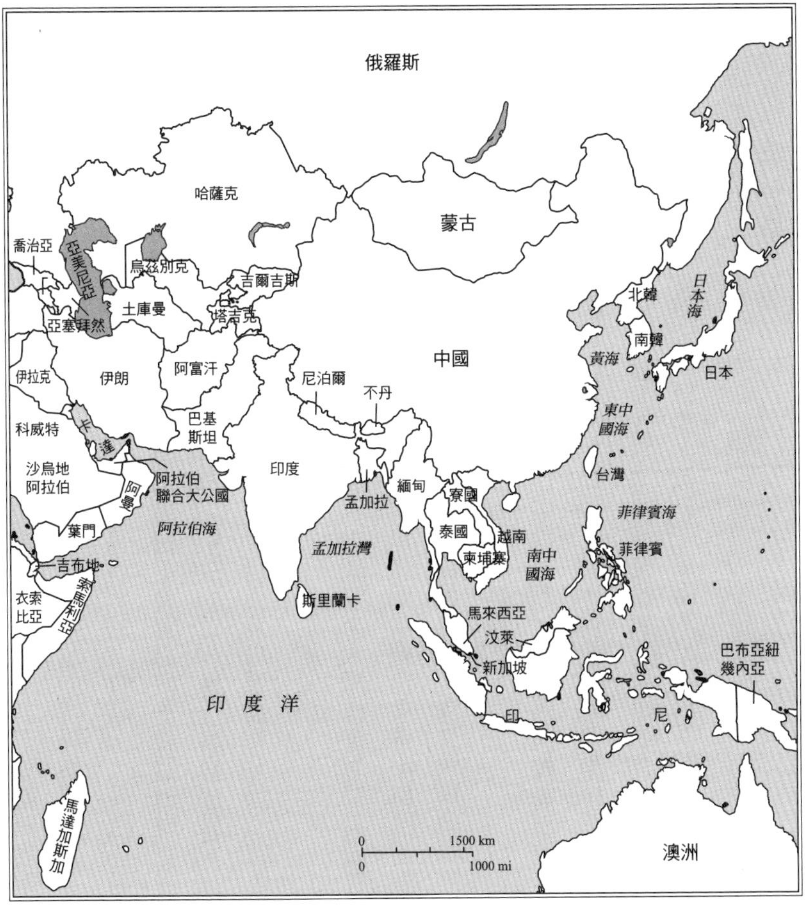
俄羅斯
哈薩克
蒙古
喬治亞
亞美尼亞
烏茲別克
吉爾吉斯
土庫曼
塔吉克
亞塞拜然
伊拉克
伊朗
阿富汗
尼泊爾
中國
北韓
日本海
南韓
黃海
日本
不丹
巴基斯坦
科威特
卡達
沙烏地阿拉伯
阿拉伯聯合大公國
阿曼
印度
東中國海
台灣
孟加拉
緬甸
寮國
菲律賓海
葉門
阿拉伯海
泰國
越南
孟加拉灣
菲律賓
吉布地
柬埔寨
南中國海
衣索比亞
索馬利亞
斯里蘭卡
馬來西亞
汶萊
巴布亞紐幾內亞
新加坡
印度洋
印
尼
馬達加斯加
0 1500 km
0 1000 mi
澳洲

當然，在特殊情勢要求的情況下，中國領導人也會下令為了稱霸而攻擊其他國家。但更主要的手段是發展經濟、增強國力、立下北京允許的行為規範並加諸於鄰國之上，然後讓他國清楚的知道萬萬不可貿然逾矩，因為違背其規範的代價將是沉痛的。實際上，美國在西半球就是如此。一九六二年甘迺迪政府清楚地讓蘇聯與古巴知道，美國不會容忍核子武器出現在古巴上。一九七〇年尼克森政府又不准蘇聯在古巴港市西恩富戈斯（Cienfuegos）建立海軍基地。[8]甚至，華盛頓歷屆政府更是毫不客氣地干涉拉丁美洲各國內政，阻止可能反美的領導人上台，或是乾脆推翻已經上台的。一句話，美國非要把西半球牢牢攥在手心裡，絕不容他國染指。

十九世紀美國把歐洲列強趕出了西半球，中國將來大概也會想把美國趕出亞太。上世紀三〇年代的日本就端出了日本版的門羅主義，我們可以預期中國也會推出自己的版本。事實上，徵兆已經出現了。中國領導人清楚表示南中國海（South China Sea，後文簡稱南海）是中國領海，戰略意義重要，不容外國染指，美國無權干涉南海爭端（見地圖10.2）。[9]

二〇一〇年七月中國又聲明反對美國海軍到位於中國與韓國半島之間的黃海演習（見地圖10.3）。當時韓國軍艦天安號沉沒黃海，原因不明，據說是北韓擊沉的。美軍擬派華盛頓號航空母艦（USS *George Washington*）到此演習，意在威懾北韓，並非針對中國。但中國強烈反對，歐巴馬（Barack H. Obama）政府最終改變計畫，改為在東邊的日本海演習。當時的中國發言人有如門羅再世，言簡意賅地表明中國政府的立場：「我們堅決反對外國軍用艦機到黃海及其他中國近海從事影響中國安全利益的活動。」[10]

圖10.2　南中國海主權爭議

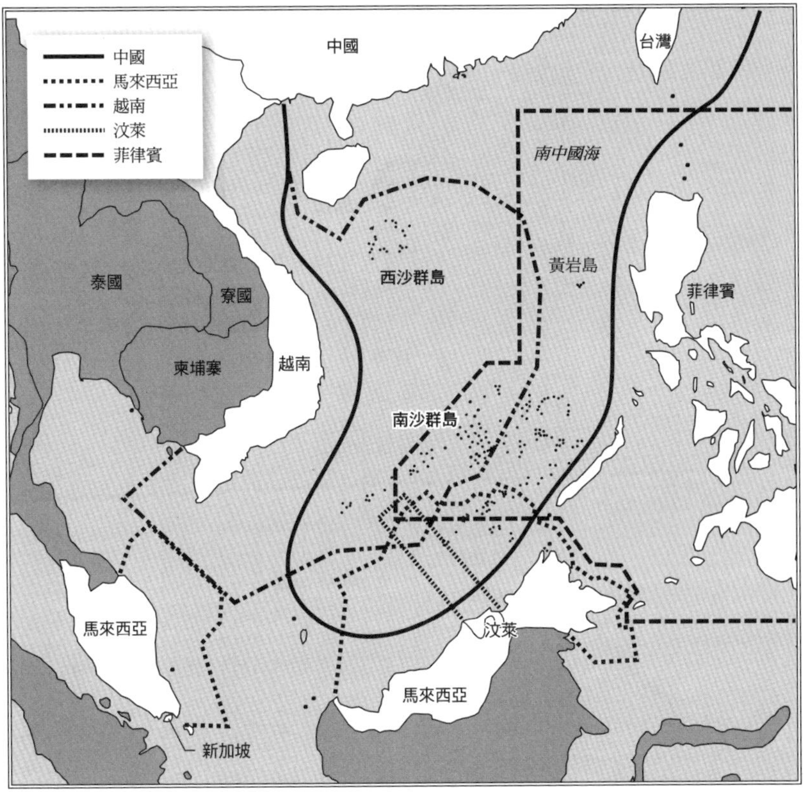

圖10.3　東中國海

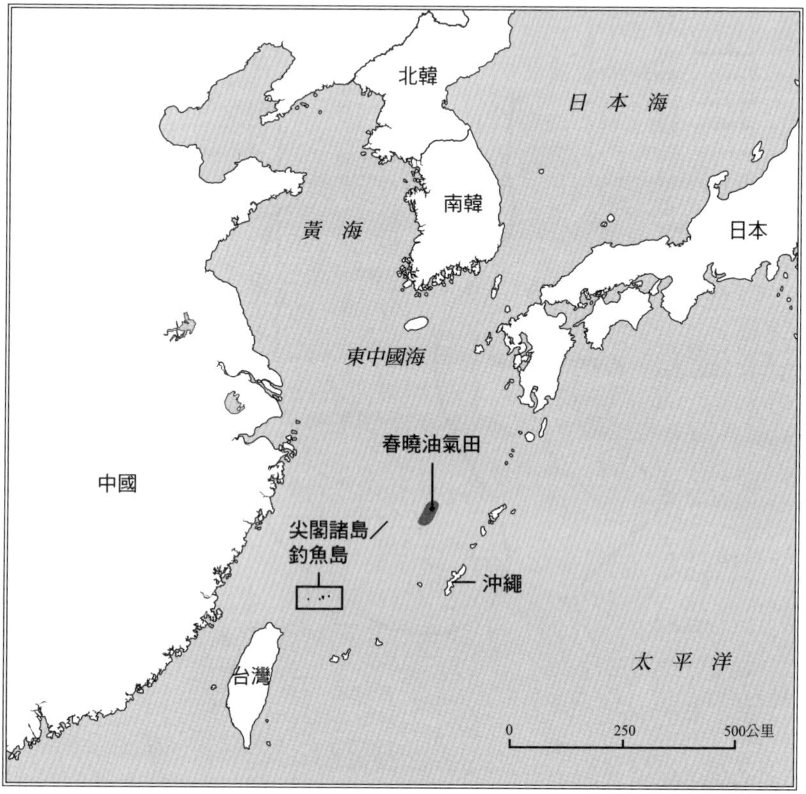

宏觀來看，已有許多證據顯示中國領導人想要整軍經武，把美國海軍逐出「第一島鏈」，它通常包括了大巽他群島（Greater Sunda Islands）、日本、菲律賓群島，還有台灣一線。[11]中國若得到第一島鏈，就能控制東中國海（East China Sea，後文簡稱東海）、南海和黃海，就算韓國半島戰端再起，美國海軍也鞭長莫及。而且中國還有人要把美國海軍再趕出「第二島鏈」，這一鏈從日本東海岸延伸到關島，然後向南連接摩鹿加群島（Moluccan Islands），此

圖10.4　第一與第二島鏈

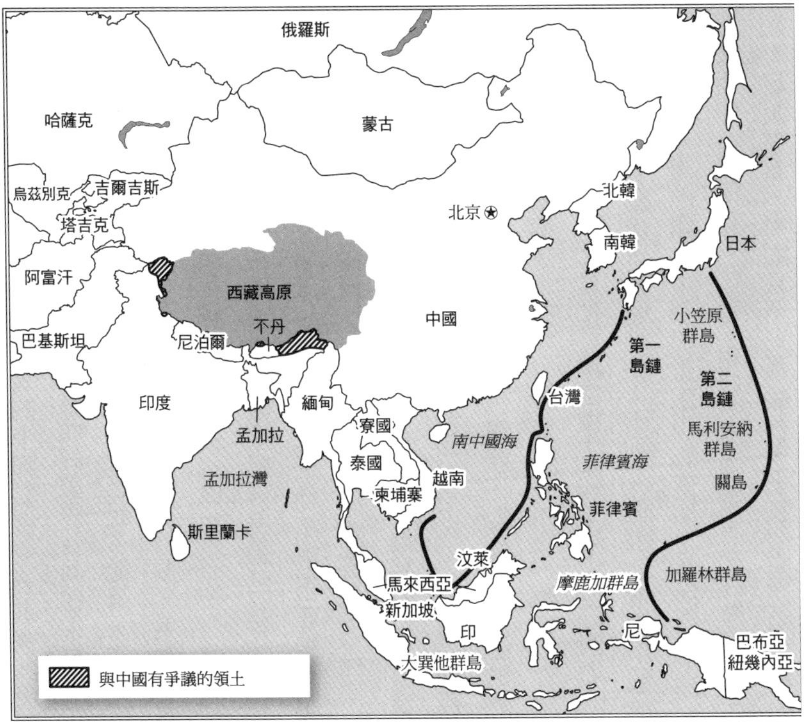

外還包括不少小島群，如小笠原群島（Bonin Islands）、加羅林群島（Caroline Islands），和馬利安納群島（Marianas Islands）。而美海軍一旦失去第二島鏈，就無法支援日本與菲律賓（見地圖10.4）。

從戰略角度來看，中國打的如意算盤是很合理的（雖然它不見得有達成目標的實力）。既然美國樂見與它接壤的加拿大與墨西哥保持弱小，中國自然也不希望印度、日本、俄羅斯兵強馬壯，最好還孤立無援。哪一個頭腦清醒的國家不忌憚強鄰呢？上個世紀強大的日本欺凌脆弱的中國的那段歷史，每個中國人都記憶猶新。

進一步來看，為什麼一個強大的中國要接受美軍在其後院滋事？既然美國為自身安全不許別的大國派兵西半球，中國也同樣不會允許美國陳兵在中國家門口。按照門羅主義，把美軍趕出亞太地區最符合中國利益。所有中國人都不會忘記，從第一次鴉片戰爭（一八三九到一八四二年）到二戰結束（一九四五年）的一百年裡，中國積弱不振。美國和西方列強不僅侵犯中國的主權，還強迫中國簽訂不平等條約，進行經濟侵略。

如此看來，我們憑什麼要求中國不模仿美國已經立下的典範？中國人比美國人更循規蹈矩？比美國人更宅心仁厚？更不受民族情感羈絆？更不在乎國家興亡？這都說不通。因此，中國應當會依循現實主義指點的明路，圖謀在亞洲做地區霸主。

雖然中國要爭亞洲霸權首要是為了自保，但另外也是為了解決邊界問題。麻省理工學院的傅泰林（Taylor Fravel）說過，自一九四九年以來，中國已經妥善解決了二十三項邊境問題中的十七項了，其中不少是靠中國願意做出重大讓步。[12]然而，剩下的六項領土爭議似乎看不出有和平解決的端倪，至少在目前沒有。

首先是台灣問題，北京把台灣當做中國領土不可分割的一部分，誓言要台灣回歸。[13]但今天的台灣政府自認為主權國家，無意被納入中國。但因為懼怕中國的武力進犯，台灣也不敢大聲宣示自己的獨立。除了台灣問題，中國與越南也為南海上的西沙群島（Paracel Islands）鬧得不可開交，與汶萊、馬來西亞、菲律賓、台灣，和越南則因為南沙群島（Spartly Islands）而爭執不休（見地圖10.2）。

從大範圍來看，中國甚至主張擁有幾乎整個南海的主權，這個主張不但其鄰國不承認，連美國也不買帳。往北至東海，中國與日本也為了一群小島的主權而劍拔弩張。這些島日本稱之為尖閣列島，在中國則叫做釣魚島（編輯注：即釣魚台。）。（見地圖10.3）。

最後，在陸地上中國和不丹、印度仍有矛盾。事實上，一九六二年中印就因為領土糾紛而打過一仗，之後仍時有挑釁行為發生（見地圖10.4）。譬如說，印度政府聲稱僅在二〇一二年一年裡，中國就侵入印度控制的雙方爭議領土達四百次之多。二〇一三年四月中旬中國部隊進入實際控制線（Line of Actual Control）的印方一側，即使被印軍發現也不撤退，這種態度是一九八六年以來第一次。由此看來，由於近年來印度增加軍隊布署並強化軍事設施，中國也屢犯邊境以為回應。[14]

由於領土糾紛事關重大，靠外交折衝妥協又難以圓滿化解，中國唯一能爭取有利於己方的解決之道就是靠武力脅迫（coercion）。具體來說，只要中國國力遠勝於其他鄰國，它就處於能夠用軍事威脅來逼迫另一方就範的有利位置。要是對方不從，就寶刀出鞘，兵戎相見。現在看來，中國若要收回台灣，若非靠威脅，就只能真槍實戰。簡言之，成為地區霸主是中國在領土爭議上取得有利解決的最佳辦法。

筆者還想提一點，那就是中國不僅有領土爭端，還可能有水資源爭端。中國內的西藏高原是世界第三大淡水源，儲量僅次於南、北兩極（見地圖10.4），所以有時候也被稱做「第三極」（third pole）。亞洲大河許多都發源於西藏高原，包括雅魯藏布江、伊洛瓦底江、湄公河、薩爾溫江、象泉河，還有長江與黃河。這些河流源於中國，但大多流入周邊國家，與當地億萬人口的日常生活息息相關。[15]

近年來中國一直計畫引西藏高原河水到東部、北部的人口密集地區，並已按計劃修建不少運河、水壩、灌溉系統與管線。目前建成的工程雖然不足以明顯改變這些河流的流量流向，但未來堪憂。隨著計畫進一步推進，下游國家水資源供給可能急遽減少，造成嚴重經濟與社會問題。譬如說，中國正在思考引雅魯藏布江水以北濟黃河，若真如此，印度和孟加拉將大禍臨頭。中國也想要截取湄公河上游的水源，此舉勢必會對東南亞的柬埔寨、寮國、泰國和越南造成嚴重影響。

中國在引水出西藏高原的過程中並未和其他國家商量，也不打算建立國際機制來善後。有鑑於亞洲水資源越來越稀少，這個問題勢必越來越險峻，再加上涉及的利益那樣多，若矛盾激化，最後中國可能就不免和鄰國開戰。

中國雖追求亞洲霸權，但在亞洲之外也會有戰略利益，正如美國的戰略利益也不只在西半球。所以中國若依照攻勢現實主義行事，就必然要干涉美洲事務，擾亂美國後方，牽制美國在全球的駐軍。冷戰期間蘇聯和古巴曾結盟大鬧美國後院。[16]將來美國和諸如巴西等國家一旦關係惡化，中國就可以乘虛而入，聯合巴西，乃至駐軍西半球。中國也很應該拉攏加拿大和墨西哥，無所不用其極地顛覆美國在北美的霸權地位。這不是為了直搗美國本土，而是要逼迫美國回師自保，以防肘腋生變、禍起蕭牆。

以上的描述在當下聽起來可能像是天方夜譚，但請回想在一九六二年時，蘇聯向古巴提供大量先進傳統武器，駐軍四萬多人，還計畫部署核子飛彈。[17]同時別忘了，美國在中國周邊早已屯兵無數。

北京要當亞洲霸主，就不能讓美國自由用兵。然而，將美國勢力限制在西半球還有一個原因，就是中國在非洲有重大的政治經濟利益，而且在未來會越來越重大。更重要的是，中國現在已經離不開波斯灣的石油，將來更離不開。[18]所以中美兩國都會把波斯灣視為關鍵的戰略利益，也就是說北京與華盛頓一定會在此展開激烈的安全競爭，就和美蘇過去爭奪中東一樣。而中國要是能在西半球牽制美國，那美國在非洲和波斯灣的力量就難以施展。

循著這個脈絡進一步說，中國進口波斯灣石油主要是靠海運，雖然據說也能經緬甸和巴基斯坦用鐵路和管線運油，但海運還是既方便又便宜。[19]可是從中國東海岸主要港口出發去非洲和波斯灣必須先過南海，再下探印度洋，途經不少東南亞國家（見地圖10.1）。太平洋和印度洋間海路迢迢，必經三大關口。其一是印尼、馬來西亞，和新加坡三國之間的麻六甲海峽（Strait of Malacca）。而要是不走麻六甲，就須更南穿過印尼諸島南下，去龍目海峽（Lombok Strait）或巽他海峽（Sunda Strait），才能到達澳大利亞西北的印度洋洋面（見地圖10.5）。[20]

船過印度洋，還要進阿拉伯海方到波斯灣。[21]裝貨之後，還要原路返回。中國領導人自然會想要控制住海上的交通要道，一如美國想控制其主要海路。於是理所當然地很多人呼籲中國建立遠洋海軍，即所謂的藍水海軍（blue-water navy）。因為有了這麼一支海軍，中國兵力就可以遍及世界，並捍衛海路安全。[22]

簡言之，中國繼續迅速發展，必將成為超級大國，它的軍隊的投送能力就要能遠懾萬里，與美國逐鹿世界。那時中國大概最看重西半球與波斯灣，但非洲對北京來說也很重要。此外，中國必將效法擁有全球制海權的美國，放手擴大陸海軍，使兵力遠達這三地。

圖10.5　東南亞重要海峽

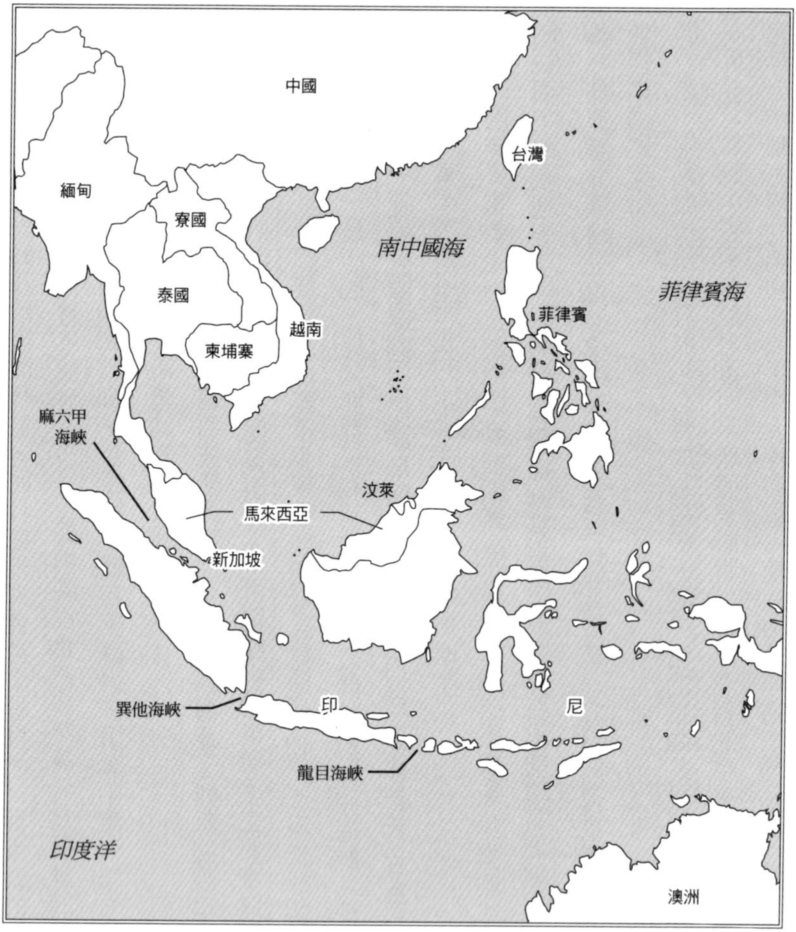

為什麼中國無法韜光養晦？

反對筆者觀點的人可能要說：中國是想統治亞洲，但是完全可以以德服人，以智取勝，用不著打仗。具體來說，這就應了鄧小平的名言：「我們再韜光養晦地幹些年，才能真正形成一個較大的政治力量，中國在國際上發言的分量就會不同。」或者說是「韜光養晦，有所作為」。[23]中國之所以需要韜光養晦，是因為只要它能一直不受干擾，悄悄發展經濟，最後挾長期積累的實力必能統治亞洲。屆時，它的霸主地位將成為既成事實（**fait accompli**）。但即使鄰國和美國不服，中國有了強大的實力，也可以武力威脅或者直接動武壓服，仍然解決爭端，當上霸主。

中國現在既不該打仗，也不該捲入激烈的安全競爭。衝突妨礙經濟發展。更重要的是，中國的軍力目前也打不過美國及其眼下的盟國。所以還是要積蓄力量，待時機成熟再挑戰美軍。簡單講，時間站在中國這一邊，只要中國保持低調，不引起四鄰的猜疑。

就具體政策上來說，中國應當抓住一切機會，向外在世界釋放它的善良意圖，表示自己不打算建立大軍威脅別國。中國領導人言論上應當不斷強調中國既愛好和平，還有深厚的儒家文化薰陶，所以定能和平崛起。中國領導人還要管束政府官僚，不許他們抨擊美國和亞洲鄰國，更不許出言威脅。

在行動上，中國絕不能主動挑釁鄰國或美國，別國挑釁時也要保持克制。譬如說，北京要嚴防南海糾紛和尖閣列島／釣魚島爭端這類主權爭議的升高。國防開支要盡量克制，不然容易引起懷疑，而且要加強與鄰國和美國的經濟聯繫。中國領導人要昭告世界：中國日漸富裕，經濟上又與各國相互依存，所以是維護世界和平的重要力量。畢竟，在各國緊密相連的繁榮世界裡發動戰爭是殺雞取卵，得不償失。除了上面的手段，中國還應當以合作的態度積極參與國際機構，和美國攜手解決北韓問題。

以上這一套策略看起來確實很美，但實際上行不通。因為，已有證據顯示，長期來看鄧小平這條外交路線如今是維持不下去了。二〇〇九年之前，中國把韜光養晦策略發揮得很好，沒有引起鄰國和美國警惕。但之後領土糾紛四處爆發，中國也就逐漸被亞洲國家當成了大威脅。[24]

中國對外關係的惡化是因為國家的真正意圖誰也猜不到，不管中國怎麼表示善意，其他國家都無法完全放心，更不知道中國以後會不會變卦。將來中國的對外政策由誰定，現在看不出來，未來對鄰國或美國的具體政策就更無從瞭解。更糟的是，中國與數個鄰國有嚴重的領土糾紛。所以其鄰國就不會再聽中國說什麼，而要考察中國的國家能力可以做什麼。所以中國經濟迅速增長，兵力越來越強，鄰國自然十分擔憂。它們知道中國大概要變為超級大國，而且有天可能變得不懷好意。

上述問題還會因為「安全困境」（security dilemma）而被惡化。「安全困境」意指一個國家自保的手段往往會威脅到其他國家。某國採取新政策或者開發新武器本來可能真是為了自衛，但該國的潛在對手卻只能理解為該國在備戰。舉例來說，美國領導人真心相信一九九六年派遣航空母艦進入台灣海峽，或是往西太平洋部署潛水艇，都只是防禦措施[25]。但是，中國卻覺得美國是在採取進攻性的包圍（encirclement），而非只是防禦性的圍堵（containment）。毫不意外，《經濟學人》

（*Economist*）雜誌在二〇〇九年的一篇文章裡寫道：「中國海軍某退役將領將美國海軍影射為前科犯，還『到別人家門口流連徘徊。』」[26]

同理，中國建設國防在自己看來當然也純粹是為了防禦，但東京、河內與華盛頓可不這麼想。這意味著中國國防事業一進步，鄰國就覺得中國不光只是獲得了攻擊的能力，而是有攻擊的意圖。而且就算美國和鄰國先擴了軍，中國擴軍也不被鄰國諒解。所以鄧小平的計畫雖明智，但中國領導人根本執行不了。

鄰國都知道拖得越久，中國就越強，權力平衡對自己和美國就越不利。不能等中國變成超級大國才行動，而必須趁中國羽翼未豐把領土問題先挑出來。所以最近的爭端其實都明顯不是中國製造，中國外交家崔天凱就說：「我們從未主動挑事，仍處於和平發展道路上。如果你仔細看看過去幾年的事情，會發現都是別國開啟爭端的。」[27]他這話說得沒錯。近幾年的問題確實都是中國的鄰國挑起的。

但鄰國雖然挑起爭端，二〇〇九年之後中國的反應卻引起鄰國和美國警惕。中國領導人感受到壓力，於是不僅積極應對危機，有時還很強硬，因為爭端「關係到中國的主權和領土完整，在群眾中影響很大」。[28]學者趙穗生發現中國政府從二〇〇八年開始「越來越放縱群眾表達民族主義情緒，越來越按大眾民族主義路線對抗西方大國和鄰國。」[29]

這就是說，中國實際上已經大膽地表明立場，現在不僅不會再讓步，而且要是問題觸及到主權還可能不惜動武。現在在某些案例中，中國如認為確有必要，便會用軍隊和準軍事力量來明示態度。二〇一二年四月中國和菲律賓在南海的黃岩島（Scarborough Shoal）起了衝突，就屬此例（見地圖10.2）。同年九月，中國與日本因尖閣列島／釣魚島又發生危機，中國再次展現出了威嚇的行為。中國還會果斷地以經濟威脅或經濟制裁對付對手。這樣強硬的主張與行動導致情勢的升溫，過去苦心經營的韜光養晦政策也就搖搖欲墜了。

歸根到底，不管中國怎麼辦，美國和中國的絕大部分鄰國都大有理由遏制中國，都會密切監視中國發展，準備隨時出手干預。下文就討論美國和亞洲其他國家怎樣應對中國崛起。

迅速聯合，圍堵中國

回顧歷史就知道美國決策者對中國崛起統治亞洲的態度。美國一成為大國就再容不下勢均力敵的對手。二十世紀的史實表明美國要永做世界唯一的地區霸主，所以總要全力遏制中國，讓它不能稱雄亞洲，而且可能會用對付蘇聯的老辦法反對中國。[30]

中國的鄰國也怕中國崛起，所以也要各盡所能防止中國稱霸。現在看來印度、日本、俄羅斯各大國，和新加坡、韓國、越南等小國都怕中國崛起，要想方設法遏制中國。它們最後都會和美國站在一起對付中國。這就頗似冷戰時候英國、法國、德國、義大利、日本，還有中國和美國一起反對蘇聯。

山姆大叔對陣中國龍

中國的兵力尚遠遠不足以讓它問鼎地區霸權。雖然它也可能為了台灣和南海以及其他問題打仗，但畢竟不同於爭霸戰爭。[31]既然中國稱不了霸絕對符合美國利益，就有一個至關重要的問題：要防止中國主宰亞洲，美國該採取什麼策略最好？

面對中國崛起，美國最佳的策略是圍堵。要圍堵，首先要防止中國軍隊開疆拓土或是擴大在亞洲的勢力。所以美國決策者應該盡力聯合中國各鄰國，共組抗衡聯盟，最終目標是按照北約圍堵蘇聯的經驗建立抗中聯盟。美國還要牢牢控制世界各大洋，不讓中國兵力達到波斯灣等地，特別是不能讓中國染指西半球。

圍堵政策本質上是防禦政策，因為它不要求發動戰爭。事實上，圍堵只是戰爭的另一個選項。儘管如此，戰爭的可能性從未被排除。而且雖然圍堵，不代表美國不能和中國建立實質的經濟聯繫。如第一次世界大戰前的二十年裡英國、法國和俄國雖然建立三國協約反德，和威廉德國的經濟互動仍然緊密。但為了國家安全，也可能會對貿易有所限制。總括來看，即使圍堵中國，中美兩國也可以在許多領域緊密合作，但兩國關係本質上仍然是競爭性的。

美國既然是離岸平衡手，那就最好儘量只做幕後功夫而多派中國的鄰國衝鋒陷陣。美國該推卸責任，讓害怕中國的亞洲國家替自己遏制中國。但這個策略行不通，原因有二。首先，中國的鄰國力量不強，管不住中國，美國也就不得不自己披掛上陣，勞心費力對抗中國。而且亞洲願意入盟對抗中國的國家相距又往往很遙遠，印度、日本和越南皆如此。圍堵中國的聯盟若要運作良好，少不了華盛頓居中協調。回顧歷史，冷戰時美國就得在歐洲和東北亞兩地對抗蘇聯。總之要是當地國家控制不了未來的霸主，那美國這個離岸平衡手可就必須上岸了。

圍堵之外還有三個選項。一是打預防性戰爭（preventive war），也就是在中國羽翼豐滿之前先發制人打掉中國的潛力。二是想方設法阻礙中國經濟增長。但看下文便知，這兩種策略美國都用不了。第三種叫挖牆腳（rollback），雖然可以一用，效果卻只聊勝於無。

預防性戰爭不能打是因為中國有核子武器。對於能用核子武器反擊美國或報復美國盟友的國家，美國不會大舉進攻其本土。而且就算中國沒有核子武器，也很難想像有哪一位美國總統會對中國發動預防性戰爭。[32]中國陸軍強大，陸路進攻不可取，而要光靠空襲癱瘓中國又非用核子武器不可，也就是要把中國按美國空軍當年對付蘇聯的計畫炸成「濃煙滾滾、輻射漫天的廢墟」（smoking, radiating ruin）。[33]但用核子武器轟炸中國，光是造成的核污染美國就無法收拾。況且，中國雖然現在增長快，但未必能保持，因此也未必統治亞洲。由於未來的不確定性，美國就不知道到底該不該發動預防性戰爭。

既然戰爭不行，破壞中國經濟就顯得比較可行，但卻一樣做不到。關鍵在於破壞中國經濟就等於破壞美國經濟。經濟戰要起作用，讓美國的相對權力超過中國，就必須讓美國經濟在角力中受損少些，而中國受損多些。這就得保證美國在經濟戰中斷絕了對中貿易也能找到新的交易夥伴，而中國找不到替代美國的市場。[34]兩個條件都是必須的。

不幸的是，美國如果真從中國撤資並減少對中貿易，許多國家大概反倒會乘機加強與中國的經濟聯繫，填補美國留下的空白，支持中國經濟增長。比如歐洲國家受中國威脅不大，就可能取美國而代之助力中國經濟。[35]所以美國根本無法經濟封鎖中國，也就不可能阻止中國經濟增長。[36]

一戰前英國菁英也覺得德國經濟增長比英國快不少，德國的力量要超過英國的力量，兩國間權力平衡即將打破了。於是英國激烈討論了一番究竟該不該經濟封鎖德國，遏制其增長。但英國人研究發現經濟戰得不償失，德國商品不出口給英國也能出口給別國，德國需要的商品也不一定非要從英國買。而英國的不少進口商品要是不從德國買，就買不到了。所以儘管和德國做生意對英國不利，英國人還是把生意做了下去，因為兩害相權取其輕。[37]

上文說過美國還有第三種策略叫做「挖牆腳」。也就是動手顛覆親中政權，甚至製造中國內亂。[38]比如巴基斯坦將來要是堅定支持中國，這在將來很可能發生，那美國就可以在伊斯蘭馬巴德有所動作，讓巴基斯坦換個親美的領導人。還可以在中國國內支持新疆、西藏的復國主義團體（irredentist group），令其發動暴亂。

冷戰時美國對蘇聯雖然主要是採取圍堵策略，但我們現在知道，美國也常挖蘇聯的牆角。[39]上世紀四〇年代末、五〇年代初美國就在蘇聯國內策劃動亂，而且在世界各地推翻可能支持蘇聯的領導人。事實上，美國在五、六〇年代還多次秘密對中國採取行動。[40]挖牆腳對改變美蘇權力平衡，並最後瓦解蘇聯實際作用不大。但美國領導人卻熱衷此道不遺餘力，過去既然如此，今後也不會放過中國。但歸根到底，美國最能對付中國的辦法還是圍堵。

就算美軍還駐留在亞洲，未來中國確實仍有可能如日中天地稱霸亞洲，而美國無法圍堵，也無法阻擋。因為中國的潛力比美國二十世紀的四大對手都大得多。就以人口規模與財富來說，這兩者是建軍備戰的基礎，威廉德國、日本帝國、納粹德國，和蘇聯的人口和財力都比美國差得遠。而中國的人口相當於四個美國還不止，到二〇五〇年大概也還得抵得上三個多美國。所以中國的人均國民總收入（Gross National Income）只要能趕上香港或者韓國，潛力就壓倒美國。[41]

若中國巨大的潛力變成兵力，將無敵於亞洲。何況中國經略亞洲是管自家後院裡的事，而美國即使從離得比較近的加利福尼亞出發參與亞洲事務，也得遠渡重洋，跨越六千多英里。在這種條件之下，我們很難想像美國如何能夠阻止中國成為地區霸主。甚至，中國作為超級大國與美國逐鹿全球，帶來的挑戰將是前所未有的。

退一步說，就算中國人均國民收入趕不上香港或韓國所以潛力趕不上美國，稱霸亞洲也不是難事。綜合以上所述，我們可以知道若要保證美國利益，就一定不能讓中國經濟繼續高速增長。中國經濟減速雖然有損美國經濟，也不利於全球繁榮，但可確保美國安全。而安全是最重要的。

中國的鄰國怎麼辦？

中國的鄰國必須做出關鍵的選擇：若非選擇扈從、依附中國，就是加入美國制衡中國。有些觀察家指出還有第三條路，即作壁上觀、保持中立。但對亞洲國家來說，置身事外是不可能的。這不僅是因為中國和美國都要逼著亞洲國家選邊，更因為這些國家既然大都既弱於中國又弱於美國，因此都會想要為自己尋找一個強大的保護國。

冷戰時大部分能自己做主的東北亞和歐洲國家都跟著美國反對蘇聯[42]，將來中國的大多數鄰國也要為了生存制衡中國。因為中國比美國更可怕，而既然更可怕，那就要反對它而不是依附、跟從它。[43]中國之所以可怕，主要是因為地理位置。中國是亞洲大國，周邊國家即使不和中國接壤，也逃不過中國的兵力。當年蘇聯也是如此勢大，出門就能打進西德和日本，其他歐洲和東北亞國家也在它勢力所及之內。

美國的威脅就小多了。美國雖然一直是亞太地區之首強，未來一段時間也可能如此，卻離歐洲和亞洲太遠，也一直沒有搶奪歐亞的領土。因為光是跨過太平洋和大西洋這兩個大洋在歐亞用兵就夠費力了。所以歐亞國家不擔心被美國吞併或者宰制，卻害怕冷戰時的蘇聯和將來的中國。

以上所述不意味著美國不會派軍到亞洲與歐洲的國家。美國在亞洲和歐洲不是沒打過仗，僅冷戰期間就有韓戰與越戰。但問題在於美國沒有打算征服或欺壓這些國家，而將來強大的中國可未必。

亞洲國家不怕美國卻怕中國還有一個原因。美國只要想，就可以隨時從亞洲撤軍甚至完全撤軍，而中國作為亞洲國家可沒法退出亞洲。所以中國的鄰國怕美國，但不是怕美國來征服或消滅它們，而是怕發生危機時美國軍隊不來。這就是為什麼歐巴馬政府要於二〇一一年秋天宣佈美國要「重返亞洲」（pivot to Asia），簡單說就是要增加美國在亞洲的力量。[44]他要亞洲盟友明白：美國雖然忙於大中東事務，九一一事件之後十多年還一直在中東打反恐戰爭，但絕不會偏廢亞洲拋下盟國不管。美國人靠得住。

有人主張中國還有一招撒手鐧，可以逼迫它的某些鄰國投靠中國，而不是與美國聯手制中。澳大利亞、日本、韓國，和台灣等亞洲國家都對中國有大量的貿易和投資。因此，雙邊關係好不好決定其經濟發展。根據這派觀點，中國能利用這個條件發揮強大的經濟槓桿（economic leverage）控制它們。也就是說，要是這些國家聯美制中，中國便可威脅切斷經濟關係，破壞其經濟繁榮。甚至，中國可以利用經濟槓桿強迫這些國家加入中國陣營。[45]

但中國要憑經濟手腕逼迫交易夥伴與自己聯合有個前提，那就是中國和鄰國打經濟戰甚至經濟斷交不會嚴重損害中國自己的經濟。易言之，中國和鄰國的經濟必須不能相互制約，而這正是經濟相互依存（economic interdependence）之根本所繫，下文還會詳述。在此情況下，只有單向依存，而中國經濟如果真能不依靠鄰國而只讓鄰國經濟依靠中國，那中國就能通過經濟訛詐來削弱甚至打破美國組織的制中聯盟。

這樣一來，各國面臨的難題就是，它們在軍事和政治上害怕中國崛起，想要制衡中國，可經濟上又受制於中國，不得不聯合中國。要研究它們最後怎麼選邊，就要研究究竟是政治軍事因素壓倒經濟因素，還是經濟因素壓倒政治軍事因素。筆者認為政治軍事因素一定勝過經濟因素，而且當國家在抗衡與扈從之間被迫擇一時，它們一定會選抗衡。[46]我的立場的邏輯至此應該很清楚了。生存是國家的最高目標，而制衡強大的對手最有利生存。若是弱國扈從強國，強國就可以自由加強實力，也就更威脅弱國，弱國生存便更加不易。

國家間要以經濟壓力服人（economic-coercion argument），前提是經濟發展重於國家生存。也就是說強國憑藉強大的市場力量可以打擊弱國經濟，弱國害怕強國的經濟戰，也就只好投靠強國，但問題在於經濟誠可貴，生存價更高。生存重於繁榮，所以現實主義認為政治軍事因素比經濟因素更重要，所以筆者認為鄰國終將聯合對付中國。[47]

從實際情況看，有證據顯示印度、日本和俄羅斯這些亞洲大國家，和新加坡、韓國與越南等小國家都警惕中國崛起，且已經設法圍堵中國。例如，二〇〇八年十月印度和日本簽訂「安全合作聯合聲明」（Joint Declaration on Security Cooperation），主要針對中國。[48]而印度雖然冷戰中與美國關係不好，最近十年來卻越來越親近，也不免是因為害怕中國。二〇一〇年七月，一貫標榜人權的歐巴馬政府突然恢復了與印尼精銳特種部隊的關係，而該部隊的人權紀錄劣跡斑斑。但眼看中國越來越強大，印尼官員又如《紐約時報》（*New York Times*）所言表示「美國如果拒絕給印尼特種部隊名分，該部隊可就要考慮和中國軍隊合作」，美國就必須拉攏印尼，其他的一切問題也就都煙消雲散了。[49]

新加坡扼守麻六甲海峽，懷璧其罪，也害怕中國崛起，就更急於進一步靠攏美國。為表誠意，便在本國樟宜軍港新建深水碼頭，以便一旦有事供美國派駐航空母艦。[50]二〇一〇年中，日本也決定不把美國海軍陸戰隊基地遷出沖繩，部分是因為中國在日本周邊行動越來越頻繁，越來越大膽，日本也就越來越需要美國保護。[51]所以中國越強，鄰國彼此之間的關係就越緊密，它們跟美國的關係也就越緊密。[52]

最後還應該討論一下台灣的未來。台灣控制東亞海運要道，戰略地位重要，美國不會坐視中國奪下台灣。[53]更何況，美國領導人向來重視自己的誠信與名聲，因此更不會輕易放棄台灣。[54]這並不否定未來有一天中國可能會變得太強大，以致於美軍再也無法防禦該島。然而，與此同時，台灣應該會是美國領導的制中聯盟的一員，中國舉國上下也一定會怒火沸騰，從而加劇美國與華盛頓的安全競爭。

總而言之，中國如果以目前的速度再發展幾十年，就將與鄰國和美國進行激烈的安全競爭。上文已經預測了當時各方的具體作法。比如說，中國會擬訂中國版的門羅主義，驅逐美軍出亞太。中國各鄰國大多會加入美國組織的制中聯盟，抵制中國。

但中美兩國究竟怎麼安全競爭，下文中還要再談一談。筆者的預測準不準，就看將來中美是否會按下文的內容出牌。

水火不容的安全競爭

如果中美安全競爭持續升高，將會有十二種可能的形式出現。首先是危機，也就是雙方出現嚴重矛盾，可能爆發戰爭。將來危機可能不多，但如果都沒有出現也不太可能。另一種主要形式是軍備競賽。中國、美國，和中國的各鄰國都要斥鉅資發展軍事，力求兵力壓倒對方。

然後中美兩國還可能贊助盟友打代理人戰爭（proxy wars）。而且兩國會千方百計，在全世界到處推翻支持對方的政權。主要是秘密顛覆，有時也要公開作亂。雙方還要設計誘捕另一方，使其捲入得不償失的長期消耗戰（bait and bleed）。如果一方還沒設計，對方就不幸自動陷入了戰爭的泥潭，不打仗的一邊就會想方設法阻止對手脫身，坐觀血腥廝殺，儘量擴大其損失（bloodletting）。

即使不打仗，兩國政府也要相互敵視，譴責對方是不共戴天的仇敵。不管公開文獻還是秘密檔案，只要涉及到軍事戰略，都強調對手窮凶極惡，必須加以遏制。中美雙方智庫在研究安全問題時，一方面會鉅細靡遺地檢視對方，一方面要把對方塑造成強大而可怕的威脅。雖然兩國總會有些人反對對抗，並要求攜手合作，甚至在某些問題上也真可能讓步。但長期來看，我們可以預期主和派的發言權與政治影響力只會日漸萎縮。

那時候往來於中美之間將頗不容易，因為冷戰時美蘇交通也受嚴格限制。美國會禁止中國留學生來美國學習與軍火或高科技有關的學科，以免顛覆兩國之間的權力平衡。而既然從前美國為了防止蘇聯進口西方高科技曾專門成立了巴黎統籌委員會（Coordinating Committee for Export Control，簡寫為CoCom）管制整個西方陣營對蘇貿易，未來中美商品服務貿易也就要服從國家安全的需要。[55]

所以，即使處於安全競爭的狀態下，今後中美經濟互動可能仍然密切。兩國也會合作解決一些問題。但新中美關係的本質只能是衝突性的（conflictual），上文已經例舉了中美對抗的具體形式。而筆者認為中美之間不僅會有安全競爭，還很可能戰爭。下文就探討戰爭問題。

中美之間有可能爆發戰爭嗎？

美國和蘇聯冷戰期間都曾出兵小國，有時還是對方陣營的小國，但幸好沒有直接交鋒。這可能主要是因為兩國都有強大的核武儲備。畢竟，正因為核子武器是大規模殺傷性武器（Weapons of Mass Destruction，簡寫為ＷＭＤ），所以才能維持和平。一旦使用核子武器，便要伏屍百萬、流血千里，所以即使是有一丁點可能爆發核戰，決策者也會三思後行。

按冷戰的經驗，且中美既然都有核子武器，兩國在可見的未來大概就不容易爆發戰爭。但這個結論是錯誤的。中美雖然可能因為核子武器而不會爆發大規模戰爭，但將來中美角逐亞洲的局勢會比冷戰時的美蘇歐洲競爭更容易擦槍走火。因為亞洲的地緣因素和權力分配都與冷戰時的情況不同。

當然，沒有人可以真的準確預測將來中美開戰的可能性，但我們可以做出審慎合理的推斷。

亞洲的地理環境

美蘇全球爭霸，重點仍在歐洲，兩國在歐陸劍拔弩張，部署陸空大軍和大量核子武器。當時美蘇雖然注意東北亞和波斯灣，但在歐洲的權力平衡仍是核心焦點。歐洲的心臟地帶是雙方軍事對峙的所謂「中央前線」（Central Front）。所以，五角大廈在針對美蘇大戰做演習（war games）時，也以歐洲為主要戰場，也就順理成章了。

冷戰之前三十年，歐洲戰火連綿。美國和俄國一起參加一戰，又和蘇聯贏得二戰。一九四五年之後發生了幾次柏林危機，但未升級到武力之使用，更沒有爆發戰爭。主要是因為任何歐洲心臟地帶的戰爭都很可能會擦槍走火，有可能是真意外，也可能是假意外，但都會一發不可收拾，引起第三次世界大戰，而且是核武大戰。在雙方國土都有可能被毀滅的情況下，美國和蘇聯的決策者都不願支持衝突。所以不光歐洲各國在冷戰時沒有打仗，美蘇軍隊也沒直接衝突。

但亞洲地理與冷戰歐洲完全不同。亞洲沒有一條可以發揮穩定作用的「中央前線」供崛起的中國和美國隔線對峙。亞洲幾個熱點都可能爆發戰爭，但規模不可能趕上冷戰時的歐洲開戰。這主要是因為在這些可能的衝突地區，戰勢升高到動用核武的機率遠比冷戰時的歐洲小。首先，當年美蘇在歐洲部署的各種核子武器成千上萬，北約整套軍政策略都離不開核子武器。其次，按當時流行的觀點，歐洲一旦開戰，頭幾仗就會撼動國際權力平衡，所以出師不利的一方肯定會用核子武器挽回局面。可是核子武器在亞洲熱點地區就沒有這麼顯著的效果，所以亞洲爆發戰爭損失也就不會像冷戰期間的歐洲戰爭那麼大。打仗的代價越小，仗就越可能打起來，所以美國雖沒和蘇聯打仗，現在卻也有可能和中國打。

有人可能說：既然在亞洲打仗影響不大，中美覺得無利可圖也就不願打了。但上文已經說過中美安全競爭事關重大。中國若是把美軍趕出亞洲當上地區霸主，生存能力就今非昔比，美國也正是為此才要排除萬難留在亞洲。如何處理危機事關雙方的威望，所以危機中兩國為了面子也就會堅持不讓步。

而且，雖然將來亞洲的衝突規模不比冷戰歐洲，但所有的衝突皆彼此關連，牽一髮動全身，所以中美都希望次次壓倒對手。與此同時，中美雙方卻又會相信動用武力的代價是相對低的。在這樣的條件下，亞洲的穩定與和平將很難維繫。

中美要打大規模傳統陸戰而不用核子武器，戰場最有可能會是在韓國半島。這樣的戰爭雖然可能性頗低，但比冷戰時歐洲開戰還是容易得多。譬如，假設北韓與南韓起了衝突，中國解放軍和約一萬九千名駐南韓美軍就可能參與。一九五〇年韓國半島爆發戰爭，中美兩軍打了快三年，已經開了先河。而且，中美二次韓戰之規模應當會小於北約和華約之間的戰爭，打小仗既然比打大仗容易，便容易開戰。

除了韓國半島，中美還可能以武力爭奪台灣、南海，還有尖閣列島／釣魚島，中國到波斯灣的遠洋航線也會爆發衝突。所有這幾場戰爭的代價都不會比得上冷戰時的歐洲戰爭。而且，既然其中不少是海戰，而海戰比較不需要動用核武，所以中美之間比起北約與華約就更可能開戰。另外一點值得強調的是，冷戰時兩大陣營的領土糾紛，包括柏林問題，雖然也涉及民族感情，但遠遠不及台灣問題嚴重。所以，我們不難想像在台灣海峽爆發一場戰爭，雖然機率也不是太高。

這裡還要再講一下核子武器。上文說到未來亞洲比冷戰歐洲更可能打仗，部分是因為亞洲衝突不容易升級為核戰。但亞洲的衝突也有可能擦槍走火引爆核戰，各方一想到這點，有時就會有所節制。[56]所以，核武威懾在亞洲同樣行得通。確實，亞洲幾個主要國家的核子武器能讓各方領導人在危機中謹言慎行。然而，將來爆發核戰的實際機率與後果還是比冷戰中北約和華約間的戰爭小得多，所以將來中美兩國還是很有可能打傳統戰爭。

不平衡多極體系與戰爭

亞洲比冷戰歐洲更容易打仗，還因為亞洲權力分佈不同歐洲。歐洲有兩極，蘇聯管東部，美國管西部。中國崛起看似可能和美國成為亞洲兩極。但其實不然，因為亞洲還有其他大國。俄羅斯是大國，日本要是有了核子武器也算大國，印度已經有核子武器，而且距離大國的門檻也不遠。將來的亞洲必然是多極亞洲。但亞洲的多極並不平衡，因為中國的力量會越來越大，因此可以算做是潛在霸主。

多極比兩極更容易發生戰爭，一部分是因為多極體系擁有更多大國，容易互相開戰或是攻打小國。此外，多極體系內權力分配也常不平衡，國家越多，各國兵力就越參差不齊。權力不對稱，就難制止大國侵略。最後，多極中的各極既不知道對手的底線，也不清楚敵對集團的實力如何，誤算的可能性就高。因為多極世界中國際政治風起雲湧，結盟關係變化無常，各國還容易互相推卸責任。

多極體系已經有這樣的一般特點，不平衡的多極體系又最容易出問題，因為其中有潛在霸主，不僅權力大大超過地區內其他國家，而且也確實有意武力稱霸。潛在霸主既然如此可怕，其他國家就可能鋌而走險，不惜一戰以阻止其稱霸。

所以中國經濟繼續迅速發展，未來不平衡的多極亞洲就要比冷戰時的兩極世界更動盪。而且地理上亞洲也不像歐洲有中央前線穩定局勢。綜合以上兩點，我雖不能保證中國與美國一定會打仗，但爆發戰爭的機會是比一九四五至一九九〇年間的美蘇高的。

共產主義和民族主義

有的人可能認為我們不必這麼悲觀，因為冷戰各方之所以磨刀霍霍，是因為共產主義與自由資本主義兩種意識形態有衝突，而中美兩國雖然愈發對立，意識形態卻沒有衝突。譬如說，新加坡國父李光耀說過：「冷戰時美蘇意識形態不可調和，而中美兩國完全是市場經濟，既競爭也合作。所以雖有競爭，不會衝突。」[57]

現實主義國際政治理論本不考察意識形態。但意識形態既然在冷戰中起了這麼大輔助作用，筆者就不能不談一談這個問題。從戰略上來看，冷戰無非是權力平衡的需要，美蘇意識形態分歧不過加劇了它。而資本主義和共產主義的對立在中美之間就更起不了多大作用。因為中國現在儼然是個資本主義國家，共產主義學說在中國內外都是昨日黃花。如此說來中美矛盾由於少了意識形態因素，似乎不會像美蘇衝突那樣激烈。

這是好消息。但共產主義和資本主義兩種意識形態的分歧雖然沒有了，卻還有別的問題。民族主義意識形態不光為害中美關係，還離間中國與鄰國。民族主義可謂地球上最強而有力的政治意識形態，它認為當今世界被區分成很多不一樣的社會群體，亦即民族，而各個民族都想要有一個國家。這並不是說每個民族都有自己的國家，也沒有否認許多國家裡有好幾個民族。

有了民族，民族的成員就要堅決效忠本民族，其情感如此強烈，以致於其他認同都被壓抑住了。而民族中的大多數人也確實認為本民族獨一無二，歷史悠久，波瀾壯闊，英雄輩出。但人們熱愛本民族還不光是因為其種種優點，人們還希望自己的民族勝過別的民族，特別是和本民族常常接觸，所以大家比較瞭解的民族。若是某民族中許多人認為自己的民族超出其他一切民族，理應得到特殊待遇，就叫做沙文主義（Chauvinism）。沙文主義發展下去，該民族就可能認為自己是「被預選的民族」（the "chosen" people），而中國和美國出於歷史原因就比其他國家更相信自己民族的獨特性。

有時一個民族的人覺得本民族比其他一切民族優越得多，以至於鄙視其他民族。這種想法筆者叫做極端民族主義（hypernationalism），其特點是認為其他民族不僅不如自己，還造成威脅，所以必須予以嚴厲甚至是殘忍的壓制。被極端民族主義席捲的民族蔑視「他者」，仇恨其他民族，容易動武解決所謂異族威脅。所以，極端民族主義會是戰爭的可能原因。

極端民族主義事出有因，主要原因之一是激烈的安全競爭。陷入其中的民族國家的人民便容易妖魔化他國。有時候領導人也會故意煽動極端民族主義，以誇大別國威脅，驚醒並不太關心國家外患的群眾。極端民族主義也可以從群眾中自發生長出來，因為安全競爭負面影響必然很多，普通人容易把帳都算在敵對國頭上，認為對方一無是處。要是發生嚴重的危機，民族情緒就更要高漲。

當代中國完全可能出現極端民族主義。[58]從一九四九年大敗國民黨到一九七六年毛澤東去世，共產主義和民族主義互為補充，深刻改變了中國社會的各方面。但毛澤東先去世，一九八九年又發生天安門事件，共產主義在民眾心目中的合法性江河日下。為了保證群眾支持政權，中國領導人越來越利用民族主義。[59]

但中國民眾並不只是從領導人那裡被動接受民族主義，民族主義也遠不僅是政府凝聚民眾的工具。許多中國人自己選擇了民族主義。學者葛小偉（Peter Gries）說：「九〇年代的中國民間自有一股大眾民族主義浪潮，既不是國營的，也不是官辦的。」[60]中國政府由上而下與民眾由下而上的民族主義相互激盪，所以當代中國民族主義便空前壯大。

中國民族主義不僅近年來力量增長，實質內容也起了變化。毛澤東在位時，民族主義強調中國人民能夠排除萬難，克服逆境。它塑造了人民奮起抗爭，戰勝日本帝國主義的英雄群像。按葛小偉的說法：「中國共產黨把中華民族描繪成英勇的勝利者，三、四〇年代是為了發動群眾開展革命活動，後來五、六、七〇年代是為了國家建設……新中國需要自己的英雄。」[61]

但近二十五年來這個驕傲的敘事卻夭折了。中華民族突然不再是英雄，反倒成了列強侵略的受害者。特別常被強調的是中國人口中的「百年國恥」，也就是從一八三九至一八四二的第一次鴉片戰爭，到一九四五年二戰結束的一百年。[62]據說這一百年間中國欲振乏力，雖然仍有大國風範，卻飽受列強欺凌，民不聊生。而在眾多「洋鬼子」（foreign devil）裡頭，日本和美國最壞，占盡中國便宜。

中國民族主義當然並不光講中國受屈辱的一面，其中也有不少鼓舞勵志的層面。比如中國人都一致認為儒家文化博大精深，堪為世人表率。但民族主義的核心還是百年國恥。葛小偉認為百年國恥說「決定了今天中國對西方的態度。」[63]所以「對中國軍隊來說，雪恥一直是頭等大事。」[64]眾所周知，當代中國人對美日的仇恨揮之不去，損害了中美、中日關係，加劇中國與兩國間的危機。一九九九年，美國在科索沃戰爭（Kosovo War）中誤炸貝爾格萊德的中國大使館，但中國人認為這是美國又一次挑釁中國，又一次侮辱中國。事件發生之後中國舉國群情激奮，大規模遊行示威此起彼伏。二〇〇一年，美國偵察機在南海上空與中國軍機相撞，中國飛機墜海，群眾反應也是一樣。二〇一二到二〇一三年，中日圍繞尖閣列島／釣魚島的歸屬問題發生衝突，中國全國立刻燃起反日大火，其中甚至發生了暴力事件。

將來亞洲安全競爭加劇，中國必將更加反美反日，極端民族主義可能日漸劇烈。[65]這就又為安全競爭火上澆油，也更可能引爆戰爭。總而言之，意識形態在冷戰時在歐洲起作用，將來在亞洲也會起作用，但內容有所不同。中國及亞洲各國的意識形態衝突不是為了共產主義和自由資本主義，而是極端民族主義。但即使如此，未來幾十年間主導中美關係的主要驅力仍然是現實主義邏輯，而不是意識形態。

和平崛起的希望

針對我的中國不能和平崛起之說，許多人提出了反駁。所謂中美將來能夠和平共處的樂觀言論，主要有兩種流行觀點。其一是說中國有儒家文化，就可以迅速崛起而不與鄰國和美國安全競爭。另一種說法還是自由主義式的經濟相互依存說，意指既然亞洲各大國家和中美經濟都緊密互動，而打仗卻不免危及經濟，仗也就打不起來了。但仔細研究一下，就會發現這兩種說法看起來雖然有理，實際上都有問題。

儒家和平主義

很多中國人相信因為中國有儒家文化，所以能和平崛起。他們說儒家文化講道德，講和諧，特別是明文禁止侵略鄰國。相反的，儒家只著重自我防禦。而中國歷朝歷代據說也一直實踐儒家學說，不像遵循現實主義的歐洲列強和美國、日本那樣，總是四出侵略，意在稱霸。中國總是禮遇別國，反對征伐，重王道（humane authority）而輕霸道（hegemonic authority），所以自然就能和平崛起。[66]

這種說法中國學者和決策者都津津樂道。不少學者引之以為重要的國際關係新理論，因為據他們說現在主要的國際關係理論都是歐洲中心論（Eurocentric），不能兼顧中國的特殊文化。然而儒家思想不是歐洲中心論，卻是中國中心論（China-centric）。李鑫和沃姆（Verner Worm）在文章中指出「中國文化強調德治而非兵威，尚王道而不尚霸道，主張以德服人。」[67]中國國際關係理論家在西方最有名的要數閻學通，他認為「中國崛起讓世界更文明……儒家思想，核心在『仁』……中國歷代統治者就行仁政……而非霸道……『仁』這一中國概念可以改造國際規範，讓國際社會更文明。」[68]

中國決策者也是同樣口徑。前總理溫家寶二〇〇三年在哈佛大學演講，稱「中華民族歷來酷愛和平」。一年後胡錦濤主席又說「中國自古就有親仁善鄰、崇信修睦的優良傳統」。[69]這些話的意思很明白，就是古代中國歷來與眾不同，一貫躬身垂範，可堪他國效法。

但這樣對待儒家思想有兩個問題。首先它沒有說明中國歷代統治菁英實際的國際政治思想，也沒有總結其國際政治言論，也就是並沒有如實反映千百年間形成的中國戰略文化。而且進一步說，古代中國的行為卻也並不大有儒者風範。相反的，中國往往侵略、欺辱鄰國，和其他大國半斤八兩。

中國文化中的儒家元素可以追溯二千餘年，確實源遠流長。但學者江憶恩（**Alastair Iain Johnson**）說得好，中國古代的國際政治理論絕不僅僅來自儒家思想，另一個流派作用更大。江氏所說的這個「戰備範式」（**parabellum paradigm**）「特別喜歡用赤裸裸的暴力解決安全衝突」。[70]用它「預測的行為體行為，和簡單結構權力政治模型預測出的基本一樣。」所以所謂戰備範式其實和筆者此處所引之江氏著作的同名，即「文化現實主義」（**cultural realism**）。江憶恩還有一點發現至關重要，那就是儒家思想和文化現實主義「在中國傳統戰略思想中的地位絕不是平等的，戰備範式壓倒了儒家思想。」[71]

由此看來，上文中假設儒家思想絕對愛好和平，反對一切戰爭，並不符合事實。正如閻學通指出的，儒家思想強調道德，並不代表治國有時就不需要戰爭。而且中國認為別國不道德，就應當用「正義戰爭」（**just war**）加以懲治。他寫道「有人說孔孟之道反對一切戰爭，其實孔孟並不無原則地反對戰爭，而只反對非正義戰爭，正義戰爭符合儒家思想[72]，」他又說「孔子認為教人以仁義還不能畢竟全功，國君無道，可以以正義戰爭懲治。」[73]

正義戰爭固然好，但什麼是正義戰爭可就見仁見智。國際政治的學生都知道，不管哪裡的國家領導人和決策者，只要想把別國描繪成十惡不赦，都能游刃有餘。換言之，只要政治化妝師發揮得宜，無論真自衛還是真侵略，都可以粉飾成符合儒家思想的正義戰爭。於是中國的儒家思想就好比美國的自由主義，只能算是煙霧彈，領導人躲在它後面，既可以如理想主義者一樣高談闊論，又可以如現實主義者一樣行動。[74]

歷史上中國一有機會就侵略鄰國，證據確鑿。歷史學家孔華潤（Warren Cohen）研究西元前二十世紀以來的中國對外政策，發現「帝國之路上的中國古人，就和歐洲，日本，美國帝國主義者一樣傲慢、殘忍。」[75]而且「過去中國強就欺負弱國，將來也難有改變，並不比歷史上的其他大國道德。」[76]政治學家許田波認為，中國古代對外政策總體上「大多靠強權而不是『王道』[77]，」而且「中國有史以來武力衝突無數，光靠儒家學說解釋不了。」[78]

許許多多其他學者也所見略同。王元綱表示「中國不會為了儒家思想罷兵，中國千百年來愛好權力政治，和其他大國並無甚區別……中國好用武力解決外部威脅，國力越強，就越好鬥，若是兵力和政治形勢允許，就想大打。」[79]而劍橋大學教授方德萬（Hans J.van de Ven）寫道：「懂一點中國歷史，就會發現中國幾百年來都是軍事大國……歷史上中國打仗即使不比歐洲多，也不會少到哪裡去。」[80]

但也可能有人退一步說，中國雖然從前只是嘴上仁義道德，但近年來是真要洗心革面、復興儒家文化，拋棄權力平衡的老套，從此致力於世界和平了。可是，沒有證據顯示中國的儒家信徒已經展開行動。中國問題專家們也都發現現實主義仍然流行於中國，影響廣大。柯慶生（Thomas Christensen）就說「中國是冷戰後世界上堅強的現實主義堡壘」。政治學家金駿遠（Avery Goldstein）也認為「當代中國領導人和古代中國統治者一樣愛好權力政治」。[81]

總而言之，不能認為強大了的中國會鶴立雞群，拋棄現實主義來擁抱儒家思想。種種跡象表明古代中國一直注意在國際交往中攫取相對權力，未來的中國大概也還會如此。

多賺錢，少打仗

絕大多數相信中國能和平崛起的人，都是根據所謂的經濟相互依存理論。這個理論有兩大支柱。其一說中國經濟與其潛在對手包括日本和美國聯繫緊密，相互依存。經濟發展不僅需要各國參與，還需要和平環境。若是打仗，那參戰各國經濟就要受到慘痛損失。所以正如都擁有核子武器的各國都可以「確保相互摧毀」（mutual assured destruction）所以都不敢動用核子武器，中國和各潛在對手既然可以在經濟方面相互摧毀，也就不敢輕舉妄動了。[82]

其二是說現代國家的主要目標是繁榮。當代民眾希望經濟發展，領導人有可能被趕下台。經濟問題還可能導致國內動亂威脅政權。所以，領導人只要神智清醒，就不會發動戰爭。而且重視經濟還能緩解安全競爭，一來各國領導人只要集中精力拼經濟，便無暇顧及其他，二來是他們會怕安全競爭萬一擦槍走火，引發戰爭。所以世界上要都是經濟相互依存的國家，領導人就會為了經濟繁榮和個人仕途儘量避免衝突。

經濟相互依存確實能促進和平。領導人全心全意希望國家繁榮，有時也就不願意打仗了。但關鍵問題在於經濟相互依存能不能經受住國際上的詭譎多變，始終讓領導人矢志追求和平。換言之，光靠經濟相互依存能確保中國和其潛在對手長久和平嗎？筆者認為只要中國崛起，經濟因素就不能維持亞洲和平。理由如下。

從最根本的層面來講，經濟和政治因素發生矛盾，一般政治因素優先。安全問題上更是如此，因為安全事關生存，而生存重於發展。因為歸根到底，如不能生存，也就無所謂發展。回顧歷史，一九一四年歐洲經濟就高度相互依存，還十分景氣。但最後仍然爆發了第一次世界大戰，因為德國怕俄國崛起，而且想要做歐洲霸主。在此案中，政治因素無疑壓倒了經濟因素。

問題涉及民族主義時政治一般也要勝過經濟。北京在台灣問題上的立場就是典型例子。中國領導人知道武力統一會妨礙經濟，但仍然明確表示台灣一旦宣佈獨立，就要武力統一。民族主義決定中國對台灣的態度，中國認為台灣是中國的神聖領土。世界歷史上內戰數不勝數，對壘的兩軍或多軍經濟上少有不高度相互依存的。但為了政治原因，戰爭還是無法避免。

主張中國崛起後經濟相互依存還能維持亞洲和平還有另外三點問題。首先，這種說法假設經濟一直繁榮而且越來越繁榮，毫不考慮大危機或貿易戰。[83]想想看，就在本書成書時，歐洲不少國家還在與歐元危機作鬥爭。而且就算全球經濟大致穩定，個別國家也可能獨自蕭條，這樣的國家會有動機發動戰爭，因為打贏了可以振興經濟，打輸了也無所損失。舉例來說，當年伊拉克和科威特經濟聯繫不可謂不緊密，但伊拉克於一九九〇年八月攻打科威特恰恰是因為當時科威特生產原油超過石油輸出國組織（OPEC）的組織配額，壓低了伊拉克原油利潤，伊拉克大受其害，便武力解決。

經濟相互依存不能阻止戰爭還有一個原因，那就是戰爭雖然破壞經濟，但打贏就能經濟與政治利益兼得，足以彌補戰時消耗。例如南海海底自然資源豐富眾所周知。中國與鄰國就這片大海的歸屬又多有爭議。所以如果中國將來更加強大，也不是不可能發兵占領全南海，開採海底資源提振本國經濟。

最後，相互依存的各國即使開戰也不一定遭到多大經濟損失。譬如說，某國只要咬定一個對手，攻其不備，就可望速戰速決。過去發動戰爭的國家也大都希望速勝，不過希望往往落空而已。[84]既然速勝，戰爭就來不及破壞經濟，而對手又只有一個，即使破壞也不會太嚴重。[85]經濟發展最怕兩次世界大戰一類的多國持久戰。但國家領導人都不願持久戰，而會盡其所能既打仗又保護經濟。上文說過，現在有了核子彈，中國大概不會像二戰一樣大打。所以將來亞洲若是打仗，也是有限戰爭，目的有限，武裝火力也有限。如此一來，對經濟的破壞自然也就有限，不會讓各交戰國山窮水盡、玉石俱焚。且打贏還可以振興經濟，如若中國控制南海，便有實惠。

除此之外，歷史經驗表明，交戰雙方也未必斷絕經濟往來。要是雙方都自認有利可圖，和敵人做生意也未嘗不可。研究戰爭中經濟關係的專家傑克・列維（Jack Levy）和凱薩琳・芭比埃麗

（Katherine Barbieri）表示「雖然一般認為戰爭全面破壞交戰雙方貿易，實際情況往往不是這樣。」而且「不僅打小仗可能不影響貿易，在民族獨立戰和全球霸權戰這類總體戰中也依然可以和敵國貿易。」[86]簡單說，既然戰爭不一定損害經濟，經濟相互依存的國家也有可能彼此交戰。

總結以上討論，我們可以確信經濟相互依存雖然有時能制止戰爭，但絕不能確保亞洲今後幾十年的太平歲月。

結論

根據我以上的描繪，中國繼續崛起，亞洲不能和平。未來確實不容樂觀。筆者也希望情況不致如此。但國際政治處處荊棘，不管歐洲亞洲，只要潛在霸主崛起，安全競爭必然白熱化，絲毫不為善良人們的願望所轉移。而我們有理由相信，假以時日，中國必然試圖問鼎亞洲霸權。

但值得一提的是，儘管透視紛繁複雜的國際形勢需要社會科學理論，但理論總有其局限。不管什麼理論都不能百分之百解釋歷史，預測未來，總有遇到無法解釋的矛盾案例的時候。所以筆者雖然不惜筆墨論證中國不會和平崛起，也仍然希望歷史證明自己錯了。

附錄

向台灣說再見？*

譯者

潘崇易（臺灣大學政治學研究所碩士）

張登及（臺灣大學政治學系教授）

---

* 本文原發表於二〇一四年三—四月號的《國家利益》（*The National Interest*）上，提名為"Say Goodbye to Taiwan"。經作者同意收錄於本書中。文章內次標題皆為中文譯者額外添加，以助讀者理解、掌握。

中國的崛起——時間不在台灣一邊

中國的持續崛起對台灣的意義究竟是甚麼？這不是今天，也不是明年的問題，而是一個未來數十年，台灣所必須面對的、越來越大的挑戰。儘管屆時中國是否還能維持現在的高經濟成長仍是未定之數，但可以確信的是，台灣面對的這個競爭者將遠比現在又更強大許多。

中國目前軍事力量難以望美國項背，所以如果中國現在選擇與美國正面交鋒，將會鑄下大錯。易言之，中國現今仍受制於全球的權力平衡（balance of power），面對此一優勢顯然掌握在美國手中的平衡，一決雌雄絕非北京明智之舉。

然而，國家間權力的消長從來不是靜止的。未來世界的權力平衡將日趨不利台、美；中方將掌控比現在更多的相對權力（relative power），並且加入大體上和美國旗鼓相當的經濟與軍事集團。在這樣的未來，究竟會發生甚麼事無從知曉。但可以確定的是，中國在未來將受到比現在更少的限制。這樣的未來儘管令人望而生畏、禍福難料，但這種情況實現的機會很大。

我堅信中國的持續增長將為台灣帶來巨大的影響，而且幾乎都是很壞的影響。不僅是因為中國將遠比現在強盛，也因為中國將繼續堅持統一台灣。此外，中國也將會試圖主導亞洲，如同美國主導西半球一樣。這意味著中國就算無法消除美國在亞洲的軍事存在（military presence），它也將追求降低美軍在亞洲的影響力。對此，美國自是會激烈抵抗，並且致力於遏制中國實力的增長。不論最終哪一方獲勝，隨著雙強競逐而至的安全競爭都將對台灣不利。時間不站在台灣一邊。由此觀之，我接著想討論的是美國、中國、台灣間可能的局勢演變將是怎樣。

台灣目前的最優選項：保持現狀？

理想情況下，多數台灣人會希望台灣可以贏得法理上的獨立（de jure independence），並且成為國際體系中的合法的主權國家。在過往的六十五年中，有別於中國認同的強烈台灣認同逐漸萌發茁壯，更加深了台灣對於得到法理獨立及成為合法主權國家的想望。多數認同自己是台灣人的民眾，都希望擁有屬於自己的民族國家，對於回歸中國成為一省興趣缺缺。

根據國立政治大學選舉研究中心的調查，在一九九二年時，台灣僅有百分之十七．六的民眾認同自己是台灣人。但時至二〇一三年六月，此數字已攀升至一個明確的多數：百分之五十七．五；且僅百分之三．六的受訪民眾還認同自己是中國人。尤有甚者，在二〇一一年的《台灣國家安全調查》中發現，假設台灣宣布獨立而不會遭受中國攻打的情況下，有百分之八十．二的台灣民眾會贊成獨立。而另一個近期的民調也顯示，大約百分之八十的台灣民眾認為台灣及中國是兩個不同的國家。

然而，在可預見的未來，台灣恐難贏得正式獨立，主因自是中國無法忍受這樣的結果。事實上，中國已明確表示將不惜發動戰爭，以阻止台灣宣布獨立。中國在二〇〇五年通過的《反分裂國家法》也明確表示，如果台灣走向法理台獨，中國將採取「非和平手段及其他必要措施」來應對。

美國並未視台灣為一主權國家這件事也值得關注，而且美國總統歐巴馬（Barack H. Obama）曾表示：「華府完全支持『一個中國』的政策」（"fully supports a one-China policy."）。

因此，在可預見的未來，台灣所能期待的最佳情況是保持現狀，也就是維持事實上的獨立（de facto independence）。實際上，在政大選研中心於二〇一三年六月做的調查中，超過百分之九十的受訪民眾傾向永久維持現狀，或至少保持現狀到未來某個時間點。

最糟的可能情況則是台灣在北京制訂的條款下與中國統一。當然，統一可以有多種形式，有些好有些不好。其中最不差的結果應該是台灣取得高度自治，就像現今的香港特別行政區，亦即中國領導人所稱的「一國兩制」。儘管如此，這個選項對多數台灣人仍不具吸引力。正如台灣學者王元綱所言：「即便在有利的條件下，仍有壓倒性多數的台灣民眾反對統一。而長期的數據也顯示，民眾對於統一的支持率持續下滑。」

簡言之，對台灣民眾而言，不論最終的政治安排為何，比起成為中國的一部分，台灣人更願意擁抱事實上的獨立。然而，關鍵問題在於台灣要如何在面對「中國崛起」的情況下，避免統一並維持自身事實上的獨立。

北京對台政策的兩種邏輯——民族主義 vs. 國家安全

那對中國而言，他們又是如何看待台灣問題的呢？有兩套不同的邏輯思維形塑了中國對台灣問題的看法，其一是民族主義（nationalism）思維，另一個則是國家安全思維。不過兩套邏輯都導向了統一的終局。

在「民族主義」思維方面，中方立場向來堅定明確，堅持台灣是中國的一部分。對於中國的菁英階層及一般大眾而言，台灣絕不能成為一個主權國家。台灣自古便是中國領土神聖不可分割的一部分，只是在一八九五年時被可恨的日本所剽竊。當時的中國積弱不振且任人宰割，但現今狀況早已不可同日而語，台灣必須再次回歸成為中國領土的一部分。正如胡錦濤在二〇〇七年的十七屆黨代表大會上所言：「在中華民族實現偉大復興的進程中，兩岸的統一是必然的。」

兩岸的統一是中國國家認同（national identity）的核心要素之一，中方在此議題上絕不妥協。事實上，中國政權合法性與確保台灣不會成為主權獨立國家及最終的統一，有著密不可分的關係。因此，中國領導人堅持台灣必須回歸中國，而且要盡快並以和平的方式進行，不過他們同時也明確表示，若迫不得已，也不排除武力統一的可能。

從「國家安全」方面來說，北京立場則顯得模稜，這與中國崛起的事實密切相關。更精確地說，中方立場的擺盪，圍繞著一個直截但深遠的問題：隨著權力的增長，中國在亞洲將怎樣作為？這個問題的答案顯然對台灣未來有著莫大的影響。

眺望未來──「大國政治的理論」之必要

想預測崛起中國對其鄰居及美國可能的作為，唯一的方式是透過「大國政治的理論」（theory of great power politics）的視角。因為這些事件都尚未發生，唯有透過理論的剖析才能讓我們有能力預測。正如霍布斯（Thomas Hobbes）所言：「當下的事物自然而然地存在，過去的事物只存在於記憶之中，而未來的事物則根本不存在。」因此，要想預測未來，除了仰賴理論，我們別無他法。

我自己的國際關係現實主義理論主張，國際體系的結構會迫使關心自身安全的國家展開權力的競逐。每個大國的最終目標都是極大化自己在世界體系內的權力份額，並且主導整個體系。從實踐面來看，這意味著那些最強大的國家，都試圖在各自所在的區域建立霸權，同時確保沒有其他可與之匹敵的強權主導其他區域。

更精確來說，國際體系有三項關鍵特點。第一，主要行為者是在無政府狀態（anarchy）下運作的國家。換言之，國家之上並不存在更高的權威；第二，所有的大國都具備攻擊性的軍事實力，這意味著它們有打擊彼此的能力；第三，沒有國家可以確切知道他國的意圖（intentions），特別是未來的意圖。譬如說，想知道德國或日本在二〇二五年對其鄰國的意圖是根本不可能的。

在一個他國可能懷有惡意且可能具備強大攻擊能力的世界，國家都會傾向對他國戒慎恐懼。這樣的恐懼（fear）源於無政府狀態下，國家不會有守夜人提醒其災難將至，必須人人自危。因此，各國理解到求生存的最佳方式，便是確保自己在潛在對手面前盡可能地變得強大，當一國越強大就越不可能受到他國攻擊。譬如說：沒有美國人會擔心受到加拿大或墨西哥的攻擊，因為這兩國都沒有強大到會想跟山姆大叔大動干戈。

「區域霸主」是所有大國共同的選擇

然而，儘管成為最強的大國是個令人愉悅的結果，但大國們並不會只滿足於此，它們的終極目的是成為霸權，亦即成為國際體系中唯一的大國。

在現代世界裡，成為霸權究竟意味著什麼？對於任何國家來說，成為全球性的霸權近乎不可能，因為要在全球範圍內維持權力，並將權力投射到其他遙遠大國所掌控的領土實在太過困難。各國所能期待的最佳結果是成為「區域霸主」（regional hegemon），主導自身所在的地理區域。美國大約從一九〇〇年起，成為了西半球的區域性霸權。然而，儘管美國儼然是當今地表上最強大的國家，但它仍非全球霸主（global hegemon）。

此外，取得區域性霸權的國家有著更長遠的目標：它們希望避免其他國家複製自身成功經驗，並成為其他地區的霸權國。易言之，區域霸主不希望看到能力相當的競爭者。相反地，它們所欲見之事，乃是其他地區的主導權由數個大國瓜分，這樣這些大國間就會互相競爭，而無法集中精力及資源來挑戰自身。總而言之，對任何大國而言，最理想的情勢就是成為世界上唯一的區域霸主國家，而美國如今就享有這一卓越地位。

中國當然要複製門羅主義

那這個理論對於崛起中國未來可能行為的預測為何？簡單地說，答案是中國將會試圖像美國主導西半球那般主導亞洲。中國將試圖成為「區域霸主」，而且特別注重將自身和鄰國間的權力差距（power gap）拉大，尤其是和印度、日本、俄國間的權力差距。中國希望確保自身足夠強大，讓亞洲地區其他國家都無力對它構成威脅。

中國為了追求軍事上的優勢而去發動戰爭或征服其他亞洲國家的可能性並不高，雖然也不能完全排除。相反地，更可能的情況應是，北京會想要讓鄰國承認什麼是「中國可以接受的行為」標準；就好像美國讓美洲其他國家知道它才是制定規則的老大一樣。

越發強大的中國也可能嘗試將美國的勢力排除於亞洲外，就像十九世紀時美國將歐洲列強的勢力趕出西半球一樣。我們應該做好心理準備，中國會提出中國式的門羅主義（the Monroe Doctrine），就像一九三〇年代的日本一樣。

這些政策目標對中國而言，都極具戰略意義。北京當局會希望與軍事弱勢的日、俄兩國為鄰，就如同美國希望與之接壤的加拿大及墨西哥軍事實力較弱一樣。哪有正常的國家會希望自己所在區域有另一個強國呢？我想所有中國人對於兩百年前強大的日本迎面而來時所發生的事，都還記憶猶新。

再者，強大的中國為何要接受美國軍隊在它的後院活動呢？試想，當其他大國將軍隊派駐到西半球時，美國政策制定者應也會勃然大怒，因為這些外來軍隊無可避免地將被視為美國國家安全的潛在威脅。這一邏輯同樣適用於中國，當美軍環伺於側，中國怎麼可能覺得放心？所以根據門羅主義的邏輯，要提升中國的安全環境，不正應將美軍勢力擠出亞洲嗎？

我們為什麼竟然要中國表現得和以前的美國不同呢！難道中國領導者比美國領導者更有操守或者道德更高尚？還是中國民族主義較弱？或者它對生存較不關心？答案當然是「以上皆非」！那麼中國當然要仿效美國成為「區域霸主」。

那這個關於「安全」的剖析對於台灣的寓意為何？至少可以肯定的答案是，中國的一項重要戰略原則為割裂台灣與美國之間的緊密聯繫，使台灣中立化。最好的結果則是台灣成為中國的一部分，且隨著時間與實力增強，中國將致力於達成這樣的目標。

台灣的守護者——美國戰略目標的歷史與現實

兩岸統一能在兩個重要方面為中國帶來戰略利益。第一、能夠吸收台灣的經濟和軍事資源，從而使得亞洲的權力平衡進一步向中國傾斜。第二、台灣可以有效地成為一艘中國沿海的巨型航空母艦，增強北京對西太平洋投射軍事力量的能力。

簡而言之，基於民族主義和現實主義（譯按：即安全。）兩種邏輯，中國都有強烈動機結束台灣目前處於事實獨立的情況，使其成為中國的一部分。這對於台灣而言無疑是一大噩耗，特別是當亞洲的權力平衡向中方傾斜之後，台灣很快將無法憑藉一己之力對抗中國。接著問題就是在台灣面對崛起中國的同時，美國是否會保證台灣的安全，換言之，台灣能在安全上依賴美國嗎？

現在來考量一下美國在亞洲地區所欲達成的目標，以及這些目標與台灣間的關聯。我們前面說過，「區域霸主」會不遺餘力地防止其他大國在它們各自所在區域成為霸主。對於任何大國而言，最好的結果是成為世界體系中唯一的區域霸主。而從歷史紀錄來看，美國顯然也按照這一邏輯行事，它容不下與其匹敵的競爭者的存在。

在二十世紀中，曾有過四個具有成為區域霸主實力的強國：一九〇〇至一九一八年間的德意志帝國、一九三一至一九四五年間的軍國主義日本、一九三三至一九四五年間的納粹德國，以及冷戰時期的蘇聯。毫無疑問地，這些國家都曾試圖趕上美國在西半球所取得的成就與優勢。對此，美國在擊敗和瓦解這些追求霸主地位國家的事件中，都扮演了關鍵角色。

一九一七年四月，當德意志帝國對於一戰似乎勝券在握且可能統治歐洲時，美國選擇了參戰。對於德國一九一八年十一月的崩潰，美軍扮演了關鍵性的角色。在一九四〇年代初，美國總統羅斯福（Franklin Roosevelt）不遺餘力地將美國力量投身到二戰之中，用以挫敗日本統治亞洲及德國統治歐洲的野心。一九四一年十二月，美國參與二戰並協助摧毀了這兩大軸心國勢力。從一九四五年開始，美國政策制定者就一直處心積慮限制德國和日本的軍事實力。最後，在冷戰時期美國堅定地採取措施，阻止蘇聯主宰歐亞大陸，並在一九八〇年代末到一九九〇年代初成功地讓蘇聯走入了歷史。

亞洲新冷戰，台灣怎麼辦？

冷戰甫結束後不久，當時的布希政府有份備受爭議的一九九二年《防衛計畫指導》（*Defense Planning Guidance*）被洩漏給媒體。這份計畫中大膽地宣稱美國是至今世界上最強大的國家，而且計畫保持這一優勢地位，易言之，美國不容許出現能與之抗衡的競爭者。無獨有偶地，相同的訊息也在二〇〇二年小布希政府著名的國家安全戰略中再次出現。各界對此批評聲浪不斷，特別是小布希政府在其中提倡的「先發制人戰爭」（preemptive war）。但對於美國要制衡崛起中的強國，並在國際權力平衡中保持自己優越地位的主張，批評者卻鴉雀無聲。

由此觀之，美國的底線在於為了戰略因素，努力取得的西半球霸權地位。這樣的奮鬥已經持續超過了一百年。也因此，在贏得了「區域霸主」後，美國自是要竭盡全力阻止其他大國控制亞洲或歐洲。

緣此，如果中國試圖主導亞洲，幾乎可以毫無懸念地預測美國政策制定者的反應，也就是美國將會傾全力牽制、削弱中國，最終使中國不再有能力控制亞洲。基本上，美國很可能採取像冷戰中對付蘇聯的方式來應對中國。

中國的鄰國也必然會對其崛起感到害怕，並且竭盡所能地阻止中國成為「區域霸主」。事實上，已經有確實證據顯示，印度、日本、俄國等大國，以及新加坡、韓國、越南等相對較小的國家，都擔心中國的強勢崛起，而且正在尋求牽制中國的方法。最終，它們將會加入由美國領導的權力平衡聯盟來制衡中國，就像冷戰時期的英、法、德、義、日甚至中國，加入美國陣營來牽制蘇聯一樣。

台灣要如何在此般局勢中自處呢？儘管美台關係密切的歷史由來悠久，可以說從冷戰初期，蔣介石領導的國民政府自中國大陸撤退來台就已開始。可是沒有任何條約規定華盛頓有「義務」在台灣被中國或其他國家入侵時助戰。

不過儘管如此，美方仍舊有強烈的動機保全台灣，讓台灣在反中國的權力平衡聯盟中扮演重要角色。首先，誠如前述，台灣擁有大量的經濟暨軍事資源，能夠成為中國用來控制接近其東側海岸和水域的巨型航母，這對中國而言極其重要。所以，美國自然希望台灣的戰略資產能服務於美方的均勢。

美國將面對信譽與防禦能力的兩難

其次，美國對台灣的承諾，攸關它自身在此地區的信用，這對華盛頓的政策制定者而言至關重要。因為美國距東亞大約有六千英里遠，它必須努力讓其亞洲盟友尤其日、韓兩國，深信當它們受到中國或北韓的威脅時，美國將會是它們堅實的後盾。最重要的是，美國必須讓首爾和東京相信可以依賴美國的核子傘來保護它們。至於承諾多少核子嚇阻，自冷戰開始大家就一直如鯁在喉，這也正是整個冷戰期間美國與盟國反覆爭執的信任問題。

美國若切斷自身和台灣的軍事合作，或者在兩岸發生危機時未能妥適保護台灣，對於美國的其他亞洲盟國而言，是美國保護無能的信號。華盛頓的決策者一定會全力避免這種結果，以維持美國的信譽。這也意味著，無論如何美國都會傾向於支持台灣。

但是儘管美國有充分理由將台灣納入制衡中國聯盟，但長遠來看我們也要反思，這種關係能否一直持續。首先，美國可能將自下一個十年中的某個時點起，不再有把握幫助台灣打敗中國的進攻。要記得我們現在所討論的，是一個將來軍事實力遠比現在強大的中國。

其次，地緣位置對中國也非常重要，因為台灣離中國大陸太近而離美國太遠。如果中美之間要在「向台灣投射軍力」上競爭，中國可以贏得毫不費力。再者，在與捍衛台灣相關的戰爭中，美國政策制定者肯定不願意對中國大陸發動大規模攻擊，因為他們深怕中國會動用核武，這種節制的思維也會使中國占有優勢。

面對在不遠的將來台灣將失去以常規能力有效嚇阻中國的事實，也許有人認為簡單的解決辦法就是讓美國的核保護傘覆蓋台灣。然而，這個辦法沒能解決問題。因為美國不會在台灣會被中國擊敗的情況下，將制衡中國升級為核對抗。關於台灣的利害權衡，並不足以讓美國甘冒核戰風險。畢竟台灣並非日本，甚至也不是韓國。所以，美國聰明的對策是根本不將核嚇阻力量延伸到台灣。

美國最終會放棄台灣的另一個原因在於：台灣問題是個極其危險的未爆彈，可以輕易引發中美之間的戰爭，而這是美國不樂見的。美國的政策制定者明白，中國極度關心台灣的走向。因此，如果美國有疑似阻礙兩岸統一的舉措，中國將會非常憤怒。如果華盛頓和台灣建立密切的軍事聯盟，就會被視為阻撓統一，這一點中國人民不會視而不見。

在這方面，還有一點值得注意地就是中國的民族主義。這是一股強大的力量，因為夾雜著在過往積弱時，美國等大國如何蹂躪中國，及如何巧取豪奪香港、台灣等中國領土的悲憤情感。從此點觀之，就更不難想像台灣危機很可能升溫為兵戎相見的戰爭。總之，中國的民族主義必然是一股破壞力很大的力量，而且中國在某一時點必將擁有足夠征服台灣的軍事實力，這些因素都提高了戰爭爆發的可能性。

在冷戰時期，超級大國美蘇之間並沒有像台灣這樣危險的爆炸點。有些評論家將台灣與冷戰中的柏林相提並論；但事實是，當年的柏林並非蘇聯的神聖不可分割領土，而且對美蘇雙方而言都沒有極重要的戰略意義。然而台灣不同。美國考量到台灣問題的危險性，而且終有一日華府將不再有足夠能力防衛台灣，美國決策者很可能最終為了這兩項因素，在戰略上做出放棄台灣的結論，讓中國壓迫台灣接受統一。

上述論證無非是要指出在未來的數十年間，美國對台灣的態度可能顯得有些反覆無常。一方面，它有強烈的動機將台灣納入圍堵（containing）中國的聯盟。另一方面，它也完全可以感受到隨著時間推移，與台灣保持親密關係可能會得不償失，並且會為此付出巨大代價。當然，美國現在仍將防衛台灣，並將台灣看作戰略上的資產。但這樣的關係能維持多久，則無可斷言。

美、中都（將）制止台灣發展核武

截至目前為止，關於台灣未來的討論幾乎完全集中在美國的抉擇。然而，面對中國崛起，台灣的命運很大程度也取決於台灣領導人和人民選擇奉行怎樣的政策。幾乎毫無疑問地，台灣在未來數年間的最高目標仍會是保持獨立現況。在未來的十年間，此一目標應該不難達成。主因是台灣基本上確定仍能與美國保持密切關係，而美國在這段時間內也還有強烈的動機和足夠能力來防衛台灣。但在這之後，台灣的戰略地位可能急遽惡化，因為中國很快會獲得「即使台灣有美軍保護，它也能征服台灣」的軍事能力，更遑論如前所述，美國是否會長期支持台灣都還是未知數。

面對此一嚴峻的情勢，台灣可以有三種選擇。第一種，台灣可以發展自己的核子嚇阻能力。核武器是一種終極的嚇阻。毫無疑問，如果台灣有自己的核武，將會大幅降低中國進攻台灣的可能性。

由於害怕越戰後也被美國拋棄，台灣在一九七〇年代時曾致力於發展核武。然而，美國制止了台灣的核武研發進程。之後，在一九八〇年代，台灣又曾試圖秘密地製造原子彈，但被美國發現，計畫再次被強制中止（譯按：在蔣經國執政時期。）。對台灣而言，未能成功製造原子彈令人遺憾，因為如果能擁有自己的核子武器，台灣維持獨立會更容易。

事實上，在亞洲權力平衡徹底倒向中國之前，台灣絕對還有時間製造核子武器。但問題在於，北京和華盛頓都必然會阻止台灣發展核武。美國會反對台灣製造核子武器，不僅是因為此舉將造成日韓兩國效尤，也因為美國政策制定者非常不樂見自身盟友可能發動一場最終會牽連到美國的核子戰爭。明白地說，沒有美國人想看到一場「台灣引發衝突，導致美國被核武大規模攻擊」的戰爭。

中國也會堅決反對台灣取得核子嚇阻能力，主要是因為北京當局理解到這會讓征服台灣變得更為困難，甚至成為泡影。此外，中國也意識到台灣製造核子武器將會促成東亞地區的核擴散，這不僅會削弱中國對此地區的掌控力，還會增加傳統戰爭演變成核子戰爭的可能性。基於上述原因，如果台灣決定製造核武，中國將明確表示必摧毀該設施，甚至可能發動戰爭直接奪取台灣。這樣一來，發展核武的選項對台灣來說又是為時已晚。

台灣投資常規嚇阻：浴血奮戰與對華永久軍備競賽？

台灣的第二個選項是發展傳統嚇阻能力（conventional deterrence）。然而，在缺乏核子武器且未來中國軍事實力與美國和台灣的總和相比，仍可能佔據明顯優勢的條件下，台灣又要如何嚇阻中國？成功的關鍵將不在於打敗中國，因為那是不可能的，而是要讓中國付出巨大代價才能取得勝利。換言之，目標是讓中國須經歷一場曠日持久的血戰才能征服台灣。儘管北京最終仍會獲勝，但那將是得不償失的勝利（Pyrrhic Victory）。如果台灣警告中國，即使軍隊在戰場上失利，抵抗仍會繼續，這一策略將會格外有效。北京害怕台灣會變成另一個新疆或西藏的心態，會加強台北嚇阻中國的效果。

這個選項與德國海軍元帥提爾皮茨（Alfred von Tirpitz）著名的「風險策略」（risk strategy）非常類似。在一戰前，德意志帝國就採用了此一策略。當時，提爾皮茨認為，面對善戰的英國皇家海軍，德國不可能建立起足以與之抗衡的軍事能力。但他也判斷，柏林有能力建立起一支能重創皇家海軍的艦隊，如此一來英國就會害怕和德國正面交鋒，進而達成嚇阻的作用。而且，提爾皮茨還認為，這支「風險艦隊」或許還能成為德國在外交上制衡英國的籌碼。

·

不過，這種傳統嚇阻的形式也存在許多問題。因此，從長遠來看，這一策略能否在台灣付諸實現仍是未定數。首先，這一策略是建立在美國和台灣並肩作戰的前提上。但很難想像，美方會選擇參加一場註定失利且將傷亡慘重的戰爭。更不用說台灣自己是否願意打這樣的仗，也還不確定。因為這場仗勢必會在台灣本土開打，而非在中國打。而且無論如何，台灣最終還是必敗無疑。

其次，這種傳統嚇阻形式也意味著台灣將永無止境地和中國在軍備上角力，加劇兩岸之間緊張且危險的軍備競賽。換句話說，台灣頭頂上將永遠懸掛著這把達摩克利斯之劍（譯按：the sword of Damocles，源於希臘神話，指時刻存在的危險。）。

最後，儘管我們難以預測在遙遠的未來，中國的主宰能力會擴大到何種程度，但中國至少有可能會強大到一次的突襲就可以讓台灣難以招架。而且，隨著中國逐漸晉身超級大國，美國保護台灣的承諾也日趨減弱，這種情況就更可能成真。

剩下的選項：香港策略？

台灣的第三個選項是實行我所講的「香港策略」。在這種情況下，台灣必須接受註定失去獨立且成為中國一部分的事實。接著，台灣要努力確保此情形能和平轉變，並且能夠從北京手中獲得盡可能多的自治權。這一選項現在看來並不討喜，且在至少未來十年間恐怕都不會討喜。但在遙遠的將來，當中國強大到可以相對輕易地征服台灣時，這一選項可能就會顯得比較有吸引力了。

那麼，現在台灣還剩下什麼選項呢？台灣無法發展核子武器，因為不論美中，都不會容忍擁有核武的台灣。「風險策略」式的傳統嚇阻則顯然不是上策，不過只要中國尚未強勢到「可以不費吹灰之力就使台灣屈服」的水準，這個選項就還有意義。當然，要讓此策略生效，美國必須繼續堅守防衛台灣的承諾。只是這樣的承諾是無法長期保證的。

一旦中國成為超強，對台灣而言，放棄保持事實獨立的希望，轉而實行「香港策略」或許是最明智的選擇。當然這不是一個吸引人的選項。但正如修昔底德斯曾說的：「強者隨心所欲，弱者任人宰割。」

到目前為止可以確定的一件事是，台灣是否會被迫放棄獨立地位，很大程度將取決於未來數十年中，中國的軍事力量是否能提升到不可戰勝的程度。台灣自當是竭盡所能地拖延並維持政治現狀。但如果中國保持現在這種驚人的崛起速度與質量，台灣似乎註定將成為中國的一部分。

噩夢的出路：祈求中國經濟趕緊衰敗

有一類情況下，台灣能阻止上述的悲觀預測成真。更精確來說，所有台灣人都應該盼望在未來的時日裡，中國的經濟發展速度能驟減，而政治問題嚴重到使得北京必須將注意力都集中在解決國內問題。如果情況真演變至此，中國將不再處於競逐區域霸主的行列，美國也將如現在一樣有能力防禦台灣。基本上，對台灣而言，想保持事實獨立的最好辦法，就是讓中國經濟與軍事步向衰敗。不幸的是，台灣不足以影響大勢走向，使得中國衰敗這件事成真。

一九八〇年代，當中國發展剛剛起步時，多數美國人和亞洲人都認為這是個好消息，因為隨之而來的貿易和經濟往來將讓每個人都變得更富裕、愉快。照理說，中國將成為國際社會中負責任的大國（responsible stakeholder），它的鄰國們並不需要提心吊膽。許多台灣人也抱持著這樣樂觀的想法，甚至其中一些人至今仍這樣深信。

但是他們錯了，透過和中國進行貿易並促使它成為世界經濟成長的引擎，台灣成全了一個懷有修正主義式目標的巨人，而這個巨人要終結台灣的獨立，使之成為巨人的一部分。

總而言之，對台灣而言，一個強大的中國不僅僅只是一個問題，而是一場噩夢。

The International Corporation (Cambridge, MA: MIT Press, 1970), pp. 205-23.

84. John J. Mearsheimer, *Conventional Deterrence* (Ithaca, NY: Cornell University Press, 1983).

85. 體系內各國經濟如果相互依存，那兩國要開戰，其他國家怕破壞經濟，就會調停。但Eugene Gholz和Daryl Press發現，「戰爭對非交戰國的破壞往往沒那麼大；戰爭改變經濟，反而常常對其有利。」見Eugene Gholz and Daryl G. Press, "The Effects of Wars on Neutral Counties: Why It Doesn't Pay to Preserve the Peace," *Security Studies* 10, No. 4 (Summer 2001), p. 3.

86. Jack S. Levy and Katherine Barbieri, "Trading with the Enemy during Wartime," *Security Studies* 13, No. 3 (Spring 2004), pp. 2, 7.亦見Charles H. Anderton and John R. Carter, "The Impact of War on Trade: An Interrupted Time-Series Study," *Journal of Peace Research* 38, No. 4 (July 2001), pp. 445-57; Katherine Barbieri and Jack S. Levy, "Sleeping with the Enemy: The Impact of War on Trade," *Journal of Peace Research* 36, No. 4 (July 1999), pp. 463-79; Katherine Barbieri and Jack S. Levy, "The Trade-Disruption Hypothesis and the Liberal Economic Theory of Peace," in Gerald Schneider, Katherine Barbieri, and Nils Petter Gleditsch, eds., *Globalization and Armed Conflict* (Lanham, MD: Rowman & Littlefield, 2003), pp. 277-98.

70. Alastair Iain Johnston, *Cultural Realism: Strategic Culture and Grand Strategy in Chinese History* (Princeton, NJ: Princeton University Press, 1995), p. xi.
71. 同上書，p. 249.
72. Yan, *Ancient Chinese Thought*, p. 35.
73. 同上書，p. 41.
74. 施道安（Andrew Scobell）認為：「中國的戰略行為不光是權力政治，也有儒家思想。權力政治加上儒家思想使中國人『迷信自衛』（Cult of Defense），也就是因為自認為愛好和平，所以即使總按現實主義辦事，也要把目的解釋成自衛。」Andrew Scobell, *China's Use of Military Force: Beyond the Great Wall and the Long March* (New York: Cambridge University Press, 2003), p. 38。亦見Nathan and Scobell, *China's Search for Security*.
75. Warren I. Cohen, "China's Rise in Historical Perspective," *Journal of Strategic Studies* 30, Nos. 4-5 (August-October 2007), p. 683.
76. 同上書，p. 703. 77 Hui, "History and Thought," p. 131.
77. Hui, "History and Thought," p. 131.
78. 同上書，p. 127.
79. Wang, *Harmony and War*, p. 181.
80. Hans J. van de Ven, "War in the Making of Modern China," *Modern Asian Studies* 30, No. 4 (October 1996), p. 737。以下文獻詳細也探討了中國歷史上對外侵略問題：Nicola Di Cosmo, *Ancient China and Its Enemies: The Rise of Nomadic Power in East Asian History* (Cambridge: Cambridge University Press, 2002); Peter C. Perdue, *China Marches West: The Qing Conquest of Central Eurasia* (Cambridge, MA: HarvardUniversity Press, 2005).
81. 兩處引文都出自Wang, *Harmony and War*, p. 188。Nathan和Scobell在*China's Search for Security*中也論證中國對外政策實以現實主義為指導。
82. 以下是經濟相互依存論的經典著作：Norman Angell, *The Great Illusion: A Study of the Relationship of Military Power in Nations to Their Economic and Social Advantage* (London: William Heinemann, 1910); Stephen G. Brooks, *Producing Security: Multinational Corporations, Globalization, and the Changing Calculus of Conflict* (Princeton, NJ: Princeton University Press, 2005); Dale C. Copeland, "Economic Interdependence and War: A Theory of Trade Expectations," *International Security*20, No. 4 (Spring 1996), 5-41; Richard N. Rosecrance, *The Rise of the Trading State: Commerce and Conquest in the Modern World* (New York: Basic Books, 1986).
83. 所以沃爾茲說經濟相互依存更可能引發衝突，而非維護和平。見Kenneth N. Waltz, "The Myth of National Interdependence," in Charles P. Kindelberger, ed.,

59. Zhao, *Nation-State by Construction*, chap. 6.
60. Gries, *China's New Nationalism*, p. 20.見第七章。以下兩篇文章詳細研究了大眾民族主義：Reilly, *Strong Society, Smart State;* Zhao, "Foreign Policy Implications of Chinese Nationalism Revisited."。
61. Gries, *China's New Nationalism*, p. 48.
62. Wang, *Never Forget National Humiliation*深入研究了該問題。另見：Callahan, *China;* Gries, *China's New Nationalism;* Zhao, "Foreign Policy Implications of Chinese Nationalism Revisited."。
63. Gries, *China's New Nationalism,* p. 46.
64. Callahan, *China*, p. 201.
65. 該文圍繞中國研究了地緣政治和民族主義的關係，Hughes, "Reclassifying Chinese Nationalism."
66. Yan Xuetong, *Ancient Chinese Thought, Modern Chinese Power*, ed. Daniel A. Bell and Sun Zhe, trans. Edmund Ryden (Princeton, NJ: Princeton University Press, 2011), chap. 1.
67. Victoria Tin-bor Hui, "History and Thought in China's Traditions," *Journal of Chinese Political Science* 17, No. 2 (June 2012), p. 126.
68. Yan Xuetong, "The Rise of China in Chinese Eyes," *Journal of Contemporary China* 10, No. 26 (2001), pp. 37-38.。亦見Hui, "History and Thought"; David C. Kang, *China Rising: Peace, Power, and Order in East Asia* (New York: Columbia University Press, 2007); Yuan-Kang Wang, *Harmony and War: Confucian Culture and Chinese Power Politics* (New York: Columbia University Press, 2011).。所謂中國因為儒家傳統深厚，所以國際秩序觀就與西方不同的說法貫穿了季辛吉《論中國》一書，見Henry Kissinger, *On China*（New York: Penguin, 2011）第一章，引文具體見16頁。應當注意，季辛吉在上書第457，458頁談中國崛起對亞洲和平的影響時，並不太談中國獨特的對外政策及其對未來中美關係的影響。而且由於哈佛的著名漢學家費正清大力宣傳，西方許多人認為中國文化和儒家思想極重和平（Pacifist Bias），見："Introduction: Varieties of the Chinese Military Experience," in Frank A. Kierman, Jr., and John K. Fairbank, eds., *Chinese Ways in Warfare* (Cambridge, MA: Harvard University Press, 1974), pp. 1-26.引文具體見第七頁。
69. 兩處引文均來自Wang, *Harmony and War*, p. 2.。中文原文出自：溫家寶總理2003年12月10日在哈佛大學演講全文。見http://www.people.com.cn/GB/shehui/1061/2241298.html，按2014年3月30日網站內容。胡錦濤總書記2004年4月24日在博鼇亞洲論壇年會開幕式演講全文。見http://news.xinhuanet.com/zhengfu/2004-04/26/content_1439621.htm，按2014年3月30日網站內容。

52. 以下文章提供了近期亞洲國家制衡中國的典型資料：Patrick Barta, "Neighbors Grow More Wary of China," *Wall Street Journal*, January 13, 2013; Patrick Barta, "U.S., Vietnam in Exercises amid Tensions with China," *Wall Street Journal*, July 16, 2011; Jackie Calmes, "Eying China, U.S. Expands Military Ties to Australia," *New York Times*, November 16, 2011; Martin Fackler, "Japan to Propose Closer Military Ties with South Korea," *New York Times*, January 4, 2011; Martin Fackler, "To Counter China, Japan and Philippines Will Bolster Maritime Coordination," *New York Times*, January 10, 2013; James Reilly, "Counting on China? Australia's Strategic Response to Economic Interdependence," *Chinese Journal of International Politics* 5, No. 4 (Winter 2012), pp. 369-94; Jay Solomon, Yuka Hayashi, and Jason Dean, "As China Swaggers, Neighbors Embrace U.S.," *Wall Street Journal*, May 25, 2010; Craig Whitlock, "Philippines May Allow Greater U.S. Military Presence in Reaction to China's Rise," *Washington Post*, January 25, 2012.
53. Kaplan, *Revenge of Geography*, pp. 213-27; Daniel Twining, "The Taiwan Linchpin," *Policy Review*, No. 177 (February 2013); Alan M. Wachman, *Why Taiwan? Geostrategic Rationales for China's Territorial Integrity* (Stanford, CA: Stanford University Press, 2007).
54. Nancy Bernkopf Tucker and Bonnie Glaser, "Should the United States Abandon Taiwan?" *Washington Quarterly* 34, No. 4 (Fall 2011), pp. 23-37.
55. Mastanduno, *Economic Containment*.
56. Barry R. Posen, *Inadvertent Escalation: Conventional War and Nuclear Risks* (Ithaca, NY: Cornell University Press, 1991).
57. Graham Allison and Robert D. Blackwill, *Lee Kuan Yew: The Grand Master's Insights on China, the United States, and the World* (Cambridge, MA: MIT Press, 2012), p. 38.
58. 筆者討論中國民族主義時詳細研究了以下文獻：William A. Callahan, *China: The Pessoptimist Nation* (New York: Oxford University Press, 2010); Peter Hays Gries, *China's New Nationalism: Pride, Politics, and Diplomacy* (Berkeley: University of California Press, 2004); Christopher R. Hughes, *Chinese Nationalism in the Global Era* (London: Routledge, 2006); Hughes, "Reclassifying Chinese Nationalism"; Zheng Wang, *Never Forget National Humiliation: Historical Memory in Chinese Politics and Foreign Relations* (New York: Columbia University Press, 2012); Suisheng Zhao, *A Nation-State by Construction: Dynamics of Modern Chinese Nationalism* (Stanford, CA: Stanford University Press, 2004); Zhao, "Foreign Policy Implications of Chinese Nationalism Revisited."

45. 該觀點詳見Albert O. Hirschman, *National Power and the Structure of Foreign Trade*, exp. ed. (Berkeley: University of California Press, 1980)。要知道中國經濟對鄰國的影響，不妨先看看中國交易夥伴國內生產總值中對華出口的比例。根據2012年資料，澳大利亞對中國大陸和香港出口貢獻了該國國內生產總值的6.2%；印尼2.9%；日本3.7%；韓國13.7%；馬來西亞16.2%；菲律賓6.6%；新加坡44.7%；臺灣31.0%；泰國14.8%；越南9.6%。見2013年七月二日："Exports of Goods and Services (% of GDP)," *World* Bank（世界銀行），http://data.worldbank.org/indicator/NE.EXP.GNFS.ZS.。臺灣出口的商品和服務（按占GDP比例），見2013年7月2日：*Fact Sheet: Taiwan*，澳大利亞外交貿易部（Australian Government Department of Foreign Affairs and Trade），http://www.dfat.gov.au/geo/fs/taiw.pdf。向大陸和香港出口比例見2013年7月2日："Exports-Partners (%)," *CIA World Factbook*, https://www.cia.gov/library/publications/ the-world-factbook/fields/2050.html.。
46. 應當注意，中國如果稱霸地區，就很能控制鄰國，特別是在安全問題上。但這裡我們只把崛起的中國看做強國，而不是地區霸主。
47. 經濟壓力不起作用還有兩個原因，首先國家抗壓能力很強：Robert A. Pape, *Bombing to Win: Air Power and Coercion in War* (Ithaca, NY: Cornell University Press, 1996)。其次對經濟壓力敏感的國家可以改變貿易和投資政策，避開壓力：Hirschman, *National Power*, pp. v-xii. The quotation is from p. ix.
48. David Brewster, "The India-Japan Security Relationship: An Enduring Security Partnership," *Asian Security* 6, No. 2 (May-August 2010), pp. 95-120.印度號召東南亞國家制衡中國的情況見：Pankaj Kumar Jha, "India's Defence Diplomacy in Southeast Asia," *Journal of Defence Studies* 5, No. 1 (January 2011), pp. 47-63.
49. Elisabeth Bumiller and Norimitsu Onishi, "U.S. Lifts Ban on Indonesian Special Forces Unit," *New York Times*, July 22, 2010。亦見Robert Dreyfuss, "Containing China Is a Fool's Errand. Yet Obama's Deal with Indonesian Thugs Is Aimed at Exactly That," *Nation*, July 23, 2010; John Pomfret, "U.S. Continues Effort to Counter China's Influence in Asia," *Washington Post*, July 23, 2010。
50. "Singapore Changi Naval Base," *GlobalSecurity. org*, February 16, 2012 Anthony L. Smith, "Singapore and the United States 2004-2005: Steadfast Friends," *Special Assessment: The Asia-Pacific and the United States 2004-2005* (Asia-Pacific Center for Security Studies, February 2005)。亦見Marcus Weisgerber, "Singapore Will Now Host 4 Littoral Combat Ships," *Navy Times*, June 2, 2012。
51. Blaine Harden, "Japanese Prime Minister Yukio Hatoyama Resigns," *Washington Post*, June 2, 2010; "Japan Agrees to Accept Okinawa Base," *UPI. com*, May 23, 2010.

Haul," *Political Science Quarterly* 125, No. 3 (Fall 2010), pp. 362-66.

37. Dong Jung Kim, "Realists as Free Traders: Britain's Economic Response to the German Challenge, 1896-1914," 工作文件，2013年十月。
38. 所謂政權更替既可以針對特定領導人，也可以針對整套政治制度。有時搞倒領導人但不變化政府結構，有時就要顛覆整個政權，改變治理體制，也就是所謂獨裁變民主，民主變獨裁。
39. Lindsey O'Rourke, "Secrecy and Security: U.S.-Orchestrated Regime Change during the Cold War," Ph.D. diss., University of Chicago, 2013; Peter Grose, *Operation Rollback: America's Secret War behind the Iron Curtain* (New York: Houghton Mifflin, 2000); John Knaus, *Orphans of the Cold War: America and the Tibetan Struggle for Survival* (New York: Perseus Books, 1999); Gregory Mitrovich, *Undermining the Kremlin: America's Strategy to Subvert the Soviet Bloc, 1947-1956* (Ithaca, NY: Cornell University Press, 2000).
40. O'Rourke, "Secrecy and Security," p. 105.
41. 據世界銀行統計，2011年中國人口為13億4,413萬，同年美國人口為3億1,159萬1,917人，見：2013年六月三十日："Data: Population, total," *World Bank* http://data.worldbank.org/indicator/SP.POP.TOTL.。按聯合國資料，2050年中國人口將達到13億9,529萬，美國人口當時將達到4億870萬，見：聯合國經濟和社會事務部人口司，*World Population to 2300*, New York, 2004, p. 42.。今天中國的人均國民收入如果趕上香港，那國民總收入就將達到48兆4,000億美元，而美國只有15兆1,000億美元。中國人均國民收入趕上韓國，國民總收入也能達到28兆1,000億美元，接近美國的兩倍，見：2013年6月30日："Data: GNI, Atlas Method"和"Data: GNI per capita, Atlas Method," *World Bank,* http://data.worldbank.org/indicator/NY.GNP.ATLS.CD和http://data.worldbank.org/indicator/NY.GNP.PCAP.CD.。2050年美國GDP有望達到37兆9,000億美元。見PwC（普華永道會計事務所）：*The World in 2050: The Accelerating Shift of Global Economic Power*, January 2011, p. 7.。2050年　中國人均GDP趕上香港，就有162兆萬7,000億美元，若趕上韓國，也有150兆3,000億美元。2050年人均GDP詳情請見：William Buiter and Ebrahim Rahbari, *Global Growth Generators: Moving beyond "Emerging Markets" and "BRIC,"* Citigroup（花旗集團），February 21, 2011, p. 46.。
42. 中國在亞洲最可能聯合柬埔寨、寮國、韓國，和巴基斯坦，緬甸也有希望。
43. Stephen M. Walt, *The Origins of Alliances* (Ithaca, NY: Cornell University Press, 1987).
44. Hillary Clinton, "America's Pacific Century," *Foreign Policy*, No. 189 (November 2011), pp. 56-63.

Japan Policy (New York: Columbia University Press, 2012)。江憶恩與趙穗生等大部分中國專家的看法都不同，認為2009年以來中國的做法和以前變化不大。但他也注意到中國的做法雖然變化不大，人們對這些做法的看法變化卻很大。見“How New and Assertive Is China’s New Assertiveness?”

30. 澳大利亞戰略家休・懷特(Hugh White)宣導「亞洲協調」(Concert of Asia)，即中美平起平坐。但他也意識到美國領導人早就習慣了高人一等，讓他們自覺與中國分享權力難上加難。見：Hugh White, “Power Shift: Australia’s Future between Washington and Beijing,” *Quarterly Essay*, No. 39 (2010), pp. 1-74; Hugh White, *The China Choice: Why America Should Share Power* (Collingwood, AU: Black Inc., 2012)。美國確實有可能與中國分享亞洲權力，但即使分享也是安全鬥爭所迫，而不是自願接納中國崛起。當然懷特知道中國崛起後也會儘量追求壓倒各國，不會滿足於和美國平起平坐。
31. Thomas J. Christensen, “Posing Problems without Catching Up: China’s Rise and Challenges for U.S. Security Policy,” *International Security* 25, No. 4 (Spring 2001), pp. 5-40; Avery Goldstein, “First Things First: The Pressing Danger of Crisis Instability in U.S.-China Relations,” *International Security* 37, No. 4 (Spring 2013), pp. 49-89.
32. 上世紀六十年代初中國核武器即將研製成功，美國確實計畫開戰干預。但由於預防性戰爭後果難料，美國最終還是決定坐視中國發展核武器。William Burr and Jeffrey T. Richelson, “Whether to ‘Strangle the Baby in the Cradle’: The United States and the Chinese Nuclear Program, 1960-64,” *International Security* 25, No. 3 (Winter 2000-01), pp. 54-99; Gordon Chang, “JFK, China, and the Bomb,” *Journal of American History* 74, No. 4 (March 1988), pp. 1289-310.
33. David Alan Rosenberg, “‘A Smoking Radiating Ruin at the End of Two Hours’: Documents on American Plans for Nuclear War with the Soviet Union,” *International Security* 6, No. 3 (Winter 1981-82), pp. 3-38.
34. Dong Jung Kim, “Letting a Hegemonic Aspirant (Further) Rise? Maintenance and Abandonment of Economic Ties between Security Competitors,”: 2013年四月美國國際研究協會（International Studies Association）舊金山市年會論文。
35. 蘇聯橫跨歐亞，也就可能統治歐亞，所以美國必須在兩洲都結盟制衡蘇聯。但中國國土全部位於亞洲，對歐洲威脅不大。歐洲大國也就不會積極遏制中國，而大概要保持中立，好對中國投資貿易。冷戰期間有時歐洲盟國把美國認為可能用於軍工的先進技術賣給蘇聯，美國也管不住。Michael Mastanduno, *Economic Containment: CoCom and the Politics of East-West Trade* (Ithaca, NY: Cornell University Press, 1992).
36. Robert Art, “The United States and the Rise of China: Implications for the Long

不同意。另見James R. Holmes and Toshi Yoshihara, *Chinese Naval Strategy in the 21st Century: The Turn to Mahan* (London: Routledge, 2008); Edward Wong, "China Navy Reaches Far, Unsettling the Region," *New York Times*, June 14, 2011; Edward Wong, "Chinese Military Seeks to Extend Its Naval Power," *New York Times*, April 23, 2010. 中國儘管大力發展遠洋海軍，但目前還只是大陸強國，陸軍仍然占主要地位。Ross文章也提到這點。但美國分析人士和決策者警惕中國擴大海軍多過擴大陸軍，因為他們認為美國不大可能在亞洲大陸與中國大規模陸戰。但我認為中美之間可能打海戰，也可能打小規模陸戰。

23. 見Shirk, *China*, p. 105. Also see Zheng Bijian, "China's 'Peaceful Rise' to Great Power Status," *Foreign Affairs* 84, No. 5 (September/October 2005), pp. 18-24; Aaron L. Friedberg, *A Contest for Supremacy: China, America, and the Struggle for Mastery in Asia* (New York: Norton, 2011), chap. 6; Avery Goldstein, *Rising to the Challenge: China's Grand Strategy and International Security* (Stanford, CA: Stanford University Press, 2005).。畢劍是中國知名決策顧問，不遺餘力宣傳中國能夠和平崛起。
24. Nick Bisley, "Biding and Hiding No Longer: A More Assertive China Rattles the Region," *Global Asia* 6, No. 4 (Winter 2011), pp. 62-73; Christopher Hughes, "Reclassifying Chinese Nationalism: The *Geopolitik* Turn," *Journal of Contemporary China* 20, No. 71 (September 2011), pp. 601-20; Alastair Iain Johnston, "How New and Assertive Is China's New Assertiveness?" *International Security* 37, No. 4 (Spring 2013), pp. 7-48; Suisheng Zhao, "Foreign Policy Implications of Chinese Nationalism Revisited: The Strident Turn," *Journal of Contemporary China* 22, No. 82 (July 2013), pp. 535-53.
25. Yafei He, "The Trust Deficit: How the U.S. 'Pivot' to Asia Looks from Beijing," *Foreign Policy*, May 13, 2013; Kenneth Lieberthal and Wang Jisi, "Addressing U.S.-China Strategic Distrust," Monograph No. 4 (Washington, DC: JohnL. Thornton China Center, Brookings Institution, March 2012); Nathan and Scobell, *China's Search for Security*, chap. 4.
26. 見"Naked Aggression," *Economist*, March 14, 2009, p. 45.
27. "Beijing's Brand Ambassador: A Conversation with Cui Tiankai," *Foreign Affairs* 92, No. 4 (July/August 2013), p. 16.
28. Ibid., p. 17.
29. Zhao, "Foreign Policy Implications of Chinese Nationalism Revisited," p. 536.; Michael D. Swaine and M. Taylor Fravel, "China's Assertive Behavior, Part Two: The Maritime Periphery," *China Leadership Monitor*, No. 35 (Summer 2011); James Reilly, *Strong Society, Smart State: The Rise of Public Opinion in China's*

States Grand Strategy (Baltimore, MD: Johns Hopkins University Press, 1993), chaps. 4-5.

17. Martin Tolchin, "U.S. Underestimated Soviet Force in Cuba during 62 Missile Crisis," *New York Times*, January 15, 1992; Mark N. Katz, "The Soviet-Cuban Connection," *International Security*8, No. 1 (Summer 1983), pp. 88-112; Norman Polmar, "The Soviet Navy's Caribbean Outpost," *Naval History Magazine* 26, No. 5, October 2012.
18. 中國大約一半原油靠進口，進口原油中大約一半來自波斯灣，也就是說波斯灣地區原油占中國用油約四分之一。根據美國能源資訊管理局（EIA）的說法，到2035年中國四分之三的原油要靠進口，其中大約百分之五十四來自波斯灣，見：Andrew S. Erickson and Gabriel B. Collins, "China's Oil Security Pipe Dream: The Reality, and Strategic Consequences, of Seaborne Imports," *Naval War College Review* 63, No. 2 (Spring 2010), pp. 89-111; Keith Johnson, "U.S. Oil Boom Spotlights China's Persian Gulf Dependence," *Wall Street Journal*, June 26, 2012; David Schenker, "China's Middle East Footprint," *Los Angeles Times*, April 26, 2013; Toh Han Shih, "Beijing 'to Increase Reliance on Middle East Oil,'" *South China Morning Post*, June 10, 2013; U.S. Energy Information Administration（美國能源資訊管理局），*Analysis: China*, September 2012.
19. Erickson and Collins, "China's Oil Security Pipe Dream."
20. 如果發生衝突，中國很難突破這三道海峽，而不突破海峽就保證不了到波斯灣產油區的航線。美國的親密盟友新加坡扼守麻六甲海峽兩岸，中國海軍就很難擊破美軍，打通該海峽。中國戰略家管這叫「麻六甲困境」。印尼的龍目海峽和巽他海峽也不好通過，因為美國和印尼關係也很好。而一旦戰爭，這兩個海峽附近的澳大利亞也會幫助美國封鎖海峽。
21. Robert D. Kaplan的*Monsoon: The Indian Ocean and the Future of American Power*（New York: Random House, 2010）深入探討印度洋和阿拉伯海地區地緣政治，指出了中國進軍該地區的困難。中國海軍未來會劃定兩大戰區，即西太平洋，也就是東海，南海，黃海，和印度洋加上阿拉伯海。中國海軍在西太平洋作戰靠近本土，有岸基火力支援，如火箭炮，飛彈，潛艇，和飛機，對陣美國海軍就容易些。但在印度洋和阿拉伯海用兵就難，因為該海區遠離中國本土，後援容易不濟。而且鑒於出島鏈的三個主要海峽通道如本章注釋第20所言不通，中國海軍戰時很難越過東南亞進軍印度洋。
22. 中國國內群情振奮，要求壯大海軍，Robert S. Ross在"China's Naval Nationalism: Sources, Prospects, and the U.S. Response," *International Security*34, No. 2 (Fall 2009)第46-81頁已仔細研究了有關情況。但Ross認為中國積極經略海洋不是出於戰略需要而只是由於民族主義等國內政治因素，筆者並

"Beijing Warns U.S. about South China Sea Disputes," *New York Times*, June 22, 2011.

10. 見東京日本國家防衛研究所（NIDS）2012年10月發佈的2012年中國安全報 告 第29頁。*NIDS China Security Report 2012* (Tokyo: National Institute for Defense Studies, December 2012), p. 29。另見Chico Harlan, "South Korea and U.S. Send Message to North Korea with Drills in Sea of Japan," *Washington Post*, July 26, 2010。Peter Lee, "South Korea Reels as US Backpedals," *Asia Times online*, July 24, 2010。Ben Richardson and BillAustin, "U.S.-South Korea Drills to Avoid Yellow Sea amid China Concern," *Bloomberg Businessweek*, October 13, 2010。Michael Sainsbury, "Don't Interfere with Us: China Warns US to Keep Its Nose Out," *Australian*, August 6, 2010.。2012年六月華盛頓號航空母艦又到黃海例行演習，中方不曾抗議。
11. Robert D. Kaplan, *The Revenge of Geography: What the Map Tells Us about Coming Conflicts and the Battle against Fate* (New York: Random House, 2012), chap. 11.
12. M. Taylor Fravel, *Strong Borders, Secure Nation: Cooperation and Conflict in China's Territorial Disputes* (Princeton, NJ: Princeton University Press, 2008).
13. Yong Deng, *China's Struggle for Status: The Realignment of International Relations* (New York: Cambridge University Press, 2008), chap. 8; Andrew J. Nathan and Andrew Scobell, *China's Search for Security* (New York: Columbia University Press, 2012), chaps. 8-9; Denny Roy, *Return of the Dragon: Rising China and Regional Security* (New York: Columbia University Press, 2013), chap. 10; Susan L. Shirk, *China: Fragile Superpower* (New York: Oxford University Press, 2007), chap. 7.
14. V. Natarajan, "The Sumdorong Chu Incident," *Bharat Rakshak Monitor* 3, No. 3 (November-December 2000); Harsh V. Pant, "While Delhi Dithers, Beijing Gets Adventurous," *Wall Street Journal*, April 29, 2013; Ely Ratner and Alexander Sullivan, "The Most Dangerous Border in the World," *Foreign Policy*, May 4, 2013; Ajai Shukla and Sonia Trikha Shukla, "Shadow on the Line," *Business Standard*, May 3, 2013.
15. 西藏高原和未來水資源戰爭情況請見：Brahma Chellaney, "The Water Hegemon," *Project Syndicate*, October 14, 2011; Brahma Chellaney, *Water: Asia's New Battleground* (Washington, DC: Georgetown University Press, 2011); Jean-Pierre Lehmann and Nina Ninkovic, "The Tibetan Plateau: The World's 21st Century Water Battleground," *Globalist*, July 11, 2013.
16. Michael C. Desch, *When the Third World Matters: Latin America and United*

第十章 注釋

1. 這裡列舉一些對中國未來樂觀的著作：Michael Spence, *The Next Convergence: The Future of Economic Growth in a Multispeed World* (New York: Farrar, Straus and Giroux, 2011); Arvind Subramanian, *Eclipse: Living in the Shadow of China's Economic Dominance* (Washington, DC: Peterson Institute for International Economics, 2011); Linda Yueh, *China's Growth: The Making of an Economic Superpower* (New York: Oxford University Press, 2013)。觀點相反的著作則包括：Timothy Beardson, *Stumbling Giant: The Threats to China's Future* (New Haven, CT: Yale University Press, 2013); Michael Beckley, "China's Century? Why America's Edge Will Endure," *International Security*36, No. 3 (Winter 2011-12), pp. 41-78; and Michael Pettis, *The Great Rebalancing: Trade, Conflict, and the Perilous Road Ahead for the World Economy* (Princeton, NJ: Princeton University Press, 2013), chap. 4.
2. Thomas Hobbes, *Leviathan*, ed. C. B. Macpherson (London: Penguin, 1985), p. 97.
3. 決策者不能光大致知道別國的意圖，而必須確實知道，決不能心存僥倖，因為一旦判斷錯誤，往往國難臨頭。比如說要是麻痺大意，沒發現別國陰謀侵略，就可能突然受敵而亡國。既然國家生存高於一切，那領導人就只能不憚以最壞的惡意揣摩其他國家。
4. 如1861到1865年美國南北戰爭期間英國的做法。英國很想援助南方，但終未實行，因為美國內戰畢竟遠在西半球，對英國來說，歸根到底與歐洲大國的關係更重要。見：Brian Holden Reid, "Power, Sovereignty, and the Great Republic: Anglo-American Diplomatic Relations in the Era of the Civil War," *Diplomacy and Statecraft* 14, No. 2 (June 2003), pp. 45-76.
5. 見Adam Tooze, *The Wages of Destruction: The Making and Breaking of the Nazi Economy* (New York: Penguin, 2008), p. 469.
6. Barton Gellman, "Keeping the U.S. First; Pentagon Would Preclude a Rival Superpower," *Washington Post*, March 11, 1992.
7. George W. Bush, *The National Security Strategy of the United States of America* (Washington, DC: White House, September 2002).
8. Raymond L. Garthoff, "Handling the Cienfuegos Crisis," *International Security*8, No. 1 (Summer 1983), pp. 46-66.
9. Tania Branigan, "China Lambasts US over South China Sea Row," *Guardian*, August 6, 2012; Jason Dean, "China Warns U.S. to Stay Out of Regional Disputes," *Wall Street Journal*, June 23, 2011; Andrew Jacobs, "China Warns U.S. to Stay Out of Islands Dispute," *New York Times*, July 26, 2010; Edward Wong,

注。例如，參見Deutsch and Singer, "Multipolar Power Systems," pp. 396-400。但是，這種觀點假設了相關的行為體規模和力量大體均衡。然而，在一個擁有潛在霸主的多極體系中，其他的大國肯定會對那個特別強大的國家給予過多的關注，這就大大削弱了這一觀點，即多極體系意味著「有限的注意力」（limited attention eapability）。

14. 回顧我選擇大國的標準，參見第一章注釋7。
15. 參見第六章。
16. Jack S. Levy, *War in the Modern Great Power System, 1495-1975* (Lexington: University Press of Kentucky, 1983), chap. 3.
17. 另外一些因為捲入一個非歐洲國家而被排除在外的大國戰爭包括：英波（斯）戰爭（1856-1857年）、法墨戰爭（1862-1867年）、中法戰爭（1883-1885年）、中蘇戰爭（1929年）、義阿戰爭（1935-1936年）、蘇日戰爭（1939年）和西奈戰爭（1956年）。
18. 利維用「總體戰爭」（general war）來代替「主要戰爭」（central war），而科普蘭把這些衝突稱作「大國戰爭」（major wars）。參見Copeland, *Origins*, pp. 27-28; Levy, War, pp. 3, 52, 75。另一些人把這些衝突看作是「霸權戰爭」(hegemonic wars)，因為它們通常會捲入一個企圖支配整個體系的國家。
19. 參見第八章。
20. 儘管俄軍數量比奧地利和法國兩國軍隊總和的兩倍還多，但存在重大的品質缺陷。這一缺陷隨著時間流逝日益嚴重，並在很大程度上導致俄國在克里米亞戰爭中敗給了英法。參見John S. Curtiss, *The Russian Army under Nicholas I, 1825-1855* (Durham, NC: Duke University Press, 1965); William C. Fuller, Jr., *Strategy and Power in Russia, 1600-1914* (New York: Free Press, 1992), Chaps. 6-7。關於奧地利軍隊，參見Istvan Deak, *Beyond Nationalism: A Social and Political History of the Habsbury Officer Corps, 1848-1918* (Oxford: Oxford University Press, 1992), pp. 29-41; Gunther E. Rothenberg, *The Army of Francis Joseph* (West Lafayette, IN: Purdue University Press, 1976), chaps. 1-4。關於法國軍隊，參見Paddy Griffith, *Military Thought in the French Army, 1815-1851* (Manchester, UK: Manchester University Press, 1989); Douglas Porch, *Army and Revolution, 1815-1848* (London: Routledge and Kegan Paul, 1974)。
21. 參見第八章。
22. 參見第八章。
23. 參見第八章。

保證威懾一定能夠發揮作用。就像在第三章中討論的那樣，國家有時會規劃新型軍事戰略以贏得戰爭，雖然它們的軍事力量在規模和品質上並不占優勢。並且，推動國家走向戰爭的更為廣泛的政治力量有時會迫使軍隊領導人尋求高度危險的軍事戰略，從而迫使國家向力量對等甚至更為強大的對手挑戰。參見John J. Mearsheimer, *Conventional Deterrence* (Ithaca, NY: Cornell University Press, 1983), esp. chap. 2。

9. 另一種理由有時被用來支持這一觀點，即力量不均衡在多極體系中比在兩極體系中更為普遍。多極體系中的國家在面臨更為強大的對手時，往往傾向於尋求推卸責任，這通常表明它們滿足於生活在權力不平衡狀態中，因為它們相信另一個國家會去對付威脅。但是甚至當國家在多極體系中處於權力平衡時，它們也往往傾向於通過聯盟來尋求安全，而不是通過增強自身力量來尋求安全。這種類型的外部平衡是有吸引力的，因為它比另一種選擇更為廉價。然而，它幾乎未改變原有的力量不均衡。因此，那種實力差距所產生的危險仍然存在。另一方面，兩極體系中的那兩個國家，由於沒有強大的盟國或推卸責任的對象國，因而只能指望通過動員自己的力量來抗衡領先者。這種類型的內部平衡往往在兩個對抗的大國中產生大致的平衡。事實上，我在下文中闡述了這一觀點：John J. Mearsheimer, "Back to the Future: Instability in Europe after the Cold War," *International Security* 15, No. 1 (Summer 1990), pp. 13-19。但是，這樣的論證存在兩個問題。正如戴爾．科普蘭（Dale Copeland）指出的，它同我的「國家總是力求最大限度地佔有世界權力」這一觀點相矛盾。如果國家追求權力最大化，那麼，它們就不會容許那種它們有能力改變的力量不均衡的存在。參見Dale C. Copeland, "The Myth of Bipolar Stability: Toward a New Dynamic Realist Theory of Major War," *Security Studies* 5, No. 3 (Spring 1996), pp. 38-47。並且，當推卸責任成為多極體系中受到威脅的國家毫無疑問的普遍選擇時（參見第八章），那麼，在下列情況下，推卸責任政策最有可能成功，即如果這一受威脅國家同時建設一支強大的軍事力量，以消除它和侵略者之間可能存在的力量差距（參見第五章）。
10. 這一普遍性觀點有一個例外：如果多極體系中只有三個大國，而其中兩國聯合起來對抗第三國，那麼，受害國就會找不到盟國。
11. 當只有所有受威脅國家聯合努力才能遏制一個潛在的霸主時，權力平衡聯盟最有可能形成。但是，正如下一節將要討論的，當多極體系中有一個潛在的霸主時，戰爭最有可能發生。
12. 這一觀點是以下這篇文章的主題：Waltz, "Stability of a Bipolar World"。另請參見Geoffrey Blainey, *The Causes of War* (New York: Free Press, 1973), chap. 3。
13. 認為多極比兩極更穩定的觀點是建立在這一信念基礎上的：隨著體系中國家數量的增長，國家彼此間的關注程度就減少了，因為其他的國家也同樣要關關於英國問題的出色研究，參見Correlli Barnett, The Audit of War: The Illusion and Reality of Britain as a Great Power (London: Macmillan, 1986); Correlli Barnett, The Lost Victory: British Dreams, British Realities, 1945-1950 (London: Macmillan, 1995)。也可參見Randall L. Schweller, Deadly Imbalances: Tripolarity and Hitler's Strategy of World Conquest (New York: Columbia University Press, 1998)。這本書採用了不同的衡量標準，認為在二戰前，世界是三極的。這三極分別是德國、蘇聯和美國，而英國不是其中一極。

第九章　注釋

1. G. Lowes Dickinson, *The European Anarchy* (New York: Macmillan, 1916), p. 14.
2. 據我所知，目前的理論沒有一個能夠精確地預測戰爭何時發生。
3. 研究戰爭起因的佳作請參見Jack S. Levy, "The Causes of War and the Conditions of Peace," *Annual Review of Political Science* 1 (1998), pp. 139-165。也可參見Dale C. Copeland, *The Origins of Major War* (Ithaca, NY: Cornell University Press, 2000), chap. 1; Stephen Van Evera, *Causes of War: Power and the Roots of Conflict* (Ithaca, NY: Cornell University Press, 1999), chap. 1; Kenneth N. Waltz, *Man, the State and the War: A Theoretical Analysis* (New York: Columbia University Press, 1959)。
4. Karl W. Deutsch and J. David Singer, "Multipolar Power Systems and International Stability," *World Politics* 16, No. 3 (April 1964), pp. 390-406; Kenneth N. Waltz, "The Stability of a Bipolar World," *Daedalus* 93, No. 3 (Summer 1964), pp. 881-909; Kenneth N. Waltz, *Theory of International Politics* (Reading, MA: Addison-Wesley, 1979), chap. 8. 另請參見Robert Jervis, *System Effects: Complexity in Political and Social Life* (Princeton, NJ: Princeton University Press, 1997), chap. 3。
5. Robert Gilpin, *War and Change in World Politics* (Cambridge: Cambridge University Press, 1981); Hans Morgenthau, *Politics among Nations: The Struggle for Power and Peace*, 5th ed. (New York: Knopf, 1973); A. F. K. Organski, *World Politics*, 2d ed. (New York: Knopf, 1968), chap. 14.
6. 對潛在霸主更為完整的定義，參見第二章。
7. 關於兩極和多極的主要著作，參見本章注釋4；Thomas J. Christensen and Jack Snyder, "Chain Gangs and Passed Bucks: Predicting Alliance Patterns in Multipolarity." *International Organization* 44, No. 2 (Spring 1990), pp. 137-168; Richard N. Rosecrance, "Bipolarity, Multipolarity, and the Future," *Journal of Conflict Resolution* 10, No. 3 (September 1966), pp. 314-327。
8. 儘管權力平衡比權力不平衡（imbalance of power）更易產生威懾，但它並不無誤地表現出來了。但是，公眾和學術界卻從未能認識到這一點。這很令人費解。」Marc Trachtenberg, *History and Strategy* (Princeton, NJ: Princeton University Press, 1991) p. 167. 也可參見本書第七章注釋72。二十世紀五〇年代，英國也有推卸責任的衝動。參見Saki Dockrill, "Retreat from the Continent? Britain's Motives for Troop Reductions in West Germany, 1955-1958," *Journal of Strategic Studies* 20, No. 3 (September 1997), pp. 45-70。

147. 參見Stephen Van Evera, "Why Europe Matters, Why the Third World Doesn咤t: American Grand Strategy after the Cold War," *Journal of Strategic Studies* 13, No. 2 (June 1990), pp. 34-35, note 1。

148. 參見William I. Hitchcock, *France Restored: Cold War Diplomacy and the Quest for Leadership in Europe, 1944-1954* (Chapel Hill: University of North Carolina Press, 1998), chaps. 2-3; Irwin M. Wall, *The United States and the Making of Postwar France, 1945-1954* (Cambridge: Cambridge University Press, 1991), chap. 2。

149. 英國和蘇聯的資料引自表8.8，美國的資料引自Adelman, *Revolution,* p. 174。

150. 美國和英國的資料引自I.C.B. Dear, ed., *The Oxford Companion to World War II* (Oxford: Oxford University Press, 1995), pp. 1148, 1192, 1198。蘇聯的資料引自Phillip A. Karber and Jerald A. Combs, "The United States, NATO, and the Soviet Threat to Western Europe: Military Estimates and Policy Options, 1954-1963," *Diplomatic History* 22, No. 3 (Summer 1998), p. 403。

151. 關於師的資料引自Adelman, Prelude, p. 212。

152. 蘇聯的數字引自Karber and Combs, "The United States, NATO, and the Soviet Threat," pp. 411-412。美國和英國的數字引自J. David Singer and Melvin Small, *National Material Capabilities Data*, 1816-1985 (Ann Arbor, MI: Inter-University Consortium for Political and Social Research, February 1993)。

153. 1948年以後的相關資料，參見Singer and Small, *National Material Capabilities Data*。

154. Elisabeth Barker, *The British Between the Superpowers, 1945-1950* (Toronto: University of Toronto Press, 1983); Alan Bullock, *Ernest Bevin: Foreign Secretary, 1945-1951* (New York: Norton, 1983); David Reynolds, ed., *The Origins of the Cold War in Europe: International Perspectives* (New Haven, CT: Yale University Press, 1994), pp. 77-95; Victor Rothwell, *Britain and the Cold War, 1941-1947* (London: Jonathan Cape, 1982).

155. Kennedy, Great Powers, p. 369.也可參見William C. Wohlforth, The Elusive Balance: Power and Perceptions during the Cold War (Ithaca, NY: Cornell University Press, 1993). p. 60。冷戰初期，美國和蘇聯工業力量對比的資料，參見表3.5。

Britain and the Formation of NATO, 1942-1949 (Kent, OH: Kent State University Press, 1993); Timothy P. Ireland, *Creating the Entangling Alliance: The Origins of the North Atlantic Treaty Organization* (Westport, CT: Greenwood, 1981); Lawrence S. Kaplan, *The United States and NATO: The Formative Years* (Lexington: University of Kentucky Press, 1984); Joseph Smith, ed., *The Origins of NATO* (Exeter: University of Exeter Press, 1990)。

141. Avi Shlaim, *The United States and the Berlin Blockade, 1948-1949: A Study in Crisis Decision-Making* (Berkeley: University of California Press, 1983).
142. 參見第六章。
143. *The China White Paper*, August 1949 (Stanford, CA: Stanford University Press, 1967), p. xvi，另請參見Tang Tsou, *America's Failure in China, 1941-1950*, 2 vols. (Chicago: University of Chicago Press, 1975)。一些學者認為，美國本來仍有可能與共產黨中國結盟來對抗蘇聯的，但未能成功。這是因為美國頑固而愚蠢地反對共產主義。因此，（我們）未能有效地對抗蘇聯的威脅，對此美國（自身）是有過失的。對二十世紀四〇年代後期到五〇年代初期美中結盟的可能性提出嚴重質疑的，參見下列專題中的五篇文章：「Symposium: Rethinking the Lost Chance in China," *Diplomatic History* 21, No. 1 (Winter 1997), pp. 71-115。然而，美國在1949年以後開始尋找分裂中蘇同盟的機會。Gordon Chang, *Friends and Enemies: The United States, China, and the Soviet Union, 1948-1972* (Stanford, CA: Stanford University Press, 1990).
144. 參見H. W. Brands, *The Specter of Neutralism: The United States and the Emergence of the Third World, 1947-1960* (New York: Columbia University Press, 1989); Robert E. Harkavy, *Great Power Competition for Overseas Bases: The Geopolitics of Access Diplomacy* (New York: Pergamon, 1982), chaps. 4-5; Douglas J. Macdonald, *Adventures in Chaos: American Intervention for Reform in the Third World* (Cambridge, MA: Harvard University Press, 1992); Peter W. Rodman, *More Precious Than Peace: The Cold War and the Struggle for the Third World* (New York: Scribner's 1994); Marshall D. Shulman, ed., *East-West Tensions in the Third World* (New York: Norton, 1986)。
145. 有關概述參見Phil Williams, *US Troops in Europe*, Chatham House paper No. 25 (Boston: Routledge and Kegan Paul, 1984), chap. 2。也可參見Phil Williams, *The Senate and US Troops in Europe* (New York: St. Martin's, 1985)。
146. 正如馬克·特拉亨伯格指出的：「在二十世紀五〇年代初期，（北約）形成的關鍵時刻，每個人都希望美國在歐洲永遠存在下去——每個人，也就是說除了美國人自己。美國一直強烈堅持這一點，即一旦條件具備，它就立刻從歐洲撤軍。這一點在《外交關係》（*Foreign Relations*）文獻中已經明白

135. 引自Norman A. Graebner, *Cold War Diplomacy: American Foreign Policy, 1945-1960* (New York: Van Nostrand, 1962), p. 40。

136. Graebner, *Cold War Diplomacy,* p. 154. 關於二十世紀四〇年代後期，美國所考慮的經濟與戰略預測之間的密切聯繫，參見Melvyn P. Leffler, "The United States and the Strategic Dimensions of the Marshall Plan," *Diplomatic History* 12, No. 3 (Summer 1988), pp. 277-306; Robert A. Pollard, *Economic Security and the Origins of the Cold War, 1945-1950* (New York: Columbia University Press, 1985)。也可參見Michael J. Hogan, *The Marshall Plan: America, Britain, and the Reconstruction of Western Europe, 1947-1952* (Cambridge: Cambridge University Press, 1987); Alan S. Milward, *The Reconstruction of Western Europe, 1945-1951* (Berkeley: University of California Press, 1984)。

137. 關於美國考慮如何對付德國的論述，參見Eisenberg, *Drawing the Line; Gaddis, Origins of the Cold War*, chap. 4; Bruce Kukdick, *American Policy and the Division of Germany: The Clash with Russia over Reparations* (Ithaca, NY: Cornell University Press, 1972); Trachtenberg, *Constructed Peace*。關於蘇聯對德國的考慮，參見Caroline Kennedy-Pipe, *Stalin's Cold War: Soviet Strategies in Europe, 1943 to 1956* (New York: Manchester University Press, 1995); Wilfried Loth, "Stalin's Plans for Post-War Germany," In Gori and Pons, eds., *The Soviet Union and Europe,* pp. 23-36; Norman M. Naimark, *The Russians in Germany: A History of the Soviet Zone of Occupation, 1945-1949* (Cambridge, MA: Harvard University Press, 1995); Zubok and Pleshakov, *Inside the Kremlin's Cold War*, pp. 46-53。

138. Leffier, *Preponderance of Power*, p. 204.特拉亨伯格在《締造的和平》（*Constructed Peace*）一書中令人信服地提出：從1945年到1963年，超級大國間衝突的主要原因是它們在德國問題上的分歧。成立西德並重新武裝西德也許還包括用核武器來武裝，這些行為激怒了蘇聯領導人，促使他們發動了柏林危機，希望能以此改變美國的政策。這一觀點在下文中得到了支持，參見Zubok and Pleshakov, *Inside the Kremlin's Cold War*。

139. 美國的政策制定者們認為，捷克斯洛伐克屬於蘇聯在東歐的勢力範圍。因此，他們承認了蘇聯對那一地區的控制。參見Geir Lundestad, *The American Non-Policy Towards Eastern Europe, 1943-1947: Universalism in an Area Not of Essential Interest to the United States* (Oslo: Universitetsforlaget, 1978)。因此，美國並未打算在捷克斯洛伐克的共產黨政變中與蘇聯對抗，儘管如此，這一事件還是給西方敲響了警鐘。參見Trachtenberg, *A Constructed Peace*, pp. 79-80。

140. 關於北約（NATO）的創立，參見John Baylis, *The Diplomacy of Pragmatism:*

National Security, the Truman Administration, and the Cold War (Stanford, CA: Stanford University Press, 1992), pp. 60-61。其他強調這一主題的重要著作包括Dale C. Copeland, *The Origins of Major War* (Ithaca, NY: Cornell University Press, 2000), chap. 6; Marc S. Gallicchio, *The Cold War Begins in Asia: American East Asian Policy and the Fall of the Japanese Empire* (New York: Columbia University Press, 1988); John L. Gaddis, *The United States and the Origins of the Cold War, 1941-1947* (New York: Columbia University Press, 1972), esp. chaps. 7-10; Bruce Kuniholm, *The Origins of the Cold War in the Near East: Great Power Conflict and Diplomacy in Iran, Turkey, and Greece* (Princeton, NJ: Princeton University Press, 1980); Geir Lundestad, *America, Scandinavia, and the Cold War, 1945-1949* (New York: Columbia University Press, 1980); Chester J. Pach, Jr., *Arming the Free World: The Origins of the United States Military Assistance Program, 1945-1950* (Chapel Hill: University of North Carolina Press, 1991); Michael Schaller, *The American Occupation of Japan: The Origins of the Cold War in Asia* (Oxford: Oxford University Press, 1985); Odd Arne Westad, *Cold War and Revolution: Soviet-American Rivalry and the Origins of the Chinese Civil War, 1944-1946* (New York: Columbia University Press, 1993)。毫不奇怪，二戰結束後不久，蘇聯就完全明白，美國決心尋求侵略性的遏制政策來對抗蘇聯。參見Vladislav Zubok and Constantine Pleshakov, *Inside the Kremlin's Cold War: From Stalin to Khrushchev* (Cambridge, MA: Harvard University Press, 1996)。

132. 二戰結束後不久，美國就對蘇聯實施了頑固的權力平衡政策。這一事實被「冷戰修正主義者」用來證明自己的觀點：是美國而不是蘇聯應為冷戰的爆發負責。關於這一現象的極好例證，參見Carolyn W. Eisenberg, *Drawing the Line: The American Decision to Divide Germany, 1944-1949* (Cambridge: Cambridge University Press, 1996)。攻勢現實主義者認為，不能責怪任何一方發動了冷戰，而是國際體系本身引發了超級大國間激烈的安全競賽。

133. 參見Charles A. Kupchan, *The Persian Gulf: The Dilemmas of Security* (Boston: Allen and Unwin, 1987), chaps. 1-2; Mark J. Gasiorowski, *U.S. Foreign Policy and the Shah: Building a Client State in Iran* (Ithaca, NY: Cornell University Press, 1991)及本書第六章注釋80-81所列參考文獻。

134. 參見Peter J. Stavrakis, *Moscow and Greek Communism, 1944-1949* (Ithaca, NY: Cornell University Press, 1989); Lawrence S. Wittner, *American Intervention in Greece, 1943-1949* (New York: Columbia University Press, 1982); Artiom A. Ulunian, "The Soviet Union and the 'Greek Question,' 1946-53: Problems and Appraisals," in Francesca Gori and Silvio Pons, eds., *The Soviet Union and Europe inthe Cold War, 1945-53* (London: Macmillan, 1996), pp. 144-160。

120. David M. Glantz, *Stumbling Colossus: The Red Army on the Eve of World War II* (Lawrence: University Press of Kansas, 1998).
121. 參見Jonathan R. Adelman, *Revolution, Armies, and War: A Political History* (Boulder, CO: Lynne Rienner, 1985), chaps. 4-7。
122. 關於德國從德奧合併和慕尼黑獲得的好處參見Murray, *Change in the European Balance*, pp. 151-153; Deist, "The Rearmament of the Wehrmacht," pp. 450-451; Seaton, *The German Army,* pp. 94-95。
123. 威廉森・默里（Williamson Murray）總結道：在1938年，德國「重整軍備的水準僅能使其贏得一場與歐洲小國的戰爭」。Murray, *Change in the European Balance,* p. 127. 更一般的討論，參見ibid., chaps. 1, 7; Cooper, *German Army,* chap. 12。
124. Manfred Messerschmidt, "Foreign Policy and Preparation for War," in *Build-up of German Aggression*, pp. 658-672; Murray, *Change in the European Balance*, pp. 174-184.
125. 參　見Adamthwaite, *France and the Coming,* chap. 10; Murray, *Change in the European Balance;* and Telford Taylor, *Munich: The Price of Peace* (Garden Cilx, NW: Doubleday, 1979), chap. 33。
126. 對於德軍重整軍備後德軍與法軍品質上的對比，參見Williamson Murray, "Armored Warfare: The British, French and German Experiences," in Williamson Murray and Allan R. Millet, eds., *Military Innovation in the Interwar Period* (Cambridge: Cambridge University Press, 1996), pp. 6-49。關於德軍的空中優勢，參見Richard R. Muller, "Close Air Support: The German, British, and American Experiences, 1918-1941," in ibid., pp. 155-163; Alexander, *Republic in Danger,* chap. 6; Posen, *Sources,* pp. 133-135。
127. David M. Glantz and Jonathan M. House, *When Titans Clashed: How the Red Army Stopped Hitler* (Lawrence: University Press of Kansas, 1995), p. 10.兩 國軍隊數量的對比，參見表8.6，關於德軍在二十世紀三〇年代中期時水準低劣，見本章前面的論述。關於蘇聯紅軍在1933-1937年間普遍的高品質，參見Glantz, *When Titans Clashed*, pp. 6-10; Ziemke, "Soviet Net Assessment," pp. 175-215；及本章注119所引用文獻。
128. 關於德軍和西方盟國之間的對比，參見第三章注釋9。
129. Gorodetsky, Grand Delusion, p. 135.
130. Ulam, *Expansion and Coexistence,* pp. 369-370, 410.
131. Marc Trachtenberg, *A Constructed Peace: The Making of the European Settlement, 1945-1963* (Princeton, NJ: Princeton University Press, 1999), p. 41.梅爾文・萊弗勒在其書中作了同樣的闡述，參見Melvyn Leffler, *A Preponderance of Power:*

the Origins of the Second World War: Russo-German Relations and the Road to War (New York: St. Martins, 1995); Teddy J. Uldricks, "Soviet Security Policy in the 1930s," in Gabriel Gorodetsky, ed., *Soviet Foreign Policy, 1917-1991: A Retrospective* (London: Frank Cass, 1994), pp. 65-74。

112. Hochman, *Soviet Union and the Failure;* Miner, *Between Churchill and Stalin; Nekrich, Pariahs;* Adam B. Ulam, *Expansion and Coexistence: Soviet Foreign Policy, 1917-73,* 2d ed. (New York: Holt, Rinehart, and Winston, 1974), chap. 5.
113. 那些鼓吹史達林推動了集體安全的人，在他們的著作中也提出了大量證據表明，史達林也尋求推卸責任。例如，參見Jonathan Haslam, "Soviet-German Relations and the Origins of the Second World War: The Jury Is Still Out," *Journal of Modern History* 69, No. 4 (December 1997), pp. 785-797; Roberts, *The Soviet Union;* Uldricks, "Soviet Security Policy"。
114. Ulam, *Expansion and Coexistence*, p. 238.
115. 大多數研究史達林對德政策的著作都是從推卸責任是一個誤入歧途的戰略這一假設開始入手的。例如，霍克曼（Hochman）把史達林描繪成一位不道德的機會主義者，在尋求一項註定會失敗的戰略。參見Hochman, *Soviet Union and the Failure*。另一方面，哈斯拉姆（Haslam）相信史達林尋求過正確的戰略（集體安全）。只是被迫接受了一項令他身敗名裂的選擇——推卸責任，因為兩方盟國自己也在愚蠢地推卸責任。參見Haslam, *Soviet Union and the Search*。
116. Jonathan Haslam, *The Soviet Union and the Threat from the East, 1933-1941: Moscow, Tokyo and the Prelude to the Pacific War* (Pittsburgh, PA: University of Pittsburgh Press, 1992).
117. Michael J. Carley, *1939: The Alliance That Never Was and the Coming of World War II* (Chicago: Ivan R. Dee, 1999). 史達林的預測同時也反映了馬克思主義的核心信條，即資本主義國家之間必定要發生戰爭。
118. Mark Harrison, *Soviet Planning in Peace and War, 1938-1945* (Cambridge: Cambridge University Press, 1985), p. 8.哈里森（Harrison）提供了相近的關於步槍和飛機的數目，這些數位使人印象深刻。也可參見Jonathan R. Adelman, *Prelude to Cold War: The Tsarist, Soviet, and U.S. Armies in the Two World Wars* (Boulder, CO: Lynne Rienner, 1988), chap. 5。
119. Strachan, *European Armies,* p. 159.也 可 參 見Colin Elman, "The Logic of Emulation: The Diffusion of Military Practices in the International System," Ph.D. dissertation. Columbia University, 1999, chap. 4; Sally W. Stoecker, *Forging Stalin's Army: Marshal Tukhachevsky and the Politics of Military Innovation* (Boulder, CO: Westview, 1998)。

約。」Adamthwaite, *France and the Coming*, p. 280, and chap. 16 more generally.

104. 傑維・霍克曼（Jivi Hochman）寫道：「然而，在1935年及其後幾年裡，制約蘇德兩國軍事合作的可能性的主要因素是兩國缺少共同的邊界。」Hochman, *The Soviet Union and the Failure of Collective Security, 1934-1938* (Ithaca, NY: Cornell University Press, 1984), p. 54.關於此事件的更多細節，參見ibid., chaps. 2-3; Patrice Buffotot, "The French High Command and the Franco-Soviet Alliance, 1933-1939," trans. John Gooch, *Journal of Strategic Studies* 5, No. 4 (December 1982), pp. 548, 554-556; Barry R. Posen, "Competing Images of the Soviet Union," *World Politics* 39, No. 4 (July 1987), pp. 586-590。
105. Anthony Adamthwaite, "French Military Intelligence and the Coming of War, 1935-1939," in Christopher Andrew and Jeremy Noakes, eds., *Intelligence and International Relations, 1900-1945* (Exeter: Exeter University Publications, 1987), pp. 197-198; Buffotot, "French High Command," pp. 548-549.
106. 關於法國懷疑蘇聯在推卸責任，參見Alexander, *Republic in Danger,* pp. 299-300; Buffotot, "French High Command," pp. 550-551; Jordan, *Popular Front,* pp. 70-71, 260, 307; Robert J. Young, *In Command of France: French Foreign Policy and Military Planning, 1933-1940* (Cambridge, MA: Harvard University Press, 1978), pp. 145-150。
107. 關於蘇聯懷疑法國推卸責任，參見Jordan, *Popular Front,* pp. 259-260; Alexander M. Nekrich, *Pariahs, Partners, Predators: German. Soviet Relations, 1922-1941,* trans. Gregory L. Freeze (New York: Columbia University Press, 1997), pp. 77, 106-107, 114, 269n. 10。
108. Adamthwaite, *France and the Coming*, chap. 13; Alexander, *Republic in Danger,* chap. 9; Nicholas Rostow, *Anglo-French Relations, 1934-36* (New York: St. Martin's, 1984); Young, *Command,* passim, esp. chaps. 5, 8.
109. Robert Frankenstein, *Le prix du reármement français (1935-1939)* (Paris: Publications de la Sorbonne, 1982), p. 307.另請參見Adamthwaite, *France and the Coming,* chap. 10; Alexander, *Republic in Danger,* chaps. 4-5。
110. 參見Robert C. Tucker, *Stalin in Power: The Revolution from Above, 1928-1941* (New York: Norton, 1990), pp. 223-237, 338-365, 409-415, 513-525, 592-619。另請參見R. C. Raack, *Stalin's Drive to the West, 1938-1945: The Origins of the Cold War* (Stanford, CA: Stanford University Press, 1995), introduction, chaps. 1-2; Viktor Suvorov [pseudonym for viktor Rezun], *Icebreaker: Who Started the Second World War?* trans. Thomas B. Beattie (London: Hamish Hamilton, 1990)。
111. 參見Jonathan Haslam, *The Soviet Union and the Search for Collective Security, 1933-1939* (New York: St. Martin's, 1984); Geoffrey K. Roberts, *The Soviet Union and*

Miner, *Between Churchill and Stalin: The Soviet Union, Great Britain, and the Origins of the Grand Alliance* (Chapel Hill: University of North Carolina Press, 1988), chaps. 1-4。關於史達林本來以為英國能夠在一場持久戰爭中拖住德國的證據參見ibid., pp. 62, 63, 69, 71-72, 90-91, 95, 118-119, 123; Gabriel Gorodetsky, *Grand Delusion: Stalin and the German Invasion of Russia* (New Haven, CT: Yale University Press, 1999), pp. 58-59, 65, 135。史達林同時推斷即使英國在戰爭中最終被擊敗，德國也會同時遭到重創。參見Earl F. Ziemke, "Soviet Net Assessment in the 1930s," in Williamson Murray and Allan R. Millett, eds., *Calculations: Net Assessment and the Coming of World War II* (New York: Free Press, 1992), p. 205。史達林傾向於向英國推卸責任，部分是因為他相信英國正在謀劃把責任推卸給他，參見Gorodetsky, *Grand Delusion*, pp. 4-6, 36, 39, 43, 89-90。

100. Nicole Jordan, *The Popular Front and Central Europe: The Dilemmas of French Impotence, 1918-1940* (Cambridge: Cambridge University Press, 1992), esp. chaps. 1-2; Posen, *Sources*, chap. 4; Wolfers, *Britain and France*, chaps. 1-10.
101. 關於法國在慕尼黑的行為，參見Anthony Adamthwaite, *France and the Coming of the Second World War, 1936-1939* (London: Cass, 1977), chaps. 11-13; Yvon Lacaze, *France and Munich: A Study of Decision Making in International Affairs* (New York: Columbia University Press, 1995)。關於法國的東歐盟國在二十世紀三〇年代中期的令人同情的處境，參見Alexander, *Republic in Danger,* chap. 8; Jordan, *Popular Front,* chaps. 1-2; Anthony T. Komjathy, *The Crises of France's East Central European Diplomacy, 1933-1938* (New York: Columbia University Press, 1976); Piotr S. Wandycz, *The Twilight of French Eastern Alliances, 1926-1936: French-Czechoslovakia-Polish Relations from Locarno to the Remilitarization of the Rhineland* (Princeton, NJ: Princeton University Press, 1988)。值得指出的是，在東歐的較小國家中，同希特勒的主要對手們一樣，存在著大量的推卸責任的行為。參見Robert G. Kaufman, "To Balance or to Bandwagon? Alignment Decisions in 1930s Europe," *Security Studies* 1, No. 3 (Spring 1992), pp. 417-447。
102. Wolfers, *Britain and France*, p. 75.法國念念不忘推卸責任的進一步證據是，它對其鄰國比利時持有與它對其東方盟國基本相同的觀點。具體地說就是，如果德軍在西部進攻，法國領導人就將決定在比利時進行戰爭，而不是在法國。參見Alexander, *Republic in Danger*, chap. 7。
103. 亞當斯韋特（Adanthwaite）這樣描述這一情形：「德軍進駐萊茵地區，德奧合併以及慕尼黑事件打亂了但並未改變法國政治家們的長期目標——尋求與德國締約。慶倖逃過了1938年9月大劫的法國人決心更加努力地尋求法德締

86. Herrmann, *Arming of Europe*, p. 97.關於英國軍隊，參見Barnett, *Britain and Her Army,* chaps. 14-15; Herrmann, *Arming of Europe,* pp. 42-43, 95-97, 206; Edward M. Spiers, *The Late Victorian Army, 1868-1902* (New York.: Manchester University Press, 1992)。
87. 參見表3.1和表3.2。
88. 例如，可參見第六章注釋49中的討論和材料。
89. Wilhelm Deist, *The Wehrmacht and German Rearmament* (Toronto: University of Toronto Press, 1981), p. 45.
90. 本段中的數字取自Deist, *The Wehrmacht*, chaps. 2-3; Wilhelm Deist, "The Rearmament of the Wehrmacht," in Militargeschichtliches Forschungsamt, ed., *Germany and the Second World War*, vol. 1, *The Build-up of German Aggression*, trans. P.S. Falla, Dean S. McMurry, and Ewald Osers (Oxford: Clarendon, 1990), pp. 405-456。也可參見Matthew Cooper, *The German Army, 1933-1945: Its Political and Military Failure* (New York: Stein and Day, 1978) chaps. 1-12; Albert Seaton, *The German Army, 1933-1945* (New York: New American Library, 1982), chaps. 3-4。
91. Deist, *The Wehrmacht*, p. 38.
92. 關於德國空軍和海軍，參見Deist, *The Wehrmacht,* chaps. 4-6; Deist, "The Rearmament of the Wehrmacht," pp. 456-504; Williamson Murray, *The Change in the European Balance of Power, 1938-1939: The Path to Ruin* (Princeton, NJ: Princeton University Press, 1984), pp. 38-47。
93. Deist, "The Rearmament of the Wehrmacht," p. 480.
94. 參見Arnold Wolfers, *Britain and France between Two Wars: Conflicting Strategies of Peace from Versailles to World War II* (New York: Norton, 1966), pp. 337-351。
95. Martin S. Alexander, *The Republic in Danger: General Maurice Gamelin and the Politics of French Defence, 1933-1940* (Cambridge: Cambridge University Press, 1992) chap. 9; Brian Bond, *British Military Policy between the Two World Wars* (Oxford: Oxford University Press, 1980), chaps. 8-9; Norman H. Gibbs, *Grand Strategy*, vol. 1, *Rearmament Policy* (London: Her Majesty's Stationery Office, 1976), chaps. 12, 16; Posen, *Sources*, chap. 5.
96. Robert P. Shay, Jr., *British Rearmament in the Thirties: Politics and Profits* (Princeton, NJ: Princeton University Press, 1977), p. 297.
97. Bond, *British Military Policy,* chaps. 10-11; Gibbs, *Grand Strategy,* chaps. 13, 17, 18.
98. Gibbs, *Grand Strategy,* chap. 29.
99. 關於史達林在1940年6月到1941年6月間推卸責任的行為，參見Steven M.

The Politics of Grand Strategy: Britain and France Prepare for War, 1904-1914 (Cambridge, MA: Harvard University Press, 1969)。

78. Monger, *End of Isolation*, chap. 11; Neilson, *Britain and the Last Tsar*, chap. 9; Zara Steiner, *Britain and the Origins of the First World War* (London: Macmillan, 1977), chaps. 4, 6; Williamson, *Politics of Grand Strategy*, chap. 1.
79. 參見John W. Coogan and Peter F. Coogan, "The British Cabinet and the Anglo-French Staff Talks, 1905-1914: Who Knew What and When Did He Know It?" *Journal of British Studies* 24, No. 1 (January 1985), pp. 110-131; Keith M. Wilson, "To the Western Front: British War Plans and the 'Military Entente' with France before the First World War," *British Journal of International Studies* 3, No. 2 (July 1977), pp. 151-168; Keith M. Wilson, "British Power in the European Balance, 1906-1914," in David Dilks, ed., *Retreat from Power: Studies in Britain's Foreign Policy of the Twentieth Century, vol. 1, 1906-1939* (London: Macmillan, 1981), pp. 21-41。
80. 參見Neilson, *Britain and the Last Tsar*, chaps. 10-11。
81. 參見第五章注49。
82. 這一估算是建立在表3.3中彙集的資料基礎之上的，關於一戰前十年英國和德國經濟力量也發生的變化，參見Charles P. Kindelberger, *Economic Response: Comparative Studies in Trade, Finance, and Growth* (Cambridge, MA: Harvard University Press, 1978), chap. 7。
83. Herrmann, *Arming of Europe*. p. 112.關於法國軍隊，參見ibid, pp. 44-47, 80-85, 202-204; Douglas Porch, *The March to the Marne: The French Army, 1871-1914* (Cambridge: Cambridge University Press, 1981)。關於德國軍隊，參見Herrmann, *Arming of Europe*, pp. 44-47, 85-92, 200-201。
84. 事實上，可能在一場1905年的戰爭中，德國的優勢就已經超過了1.8:1。因為一些德國官員相信德國能夠動員一支195萬人的野戰軍。然而，法國軍方卻斷定德國只能動員133萬人的戰鬥部隊。Herrmann, *Arming of Europe*, p. 45.估計德軍人數大約為150萬。ibid., pp. 44-45, 160, 221; Jack L. Snyder, *The Ideology of the Offensive: Military Decision Making and the Disasters of 1914* (Ithaca, NY: Cornell University Press, 1984), pp. 41-50, 67, 8l, 109-111, 220.
85. Fuller, *Strategy and Power*, chaps. 8-9; Herrmann, *Arming of Europe*, pp. 40-41, 61-63, 92-95, 112-146, 204-206; Pertti Luntinen, *French Information on the Rusdan War Plans, 1880-1914* (Helsinki: SHS, 1984), passim; Menning, *Bayonets before Bullets*, chaps. 5-7; William C. Wohlforth, "The Perception of Power: Russia in the Pre-1914 Balance," *World Politics* 39, No. 3 (April 1987), pp. 353-381.

Powers: Italian Foreign Policy before the First World War (Cambridge: Cambridge University Press, 1979); Herrmann, *Arming of Europe,* pp. 105-111; Christopher Seton-Watson, *Italy from Liberalism to Fascism, 1870-1925* (London: Methuen, 1967), chap. 9-11.

69. 參見Fuller, *Strategy and Power*, pp. 350-362, 377-393; George F. Kennan, *The Fateful Alliance: France, Russia, and the Coming of the First World War* (New York: Pantheon, 1984); William L. Langer, *The Franco-Russian Alliance, 1890-1894* (New York: Octagon, 1977); William L. Langer, *The Diplomacy of Imperialism, 1890-1902,* 2d ed. (New York: Knopf, 1956), chaps. 1-2; Taylor, *Mastery*, chap. 15。

70. 關於1890-1914年間奧德關係的綜合研究，參見Paul M. Kennedy, *The Rise of the Anglo-German Antagonism, 1860-1914* (London: Allen and Unwin, 1980), pts. 3-5。

71. 參見Prosser Gifford and William R. Louis, eds., *France and Britain in Africa: Imperial Rivalry and Colonial Rule* (New Haven, CT: Yale University Press, 1971); J.A.S. Grenville, *Lord Salisbury and Foreign Policy: The Close of the Nineteenth Century* (London: Athlone, 1964); Langer, *Diplomacy of Imperialism*; Keith Neilson, *Britain and the Last Tsar: British Policy and Russia, 1894-1917* (Oxford: Clarendon, 1995), pt. 2；及本書第五章注36。

72. Christopher Andrew, *Théophile Delcassé and the Making of the Entente Cordiale: A Reappraisal of French Foreign Policy, 1898-1905* (New York: St. Martin's, 1968), chaps. 9-10; George Monger, *The End of Isolation: British Foreign Policy, 1900-1907* (London: Thomas Nelson and Sons, 1963), chaps. 6-7; Stephen R. Rock, *Why Peace Breaks Out: Great Power Rapprochement in Historical Perspective* (Chapel Hill: University of North Carolina Press, 1989), chap. 4; Taylor, *Mastery*, chap. 18.

73. 參見Monger, *End of Isolation*, chaps. 8-12; and Taylor, *Mastery*, chap. 19。

74. Kennedy, *Anglo-German Antagonism*, chaps. 16, 20.

75. 關於這一重要事件，參見Herrmann, *Arming of Europe;* David Stevenson, *Armaments and the Coming of War: Europe, 1904-1914* (Oxford: Oxford University Press, 1996), chap. 2; Taylor, *Mastery*, chap. 19。

76. Herrmann, *Arming of Europe*, chap. 2.

77. 參見John Gooch, *The Plans of War: The General Staff and British Military Strategy c. 1900-1916* (New York: John Wiley, 1974), chap. 9; Nicholas d'Ombrain, *War Machinery and High Policy: Defence Administration in Peacetime Britain, 1902-1914* (Oxford: Oxford University Press, 1973), chap. 2; Samuel R. Williamson, Jr.,

Survey (Harmondsworth, UK: Penguin, 1974), chap. 12; David French, *The British Way in Warfare, 1688-2000* (London: Unwin Hyman, 1990), chap. 5; Edward M, Spiers, *The Army and Society, 1815-1914* (London: Longman, 1980), chaps. 2, 4.

56. A.J.P.泰勒（A.J.P. Taylor）在下面這本書中抓住了這一點：「事實上，俄國和英國都已經把自己從歐洲權力平衡中忽略了。這就使1864-1866年的這一時期具有了近代歷史上獨一無二的特徵：爭奪歐洲控制權的鬥爭局限在西歐舞臺。」Taylor, *The Struggle for Mastery in Europe, 1848-1918* (Oxford: Clarendon, 1954), p. 156.
57. 除非注明，本節中以下數字均取自表8.3。
58. Carr, *Wars of German Unification*, p. 137.同時，奧地利在1866年戰爭期間將其十個軍用來對付義大利。Gordon A. Craig, *The Battle of Koniggratz* (London: Weidenfeld and Nicolson, 1965), p. 21.
59. Carr, *Wars of German Unification*, pp. 137-138; Craig. *Koniggratz*, pp. 15-39; Deak, *Beyond Nationalism*, pp. 51-52; Howard, *Franco-Prussian War*, p. 5; James J. Sheehan, *German History*, 1770-1866 (Oxford: Clarendon, 1993), pp. 901-905.
60. 這也解釋了為什麼普魯士軍隊的領導人堅持除非普魯士有一個盟友（指義大利）來牽制一部分奧地利軍隊，否則，對奧地利的戰爭是不可能的。Gall, *Bismarck*, pp. 283-284; Smoke, *War*, p. 85.
61. 參見Howard, *Franco-Prussian War*, chaps. 1-5。
62. Cart, *Wars of German Unification*, pp. 203-204; Smoke, *War*, pp. 128-129；及本章注59中所列參考文獻。
63. Smoke, *War*, pp. 129-132.
64. Howard, *Franco-Prussian War*, pp. 43-44.
65. 參見Deak, *Beyond Nationalism*, chap. 2; David G. Herrmann, *The Arming of Europe and the Making of the First World War* (Princeton, NJ: Princeton University Press, 1996), pp. 33-34, 97-100, 123-124, 201-202; C. A. Macartney, *The Habsburg Empire, 1790-1918* (London: Weidenfeld and Nicolson, 1968); Rothenberg, *Army of Francis Joseph*, chaps. 9-11; A.J.P. Taylor, *The Habsburg Monarchy, 1809-1918: A History of the Austrian Empire and Austria. Hungary* (London: Hamish Hamilton, 1948)。
66. 參見表3.3和表6.1。John Gooch, *Arm, State, and Society in Italy, 1870-1915* (New York: St. Martin's, 1989); Herrmann, *Arming of Europe*, pp. 34-35, 101-105, 206-207; "Italian Military Efficiency: A Debate," *Journal of Strategic Studies* 5, No. 2 (June 1982), pp. 248-277。
67. 引自Richard Bosworth, *Italy and the Approach of the First World War* (New York: St. Martin's, 1983), p. 62。
68. Bosworth, *Italy and the Approach;* Richard Bosworth, *Italy, the Least of the Great*

Smoke, *War: Controlling Escalation* (Cambridge, MA: Harvard University Press, 1977), chap. 5; Geoffrey Wawro, *The Austro-Prussian War: Austria's War with Prussia and Italy in 1866* (Cambridge: Cambridge University Press, 1996)。

45. 關於普法戰爭，參見Carr, *Wars of German Unification*, chap. 4; Michael Howard, *The Franco-Prussian War: The German Invasion of France, 1870-1874* (New York: Dorset, 1990); Pflanze, *Bismarck,* chaps. 18-20; Smoke, War, chap. 6。
46. W. E. Mosse, *The European Powers and the German Question, 1848-1871: With Special Reference to England and Russia* (New York: Octagon, 1969).也可參見Richard Millman, *British Foreign Policy and the Coming of the Franco-Prussian War* (Oxford: Clarendon, 1965)。
47. Haffner, *Rise and Fall of Prussia*, p. 124; and Smoke, *War*, p. 92.
48. Carr, *Wars of German Unification*, pp. 129, 203; William C. Fuller, Jr., *Strategy and Power in Russia, 1600-1914* (New York: Free Press, 1992), pp. 272-273; Haffner, *Rise and Fall of Prussia*, pp. 124-126; Smoke, *War*, pp. 89, 92-93, 101, 117, 128-133.
49. Mosse, *European Powers*, p. 372.
50. Pflanze, *Bismarck*, pp. 419-432, 460-462; Smoke, *War*, pp. 127, 134-135.
51. 進一步的比較，參見表3.1和表3.2。
52. 麥克・霍華德（Michael Howard）在1860年寫道，普魯士「在大陸的主要軍事強國中是最差的」。Howard, *Franco-Prussian War*, p. 1.對1860-1870年間法國和普魯士軍隊狀況的深入調查，參見ibid., chap. 1。也可參見Thomas J. Adriance, *The Last Gaiter Button: A Study of the Mobilization and Concentration of the French Army in the War of 1870* (Westport, CT: Greenwood, 1987), chaps. 1-3; Richard Holmes, *The Road to Sedan: The French Army, 1866-70* (London: Royal Historical Society, 1984); Trevor N. Dupuy, *A Genius for War: The German Army and General Staff, 1807-1945* (Englewood Cliffs, NJ: Prentice-Hall, 1977), chaps. 7-8; Barry R. Posen, "Nationalism, the Mass Army, and Military Power," *International Security* 18, No. 2 (Fall 1993), pp. 100-106。
53. Istvan Deak, *Beyond Nationalism: A Social and Political History of the Habsburg Officer Corps, 1848-1918* (Oxford: Oxford University Press, 1992), chap. 2; Gunther E, Rothenberg, *The Army of Francis Joseph* (West Lafayette, IN: Purdue University Press, 1976), chap. 6.
54. Fuller, *Strategy and Power*, pp. 273-289; Bruce W. Menning, *Bayonets before Bullets: The Imperial Russian Army, 1861-1914* (Bloomington: Indiana University Press, 1992), chap. 1.
55. Correlli Barnett, *Britain and Her Army, 1509-1970: A Military, Political and Social*

家，都強調拿破崙是軍事指揮的天才。例如克勞塞維茨在《戰爭論》（*On War*, p. 170）中所描述的：「你一定已經注意到了，波拿巴在他的征服過程中所訓練和指揮的部隊，在長期而嚴酷的戰火中所表現出來的忠貞。這使你感覺到，一支在長期的危險經歷中錘煉出來的鋼鐵部隊能夠取得怎樣的成就。在這一支軍隊裡，令人自豪的勝利記錄已向他們灌輸了一種高貴信念：勇於承擔任何最高的要求。這一信念本身就是令人難以置信的。」關於為數不多的對拿破崙軍事指揮的批評，參見Owen Connelly, *Blundering to Glory: Napoleon's Military Campaigns* (Wilmington. DE: Scholarly Resources, 1987)。

36. 參見Best, *War and Society*, chaps. 10, 11, 13; Gates, *Napoleonic Wars*, chap. 5; Ross, *Flintlock*, chap. 4; Rothenberg, *Art of Warfare*, chap. 6。關於普魯士的反應，重要的著作有Peter Paret, *Yorck and the Era of Prussian Reform, 1807-1815* (Princeton, NJ: Princeton University Press, 1966)。因為拿破崙的四個主要對手中有三個拒絕仿效法國模式來提高自己軍隊的戰鬥力，因此，它們有強烈的動機組成一個力量均衡的聯盟來對抗法國。
37. 奧地利通常被置於推卸責任的位置，是施羅德《轉變》一書的中心主題。參見Shroeder, *Transformation*。
38. David G. Chandler, *On the Napoleonic Wars: Collected Essays* (London: Greenhill, 1994), p. 43.奧地利有七年被排除在大國權力平衡之外，普魯士有六年，俄國則一年也沒有。
39. Chandler, *Napoleonic Wars*, p. 43.
40. 關於英國戰略，參見Duffy, "British Diplomacy"; Mackesy, "Strategic Problems"; Rory Muir, *Britain and the Defeat of Napoleon, 1807-1815* (New Haven. CT: Yale University Press, 1996); Sherwig, *Guineas and Gunpowder;* and Webster, *Foreign Policy*。毫無疑問，英國的盟友深深地將其戰略置於擊敗法國上。參見Duffy, "British Diplomacy," pp. 137-138; A. D. Harvey, "European Attitudes to Britain during the French Revolutionary and Napoleonic Era," *History* 63, No. 209 (October 1978), pp. 356-365。
41. 在1793-1804年間，俄國和法國的戰爭時間不超過一年。
42. Sebastian Haffner, *The Rise and Fall of Prussia*, trans. Ewald Osers (London: Weidenfeld and Nicolson, 1980), chaps. 1-5.
43. 關於1864年戰爭，參見Carr, *Wars of German Unification*, chap. 2; Otto Pflanze, *Bismarck and the Development of Germany: The Period of Unification, 1815-1871* (Princeton, NJ: Princeton University Press, 1963), chap. 11。
44. 關於奧普戰爭，參見Carr, *Wars of German Unification*, chap. 3; Lothar Gall, *Bismarck: The White Revolutionary,* vol. 1, *1815-1871,* trans. J. A. Underwood (London: unwin Htyman, 1986), chap. 8; Pfianze, *Bismarck*, chaps. 13-14; Richard

28. 值得指出的是，法國大革命前的法國軍隊並不是一支令人畏懼的軍事力量。參見Steven Ross, *From Flintlock to Rifle: Infantry Tactics, 1740-1866* (Cranbury, NJ: Associated University Presses, 1979), chap. 1; Gunther E. Rothenberg, *The Art of Warfare in the Age of Napoleon* (Bloomington: Indiana University Press, 1978), chap. 1; Spenser Willkinson, *The French Army before Napoleon* (Oxford: Clarendon, 1915)。
29. 英國不僅是只有一小支軍隊，而且這支軍隊中也只有一小部分能被派到大陸作戰。因為維持帝國的治安以及國防需要龐大的力量，參見Piers Mackesy, "Strategic Problems of the British War Effort," in Dickinson, ed., *Britain and the French Revolution*, pp. 156-157.考慮到英國的軍隊只有25萬人，英國在西班牙的軍隊最多時達到4.7萬人，也就是說，不到英國軍隊的20%。Ibid. p. 163.
30. 參見Jean-Paul Bertaud, *The Army of the French Revolution: From Citizen-Soldiers to Instrument of Power*, trans. R. R. Palmer (Princeton, NJ: Princeton University Press, 1988), chaps. 1-2; Samuel F. Scott, *The Response of the Royal Army to the French Revolution: The Role and Development of the Line Army, 1787-93* (Oxford: Clarendon, 1978), chaps. 1-4。
31. Bertaud, *Army of the French Revolution*, chaps. 3-14; John A. Lynn, *The Bayonets of the Republic: Motivation and Tactics in the Army of Revolutionary France, 1791-94* (Urbana: University of Illinois Press, 1984); Ross, *Flintlock*, chap. 2; Rothenberg, *Art of Warfare*, chap. 4.
32. Best, *War and Society*, p. 88.
33. 關於徵兵，參見Isser Woloch, "Napoleonic Conscription: State Power and Civil Society," *Past and Present*, No. 111 (May 1986), pp. 101-129. 關於拿破崙利用外國軍隊的情況，參見Best, *War and Society*, pp. 114-117; John R. Elting, *Swords around a Throne: Napoleons Grande Armée* (New York: Free Press, 1988), chaps. 18-19; Rothenberg, *Art of Warfare*, pp. 158-162; and Woolf, *Napoleon's Integration*, pp. 156-174。
34. Clausewitz, *On War*, p. 592.關於拿破崙對法國軍隊的質的提高，參見Chandler, *Campaigns*, pts. 3, 6; Colin, *Transformations*, esp. pp. 117-135, 228-295; Christopher Duffy, *Austerlitz, 1805* (London: Seeley Service, 1977), chap. 2; Elting, *Swords;* Ross, *Flintlock,* chap, 3; Rothenberg, *Art of Warfare,* chap. 5。也可參見Robert S. Quimby, *The Background of Napoleonic Warfare: The Theory of Military Tactics in Eighteenth-Century France* (New York: Columbia University Press, 1957)。拿破崙的軍隊在1807年後，戰鬥力有所下降，1812年俄國戰爭以後就更是如此。
35. 幾乎所有研究1792-1815年這一段歷史的學者，包括大多數的軍事歷史學

Imperialism (Cambridge, MA: Harvard University Press, 1938), p. 402. 關於普魯士在烏爾姆戰役之後的描述，參見ibid., chaps. 21-24。

19. 關於俄國戰爭，參見第三章。
20. 英國在1792-1815年間對大陸的所有援助中，有幾乎40%是在這場戰爭的最後三年裡給予的。這進一步表明了1812年以後法國對手們的重大決心。Michael Duffy, "British Diplomacy and the French Wars, 1789-1815," in H. T. Dickinson, ed., *Britain and the French Revolution, 1789-1815* (New York: St. Martin's, 1989), p. 142. 關於這一問題的重要著作是John M. Sherwig, *Guineas and Gunpowder: British Foreign Aid in the Wars with France, 1793-1815* (Cambridge, MA: Harvard University Press, 1969)。
21. 這些緊張局勢，部分地是由於歷史原因引發的，但是卻抑制了同盟成員中推卸責任的衝動，（最終）在《肖蒙條約》(Treaty of Chaumont)中（1814年3月1日）成功地解決了。
22. 參見第三章注釋42。
23. Brian Bond, *The Pursuit of Victory: From Napoleon to Saddam Hussein* (Oxford: Oxford University Press, 1998), p. 37. 關於法國如何掠奪被征服國家的最好著作，參見Owen Conneny, *Napoleon's Satellite Kingdoms: Managing Conquered Peoples* (Malabar, FL: Krieger, I990); David Kaiser, *Politics and War: European Conflict from Philip II to Hitler* (Cambridge, MA: Harvard University Press, 1990), pp. 212-223, 246-252; Stuart Woolf, *Napoleon's Integration of Europe* (London: Routledge, 1991), esp. chap. 4。
24. 1800年英國的人口是1600萬，其中仇視英國人統治的愛爾蘭的人口大約為500萬。Andre Armengaud, "Population in Europe, 1700-1914," in Carlo M. Cipolla, ed., *The Fontana Economic History of Europe*, vol. 3, *The Industrial Revolution* (London: Collins, 1973), p. 29. 如果忽略愛爾蘭人口，法國對英國的人口優勢就將從1.5:1上升為2.5:1（2800萬對1100萬）。
25. 就像已經討論過的，人口的數量也能影響一國的具體財富。
26. 關於法國軍隊在18世紀和1789年以後規模與社會結構的差別，參見Best, *War and Society*, chaps. 2-7; Howard, *War in European History*, chaps. 4-5; Hew Strachan, *European Armies and the Conduct of War* (Boston: Allen and Unwin, 1983), chaps. 2-3。
27. 法國對別國領土的征服也使得人口對比向著不利於奧地利和俄國的方向傾斜。如保羅．甘迺迪認為：「拿破崙征服別國領土使法國人的數量從1789年的2500萬上升到1810年的4400萬。」Paul M. Kennedy, *The Rise and Fall of the Great Powers: Economic Changes and Military Conflict from 1500 to 2000* (New York: Random House, 1987), p. 131.

Modern Era, trans. Walter J. Renfroe, Jr. (Westport, CT: Greenwood, 1985), pp. 223-383; Michael Howard, *War in European History* (Oxford: Oxford University Press, 1976), chap. 4; R. R. Palmer, "Frederick the Great, Guibert, Bulow: From Dynastic to National War," in Peter Paret, ed., *Makers of Modern Strategy: From Machiavelli to the Nuclear Age* (Princeton, NJ: Princeton University Press, 1986), pp. 91-119。

10. 歷史學家通常把1792年2月7日奧地利和普魯士聯合入侵法國這一天定為聯盟誕生的日子。然而，這一聯盟明顯不是一個力量均衡的聯盟。
11. 就像一位俄國外交家指出的那樣：「雖然普魯士是在漫不經心地進行戰爭，但是，現在的戰爭仍將繼續使其筋疲力盡。戰爭的勝負取決於面對這種局面普魯士能支撐多久。也許你會說，奧地利也存在同樣的情況，但是，試想一下我們將如何毫髮無損地保持生機，我們將如何在天平上加上我們的法碼，而這架天平願意承接面前的任何東西。」引自Schroeder, *Transformation*, p. 145。
12. 關於拿破崙對戰爭的深遠影響，最好的描述是Carl Von Clausewitz, *On War*, eds. and trans. Michael Howard and Peter Paret (Princeton, NJ: Princeton University Press, 1976), pp. 585-610。也可參見Jean Colin, *The Transformations of Wars*, trans. L.H.R. Pope-Hennessy (London: Hugh Rees, 1912)。
13. 關於西班牙衝突，參見David Gates, *The Spanish Ulcer: A History of the Peninsular War* (New York: Norton, 1986); Michael Glover, *The Peninsular War, 1807-1814: Concise Military History* (Hamden, CT: Archon, 1974)。
14. 漢斯．德爾布魯克（Hans Delbruck）寫道：「當拿破崙與幾個敵人捲入戰爭時，他有能力一個一個地打敗所有的對手。1805年，他趕在俄軍到來之前，在烏爾姆擊敗了奧地利軍隊；然後，他又趕在普魯士介入之前，在奧斯特利茨用奧地利的殘餘部隊擊敗了俄軍；1806年，他又一次趕在俄軍到來之前擊敗了普魯士軍隊（在耶拿）；1807年，在奧地利推動奧俄聯合前，又擊敗了俄國軍隊。」Delbruck, *History*, Vol. 4, p. 422.
15. Peter Paret, "Napoleon and the Revolution in War," in Paret, *Makers*, p. 123.
16. Schroeder, *Transformation*, p. 289.
17. 如第四章所述，一天以後，英國海軍在特拉法爾加角取得了對法軍的決定性勝利（1805年10月21日）。但是，正像從接下來的討論中應該清楚的那樣，英國在海上的勝利對拿破崙的軍隊沒有產生什麼影響，至少在1809年，他們繼續贏得對對手們的重大勝利。
18. 評價拿破崙在烏爾姆之後、奧斯特利茨之前的形勢時，哈樂德．多伊奇（Harold Deutsch）寫道：「在普魯士仍然對創造一個勝利的機會猶豫不決時，擊敗聯盟軍隊。」Harold C. Deutsch, *The Genesis of Napoleonic*

2. 巴里・波森強調了同樣的因素以及軍事技術，參見Barry Posen, *The Sources of Military Doctrine: France, Britain, and Germany between the World Wars* (Ithaca, NY: Cornell University Press, 1984), pp. 63-67。有一種不同的觀點，它強調對攻守平衡的洞察，參見Thomas J. Christensen and Jack Snyder, "Chain Gangs and Passed Bucks: Predicting Alliance Patterns in Multipolarity," *International Organization* 44, No. 2 (Spring 1990), pp. 137-168。
3. 這一框架將在第九章中詳加討論。
4. Ludwig Dehio, *Germany and World Politics in the Twentieth Century*, trans. Dieter Pevsner (New York: Norton, 1967), p. 29; Posen, Sources, p. 63.
5. 參見Scott Sagan, "1914 Revisited: Allies, Offense, and Instability," *International Security* 11, No. 2 (Fall 1986), pp. 151-176; Stephen Van Evera, *Causes of War: Power and the Roots of Conflict* (Ithaca, NY: Cornell University Press, 1999), pp. 152-154。
6. 有大量文獻論及1789-1815年間的大國政治，重要的文獻包括：Geoffrey Best, *War and Society in Revolutionary Europe, 1770-1870* (Montreal: McGili-Queen's University Press, 1998), chaps. 5-13; T.C.W. Blanning, *The Origins of the French Revolutionary Wars* (New York: Longman, 1986); David G. Chandler, *The Campaigns of Napoleon* (New York: Macmillan, 1966); Vincent J. Esposito and John R. Elting, *A Military History and Atlas of the Napoleonic Wars* (New York: Praeger, 1965); David Gates, *The Napoleonic Wars, 1803-1815* (London: Arnold, 1997); Georges Lefebvre, *Napoleon, vol. I, From 18 Brumaire to Tilsit, 1799-1807*, and vol. 2, *From Tilsit to Waterloo, 1807-1815*, trans. H. E Stockhold and J. E. Anderson, respectively (New York: Columbia University Press, 1990); Steven T. Ross, *European Diplomatic History, 1789-1815: France against Europe* (Garden City, NY: Anchor, 1969); Paul W. Schroeder, *The Transformation of European Politics, 1763-1848* (Oxford: Oxford University Press, 1994). chaps. 1-11; Stephen M. Walt, *Revolution and War* (Ithaca, NY: Cornell University Press, 1996), chap. 3。
7. 這一短語源於William Cart, *The Origins of the Wars of German Unification* (London: Longman. 1991), p. 90。
8. 法國大革命是由於對相關力量的估算而引發和持續的，而不是由於意識形態，這是以下這些書的主要思想：Blanning, *French Revolutionary Wars; Ross, Diplomatic History;* Schroeder, *Transformation*。沃爾特贊同是權力政治引發了這些戰爭，但他堅持認為意識形態的考慮影響了相關行為者如何評價權力平衡。Walt, *Revolution and War*, chap. 3.
9. 關於18世紀的戰爭，參見Best, *War and Society*, chaps. 1-4; Hans Delbruck, *History of the Art of War: Within the Framework of Political History*, vol. 4, *The*

British Way in Warfare (London: Faber. 1932); B.H. Liddell Hart, *When Britain Goes to War* (London: Faber, 1935)。這一觀點很大程度上受到了以下著作的質疑：Brian Bond, *Liddell Hart: A Study of His Military Thought* (London: Cassell, 1977), chap. 3; Michael Howard, *The British Way in Warfare: A Reappraisal,* 1974 Neale Lecture in English History (London: Cape, 1975)。

91. 參見第八章。
92. Christopher Howard, *Splendid Isolation* (New York: St. Martin's, 1967), pp. xi-xv.
93. 在克里米亞戰爭期間（1853-1856年），有一個例外。當時大英帝國和法國入侵了俄國的克里米亞半島。然而，英國人之所以這樣做，並不是因為擔心俄國會向中歐擴張，而是因為擔心俄國以犧牲土耳其為代價向裡海地區擴張。Andrew D. Lambert, *The Crimean War: British Grand Strategy, 1853-56* (New York: Manchester University Press, 1990).
94. 參見第八章。
95. 關於英國貢獻的簡要總結，參見Brian Bond, *British Military Policy between the Two World Wars* (Oxford: Oxford University Press, 1980), pp. 1-6。更詳細的論述參見James E. Edmonds, ed., *Military Operations: France and Belgium, 1918*, 5 vols., Official British History of World War I (London: Macmillan, 1935-1947); Hubert Essame, *The Battle for Europe, 1918* (New York: Scribner's, 1972); John Terraine, *To Win a War: 1918, the Year of Victory* (New York: Doubleday, 1981)。也可參見John J. Mearsheimer, *Liddell Hart and the Weight of History* (Ithaca, NY: Cornell University Press, 1988), chap. 3。
96. David G. Williamson, *The British in Germany, 1918-1930: The Reluctant Occupiers* (New York: Berg, 1991).
97. 如第一章所述，英國在1945年後不再是一個大國，然而它仍然作為歐洲力量均衡的外部力量而發揮作用。

第八章　注釋

1. 這些資料代表了我在每一個案例中進行研究的時間框架。這些框架包括了拿破崙法國、威廉德國或納粹德國（而不是蘇聯）成為潛在霸主以前的歲月。就像將要闡明的那樣，拿破崙法國從1793年到1815年是潛在的霸主，威廉德國從1903年到1918年，納粹德國從1939年到1945年，蘇聯從1945年到1990年，一直是潛在的霸權國。這就是那一研究的完整時間框架。同時，雖然拿破崙直到1799年11月20日才控制了法國，但我有時會把大革命時期和拿破崙時期的法國（1789-1815年）簡單地並稱為拿破崙法國。最後，冷戰的研究將包括對超級大國在東北亞地區及歐洲展開競爭的討論。

KS: Army Command and General Staff College, February 1983); David M. Glantz, *August Storm: Soviet Tactical and Operational Combat in Manchuffa, 1945,* Leavenworth Paper No. 8 (Fort Leavenworth, KS: Army Command and General Staff College, June 1983)。

86. 參見Marcs. Gallichio, *The Cold War Begins in Asia: American East Asian Policy and the Fall of the Japanese Empire* (New York: Columbia University Press, 1988)。

87. 英國和美國保持歐洲權力平衡的動機有一點區別。就像所強調過的那樣，美國並不太擔心會遭到來自歐洲霸主的直接軍事打擊，而是關心某個歐洲（或亞洲）大國與西半球的某個國家結盟的可能性。大英帝國並不擔心這一問題，因為它是那個島上唯一的國家。相反，它擔心一個歐洲霸主會對其生存構成直接的軍事威脅。這種威脅或者是跨越英吉利海峽的軍事入侵，或者是擊敗英國海軍，切斷英國的海外貿易，從而摧毀英國的經濟。

88. Eyre Crowe, "Memorandum on the Present State of British Relations with France and Germany," January 1, 1907, in G. P. Gooch and Harold Temperley, eds., *British Documents on the Origins of the War, 1898-1914,* vol. 3 (London: His Majesty's Stationery office, 1928), p. 403. 關於這一影響的其他論述，參見1911年11月27日和1914年8月3日愛德華·格雷爵士（Sir Edward Grey）(外交事務大臣）在下議院的演講，可參見Edward Grey, *Speeches on Foreign Affairs, 1904-1914* (London: Allen and Unwin, 1931), pp. 145-17l, 297-315; Paul M. Kennedy, *The Realities Behind Diplomacy: Background Influences on British External Policy, 1865-1980* (Boston: Allen and Unwin, 1981), p. 139。

89. 引自Richard Pares, "American versus Continental Warfare, 1739-1763," *English Historical Review* 51, No. 203 (July 1936), p. 430。早在20年前的1723年，羅伯特·沃波爾（Robert Walpole）首相就說過：「我的政策是盡可能長久地不受條約的束縛。」引自Gilbert, *To the Farewell Address*, p. 22。

90. 對過去300年裡英國大陸政策的精確分析，可參見Steven T. Ross, "Blue Water Strategy Revisited," *Naval War College Review* 30, No. 4 (Spring 1978), pp. 58-66。也可參見Michael Howard, *The Continental Commitment: The Dilemma of British Defence Policy in the Era of Two World Wars* (London: Pelican, 1974); Paul M. Kennedy, *The Rise and Fall of British Naval Mastery* (London: Alien Lane, 1976); Pares, "American versus Continental Warfare," pp. 429-465; R. W. Seton-Watson, *Britain in Europe, 1789-1914: A Survey of Foreign Policy* (New York: Macmillan, 1937), pp. 35-37。李德哈特（B. H. Liddell Hart）認為，在二十世紀三〇年代後期，「英國的軍事方針」是要迴避在歐洲大陸的軍事義務，而代之以靠海軍影響歐洲戰爭的結果。參見B. H. Liddell Hart, *The*

77. 引自Walter LaFeber, *The Cambridge History of American Foreign Relations,* vol. 2, *The American Search for Opportunity, 1865-1913* (Cambridge: Cambridge University Press, 1995), p. 175。
78. 參見Kemp Tolley, *Yangtze Patrol: The U.S. Navy in China* (Annapolis, MD: U.S. Naval Institute Press, 1971); Dennis L. Noble, *The Eagle and the Dragon: The United States Military in China, 1901-1937* (Westport, CT: Greenwood, 1990)。
79. 關於日俄戰爭，參見第六章注釋18引用的資料。
80. 關於二十世紀二〇年代的日本軍隊，參見Meiron and Susie Harries, *Soldiers of the Sun: The Rise and Fall of the Imperial Japanese Arm* (New York: Random House, 1991), p. 3。關於二十世紀二〇年代的蘇聯軍隊，參見John Erickson, *The Soviet High Command: A Military-Political History, 1918-1941* (New York: St. Martin's, 1962), chaps. 5-10; Dimitri F. White, *The Growth of the Red Army* (Princeton, NJ: Princeton University Press, 1944), chaps.6-9。
81. 史達林的肅反運動的確削弱了蘇聯在遠東的地位，雖然這場肅反運動沒有「在紅軍其他部門隨處可見的殘暴與激烈」。參見Erickson, *Soviet High Command*, p. 467。關於肅反運動的全面研究，見Ibid., chaps. 14-16; Robert Conquest, *The Great Terror: A Reassessment* (Oxford: Oxford University Press, 1990), pp. 427-431。儘管蘇聯明顯擁有強大的軍事力量，但它並不是亞洲潛在的霸主。蘇聯的大部分軍事力量必須部署在歐洲，並且只有在取得歐洲霸權以後，這些力量才能被轉移至遠東。而這一點在二十世紀三〇年代晚期是不太可能的。
82. 參　見Paul Haggie, *Britannia at Bay: The Defence of the British Empire against Japan, 1931-1941* (Oxford: Clarendon, 1981), pp. 161-163; Peter Lowe, *Great Britain and the Origins of the Pacific War: A Study of British Policy in East Asia, 1937-1941* (Oxford: Clarendon, 1977), chap. 4。
83. 闡述日本難以贏得對華戰爭的最好著作有Frank Dorn, *The Sino-Japanese War, 1937-1941: From Marco Polo Bridge to Pearl Harbor* (New York: Macmillan, 1974); Edward L. Dreyer, *China at War, 1901-1949* (London: Longman, 1995), chaps. 6-7; Lincoln Li, *The Japanese Army in North China, 1937-1941: Problems of Political and Economic Control* (Oxford: Oxford University Press, 1975)。
84. 參見Wesley E. Craven and James L. Cate, *The Army Air Forces in World War II*, vol. I, *Plans and Early Operations, January 1939-August 1942* (Washington, DC: Office of Air Force History, 1983), pp. 175-193; Louis Morton, *The Fall of the Philippines* (Washington, DC: Department of the Army, 1953), chaps. 2-3。
85. 關於關東軍的失利，參見David M, Glantz, *August Storm: The Soviet 1945 Strategic Offensive in Manchuria*, Leavenworth Paper No. 7 (Fort Leavenworth,

2; David L. Porter, *The Seventy-sixth Congress and World War II* (Columbia: University of Missouri Press, 1979), chaps. 6-7; Marvin R. Zahniser, “Rethinking the Significance of Disaster: The United States and the Fall of France in 1940,” *International History Review* 14, No. 2 (May 1992), pp. 252-276.

68. Cole, *Roosevelt and the Isolationist*, pp. 11, 364-365.
69. Mark S. Watson, *Chief of Staff: Prewar Plans and Preparations* (Washington, DC: Department of the Army, 1950), pp. 16, 202.
70. 引自Kimball, *Unsorted Act,* p. 233。
71. William L. Langer and S. Everett Gleason, *The Undeclared War, 1940-1941* (New York: Harper and Brothers, 1953), chaps. 8-9, 14, 17-18, 21-23; Richard M. Leighton and Robert W. Coakley, *Global Logistics and Strategy, 1940-1943* (Washington, DC: Department of the Army, 1955), pt. I.即使希特勒沒有對美國宣戰，華盛頓也會在珍珠港事變以後很快對德宣戰，就像美國在一戰時做過的那樣。很清楚，羅斯福政府一直打算在1941年秋季對德作戰，只是需要找到一個藉口，幸運地是，希特勒乾淨俐落地解決了這一問題。
72. Walter W, Rostow, *The Division of Europe after World War II, 1946* (Austin: University of Texas Press, 1981), pp. 5-6, 54-55, 92; Mark S. Sheetz, “Exit Strategies: American Grand Designs for Postwar European Security,” *Security Studies* 8, No. 4 (Summer 1999), pp. 1-43; Michael S. Sherry, *Preparing for the Next War* (New Haven, CT: Yale University Press, 1977), pp. 97-98; Jean E. Smith, ed., *The Papers of General Lucius D. Clay: Germany, 1945-1949,* vol. I (Bloomington: Indiana University Press, 1974), pp. 242-243; Phil Williams, *The Senate and US Troops in Europe* (New York: St. Martin’s, 1985), chap. 2.
73. 本段數字引自Daniel J. Nelson, *A History of U.S. Military Forces in Germany* (Boulder, CO: Westview, 1987), pp. 45, 81, 103; Phil Williams, *US Troops in Europe*, Chatham House Paper No. 25 (Boston: Routledge and Kegan Paul, 1984), p. 19。也可參見William P. Mako, *U.S. Ground Forces and the Defense of Central Europe* (Washington, DC: Brookings Institution Press, 1983), p. 8。
74. 參見第八章。
75. 參見Brian M. Linn, *Guardians of Empire: The U.S. Army and the Pacific, 1902-1940* (Chapel Hill: University of North Carolina Press, 1997); Edward S, Miller, *War Plan Orange: The U.S. Strategy to Defeat Japan, 1897-1945* (Annapolis, MD: U.S. Naval Institute Press, 1991)。關於1900-1930年間美國對遠東的政策，有幫助的研究有A. Whitney Griswold, *The Far Eastern Policy of the United States* (New York: Harcourt, Brace, 1938), chaps. 1-8。
76. 每一年的數據可參看Linn, *Guardians of Empire*, pp. 253-254。

新墨西哥和德克薩斯地區，當然德國的主要目的在於使美國陷入本土戰爭的泥潭，從而無法在歐洲與德國作戰。這一插曲在促使美國決定對德作戰中發揮了關鍵作用。參見Desch, *Third World Matters,* chap. 2; Barbara W. Tuchman, *The Zimmerman Telegram* (New York: Macmillan, 1966)。

61. 對孤立主義研究最好的著作包括Selig Adler, *The Isolationist Impulse: Its Twentieth Century Reaction* (London: Abelard-Schuman, 1957); Wayne S. Cole, *Roosevelt and the Isolationists, 1932-1945* (Lincoln: University of Nebraska Press, 1983); Manfred Jonas, *Isolationism in America, 1935-1941* (Ithaca, NY: Cornell University Press, 1966)。
62. 參見Robert A. Divine, *The Reluctant Belligerent: American Entry into World War II* (New York: John Wiley, 1965); William L. Langer and S. Everett Gleason, *The Challenge to Isolation, 1937-1940* (New York: Harper and Brothers, 1952); Frederick W. Marks HI, *Wind over Sand: The Diplomacy of Franklin Roosevelt* (Athens: University of Georgia Press, 1988); Arnold A. Offner, *American Appeasement: United States Foreign Policy and Germany, 1933-1938* (New York: Norton, 1976); Arnold Offner, "Appeasement Revisited: The United States, Great Britain, and Germany, 1933-1940," *Journal of American History* 64, No. 2 (September 1977), pp. 373-393。
63. Kenneth S. Davis, *FDR: Into the Storm 1937-1940, A History* (New York: Random House, 1993), pp. 543-544; Eric Larrabee, *Commander in Chief: Franklin Delano Roosevelt, His Lieutenants, and Their War* (New York: Harper and Row, 1987), pp. 46-47; David Reynolds, "1940: Fulcrumof the Twentieth Century?" *International Affairs* 66, No. 2 (April 1990), pp. 325-326, 329, 334, 337; Gerhard L. Weinberg, *A World at Arms: A Global History of World War II* (Cambridge: Cambridge University Press, 1994), pp. 84-85, 121.
64. Alan Bullock, *Hitler and Stalin: Parallel Lives* (New York: Vintage, 1993), p. 670; Robert Conquest, *Stalin: Breaker of Nations* (New York: Viking Penguin, 1991), p. 229; Reynolds, "1940," p. 337; R. C. Raack, *Stalin's Drive to the West, 1938-1945: The Origins of the Cold War* (Stanford, CA: Stanford University Press, 1995), pp. 25-26, 52, 187 (note 23), 195 (note 34); Adam B. Ulam, *Stalin: The Man and His Era* (New York: Viking, 1973), p. 524.
65. 參見第六章注釋134。
66. 參見第三章。
67. Cole, *Roosevelt and the Isolationists,* chap, 26; Langer and Gleason, *Challenge to Isolation*, chaps. 14-15; Warren E Kimball, *The Most Unsorted Act: Lend-Lease, 1939-1941* (Baltimore, MD: Johns Hopkins University Press, 1969), chap.

1920 (New York: John Wiley, 1965)。不可否認，還有其他因素促使美國決定參加二戰，參見Ernest May, *The World War and American Isolation, 1914-1917* (Chicago: Quadrangle, 1966), esp. chap. 19。

57. 參見Nicholas N. Golovine *The Russian Army in the World War* (New Haven, CT: Yale University Press, 1931), chap. 11; Sir Alfred Knox, *With the Russian Army, 1914-1917: Being Chiefly Extracts from the Diary of a Military Attaché,* vol. 2 (London: Hutchinson, 1921), chaps. 16-19; W. Bruce Lincoln, *Passage through Armageddon: The Russians in War and Revolution, 1914-1918* (New York: Simon and Schuster, 1986). pp. 3-4; Allan K. Wildman, *The End of the Russian Imperial Army: The Old Army and the Soldiers' Revolt* (March-April 1917), vol. 1 (Princeton, NJ: Princeton University Press, 1980)。

58. 參見Philippe Petain, "Crisis of Morale in the French Napoleon at War, 16 the April-23 October, 1917," trans. Rivers Scott, in Edward Spears, ed., *Two Men Who Saved France: Petain and DeGaulle* (London: Eyre and Spottiswoode, 1966), pp. 67-128; Leonard V. Smith, *Between Mutiny and Obedience: The Case of the French FifthInfantry Division during World War I* (Princeton, NJ: Princeton University Press, 1994). chaps. 7-8; Richard M. Watt, *Dare Call It Treason* (New York: Simon and Schuster 1963). chaps. 10-12。

59. 參見Paul G. Halpern, *A Naval History of World War I* (Annapolis, MD: U.S. Naval Institute Press, 1994), chap. 11; Holger H. Herwig and David F. Trask, "The Failure of Imperial Germany's Undersea Offensive against World Shipping, February 1917-October 1918," *The Historian* 32, No. 4 (August 1971), pp. 611-636; Arthur J. Marder, *From the Kreadnought to Scapa Flow: The Royal Navy in the Fisher Era, 1904-1919, vol. 4, 1917: Year of Crisis* (Oxford: Oxford University Press, 1969), chaps. 4-6。

60. 如果美國沒有參戰，德國可能在1918年春季時就已經擊敗英國和法國軍隊了，參見本書第六章注釋124中引用的資料。這並不是說美國在1918年擊敗德國的戰鬥中扮演了關鍵性角色。事實上，是英國軍隊在戰爭的最後一年裡帶領協約國走向勝利。參見本章注釋95。然而，美國軍隊在西岸登陸，在戰爭的關鍵時刻，明顯改變了協約國與德國的軍事力量對比。並且，如果美國不加入協約國一方作戰的話，大英帝國可能已經屈服於德國的潛艇戰了。同時，還要提到促使美國決定加入對德國的戰爭的另一個因素。就像第五章所強調的，美國力求避免出現一個歐洲霸主的首要原因在於美國擔心這樣一個大國會任意干涉西半球的事務。在1917年初，德國曾建議與墨西哥（也許還有日本）結成反美同盟。在一封落入美國人之手的電報中，德國外交部長呼籲德國和墨西哥攜手進行對美戰爭，以幫助墨西哥重新控制亞利桑那、

the Annexation of Texas: The Quest for National Security," in Sam W. Haynes and Christopher Morris, eds, *Manifest Destiny and Empire: American Antebellum Expansionism* (College Station: Texas A&M University Press, 1997), pp. 115-145; Reginald Horsman, "British Indian Policy in the Northwest, 1807-1812," *Mississippi Valley Historical Review* 45, No. 1 (June 1958), pp. 51-66; J. Leitch Wright, Jr., *Britain and the American Frontier, 1783-1815* (Athens: University of Georgia Press, 1975).

47. 這一問題在下面這本書中有詳細討論：Frederick Merk, *The Monroe Doctrine and American Expansionism, 1843-1849* (New York: Knopf, 1966)。也可參見 Pletcher, *Diplomacy of Annexation*.
48. 引自Merk, *Monroe Doctrine*, p. 6。也可參見Sam W. Haynes, *James K. Polk and the Expansionist Impulse* (New York: Longman, 1997)。
49. Merk, *Monroe Doctrine*, p. 289.
50. 有證據表明，開國者們反對大陸義務是受了18世紀英國在這一問題上爭論的影響。參見Gilbert, *To the Farewell Address*, chap. 2。
51. 參見第六章。
52. 參見第八章。
53. William C. Askew and J. Fred Rippy, "The United States and Europe's Strife, 1908-1913," *Journal of Politics* 4, No. 1 (February 1942), pp. 68-79; Raymond A Esthus, "Isolationism and World Power" *Diplomatic History 2*, No. 2 (Spring 1978), pp. 117-127.
54. 關於美國軍隊被派遣至歐洲的情況，參見Leonard P. Ayres, *The War with Germany: A Statistical Summary* (Washington, DC: U.S. Government Printing Office, 1919); David Trask, Trask, *The AEF and Coalition Warmaking, 1917-1918* (Lawrence: University Press of Kansas, 1993)。
55. Henry T. Allen, *The Rhineland Occupation* (Indianapolis, IN: Bobbs-Merrill, 1927); Keith L. Nelson, *Victors Divided: America and the Allies in Germany, 1918-1923* (Berkeley: University of California Press, 1975).
56. 參見Edward H. Buehrig, *Woodrow Wilson and the Balance of Power* (Bloomington: Indiana University Press, 1955); Patrick Devin, *Too Proud to Fight: Woodrow Wilson's Neutrality* (Oxford: Oxford University Press, 1975), pp. 671-688; George F. Kennan, *American Diplomacy, 1900-1950* (Chicago: University of Chicago Press, 1951), chap. 4; Robert Lansing, *War Memoirs of Robert Lansing, Secretary of State* (Indianapolis, IN: Bobbs-Merrill, 1935). pp. 18, 26, 203-237; Walter Lippmann, *U.S. Foreign Policy: Shield of the Republic* (Boston: Little, Brown, 1943). pp. 33-39; Daniel M. Smith, *The Great Departure: The United States and World War I. 1914-*

American Indian (New York: Charles Scribner's, 1971). p. 56。

39. 這一觀點在以下這本書中的許多部分中得到反映：Norman A. Graebner, ed., *Manifest Destiny* (Indianapolis, IN: Bobbs-Merrill, 1968)。參見Thomas R. Hietala, *Manifest Design: Anxious Aggrandizement in Late Jacksonian America* (Ithaca, NY: Cornell University Press, 1985); Stephanson, *Manifest Destiny*。
40. Charles A. Beard and Mary R. Beard, *The Rise of American Civilization, 2* vols. (New York: Macmillan, 1931); Norman A. Graebner, *Empire on the Pacific: A Study in Continental Expansion* (New York: Ronald Press, 1955); William A. Williams, *The Roots of the Modern American Empire: A Study of the Growth and Shaping of Social Consciousness in a Marketplace Society* (New York: Random House, 1969).
41. Hietala, *Manifest Design;* Albert K. Weinberg, *Manifest Destiny: A Study of Nationalist Expansionism in American History* (1935; rpt. Chicago: Quadrangle Books, 1963).
42. Michael H. Hunt, *Ideology and U.S. Foreign Policy* (New Haven, CT: Yale University Press, 1987), chap. 2; Daniel G. Lang, *Foreign Policy in the Early Republic: The Law of Nations and the Balance of Power* (Baton Rouge: Louisiana State University Press, 1985).
43. Max Savelle, *The Origins of American Diplomacy: The International History of Angloamerica, 1492-1763* (New York: Macmillan, 1967).也可參見Walter L. Dorn, *Competition for Empire, 1740-1763* (New York: Harper, 1940)。
44. James H. Hutson, "Intellectual Foundations of Early American Diplomacy," *Diplomatic History* 1. No. 1 (Winter 1977), p. 9.也可參見Theodore Draper, *A Struggle for Power: The American Revolution* (New York: Times Books, 1996); Jonathan R. Dull, *A Diplomatic History of the American Revolution* (New Haven, CT: Yale University Press, 1985); Horsman, *Diplomacy*; James H. Hutson, *John Adams and the Diplomacy of the American Revolution* (Lexington: University Press of Kentucky, 1980); Bradford Perkins, *The Cambridge History of American Foreign Relations,* vol. *2, The Creation of a Republican Empire, 1776-1865* (Cambridge: Cambridge University Press, 1995), chaps. 1-5。
45. H. C. Allen, *Great Britain and the United States: A History of Anglo-American Relations, 1783-1952* (London: Odhams, 1954), chaps. 9-14; Kinley J. Brauer, "The United States and British Imperial Expansion, 1815-60," *Diplomatic History* 12, No. 1 (Winter 1988). pp. 19-37; Pletcher, *Diplomacy of Annexation.*
46. Ephraim D. Adams, *British Interests and Activities in Texas, 1838-1846* (Baltimore, MD: Johns Hopkins University Press, 1910); Sam W. Haynes, "Anglophobia and

(Baltimore, MD: Johns Hopkins University Press, 1993); David G. Haglund, *Latin America and the Transformation of U.S. Strategic Thought, 1936-1940* (Albuquerque: University of New Mexico Press, 1984); Spykman, *America's Strategy; Arthur P Whitaker, The Western Hemisphere Idea: Its Rise and Decline*（Ithaca, NY: Cornel University Press, 1954）。

29. 關於門羅主義的最好的研究著作包括Bemis, *John Quincy Adams*, esp. chaps, 28-29; Ernest R. May, *The Making of the Monroe Doctrine* (Cambridge, MA: Harvard University Press, 1975); Dexter Perkins, *A History of the Monroe Doctrine* (Boston: Little, Brown, 1963)。關於門羅主義原稿，本段引用了珀金斯（Perkins）的著述，參見Perkins, op. cit., pp. 391-393。
30. 參 見Felix Gilbert, *To the Farewell Address: Ideas of Early American Foreign Policy* (Princeton, NJ: Princeton University Press, 1961)。
31. 1811年1月15日，美國已經聲明，任何一個歐洲國家都不能將其帝國的任何領土轉交給另一個歐洲國家。
32. 1895年，理查・奧爾尼有力地表明了這一觀點：「美國的任何部分都不再對殖民行為開放。這一立場在它被第一次宣佈的時候（1823年）並沒有得到廣泛承認，但是現在，它已經被普遍接受了。」Olney Note, p. 554.
33. Benedict Anderson, *Imagined Communities: Reflections on the Origin and Spread of Nationalism* (London: Verso, 1983)，chap. 4; John Lynch, *The Spanish American Revolutions. 1808-1826,* 2d ed. (New York: Norton. 1986).
34. Olney Note, p. 557.
35. Desch, *Third World Matters,* chaps. 2-5.
36. Norman A. Graebner, ed., *Ideas and Diplomacy: Readings in the Intellectual Tradition of American Foreign Policy* (Oxford: Oxford University Press, 1964), pp. 154-212; Lawrence S. Kaplan, *Thomas Jefferson: Westward the Course of Empire* (Wilmington, DE: SR Books, 1999); Robert W. Tucker and David C. Hendrickson. *Empire of Liberty: The Statecraft of Thomas Jefferson* (Oxford: Oxford University Press, 1990), esp, pp. 234-256; Richard W. Van Alstyne, *The Rising American Empire* (Oxford: Basil BlackwetL 1960).
37. Olney Note, pp. 558-559.
38. *Inaugural Addresses of the Presidents of the United States* (Washington, Dca: U.S. Government Printing Office, 1774). p. 105. 在1850年以前，這是美國的政策制定者中的共同主題。例如，湯瑪斯・傑佛遜支持購買路易斯安那，支持徵用印第安土地，因為他認為即使美國不去控制這些領土，它的對手也會去控制的。參見Meinig, Shaping of America, vol. 2, p. 14; Wilcomb E. Washburn, *Red Man's Land/White Man's Law: A Study of the Past and Present Status of the*

Demography in the Americas (Washington, DC: Smithsonian Institution Press, 1992), p. 173, table 3。當1492年歐洲人訂立最初的契約時，西半球究竟有多少印第安人，對此沒有一致的看法。但是，對1800-1900年之間，北美的印第安人數有一個大體一致的意見。

22. Meinig, *Shaping of America*, Vol. 2, pp. 78-103, 179-188; Wexler, Atlas, pp. 42-48, 85-96; T. Harry Williams, *The History of American Wars: From 1745 to 1918* (Baton Rouge: Louisiana State University Press, 1981), pp. 139-143.
23. 例如，在十九世紀七〇年代，美國軍方在密西西比河西岸部署了大約9,000人的軍隊，來對付印第安人。Williams, *History of American Wars*, p. 310.參見Robert M. Utley, *Frontier Regulars: The United States Army and the Indian, 1866-1891* (New York: Macmillan, 1973); Robert Wooster, *The Military and United States Indian Policy, 1865-1903* (New Haven, CT: Yale University Press, 1988)。
24. W.S. Woytinsky and E. S. Woytinsky, *World Population and Production: Trends and Outlook* (New York: Twentieth Century Fund, 1953), p. 83, table 40.
25. Ibid., p. 84, table 41.
26. 例如，參見R.G. Neale, *Great Britain and United States Expansion: 1898-1900* (East Lansing: Michigan State University Press, 1966); Stephen R. Rock, *Why Peace Breaks Out: Great Power Rapprochement in Historical Perspective* (Chapel Hill: University of North Carolina Press, 1989), chap. 2。
27. 有些學者持這種觀點，參見Kenneth Bourne, *Britain and the Balance of Power in North America, 1815-1908* (Berkeley: University of California Press, 1967), chap. 9; Bradford Perkins, *The Great Rapprochement: England and the United States, 1895-1914* (New York: Atheneum, 1968), pp. 8-9; Samuel F, Wells, Jr., "British Strategic Withdrawal from the Western Hemisphere, 1904-1906," *Canadian Historical Review* 49, No. 4 (December 1968). pp. 335-356。 伯恩（Bourne）認為，大英帝國在美國內戰（1861-1865年）後認識到「它將永遠不可能再希望在北美大陸上挑戰美國的意志」。Kenneth Bourne, *The Foreign Policy of Victorian England, 1830-1902* (Oxford: Oxford University Press, 1970), p. 96. 實際上，英國在美國內戰期間沒有加入南部邦聯的原因之一就是英國領導人相信，即使英國援助南方，北方仍將會取得勝利。參見Bourne, *Britain and the Balance*, chaps. 7-8; Brian Jenkins, *Britain and the War for the Union, 2* vols. (Montreal: McGill-Queen's University Press, 1974, 1980), passim; Morton, "British North America"。
28. 參見Samuel F. Bemis, *The Latin American Policy of the United States: An Historical Interpretation* (New York: Harcourt, Brace, 1943); Michael C. Desch, *When the Third World Matters: Latin America and United States Grand Strategy*

1871 (Chapel Hill: University of North Carolina Press, 1988).

17. Lester D. Langley, *Struggle for the American Mediterranean: United States-European Rivalry in the Gulf-Caribbean, 1776-1904* (Athens: University of Georgia press, 1976); Robert E. May. *The Southern Dream of a Caribbean Empire, 1854-1861* (Baton Rouge: Louisiana State University Press, 1973).一些美國人也決定征服墨西哥。參見John D. P. Fuller, *The Movement for the Acquisition of All Mexico, 1846-1848* (Baltimore, MD: Johns Hopkins University Press, 1936)。
18. 也許有人會認為，美國未能征服加拿大和墨西哥並把它們併入美國，是對攻勢現實主義的打擊。雖然這兩個國家都沒有能力單獨向美國挑戰，但一直存在這樣的危險：一個遙遠的大國可能與加拿大或墨西哥或同時與兩國結成反美同盟。因此，他們認為，美國可以通過向北方、南方和西方的擴張來阻止這種可能性。但是，儘管實際上控制北美會帶來戰略利益，美國在1812年後卻從未試圖去征服和同化加拿大與墨西哥。因為這將是一項極其困難、代價高昂的工作。的確，1850年以後，美國征服它的鄰國，在軍事上不會有什麼困難。但是，由於民族主義的力量，使這些國家的人民順從並把他們轉化為美國人，如果不是不可能的話，也會是一項困難的工作。對於美國來說，與加拿大和墨西哥保持友好關係具有重要意義。它有助於阻止任何可能與它們結盟的遙遠大國的出現。這一方法確實成效顯著。然而，如果它失敗了的話，美國可能就會考慮佔領加拿大或墨西哥。
19. 從建國後直到內戰，擔心聯邦分裂一直是政策制定者們的主要考慮。例如，約翰·昆西·亞當斯（John Quincy Adams）在1796年寫道：「在我的政治信條中，沒有哪一個比下面這條更清楚地揭示了我的心理，那就是，如果聯邦得以維持，我們將繼續大步行進，邁向榮譽、尊嚴和偉大；但是，一旦聯邦解體，我們就會很快分裂成一幫陷入持久混戰的小集團，被敵對的歐洲大國操縱，而它們的政策恰恰是要使我們之間的不和保持下去。」引自Samuel Flagg Bemis, *John Quincy Adams and Foundation of American Foreign Policy* (New York: Knopf, 1965), p. 181。也可參見W. L. Morton, "British North America and a Continent in Dissolution, 1861-71," *History* 47, No. 160 (June 1962), pp. 139-156。
20. Martin Gilbert, *Atlas of American History,* rev. ed. (New York: Dorset, 1985), pp. 37-38, 62; Alex Wexler, *Atlas of Westward Expansion* (New York: Facts on File, 1995), pp. 43, 122, and esp. 216.
21. 1800年，大約有739,000名美洲印第安人生活在密西西比河以西，使美國大陸部分的人數達到大約916,000人。本章中所有美洲印第安人的資料都源　自Douglas H. Ubelader, "North American Indian Population Size: Changing Perspectives," in John W. Verano and Douglas H. Ubelaker, eds., *Disease and*

7. 尼古拉斯·斯派克曼（Nicholas Spykman）精確地表達了這一觀點：「因此，從總體上說，美國相對於歐洲的位置，就如同大英帝國相對於歐洲大陸的位置。雖然兩者規模不同，前者國土面積更大，距離歐洲更遙遠，但對比的模式是一樣的……因此，毫不奇怪，我們奉行了一種與英國相似的政策，似乎被捲入了相同的『孤立─結盟─戰爭』的怪圈。我們就像英國人一樣，更願意用盡可能小的犧牲達到我們的目的。」Nicholas J. Spykman, *Americas Strategy in World Politics: The United States and the Balance of Power* (New York: Harcourt, Brace, 1942), p. 124.也可參見ibid. pp. 103-107。
8. 約瑟夫·張伯倫（Joseph Chamberlain）形容1895年的美國「不被任何外交政策困擾」。亨利·卡伯特·洛奇（Henry Cabot Lodge）認為，這一觀點在「美洲之外」是基本正確的，但他認為在西半球「我們有十分明確」的外交政策，即美國必須是「至高無上的」。William C. Widenor, *Henry Cabot Lodge and the Search for an American Foreign Policy* (Berkeley: University California Press, 1980), p. 106.
9. 引　自Anders Stephanson, *Manifest Destiny: American Expansionism and the Empire of Right* (New York: Hill and Wang, 1995), p. 104。
10. July 20, 1895, letter from Richard Olney to Thomas F. Bayard, in *Foreign Relations of the United States, 1895*, pt. 1 (Washington, DC: U.S. Government Printing Office, 1896), p. 558.下文參見奧爾尼的注釋。
11. 事實上，「天定命運」(Manifest Destiny）這一詞彙直到1845年才出現。然而，早在「十八世紀中期，在美洲的英國定居者註定要擁有這一大陸的大部分這一思想，已經在美國人和歐洲人的心目中根深蒂固」。Reginald Horsman, *The Diplomacy of the New Republic* (Arlington Heights, IL: Harlan Davidson, 1985), p. 5.也可參見Marc Egnal, *A Mighty Empire: The Origins of the American Revolution* (Ithaca, NY: Cornell University Press, 1988)。
12. D.W. Meinig, *The Shaping of America: A Geographical Perspective on 500 Years of History*, vol. 2 (New Haven, CT: Yale University Press, 1993), pp. 24-32.
13. David M. Pletcher, *The Diplomacy of Annexation: Texas, Oregon, and the Mexican War* (Columbia: University of Missouri Press, 1973).
14. 關於種族對擴張的影響，參見Reginald Horsman, *Race and Manifest Destiny: The Origins of American Racial Anglo-Saxonism* (Cambridge, MA: Harvard University Press, 1981); Michael L. Krenn, ed., *Race and U.S. Foreign Policy: From the Colonial Period to the Present: A Collection of Essays,* vols. 1-2 (Levittown, PA: Garland, 1998)。
15. 引自Meinig, *Shaping of America,* vol. 2. p. 159。
16. Reginald C. Stuart, *United States Expansionism and British North America, 1775-*

Options, R-2154-AF (Santa Monica, CA: RAND Corporation, September 1977).

175. 例如，羅伯特・傑維斯寫了題為《不合邏輯的美國核戰略》一書。參見 Robert Jervis, *The Illogic of American Nuclear Strategy* (Ithaca, NY: Cornell University Press, 1984)。
176. 參見本章注釋159。
177. 一位作者估計美國國防預算中傳統武器和核武器的開支比例，在1961年大約是1.45:1，1971年大約是4:1，1981年大約是6.7:1。參見William W. Kaufmann, *A Reasonable Defense* (Washington, DC: Brookings Institution Press, 1986), p. 21。也可參見Ball, *Politics and Force Levels*, chap. 6；以及本書第四章注釋141。
178. Robert A. Pape, "Technological Sources of War and Peace," manuscript, April 2001.

第七章　注釋

1. 參見第一章注釋62。
2. E.H. Carr, *The Twenty Year Crisis, 1919-1939: An Introduction to the Study of International Relations*, 2d ed. (London: Macmillan, 1962)，第一版於1939年推出。
3. James L. Abrahamson, *America Arms for a New Century: The Making of a Great Military Power* (New York: Free Press, 1981); Allan R. Millett and Peter Maslowski, *For the Common Defense: A Military History of the United States of America* (New York: Free Press, 1984), chaps. 8-10.
4. 札卡瑞亞（Zakaria）寫道：「1865至1908年間，尤其是在1890年前，美國的主要掌權者們注意到並考慮了許多完全有把握擴展美國海外影響的機會，但卻都放棄了這些機會。……因此美國似乎代表了歷史紀錄的一個例外和對大國規則的一種挑戰。」Fareed Zakaria, *From Wealth to Power: The Unusual Origins of America's World Role* (Princeton, NJ: Princeton University Press, 1998), p. 5.「帝國延伸的不足」（Imperial Understretch）是札卡瑞亞《從財富到權力》一書第三章的題目。
5. 這一規律有一個例外：在美國內戰期間（1861-1865年），雙方都建立了龐大的軍隊。
6. 在1900-1945年間，美國本來有可能在東北亞佔領大片領土，因為這一地區與歐洲不同，它對外部的滲透是開放的（參見本章結論中對亞洲和歐洲作為侵略目標時的比較）。然而，美國不大可能征服日本和俄國這兩個東北亞大國，並按照它在西半球的方式支配這一地區。

of Ballistic Missile Defense," *Strategic Review* 7, No. 4 (Fall 1979), p. 13.現 在研究核軍備競賽的學者中已形成共識：這一論斷是那些知道得更清楚的專家和政策制定者們所製造的毫無根據的神話。揭露這些神話的重要著作是Desmond Ball, *Déjà Vu: The Return to Counterforce in the Nixon Administration* (Santa Monica: California Seminar on Arms Control and Foreign Policy, December 1974)。也可參見Leitenberg, "Presidential Directive (PD) 59"; Mlyn, *The State;* Rowen, "Formulating Strategic Doctrine"。

170. 亨利・羅恩（Henry Rowen）寫道：「美國和蘇聯軍力中的武器數量這些年來有了巨大增長，這些武器的攻擊目標也極大增長，但城市工業目標的數量卻幾乎沒有增長。」Rowen, "Formulating Strategic Doctrine," p. 220.在這一部分的後面將討論，蘇聯戰略分析家並不強調相互確保摧毀的概念，所以他們沒有制定實現這一目標的標準。然而依據美國的標準，蘇聯人同美國面臨的任務大致相同。具體而言，他們必須摧毀200個美國最大的城市，這些城市包括了33%的美國人口和75%的工業基礎。這一任務需要400EMT才可能得以完成，如果不是這一數量一半的話。參見Ashton B. Carter, "BMD Applications: Performance and Limitations," in Ashton B. Carter and David N. Schwartz, eds., *Ballistic Missile Defense* (Washington, DC: Brookings Institution Press, 1984), pp. 103, 163, 168-169。

171. 本段中所有數字均引自Norris and Arkin, "Nuclear Notebook," p. 59。關於蘇聯核武器增長和改進的詳細描述，參見Robert E Berman and John C, Baker, *Soviet Strategic Forces: Requirements and Responses* (Washington, DC: Brookings Institution Press, 1982)。

172. Robert L. Amett, "Soviet Attitudes towards Nuclear War: Do They Really Think They Can Win?" *Journal of Strategic Studies* 2, No. 2 (September 1979), pp. 172-191; Ball, "Soviet Strategic Planning"; David Holloway, *The Soviet Union and the Arms Race* (New Haven, CT: Yale University Press, 1983), chap. 3; Benjamin Lambeth, "Contemporary Soviet Military Policy," in Kolkowicz and Mickiewicz, eds., *Soviet Calculus of Nuclear War,* pp. 25-28; William T. Lee, "Soviet Nuclear Targeting Strategy," in Ball and Richelson, eds., *Nuclear Targeting,* pp. 84-108; Richard Pipes, "Why the Soviet Union Thinks It Could Fight and Win a Nuclear War," *Commentary* 64, No. 1 (July 1977), pp. 21-34.

173. 參 見Benjamin S. Lambeth, "Uncertainties for the Soviet War Planner," *International Security* 7, No. 3 (Winter 1982-1983), pp. 139-166。

174. Benjamin S. Lambeth, *Selective Nuclear Options in American and Soviet Strategic Policy,* R-2034-DDRE (Santa Monica, CA: RAND Corporation, December 1976); Jack L. Snyder, *The Soviet Strategic Culture: Implications for Limited Nuclear*

International Security 7, No. 3 (Winter 1982-1983), pp. 31-60; Desmond Ball and Robert Toth, "Revising the SIOP: Taking War-Fighting to Dangerous Extremes," *International Security* 14, No. 4 (Spring 1990), pp. 65-92; Aaron L. Friedberg, "A History of U.S. Strategic 'Doctrine'-1945 to 1980," *Journal of Strategic Studies* 3, No. 3 (December 1980), pp. 37-71; Leitenberg, "Presidential Directive (PD) 59"; Eric Mlyn, *The State, Society, and Limited Nuclear War* (Albany: State University of New York Press, 1995); Jeffrey Richelson, "PD-59, NSDD-13 and the Reagan Strategic Modernization Program," *Journal of Strategic Studies* 6, No. 2 (June 1983), pp. 125-146; Rowen, "Formulating Strategic Doctrine," pp. 219-234; Sagan, *Moving Targets;* Walter Slocombe, "The Countervailing Strategy," *International Security* 5, No. 4 (Spring 1981), pp. 18-27。關於為什麼有限核戰爭的選擇不是一種可行的戰略，參見本書第四章注釋135。

167. 它們包括福特政府的SIOP-5（1976年元旦生效）、卡特政府的SIOP-5F（1981年10月1日生效）、雷根政府的SIOP-6（1983年10月1日生效）以及老布希政府的SIOP-6F（1989年10月1日生效）。下文中有描述這些SIOP之間差異的總結性圖表：Ball and Toth, "Revising the SIOP," p. 67。

168. 德斯蒙德·鮑爾（Desmond Ball）是一位美國核規劃史方面的重要專家，他對美國1961-1990年間的核政策作了簡要總結：「自二十世紀六〇年代初期以來，美國戰略核政策的最高目標是發展一種戰略態勢，該戰略態勢能使美國控制任何核交易，並進而在確保結果有利於美國的前提下，將損失限制在最低的可能程度內。」Desmond Ball, "Soviet Strategic Planning and the Control of Nuclear War," in Roman Kolkowicz and Ellen P. Mickiewicz, eds., *The Soviet Calculus of Nuclear War* (Lexington, MA: D. C. Heath, 1986), p. 49. 關於蘇聯認為美國正在投送打擊軍事力量武器以贏得軍事優勢的證據，參見Henry A. Trofimenko, "Illusion of a Panacea," *International Security*5, No. 4 (Spring1981), pp. 28-48。對有限核選擇的強調，在制定美國國家安全構想的某些時期，「壓倒性大規模攻擊的信條仍然影響甚大」。Rowen，"Formulating Strategic Doctrine," p. 233. 蘇聯放棄了打一場有限核戰爭的想法，而傾向於對美國實施大規模核打擊（見本章下一節），在此情形下，對大規模報復的殘存興趣也就不足為奇了。

169. 在二十世紀六〇年代後期及七〇年代的大部分時期裡，右派和左派都時興認為美國已放棄了鎖定反擊目標，而採用直接的相互確保摧毀（MAD）戰略取而代之。例如，瑪律科姆·沃洛普（Malcolm Wallop）參議員（懷俄明州共和黨人）在1979年曾寫道：「在過去的15年間，至少四任美國總統及其主要的防務顧問所建造的武器及制定的戰略規劃，幾乎全部都以對敵對國家的社會造成損害為目的。」Malcolm Wallop, "Opportunities and Imperatives

the Soviet Union, 1945-1955," *Diplomatic History* 14, No. 3 (Summer 1990), pp. 367-384; Copeland, *Origins of Major War,* pp. 170-175; Marc Trachtenberg, "A 'Wasting Asset': American Strategy and the Shifting Nuclear Balance, 1949-1954," *International Security* 13, No. 3 (Winter 1988-1989), pp. 5-49。

161. 參見Kaplan, *Wizards,* chaps. 12-18。也可參見Lynn Etheridge Davis, *Limited Nuclear Options: Deterrence and the New American Doctrine,* Adelphi Paper No. 121 (London: International Institute for Strategic Studies, Winter 1975-1976); Alfred Goldberg, *A Brief Survey of the Evolution of Ideas about Counterforce,* RM-5431-PR (Santa Monica, CA: RAND Corporation, October 1967, rev. March 1981); Klaus Knorr and Thornton Read, eds., *Limited Strategic War* (New York: Praeger, 1962); Marc Trachtenberg, *History and Strategy* (Princeton, NJ: Princeton University Press, 1991), chap. 1。

162. 有關確保摧毀的標準，參見Alain C. Enthoven and K. Wayne Smith, *How Much is Enough? Shaping the Defense Program, 1961-1969* (New York: Harper and Row, 1971), pp. 174-175, 207-210; Milton Leitenberg, "Presidential Directive (PD) 59: United States Nuclear Weapons Targeting Policy," *Journal of Peace Research* 18, No. 4 (1981), pp. 312-314; Stephen Van Evera, "Analysis or Propaganda? Measuring American Strategic Nuclear Capability, 1969-1988," in Lynn Eden and Steven E. Miller, eds., *Nuclear Arguments: Understanding the Strategic Nuclear Arms and Arms Control Debates* (Ithaca, NY: Cornell University Press, 1989), pp. 209-221。

163. SIOP是「單一的整合行動計畫」(Single Integrated Operational Plan）的縮寫。本段中潛在目標的數量取自Desmond Ball, "The Development of the SIOP 1960-1983," in Desmond Ball and Jeffrey Richelson, eds., *Strategic Nuclear Targeting* (Ithaca, NY: Cornell University Press, 1986), p. 80。

164. 美國核武器數量的數字引自Robert S. Norris and William M. Arkin, "Nuclear Notebook: Estimated U.S. and Soviet/Russian Nuclear Stockpiles, 1945-94," *Bulletin of the Atomic Scientists* 50, No. 6 (November-December 1994), p. 59。

165. Frances FitzGerald, *Way Out There in the Blue: Reagan, Star Wars, and the End of the Cold War* (New York: Simon and Schuster, 2000); David Goldfischer, *The Best Defense: Policy Alternatives for U.S. Nuclear Security from the 1950s to the 1990s* (Ithaca, NY: Cornell University Press, 1993).

166. 有關美國1961-1990年間的核政策的最佳論述包括：Desmond Ball, *Politics and Force Levels: The Strategic Missile Program of the Kennedy Administration* (Berkeley: University of California Press, 1980); Ball, "Development of the SLOP"; Desmond Ball, "U.S. Strategic Forces: How Would They Be Used?"

Russett; "Pearl Harbor: Deterrence Theory and Decision Theory," *Journal of Peace Research* 4, No. 2 (1967), pp. 89-105; Schroeder, *Axis Alliance,* pp. 200-201。另請參見Nobutaka Ike, ed. and trans., *Japan's Decision for War: Records of the 1941 Policy Conferences* (Stanford, CA: Stanford University Press, 1967)。

155. 關於1945-1950年間美國核戰略的最好的資料，參見Harry R. Borowski, *A Hollow Threat: Strategic Air Power and Containment before Korea* (Westport, CT: Greenwood, 1982); David Alan Rosenberg, "The Origins of Overkill: Nuclear Weapons and American Strategy, 1945-1960," *International Security* 7, No. 4 (Spring 1983), pp. 11-22; David Aian Rosenberg, "American Atomic Strategy and the Hydrogen Bomb Decision," *Journal of American History* 66, No. 1 (June 1979), pp. 62-87; Seven T. Ross, *American War Plans, 1945-1950* (New York: Garland, 1988); Samuel R. Williamson and Steven L. Rearden, *The Origins of U. S. Nuclear Strategy, 1945-1953* (New York: St. Martin's, 1993)。

156. Henry S. Rowen, "Formulating Strategic Doctrine," in *Report of the Commission on the Organization of the Government for the Conduct of Foreign Policy, Appendix K, Adequacy of Current Organization: Defense and Arms* Control (Washington, DC: U. S. Government Printing Office, June 1975), p. 222.

157. 以下文獻是關於大規模報復戰略的最好著作：Rosenberg, "Origins of Overkill," pp. 3-69; Scott D. Sagan, "SIOP-62: The Nuclear War Plan Briefing to President Kennedy," *International Security* 12, No. 1 (Summer 1987), pp. 22-51; Samuel F. Wells, Jr, "The Origins of Massive Retaliation," *Political Science Quarterly* 96, No. 1 (Summer 1981), pp. 31-52。

158. 引自Fred Kaplan, *The Wizards of Armageddon* (New York: Simon and Schuster, 1983), p. 134。

159. 參見Trachtenberg, *Constructed Peace*, pp. 100-101, 123, 156-158, 179-183, 293-297, 351.特拉亨伯格（Trachtenberg）堅持認為，美國大體上在1953-1963年間擁有核優勢。

160. 參見Richard K. Betts, *Nuclear Blackmail and Nuclear Balance* (Washington, DC: Brookings Institution Press, 1987), pp. 144-179; Scott D. Sagan, *Moving Targets: Nuclear Strategy and National Security* (Princeton, NJ: Princeton University Press, 1989), pp. 24-26。 1949-1955年間，美國曾反覆考慮過對蘇聯尚處於初始階段的核能力實施預防性打擊，但總是覺得這一行動並不可行。參 見Tami Davis Biddli, "Handling the Soviet Threat: 'Project Control' and the Debate on American Strategy in the Early Cold War Years," *Journal of Strategic Studies* 12, No. 3 (September 1989), pp. 273-302; Russell D. Buhite and William C. Hamel, "War for Peace: The Question of an American Preventive War against

Barnhart, "Historiography, the Origins of the Second World War in Asia and the Pacific: Synthesis Impossible?" *Diplomatic History* 20, No. 2 (Spring 1996), pp. 241-260; Feis, *Road to Pearl Harbor;* Morley, ed., *Final Confrontation*; and Schroeder, *Axis Alliance*。

143. 有關蘇聯同日本間的平衡參見Coox, *Nomonhan,* vols. 1-2; Hata, "The Japanese 効Soviet Confrontation"。

144. 關於三國《同盟條約》（Tripartite Pact）參見Chihiro Hosoya, "The Tripartite Pact, 1939-1940," trans. James W. Morley, in Morley, ed, *Deterrent Diplomacy,* pp. 179-257。關於美國對於日本式思維的認識，參見Heinrichs, *Threshold of War,* chaps. 5-7。

145. 美國曾明確要求日本撤出中國和印度支那，但在中國東北的問題上卻態度曖昧。儘管如此，日本有理由認為美國會要求日本放棄中國東北。參見Feis, *Road to Pearl Harbor,* p. 276; Morley, ed., *Final Confrontation,* pp. xxviii-xxx, 318, 321-322; Schroeder, *Axis Alliance,* pp. 35-36。

146. Barnhart, *Japan Prepares for Total War,* pp. 144-146.

147. Iriye, *Origins of the Second World War,* pp. 148-150.

148. Kupchan, *Vulnerability of Empire,* pp. 339-350.

149. Langer and Gleason, *Undeclared War,* pp. 857, 867.

150. 對這一觀點的詳細討論參見Schroeder, *Axis Alliance*，該書應同以下這本書結合起來閱讀：Heinrichs, *Threshold of War,* chaps. 4-7。海因利希（Heinrichs）揭示了1941年6月至12月間德國東線戰場上的勝利是如何使得美國同日本的談判變得困難的。

151. 正如海因利希所指出，很難相信羅斯福不明白其政策將最終導致日本和美國間的戰爭。Heinrichs, *Threshold of War,* p. 159.

152. Mark S. Watson, *Chief of Staff: Prewar Plans and Operations* (Washington, DC: Department of the Army, 1950), chaps. 4-9; Stephen D. Westbrook, "The Railway Report and Army Morale, 1941: Anatomy of a Crisis," *Military Review* 60, No. 6 (June 1980), pp. 11-24.

153. Langer and Gleason, *Undeclared War,* pp. 570-574.

154. Scott D. Sagan, "The Origins of the Pacific War," in Robert I. Rotberg and Theodore K. Rabb, eds., *The Origin and Prevention of Major Wars* (Cambridge: Cambridge University Press, 1989), p. 324.同樣的主題在以下文獻中得到了強調，參見Michael E. Brown, *Deterrence Failures and Deterrence Strategies,* RAND Paper 5842 (Santa Monica, CA: RAND Corporation, March 1977), pp. 3-7; Robert J. C. Butow, *Tojo and the Coming of the War* (Princeton, NJ: Princeton University Press, 1961), chap. 11; Kupchan, *Vulnerability of Empire,* p. 344; Bruce

pp. 587-590; Barry K. Leach, *German Strategy against Russia, 1939-1941* (Oxford: Clarendon, 1973).

134. Feis, Churchill, *Roosevelt, Stalin,* pp. 9-10; Waldo Heinrichs, *Threshold of War: Franklin D. Roosevelt and American Entry into World WarII* (Oxford: Oxford University Press, 1988), pp. 95, 102-103; Warren F. Kimball, *The Juggler: Franklin Roosevelt as Wartime Statesman* (Princeton, NJ: Princeton University Press, 1991), pp. 15, 21-41; William L. Langer and S. Everett Gleason, *The Undeclared War, 1940-1941* (New York: Harper, 1953), chap. 17.

135. 參見第八章。

136. 本段中所有引文出自Haffner, *Meaning of Hitler,* pp. 104-105。

137. 這是以下這本書的主題：Akira Iriye, *The Origins of the Second World War in Asia and the Pacific* (London: Longman, 1987)。

138. Dorothy Borg, *The United States and the Far Eastern Crisis of 1933-1938* (Cambridge, MA: Harvard University Press, 1964); Warren I. Cohen, *America's Response to China: An Interpretative History of Sino-American Relations,* 2d ed. (New York: John Wiley, 1980), chap. 5; Warren I. Cohen, *The Chinese Connection: Roger S. Greene, Thomas W. Lamont, George E. Sokolsky, and American-East Asian Relations* (New York: Columbia University Press, 1978); Michael Schaller, *The United States and China in the Twentieth Century,* 2d ed.(Oxford: Oxford University Press, 1990), chap. 3.

139. Paul W. Schroeder, *The Axis Alliance and Japanese-American Relations, 1941* (Ithaca, NY: Cornell University Press, 1958), pp. 2-15.參 見Herbert Feis, *The Road to Pearl Harbor: The Coming of the War between the United States and Japan* (Princeton, NJ: Princeton University Press, 1950), esp. chaps. 5-6。 日本軍方實際上沒有考慮1940年前就同美國作戰。參見Michael A. Barnhart, "Japanese Intelligence before the Second World War: 'Best Case' Analysis," in Ernest R. May, ed., *Knowing One's Enemies: Intelligence Assessment before the Two World Wars* (Princeton, NJ: Princeton University Press, 1984), pp. 424-455; Peattie, *Ishiwara Kanji*。

140. 對中國的外援大約48%是通過中國同印度支那的邊界進行的。另有31%通過中緬邊界進入。James W. Morley, ed. *The Final Confrontation: Japan's Negotiations with the United States, 1941*, trans, David A. Titus (New York: Columbia University Press, 1994). pp. xx. 373.

141. Schroeder, *Axis Alliance,* p. 46.也可參見Iriye, *Origins of the Second World War,* p. 140。

142. 這方面的關鍵著作是：Heinrichs, *Threshold of War.*也可參見Michael A.

Europe, pp. 40-47。

126. 1905年時，對於發動一場先發制人的戰爭，德國將軍們存在一些情緒，但很明顯總參謀長施里芬不在反對者之列。但不管怎樣，德國皇帝拒絕這麼做。參見Geiss, "Origins of the First World War," in Geiss ed., *July 1914,* pp. 39-403; Martin Kitchen, *A Military History of Germany: From the Eighteenth Century to the Present Day* (Bloomington: Indiana University Press, 1975), pp. 174-175; Gerhard Ritter, *The Schlieffen Plan: Critique of a Myth,* trans. Andrew and Eva Wilson (London: Oswald Wolff, 1958), pp. 103-128。
127. Francois Genoud, ed., *The Last Testament of Adolf Hitler: The Hitler-Bormann Documents, February-April 1945,* trans. R. H. Stevens (London: Cassell, 1961), p. 63.他關於這一主題的觀點對一戰後的德國來說並不罕見。參見Post, *Civil-Military Fabric,* p. 151。
128. 希特勒在1941年3月30日告訴他的將軍們：「由於我們的後方很安全，現在攻擊蘇聯的可能性出現了；如此機會今後不會馬上再來。」引自Joachim C. Fest, *Hitler,* trans. Richard and Clara Winston (New York: Harcourt Brace Jovanovich, 1974), p. 646。
129. Rich, *Hitler's War Aims,* p. xii.也 可 參 見Rich, Hitler's War Aims, p. xii。 參見Craig, *Germany,* chap. 19, esp. pp. 677-678; Wolfram Wette, "Ideology, Propaganda, and Internal Politics as Preconditions of the War Policy of the Third Reich," in Wilhelm Deist et al., eds., *Germany and the Second World War,* vol. 1, *The Build-up of German Aggression,* trans. P. S, Falla et al. (Oxford: Clarendon, 1990), pp. 83-124。
130. Matthew Cooper and James Lucas, *Panzer: The Armoured Farce of the Third Reich* (New York: St. Martin's, 1976), pp. 7-24; Kenneth Macksey, *Guderian: Creator of the Blitzkrieg* (New York: Stein and Day, 1976), chap. 5; Ernest R. May, *Strange Victory: Hitler's Conquest of France* (New York: Hill and Wang, 2000), pt. 3; John Mearsheimer, *Conventional Deterrence* (Ithaca, NY: Cornell University Press, 1983), chap. 4; Barry R. Posen, *Sources of Military Doctrine: France, Britain, and Germany between the World Wars* (Ithaca, NY: Cornell University Press, 1984), chaps. 3, 6.
131. Haffner, *Meaning of Hitler,* p. 49.
132. 這是喬基姆・費斯特（Joachim Fest）的描述，他選擇1938年而不是1940年來論述同一觀點。Fest, *Hitler,* p. 9.
133. Robert Cecil, *Hitler's Decision to Invade Russia* (New York: David Mckay, 1975), chap. 8; Matthew Cooper, *The German Army, 1933-1945: Its Political and Military Failure* (New York: Stein and Day, 1978), chaps. 17-18; Geyer, "German Strategy,"

p. 360.然而這一論點有問題：法國和俄國對德國的封鎖遠早於1897年。因此，依照庫普乾自己的時間表，三國協約中最初也是最為重要的那部分的形成，便不能由德國的進攻性行為來解釋。Snyder, *Myths of Empire*, pp. 68, 72.

116. Medlicott, *Bismarck,* p. 172.也 可 參 見ibid., pp. 164-166, 171-173; Fuller, *Bismarck's Diplomacy,* passim; Geiss, *German Foreign Policy,* chaps. 6-7; Kennan, *Decline,* chaps. 18-22; Taylor, *Struggle,* pp. 317-319。

117. Geiss, *German Foreign Policy,* p. 52.沃勒（Waller）在《俾斯麥》一書中闡述了同樣的觀點，參見Waller, *Bismarck,* p. 118。

118. 這一點是保羅・甘迺迪的著作的中心主題，特別是其第16章和第20章。參見Paul Kennedy, *The Rise of the Anglo-German Antagonism, 1860-1914* (London: Allen and Uniwin)。另請參見Galleo, *German Problem Reconsidered*及本書的第八章。

119. 在這點上，希爾格魯伯闡述得非常好（Hillgruber, *Germany,* p. 13）。即便沒有摩洛哥危機，俄國的潰敗本身也可能會導致「三國協約」的形成。然而，危機本身不足以推動英國與法國和俄國聯手。

120. Herrmann, *Arming of Europe,* chap. 2.

121. 不僅英國未能給予「一個明確而及時的承諾以支持其盟友」，而且1911-1914年間，英德關係還有了大幅改進。參見Levy, "Preferences," p. 168; Sean M. Lynn-Jones, "Detente and Deterrence: Anglo-German Relations, 1911-1914," *International Security* 11, No. 2 (Fall 1986), pp. 121-150; Scott D. Sagan, "1914 Revisited: Allies, Offense, and Instability," *International Security* 11, No. 2 (Fall 1986), pp. 169-171；及本書第八章注釋79所引用的資料。而且，英德關係在1911年後某種程度上還惡化了，這對三國協約的可行性提出了質疑。參見Keith Neilson, *Britain and the Last Tsar: British Policy and Russia, 1894-1917* (Oxford: Clarendon, 1995), chaps. 10-11。

122. 例如，西瑞爾・福爾斯（Cyril Falls）寫道：「德國人十分接近於成功地實現一套詳盡的方案，並以殲滅其敵人而完成之。」Falls, *The Great War* (New York: Capricorn, 1959), p. 70.也可參見Trevor N. Dupuy, *A Genius for War: The German Army and General Staff, 1807-1945* (Englewood: Cliffs, NJ: Prentice-Hall, 1977), pp. 145-147; Herbert Rosinski, *The German Army* (New York: Praeger, 1966), pp. 134-137; Sagan, "1914," pp. 159-161。

123. Sagan, "1914," pp. 159-160.

124. 參見Michael C. Desch, *When the Third World Matters: Latin America and the United States Grand Strategy* (Baltimore, MD: Johns Hopkins University Press, 1993), pp. 39-44; Taylor, Struggle, pp. xx, 566-567。另請參見本書第七章注釋60的討論。

125. Taylor, *Mastery,* p. 427.關於1905年的權力平衡，參見Hermann, *Arming of*

102. Sullivan, "Strategy of Decisive Weight," p. 343.
103. 參　見Albrecht-Carrié, *Italy at the Paris Peace Conference; H. James Burgwyn, The Legend of the Mutilated Victory: Italy the Great War, and the Paris Peace Conference, 1915-1919* (Westport. CT: Greenwood, 1993)。
104. Smith, *Mussolini's Roman Empire,* p. 60.也可參見p. 16。
105. Snyder, *Myths of Empire*, p. 5.
106. Knox, *Mussolini Unleashed,* p. 2.
107. 參見Mario Cervi, *The Hollow Lesions: Mussolini's Blunder in Greece, 1940-1941,* trans. Eric Mosbacher (Garden City, NY: Doubleday, 1971); I.S.O. Playfair, *The Mediterranean and Middle East,* vol. I, *The Early Successes against Italy* (London: Her Majesty's Stationery Office, 1954)。
108. Snyder, *Myths of Empire,* p. 21另請參見ibid., pp. 1-3, 61-62及Van Evera, *Causes of War*。
109. Snyder, *Myths of Empire* p. 308.
110. 例如，史耐德在《帝國的迷思》一書中堅持認為，大國的進攻性行為在很大程度上可由自私性利益集團在國內的相互支持來解釋。凡·艾佛拉將它們不明智的行為歸結於軍國主義。參見Stephen Van Evera, *Causes of War: Misperception and the Roots of Conflict* (Ithaca, NY: Cornell University Press. forthcoming)。
111. 參見Snyder, *Myths of Empire*; Van Evera, *Causes of War*; Kenneth N. Waltz, *Theory of International Politics* (Reading, MA: Addison-Wesley, 1979)。 關於這一思路的其他證據可參見Charles A. Kupchan, The Vulnerability of Empire (Ithaca, NY: Cornell University Press, 1994)。關於這一觀點的精彩總結與批評，參見Fareed Zakaria, "Realism and Domestic Politics: A Review Essay," *International Security* 17, No. 1 (Summer 1992), pp. 177-198。另請參見本書第二章注釋30。
112. Snyder, *Myths of Empire*, p. 8.
113. 如第八章中所討論的，挫敗拿破崙的權力平衡聯盟形成於1813年，是在1812年入侵俄羅斯的法國軍隊被擊潰之後。最終戰勝希特勒的均衡性聯盟形成於1941年12月，大致同紅軍在莫斯科城外阻擊德國閃電戰的時間相同。在那時，相當數量的納粹軍隊指揮官認為對蘇聯的戰爭已經失敗。
114. J. A. Nichols, *Germany after Bismarck: The Caprivi Era. 1890-1894* (Cambridge, MA: Harvard University Press, 1958); Sidney B. Fay, *The Origins of the World War,* 2d ed. (New York: Macmillan, 1943), pp. 122-124; Geiss, *German Foreign Policy,* chap. 7; Rich, Holstein, vols. 1-2, chaps. 23-35.
115. 指責魏瑪德國本身造成了對自己的封鎖的查理斯·庫普乾（Charles Kupchan）認為，德國遲至1897年才開始具有進攻性。Kupchan, *Vulnerability of Empire,*

Policy, 1870-1940 (London: Routledge and Kegan Paul, 1987); Christopher Seton-Watson, *Italy from Liberalism to Fascism, 1870-1925* (London: Methuen, 1967); Denis Mack Smith, *Modern Italy: A Political History* (Ann Arbor: University of Michigan Press, 1997); Denis Mack Smith, *Mussolini's Roman Empire* (New York: Viking, 1976); Brian R. Sullivan, "The Strategy of the Decisive Weight: Italy, 1882-1922," in Williamson Murray, MacGregor Knox, and Alvin Bernstein, eds., *The Making of Strategy: Rulers, States, and War* (Cambridge: Cambridge University Press, 1995), pp. 307-351.

91. Bosworth, *Italy, the Least of the Great Powers,* p. viii.也可參見Ottavio Barie, "Italian Imperialism: The First Stage," *Journal of Italian History* 2, No. 3 (Winter 1979), pp. 531-565; Federico Chabod, *ItalianForeign Policy: The Statecraft of the Founders,* trans. William McCuaig (Princeton, NJ: Princeton University Press, 1996)。
92. Maxwell H.H. Macartney and Paul Cremona, *Italy's Foreign and ColonialPolicy, 1914-1937* (Oxford: Oxford University Press, 1938), p. 12.
93. Seton-Watson, *Italy,* p. 29.
94. John Gooch, *Army, State, and Society in Italy, 1870-1915* (New York: St. Martin s, 1989); "Italian Military Efficiency: A Debate," *Journal of Strategy Studies* 5, No. 2 (June 1982), pp. 248-277; MacGregor Knox, *Hitler's Italian Allies: Royal Armed Forces, Fascist Regime, and the War of 1940-1943* (Cambridge: Cambridge University Press, 2000); Smith, *Mussolini's Roman Empire,* chap. 13; and Brian R. Sullivan, "The Italian Armed Forces, 1918-40," in Allan R. Millen and Williamson Murray, eds., *Military Effectiveness,* vol. 2, *The Interwar Period* (Boston: Alien and Unwin, 1988), pp. 169-217.
95. 引自Gooch, *Army, State, and Society,* p. xi。
96. Sullivan, "Strategy of Decisive Weight."
97. 參 見William A. Renzi, *In the Shadow of the Sword: Italy's Neutrality and Entrance into the Great War, 1914-1915* (New York: Peter Lang, 1987); Seton-Watson, *Italy,* chap. 11。
98. Smith, *Modern Italy,* p. 89.
99. Seton-Watson, *Italy,* p. 430.
100. 《倫敦和約》的副本可直接從以下文獻獲得：René Albrecht-Carrié, *Italy at the Paris Peace Conference* (New York: Columbia University Press, 1938), pp. 334-339。另請參見the February 7, 1919, "Italian Memorandum of Claims," presented at the Paris Peace Conference, Ibid., pp. 370-387。
101. Taylor, *Struggle,* p. 544.

85. 特別參見Calla Golan, *The Soviet Union and National Liberation Movements in the Third World* (Boston: Unwin Hyman, 1988); Andrzej Korbonski and Francis Fukuyama, eds., *The Soviet Union and the Third World., The Last Three Decades* (Ithaca, NY: Cornell University Press, 1987); Bruce D. Porter, *The USSR in Third World Conflicts: Soviet Arms and Diplomacy in Local Wars, 1945-1980* (Cambridge: Cambridge University Press, 1984); Carol R. Saivetz, ed., *The Soviet Union in the Third World* (Boulder, CO: Westview, 1989)。
86. 參見Jeffrey T. Checkel, *Ideas and International Political Change: Soviet/Russian Behavior and the End of the Cold War* (New Haven, CT: Yale University Press, 1997); Matthew Evangelista, *Unarmed Forces: The Transnational Movement to End the Cold War* (Ithaca, NY: Cornell University Press, 1999); Robert G. Herman, "Identity, Norms and National Security: The Soviet Foreign Policy Revolution and the End of the Cold War," in Peter J. Katzenstein, ed., *The Culture of National Security: Norms and Identity in World Politics* (New York: Columbia University Press, 1996), pp. 271-316; Richard Ned Lehow and Thomas W. Risse-Kappen, eds., *International Relations Theory and the End of the Cold War* (New York: Columbia University Press, 1995)。
87. Stephen G. Brooks and William C. Wohlforth, "Power, Globalization, and the End of the Cold War: Reevaluating a Landmark Case for Ideas," *International Security* 25, No. 3 (Winter 2000-2001), pp. 5-53; William C. Wohlforth, "Realism and the End of the Cold War," *International Security* 19, No. 3 (Winter 1994-95), pp. 91-129; Randall L. Schweller and William C. Wohlforth, "Power Test: Evaluating Realism in Response to the End of the Cold War," *Security Studies* 9, No. 3 (Spring 2000), pp. 60-107.另請參見本書第三章、第十章，及蘇聯政策制定者的評述：William C. Wohlforth, ed., *Witnesses to the End of the Cold War* (Baltimore, MD: Johns Hopkins University Press, 1996), pt. 1。
88. Ronald G. Suny, *The Revenge of the Past: Nationalism, Revolution, and the Collapse of the Soviet Union* (Stanford, CA: Stanford University Press, 1993)
89. 如果經濟良好的蘇聯因為其領導人堅信安全領域的競賽不再是國際政治的重要方面而選擇了放棄東歐，那麼攻勢現實主義將不再成立。
90. 關於義大利外交政策的最好描述可參見H. James Burgwyn, *Italian Foreign Policy in the Interwar Period, 1918-1940* (Westport, CT: Praeger, 1997); Bosworth, *Italy, the Least of the Great Powers; Alan Cassels, Mussolini's Early Diplomacy* (NJ: Princeton University Press, 1970); MacGregor Knox, *Mussolini Unleashed, 1939-1941: Politics and Strategy in Fascist Italy's Last War* (Cambridge: Cambridge University Press, 1982）; C. J. Lowe and E Marzari, *Italian Foreign*

Expansion," p. 161.

79. 參見Werner Hahn, *Postwar Soviet Politics: The Fall of Zhdanov and the Defeat of Moderation, 1946-1953* (Ithaca. NY: Cornell University Press, 1982); Holloway, *Stalin and the Bomb,* chap, 8; Vojtech Mastny, *The Cold War and Soviet Insecurity: The Stalin Years* (Oxford: Oxford University Press, 1996); Pechatnov, "The Big Three"; Ulam, *Expansion and Coexistence,* chaps. 8-13; Zubok and Pleshakov, *Inside the Kremlin's Cold War,* chaps. 1-3 and "Postmortem"。另請參見下書關於莫洛托夫與史達林的引述：Marc Trachtenberg, *A Constructed Peace: The Making of the European Settlement 1945-1963* (Princeton, NJ: PrincetonUniversity Press, 1999), pp. 19, 36。
80. Louise L. Fawcett, *Iran and the Cold War: The Azerbaijan Crisis of 1946* (Cambridge: Cambridge University Press, 1992); Bruce Kuniholm, *The Origins of the Cold War in the Near East: Great Power Conflict and Diplomacy in Iran, Turkey, and Greece* (Princeton, NJ: Princeton University Press, 1980), chaps. 3-6; Natalia I. Yegorova, "The 'Iran Crisis' of 1945-1946: A View from the Russian Archives," CWHIP Working Paper No. 15 (Washington, DC: Woodrow Wilson International Center for scholars, May 1996).
81. Kuniholm, *The Origins of the Cold War,* chaps. 1, 4-6: Melvyn P. Leffler, "Strategy, Diplomacy, and the Cold War: The United States, Turkey, and NATO, 1945-1952," *Journal of American History* 71, No. 4 (March 1985), pp. 807-825; Eduard Mark, "The War Scare of 1946 and Its Consequences," *Diplomatic History* 21, No. 3 (Summer 1997), pp. 383-415.
82. 1955年，蘇聯同西方也達成了一項協定，從奧地利撤出蘇聯和北約部隊並使之成為東西方衝突中的中立國。但對蘇聯而言，有好的戰略理由去打這張牌。下書清楚地表明了這一點，參見Audrey K. Cronin, *Great Power Politics and the Struggle over Austria, 1945-1955* (Ithaca, NY: Cornell University Press, 1986)。
83. 關於蘇聯亞洲政策的最好資料有：Sergei N. Goncharov, John W. Lewis, and Xue Litai, *Uncertain Partners: Stalin. Mao, and the Korean War* (Stanford, CA: Stanford University Press, 1993); Westad, Cold War and Revolution; Michael M. Sheng, *Battling Western Imperialism: Mao, Stalin, and the United States* (Princeton, NJ: Princeton University Press, 1997)。
84. Goncharov, Lewis, and Litai, *Uncertain Partners,* chap. 5; Mastny, *The Cold War,* pp. 85-97; Weathersby, "Soviet Aims in Korea"; Kathtyn Weathersby, "To Attack or Not to Attack: Stalin, Kim I1 Sung, and the Prelude to War," *CWIHP Bulletin* 5 (Spring . 1995), pp. 1-9.

(New York: Norton, 1990), p. 9。關於史達林在二戰前十年工業化政策的詳細討論，參見ibid., chaps. 3-5; Alec Nove, *An Economic History of the USSR, 1917-1991,* 3d ed. (New York: Penguin, 1992), chaps. 7-9。

70. Jonathan Haslam, *The Soviet Union and the Threat from the East, 1933-1941: Moscow, Tokyo and the Prelude to the Pacific War* (Pittsburgh, PA: University of Pittsburgh Press, 1992).
71. 參見第八章。
72. 同第五章注釋28。
73. Nikita Khrushchev, *Khrushchev Remembers,* trans, and ed. Strobe Talbott (Boston: Little, Brown, 1970), p. 134.
74. Mastny, *Russia's Road to the Cold War; Ulam, Expansion and Coexistence,* chap. 7.
75. Russell D. Buhite, *Decisions at Yalta: An Appraisal of Summit Diplomacy* (Wilmington, DE: Scholarly Resources, 1986), chap. 5; Diane S. Clemens, *Yalta* (Oxford: Oxford University Press, 1970), pp. 58-62, 247-255; Herbert Feis, *Churchill, Roosevelt, Stalin: The War They Waged and the Peace They Sought* (Princeton, NJ: Princeton University Press, 1957), pp. 505-518; Odd Arne Westad, *Cold War and Revolution: Soviet-American Rivalry and the Origins of the Chinese Civil War, 1944-1946* (New York: Columbia University Press, 1993), chap. 1.
76. Bruce Cumings, *The Origins of the Korean War*, vol. I, *Liberation and the Emergence of Separate Regimes, 1945-1947* (Princeton, NJ: Princeton University Press, 1981); Kathryn Weathersby, "Soviet Aims in Korea and the Origins of the Korean War, 1945-1950: New Evidence from Russian Archives," CWIHP Working Paper No. 8 (Washington, DC: Woodrow Wilson International Center for Scholars, November 1993).
77. 而在1948年，美國決策者們認為蘇聯軍隊有400萬規模，而不是287萬。參見Matthew A. Evangelista, "Stalin's Postwar Army Reappraised," *International Security* 7, No. 3 (Winter 1982-1983), pp. 110-138; the articles by Phillip A. Karber and Jerald A, Combs, John S, Duffield, and Matthew Evangelista in "Assessing the Soviet Threat to Europe: A Roundtable," *Diplomatic History* 22, No. 3 (Summer 1998), pp. 399-449。儘管美國情報高估了蘇聯軍隊的人數，但二十世紀四〇年代後期的西方決策者們仍認為紅軍進攻西歐不太可能。韓戰爆發後，對蘇聯閃電戰的擔心才變得真切起來。參見Ulam, *Expansion and Coexistence,* pp. 404, 438, 498。
78. 道格拉斯·麥克唐納（Douglas Macdonald）寫道：「赫魯雪夫和莫洛托夫兩人的口述回憶錄及其他新證據的絕大部分，均證實了史達林對美國力量的擔心是對蘇聯擴張主義的最為重要的制約因素。Macdonald, "Communist Bloc

York: Harper and Brothers, 1947); Samuel L. Sharp, "National Interest: Key to Soviet Politics," in Erik P. Hoffmann and Frederic J. Fleron, Jr., eds., *The Conduct of Soviet Foreign Policy* (Chicago: Aldine-Atherton, 1971), pp. 108-117; Snyder, *Myths of Empire*, chap. 6; Ulam, Expansion and Coexistence; William C. Wohlforth, *The Elusive Balance: Power and Perceptions during the Cold War* (Ithaca, NY: Cornell University Press, 1993); Zubok and Pleshakov, *Inside the Kremlin's Cold War*。

61. 強調意識形態在蘇聯外交政策中作用的文章包括：Jacobson, *When the Soviet Union Entered;* Douglas J. Macdonald, "Communist Bloc Expansion in the Early Cold War: Challenging Realism, Refuting Revisionism," *International Security* 20, No. 3 (Winter 1995-1996), pp. 152-188; Teddy J. Uldricks, *Diplomacy and Ideology: The Origins of Soviet Foreign Relations, 1917-1930* (London: Sage, 1979); Walt, *Revolution and War,* chap. 4。
62. 參見E. H. Carr, *The Bolshevik Revolution, 1917-1923,* vol. 3 (New York: Macmillan, 1961), chaps. 21-25; Debo, Revolution and Survival; Richard K. Debo, *Survival and Consolidation: The Foreign Policy of Soviet Russia, 1918-1921* (Montreal: McGill-Queen's University Press, 1992); Ulam, *Expansion and Coexistence,* chap. 3; Walt, *Revolution and War,* chap. 4。
63. 參 見John W. Wheeler-Bennett, *Brest-Litovsk: The Forgotten Peace March 1918* (New York: Norton, 1971)。
64. 參見本書第四章注釋128。
65. 參見Debo, *Survival and Consolidation,* chaps. 13-14; James M. McCann, "Beyond the Bug: Soviet Historiography of the Soviet-Polish War of 1920," *Soviet Studies* 36, No. 4 (October 1984), pp. 475-493；及本書第三章注釋41所列文獻。這一例子支持艾瑞克・拉布斯的觀點，即在戰爭中只要出現征服領土的機會，國家便會擴大其戰爭目標。
66. 如前所述，日本在西伯利亞駐軍直至1922年，在庫頁島北部駐軍至1925年。
67. 參見Carr, *Bolshevik Revolution,* vol. 3, chaps. 26-34; R. Craig Nation, *BlackEarth, Red Star: A History of Soviet Security Policy, 1917-1991* (Ithaca, NY: Cornell University Press, 1992), chap. 2; Jacobson, *When the Soviet Union Entered;* Teddy J. Uldricks, "Russia and Europe: Diplomacy, Revolution, and Economic Development in the 1920s," *International History Review* 1, No. 1 (January 1979), pp. 55-83; Ulam, *Expansion and Coexistence,* chap. 4; Walt, *Revolution and War,* pp. 175-201。
68. 參見本章注釋49。
69. 引 自Robert C. Tucker, *Stalin in Power: The Revolution from Above, 1928-1941*

Husking, *Russia,* pp. 34, 41。

55. 引文皆出自Stephen M. Walt, *Revolution and War* (Ithaca, NY: Cornell University Press, 1996), p. 129。
56. 這一段取材於Jun Jacobson, *When the Soviet Union Entered World Politics* (Berkeley: University of California Press, 1994), p. 3，書中列出了關於列寧外交政策的學者共識。
57. Richard K. Debo, *Revolution and Survival: The Foreign Policy of Soviet Russia, 1917-18* (Toronto: University of Toronto Press, 1979), p. 416.也可參見Piero Melograni, *Lenin and the Myth of World Revolution: Ideology and Reasons of State, 1917-1920,* trans. Julie Lerro (Atlantic Highlands, NJ: Humanities Press International, 1979)。此書認為，列寧並不想要一場世界革命，因為這將會使共產主義及社會主義政黨在其他國家掌權。它們可能會以犧牲布爾什維克為代價而支配歐洲。
58. 關於史達林作為現實主義者的闡述，參見P.M.H. Bell, *The Origins of the Second World War in Europe,* 2d ed.(London: Longman, 1997), pp. 136-137; David Holloway, *Stalin and the Bomb: The Soviet Union and Atomic Energy, 1939-1956* (New Haven, CT: Yale University Press, 1994), pp. 168-169; Henry Kissinger, *Diplomacy* (New York: Simon and Schuster, 1994), chaps. 13-20; Vojtech Mastny, *Russia's Road to the Cold War: Diplomacy, Warfare, and the Politics of Communism, 1941-1945* (New York: Columbia University Press, 1979), p. 223; Adam B. Ulam, *Expansion and Coexistence: Soviet Foreign Policy, 1917-1973,* 2d ed, (New York: Holt, Rinehart, and Winston, 1974), p. 144; Vladislav Zubok and Constantine Pleshakov, *Inside the Kremlin's Cold War: From Stalin to Khrushchev* (Cambridge, MA: Harvard University Press, 1996), pp. 18, 38。也可參見Vladimir O. Pechatnov, "The Big Three after World War II: New Documents on Soviet Thinking about Post War Relations with the United States and Britain," Cold War International History Project [CWIHP] Working Paper No. 13 (Washington, DC: Woodrow Wilson International Center for Scholars, July 1995)。該文獻明確指出，至少有3個史達林的外交政策顧問以現實主義眼光看待世界。關於1939年8月-1941年6月間蘇聯與納粹德國的合作，參見本書第2章注釋59中引用的文獻。
59. Zubok and Pleshakov, *Inside the Kremlin's Cold War,* p. 139.
60. Barrington Moore, Jr., *Soviet Politics-The Dilemma of Power: The Role of Ideas in Social Change* (Cambridge, MA: Harvard University Press, 1950), p. 408.也可參見ibid., pp. 350-351, 382-383, 390-392; Francesca Gori and Silvio Pons, eds., *The Soviet Union and Europe in the Cold War, 1945-1953* (London: Macmillan, 1996); Walter Lippmann, *The Cold War: A Study in U.S. Foreign Policy* (New

約》，這是「一個多邊、緊密、長期的合作協定」，使德國能夠違反《凡爾賽和約》私下強化其軍事力量。Jiri Hochman, *The Soviet Union and the Failure of Collective Security, 1934-1938* (Ithaca, NY: Cornell University Press, 1984), p. 17.也可參見Hans W. Gatzke, "Russo-German Military Collaboration during the Weimar Republic," *American Historical Review* 63, No. 3 (April 1958), pp. 565-597; Aleksandr M. Nekfich, Pariahs, *Partners, Predators: German-Soviet Relations, 1922-1941* (New York: Columbia University Press, 1997), haps. 1-2; Kurt Rosenbaum, *Community of Fate: German-Soviet Diplomatic Relations, 1922-1928* (Syracuse, NY: Syracuse University Press, 1965)。

50. Henry L. Brettnn, *Stresemann and the Revision of Versailles: A Fight for Reason* (Stanford, CA: Stanford University Press, 1953), p. 25.也可參見Manfred J. Enssle, *Stresemann's Territorial Revisionism: Germany, Belgium, and the Eupen-Malmedy Question, 1919-1929* (Wiesbaden, FRG: Franz Steiner, 1980); Hans W. Gatzke, *Stresemann and the Rearmament of Germany* (New York: Norton, 1969)；及本章注釋48所列文獻。關於強權政治（*Machtpolitik*）對魏瑪德國的影響，參見Post, *Civil-Military Fabric*, pp. 81-82, 164-167, 311-312。

51. 關於納粹侵略的最好著作，參見Hildebrand, *Foreign Policy of the Third Reich;* Hillgruber, *Germany,* chaps. 5-9; Norman Rich, *Hitler's War Aims: Ideology, the Nazi State, and the Course of German Expansion* (New York: Norton, 1973); Telford Taylor, *Sword and Swastika: Generals and Nazis in the Third Reich* (New York: Simon and Schuster. 1952); Gerhard L. Weinberg, *The Foreign Policy of Hitler's Germany: Diplomatic Revolution in Europe, 1933-36* (Chicago: University of Chicago Press, 1970); Gerhard L. Weinberg, *The Foreign Policy of Hitler's Germany: Starting World War II, 1937-39* (Chicago: University of Chicago Press, 1980)。

52. 有關德國軍事力量在二十世紀三〇年代的增長，參見第八章。

53. Richard Pipes, *The Formation of the Soviet Union: Communism and Nationalism, 1917-1923* (Cambridge, MA: Harvard University Press, 1957), p. 1.也可參見William C. Fuller, Jr., *Strategy and Power in Russia, 1600-1914* (New York: Free Press, 1992); Geoffrey Husking, *Russia: People and Empire, 1552-1917* (Cambridge, MA: Harvard University Press, 1997), pt. 1; Barbara Jelavich, *A Century of Russian Foreign Policy, 1814-1914* (Philadelphia: J. B. Lippincott, 1964); John P. LeDonne, *The Russian Empire and the World, 1700-1917: The Geopolitics of Expansion and Containment* (Oxford: Oxford University Press, 1997)。

54. Fuller, *Strategy and Power,* p. 132.也可參見pp. 34, 125-127, 134-139, 174-175;

採取任何措施來結束危機。事實上，德國視一場同法國和俄國的大戰為實現下述目標的契機：(1)打破三國協約對它的封鎖；(2)壓制俄國，因為擔心它在近期變得比德國更為強大；(3)在歐洲建立霸權。例如，可參見Copeland, *Origins of Major War,* chaps. 3-4; Fritz Fischer, *War of Illusions: German Policies from 1911 to 1914,* trans. Marian Jackson (New York: Norton, 1975), chaps. 22-23; Imanuel Geiss, ed., *July 1914, The Outbreak of the First World War: Selected Documents* (New York: Norton, 1974); Konrad H. Jarausch, "The Illusion of Limited War: Chancellor Bethmann-Hollweg's Calculated Risk, July 1914," *Central European History* 2, No. 1 (March 1969), pp. 48-76; Wayne C. Thompson, *In the Eye of the Storm: Kurt Riezler and the Crises of Modern Germany* (Ames: University of Iowa Press, 1980), chaps. 2-3；及本章注釋35所引文獻。

46. 《凡爾賽條約》中關於德國軍隊的規模和結構的部分可參見U.S. Department of State, *The Treaty of Versailles and After: Annotations of the Text of the Treaty* (Washington, DC: U.S. Government Printing Office, 1947) pp. 301-365。
47. 關於德國對波蘭的擔憂，參見Michael Geyer, "German Strategy in the Age of Machine Warfare, 1914-1945," in Peter Paret, ed., *Makers of Modern Strategy: From Machiavelli to the Nuclear Age* (Princeton, NJ: Princeton University Press, 1986), pp. 561-563; Gaines Post, Jr., *The Civil-Military Fabric of Weimar Foreign Policy* (Princeton, NJ: Princeton University Press, 1973), pp. 101-110。波蘭在一戰結束後最初若干年內的情形似乎為攻勢現實主義提供了額外的支援。這一新建立的國家在短期內享有了對德國和蘇聯的明顯的軍事優勢，而此時這兩個國家因一戰的失敗而受重創。波蘭意識到這是獲取權力加強防務的契機，便著手分裂蘇聯並建立由波蘭領導的包括立陶宛、白俄羅斯和烏克蘭的強有力的聯邦。波蘭人「夢想著重新建立那個強大且地域遼闊的波蘭王國」。Josef Korbel, *Poland between East and West: Soviet and German Diplomacy toward Poland, 1919-1933* (Princeton, NJ: Princeton University Press, 1963), p. 33.另請參見本書第三章注釋41中所引用資料。
48. 參　見Edward W. Bennett, *German Rearmament and the West, 1932-1933* (Princeton, NJ: Princeton University Press, 1979); Jun Jacobson, *Locarno Diplomacy Germany and the West, 1925-1929* (Princeton, NJ: Princeton University Press, 1972); Christopher M. Kimmich, *The Free City: Danzig and German Foreign Policy, 1919-1934* (New Haven, CT: Yale University Press, 1968); Post, *Civil-Military Fabric*; Marshall M. Lee and Wolfgang Michalka, *German Foreign Policy, 1917-1933: Continuity or Break?* (New York: Berg, 1987); Smith, *Ideological Origins,* chap. 9。
49. 為達到這一目的，1922年4月16日魏瑪德國和蘇聯秘密簽署了《拉巴羅條

University Press, 1965), pts. 2-5; Glenn H. Snyder, *Alliance Politics* (Ithaca, NY: Cornell University Press, 1997); A. J.P. Taylor, *The Struggle for Mastery in Europe, 1848-1918* (Oxford: Clarendon, 1954), chaps. 10-17。

38. 這一描述由梅德利科特（W. N. Medlicott）首先使用，儘管他也認為這不是對俾斯麥的準確描述。參見W. N. Medlicott, *Bismarck and Modern Germany* (New York: Harper and Row, 1965), p. 180。
39. 參　見George E Kennan, *The Decline of Bismarck's European Order: Franco-Russian Relations, 1875-1890* (Princeton, NJ: Princeton University Press, 1979), pp. 11-23; Taylor, *Struggle,* pp. 225-227。
40. Joseph V. Fuller, *Bismarck's Diplomacy at Its Zenith* (Cambridge, MA: Harvard University Press, 1922), chaps. 6-8; William D. Irvine, *The Boulanger Affair Reconsidered: Royalism, Boulangism, and the Origins of the Radical Right in France* (Oxford: Oxford University Press, 1989); Langer, *European Alliances,* chap. 11.
41. Kennan, *Decline,* p. 338.
42. Richard D. Challener, *The French Theory of the Nation in Arms, 1866-1939* (New York: Russell and Russell, 1965), chaps. 1-2; Allan Mitchell, *Victors and Vanquished: The German Influence on Army and Church in France after 1870* (Chapel Hill: University of North Carolina Press, 1984), chaps. 1-5; Barry R. Posen, "Nationalism, the Mass Army, and Military Power," *International Security* 18, No. 2 (Fall 1993), pp. 109-117; David Stevenson, *Armaments and the Coming of War: Europe, 1904-1914* (Oxford: Oxford University Press, 1996), pp. 56-58.
43. 參見第八章。
44. 以下著作屬於研究1900-1914年間歐洲政治文獻中最好的那類：Albertini, *Origins of the War,* vol. I, chaps. 3-10; Geiss, *German Foreign Policy,* chaps. 8-17; David G. Herrmann, *The Arming of Europe and the Making of the First World War* (Princeton, NJ: Princeton University Press, 1996); Rich, Holstein, vol. 2, pts. 5-6; Snyder, *Alliance Politics;* Stevenson, *Armaments and the Coming of War;* Taylor, *Struggle,* chaps. 17-22。
45. 1914年7月危機爆發之初，德國希望它是在巴爾幹地區的一場局部戰爭，僅包括奧匈帝國和塞爾維亞。然而它也願意接受一場以奧匈帝國和德國對法國和俄國的大陸戰。但是，它不希望出現世界大戰，這意味著英國的捲入。參見Jack S. Levy, "Preferences, Constraints, and Choices in July 1914," *International Security* 15, No. 3 (Winter 1990-1991), pp. 154-161。隨著危機的發展，歐洲走向一場大陸戰爭或世界大戰而不是局部戰爭這一趨勢，變得越發明顯。德國從危機之初便對危機的出現和發展起了關鍵作用，在戰爭日益接近時，它並未

32. 這一主題的關鍵著作是Andreas Hillgruber, *Germany and the Two World Wars*, trans. William C. Kirby (Cambridge, MA: Harvard University Press, 1982), chap. 2; Eberhard Jackel, *Hitler's World View: A Blueprint for Power,* trans. Herbert Arnold (Cambridge, MA: Harvard University Press, 1981), chaps. 2, 5。參見Dale C. Copeland, *The Origins of Major War* (Ithaca, NY: Cornell University Press, 2000), chap. 5; Gordon A. Craig, *Germany, 1866-1945* (Oxford: Oxford University Press, 1980), pp. 673-677; Sebastian Haffner, *The Meaning of Hitler,* trans. Ewald Osers (Cambridge, MA: Harvard University Press, 1979), pp. 75-95。關於希特勒外交政策的最好論述不是出自*Mein Kampf*而是*Hitler's Secret Book,* trans. Salvator Attanasio (New York: Bramhall House, 1986)。
33. David Calleo, *The German Problem Reconsidered: Germany and the World Order, 1870 to the Present* (Cambridge: Cambridge University Press, 1978), p. 119.也可參見Ludwig Dehio, *Germany and World Politics in the Twentieth Century*, trans. Dieter Pevsner (New York: Norton, 1959); Fritz Fischer, *From Kaiserreich to Third Reich: Elements of Continuity in German History, 1871-1945,* trans. Roger Fletcher (London: Allen and Unwin, 1986); Klaus Hildebrand, *The Foreign Policy of the Third Reich,* trans. Anthony Fothergill (Berkeley: University of California Press, 1973), pp. 1-11, 135-147; Woodruff D. Smith, *The Ideological Origins of Nazi Imperialism* (Oxford: Oxford University Press, 1986)。
34. 參見Henry A. Turner, *Hitler's Thirty Days to Power, January 1933* (Reading, MA: Addison-Wesley, 1996), pp. 173-174。
35. 德國野心的證據可在貝特曼・霍爾韋格（Theobald von Bethmann-Hollweg）總理於一戰爆發後一個月時起草的戰爭目標中找到。參見Fritz Fischer, *Germany's Aims in the First World War* (New York: Norton, 1967), pp. 103-106；也可參見Stephen Van Evera, *Causes of War: Power and the Roots of Conflict* (Ithaca, NY: Cornell University Press, 1999), pp. 202-203。
36. 參見第八章。
37. 對於1870-1900年間歐洲政治的最好論述可參見Luigi Albertini, *The Origins of the War of 1914,* vol. I, *European Relations from the Congress of Berlin to the Eve of the Sarajevo Murder,* ed. and trans. Isabella M. Massey (Oxford: Oxford University Press, 1952), chaps. 1-2; Imanuel Geiss, *German Foreign Policy, 1871-1914* (London: Routledge and Kegan Paul, 1979), chaps. 3-9; William L. Langer, *European Alliances and Alignments, 1871-1890* (New York: Alfred A. Knopf, 1939); William L. Langer, *The Diplomacy of Imperialism, 1890-1902,* 2d ed.(New York: Knopf, 1956); Norman Rich, *Friedrich Von Holstein: Politics and Diplomacy in the Era of Bismarck and Wilhelm II,* 2 vols. (Cambridge: Cambridge

the Onset of World WarII (Cambridge, MA: Harvard University Press, 1974).
23. Crowley, "Japan's Military Foreign Policies," pp. 39-54.
24. 對這一時期的最好研究有Barnhart, *Japan Prepares for Total War;* Alvin D. Coox, *Nomonhan: Japan against Russia, 1939*, 2 vols. (Stanford, CA: Stanford University Press, 1985); James B. Crowley, *Japan's Quest for Autonomy: National Security and Foreign Policy, 1930-1938* (Princeton, NJ: Princeton University Press, 1966)。
25. Seki, "The Manchurian Incident"; Sadako N. Ogata, *Defiance in Manchuria: The Making of Japanese Foreign Policy, 1931-1932* (Berkeley: University of California Press, 1964); Mark R. Peattie, *Ishiwara Kanji and Japan's Confrontation with the West* (Princeton, NJ: Princeton University Press, 1975), chaps. 4-5; Toshihiko Shimada, "The Extension of Hostilities, 1931-1932," trans. Akira Iriye, in Morley, ed., *Japan Erupts,* pp. 233-335.
26. Peter Duus, Raymond H. Myers, and Mark R. Peattie, eds., *The Japanese Formal Empire in China, 1895-1937* (Princeton, NJ: Princeton University Press, 1989); Shimada Toshihiko, "Designs on North China, 1933-1937" , trans. James B. Crowley, in James W. Morley, ed., *The China Quagmire: Japan's Expansion on the Asian Continent, 1933-1941* (New York: Columbia University Press, 1983), pp. 3-230.
27. George H. Blakeslee, "The Japanese Monroe Doctrine," *Foreign Affairs* 11, No. 4 (July 1933), pp. 671-681.
28. Ikuhiko Hata, "The Marco Polo Bridge Incident, 1937," trans. David Lu and Katsumi Usui, "The Politics of War, 1937-1941," trans. David Lu, in Morley, ed., *China Quagmire,* pp. 233-286, 289-435.
29. Alvin D. Coox, *The Anatomy of a Small War: The Soviet-Japanese Struggle for Changkufeng-Khasan, 1938* (Westport, CT: Greenwood, 1977); Coox, *Namanhan,* vols. 1-2; Hata, "The Japanese-Soviet Confrontation, 1935-1939," trans. Alvin D. Coox, in James W. Morley, ed., *Deterrent Diplomacy: Japan, Germany, and the USSR, 1935-1940* (New York: Columbia University Press, 1976), pp. 113-178.
30. 日本擴張的概念在本章的後面部分將詳細論述。
31. 關於俾斯麥作為一個現實主義及民族主義者的概要論述參見Bruce Waller, *Bismarck,* 2d ed. (Oxford: Blackwell, 1997), chaps. 2-4。可能是俾斯麥最好的兩部傳記以大量細節闡述了這一問題：Lothar Gall, *Bismarck: The White Revolutionary*, vol. I, 1851-1871, trans. J. A. Underwood (Boston: Unwin Hyman, 1986); Otto Pflanze, *Bismarck and the Development of Germany: The Period of Unification, 1815-1871* (Princeton, NJ: Princeton University Press, 1973)。

Empire, p. 9.

12. E. H. Norman, "Japan's Emergence as a Modern State," in John W. Dower, ed., *Origins of the Modern Japanese State: Selected Writings of E. H. Norman* (New York: Random House, 1975), p. 305. 也可參見Marius B. Jansen, "Japanese Imperialism: Late Meiji Perspectives," in Myers and Peattie, eds., *Japanese Colonial Empire,* p. 62; Marius B. Jansen, "Modernization and Foreign Policy in Meiji Japan," in Ward, ed., *Political Development,* pp. 149-188。
13. 參 見Hiroharu Seki, "The Manchurian Incident, 1931," trans. Marius B. Jansen, in James W. Morley, ed., *Japan Erupts: The London Naval Conference and the Manchurian Incident, 1928-1932* (New York: Columbia University Press, 1984), p. 143。
14. 參見Peattie, "Introduction," in Myers and Peattie, eds., *Japanese Colonial Empire,* p. 15。
15. Hilary Conroy, *The Japanese Seizure of Korea, 1868-1910: A Study of Realism and Idealism in International Relations* (Philadelphia: University of Pennsylvania Press, 1960); M. Frederick Nelson, Korea and the Old Orders in Eastern Asia (New York Russell and Russell, 1945).
16. Beasley, *Japanese Imperialism,* chaps. 4-5.
17. Beasley, *Japanese Imperialism,* chap. 6.
18. 關於日俄戰爭的最好資料有Committee of Imperial Defence, *The Official History of the Russo-Japanese War*, 3 vols. (London: His Majesty's Stationery Office, 1910-1920); R. M. Connaughton, *The War of the Rising Sun and Tumbling Bear: A Military History of the Russo-Japanese War, 1904-1905* (London: Routledge, 1988); A. N. Kuropatkin, *The Russian Army and the Japanese War*, trans. A. B. Lindsay, 2 vols. (London: John Murray, 1909); Ian Nish, *The Origins of the Russo-Japanese War* (London: Longman, 1985); J. N. Westwood, *Russia against Japan, 1904-1905: A New Look at the Russo-Japanese War* (Albany: State University of New York Press, 1986); John A. White, *The Diplomacy of the Russo-Japanese War* (Princeton, NJ: Princeton University Press, 1964)。
19. Beasley, *Japanese Imperialism,* chap. 7.
20. Beasley, *Japanese Imperialism,* chap. 8.
21. James W. Morley, *The Japanese Thrust into Siberia, 1918* (New York: Columbia University Press, 1957). 另請參見本書第四章注釋128。
22. Emily O. Goldman, *Sunken Treaties: Naval Arms Control between the Wars* (University Park: Pennsylvania State University Press, 1994); Stephen E. Pelz, *Race to Pearl Harbor: The Failure of the Second London Naval Conference and*

我考察其在明治維新至1895年間的行為，因為它對1895年後的事件有直接影響。為節省篇幅，我沒有對1792-1990年間所有強國的行為進行考察。特別是，我省略了奧地利/奧匈帝國（1792-1917年）、法國（1792-1940年）、普魯士（1792-1862年）和俄國（1792-1917年）。然而，我確信，對這些國家的外交政策行為的考察將不會同攻勢現實主義的主要原則產生矛盾，相反會支持這些原則。

3. 這一說法引自Richard J. B. Bosworth, Italy, *The Least of the Great Powers: Italian Foreign Policy before the First World War* (Cambridge: Cambridge University Press, 1979)。
4. 引文出自Nicholas Spykman, *America's Strategy in World Politics: The United States and the Balance of Power* (New York: Harcourt, Brace, 1942), p. 20。
5. 引自Marius B. Jansen, "Japanese Imperialism: Late Meiji Perspectives," in Ramon H. Myers and Mark R. Peattie, eds., *The Japanese Colonial Empire, 1895-1945* (Princeton, NJ: Princeton University Press, 1984), p. 64。
6. W. G. Beasley, *The Modern History of Japan,* 2d ed. (London: Weidenfeld and Nicolson, 1973), chaps. 6-8; Marius B. Jansen, ed., *The Cambridge History of Japan,* Vol.5, *The Nineteenth Century* (Cambridge: Cambridge University Press, 1989), chaps. 5-11.
7. Akira Iriye, "Japan's Drive to Great-Power Status," in Jansen, ed., *Cambridge History,* Vol. 5, pp. 721-782.
8. 對這段時期日本外交政策的最好總結有：W. G. Beasley, *Japanese Imperialism, 1894-1945* (Oxford: Clarendon, 1987); James B. Crowley, "Japan's Military Foreign Policies," in James W. Morley, ed., *Japan's Foreign Policy, 1868-1941: A Research Guide* (New York: Columbia University Press, 1974), pp. 3-117; Peter Duus, ed., *The Cambridge History of Japan,* Vol. 6, *The Twentieth Century* (Cambridge: Cambridge University Press, 1998), chaps. 5-7; Ian Nish, *Japanese Foreign Policy, 1869-1942: Kasumigaseki to Miyakezaka* (London: Routledge and Kegan Paul, 1977)。
9. Nobutaka Ike, "War and Modernization," in Robert E. Ward, ed, *Political Development in Modern Japan* (Princeton, NJ: Princeton University Press, 1968), p. 189.
10. Jack Snyder, *Myths of Empire: Domestic Politics and International Ambition* (Ithaca, NY: Cornell University Press, 1991), p. 114.參見Michael A. Barnhart, *Japan Prepares for Total War: The Search for Economic Security, 1919-1941* (Ithaca, NY: Cornell University Press, 1987), p. 17。
11. Mark R. Peattie, "Introduction," in Myers and Peattie, eds., *Japanese Colonial*

推卸我們的責任。科威特必須重建，否則沒有國家會是安全的，我們期望的光明未來也會受到危害。」George Bush, "The Need for an Offensive Military Option," in Micah L. Sifry and Christopher Cerf, eds., *The Gulf War Reader: History, Documents, Opinions* (New York: Times Books, 1991), p. 229. 參見 Thomas L. Friedman, "Washington's 'Vital Interests,'" in ibid., pp. 205-206。也有這種可能性：國家跟著成功的侵略者走（按照施韋勒對這一術語的理解），並導致更多的戰爭。

64. 參見 Matthew Evangelista, *Innovation and the Arms Race: How the United States and the Soviet Union Develop New Military Technologies* (Ithaca, NY: Cornell University Press, 1988); Williamson Murray and Ala R. Millet, eds., *Military Innovation in the Interwar Period* (Cambridge: Cambridge University Press, 1996); Posen, Sources of Military Doctrine, pp. 29-33, 54-57, 224-226; Stephen P. Rosen, *Winning the Next War: Innovation and the Modern Military* (Ithaca, NY: Cornell University Press, 1991)。
65. 參見 Richard K. Betts, *Surprise Attack: Lessons for Defense Planning* (Washington, DC: Brookings Institution Press, 1983)。
66. 參　見 Michael I. Handel, *War, Strategy, and Intelligence* (London: Frank Cass, 1989), chaps. 3-8; Dan Reiter, *Crucible of Beliefs: Learning, Alliances, and World Wars* (Ithaca, NY: Cornell University Press, 1996)。

第六章　注釋

1. 僅有一項研究同攻勢現實主義的觀點（即國際體系中維護現狀的國家是很少見的）有直接關係。艾瑞克·拉布斯考察了普奧戰爭（1866年）及普法戰爭（1870-1871年）中的普魯士、第一次世界大戰（1914-1918年）中的英國和朝鮮戰爭（1950-1953年）中的美國的戰爭目標。他試圖確定，安全方面的考慮是否驅使這些國家利用戰時的機會以獲得相對權力，這一點正是攻勢現實主義所預測的，或者是否這些國家僅滿足於維持現狀。換言之，戰爭目標在衝突期間是趨於固定不變，還是更可能擴展？他發現這四個事例均為攻勢現實主義「提供了有力的支援」。他認為：「政治家們擴展了他們的戰爭目標……並不論好壞全力推動國際體系」，因為他們相信，最大程度地擴展其相對權力是「確保其在戰後世界中利益」的最有效方式。Eric J. Labs, "Offensive Realism and Why States Expand Their War Aims," *Security Studies* 6, No. 4 (Summer 1997), pp. 1-49. 注釋引自 pp. 21, 46。
2. 儘管在十九世紀結束之前美國不是一個強國，但其在那個世紀的整個進程中的行為對評價攻勢現實主義有直接關係。1895年前的日本也不是一個強國。

是受威脅之國所使用的戰略，而是被那些尋求通過侵略獲取利潤的國家所採用的戰略。特別是，施韋勒認為，扈從出現在一個機會主義國家與另一個侵略國家合謀利用第三國的地方，就像1939年蘇聯與納粹德國合謀肢解波蘭一樣。這種行為與權力平衡邏輯並不衝突，正好符合以上描述的戰爭戰略。

55. Robert B. Strassler, ed., *The Landmark Thucydides: A Comprehensive Guide to the Peloponnesian War* (New York: Simon and Schuster, 1998), p. 352.

56. 在研究了中東地區的抗衡和扈從行為後，沃爾特得出結論說：「抗衡比扈從要常見得多，扈從行為幾乎總是局限於特別弱小而孤立的國家。」Walt, *Origins of Alliances*, p. 263. 也可參見ibid., pp. 29-33; Labs, "Weak States"。

57. 參見Elizabeth Wiskemann, "The Subjugation of South-Eastern Europe, June 1940 to June 1941," in Arnold Toynbee and Veronica M. Toynbee, eds. *Survey of International Affairs, 1939-46: The Initial Triumph of the Axis* (Oxford: Oxford University Press, 1958), pp. 319-336; Sidney Lowery, "Rumania" and "Bulgaria," in Arnold Toynbee and Veronica M. Toynbee, eds., *Survey of International Affairs, 1939-46: The Realignment of Europe* (Oxford: Oxford University Press, 1955), pp. 285-290, 301-306。

58. 綏靖的定義可在大多數字典中找到，並被歷史學家和政治學家廣泛採用。例如，參見Gilpin, *War and change,* pp. 193-194; Bradford A. Lee, *Britain and the Sino-Japanese War, 1937-1939: A Study in the Dilemmas of British Decline* (Stanford, CA: Stanford University Press, 1973), pp. vii-viii。但是，一些學者使用綏靖的不同定義。他們認為，綏靖是一種旨在通過排除雙方衝突的原因來減少與對手緊張關係的政策。參見Stephen R. Rock, *Appeasement in International Politics* (Lexington: University Press of Kentucky, 2000), pp. 10-12。綏靖的定義當然允許把權力轉讓給對手，但是沒有要求一定要這樣做。另一方面，我的定義要求綏靖者允許權力平衡發生不利於它的轉變。

59. 參見第七章。

60. 參見第八章。

61. Waltz, *Theory of International Politics*, pp. 127-128. 並參見該書pp. 74-77; Kenneth Waltz, "A Response to My Critics," in Robert O. Keohane, ed., *Neorealism and Its* Critics (New York: Columbia University Press, 1986), pp. 330-332; Colin Elman, "The Logic of Emulation: The Diffusion of Military Practices in the International System," Ph. D. diss., Columbia University, 1999。

62. Waltz, *Theory of International Politics*, pp. 127-128.

63. 例如，布希總統在1990年11月8日說：「伊拉克侵略科威特不僅僅是對科威特安全的挑戰，也是對波斯灣地區安全的挑戰，而且也是對我們所有人在冷戰後希望建立更好的世界的挑戰。因此，我們和我們的盟友不能也不會

Unwin, 1986), pp. 24-25; David French, "The Meaning of Attrition, 1914-1916," English Historical Review 103, No. 407 (April 1988), pp. 385-405。

50. 由於與軍事無關的原因，國家也對避免戰爭的慘重代價有很大的興趣。

51. 正如在第四章（注釋72）談到的，2400萬蘇聯人在反抗納粹德國的戰爭中死亡。英國和美國在有關的各種情況下共死亡65萬人。這個資料包括美國大約30萬的戰地死亡，英國30萬的戰地死亡，以及5萬英國平民的死亡。參 見I.C.B. Dear, ed., *The Oxford Companion to World War II* (Oxford: Oxford University Press, 1995), p. 290; Robert Goral ski, *World War II Almanac: 1931-1945* (New York: Putnam, 1981), pp. 425-426, 428。

52. 溫斯頓．邱吉爾（Winston Churchill）似乎一直在實施推卸責任戰略。甚至到了1944年夏，他還不想讓盟軍侵入法國，只是因為美國的強大壓力，他才同意在1944年6月6日這一天開始入侵行動。他寧願讓紅軍粉碎國防軍的主要力量，而英國和美國軍隊仍然在歐洲邊緣與較小規模的德軍作戰。參見Mark A. Stoler, *The Politics of the Second Front: American Military Planning and Diplomacy in Coalition Warfare, 1941-1943* (Westport, CT: Greenwood, 1977)。

53. 參見Isaac Deutscher, *Stalin: A Political Biography,* 2d ed. (Oxford: Oxford University Press, 1967), pp. 478-480; John Erickson, "Stalin, Soviet Strategy and the Grand Alliance," in Ann Lane and Howard Temperley, eds., *The Rise and Fall of the Grand Alliance, 1941-45* (New York: St. Martin's, 1995), pp. 140-141。回想起二戰時他作為蘇聯駐英國大使的經歷，伊文．邁斯基（Ivan Maisky）寫道：「在邱吉爾看來，如果德國和蘇聯在戰爭中都遭到重創、彼此消磨，而且這種狀況持續一代人，這就是理想的狀態。戰爭的代價將相對慘重，而英國則以最小的損失和作為歐洲拳擊手的良好形象到達終點。」參見Ivan *Maisky, Memoirs of a Soviet Ambassador: The War, 1939-1943,* trans. Andrew Rothstein (London: Hutchinson, 1967), p. 271。同樣，二戰期間，義大利駐土耳其大使也說：「土耳其的理想是，最後一名德國士兵應倒在最後一具俄國人屍體上。」參見Selim Deringil, *Turkish Foreign Policy during the Second World War: An "Active" Neutrality* (Cambridge: Cambridge University Press, 1989), pp. 134-135。

54. 關於扈從的主要著作有：Labs, "Do Weak States Bandwagon?" *Security Studies* 1, No. 3 (Spring 1992), pp. 383-416; Randall L. Schweller, "Bandwagoning for Profit: Bringing the Revisionist State Back in, *International Security* 19, No. 1 (Summer 1994), pp. 72-107; Walt, *Origins of Alliances*; and Waltz, *Theory of International Politics*。但是，施韋勒對扈從下的定義與包括我在內的其他國際關係學者所使用的這一概念有根本的不同（Schweller, "Bandwagoning for Profit," pp. 80-83）。根據常規的定義，扈從是受威脅的國家對他的對手使用的戰略，包括向侵略者作出不對稱的讓步。在施韋勒的字典中，扈從明顯不

出「克制、摒棄和放棄私利」。Ibid., p. 33.國家「會停止戰爭，而不是排除一個基本的國家行為者」。因為它們被「普遍的善的理論」所激發。Morton A. Kaplan, *System and Process in International Politics* (New York: John Wiley, 1957), p. 23; Gulick, Europe's Classical Balance, p. 45.所有對「團體利益關注」的結果是一個流動的而不是穩定的均衡。Ibid., p. 31.雖然這個理論集中於軍事並允許有限的侵略戰爭，但它不是一個現實主義理論，因為在這個理論中國家關心的是維持一種特殊的世界秩序，而不是追求權力。關於這個理論的進一步討論，參見Inis L. Claude, Jr., *Power and International Relations* (New York: Random House, 1962), chap. 2; Ernst B. Haas, "the Balance of Power: Prescription, Concept, or Propaganda?" *World Politics* 5 No. 4, (July 1953), pp. 442-477; Hans Morgenthau, *Politics among Nations*: The Struggle for Power and Peace, 5th ed. (New York: Knopt, 1973), chap. 11; Quincy Wright, *A Study of War,* vol. 2 (Chicago: University of Chicago Press, 1942), chap. 20。

44. 本節談論的建立權力平衡和推卸責任的案例將在第八章詳細論述。
45. 「外部均衡」和「內部均衡」的術語是沃爾茲在《國際政治理論》中提出的，pp. 118, 163。
46. 引自Keith Neilson and Roy A. Prete, eds., *Coalition Warfare: An Uneasy Accord* (Waterloo, ON: Wilfrid Laurier University Press, 1983), preface, p. vii。拿破崙關於這個問題的觀點反映在他給奧地利外交官所作的評論中：「你們需要多少個同盟？5個?10個？20個？你們的同盟越多，對我來說就越好。」引自Karl A. Roider, Jr., *Baron Thugut and Austria's Response to the French Revolution* (Princeton, NJ: Princeton University Press, 1987), p. 327。也可參見Gordon A. Craig, "Problems of Coalition Warfare: The Military Alliance against Napoleon, 1813-14," in Gordon A. Craig, *War, Politics, and Diplomacy: Selected Essays* (New York: Praeger, 1966), pp. 22-45; Neilson and Prete, *Coalition Warfare, passim*。
47. 關於推卸責任，參見Mancur Olson, Jr., *The Logic of Collective Action: Public Goods and the Theory of Groups* (Cambridge, MA: Harvard University Press, 1965); Mancur Olson and Richard Zeckhauser, "An Economic Theory of Alliances," *Review of Economics and Statistics* 48, No. 3 (August 1966), pp. 266-279; Barry R. Posen, *The Sources of Military Doctrine: France, Britain, and Germany between the World Wars* (Ithaca: Cornell University Press, 1984), esp. pp. 63, 74, 232。
48. 湯瑪斯．克里斯坦森（Thomas J. Christensen）和傑克．史耐德（Jack Snyder）把這認為是「鏈條的機械連接」問題。參見"Chain Gangs and Passed Bucks: Predicting Alliance Patterns in Multipolarity," *International Organization* 44, No. 2 (Spring 1990), pp. 137-168。
49. 參見David French, *British Strategy and War Aims, 1914-1916* (Boston: Allen and

37. Herman Kahn, *On Thermonuclear War: Three Lectures and Several Suggestions*, 2nd ed. (New York: Free Press, 1960), p. 231; Henry S. Rowen, "Catalytic Nuclear War," in Graham T. Allison, Albert Carnesale, and Joseph S. Nye, Jr., eds., Hawks, Doves, and Owls: An Agenda for Avoiding Nuclear War (New York: Norton, 1985), pp. 148-163.
38. 引自T.C. W. Blanning, *The Origins of the French Revolutionary Wars* (London: Longman, 1986), p. 186。有一些證據表明，1908年奧匈帝國外交部長考慮過激怒塞爾維亞和保加利亞，使它們進行戰爭，以使奧匈帝國能夠利用巴爾幹地區被削弱的塞爾維亞。但是，這一想法並沒有被付諸實踐。Edmond Taylor, *The Fall of the Dynasties: The Collapse of the Old Order,* 1905-1922 (Garden City, NY: Doubleday, 1963), pp. 128-129.同時，有些觀點認為，是史達林把納粹德國和盟軍引入二戰。但是，就像第八章所述，沒有足夠的證據支持這一說法。
39. 參見Charles D. Smith, *Palestine and the Arab-Israeli Conflict*, 2nd ed. (New York: St. Martin's, 1992), p. 164; Michael Bar-Zohar, *Ben-Gurion: A Biography*, trans. Peretz Kidron (New York: Delacorte, 1978), pp. 209-216。
40. 引自David McCullough, *Truman* (New York: Touchstone, 1992), p. 262。
41. Wheeler-Bennett, Brest-Litovsk, pp. 189-190, 385-391.
42. 參見Peter Schweizer, *Victory: The Reagan Administration's Secret Strategy That Hastened the Collapse of the Soviet Union* (New York: Atlantic Monthly Press, 1994), pp. xviii, 9, 64-65, 100-101, 116-119, 151-153; Robert P. Hager, Jr., and Dvaid A. Lake, "Balancing Empires: Competitive Decolonization in International Politics," *Security Studies* 9, No. 3 (Spring 2000), pp. 108-148。
43. 關於建立權力平衡，參見Robert Jervis and Jack Snyder, eds., *Dominoes and Bandwagons: StrategicBeliefs and Great Power Competition in the Eurasian Rimland* (Oxford: Oxford University Press, 1991); Walt, *Origins of Alliances*; Waltz, *Theory of International Politics*。一些學者把建立權力平衡的行為定義為大國為了維持各自獨立的聯合行為。國家有一個「共同命運的概念」，參見Edward Vose Gulick, *Europe's Classical Balance of Power* (New York: Norton, 1955), p. 10。「每一個大國的目標都是要確保沒有競爭者從體系中被排除。因為這是每一個國家保證自身存活的最好方法。」該觀點還認為，「團體意識和團體行為」是維持獨立國家的最好途徑。Ibid., p. 297.在這個理論中，國家並沒有被結合起來保衛現狀，權力分配的變化是可以接受的，只要沒有大國被驅逐出這個體系。事實上，國家期望以其他國家為代價進入戰爭來獲得權力。但是它們只進行有限戰爭，因為它們意識到雖然改變權力平衡是被允許的，但是必須維持所有主要大國的獨立。這樣，國家經常會表現

32. Wilfried Loth, "Stalin's Plans for PostWar Germany," in Francesca Goriand Silvio Pons, eds., *The Soviet Union and Europe in the Cold War 1943-53* (NewYork: St. Martin's, 1996), pp. 23-36; Mark Trachtenberg, *A Constructed Peace: The Making of the European Settlement, 1945-1963* (Princeton, NJ: Princeton University Press, 1999), pp. 57-60, 129-130; Vladistav Zubok and Constantine Pleshakov, *Inside the Kremlin's Cold War: From Stalin to Khrushchev* (Cambridge, Ma: Harvard University Press, 1996), pp. 46-53.
33. 參見Warren F. Kimball, *Swords or Ploughshares? The Morgenthau Plan for Defeated Nazi Germany 1943-1946* (Philadelphia: Lippincott, 1976); Henry Morgenthau, Jr., Germany Is Our Problem (New York: Harper, 1945)。
34. 「脅迫」和「訛詐」的簡稱。脅迫（coercion）意味著使用武力或武力威脅來強迫對手改變自己的行為。我在第四章使用「脅迫」一詞描述運用實際的武力（海上封鎖和戰略轟炸）迫使對手在它被征服之前就退出戰爭。為了避免可能的混淆，我使用「訛詐」一詞來描述用武力威脅改變國家的行為。儘管如此，訛詐總的來說是脅迫的同義詞。關於脅迫，參見Daniel Ellsberg, "Theory and Practice of Blackmail," Rand Paper P-3883 (Santa Monica, CA: Rand Corporation, 1968); Alexander L. George William E. Simons, and David K, Hall *Limits of Coercive Diplomacy: Laos, Cuba, and Vietnam* (Boston: Little, Brown, 1971); Robert A. Pape, *Bombing to Win: Air Power and Coercion in War* (Ithaca NY: Cornell University Press, 1996); Thomas Schelling, *Arms and Influence* (New Haven, CT: Yale University Press, 1966); Thomas Schelling, *Strategy of Conflict* (Cambridge MA: Harvard University Press, 1960)。
35. 關於第一次世界大戰前的危機，參見Luigi Albertini, *The Origins of the War of 1914*, vol. I, *European Relations from the Congress of Berlin to the Eve of the Sarajevo Murder*, ed, and trans. Isabella M. Massey (Oxford: Oxford University Press, 1952), chaps. 3-10; Imanuel Geiss, *German foreign Policy, 1871-1914* (London: Routledge and Kegan Paul, 1979), chaps. 8-17; David G, Herrmann, *The Arming of Europe and the Making of the First World War* (Princeton, NJ: Princeton University Press, 1996); L.C.F. Turner, *Origins of the First World War* (New York: Norton, 1970)。
36. 參見Christopher Andrew, *Theophile Delcasse and the Making of the Entente Cordiale: A Reappraisal of French Foreign Policy, 1898-1905* (New York: St. Martin's, 1968), chap, 5; Darrell Bates, *The Fashoda Incident: Encounter on the Nile* (Oxford: Oxford University Press 1984); Roger G. Brown, *Fashoda Reconsidered: The Impact of Domestic Politics on French Policy in Africa, 1893-1898* (Baltimore, MD: Johns Hopkins University Press, 1969)。

Balance of Power in Europe (Princeton, NJ: Princeton University Press, 1978); David Stevenson, *French War Aims against Germany, 1914-1919* (Oxford: Oxford University Press, 1982)。

28. Max Jakobson, *The Diplomacy of the Winter War: An Account of the Russo-Finnish War* (Cambridge, MA: Harvard University Press, 1961), pts. 1-3; Anthony F. Upton, *Finland, 1939-1940* (London: Frank Cass, 1997), Chap. 1.
29. 關於迦太基，參見Serge Lancel, *Carthage: A History*, trans. Antonia Nevill (Cambridge: Blackwell, 1995), esp. pp. 412-427。關於波蘭，參見Jan T. Gross, *Polish Society under German Occupation: The Generalgouvernement, 1939-44* (Princeton, NJ: Princeton University Press, 1979); Richard C. Lukas, *Forgotten Holocaus: The Poles under German Occupation, 1939-1944* (Lexington: University Press of Kentucky, 1986)。關於蘇聯，參見Alexander Dallin, *German Rule in Russia, 1941-1945: A Study of Occupation Policies* (London: Macmillan, 1957)。也可參見David Weigall and Peter Stirk, eds., *The Origins and Development of the European Community* (London: Leicester University Press, 1992), pp. 27-28。
30. 麥克・漢德爾(Michael Handel)寫道：「作為以色列政治軍事學說基礎的基本假設是這樣一種理解：阿拉伯國家的中心目標是在任何它們認為有能力這樣做的時候摧毀以色列這個國家，同時盡一切可能擾亂它的和平生活。」Handel, Israel's Political-Military Doctrine, Occasional Paper No. 30 (Cambridge, MA: Center for International Affairs, Harvard University, July 1973), p. 64 (emphasis in original). 也可參見Yehoshafat Harkabi, *Arab Strategies and Israel's Response* (New York: Free Press, 1977); Yehoshafat Harkabl, *Arab Attitudes to Israel*, trans. Misha Louvish (Jerusalem: Israel Universities Press, 1972); Asher Arian, *Israeli Public Opinion on National Security, 2000*, Memorandum No. 56 (Tel Aviv: Jaffee Center for Strategic Studies, July 2000), pp. 13-16。
31. 波蘭在1772、1793和1795年被奧地利、普魯士和俄國瓜分，1939年，它又被德國和蘇聯瓜分。而且，在二戰結束時，史達林攫取了波蘭的東部並把它併入蘇聯。一個作者寫道：「與常規的想法不同，在過去的兩個世紀中，國家的死亡非常頻繁；210個國家當中有69個（大約30%）已經死亡，其中大多數（69個中的51個）是以暴力方式死亡的。」大多數受害者是小國家，它們要麼成為大國的一部分，要麼成為一個大帝國的一部分。一些國家最終從死亡中恢復過來並再次獲得獨立。 Tanisha M. Fazal, "Born to Lose and Doomed to Survive: State Death and Survival in the International System," paper presented at the annual Meeting of the American Political Science Association, Washington, DC, August 31-September 3, 2000, pp. 15-16.

Press, 1977), chap. 5。

18. 引自Liberman, *Does Conquest Pay?* p. 28; Lieberman, "Spoils of Conquest," p. 126。關於資訊技術的歐威爾效應，參見Jeffrey Rosen, *The Unwanted Gaze: the Destruction of Privacy in America* (New York; Random House, 2000)。在評估戰爭是否合算的最近的文章中，史蒂芬・布魯克斯（Stephen Brooks）的結論是，利伯曼認為壓迫性的征服者能夠有效地應付普遍的反抗以及資訊技術具有顛覆潛力的觀點是有說服力的。Stephen G. Brooks, "The Globalization of Production and the Changing Benefits of Conquest," *Journal of Conflict Resolution* 43, No. 5 (October 1999), pp, 646-670。但是，布魯克斯爭辯說，征服不可能獲得很大的收穫，原因在於「產業全球化的變化」(p. 653)。我認為，這個觀點不能令人信服，它基本上屬自由主義理論，即經濟相互依存帶來和平，是趕全球化的時髦。我將在第十章簡要地討論這個問題。
19. Liberman, "Spoils of Conquest," p. 139.
20. 參見Norman M. Naimark, *The Russians in Germany: A History of the Soviet Zone of Occupation 1945-1949* (Cambridge, MA: Harvard University Press, 1995)。也可參見Liberman, *Does Conquest Pay?* chap. 7。
21. 參見Joshua M. Epstein, *Strategy and Force Planning: The Cause of the Persian Gulf* (Washington. DC: Brookings Institution Press, 1987); Charles A. Kupchan. *The Persian Gulf and the West: The Dilemmas of Security* (Boston: Allen and Unwin, 1987); Thomas L. McNaugher, *Arms and Oil: U. S. Military Strategy and the Persian Gulf* (Washington, DC: Brookings Institution Press, 1985)。
22. 參見John W. Wheeler-Bennett, *Brest-Litovsk: The Forgotten Pease, March 1918* (New York: Norton, 1971); Milward, *War, Economy, and Society,* chap. 8。
23. Clive Emsley, *Napoleonic Europe* (New York: Longman, 1993), p. 146.
24. David G. Chandler, The Campaigns of Napoleon (New York: Macmillan, 1966), pp. 754-756.
25. George H, Stein, The Waffen SS: Hitler's Elite Guard at War 1939-1945 (Ithaca, NY: Cornell University Press, 1966), p. 137.
26. Edward Homze. "Nazi Germany's Forced Labor Program," In Michael Berenbaum, ed., *A Mosaic of Victims: Non-Jews Persecuted and Murdered by the Nazis* (New York: New York University Press, 1990), pp. 37-38.也可參見Ulrich Herbert, *Hitlers Foreign Workers: Enforced Foreign Labor in Germany under the Third Reich*, trans, William Templer (Cambridge: Cambridge University Press, 1997)。
27. 參見Jere C. King, *Foch versus Clemenceau: France and German Dismemberment, 1918-1919* (Cambridge, MA: Harvard University Press, 1960); Walter A. Mcdougall, *France's Rhineland Diplomacy, 1914-1924: The Last Bid for a*

10. Norman Angell, *The Great Illusion: A Study of the Relation of Military Power in Nations to Their Economic and Social Advantage*, 3d rev. and enl. ed. (New York: Putnam, 1912).也可參見Norman Angell, *The Great Illusion 1933* (New York: Putnam, 1933)。關於對安吉爾（Angell）的早期批評，參見J. H. Jones, *The Economics of War and Conquest: An Examination of Mr. Norman Angell's Economic Doctrines* (London: P.S. King 1915)。
11. 參見Robbert Gilpin, *War and Change in World Politics* (Cambridge: Cambridge University Press, 1981); Paul. M. Kennedy, *The Rise and Fall of the Great Powers: Economic Change and Military Conflict from 1500 to 2000* (New York: Random House, 1987)。
12. 比如，參見Klaus Knorr, *On the Uses of Military Power in the Nuclear Age* (Princeton, NJ: Princeton University Press, 1966), pp. 21-34; Richard Rosecrance, *The Rise of the Trading State: Commerce and Conquest in the Modern World* (New York: Basic Books, 1986), pp. 34-37; Van Evera, *Causes of War*, chap. 5。
13. 凡・艾佛拉（Van Evera）在《戰爭的原因》(*Causes of War*)（p. 115）一書中提出這一觀點。
14. 參見Ethan B. Klaus Knorr, *The Political Economy of National Security: A Global Perspective* (Columbia; University of South Carolina Press, 1992), pp. 42-52。
15. 參見第三章注釋57。
16. 例如，大量研究認為，蘇聯僵化的中央控制式經濟體制是毫無創新和增長生機的主要原因。參見Tatyana Zaslavskaya, "The Novosibirsk Report." *Survey* 28, No. 1 (Spring 1984), pp. 88-188; Abel Aganbegyan, *The Economic Challenge of Perestroika*, trans. Pauline M. Tiffen (Bloomington: Indiana University Press, 1988); Padma Desai, *Perestroika in Perspective: The Design and Dilemmas Of Soviet Reform* (Princeton, NJ: Princeton University Press 1989); Anders Aslund, *Gorbachev's Struggle for Economic Reform*, rev, ed. (Ithaca, NY: Cornell University Press 1991)；也可參見Peter Rutland, *Politics of Economic Stagnation in the Soviet Union: The Role of Local Party Organs in Economic Management* (Cambridge: Cambridge University Press, 1993)，該書把蘇聯經濟的最大敵人歸罪於共產黨。
17. 參見Peter Liberman, *Does Conquest Pay? The Exploitation of Occupied Industrial Societies* (Princeton, NJ: Princeton University Press, 1996); Peter Liberman, "The Spoils of Conquest," *International Security*18, No. 2 (Fall 1993), pp. 125-153；也可參見David Kasier, *Politics and War: European Conflict from Philip II to Hitler* (Cambridge Ma: Harvard University Press, 1990), pp. 219-222, 246-255; Alan S. Milward, *War, Economy and Society, 1939-1945* (Berkeley: University of California

衡和扈從。參見Robert G. Kaufman, "To Balance or to Bandwagon? Alignment Decisions in 1930s Europe," *Security Studies* 1, No. 3 (spring 1992), pp. 417-447; Stephen M. Walt, "Alliances, Threats, and U.S. Grand Strategy: A Reply to Kaufman and Labs," *Security Studies* 1, No. 3 (spring 1992), pp. 448-482。

4. 參見Steven J. Valne, "'Weakness Offers Temptation': Seward and the Reassertion of the Monroe Doctrine," *Diplomatic History* 19, No. 4 (Fall 1995), pp. 583-599。正如第七章所討論的，美國在其整個歷史當中都擔心遠方大國和西半球的其他國家組成聯盟的威脅。也可參見Alan Dowty, *The Limits of American Isolation: The United States and the Crimean War* (New York: New York University Press, 1971); J. Fed Rippy. America and the Strife of Europe (Chicago: University of Chicago Press, 1938), esp. chaps. 6-8。
5. 這些不是韋伯的話，而是沃爾夫岡・J・姆森（Wolfgang J. Mommsen）對韋伯觀點的概述。參見Mommsen, *Max Weber and German Politics, 1890-1920*, Trans. Michaels. Steinberg (Chicago: University of Chicago Press, 1989), chaps. 16, 20。
6. Paul M. Kennedy, *The Rise of the Anglo-German Antagonism, 1860-1914* (London: Allen and Unwin, 1989), chaps. 16, 20.
7. 參見Stephen Van Evera, "Why Europe Matters, Why the Third World Doesn't: American Grand Strategy after the Cold War," *Journal of Strategic Studies* 13. No. 2 (June 1990), pp. 1-51; Stephen M. Walt, "The Case for Finite Containment: Analyzing U. S. Grand strategy," *International Security* 14, No. 1 (Summer 1989), pp. 5-49。關於有些地區本身沒有什麼價值而有時在戰略上卻非常重要的爭論，參見Michael C. Desch, When the Third World Matters: Latin America and United states Grand Strategy (Baltimore, MD: Johns Hopkins University Press, 1993)。同時也可參見Steven R. David, "Why the Third World Matters," *International Security* 14, No. 1 (Summer 1989), pp. 50-85; Steven R. David, "Why the Third World still Matters," *International Security* 17, No. 3 (Winter 1992-1993), pp. 127-159。
8. 參見Barry R. Posen and Stephen Van Evera, "Defense Policy and the Reagan Administration: Departure from Containment," *International Security* 8, No. 1 (Summer 1983), pp. 3-45。
9. Charles L. Glaser, *Analyzing Strategic Nuclear Policy* (Princeton NJ: Princeton University Press, 1990); Robert Jervis, *The Illogic of American Nuclear Strategy* (Ithaca, NY: Cornell University Press, 1984); Robert Jervis, *The Meaning of the Nuclear Revolution: Statecraft and the Prospects of Armageddon* (Ithaca, NY: Cornell University Press, 1989); Stephen Van Evera, *Causes of War: Power and the Roots of Conflict* (Ithaca. NY: Cornell University Press, 1999), chap 8.

Portents of War, Hopes of Peace (Cambridge: Cambridge University Press, 1999); Devin T. Hagerty, "Nuclear Deterrence in South Asia: The 1990 Indo-Pakistani Crisis," *International Security* 20, No. 3 (Winter 1995-1996), pp. 79-114。

145. 就像在第三章注釋11裡談到的，全面的淨估價不僅需要測量對手力量的規模和品質，也有必要考慮雙方運用的戰略以及當敵對力量遭遇時可能發生的情況。
146. 參 見Mako, *U.S. Ground Forces*, pp. 108-126; *Weapons Effectiveness Indices/ Weighted Unit Values III (WEI/WUV III)* (Bethesda, MD: U.S. Army Concepts Analysis Agency. November 1979)。也可參見Phillip A. Karbre et al., *Assessing the Correlation of Forces: France 1940*, Report No. BDM/W-79-560-TR (McLean, VA: BDM Corporation, June 18, 1979)，它用這種方法評估1940年春德國和盟軍的力量平衡。
147. Posen, "Measuring the European Conventional Balance," pp. 51-54, 66-70.
148. 關於如何進行這種分析的例子，參見Joshua Epstein, *Measuring Military Power: The Soviet Air Threat to Europe* (Princeton, NJ: Princeton University Press, 1984); and Posen, *Inadvertent Escalation*, pp. 101-106。
149. 如果其中的每一個國家都具有種族意義上的同質人口，則和平的前景就會增加，因為這樣就不會有種族內戰了。

第五章　注釋

1. 我提醒讀者，整個這本書中所使用的「侵略者」一詞表示既有動機又有資本運用武力獲得額外權力的大國。正如第二章強調的，所有的大國都有侵略的意圖，但並不是所有國家都具有採取侵略行為的能力。
2. 參見Stephen M. Walt, The Origins of Alliances (Ithaca, NY: Cornell University Press, 1987); Kenneth N. Waltz, *Theory of International Politics* (Reading, MA: Addison-Wesley, 1987)。也可參見Robert Powell, In the Shadow for Power: States and Strategies in International Politics (Princeton, NJ: Princeton University Press, 1999), chap. 5，他強調了扈從與抗衡之間的差別，但與沃爾特和沃爾茲不同的是，他認為受威脅的國家更可能扈從而不是通過建立權力平衡的方式抗衡對手。
3. 支持我觀點的證據，參見羅伯特．考夫曼（Robert Kaufman）和史蒂芬．沃爾特（Stephen Walt）關於盟軍在二十世紀三〇年代對納粹德國政策的爭論。他們的爭論明顯以建立權力平衡和扈從的兩分法組成，這一對照因沃爾特的推舉而聞名。但是，我們仔細考察這一爭論就會清楚地發現，儘管作者們巧舌如簧，但是盟軍面臨的真正選擇是介於抗衡和推卸責任之間，而不是抗

美國決策者將更可能使用核武器。關於1973年埃及和敘利亞決定襲擊有核武裝的以色列問題上，沙爾・費爾德曼（Shal Feldman）實質上提出了相同的觀點。他的觀點是，阿拉伯決策者認為以色列不會使用核武器，因為它們的軍隊並不一味地想佔領以色列的領土，而只是想重新奪回在1967年戰爭中輸給以色列的領土。 Feldman, *Israeli Nuclear Deterrence: A Strategy for the 1980s* (New York: Columbia University Press, 1982), chap. 3.。但是就像費爾德曼指出的，喪失一小塊領土的國家很可能認為勝利者會要另一塊，然後再要一塊，這種「義大利臘腸戰術」最終將導致它的毀滅。Ibid., pp. 111-112.避免這一困境的最好方法是擁有能抵擋首次打擊的強大傳統力量，這又一次突出了地面力量平衡的重要性。

141. 例如，二十世紀八〇年代早期，美國花費在傳統武器上的費用大約是核武器的五倍，到二十世紀八〇年代中期，傳統武器的開支仍約是核武器的四倍。 參 見Harold Brown, *Department of Defense Annual Report for Fiscal Year 1982* (Washington, DC: U.S. Department of Defense, January 19, 1981), pp. C-4, C-5; William W. Kaufmann, *A Reasonable Defense* (Washington, DC: Brookings Institution Press, 1986), pp. 21, 27。整個冷戰期間，大約25%的美國防務開銷用於核力量。參見Steven M. Kosiak, *The Lifecycle Costs of Nuclear Forces: A Preliminary Assessment* (Washington, DC: Defense Budget Project, October 1994), p. ii。據另一項研究估計，從1940年到1996年間，大約29%的防務開支用於核武器。參見Stephen I. Schwartz, ed., *Atomic Audit: The Costs and Consequences of U.S. Nuclear Weapons since 1940* (Washington, DC: Bookings Institution Press, 1998), p. 3。至於美國在歐洲的傳統力量的相對重要性，可以看看美國1986財政年的防務預算（共3137億美元）是如何分配的：約1330億美元用於歐洲傳統防務，547億美元用於核武，346億美元用於太平洋的傳統防務，209億美元用於波斯灣的傳統防務，以及162億美元用在巴拿馬和美國本土的傳統防務。這些資料來自Kaufmann, *Reasonable Defense*, p. 14。也可參見本書第六章注釋177。
142. 參見Feldman, *IsraeliNuclear Deterrence*, pp. 106-112, esp. p. 109。
143. 參見Thomas W. Robinson, "The Sino-Soviet Border conflict," in Stephen S. Kaplan, ed., *Diplomacy of Power: Soviet Armed Forces as a Political Instrument* (Washington, D.C: Brookings Institution Press, 1981), pp. 265-313; Harrison E. Salisbury, *War between Russia and China* (New York: Norton, 1969); Richard Wich, *Sino-Soviet Crisis Politics: A Study of Political Change and Communication* (Cambridge, MA: Harvard University Press, 1980), chaps. 6, 9。
144. 參見Sumantra Bose, "Kashmir: Sources of Conflict, Dimensions of Peace," *Survival* 41, No. 3 (Autumn 1999), pp. 149-171; Sumit Ganguly, *The Crisis in Kashmir:*

核戰爭的結果是，雙方都遭受相同的傷亡，每一方都可以保持自己的確保摧毀力量完好無缺，蘇聯根本不能以任何有意義的方式使用它的500件反擊武器。這是一種空洞的勝利。批評有限核選擇的最好著作是Glaser, *Analyzing Strategic Nuclear Policy*, chap. 7; Robert Jervis, "Why Nuclear Superiority Doesn't Matter," *Political Science Quarterly* 94, No. 4 (Winter 1979-1980), pp. 617-633。

136. Robert S. McNamara, "The Military Role of Nuclear Weapons: Perceptions and Misperceptions," *Foreign Affairs* 62, No. 1 (Fall 1983), p. 79.

137. 核武水準上絕對的穩定允許傳統武器水準上的不穩定，這個觀點常常被稱為「穩定-不穩定悖論論」(stability-instability paradox)。參見Glenn H. Snyder, "The Balance of Power and the Balance of Terror," in Paul Seabury, ed., *Balance of Power* (San Francisco: Chandler, 1965), pp. 184-201；Robert Jervis, *The Meaning of the Nuclear Revolution: Statecraft and the Prospect of Armageddon* (Ithaca, NY: Cornell University Press, 1989), pp. 19-22。

138. 關於偶然的核武戰情升級，參見Bruce G. Blair, *The Logic of Accidental Nuclear War* (Washington, DC: Bookings Institution Press, 1993); Scott D. Sagan, *The Limits of Safety: Organizations, Accidents and Nuclear Weapons* (Princeton, NJ: Princeton University Press, 1993)。關於無意的核升級，參見Posen, *Inadvertent Escalation*。關於有意的核升級，參見Herman Kahn, *On Escalation: Metaphors and Scenarios*, rev. ed. (Baltimore, MD: Penguin, 1968); Thomas Schelling, *Arms and Influence* (Mew Haven, CT: Yale University Press, 1996), chaps. 2-3。 關於升級的一般現象的最好著作是Richard Smoke, *War: Controlling Escalation* (Cambridge, MA: Harvard University Press, 1997)，儘管它對從傳統戰到核戰的升級或核戰爭中的升級論述不多。

139. 羅伯特·傑維斯可能是這一觀點最明確的支持者。他寫道：「彼此具有第二次打擊能力的意義是寬廣和深遠的。如果核武器像核革命理論所說的那樣具有影響的話，超級大國之間就會有和平，危機就會極少出現，任何一方都不會急切地把討價還價的優勢推向極限，現狀就相對容易維持，政治結果就不會與核平衡或常規平衡緊密相連。雖然證據模糊，但一般還是承認這樣一種命題的。」Jervis, *Meaning of the Nuclear Revolution*, p. 45. 參見McGeorge Bundy, *Danger and Survival: Choicesabout the Bomb in the First Fifty Years* (New York: Random House, 1988)。

140. 例如，假設墨西哥是一個具有免於死亡的核威懾的大國，同時假設墨西哥有興趣征服美國西南的大片擴張領土，而對美國領土並沒有興趣。墨西哥決策者可能認為，它們能獲得有限的目標而不引起美國發動全面核戰爭。在這個事件中，他們可能被證明是正確的。但是，如果墨西哥試圖徹底擊敗美國，

132. 參 見Charles K, Glaser, *Analyzing Strategic Nuclear Policy* (Princeton, NJ: Princeton University Press, 1990), chap. 5。
133. 參見Benjamin Frankel, "The Brooding Shadow: Systemic Incentives and Nuclear Weapons Proliferation," *Security Studies* 2, Nos. 3-4 (Spring-Summer 1993), pp. 37-78; Bradley A. Thayer, "The Causes of Nuclear Proliferation and the Utility of the Nuclear Nonproliferation Regime," *Security Studies* 4, No. 3 (Spring 1995), pp. 463-519。
134. 參見Harry R. Borowski, *A Hollow Threat: Strategic Air Power and Containment before Korea* (Westport, CT: Greenwood, 1982); David A, Rosenberg, "The Origins of Overkill: Nuclear Weapons and American Strategy, 1945-1960," *International Security* 7, No. 4 (Spring 1983), pp. 14-18; Ross, *American War Plans*, passim, esp. pp. 12-15。整個冷戰期間超級大國每年的核軍火詳細資料，請參見Robert S. Norris and William M. Arkin, "Nuclear Notebook: Estimated U.S. and Soviet/Russian Nuclear Stockpile, 1945-94," *Bulletin of the Atomic Scientists* 56, No. 6 (November-December 1994), p. 59；也可參見Robert S. Norris and William M. Arkin, "Global Nuclear Stockpiles, 1945-2000," *Bulletin of the Atomic Scientists* 56, No. 2 (March-April 2000), p. 79。
135. 冷戰期間，一些專家認為，甚至在一個相互確保摧毀的世界裡，贏得核武優勢也是有可能的。他們宣稱，超級大國以它們的反擊武器（用來摧毀其他核武器而不是城市的核武器）進行一場有限的核武戰爭是有可能的。在保留雙方確保毀滅能力完整無缺的同時，每一方都試圖把對方的平民死亡率降到最低。在這種有限核戰中，具有優勢的超級大國就是贏家，獲得對失敗方重要的脅迫優勢。參見Solin S. Gray. "Nuclear Strategy: A Case for a Theory of Victory," *International Security* 4, No. 1 (Summer 1979), pp. 54-87; Paul Nitze, "Deterring Our Deterrent," *Foreign Policy*, No. 25 (Winter 1976-1977), pp. 195-210。然而，有限核選擇的案例也是有瑕疵的。原因有二：第一，這種戰爭不可能保持有限。戰爭對於雙方社會的破壞非常巨大，難以把有限打擊和全面進攻區別開來。而且，我們對核戰的升級動因知之甚少，特別是，在核襲擊情況下，我們無法確定指揮控制體系是如何運作的。第二，即使能夠做到打一場有限核戰並使傷亡最小化，具有打擊優勢的一方也不會贏得一場有意義的勝利。試舉一例。假設蘇聯在超級大國之間贏得一次反擊機會，它剩下500枚反擊核彈頭，而美國已用完了所有的彈頭。在這一過程中，雙方各傷亡50萬人，它們確保摧毀的能力仍然絲毫未損。可能有人認為，蘇聯是勝利者，因為它擁有500比0的反擊優勢。事實上，這一優勢毫無意義，因為美國已沒有任何可供蘇聯500件反擊武器打擊的目標了，除非它打擊美國的城市或它的可確保摧毀力量，並在這一過程中自取滅亡。簡言之，這種有限

Doorstep, Operation "Sea Lion": The German Plan to Invade Britain, 1940, trans. Helmut Bogler (Annapolis, MD: U.S. Naval Institute Press, 1997); Peter Schenk, *Invasion of England 1940: The Planning of Operation Sealion*, trans. Kathleen Bunten (London: Conway Maritime Press, 1990)。

125. 1916年，一位優秀的德國將軍漢斯·馮·西科特（Hans von Seeckt）指出：「美國不會受到我們的攻擊，而且在新技術為我們提供全新的武器之前，英國本土也不會受到我們的攻擊。」引自Vagts, *Landing operations*, p. 506。

126. 直到十九世紀九〇年代末期，英國才開始準備入侵美國的計畫，然後它又放棄了這個想法。參見Aaron Friedberg, *The Weary Titan: Britain and the Experience of Relative Decline, 1895-1905* (Princeton, NJ: Princeton University Press, 1988), pp. 162-165。

127. 正如上文所述，盟軍在1944年6月侵入法國西北部，並在1944年8月侵入法國南部，但是那時法國不是一個主權國家，它是納粹帝國的一部分。

128. 這一分析忽視了一個引人注目的案例。在一戰的最後一年，英國、加拿大、法國、義大利、日本和美國把部隊插入到新成立的蘇俄的幾個地區：阿昌吉爾（1918年8月2日）、巴庫（1918年8月4日）、摩爾曼斯克（1918年3月6日和6月23日）以及符拉迪沃斯托克（1918年4月5日和8月3日）。最後，這些部隊對布爾什維克發起了一些戰爭。但是，由於盟軍進入蘇俄從任何意義上說都算不上侵略，所以這個案例並不相關。當時的俄國只是被德國徹底擊敗並處於內戰中而已。因此，布爾什維克的軍隊沒有反對盟軍的進入。事實上，盟軍進入巴庫和阿昌吉爾是受歡迎的。參見John Swettenham, *Allied Intervention in Russia, 1918-1919* (Toronto: Ryerson, 1967); Richard H. Ullman, *Intervention and the War* (Princeton NJ: Princeton University Press, 1961).

129. 參見William Daugherty, Barbara Levi and Frank von Hippel, "The Consequences of 'Limited' Nuclear Attacks on the United States," *International Security* 10, No. 4 (Spring 1986), pp. 3-45; Arthur M. Katz, *Life after Nuclear War: The Economic and Social Impacts of Nuclear Attacks on the United States* (Cambridge, Ma: Ballinger, 1982)。

130. 在聽了1954年3月18日的戰略空軍指揮簡報後，一位美國海軍上校用這些話來描述戰略空軍指揮部打算在戰爭前夜對蘇聯進行的行動。David Alan Rosenberg, "A Smoking Radiating Ruin at the End of Two Hours': Documents on American Plans for Nuclear War with the Soviet Union 1954-1955," *International Security* 6, No. 3 (Winter 1981-1982), pp. 11, 25.

131. 赫曼·卡恩（Herman Kahn）提出「致命的第一次打擊」，它與解除第一打擊是相同的。參見Kahn, *On Thermonuclear War: Three Lectures and Several Suggestions*, 2nd ed. (New York: Free Press, 1969), pp. 36-37。

Isely and Crowl, *U.S. Marines and Amphibious War*; Potter and Nimitz, *Sea Power*, chaps. 35-43; Ronald H. Spector, *Eagle against the Sun: The American War with Japan* (New York: Free Press, 1985)。

118. 關於美國和日本經濟規模的差異，參見表6.2; Adelman, Prelude, pp. 139, 202-203; Jonathan R. Adelman, *Revolution, Armies, and War: A Political History* (Boulder, CO: Lynne Rienner, 1985), pp. 130-131。

119. 直到1945年中期，日本本土的陸軍數量才達到200萬。Dear, ed., *Oxford Companion to World War*II, p. 623.與此同時，有75萬在中國東北、90萬在中國其他地區、25萬在韓國以及60萬在東南亞。這些數字出自Adelman, *Revolution*, p. 147; Saburo Hayashi and Alvin D. Coox, Kogun: *The Japanese Army in the Pacific War* (Quantico, VA: Marine Corps Association, 1959), p. 173; Douglas J. MacEachin, *The Final Months of the War with Japan: Signals Intelligence, U.S. Invasion Planning, and the A-Bomb Decision* (Langley, VA: Center for the Study of Intelligence, Central Intelligence Agency, December 1998), attached document no. 4。

120. 雖然入侵的美國軍隊本來應該肯定征服日本，但是在這一過程中，他們無疑也遭受了重大傷亡。參見Frank, *Downfall*; MacEachin, *Final Months*。

121. 但是，如果一個大國對手能夠在島國後院的小國領土上部署軍隊的話，那麼島國可能會遭到該對手從陸地上的襲擊。就像下一章將要討論的那樣，海島大國擔心出現這種可能性，並試圖確保它永遠不會發生。

122. 參見Frank J. McLynn, *Invasion: From the Armada to Hitler, 1588-1945* (London: Routledge and Kegan Paul, 1987); Herbert W. Richmond, *The invasion of Britain: An Account of Plans, Attempts and Counter-measures from 1586 to 1918* (London: Methuen, 1941)。

123. 參見Felipe Fernandez-Armesto, *The Spanish Armada: The Experience of War in 1588* (Oxford: Oxford University Press, 1988); Colin Martin and Geoffrey Parker, *The Spanish Armada* (London: Hamish Hamilton, 1988); Garrett Mattingly, *The Armada* (Boston: Houghton Mifflin, 1959); David Howarth, *The Voyage of the Armada: The Spanish Story* (New York: Viking, 1981)。

124. 關於拿破崙，參見Richard Glover, *Britain at Bay: Defence against Bonaparte, 1803-14* (London: Allen and Unwin, 1973); J. Holland Rose and A. M. Broadley, *Dumouriez and the Defence of England against Napoleon* (New York: John Lane, 1909); H.F.B. Wheeler and A. M. Broadley, *Napoleon and the Invasion of England: The Story of the Great Terror* (New York: John Lane, 1908)。關於希特勒，參見Frank Davis, "Sea Lion: The German Plan to Invade Britain, 1940," in Bartlett, ed., *Assault from the sea*, pp. 228-235; Enber Kieser, *Hitler on the*

chaps. 1-10。關於義大利本土的情況，見Martin Blumenson, Salerno to Cassino (Washington, DC: Government Printing Office, 1969), chaps. 1-9。

108. 關於安齊奧的情況，參見Blumenson, *Salerno to Cassino*, chaps. 17-18, 20, 22, 24。

109. 關於諾曼第的情況，參見Gordon A. Harrison, *Cross-Channel Attack* (Washington, DC: U.S. Government Printing Office, 1951)。關於法國南部的情況，參見Jeffrey J. Clarke and Robert R. Smith, *Riviera to the Rhine* (Washington, DC: U.S. Government Printing Office, 1993), chaps. 1-7。

110. 1943年中期，當盟軍侵入西西里時，義大利從技術上而言仍是一個大國，而且義大利和德國的軍隊駐紮在該島上。但是，正如上文所言，義大利陸軍已經潰不成軍，無力與盟軍進行一次重大較量。事實上，在西西里戰鬥中，德國國防軍對義大利的防禦起主要作用。當盟軍攻入義大利本土和安奇奧時，義大利已經退出了戰爭。

111. 參見Paul Kennedy, *Pacific Onslaught: 7th December 1941-7th February 1943* (New York: Ballantine, 1972); H.P. Willmott, *Empires in the Balance: Japanese and Allied Pacific Strategies to April 1942* (Annapolis, MD: U.S. Naval Institute Press, 1982)。

112. Hezlet, *Aircraft and Sea Power*, chap. 8; Isely and Crowl, *U.S. Marines and Amphibious War*, pp. 74, 79; Hans G. Von Lehman, "Japanese Landing Operations in World War II," in Bartlett, ed., *Assault from the Sea*, pp. 195-201。

113. "Major U.S. Amphibious Operations-World War II," memorandum, U.S. Army Center of Military History, Washington, DC, December 15, 1960. 52支入侵部隊中的每一支都至少是團級戰鬥部隊。這裡不包括更小級別的軍事行動。同樣，1945年5月和6月間，澳大利亞軍隊對日本在婆羅洲的軍事力量發動了三次兩棲行動。這些掃尾戰役的成功實質上是由於同樣的原因，即美國的海上入侵已經達到了它們的目標。參見Peter Dennis et al., *The Oxford Companion to Australian Military History* (Oxford: Oxford University Press, 1995), pp. 109-116。

114. USSBS, *Air Campaigns of the Pacific War*, p. 19.

115. 瓜達康納爾島（Guadalcanal）和菲律賓是這一規則的重要例外。參見George W. Garand and Truman R. Strobridge, *Western Pacific Operations: History of U.S. Marine Corps Operations in World War II*, vol. 4 (Washington, DC: U.S. Government Printing Office, 1971), pp. 320-321; Isely and Crowl, *U.S. Marines and Amphibious War*, p. 588。

116. USSBS, *Air Campaigns of the Pacific War*, p. 61.

117. 對於這一衝突的最好考察是，Paul S. Dull, *A Battle History of the Imperial Japanese Navy, 1941-1945* (Annapolis, MD: U.S. Naval Institute Press, 1978);

War: British Grand Strategy, 1853-1856 (New York: Manchester University Press, 1990); Norman Rich, *Why the Crimean War? A Cautionary Tale* (Hanovre, NH: University Press of New England, 1985); Albert Seaton, *The Crimean War: A Russian Chronicle* (London: B. T. Batsford, 1977)。

103. 本段的資料來自Potter and Nimitz, *Sea Power*, p. 234; Hew Strachan, "Soldiers, Strategy and Sebastopol," *Historical Journal* 21, No. 2 (June 1978), p. 321。
104. 引自Vagts, *Landing Operations*, p. 411。
105. 關於加利波里戰役的最好著作是：C. F. AspinallOglander, *Military Operations: Gallipoli*, 2 vols., Official British History of World War I (London: Heinemann, 1929); Robert R. James, *Gallipoli* (London: B. T. Batsford, 1965); Michael Hickey, *Gallipoli* (London: John Murray, 1995)。同時，俄國在黑海地區對土耳其實施了一些小規模的兩棲行動。參見Halpern, *Naval History of World War I*, pp. 238-246。
106. 歐洲另外兩次兩棲進攻並不是直接攻擊一個大國的領土。1940年4月，德國佔領挪威（一個小國），1942年11月美國軍隊向法國控制的北非成功地發動海上攻擊。1940年春，法國被納粹德國徹底擊敗，當時法國已不是一個主權國家，遠遠稱不上一個大國。關於挪威的情況，參見Jack Adams, *The Doomed Expedition: The Norwegian Campaign of 1940* (London: Leo Cooper, 1989); Maurice Harvey, *Scandinavian Misadventure* (Turnbridge Wells, UK: Spellmount, 1990)。關於北非的情況，參見George F. Howe, *Northwest Africa: Seizing the Initiative in the West* (Washington, DC: U.S. Government Printing Office, 1991), pts. 1-3。而且，德國，特別是蘇聯，在波羅的海和黑海海岸對方控制的領土上發動了多次小規模的兩棲進攻。參見W. I. Atschkassow, "Landing Operations of the Soviet Naval Fleet during World War Two," in Merrill L. Bartlett, ed., *Assault from the Sea: Essays on the History of Amphibious Warfare* (Annapolis, MD: U.S. Naval Institute Press, 1983), pp. 299-307; "Baltic Sea Operations," and "Black Sea Operations," in Dear, ed., *Oxford Companion to World War II*, pp. 106-108, 135-136。據一項研究估計，1941-1945年，蘇聯實施了113次兩棲行動。參見Atschkassow, "Landing Operations," p. 299。許多次行動都失敗了，但更重要的是，它們都是在德國國防軍和蘇聯紅軍之間的主戰場週邊地帶發生的小規模軍事行動。因此，它們對於戰爭的結果並沒有什麼影響。最後，1944年，蘇聯對法國控制的領土發動了兩次小規模的兩棲行動，其中一次失敗了。參見Waldemar Erfurth, *The Last Finnish War* (Washington, DC: University Publications of America, 1979), p. 190。
107. 關於西西里的情況，參見Albert N. Garland and Howard M. Smyth, *Sicily and the Surrender of Italy* (Washington, DC: U.S. Government Printing Office, 1965),

Philippines (Washington, DC: U.S. Government Printing Office, 1954), pp. 92-102。當然，海軍投入海上力量也必須具有制海權。關於海洋控制對兩棲進攻的重要性，參見P. H. Colomb, *Naval Warfare: Its Ruling Principles and Practice Historically Treated* (London: W. H. Allen, 1891), chaps. 11-18。

93. 參 見Alfred Vagts, *Landing Operations: Strategy, Psychology, Tactics, Politics, from Antiquity to 1945* (Harrisburg, PA: Military Service Publishing Company, 1946), pp. 509-516; Samuel R. Williamson, Jr., *The Politics of Grand Strategy: Britain and France Prepare for War, 1904-1914* (Cambridge, MA: Harvard University Press, 1969), pp. 43-45。
94. Corbett, *Principles of Maritime Strategy*, p. 98.
95. 引自Kennedy, *British Naval Mastery*, p. 201。
96. 參見Mearsheimer, "A Strategic Misstep," pp. 25-27。
97. 在描述1945-1950年期間美國的戰爭裝備時，史蒂芬·羅斯寫道：「所以，早期的計畫要求從歐洲迅速撤回，且不包含第二次諾曼地登陸的想法。面對紅軍的力量，直接進攻幾乎沒有取勝的希望。」Steven Ross, *American War Plans, 1945-1950* (New York: Garland, 1988), pp. 152-153。
98. 參見Piers Mackesy, *Statesmen at War: The Strategy of Overthrow, 1798-1799* (New York: Longman, 1974); A. B. Rodger, *The War of the Second Coalition, 1798 to 1801: A Strategic Commentary* (Oxford: Clarendon, 1964)。
99. 參見David Gates, *The Spanish Ulcer: A History of the Peninsular War* (New York: Norton, 1986), chaps. 5-7; Michael Glover, *The Peninsular War, 1807-1814: A Concise Military History* (Hamden, CT: Archon, 1974), chaps. 4-6。
100. 英國在葡萄牙保留了一支小分隊，葡萄牙在英國入侵後重新獲得了主權。1809年4月，英國海軍又運送其他軍隊到友好的葡萄牙。那些在威靈頓伯爵（Lord Wellington）指揮下的軍隊，在贏得伊比利亞半島的戰爭中起了重要的作用。
101. 參 見Piers Mackesy, *British Victory in Egypt, 1801: The End of Napoleon's Conquest* (London: Routledge, 1995); Potter and Nimitz, *Sea Power*, chap. 7; Roger, *War of the Second Coalition*, chaps. 1-9, esp. chap. 16。在法國革命戰爭期間，英國和法國在西印度群島也實施了一系列小規模的兩棲進攻。參見Michael Duffy, *Soldiers, Sugar, and Seapower: The British Expeditions to the West Indies and the War against Revolutionary France* (Oxford: Clarendon, 1987)。
102. 關於克里米亞戰爭的最好著作有：Winfried Baumgart, *The Crimean War, 1853-1856* (London: Arnold, 1999); John S. Curtiss, *Russia's Crimean War* (Durham, NC: Duke University Press, 1979); David M. Goldfrank, *The Origins of the Crimean War* (New York: Longman, 1994); Andrew D. Lambert, *The Crimean*

War and Conquest, 1833-1914 (London: P.S. King, 1915); Dennis E. *Showalter, Railroads and Rifles: Soldiers, Technology, and the Unification of Germany* (Hamden, CT: Archon, 1975); George Edgar Turner, *Victory Rode the Rails: The Strategic Place of the Railroads in the Civil War* (Lincoln: University of Nebraska Press, 1992); John Westwood, *Railwaysat War* (San Diego, CA: Howell-North, 1981)。

83. 參見Arthur Hezlet, *Aircraft and Sea Power* (New York: Stein and Day, 1970); Norman Polmar, *Aircraft Carriers: A Graphic History of Carrier Aviation and Its Influence on World Events* (Garden City, NY: Doubleday, 1969)。
84. 參見USSBS, *Air Campaigns of the Pacific War, Pacific War* Report 71a (Washington, DC: U.S. Government Printing Office, July 1947), sec. 10。
85. L.C.B. Dear, ed., *The Oxford Companion to World War II* (Oxford: Oxford University Press, 1995), pp. 46-50.參見B. B. Schofield, *The Arctic Convoys* (London: Macdonald and Janes, 1977); Richard Woodman, *The Arctic Convoys*, 1941-1945 (London: John Murray, 1994)。
86. 關於潛水艇如何影響戰爭，參見Arthur Hezlet, *The Submarine andSea Power* (London: Peter Davies, 1967); Karl Lautenschlager, "The Submarine in Naval Warfare, 1901-2001," *International Security* 11, No. 3 (Winter 1986-1986), pp. 94-140。
87. Halpern, *Naval History of World War I*, p. 48.
88. 關於海軍水雷及它們如何影響戰爭行為的一般討論，參見Gregory K. Hartmann and Scott C. Truver, *Weapons That Wait: Mine Warfare in the U.S. Navy*, 2d ed. (Annapolis, MD: U.S. Naval Institute Press, 1991)。
89. Hartmann and Truver, *Weapons That Wait*, p. 15.
90. 參見U.S. Department of Defense, *Conduct of the Persian Gulf War*, Final Report to Congress (Washington, DC: U.S. Government Printing Office, April 1992), chap. 7; Michael R. Gordon and Bernard E. Trainor, *The Generals'War: The Inside Story of the Conflict in the Gulf* (Boston, MA: Little, Brown, 1995), pp. 292-294, 343-345, 368-369。
91. 皮爾斯．馬克塞（Piers Mackesy）在描述拿破崙戰爭期間英國對抗法國的戰略時寫道：「在西歐進行任何重要登陸都不能予以考慮，除非東部戰線有一場打得正酣的戰爭牽制法國的兵力。」Mackesy, "Problems of an Amphibious Power," p. 21.
92. 1944年末，當美國控制太平洋上空時，日本試圖運送援軍到菲律賓，這一事例說明了當一國不具有空中優勢時，它的海上力量會發生什麼。美國飛機摧毀了日本的護衛艦。參見M. Hamlin Cannon, *Leyte: The Return to the*

量，現代軍事大國發動的海上入侵也可能被視作不切實際而遭摒棄。在任何大國的軍事力量反抗面前，能被運送的士兵數量永遠不足以實施侵略。」Herbert Richmond, *Sea Power in the Modern World* (London: G. Bell, 1934), p. 173.

77. 關於跨越巨大水體投送力量的問題並不僅僅是遠距離行動的問題。在水面上調動軍隊與在地面上移動軍隊存在著根本差別。一個與其對手之間被大片陸地隔離的國家能征服並佔領那片土地，然後把陸軍和空軍徑直移到對手的邊界，發動一場大規模的地面侵略。（想一想十九世紀拿破崙時期的法國是如何征服它與俄國之間的各個國家，並在隨後的1812年以龐大的軍隊入侵俄國的。）然而，大國不能征服和佔領水域。就像科比特所說，海「不是輕易就能被佔有的……你不能像依靠敵人領土一樣依靠海域來供養軍隊」。Corbett, *Principles of Maritime Strategy*, p. 93.（拿破崙不能奪取英吉利海峽並在其上面駐紮軍隊，這部分地解釋了它不能侵略英國的原因。）所以，海軍不得不跨越海洋運送軍隊來襲擊敵人。但是海軍常常不能把龐大的軍隊投送到敵人的領土上，因此，海上侵略力量的打擊力大大地受到了限制。
78. 參見Piers Mackesy, "Problems of an Amphibious Power: Britain against France, 1793-1815," *Naval War College Review* 30, No. 4 (Spring 1978), pp. 18-21。也可參見Richard Harding, "Sailors and Gentlemen of Parade: Some Professional and Technical Problems Concerning the Conduct of Combined Operations in the Eighteenth Century," *Historical Journal* 32, No. 1 (March 1989), pp. 35-55; Potter and Nimitz, *Sea Power*, p. 67。
79. 另一方面，奇襲是帆船時代大國戰爭中的常事。例如，在「七年戰爭」時期，英國於1778年對法國港口城市發動了四次奇襲。參見Potter and Nimitz, *Sea Power*, p. 53。雖然英國有奇襲的嗜好，但是這些行動常常不能獲得成功。看看里斯本（1589年）、卡迪茲（1589年和1626年）、布列斯特（1696年）、土倫（1707年）、洛雷恩特（1746年）、羅希福特（1757年）和瓦希倫（1809年）等戰役，麥克·霍華德（Michael Howard）把它們看成「一次幾乎無法被打破的昂貴而恥辱的失敗記錄」。Howard, *British Way in Warfare*, p. 19.但是，即使奇襲成功，也不會對權力平衡產生什麼影響。
80. 關於工業化如何影響海軍，參見Bernard Brodie, *Sea Power in the Machine Age*, 2d ed. (Princeton University Press, 1943); Kail Lautenschlager, "Technology and the Evolution of Naval Warfare," *International Security* 8, No. 2 (Fall 1983), pp. 3-51; Potter Nimitz, *Sea Power*, chaps. 12, 18。
81. 引自Brodie, *Sea Power*, p. 49。
82. 關於鐵路對戰爭的影響，參見Arden Bucholz, *Moltke, Schlieffen, and Prussian War Planning* (New York: Berg, 1991); Edwin A. Pratt, *The Rise of Rail-Power in*

可分割的一部分，所以它的結果很少被認真對待。這一戰鬥最後賦予了英格蘭海上控制權，但是它使拿破崙成為了歐洲大陸的獨裁者。有關這一戰爭的記錄的明顯貧乏令人費解，因此，為了填補這一空白，有關這一仗挽救了英國而使其免於侵略的傳說產生了。」Julian S. Corbett, *The Campaign of Trafalgar* (London: Longmans, Green, 1910), p. 408. 參見Edward Ingram, "Illusions of Victory: The Nile, Copenhagen, and Trafalgar Revisted," *Military Affairs* 48, No. 3 (July 1984), pp. 140-143。

72. 我估計，大約2400萬蘇聯人在抗擊納粹德國的戰鬥中喪生。在這一總數中，有1600萬平民和800萬軍事人員。在死亡的800萬軍事人員中，330萬是戰俘，他們在被關押期間死亡。剩下的470萬要麼在戰鬥中要麼由於戰鬥受傷而死亡。有關蘇聯傷亡的最好資料有：Edwin Bacon, "Soviet MilitaryLosses in World War II," *Journal of Slavic Military Studies* 6, No. 4 (December 1993), pp. 613-633; Michael Ellman and S. Maksudov, "Soviet Deaths in the Great Patriotic War: A Note," *Europe-Asia Studies* 46, No. 4 (1994), pp. 671-680; Mark Harrison, *Accounting for War: Soviet Production, Employment, and the Defence Burden, 1941-1945* (Cambridge: Cambridge University Press, 1996), pp. 159-161; Gerhard Hirschfeld, ed., *The Policies of Genocide: Jews and Soviet Prisoner of War in Nazi Germany* (Boston: Allen and Unwin, 1986), chaps. 1-2。德國在東線和其他戰線上的傷亡比率可能高於3:1。這方面的證據參見Jonathan R. Adelman, *Prelude to the Cold War: The Tsarist, Soviet, and U.S. Armies in the Two World Wars* (Boulder, CO: Lynne Rienner, 1988), pp. 128-129, 171-173; David M. Glantz and Jonathan M. House, *When Titans Clashed: How the Red Army Stopped Hitler* (Lawrence: University Press of Kansas, 1995), p. 284。

73. 參見Lincoln Li, *The Japanese Army in North China, 1937-1941: Problem of Political and Economic Control* (Oxford: Oxford University Press, 1975)。

74. 參見Potter and Nimitz, *Sea Power*, chap. 19；以及該書第六章注18中所引文獻。

75. 雷根政府的「海上戰略」(Maritime Strategy）包括使用美國海軍影響中央前線局勢的計畫，但是這些軍事行動主要關心的是改變對蘇聯的核武戰略平衡。當然，美國海軍也關心維護戰時的領海權，以便它能穿越大西洋運送軍隊和補給。參見John J. Mearsheimer, "A Strategic Misstep: The Maritime Strategy and Deterrence in Europe," *International Security* 11, No. 2 (Fall 1986), pp. 3-57; Barry R. Posen, *Inadvertent Escalation: Conventional War and Nuclear Risks* (Ithaca, NY: Cornell University Press, 1991), chaps. 4-5。

76. 這一點被著名的海軍戰略家所大量接受。例如，二十世紀上半期英國傑出海軍思想家里奇蒙（Adm. Herbert Richmond）寫道：「即使海上沒有反對力

pp. 5-38; Ivo H. Daalder and Michael E. O'Hanlon, *Wing Ugly: NATO's War to Save Kosovo* (Washington, DC: Brookings Institution Press, 2000); Doyle McManus, "Clinton's Massive Ground Invasion That Almost Was; Yugoslavia: After 71 Days of Air War, White House Had in Place a Memo to Send in 175000 NATO Troops," *Los Angeles Times*, June 9, 2000; Barry R. Posen, "The War for Kosovo: Serbia's Political-Military Strategy," *International Security* 24, No. 4 (Spring 2000), pp. 39-84。

65. William H. Arkin, "Smart Bombs, Dumb Targeting?" *Bulletin of the Atomic Scientists* 56, No. 3 (May-June 2000), p. 49.南聯盟政府聲稱，被殺的市民有2000人。參見Posen, "War for Kosovo," p. 81。
66. Pape, *Bombing to Win*, p. 68.關於空中懲罰為什麼常常失敗的討論，參見Pape, *Bombing to Win*, pp. 21-27; Stephen T. Hosmer, *Psychological Effects of U.S. Air Operations in Four Wars, 1941-1991: Lessons for U.S. Commanders*, RAND Report MR-567-AF (Santa Monica, CA: RAND Corporation, 1996); Irving L. Janis, *Air War and Emotional Stress: Psychological Studies of Bombing and Civilian Defense* (New York: McGraw-Hill, 1951)。
67. 也有一些公開的證據表明，1999年，在對待南聯盟的問題上，北約採用過謀害領導人的戰略。特別是，從北約襲擊的目標（電視台、米洛塞維奇的家、重要的政府建築物、黨總部、高層軍事指揮部以及米洛塞維奇親友的企業）來看，它的目標要麼是殺死領導人，要麼是促成政變。但是沒有明顯的證據證明這些戰略起了作用。
68. 參見Pape, *Bombing to Win*, pp. 79-86。
69. 參見Beck, *Under the Bombs*; Jeffrey Herf, Divided Memory: *The Nazi Past in the Two Germanys* (Cambridge MA: Harvard University Press, 1997); Ian Kershaw, *The Hitler Myth: Image and Reality in the Third Reich* (Oxford: Oxford University Press, 1987)。
70. 關於這一類的思想，參見Kennedy, *British Naval Mastery*, chap. 7; Robert W. Komer, *Maritime Strategy or Coalition Defense* (Cambridge, MA: Abt Books, 1984); Halford J. Mackinder, "The Geographical Pivot of History," *Geographical Journal* 23, No, 4 (April 1904), pp. 421-437; Halford J. Mackinder, *Democratic Ideals and Reality: A Study in the Politics of Reconstruction* (New York: Henry Holt, 1919); Martin Wight, *Power Politics*, eds. Hedley Bull and Carsten Holbraad (New York: Holmes and Meier, 1978), chap. 6。
71. 科比特談到特拉法爾加戰鬥時說：「普遍認為，特拉法爾加戰鬥是世界上最具決定性的戰役之一，並且在所有大的勝利中，沒有一個如此缺乏直接的結果。它以歷史上最精妙和複雜的海戰之一而著稱，但是由於它是聯合作戰不

thesis, School of Advanced Airpower Studies, Air University, Maxwell Air Force Base, AL, June 1997.

57. Eliot A. Cohen et al., *Gulf War Air Power Survey*, 5 vols. (Washington, DC: U.S. Government Printing Office, 1993); Pape, *Bombing to Win*, chap. 7. 戰略轟炸行動在伊拉克的直接目標是諸如巴格達等城市，這與對科威特境內的伊拉克軍事目標進行空中打擊截然不同。後一種行動給伊拉克軍隊造成了嚴重的損失，並幫助盟軍地面部隊在1991年2月末取得了快速而決定性的勝利。
58. 美國空軍本身對襲擊伊拉克領導目標的研究認為：「這些襲擊的結果顯然沒有完成野心勃勃的目標。這些目標至少被一些飛行員所接受。他們轟炸領導人（leadership）和命令、控制、通訊（簡稱CCC）目標類型，可能對該政權產生足夠的壓力，促使它顛覆伊拉克政權，並完全切斷巴格達領導人和他們軍隊之間的通訊。」Thomas A. Keaney and Eliot A. Cohen, *Gulf War Air Power Survey Report* (Washington, DC: U.S. Government Printing Office, 1993), p. 70. 參見Pape, *Bombing to Win*, pp. 221-223, 226-240, 250-253。
59. Allen F. Chew, *The White Death: The Epic of the Soviet-Finnish Winter War* (East Lansing: Michigan State University Press, 1997), chap. 5; Eloise Engle and Lauri Paananen, *The Winter War: The Russo-Finnish Conflict, 1939-40* (New York: Scribner's, 1973), chaps. 3, 7, 8; William R. Trotter, A Frozen Hell: *The Russo-Finnish Winter War of 1939-1940* (Chapel Hill, NC: Algonquin, 1991), chap. 15.
60. 關於這一案例最好的分析，參見Pape, *Bombing to Win*,. Chap. 5；關於轟炸行動的詳細描述，參見Conrad C. Crane, *American Airpower Strategy in Korea, 1950-1953* (Lawrence: University Press of Kansas, 2000); Robert F. Futrell, *The United States Air Force in Korea, 1950-1953*, rev. ed. (Washington, DC: Office of Air Force History, 1983)。
61. Clodfelter, *Limitsof Air Power*, chaps. 5-6; Pape, *Bombing to Win*, pp. 195-210.
62. John E. Mueller, "The Search for the 'Breaking Point' in Vietnam: The Statistics of a Deadly Quarrel," *International Studies Quarterly* 24, No. 4 (December 1980), pp. 497-519.
63. 我們能夠得到的關於對科索沃空中打擊的最好描述是美國空軍對於進攻的官方研究。參見*The Air War over Serbia: Aerospace Power in Operation Allied Force*, Initial Report (Washington, DC: U.S. Air Force, 2001)。1995年 夏 末，北約空軍也襲擊了在波士尼亞的南斯拉夫地面部隊，但是那不是一次戰略轟炸。參見Robert C. Owen, ed. *Deliberate Force: A Case Study in Effective Air Campaigning* (Maxwell Air Force Base, AL: Air University Press, January 2000)。
64. 能得到的最好資料包括：Daniel A. Byman and Matthew C. Waxman, "Kosovo and the Great Air Power Debate," *International Security* 24, No. 4 (Spring 2000),

School of Advanced Airpower Studies, Air University, Maxwell Air Force Base, AL, March 1997; Peter Tompkins, *Italy Betrayed* (New York: Simon and Schuster, 1966).

49. 盟軍的空軍力量使得義大利的陸軍問題更加複雜：支援前線力量的運輸網路受到阻擊。
50. 參見Craven and Cate, *Army Air Forces*, vol. 5, pp. 507-614; Hansell, *Strategic Air War*, chaps. 4-6; Schaffer, *Wings of Judgement*, chap. 6。
51. 參 見Martin Caidin, *A Torch to the Enemy: The Fire Raid on Tokyo* (New York: Ballantine, 1996); Craven and Cate, *Army Air Forces*, vol. 5, chaps. 1-5, 17-23; Schaffer, *Wings of Judgement*, chaps. 6-8; Kenneth P. Werrell, B*lankets of Fire: U.S. Bombers over Japan during World War II* (Washington, DC: Smithsonian Institution Press, 1996)。
52. 美國戰略轟炸調查報告稱，整個空中打擊（常規的和核武的）摧毀了日本66個最大城市中的43%，殺死了大約90萬平民，並且迫使850多萬居民撤離城市。USSBS, *JapaneseMorale*, pp. 1-2.這66個城市中的兩個（廣島和長崎）被原子彈而不是常規轟炸所摧毀。而且，大約11萬5000人死於這兩次核襲擊。Pape, *Bombing to Win*, p. 105.雖然在轟炸機開始把日本城市炸成焦土時，封鎖已經有效地毀滅了日本的經濟，但是轟炸也多少破壞了日本的經濟。
53. Angelo Del Boca, *The Ethiopian War, 1935-1941*, trans. P.D. Cummins (Chicago: University of Chicago Press, 1996); J.F.C. Fuller, *The First of the League Wars: Its Lessons and Omens* (London: Eyre and Spottiswoode, 1936); Thomas M. Coffey, *Lion by the Tail: The Story of the Italian-Ethiopian War* (London: Hamish Hamilton, 1974).
54. Takejiro Shiba, "Air Operations in the China Area. July 1937-August 1945," in Donald S. Detwiler and Charles B. Burdick, eds., *War in Asia and the Pacific, 1937-1949*, Vol. 9 (New York: Garland, 1980), pp. 1-220; H.J. Timperley, ed., *Japanese Terror in China* (New York: Modern Age, 1938), chaps. 6-7.
55. Mark Clodfelter, *The Limits of Air Power: The American Bombing of North Vietnam* (New York: Free Press, 1989), chaps. 2-4; Pape, *Bombing to Win*, pp. 176-195.
56. Scott R. Mc Michael, *Stumbling Bear: Soviet Military Performance in Afghanistan* (London: Brassey's, 1991), chap. 9; Denny R. Nelson, "Soviet Air Power: Tactics and Weapons Used in Afghanistan," *Air Universities Review,* January-February 1985, pp. 31-44; Marek Sliwinski, "Afghanistan: The Decimation of a People," *Orbis* 33, No. 1 (Winter 1989), pp. 39-56; Edward B. Westermann, "The Limits of Soviet Airpower: The Bear versus the Mujahideen in Afghanistan, 1979-1989,"

Right of the Line: The Royal Air Force in the European War, 1939-1945 (London: Hodder and Stoughton, 1985), chaps. 16-25, 77。

42. Richard J. Overy, *Why the Allies Won* (New York: Norton, 1996), p. 124.
43. 參見Paul Kecskemeti, *Strategic Surrender: The Politics of Victory and Defeat* (Stanford, CA: Stanford University Press, 1958), pp. 72-72; Barrie Pitt, *The Crucible of War: Western Desert 1941* (London: Jonathan Cape, 1980), passim; Jonathan Steinberg, *All or Nothing: The Axis and the Holocaust, 1941-1943* (New York: Routledge, 1990), pp. 15-25。
44. 這些資料來自Pape, *Bombing to Win*, pp. 254-255.除該書第八章外，還可參見Craven and Cate, *Army Air Forces*, vol. 3, chaps. 20-22; Max Hastings, *Bomber Command* (New York: Touchstone, 1989); Ronald Schaffer, *Wings of Judgement: American Bombing in World War II* (Oxford: Oxford University Press, 1985), chaps. 4-5; Charles Webster and Noble Frankland, *The Strategic Air Offensive against Germany, 1939-1945*, vols. 1-4 (London: Her Majesty's Stationery Office, 1961)。
45. 參見Earl R. Beck, *Under the Bombs: The German Home Front, 1942-1945* (Lexington: University Press of Kentucky, 1986)。
46. 參見Craven and Cate, *Army Air Forces*, vol. 2, sec. 4, and vol. 3, secs. 1, 2, 4-6; Haywood S. Hansell, Jr., *The Strategic Air War against Germany and Japan: A Memoir* (Washington, DC: Office of Air Force History, 1986), chaps. 2-3; Alfred C. Mierzejewski, *The Collapse of the German War Economy, 1944-1945: Allied Air Power and the German National Railway* (Chapel Hill: University of North Carolina Press, 1988); USSBS, *The Effects of Strategic Bombing on the German War Economy*, European War Report 3 (Washington, DC: U.S. Government Printing Office, October 1945)。
47. 奧佛里（Overy）強調空戰在擊敗納粹德國中起了關鍵的作用，它迫使希特勒把珍貴的資源從針對盟軍特別是紅軍的地面戰中移走。參見Overy, *Why the Allies Won*, pp. 20, 127-133。但是，盟軍也不得不把大量的資源從地面戰轉到空戰。參見*General Marshall's Report: The Winning of the War in Europe and the Pacific*, Biennial Report of the Chief of staff of the United States Army to the Secretary of War, July 1, 1943, to June 30, 1945 (New York: Simon and Schuster, 1945), pp. 101-107。沒有證據證明與德國相比，盟軍轉移了更少的資源用於空戰。事實上，我認為，盟軍比德國轉移了更多的資源用於空戰。
48. Craven and Cate, *Army Air Forces*, vol. 2, chaps. 13-17; Kecskemeti, *Strategic Surrender*, chap. 4; Pape, *Bombing to Win*. pp. 344-345; Philip A. Smith, "Bombing to Surrender: The Contribution of Air Power to the Collapse of Italy, 1943," thesis,

189; Chaim Herzog, *The War of Atonement, October 1973* (Boston: Little, Brown, 1975), pp. 256-261; Edward Luttwak and Dan Horowitz, *The Israeli Army* (London: Allen Lane, 1975), pp. 347-352, 374; Eliezer Cohen, *Israel's Best Defense: The First Full Story of the Israeli Air Force*, trans, Jonathan Cordis (New York: Orion, 1993), pp. 321-368, 386, 391。

36. 達到敵人前線後方縱深的阻斷行動與戰略轟炸的界限有時是不明顯的。空軍力量也能夠幫助海軍實施封鎖。
37. Cral H. Builder, *The Icarus Syndrome: The Role of Air Power Theory in the Evolution and Fate of the U.S. Air Force* (New Brunswick, NJ: Transaction, 1994), passim; Morton H. Halperin, *Bureaucratic Politics and Foreign Policy* (Washington, DC: Brookings Institution Press, 1974), pp. 28-32, 43-46, 52; Perry M. Smith, *The Air Force Plans for Peace, 1943-1945* (Baltimore, MD: Johns Hopkins University Press, 1970), chaps. 1-3.
38. 封鎖和戰略轟炸之間有兩點主要區別。第一，封鎖是不加選擇的，它截斷敵人的所有進出口。如前所述，戰略轟炸機可被有選擇地利用：它們能直接襲擊特定的工業，而放過其他目標。第二，如果目標是懲罰對手的國民，封鎖只能間接地破壞敵人的經濟，並最終傷害平民。相反，空中打擊可以直接以平民為目標來完成任務。
39. 例如，請參見John A. Warden III, "Employing Air Power in the Twenty-First Century," in Richard H. Schultz, Jr., and Robert L. Pfaltzgraff, Jr., eds., *The Future of Air Power in the Aftermath of the Gulf War* (Maxwell Air Force Base, AL: Air University Press, July 1992), pp. 57-82。
40. 關於自1945年來戰略轟炸的使命如何改變的有趣討論，參見Mark J. Conversino, "The Changed Nature of Strategic Attack," *Parameters* 27, No. 4 (Winter 1997-1998), pp. 28-41。也可參見Phillip S. Meilinger, "The Problem with Our Airpower Doctrine," *Airpower Journal 6*, No. 1 (Spring 1992), pp. 24-31。
41. 關於第一次世界大戰，參見H. A. Jones, *The War in the Air*, vol. 3 (Oxford: Clarendon, 1931), chaps. 2-3; H. A. Jones, *The War in the Air*, vol. 5 (Oxford: Clarendon, 1935), chaps. 1-2; George H. Quester, *Deterrence before Hiroshima: The Airpower Background of Modern Strategy* (New York: John Wiley, 1966), chap. 3。一戰晚期，盟軍對德國進行了較小規模的轟炸行動，但是這一轟炸並沒有戰略影響。參見H.A. Jones, *The War in The Air*, vol. 6 (Oxford: Clarendon, 1937), chaps. 1-4; Quester, *Deterrence before Hiroshima*, chap. 4。關於第二次世界大戰，參見Matthew Cooper, *The German Air Force, 1933-1945: An Anatomy of Failure* (London: Jane's, 1981), chaps. 5-6; John Terraine, T*he*

Pacific War Report 54 (Washington, Dc: U.S. Government Printing Office, 1947); Theodore Roscoe, U*nited States Submarine Operations in World War II* (Annapolis, MD: U.S. Naval Institute Press, 1956)。

26. 雖然我比佩普（Pape）更強調投擲兩顆原子彈的重要性，但是我對日本決定投降的分析很大程度上是依據佩普的觀點：Robert A. Pape, *Bombing to Win: Air Power and Coercion in War* (Ithaca, NY: Cornell University Press, 1996), chap. 4。我也採用了下列作者的部分觀點：Barton J. Bernstein, "Compelling Japan's Surrender without the A-bomb, Soviet Entry, or Invasion: Reconsidering the US Bombing Survey's EarlySurrender Conclusions," *Journal of Strategic Studies* 18, No. 2 (June 1995), pp. 101-148; Richard B. Frank, *Downfall: The End of the Imperial Japanese Empire* (New York: Random House, 1999); Leon V. Sigal, *Fighting to a Finish: The Politics of War Termination in the United States and Japan, 1945* (Ithaca, NY: Cornell University Press, 1988)。
27. 參見Olson, *Economics of the Wartime Shortage*；同時參見L. Margaret Barnett, *British Food Policy during the First World War* (Boston: Allen and Unwin, 1985); Gerd Hardach, *The First World War, 1914-1918* (Berkeley: University of California Press, 1977), chap. 5; Milward, *War, Economy, and Society*, chap. 8。
28. 參見Milward, *War, Economy, and Society*, p. 179。
29. 這一段和下一段的引語來自Olson, *Economics of the Wartime Shortage*一書的132-133、142頁。
30. Pape, *Bombing to Win*, pp. 21-27.
31. Pape, *Bombing to Win*, p. 25.
32. 參見Pape, *Bombing to Win*, chap. 4; USSBS, The Effects of Strategic Bombing on Japanese Morale, Pacific War Report 14 (Washington, DC: U.S. Government Printing Office, June 1974)。
33. 關於這一基本邏輯，參見Hein E. Goemans, *War and Punishment: The Cause of War Termination and the First World War* (Princeton, NJ: Princeton University Press, 2000)。
34. 參見Wesley F. Craven and James L. Cate, *The Army Air Forces in World War II* 7 vols. (Washington, DC: Office of Air Force History, 1983), Vol. 2, pp. 681-687, 695-714; Thomas M. Coffey, *Decision over Schweinfurt: The U.S. 8th Air Force Battle for Daylight Bombing* (New York: David McKay, 1977); John Sweetman, Schweinfurt: *Disaster in the Skies* (New York: Ballantine, 1971)。
35. 參 見Trevor N. Dupuy, *Elusive Victory: The Arab-Israeli Wars, 1947-1974* (New York: Harper and Row, 1978), pp. 550-553, 555-556; Insight Team of the London Sunday Times, *The Yom Kippur War* (Garden City, NY: Doubleday, 1974), pp. 184-

(London: Jonathan Cape, 1975), pp. 15-20。

19. 關於法國對普魯士實施的封鎖，參見Michael Howard, *The Franco Prussian War: The German Invasion of France, 1870-1871* (London: Dorset Press, 1961), pp. 74-76; *Theodore Ropp, The Development of a Modern Naval: French Naval Policy, 1871-1904*, ed. Stephen S. Roberts (Annapolis, MD: U.S. Naval Institute Press, 1987), pp. 22-25。
20. 關於一戰期間德國封鎖英國的最好資料來源是Olson, *Economics of the Wartime Shortage*, chap. 4; E.B. Potter and Chester W. Nimitz, *Sea Power: A Naval History* (Englewood Cliffs, NJ: Putnam, 1989), part 1; V.E. Tarrant, *The U-Boat Offensive, 1914-1915* (Annapolis, MD: U.S. Naval Institute Press, 1989), pp. 7-76。
21. 關於一戰時盟軍封鎖德國和奧地利的情況，參見A. C. Bell, *A History of the Blockade of Germany, Austria-Hungary, Bulgaria, and Turkey, 1914-1918* (1973: rpt., London: Her Majesty's Stationery Office, 1961); Louis Guichard, *The Naval Blockade, 1914-1918* (London: Arnold, 1997), pp. 271-283; C. Paul Vincent, *The Politics of Hunger: The Allied Blockade of Germany, 1915-1919* (Athens: Ohio University Press, 1985)。 請 見Avner Offer, *The First World War: An Agrarian Interpretation* (Oxford: Oxford University Press, 1989), pp. 23-78，該書詳細描述了封鎖的影響，但是過於強調它對戰爭結果的影響。
22. 關於二戰時德國封鎖英國的情況，參見Clay Blair, *Hitler's U-Boat War: The Hunters, 1939-1942* (New York: Random House, 1996); Clay Blair, *Hitler's U-Boat War: The Hunted, 1942-1945* (New York: Random House, 1998); Jurgen Rohwer, "The U-Boat War against the Allied Supply Lines," in H.A. Jacobsen and J. Rohwer, eds., D*ecisive Battles of World War II: The German View*, trans. Edward Fitzgerald (New York: Putnam, 1965), pp. 259-312; Tarrant, *U-Boat Offensive*, pp. 81-144; Terraine, *U-Boat Wars*, pt. 3。
23. 有關盟軍在二戰時封鎖德國和義大利的討論，參見Kennedy, *British Naval Mastery*, chap 11; W.N. Medlicott, *The Economic Blockade*, 2 vols. (London: Her Majesty's Stationery Office, 1952, 1959); Alan S. *Milward, War, Economy, and Society, 1939-1945* (Berkeley: University of California Press, 1979), chap. 9。
24. 關於美國內戰，參見Bern Anderson, *By Sea and River: The Naval History of the Civil War* (New York: De Capo, 1989), pp. 26, 34-37, 65-66, 225-234; Richard E. Beringer et al., *Why the South Lost the Civil War* (Athens: University of Georgia Press, 1986), chap. 3; Potter and Nimitz, *Sea Power*, chaps. 13-17。
25. 有關美國對日本封鎖的最好資料是Clay Blair, *Silent Victory: The U.S. Submarine War against Japan* (New York: Lippincott, 1975); U.S. Strategic Bombing Survey (USSBS), *The War against Japanese Transportation, 1941-1945*,

Report (Cambridge: MIT, July 1998); Owen R. Cote, Jr., *Mobile Targets from under the Sea: New Missions in the New Security Environment*, Security Studies Program Conference Report (Cambridge: MIT, April 2000)。

15. 引自Paul M. Kennedy, *The Rise and Fall of British Naval Mastery* (London: Allen Lane, 1976), p. 253。參見Sumida, *Inventing Grand Strategy*, pp. 45-47; Allan Westcott, *Mahan on Naval Warfare; Selections from the Writings of Rear Admiral Alfred T. Mahan* (London: Sampson Low, Marston, 1919), pp. 91-99, 328-341。關於科比特對封鎖的觀點，參見*Principles of Maritime Strategy*, pp. 95-102, 183-208。雖然馬漢相信，決定性的軍事手段是獨立的海上權力而不是陸地權力，但是，人們普遍認為，他的分析中存在致命的缺陷。參見Philip A. Crowl, *Alfred Thayer Mahan: The Naval Nuclear Age* (Princeton, NJ: Princeton University Press, 1986, pp. 444-477; Gerald S. Graham, *The Politics of Naval Supremacy: Studies in British Maritime Ascendancy* (Cambridge: Cambridge University Press, 1965); Kennedy, *British Naval Mastery*, esp. introduction and chap. 7。

16. 在封鎖的主題中，其他兩個很少被提及但又可能包括在這一範圍中的例子是，在一戰和二戰中，德國利用它的地理優勢和海軍阻止俄國／蘇聯與外部世界的貿易。但是，我沒有把這些例子算在內，因為在兩次衝突中，德國只花了很小的氣力就孤立了俄國。不過，德國的封鎖對兩次戰爭的結局都幾乎沒有影響，因而，它們支持了我的觀點：獨立海上力量的作用是有限的。

17. 有關大陸體系的最好素材有Geoffrey Ellis, *Napoleon's Continental Blockade: The Case of Alsace* (Oxford: Clarendon, 1981); Eli F. Heckscher, *The Continental System: An Economic Interpretation*, trans, C.S. Fearenside (Oxford: Clarendon, 1922); Georges Lefebvre, *Napoleon*, vol. 2, *From Tilsit to Waterloo, 1807-1815*, trans. J.E. Anderson (New York: Columbia University Press, 1990), chap 4; Mancur Olson, Jr., *The Economics of the Wartime Shortage: A History of British Food Supplies in the Napoleonic War and in World Wars I and II* (Durham, NC: Duke University Press, 1963), chap. 3。

18. 關於英國在1792年到1815年對法國實行的封鎖，參見Francois Crouzet, "Wars, Blockade, and Economic Change in Europe, 1792-1815," *Journal of Economic History* 24, No. 4 (December 1964), pp. 567-590; Kennedy, *British Naval Mastery*, chap. 5; Herbert W. Richmond, *Statesmen and Sea Power* (Oxford: Clarendon, 1964), pp. 170-257。在十八世紀與法國發生的各種戰爭中，英國試圖通過截斷法國的海外商業使法國屈服。參見Graham, *Politics of Naval Supremacy*, pp. 19-20。正如葛拉漢（Graham）注意到的，「沒有證據表明這種做法改變了法國在戰場上的戰略位置」（p. 19）。也可參見Michael Howard, *The British Way in Warfare: a Reappraisal,* 1974 Neale Lecture in English History

7. 關於制海權，參見Corbett, P*rinciples of Maritime Strategy*, pp. 91-106。關於海軍戰略，請見Geoffrey Till et al., *Maritime Strategy and the Nuclear Age* (New York: St. Martin's, 1982)，這是一本好的初級讀本。
8. 國家也關注制海權和制空權，以便能保護它們自己的領土免遭敵人的襲擊。
9. 毫不奇怪，馬漢這位獨立海軍力量的堅定維護者，並不喜歡海軍支持陸軍的兩棲行動。參見Jon T. Sumida, *Inventing Grand Strategy: The Class Works of Alfred Thayer Mahan Reconsidered* (Baltimore, MD: Johns Hopkins University Press, 1997), p. 45。
10. 兩棲進攻和兩棲登陸的這種差別取自於Jeter A. Crowl, *The U.S. Marines and Amphibious War: Its Theory and Its Practice in the Pacific* (Princeton, NJ: Princeton University Press, 1951), p. 8，儘管我給這一概念下的定義與他們有所不同。
11. 奇襲是第四種兩棲行動。奇襲是海軍暫時地把部隊設置在敵人的海岸上來破壞特定的目標，然後在任務完成（或失敗）後再把它們撤回海上。1942年8月，盟軍在法國海岸迪拜（Dieppe）登陸的慘敗就是奇襲的一個範例。參見Brian L. Villa, *Unauthorized Action: Mountbatten and the Dieppe Raid* (Oxford: Oxford University Press, 1990)。另一個例子是，1918年4月，英國在澤布赫勒德（Zeebrugge）的軍事行動。參見Paul. Halpern, *A Naval History of World War I* (Annapolis, MD: U.S. Naval Institute Press, 1994), pp. 411-416。我基本上不考慮奇襲，並不是因為它們常常失敗，而是因為它們是微不足道的軍事行動，對戰爭的結果幾乎沒什麼影響。
12. Richard Harding, *Amphibious Warfare in the Eighteenth Century: The British Expedition to the West Indies, 1740-1742* (Woodbridge, UK; Boydell, 1991), p. 81.
13. 引自Brian R. Sullivan, "Mahan's Blindness and Brilliance," *Joint Forces Quarterly*, No. 21 (Spring 1999), p. 116。
14. 約翰・萊曼（John Lehman）這位雷根政府時期的海軍部長經常宣稱，一旦與蘇聯發生戰爭，美國的航空母艦將靠近蘇聯本土特別是柯拉（Kola）半島，並且攻擊重要的軍事目標。但是，幾乎沒有一個海軍上將支持這一觀點。亞當・斯坦斯菲爾德・特納（Adm. Stansfield Turner）指出，萊曼「提倡『機動、主動和進攻』的海軍戰略。大概，他重申了他的公開聲明，說我們的海軍能夠把戰爭直接引向蘇聯的本土基地和機場。這聽起來令人鼓舞並具愛國心。但唯一的問題是，我們仍不得不找到一位相信美國海軍會嘗試這種做法的海軍上將。」Letter to the editor, *Foreign Affairs* 61, No. 2 (Winter 1981-1983), p. 457。但是，現在潛艇能夠把常規武裝的巡航飛彈發射到對手的本土，而自己遭受的損失相對較小。參見Owen R. Cote. Jr., *Precision Strike from the Sea: New Missions for a New Navy,* Security Studies Program Conference

的，英國的防禦開支在國家財富中所占的比例比其歐洲大陸的對手低，因為它和大陸之間隔著浩瀚的海洋。

74. 引自Hobson, "The Military-Extraction Gap," p. 495。對於1870-1914年間英國軍隊的全面研究，參見Correlli Barnett, *Britain and Her Army 1509-1970: A Military Political and Social Survey* (Harmondsworth, UK: Penguin Books, 1974), chaps. 13-15; David French, *The British Way in Warfare, 1688-2000* (London: Unwin Hyman, 1990), chaps. 5-6; Edward M. Spiers, *The Late Victorian Army, 1868-1902* (New York: Manchester University Press, 1992)，另請參見A.J.P Taylor, *The Struggle for Mastery in Europe, 1848-1918* (Oxford: Clarendon, 1954), introduction。

第四章 注釋

1. Alfred T. Mahan, *The Influence of Sea Power upon History, 1660-1783*, 12th ed. (Boston: Little, Brown, 1918).
2. Giulio Douhet, *The Command of the Air, trans. Dino Ferrari* (New York: Coward-McCann, 1942).
3. 這並不是否認在冷戰的大部分時間內美國及其盟國在歐洲維持了龐大的地面軍事力量，這也正是北大西洋公約組織（NATO）很有可能阻止蘇聯常規襲擊的原因。參見John J. Mearsheimer, "Why the Soviets Can't Win Quickly in Central Europe," *International Security* 7, No. 1 (Summer 1982), pp. 3-39; Barry R. Posen, "Measuring the European Conventional Balance: Coping with Complexity in Threat Assessment," *International Security* 9, No. 3 (Winter 1984-1985), pp. 47-88。然而，與蘇聯軍隊不同的是，美軍從來沒有能夠侵佔歐洲。事實上，美軍在歐洲大陸上的常備軍可能只處在第三的位置，排在蘇聯和西德軍隊之後。在冷戰的最前線或靠近前線的地方，大約有26個蘇聯師、12個西德師和不到6個美國師。但是，美國師要比西德和蘇聯的師更龐大。然而，即使允許出現這些差異，美國仍是歐洲第三大戰鬥力量。關於美國、西德和蘇聯的相對戰鬥潛力，請參見William P. Mako, *U.S. Ground Forces and the Defense of Central Europe* (Washington, DC: Brookings Institution Press, 1983), pp. 105-125。
4. 而且海軍陸戰隊其實也是小型的陸軍，只是名稱不同。
5. Julian S. Corbett, *Some Principles of Maritime Strategy* (1911; rpt., Annapolis, MD: U.S. Naval Institute Press, 1988), p. 16.科比特（Corbett）還寫道：「毫無疑問，一場戰爭幾乎不可能由單獨的海軍行動來決定。」(p. 15)
6. 參 見John J. Mearsheimer, *Conventional Deterrence* (Ithaca, NY: Cornell University Press, 1983), esp. chap. 2。

63. 參見Walt, *Origins of Alliances*, pp. 289-291。
64. 1979年，日本國民生產總值為2兆760億美元，而蘇聯的國民生產總值為2兆4450億美元。日本用7年時間就縮短了差距：到1987年，日本的國民生產總值已達2兆7720億美元，而此時蘇聯只有2兆7500億美元。所有資料都出自美國裁軍與軍控署（ACDA）的軍費開支和武器轉讓資料庫。
65. Peter Liberman, *Does Conquest Pay? The Exploitation of Occupied Industrial Societies* (Princeton, NJ: Princeton University Press, 1996), chap. 3; Milward, *War, Economy, and Society*, chap. 5.
66. Harrison, *Soviet Planning*, pp. 64, 125。也可參見Overy, *Why the Allies Won*, pp. 182-183。
67. Mark Harrison, "Resource Mobilization for World WarII: The USA, UK, USSR, and Germany, 1938-1945," *Economic History Review* 2d Ser. Vol. 41, No. 2 (May 1988), p. 185. 參見Dear, ed., *Oxford Companion to World War II*, p. 1218。
68. Overy, *Why the Allies Won*, p. 332.
69. Adelman, Revolution, pp. 106-107. 應該說，這些數字只是粗略的估計。事實上，阿德爾曼在《戰爭序幕》(p. 174)中寫道，到1945年1月蘇聯有488個師。並且，至少有兩份資料證明，到1945年初，德國只有300多個師。參見Dear, ed., *Oxford Companion to World War II*, p. 471; N. I. Anisimov, *Great Patriotic War of the Soviet Union, 1941-1945: A General Outline* (Moscow: Progress Publishers, 1970), p. 437。關於對抗雙方的軍事裝備差異，參見R. L. DiNardo, *Mechanized Juggernaut or Military Anachronism? Horses and the German Army of World War II* (Westport, CT: Greenwood, 1991)。
70. Harrison, "Economics of World WarII," p. 21.
71. 大量引用蘇聯研究成果的人估計，戰爭期間，租借（Lend-Lease）占蘇聯產值的4%。但這個數字可能太低了。阿德爾曼估計這個數字應該是10%。參 見Adelman. *Prelude*, pp. 223-224; Mark Harrison, "The Second World War," in Davies et al, eds., *Economic Transformation*, pp. 250-252; Boris K. Sokolov, "The Role of Lend-Lease in Soviet Military Efforts, 1941-1945," trans. David M. Glantz, *Journal of Slavic Military Studies* 7, No 3 (September 1994), pp. 567-586。
72. 參 見Werner Abelshauser, "Germany: Guns, Butter, and Economic Miracles," in Harrison, ed., *Economics of World War II*, pp. 151-170; Alfred C. Mierzejewski, *The Collapse of the German War Economy 1944-1945: Allied Air Power and the German National Railway* (Chapel Hill: University of North Carolina Press, 1988), chap, 1; Richard J. Overy, *War and Economy in the Reich* (Oxford: Clarndon, 1944); and Overy, *Why the Allies Won*, chaps. 6-7。
73. 參見Wright, *A Study of War*, vol. 1, pp. 670-671, tables 58, 59。正如我提到過

Fiscal劾Sociology of British Defence Policy, 1870-1913," *Journal of European Economic History* 22, No. 3 (Winter 1993), pp. 461-503; Paul M. Kennedy, "The Costs and Benefits of British Imperialism, 1846-1914," *Past and Present*, No. 125 (November 1989), pp. 186-192; Jacek Kugler and Marina Arbetman, "Choosing among Measures of Power: A Review of the Empirical Record," In Richard J. Stoll and Michel D. Ward, eds., *Power in World Politics* (Boulder, CO: Lynne Rienner, 1989), p. 76; Quincy Wright, *A Study of War*, vol. 1 (Chicago: University of Chicago Press, 1942), pp. 670-671。

58. 二十世紀初期，一些最著名的德國學者（如Hans Delbruck和Otto Hintze）錯誤地認為魏瑪德國能夠領導一個權力平衡聯盟與大英帝國抗衡，因為大英帝國極其富有，並擁有強大的海軍。然而，英國、法國和俄國卻聯合起來對抗德國。參見Ludwig Dehio, *Germany and World Politics in the Twentieth Century*, trans. Dieter Pevsner (New York: Norton, 1967), pp. 45-47, 51-55。正如本章後面所論述的，歐洲強國之所以聯合起來抗衡德國而不是英國，是因為德國擁有一支具有極強進攻能力的龐大軍隊，而英國擁有一支小型軍隊，幾乎不具備進攻另一大國的能力。
59. 保羅・甘迺迪（Paul Kennedy）的《大國的興衰》一書中的各種圖表（pp. 149, 154, 199-203, 243）顯示了十九世紀後半葉美國的巨大財富和軍事弱點。也可參見Hobson, "The Military-Extraction Gap," pp. 478-480；以及本書中的表6.2。
60. R.A.C. Parker, "Economics, Rearmament, and Foreign Policy: The United Kingdom before 1939-A Preliminary Study," *Journal of Contemporary History* 10, No. 4 (October 1975), pp. 637-647; G. C. Peden, *British Rearmament and the Treasury: 1932-1939* (Edinburgh: Scottish Academic Press, 1979); Robert P. Shay, Jr., *British Rearmament in the Thirties: Politics and Profits* (Princeton, NJ: Princeton University Press, 1977).
61. Robert R. Bowie and Richard H. Immerman, *Waging Peace: How Eisenhower Shaped an Enduring Cold War Grand Strategy* (Princeton, NJ: Princeton University Press, 2000), pp. 93-98, 127-139; John L. Gaddis, *Strategies of Containment: A Critical Appraisal of Postwar American National Security Policy* (Oxford: Oxford University Press, 1982), chaps. 5-6; Glenn H. Snyder, "The 'New Look' of 1953," in Warner R. Schilling, Paul Y. Hammond and Glenn H. Snyder, *Strategy, Politics, and Defense Budgets* (New York: Columbia University Press, 1962), pp. 379-524.
62. 美國中央情報局常常估計，蘇聯的防禦開支占國民生產總值的比例差不多是美國的三倍。儘管有人批評這一數字太低，也有人指責它太高，但是，幾乎所有專家都認為，蘇聯的防禦開支所占國民生產總值的比例要高於美國。

M. House, *When Titans Clashed: How the Red Army Stopped Hitler* (Lawrence: University Press of Kansas, 1995), p. 306; Harrison, "Economics of World WarII," pp. 15-17; Richard J. Overy, *Why the Allies Won* (New York: Norton, 1996), pp. 331-332。

50. 蘇聯能夠擊敗納粹德國，不僅僅因為它有更多的武器。紅軍的作戰能力也在1941-1945年間得到了顯著的提高。例如，在戰爭的頭兩年裡，蘇聯每損失6-7輛裝甲車，德國才損失1輛；到了1944年的秋天，這個比例差不多是1:1。參見Overy, *Why the Allies Won*, p. 212。也可參見Glantz, *When Titans Clashed*, esp. pp. 286-289; F.W. von Mellenthin, *Panzer Battles: A Study of the Employment of Armor in the Second World War*, trans. H. Betzler (New York: Ballantine, 1976), pp. 349-367。
51. 蘇聯的真正競爭者只有英國，從1946年到1950年，它的鋼鐵產量、能量消耗都比蘇聯小。參見Singer and Small, *National Material Capabilities Data*, 1816-1985, pp. 91-1, 188-1。也可參見本書第八章。
52. 1956年11月18日，赫魯雪夫在對西方外交人員的講話中說：「不管你們喜歡與否，歷史在我們這一邊。我們將埋葬你們。」引自William J. Tompson, *Khrushchev: A Political Life* (New York: St. Martin's, 1995), p. 171。
53. Gus Ofer, "Soviet Economic Growth: 1928-1985," *Journal of Economic Literature* 25, No. 4 (December 1987), pp. 1767-1833。
54. William E. Odom, "Soviet Force Posture: Dilemmas and Directions," *Problems of Communism* 34, No. 4 (July-August 1985), pp. 1-14; Notra Trulock III, "Emerging Technologies and Future War: A Soviet View," in Andrew W. Marshall and Charles Wolf, eds., *The Future Security Environment*, report submitted to the Commission on Integrated Long-Term Strategy (Washington, DC: U.S. Department of Defense, October 1988), pp. 97-163.在冷戰後的世界裡，人們強調蘇聯的無能是很正常的。然而，我們不該忘記的是，蘇聯十分善於使用嚴厲的手段杜絕資源的浪費，正如史達林在二十世紀三〇年代所表現的那樣。在諸如1941-1945年這樣的緊急情況下，蘇聯非常善於調配資源。
55. 這一觀點在史蒂芬·沃爾特的書中有詳細論述，參見Stephen M. Walt, *The Origins of Alliances* (Ithaca, NY: Cornell University Press, 1987), pp. 273-281。
56. 國際政治經濟學的學者有時會把十九世紀的英國看作霸主。參見Stephen D. Krasner, " State Power and the Structure of International Trade；" *World Politics* 28, No. 3 (April 1976), pp. 317-347。這是因為他們通常把注意力集中在經濟問題上，而很少關注軍事力量。另一方面，那些強調安全競爭的重要性的學者通常會把十九世紀的歐洲描繪成多極狀態。
57. 參　見J. M. Hobson, "The Military-Extraction Gap and the Wary Titan: The

chap. 3。也可參見表3.3中有關1816年的資料。

43. 參見Paul Bairoch, "International Industrialization Levels from 1750 to 1980," *Journal of European Economic History* 11, No. 2 (Fall 1982), pp. 281, 292, 294, 296 (some of Bairoch's data is reprinted in Kennedy, *Great Powers*, p. 149); Fuller, *Strategy and Power*, pp. 151-153; Arcadius Kahan, *The Plow, the Hammer, and the Knout: An Economic History of Eighteenth-Century Russia* (Chicago: University of Chicago Press, 1985); W. W. Rostow, "The Beginnings of Modern Growth in Europe: An Essay in Synthesis," *Journal of Economic History* 33, No. 3 (September 1973), p. 555。

44. 參見David R. Jones, "The Soviet Defense Burden through the Prism of History," in Carl G. Jacobsen, ed., *The Soviet Defense Enigma: Estimating Costs and Burdens* (Oxford: Oxford University Press, 1987), pp. 154-161; Walter M. Pintner, " Russia as a Great Power, 1709-1856: Reflections on the Problem of Relative Backwardness, with Special Reference to the Russian Army and Russian Society," *Occasional Paper* No. 33 (Washington, DC: Kennan Institute for Advanced Russian Studies, July 18, 1978); Walter M. Pintner, "The Burden of Defense in Imperial Russia, 1725-1914," *Russian Review* 43, No. 3 (July 1984), pp. 231-259。

45. D. N. Collins, "The Franco-Russian Alliance and Russian Railways, 1891-1914," *Historical Journal* 16, No. 4 (December 1973), pp. 777-788.

46. 關於一戰之前俄國的經濟弱點，參見Raymond W. Goldsmith, "The Economic Growth of Tsarist Russia, 1860-1913," *Economic Development and Cultural Change* 9, No. 3 (April 1961), pp. 441-475; Paul R. Gregory, *Russian National Income, 1885-1913* (Cambridge: Cambridge University Press, 1982), chap. 7; Alec Nove, *An Economic History of the USSR, 1917-1991*, 3d ed. (New York: Penguin, 1992), chap, 1; Clive Trebilcock, *The Industrialization of the Continental Powers, 1780-1914* (New York: Longman, 1981), chaps. 4, 7。

47. 這一節中所有注釋與資料都出自Adelman, *Revolution*, pp. 88-92。參見ibid., pp. 85-86; Adelman, *Prelude*, pp. 32-37, 44-45; Peter Gatrell and Mark Harrison, "The Russian and Soviet Economies in Two World Wars: A Comparative View," *Economic History Review* 46. No. 3 (August 1993), pp. 425-452。

48. 關於史達林經濟政策效果的圖表描述，參見"Soviet Heavy Industry Output, 1928-1945," in Mark Harrison, *Soviet Planning in Peace and War, 1938-1945* (Cambridge: Cambridge University Press, 1985), p. 253。更全面的論述，參見R. W. Davies, Mark Harrison, and S. G. Wheatcroft, eds., *The Economic Transformation of the Soviet Union, 1913-1945* (Cambridge: Cambridge University Press, 1994)。

49. 這些資料引自Adelman, *Revolution*, p. 92；阿德爾曼在《戰爭序幕》（*Prelude*）一書第219頁使用了略微不同的資料。參見David M. Glantz and Jonathan

Soviet Economic Performance, 1966-67, 90th Cong., 2d sess. (Washington, DC; U.S. Government Printing Office, May 1968), p. 16; U.S. Congress, Joint Economic Committee, *Soviet Economy in a New Perspective*, 94th Cong, 2d sess. (Washington, DC: U.S. Government Printing Office, October 14, 1976), p. 246。

36. 參見J. David Singer and Melvin Small, *National Material Capabilities Data*, 1816-1985 (Ann Arbor, MI: Inter-University Consortium for Political and Social Research, February 1993), pp. 108-1, 132-1。
37. 資料來源同上，p. 132-131。
38. Steven T. Ross, *European Diplomatic History, 1789-1815: France against Europe* (Garden City, NY: Anchor Books, 1969), chap. 11.
39. 1812年6月，當拿破崙攻打俄國時，大約200000名法國士兵在西班牙作戰。然而，拿破崙仍有674000名士兵用來進攻俄國。Chandler, *Campaigns of Napoleon*, pp. 754-755。1941年6月，德國大約70%的師部署在東線，其中包括納粹德國國防軍最精良的兵團。這一比例一直保持到1943年末德國開始在法國部署兵力，並準備1944年6月6日的諾曼地登陸。參見Jonathan R. Adelman, *Prelude to the Cold War: The Tsarist, Soviet, and U.S. Armies in the Two World Wars* (Boulder, CO: Lynne Rienner, 1988), pp. 130-131; Jonathan R. Adelman, *Revolution, Armies, and War: A Political History* (Boulder, CO: Lynne Rienner, 1985), pp. 71-72。
40. Adelman, *Prelude*, p. 40; Adelman, *Revolution*, pp. 69-70。也許有人會認為，這種分析不足以說明這樣一個事實，即奧匈軍隊與德國軍隊在東部作戰是在一戰而不是二戰中。然而，從整個一戰的戰場情況可以清楚地發現，不堪一擊的奧匈軍隊對德國其實是負擔而非助力。參見Holger H. Herwig, *The First World War: Germany and Austria-Hungary, 1914-1918* (New York: Arnold, 1997)。此外，二戰中，大量的芬蘭、匈牙利、義大利和羅馬尼亞軍隊在東線戰場上與德國作戰。參見Adelman, *Revolution*, pp. 71-72。
41. Norman Davies, *White Eagle, Red Star: The Polish-Soviet War*, 1919-20 (New York: St. Martin's, 1972); Thomas C. Fiddick, *Russia's Retreat from Poland, 1920* (New York: St. Martin's, 1990); Piotr S. Wandycz, *Soviet-Polish Relations, 1917-1921* (Cambridge, MA: Harvard University Press, 1969); Adam Zamoyski, *The Battle for the Marchlands*, Eastern European Monograph No. 88 (New York: Columbia University Press, 1981).
42. 參見Francois Crouzet, "Wars, Blockade, and Economic Change in Europe, 1792-1815," *Journal of Economic History* 24, No. 4 (December 1964), pp. 567-590; Patrick O'Brien and Caglar Keyder, *Economic Growth in Britain and France 1780-1914; Two Paths to the Twentieth Century* (London: Allen and Unwin, 1978),

28. 儘管這期間英國是一個經濟強國，但是它並沒有建立龐大的軍隊，個中緣由將在本章的後半部分加以討論。
29. 參見William C. Fuller, Jr., *Strategy and Power in Russia, 1600-1914* (New York: Free Press, 1992), chaps. 6-9。
30. 本章的資料來自*World Bank Atlas, 2000*, pp. 42-43; World Bank, *Knowledge for Development: World Development Report 1998/1999* (Oxford: Oxford University Press, 1998), p. 212。1980年的國內生產總值（GDP）資料與國民生產總值(GNP)資料大致相近。
31. 關於能源對度量財富的重要性，參見Oskar Morgenstern, Klaus Knorr, and Klaus P. Heiss, *Long Term Projections of Power: Political, Economic, and Military Forecasting* (Cambridge, MA: Ballinger, 1973), esp. chap. 6。關於鋼鐵，參見Ray S. Cline, *World Power Assessment, 1977: A Calculus of Strategic Drift* (Boulder, CO: Westview, 1977), pp. 68-69。
32. 轉變潛在權力的指標似乎不常見，但正如莫爾（Moul）指出的，「在各種歷史和現實的背景下考察一個理論，需要同等的而不是相似的指標」。Moul, "Measuring," p, 103.
33. 參見William T. Hogan, *Global Steel in the 1990s: Growth or Decline?* (Lexington, MA: Lexington Books, 1991); Paul A. Tiffany, "The American Steel Industry in the Postwar Era: Dominance and Decline," in Etsuo Abe and Yoshitaka Suzuki, eds, *Changing Patterns of International Rivalry: Some Lessons from the Steel Industry* (Tokyo: University of Tokyo Press, 1991), pp. 245-265。當克萊恩（Cline）在二十世紀九〇年代修訂《世界權力評估，1977》（*World Power Assessment, 1977*）時，鋼鐵就不再被視為經濟實力的關鍵指標了。參見Ray S. Cline, *The Power of Nations in the 1990s: A Strategic Assessment* (Lanham, MD: University Press of America, 1994), pp. 51-68。
34. 對於冷戰期間美國和蘇聯每年的國民生產總值，沒有什麼好的比較資料。我所使用的資料涵蓋1960年以後的冷戰歲月。它出自前美國裁軍與軍控署（ACDA）的軍費開支和武器轉讓資料庫；我所使用的後冷戰時期的國民生產總值資料出自世界銀行。
35. 有理由相信，1960年指標的改變並不會扭曲對超級大國間潛在權力權力平衡的分析。1968年和1976年，國會經濟聯合小組兩次公佈了關於美蘇在冷戰期間的國民生產總值的資料對比。1968年公佈的研究報告提供了1950、1955、1961和1965年的國民生產總值資料，1975年出版的研究報告提供了1948、1950、1955、1960、1965、1970和1975年的數據。在這兩份報告中，美國和蘇聯在相應的年份中所控制的國民生產總值的相對份額與表3.5中的百分比沒有什麼區別。參見U.S. Congress, Joint Economic Committee,

24. 1940年，美國的國民生產總值為1010億美元。這些資料來自I.C.B, Dear, ed., *The Oxford Companion to World War II* (Oxford: Oxford University Press, 1995), pp. 1059, 1182。關於二戰代價的更全面的討論，參見Alan S. Milward, *War, Economy, and Society, 1939-1945* (Berkeley: University of California Press, 1979), chap. 3。
25. 人們可能會借助人均國民生產總值的概念來解決這個問題，因為這樣可以消除由於各個國家人口數量不同而造成的差異後果。但是，正如我所強調的，分析一國的人口規模是非常必要的，因為它是潛在權力的重要組成部分。比如說，僅僅以人均國民生產總值為依據，人們就會得出如下結論：現今的新加坡比中國擁有更多的潛在權力，因為新加坡的人均國民生產總值比中國高得多。這個結論顯然是不合理的。
26. 參見Bernard Bordie, "Technological Change, Strategic Doctrine, and Political Outcomes," in Klaus Knorr, ed., H*istorical Dimensions of National Security Problems* (Lawrence: University Press of Kansas, 1976), pp. 263-306; Karl Lautenschlager, "Technology and the Evolution of Naval Warfare," *International Security* 8, No. 2 (Fall 1983), pp. 3-51; William H. McNeill, *The Pursuit of War: Technology, Armed Force, and Society since AD 1000* (Chicago: University of Chicago Press, 1982), chaps. 6-10; Merritt Roe Smith, ed., *Military Enterprise and Technological Change: Perspectives on the American Experience* (Cambridge, MA: MIT Press, 1987)。工業能力的差異有時具有影響潛在權力平衡的其他後果。首先，先進工業化國家常常能建立起支援大規模軍隊的後勤能力（公路、卡車、鐵路、貨輪、貨機）。而工業落後的國家總是難以創造出這些軍事勝利的必要因素。其次，現代工業化國家比那些半工業化國家可能擁有更高學歷的國民，而高學歷與更加出色的軍事表現有著直接的關聯。最後，現代軍隊是一個需要管理的大型、複雜的機構，所以日常的管理人員是必不可少的。高度工業化的國家可能擁有大量管理大型機構的專門人才，因為它們擁有許多大型的經濟機構。例如，第一次世界大戰期間，當時半工業化的俄國就受到嚴重的後勤問題、低素質的士兵以及低效率的管理人員體系等問題的困擾。另一方面，高度工業化的德國卻擁有優良的後勤、受過良好教育的士兵以及在交戰各國中最好的管理人員體系。
27. 《戰爭分類帳》(*The War Ledger*）一書中的一個問題是，奧根斯基（Organski）和庫格勒（Kugler）使用國民生產總值衡量十九世紀末到二十世紀初各國的權力。參見William B. Moul, "Measuring the 'Balances of Power': A Look at Some Numbers," R*eview of International Studies* 15, No. 2 (April 1989), pp. 107-115。他們也將潛在權力和實際力量等同起來，而這兩個概念在通常情況下是不等同的。這一點將在本章的後半部分加以討論。

1993), pp. 59-90，該文過分強調了預測戰爭勝利方的難度，但是它對這個問題提出了一些重要的觀點。

17. 參見Kenneth N. Waltz, *Theory of International Politics* (Reading, MA: Addison-Wesley, 1979), pp. 191-192; Wohlforth, *Elusive Balance*, p. 4。
18. 參　見Klaus Knorr, *The War Potential of Nations* (Princeton, NJ: Princeton University Press, 1956); Klaus Knorr, *Military Power and Potential* (Lexington, MA: D.C. Health, 1970)。
19. 關於人口與軍事能力關係方面的最好著作，參見Kingsley Davis, "The Demographic Foundations of National Power," in Morroe Berger, Theodore Abel, and Charles H. Page, eds., *Freedom and Control in Modern Societies* (New York: Van Nostrand, 1954), pp. 206-242; Katherine Organski and A.F.K. Organski, *Population and World Power* (New York: Knopf, 1961); Michael S. Teitelbaum and Jay M. Winter, *The Fear of Population Decline* (Orlando, FL: Academic Press, 1985)。
20. 中國與俄羅斯的資料出自World Bank Atlas, 2013-14. Washington, DC: Central Intelligence Agency, 2013. http://www.cia.gov/library/publications/the-world-factbook/index.html.
21. Simon Kuznets, *Modern Economic Growth: Rate, Structure, and Spread* (New Haven, CT: Yale University Press, 1966), chap. 2.
22. 關於財富對軍事力量的重要性的討論，參見Robert Gilpin, *War and Change in World Politics* (Cambridge: Cambridge University Press, 1981); Paul M. Kennedy, *The Rise and Fall of British Naval Mastery* (London: Allen Lane, 1976); Paul M. Kennedy, *The Rise and Fall of the Great Powers: Economic Change and Military Conflict from 1500 to 2000* (New York: Random House, 1987); A.F.K. Organski, *World Politics*, 2d ed. (New York: Knopf, 1968); Organski and Kugler, *War Ledger*。
23. 關於第一次世界大戰的代價，參見Ernest L. Bogart, *Direct and Indirect Costs of the Great World War* (Oxford: Oxford University Press, 1919), p. 299; Roger Chickering, *Imperial Germany and the Great War, 1914-1918* (Cambridge: Cambridge University Press, 1998) p. 195; Niall Ferguson, *The Pity of War* (New York: Basic Books, 1999), pp. 322-323; Gerd Hardach, *The First World War, 1914-1918* (Berkeley: University of California Press, 1977), p. 153。國際戰略研究學會（IISS）預計第一次世界大戰消耗了4兆5千萬美元（以1995年的美元計算），第二次世界大戰則消耗13兆美元。參見"The 2000 Chart of Armed Conflict," insert to IISS, *The Military Balance, 2000/2001* (Oxford: Oxford University Press, October 2000)。

the World Wars (Ithaca, NY: Cornell University Press, 1983), pp. 82-94.

10. 關於「施里芬計畫」的細節，參見Gerhand Ritter, *The Schlieffen Plan*, trans. Andrew and Eva Wilson (London: Oswald Wolff, 1958)。關於「施里芬計畫」的原版也許會成功的觀點，參見Gordon Craig, *The Politics of the Prussian Army, 1640-1945* (Oxford: Oxford University Press, 1975), pp. 279-280; Walter Goerlitz, *History of the German General Staff, 1657-1945*, trans. Brian Battershaw (New York: Praeger, 1953), p. 135; L.C.F. Turner, "The Significance of the Schlieffen Plan," *Australian Journal of Politics and History* 8, No. 1 (April 1967), pp. 52-53, 59-63。
11. 在冷戰的後半段，對歐洲的傳統權力平衡進行淨評估以決定華沙條約是否可能在與北約的抗衡中獲得快速而徹底的勝利，是饒有趣味的。研究那種權力平衡（或者其他方面）的分析家把注意力集中於每一方可能獲得的物質資產，而很少關注對手可能使用的戰略，這是司空見慣的。其基本假設是，僅僅權力平衡就能決定結果。然而，北約和華約戰爭的結果肯定是既依賴於資產數量，又依賴於它們的戰略。因此，對歐洲權力平衡（或者其他方面）的淨評估應該既考慮戰略又考慮物質設施的平衡。參見John J. Mearsheimer, "Numbers, Strategy, and the European Balance," *International Security* 12, No. 4 (Spring 1988), pp. 174-185。
12. 這種關於拿破崙在俄國的戰爭的討論主要依據下列文獻：David G, Chandler, *The Campaigns of Napoleon* (New York: Macmillan, 1996), pts. 13-14; Christopher Duffy, *Borodino and the War of 1812* (New York: Scribner's 1973); Vincent J. Esposito and John R. Elting, *A Military History and Atlas of the Napoleonic Wars* (New York: Praeger, 1965); Georges Lefebvre, *Napoleon: From Tilsit to Waterloo, 1807-1815*, trans. J. E. Anderson (New York; Columbia University Press, 1990), chap. 9。
13. 這一段中的資料來源自Chandler, *Campaigns of Napoleon*, pp. 750, 754-755, 852-853。另參見本書表8.2中關於法國和俄國陸軍的規模。
14. 俄國的戰略似乎不是自覺決策的結果，而是由於全面展開的戰爭而被迫為之。參見Chandler, *Campaigns of Napoleon*, pp. 764-765, 859; Lefebvre, *Napoleon*, p. 313.撇開背後的原因不論，戰略本身還是起了很大的作用。
15. 關於拿破崙陸軍的瓦解，有一個非常好的統計資料表。參見Edward R. Tufte, T*he Visual Display of Quantitative Information* (Cheshire, CT: Graphics Press, 1983), pp. 41, 176。
16. 參見Jonathan Kirshner, "Rationalist Explanations for War?" *Security Studies* 10, No. 1 (Autumn 2000), pp. 153-161; Alan Beyerchen, "Clausewitz, Nonlinearity, and the Unpredictability of War," *International Security* 17, No. 3 (Winter 1992-

William C. Wohlforth, *The Elusive Balance: Power and Perceptions during the Cold War* (Ithaca, NY: Cornell University Press, 1993), pp. 3-5。此外，一些學者（如沃爾佛斯）堅持認為，決策者如何看待權力平衡與實際上的權力平衡本身之間有著巨大的差別，而真正影響對國際政治的理解的正是決策者腦海中的權力平衡藍圖。我不同意這個觀點。儘管決策者偶爾會誤算敵對國家的權力，但是他們通常對實際的權力平衡有很好的認識。這一點我會在接下來的章節中詳細說明。因此，我們不必強調用對「權力」的認識來解釋國家的行為。

3. Robert Dahl, "The Concept of Power," *Behavioral Science* 2, No. 3 (July 1957), pp. 202-203.也可參見David A. Baldwin, *Paradoxes of Power* (New York: Basil Blackwell, 1989); Karl W. Deutsch, *The Analysis of International Relations* (England Cliffs, NJ: Prentice-Hall 1988), chap. 3。
4. 這一說法的很好例子是A.F.K. Organski and Jack Kugler, *The War Ledger* (Chicago Press, 1980), chap. 3。 也 可 參 見Jack Kugler and William Domke, "Comparing the Strength of Nations," *Comparative Political Studies* 19, No. 1 (April 1986), pp. 39-70; Jack Kugler and Douglas Lemke, eds., *Parity and War: Evaluations and Extensions of the War Ledger* (Ann Arbor: University of Michigan Press, 1998)。
5. Geoffery Blainey，*The Causes of War* (New York: Free Press, 1973), chap, 8. 引自第119頁。也可參見James D. Fearon, "Rationalist Explanations for War," *International Organization* 49, No. 3 (Summer 1995), pp. 397-414。
6. 參見Zeev Maoz, "Power, Capabilities, and Paradoxical Conflict Outcomes," *World Politics* 41, No. 2 (January 1989), pp. 239-266。正如在下一章中論述的，軍事力量包括軍隊的數量和品質。
7. John J. Mearsheimer, *Conventional Deterrence* (Ithaca, NY: Cornell University Press, 1983), pp. 33-55, 58-60.也可參見Mark Harrison, "The Economics of World War II: An Overview," in Mark Harrison, ed., *The Economics of World War II: Six Great Powers in International Comparison* (Cambridge: Cambridge University Press, 1988), pp. 1-2。
8. 參見Mearsheimer, *Conventional Deterrence*; T.V. Paul, *Asymmetric Conflicts: War Initiation by Weaker Powers* (Cambridge: Cambridge University Press, 1994); Dan Reiter, "Military Strategy and the Outbreak of International Conflict," *Journal of Conflict Resolution* 43, No. 3 (June 1999), pp. 366-387。
9. Brian Bond, *France and Belgium, 1939-1940* (London: Davis-Poynter, 1975); Philips A. Karber et al., *Assessing the Correlation of Forces: France 1940,* Report No. BDM/W-79-560-TR (McLean, VA: BDM Corporation, June 18, 1979); Barry R. Posen, *The Sources of Military Doctrine: France, Britain and Germany between*

Reveal Plans to Divide Bosnia and Hide War Crimes," *Sunday Telegraph* (London), June 18, 2000; Laura Silber and Allan Little, *Yugoslavia: Death of a Nation*, rev. ed. (New York: Penguin, 1997), pp. 131-132, 213; Warren Zimmerman, *Origins of a Catastrophe: Yugoslavia and Its Destroyers-America's Last Ambassador Tells What Happened and Why* (New York: Times Books, 1996), pp. 116-117。

58. John Maynard Keynes, *The Economic Consequences of the Peace* (New York: Penguin, 1988), chap. 2; J. M. Roberts, *Europe, 1880-1945* (London: Longman, 1970), pp. 239-241。
59. 關於1938年8月的《莫洛托夫—里賓特洛甫協定》方面的資料以及那些大國之間隨後的合作，參見Alan Bullock, *Hitler and Stalin: Parallel Lives* (London: Harpercollins, 1991), chaps. 14-15; I.C.B. Dear, ed., *The Oxford Companion to World War II* (Oxford: Oxford University Press, 1995), pp. 780-782; Anthony Read and David Fisher, *The Deadly Embrace: Hitler, Stalin, and the Nazi-Soviet Pact, 1939-1941* (New York: Norton, 1988); Geoffrey Roberts, *The Unholy Alliance: Stalin's Pact with Hitler* (Bloomington: Indiana University Press, 1989), chaps. 8-10; Adam B. Ulam, *Expansion and Coexistence: Soviet Foreign Policy, 1919-1973*, 2d ed. (New York: Holt, Rinehart, and Winston, 1974), chap. 6。
60. 沃爾茲認為，結構理論能解釋國家結果，例如，兩極或多極體系是否更可能發生戰爭。但是，沃爾茲認為，這些理論不能解釋個別國家的外交政策行為。他認為，這一任務需要一個單獨的外交政策理論。參見*Theory of International Politics*, pp. 71-72, 121-123。科林・艾爾曼（Colin Elman）對沃爾茲的這一觀點提出了挑戰。他認為，沒有理由表明，為什麼體系理論不能被用作外交政策理論。艾爾曼認為，關鍵問題在於，特定的結構理論是否有助於瞭解國家作出的外交政策決策。我想說明，攻勢現實主義可同時用來解釋個別國家的外交政策和國際結果。參見Colin Elman, "Horses for Courses: Why Not Neorealist Theories of Foreign Policy?"; Kenneth N. Waltz, "International Politics Is Not Foreign Policy"; Colin Elman, "Cause, Effect, and Consistency: A Response to Kenneth Waltz," *Security Studies* 6, No. 1 (Autumn 1996), pp. 7-61。

第三章　注釋

1. 「權力」可用不同的方式來定義，這就出現了一個問題，即到底哪個定義是正確的。事實上，一個學者的理論決定了定義的合理性。我的定義是否恰當，取決於攻勢現實主義在多大程度上解釋了國際政治。
2. 關於「權力」的兩種思考方式的詳細說明，參見Bruce Russett and Harvey Starr, *World Politics: The Menu for Choice* (New York: Freeman, 1989), chap. 6;

1956 (Ithaca, NY: Cornell University Press, 2000)。

48. 關於二十世紀八〇年代後期美國對蘇聯政策的概述，參見Randall L. Schweller and William C. Wohlforth, "Power Test: Evaluating Realism in Response to the End of the Cold War," *Security Studies* 9, No. 3 (Spring 2000), pp. 91-97。
49. 一本關於《凡爾賽條約》的主要著作的編者寫道：「該書中最後的重新評估，為和會的學術研究進行了新的統整。研究結果呼籲人們注意美國及聯盟陣營內部的不同和平目的，並強調談判代表本身在多大程度上把《凡爾賽條約》視作進步。」參見Manfred F. Boemeke, Gerald D. Feldman, and Elisabeth Glaser, eds., *The Treaty of Versailles: A Reassessment after 75 Years* (Cambridge: Cambridge University Press, 1998), p. 1。
50. 參見Trachtenberg, *Constructed Peace*; Marc Trachtenberg, History and Strategy (Princeton, NJ: Princeton University Press, 1991), chaps. 4-5。也可參見G. John Ikenberry, "Rethinking the Origins of American Hegemony," Political Science Quarterly 104, No. 3 (Autumn 1989), pp. 375-400。
51. 冷戰早期，美國決策者不懂得歐洲的安全競爭會走向何方，關於這一點，特拉亨伯格（Trachtenberg）作了總結，他自問自答地說：「有人曾預測到此類體系會出現嗎？有誰預測到它會為持久的和平提供基礎呢？」他的答案是：「這種預測作為一種規則出現後向相反的方向變化了，那就是，德國不可能永遠受制於人；德意志聯邦共和國最終……想擁有屬於自己的核子武器；沒有料到美國會留在歐洲……然而，所有這些預測沒有一個被證明是正確的。」參見Trachtenberg, *History and Strategy*, pp. 231-232。另請參見Trachtenberg, *Constructed Peace*, pp. vii-viii。
52. 關於集體安全陷阱的進一步討論，請參見John J. Mearsheimer, "The False Promise of International Institutions," *International Security* 19, No. 3 (Winter 1994-1995), pp. 26-37。
53. Grieco, "Anarchy and the Limits of Cooperation," pp. 498, 500.
54. 關於相對收益考慮阻礙國家間合作的證據，參見Paul W. Schroeder, *The Transformation of European Politics, 1763-1848* (Oxford: Clarendon, 1994), chap. 3。
55. Charles Lipson, "International Cooperation in Economic and Security Affairs," *World Politics* 37, No. 1 (October 1984), p. 14.
56. 參見Randall L. Schweller, "Bandwagoning for Profit: Bringing the Revisionist State Back In," *International Security* 19, No. 1 (Summer 1994), pp. 72-107。也可參見本章注釋59中引用的著作。
57. 參見Misha Glenny, *The Fall of Yugoslavia: The Third Balkan War*, 3d rev. ed. (New York: Penguin, 1996), p. 149; Philip Sherwell and Alina Petric, "Tudjman Tapes

沒有看到他被日本打敗，這與從蘇聯誕生第一天起就是我們的敵人的邱吉爾足夠明智地支持我們反對希特勒，是一回事。」

41. 參見Walt, *Origins of Alliances*, pp. 5, 266-268。
42. Adam Smith, *An Inquiry into the Nature and Causes of the Wealth of Nations*, ed. Edwin Cannan (Chicago: University of Chicago Press, 1976), Vol. 1, p. 487.本段所有的引證都出自該書第484-487頁。
43. 關於英荷敵對的評論，參見Jack S. Levy, "The Rise and Decline of the Anglo-Dutch Rivalry, 1609-1689," in William R. Thompson. ed., *Great Power Rivalries* (Columbia: University of Carolina Press, 1999), pp. 172-200; Paul M. Kennedy, *The Rise and Fall of British Naval Mastery* (London: Allen Lane, 1976), chap. 2。這一例子對稍早討論的相對權力與絕對權力問題有直接的意義。尤其是，如果沒有《航海法案》，英國和荷蘭很可能會獲得更大的絕對收益，因為它們的經濟可從開放的貿易中獲利，但英國很可能得不到比荷蘭更多的相對優勢。而有了《航海法案》，英國獲得的相對優勢要比荷蘭多得多。但是，雙方都損失了絕對利益。基本原則是，對相對權力的考量驅使大國的行為。
44. William J. Clinton, "Address by the President to the 48th Session of the United Nations General Assembly," United Nations, New York, September 27, 1993.也可參見George Bush, "Toward a New World Order: Address by the President to a Joint Session of Congress," September 11, 1990。
45. 布蘭得利・塞耶（Bradley Thayer）考察了獲勝的大國能否在拿破崙戰爭、第一次世界大戰和第二次世界大戰之後創建並維持穩定的安全秩序，以及它們是否會像現實主義預言的那樣，彼此為權力競爭。特別是，他看到了歐洲的整合、國聯和聯合國的運作情況，據說，它們限制（如果不是消除的話）了大國的現實主義行為。塞耶認為，儘管勝利的大國會花言巧語，但它們絲毫不會改變以損人利己的方式為自己爭奪權力的決心。參見Bradley A. Thayer, "Creating Stability in New World Orders," Ph.D. diss., University of Chicago, August 1996。也可參見Korina Kagan, "The Myth of the European Concert," *Security Studies* 7, No. 2 (Winter 1997-1998), pp. 1-57。她認為，歐洲的整合「是一個脆弱而低效率的機構，與大國行為沒有大的關係」(p. 3)。
46. 參見Melvyn P. Leffler, *A Preponderance of Power: National Security, the Truman Administration, and the Cold War* (Stanford, CA: Stanford University Press, 1992)。
47. 關於美國試圖破壞蘇聯對東歐控制的分析，可參見Peter Grose, *Operation Rollback: America's Secret War behind the Iron Curtain* (Boston: Houghton Mifflin, 2000); Walter L. Hixson, *Parting the Curtain: Propaganda, Culture, and the Cold War, 1945-1961* (New York: St. Martin's, 1997); Gregory Mitrovich, *Undermining the Kremlin: America's Strategy to Subvert the Soviet Bloc, 1947-*

體的聯繫。但這裡把兩個方面分開來看，只是為了突出海洋對大國行為的巨大影響。

33. 關於反對意見，可參見David M. Edelstein, "Choosing Friends and Enemies: Perceptions of Intentions in International Relations," Ph.D. diss. University of Chicago, August 2000; Andrew Kydd, "Why Security Seekers Do Not Fight Each Other," *Security Studies* 7, No. 1 (Autumn 1997), pp. 114-154; Walt, *Origins of Alliances*.
34. 參見本章注釋8。
35. Jacob Viner, "Power versus Plenty as Objectives of Foreign Policy in the Seventeenth and Eighteenth Centuries," *World Politics* 1, No. 1 (October 1948), p. 10.
36. 參見Mark Bowden, *Black Hawk Down: A Story of Modern War* (London: Penguin, 1999); Alison Des Forges, "Leave None to Tell the Story": *Genocide in Rwanda* (New York: Human Rights Watch, 1999), pp. 623-625; Gerard Prunier, *The Rwanda Crisis: History of a Genocide* (New York: Columbia University Press, 1995), pp. 274-275。
37. 參見Scott R. Feil, *Preventing Genocide: How the Early Use of Force Might Have Succeeded in Rwanda* (New York: Carnegie Corporation, 1998); John Mueller, "The Banality of 'Ethnic War,'" *International Security* 25, No. 1 (Summer 2000), pp. 58-62。如果美國干預盧安達，會拯救多少生命的樂觀觀點，可參見Alan J. Kuperman, "Rwanda in Retrospect," *Foreign Affairs* 79, No. 1 (January-February 2000), pp. 94-118。
38. 參見David F. Schmitz, *Thank God They're on Our Side: The United States and Right-Wing Dictatorships, 1921-1965* (Chapel Hill: University of North Carolina Press, 1999), chaps. 4-6; Gaddis Smith, *The Last Years of the Monroe Doctrine, 1945-1993* (New York: Hill and Wang, 1994); Tony Smith, *America's Mission: The United States and the Worldwide Struggle for Democracy in the Twentieth Century* (Princeton, NJ: Princeton University Press, 1994); Stephen Van Evera, "Why Europe Matters, Why the Third World Doesn't: American Grand Strategy after the Cold War," *Journal of Strategic Studies* 13, No. 2 (June 1990), pp. 25-30。
39. 引自John M. Carroll and George C. Herring, eds., *Modern American Diplomacy*, rev. ed. (Wilmington, DE: Scholarly Resources, 1996), p. 122。
40. 尼基塔·赫魯雪夫就二戰期間史達林對蔣介石的政策作了同樣的表述：「儘管蔣介石與中國共產黨有衝突，但仍在反對日本帝國主義。因此，史達林乃至蘇聯政府把蔣介石視作進步力量。日本是我們在東方的頭號敵人，所以支持蔣介石符合蘇聯的利益。當然，我們支援他，只是因為到目前為止我們還

為成功的進攻創造機會。這一問題將在第八章和第九章中詳細討論，史耐德似乎清楚這一問題，他加上一個重要的限定條件，他說：「至少從長遠來看，國家會形成抵制侵略者的權力平衡聯盟。」參見*Myths of Empire*, p. 11。但是，侵略者將受到引誘，並在短期內贏得勝利，希望使它們的成功轉化為自己的長遠優勢。至於攻擊-防禦平衡，這是一個不定形的概念，學者和決策者難以對其下定義和進行評估。參見"Correspondence: Taking Offense at Offense-Defense Theory," *International Security* 23, No. 2 (Winter 1998-1999), pp. 179-206; Jack S. Levy, "The Offensive/Defensive Balance of Military Technology: A Theoretical and Historical Analysis," *International Studies Quarterly* 28, No. 2 (June 1984), pp. 219-238; Kier A. Lieber, "Grasping the Technological Peace: The Offense-Defense Balance and International Security," *International Security* 25, No. 1 (Summer 2000), pp. 71-104; Sean M. Lynn-Jones, "Offense-Defense Theory and Its Critics," *Security Studies* 4, No. 4 (Summer 1995), pp. 672-674; John J. Mearsheimer, *Conventional Deterrence* (Ithaca, NY: Cornell University Press, 1983), pp. 24-27; Jonathan Shimshoni, "Technology, Military Advantage, and World War I: A Case for Military Entrepreneurship," *International Security* 15, No. 3 (Winter 1990-1991), pp. 187-215。更重要的是，幾乎沒有證據表明，防禦總是比進攻具有絕對優勢。誠如本章餘下部分所論及的，國家進攻有時會失敗，而有時則會獲勝。

29. John Arquilla, *Dubious Battles: Aggression, Defeat, and the International System* (Washington, DC: Crane Russak, 1992), p. 2。另請參見Bruce Bueno de Mesquita, *The War Trap* (New Haven, CT: Yale University Press, 1981), pp. 21-22; Kevin Wang and James Ray, "Beginners and Winners: The Fate of Initiators of Interstate Wars Involving Great Powers since 1459," *International Studies Quarterly* 38, No. 1 (March 1994), pp. 139-154。
30. 雖然史耐德和艾佛拉認為，征服很少獲得報償，但是，兩位也承認，侵略有時也會獲得成功。例如史耐德對擴張（成功的進攻）和過度擴張（不成功的進攻）作了區別，這是他要解釋的行為。例如，他對1868-1945年的日本擴張進行了探討，參見*Myths of Empire*, pp. 114-116。艾佛拉則認為，攻擊—防禦平衡會發生變化，在某些時段，征服是可能得手的。參見*Causes of War*, chap. 6。當然，認為侵略能取得成功與他們的核心觀點是相互抵觸的，即進攻幾乎不能取得成功。
31. 參見Robert Gilpin, *War and Change in World Politics* (Cambridge: Cambridge University Press, 1981), p. 29; William C. Wohlforth, *The Elusive Balance: Power and Perceptions during the Cold War* (Ithaca, NY: Cornell University Press, 1993), pp. 12-14。
32. 接下的章節在討論測量權力分配時（見第四章），會考慮力量投擲與巨大水

21. 沃爾茲認為，在摩根索的理論中，國家把追求權力當作目的本身，因此，它們關心絕對權力而不是相對權力。參見Waltz, "Origins of War," pp. 40-41; Waltz, *Theory of International Politics*, pp. 126-127。雖然摩根索偶爾提出一些似乎肯定沃爾茲觀點的表述，但是摩根索的著作中有足夠的證據表明，國家主要關心追求相對權力。參見Morgenthau, *Politics among Nations: The Struggle for Power and Peace*, 5th ed. (New York: Knopf, 1973)。
22. 引自Marc Trachtenberg, *A Constructed Peace: The Making of the European Settlement, 1945-1963* (Princeton, NJ: Princeton University Press, 1999), p. 36。
23. 簡言之，評估攻勢現實主義的關鍵問題並不在於國家是否不斷企圖征服其他國家或在防禦方面竭盡全力，而在於國家是否經常放棄獲得多於對手權力的大量機會。
24. 參見Richard K. Betts, *Surprise Attack: Lessons for Defense Planning* (Washington, DC: Brookings Institution Press, 1982); James D. Fearon, "Rationalist Explanations for War," *International Organization* 49, No. 3 (Summer 1995), pp. 390-401; Robert Jervis, *The Logic of Images in International Relations* (Princeton, N J: Princeton University Press, 1970); Stephen Van Evera, *Causes of War: Power and the Rooms of Conflict* (Ithaca, NY: Cornell University Press, 1999), pp. 45-51, 83, 137-142。
25. 參見Joel Achenbach, "The Experts in Retreat: After the Fact Explanations for the Gloomy Predictions," *Washington Post*, February 28, 1991; Jacob Weisberg, "Gulfballs: How the Experts Blew It, BigTime," *New Republic*, March 25, 1991。
26. 傑克・史耐德（Jack Snyder）和史蒂芬・凡・艾佛拉（Stephen Van Evera）以最大膽的方式提出這一論點。參見Jack Snyder, *Myths of Empire: Domestic Politics and International Ambition* (Ithaca, NY: Cornell University Press, 1991), esp. pp. 1, 307-308; Van Evera, *Causes of War*, esp. pp. 6, 9。
27. 另外，一些守勢現實主義者在解釋安全困境時說，國家為了提高自己的安全所採取的進攻舉措，迫使對手作出相同的反應，使所有國家比它們什麼也不做的情況不會好多少，甚至更糟。參見Charles L. Glaser, "The Security of Dilemma Revisited," *World Politics* 50, No. 1 (October 1997), pp. 171-201。根據對安全困境的這種理解，理智國家之間幾乎不會發生任何安全競爭，因為試圖獲得超過對手大國的優勢毫無價值，也許還起反作用。的確，很難理解為什麼在一個侵略行為就等於弄巧成拙的行為的世界裡，國家會面對「安全困境」。所有國家放棄戰爭並和平地生活似乎更有意義。當然，當赫茲在1950年提出這一概念之時，他並不是這樣描述安全困境的。他對這一概念的最初解釋是對攻勢現實主義的概述。
28. 儘管受威脅的國家有時能有效地以權力平衡抗衡侵略者，但是它們卻經常不

Statecraft (Cambridge, MA: Harvard University Press, 1995), chap. 4。

11. 佛里德里克·舒曼（Frederick Schuman）在以下這本書中介紹了自助的概念：Frederick Schuman, *International Politics: An Introduction to the Western State System* (New York: McGraw-Hill, 1933), pp. 199-202, 514，儘管是沃爾茲的《國際政治理論》(*Theory of International Politics*, Chap. 6)一書使這一概念聞名於世。關於現實主義和聯盟，參見Stephen M. Walt, *The Origins of Alliances* (Ithaca, NY: Cornell University Press, 1987)。
12. 引自Martin Wight, *Power Politics* (London: Royal Institute of International Affairs, 1946), p. 40。
13. 如果一國獲得霸權，該體系就不再是無政府狀態，而變成了等級體系。攻勢現實主義承認國際無政府狀態，但它對等級制度下的政治幾乎沒有討論。但如後所論，任何國家要想成為全球霸主是絕對不可能的，儘管地區霸權有可能實現。因此，除了關注被一霸主統治的某一地區內所發生的一切，現實主義也可能對可見的將來的世界政治提供重要的參考。
14. 雖然大國總是懷有侵略意圖，但是它們並不總是侵略者，主要因為它們有時不具備採取侵略行為的能力。我在全書中都使用「侵略者」一詞，是表示大國具有按自己意圖行事的物質能力。
15. 肯尼士·沃爾茲認為，大國不應該追求霸權，而應以控制「適度」的世界權力為目的。參見Waltz, "The Origins of War in Neorealist Theory," in Robert Theodore K. Rabb, eds., *The Origin and Prevention of Major Wars* (Cambridge: Cambridge University Press, 1989), p. 40。
16. 下列假設說明了這一點。假如美國決策者被迫在西半球從兩種不同的權力平衡中作出選擇：第一種情況是當前的權力分配，美國是一個霸主，它那一地區沒有任何國家敢提出軍事挑戰；第二種情況是，中國取代加拿大，而德國取代墨西哥。即使美國比中國和德國的軍事優勢大得多，也很難想像有任何美國戰略家會選擇這種情況置於西半球的美國霸權之上。
17. John H. Herz, "Idealist Internationalism and the Security Dilemma," *World Politics* 2, No. 2 (January 1950), pp. 20, 88.
18. Herz, "Idealist Internationalism," p. 157.
19. 參見Joseph M. Grieco, "Anarchy and the Limits of Cooperation: A Realist Critique of the Newest Liberal Institutionalism," *International Organization* 42, No. 3 (Summer 1988), pp. 485-507; Stephen D. Krasner, "Global Communications and National Power: Life on the Pareto Frontier," *World Politics* 43, No. 3 (April 1991), pp. 1303-1320。
20. 參　見Michael Mastanduno, "Do Relative Gains Matter? America's Response to Japanese Industrial Policy," *International Security* 16, No. 1 (Summer 1991), pp. 73-113。

政府體系。畢竟，它們角逐權力是由於缺乏中央權威而不是任何國家的特質所致。比如，馬庫斯・費希爾（Markus Fischer）把這一理論運用到中世紀的歐洲，即1648年國家體系出現之前。參見Fischer, "Feudal Europe, 800-1300: Communal Discourse and Conflictual Practices," *International Organization* 46, No. 2 (Spring 1992), pp. 427-466。該理論也可以用來解釋個人行為，論述這一方面的最重要的著作有Thomas Hobbes, *Leviathan*, ed. C. B. Macpherson (Harmondsworth, UK: Peguin, 1986)。同時參見Elijah Anderson, "The Code of the Streets," *Atlantic Monthly*, May 1994, pp. 80-94; Barry R. Posen, "The Security Dilemma and Ethnic Conflict," *Survival*35, No. 1 (Spring 1993), pp. 27-47; Robert, J. Spitzer, *The Politics of Gun Control* (Chatham, NJ: Chatham House, 1995), chap. 6。

6. Inis L. Claude, Jr., *Sword into Plowshares: The Problem and Progress of International Organization*, 4th ed. (New York: Random House, 1971), p. 14.
7. 認為國家具有良好意圖的觀點只是一個初始命題。我隨後指出，當你結合這一理論的五大命題時，國家自然會傾向於彼此敵視。
8. 我的理論最終認為，大國以進攻姿態對待彼此，因為在一個無政府世界裡，這是保證它們安全的最好辦法。但是，這裡的命題是，除了安全外，還有很多原因可以解釋國家為什麼對彼此採取侵略姿態。事實上，難以確定那些戰爭的非安全原因是否在起作用，或者在推動大國擔心生存，進而採取進攻行為。僅僅是對安全的擔心不可能引起大國採取侵略行為。對攻勢現實主義和其他預測安全競爭的國際政治結構理論來說，至少要有一國會考慮非安全因素，這樣這些理論才能說得通。施韋勒把這一點闡述得很好：「如果國家只追求本身的生存，那麼它們有什麼理由感到威脅呢？它們為什麼要採取建立權力平衡的行為呢？在一個從來沒有罪惡的假想世界裡，安全概念是沒有意義的。」參見Schweller, "Neorealism's Status-Quo Bias," p. 91。赫伯特・巴特菲爾德（Herbert Butterfield）也持相同的看法，他寫道：「倘若所有的人都是基督教聖徒，那麼戰爭根本不可能發生，也許除了自我犧牲外，他們彼此沒有什麼可競爭的。」參見C. T. Mcintire, ed., *Herbert Butterfield: Writings on Christianity and History* (Oxford: Oxford University Press, 1979), p. 73。也可參見Jack Donnelly, *Realism and International Relations* (Cambridge: Cambridge University Press, 2000), chap. 2。
9. 引自Jon Jacobson, *When the Soviet Union Entered World Politics* (Berkeley: University of California Press, 1994), p. 271。
10. 參見Elizabeth Pond, *Beyond the Wall: Germany's Road to Unification* (Washington, DC: Brookings Institution Press, 1993), chaps. 25-26; Philip Zelikow and Condoleezza Rice, *Germany Unified and Europe Transformed: A Study in*

and the United States in the Era of World War I, 1900-1924 (Providence, RI: Berg Publishers, 1993), pp. 99-125; John L. Gaddis, *The United States and the Origins of the Cold War, 1941-1947* (New York: Columbia University Press, 1972), Chap. 2。關於兩次世界大戰期間英國決策者如何努力洗刷俄國形象的討論，參見Keith Neilson, *Britain and the Last Tsar: British Policy and Russia, 1894-1917* (Oxford: Clarendon, 1995), pp. 342-343; P.M.H. Bell, *John Bull and the Bear: British Public Opinion, Foreign Policy and the Soviet Union, 1941-1945* (London: Edward Arnold, 1990)。

65. 關於自由主義觀點對美國思維的重大影響，參見Louis Hartz, *The Liberal Tradition in America: An Interpretation of American Political Thought since the Revolution* (New York: Harcourt, Brace and World, 1955)。

第二章　注釋

1. 許多現實主義學者在他們的理論中允許非霸權且偏好現狀大國的存在。他們認為，至少有些國家可能對權力平衡感到滿足，沒有改變它的動機。參見Randall L. Schweller, "Neorealisms Status-Quo Bias: What Security Dilemma?" *Security Studies* 5, No. 3 (Spring 1996, special issue on "Realism: Restatements and Renewal," ed. Benjamin Frankel), pp. 98-101; Arnold Wolfers, *Discord and Collaboration: Essays on International Politics* (Baltimore, MD: Johns Hopkins University Press, 1962), pp. 84-86, 91-92, 125-126。
2. Milton Friedman, *Essays in Positive Economics* (Chicago: University of Chicago Press, 1953), p. 14.也可參見Kenneth N. Waltz, *Theory of International Politics* (Reading, MA: Addison-Wesley, 1979), pp. 5-6, 91, 119。
3. 泰瑞（Terry Moe）對簡化現實的命題（如本身現實但忽略不必要的細節）同那種與現實明顯相反的命題（如直接違背經得起推敲的真理）作了有效的區別。參見Moe, "On the Scientific Status of Rational Models," *American Journal of Political Science* 23, No. 1 (February 1979), pp. 215-243。
4. 無政府狀態及它對國際政治的影響是由洛斯·迪金遜（G. Lowes Dickinson）首先表述的，參見G. Lowes Dickinson, *The European Anarchy* (New York: Macmillan, 1916)。關於對無政府狀態更詳細的論述，參見Waltz, *Theory of International Politics*, pp. 88-93; Robert J. Art and Robert Jervis, eds., *International Politics: Anarchy, Force, Imperialism* (Boston: Little, Brown, 1973), pt. I; Helen Milner, "The Assumption of Anarchy in International Relations Theory: A Critique," *Review of International Studies* 17, No. 1 (January 1991), pp. 67-85。
5. 儘管本研究的重心是國家體系，但是現實主義的邏輯也適用於其他類型的無

1944), esp. pp. 153-190。

59. Lipset, *American Exceptionalism*, p. 63.

60. 參見Samuel P. Huntington. *The Solider and the State: The Theory and Practice of Civil-Military Relations* (Cambridge, MA: Harvard University Press, 1957)。

61. 例如，從對冷戰早期的檔案研究中可以發現，美國決策者在應對蘇聯時，主要是從權力政治而不是意識形態考慮的。參見H. W. Brands, *The Specter of Neutralism: The United States and the Emergence of the Third World, 1947-1960* (New York: Columbia University Press, 1989); Thomas J. Christensen, *Useful Adversaries; Grand Strategy, Domestic Mobilization, and Sino-American Conflict, 1947-1958* (Princeton, NJ; Princeton University Press, 1996); Melvyn P. Leffler, *A Preponderance of Power: National Security, the Truman Administration, and the Cold War* (Stanford CA: Stanford University Press, 1992); Trachtenberg, *Constructed Peace*。 還可參見Keith Wilson, "British Power in the European Balance, 1906-14," in David Dilks, ed., *Retreat from Power: Studies in Britain's Foreign Policy of the Twentieth Century*, vol. 1, 1906-1939 (London: Macmillan, 1981), pp. 21-41。該書描述了英國決策者如何在私下裡「經常採用權力政治概念」(p. 22)，而在公開的言辭中採用更具理想主義色彩的表述。

62. Kennan, *American Diplomacy*, p. 82.強調這一主題的其他現實主義者的例子，參見Walter Lippmann, *U.S. Foreign Policy: Shield of the Republic* (Boston: Little, Brown, 1943); Hans Morgenthau, *In Defense of the National Interest: A Critical Examination of American Foreign Policy* (New York: Knopf, 1951); Norman A. Graebner, *America as a World Power: A Realist Appraisal from Wilson to Reagan* (Wilmington. DE: Scholarly Resources, 1984); Norman A. Graebner, *Cold War Diplomacy: American Foreign Policy, 1945-1975*, 2d ed. (New York: Van Nostrand, 1977)。

63. Carr, *Twenty Year's Crisis*, p. 79.這種偽善不只局限於盎格魯—薩克遜人，參見Markus Fischer, "Feudal Europe, 800-1300: Communal Discourse and Conflictual Practices," *International Organization* 46, No. 2 (Spring 1922), pp. 427-466。

64. 關於這一主題的重要作品有：Ido Oren, "The Subjectivity of the 'Democratic' Peace: Changing U.S. Perceptions of Imperial Germany," *International Security* 20, No. 2 (Fall 1995), pp. 147-184。有關該事例的其他證據，參見Konrad H. Jarausch, "Huns, Krauts, or Good Germans? The German Image in America, 1800-1980," in James F. Harris, ed., *German American Interrelations: Heritage and Challenge* (Tubingen: Tubingen University Press, 1985), pp. 145-159; Frank Trommler, "Inventing the Enemy: German-American Cultural Relations, 1900-1917," in Hans Jurgen Schroder, ed., *Confrontation and Cooperation: Germany*

Copeland, *The Origins of Major War* (Ithaca, NY: Cornell University Press, 1981), pp. 87-88; John H. Herz, "Idealist Internationalism and the Security Dilemma," *World Politics* 2., No. 2 (January 1950), p. 157; John H. Herz, *Political Realism and Political Idealism* (Chicago: University of Chicago Press, 1951), pp. 14-15, 23-25, 206; A.F.K. Organski, *World Politics* 2d ed. (New York: Knopf. 1968), pp. 274, 279, 298; Frederick L. Schuman, I*nternational Politics: An Introduction to the Western State System* (New York: McGraw-Hill, 1933), pp. 512-519; Fareed Zakaria, *From Wealth to Power: The Unusual Origins of America's World Role* (Princeton, NJ: Princeton University Press, 1998), passim。最後，蘭德爾·施韋勒(Randall Schweller)的重要著作有些方面與攻勢現實主義相符。參見Schweller, "Neorealism's Status-Quo Bias"; Randall L. Schweller, "Bandwagoning for Profit: Bringing the Revisionist State Back In," *International Security* 19, No. 1 (Summer 1994), pp. 72-107; Randall L. Schweller, *Deadly Imbalances: Tripolarity and Hitler's Strategy of World Conquest* (New York: Columbia University Press. 1998)。但是，正如吉迪恩·羅斯（Gideon Rose）所說，很難把施韋勒劃為攻勢現實主義者。參見Gideon Rose, "Neoclassical Realism and Theories of Foreign Policy," *World Politics* 51, No. 1 (October 1998), pp. 144-172。

50. 參見Inis L. Claude, *Power and International Relations* (New York: Random House, 1962); August Heckscher, ed., *The Politics of Woodrow Wilson: Selections from His Speeches and Writings* (New York: Harper, 1956); James Brown Scott, ed. *President Wilson's Foreign Policy: Messages, Addresses, Papers* (Oxford: Oxford University Press, 1918)。
51. 引自 Wight, *Power Politics*, p. 29。
52. William J. Clinton, "American Foreign Policy and the Democratic Ideal," campaign speech, Pabst Theater, Milwaukee, WI, October1, 1992.
53. In Clinton's Words: "Building Lines of Partnership and Bridges to the Future," *New York Times*, July 10, 1997.
54. 參見Shimko, "Realism, Neorealism, and American Liberalism"。
55. 參見Seynour Martin Lipset, *American Exceptionalism: A Double-Edged Sword* (New York: Norton, 1996), pp. 51-52, 237。還可參見Gabriel A. Almond, *The American People and Foreign Policy* (New York: Praeger, 1968), pp. 50-51。
56. Alexis de Tocqueville, *Democracy in America*, Vol. II, trans. Henry Reeve (New York: Schocken Books, 1972), p. 38.
57. Morgenthau, *Scientific Man*, p. 201.
58. 參見Reinhold Niebuhr, *The Children of Light and the Children of Darkness: A Vindication of Democracy and a Critique of Its Traditional Defense* (New York: Scribner's,

World Politics 30, No. 2 (January 1978), pp. 167-214; Jack L. Snyder, *Myths of Empire: Domestics Politics and International Ambition* (Ithaca. NY: Cornell University Press 1991), esp. chaps. 1-2; Van Evera, *Causes of War*, esp. chap. 6.也可參見Glaser, "Realists as Optimists"; Robert Powell, *In the Shadow of Power: States and Strategies in International Politics* (Princeton, NJ: Princeton University Press, 1999), esp. chp. 3; George Quester, *Offense and Defense in the International System* (New York: Willey, 1997)。後一著作是關於攻擊—防禦平衡的重要之作，儘管該書作者不被看作守勢現實主義者。對於本主題的評論，請參見Sean M. Lynn-Jones, "Offense-Defense Theory and Its Critics," *Security Studies* 4 (Summer 1995), pp. 660-691。

44. 關於這一點，傑維斯有一種比史耐德和凡・艾佛拉更恰當的觀點。參見Snyder, *Myths of Empire*, pp. 22-24; Van Evera, *Causes of War*, pp. 118, 191, 255。
45. Grieco, "Anarchy and the Limits of Cooperation," p. 500.
46. 有些守勢現實主義者強調，大國追求最大化的安全，而不是相對權力。沃爾茲寫道：「國家的最大擔心不是為權力而是為安全。」參見Waltz, "Origins of War," p. 40。毫無疑問，大國最大化地獲取安全，但是，這種觀點本身非常模糊，而且不能釐清國家的實際行為。重要的問題是，國家如何最大化地獲得安全？我的答案是：藉由最大化地佔有世界權力的比例。守勢現實主義者的答案是：通過保護好現有的權力平衡。史耐德在《帝國的迷思》(*Myths of Empire*)一書中很好地論述了這一點。他在書中說，攻勢現實主義者和守勢現實主義者都接受這一觀點：「在國際無政府狀態下，安全是國家最強大的驅動力，但是它們對於獲取安全的最有效途徑持相反的觀點。」(pp. 11-12)
47. G. Lowes Dickinson, *The European Anarchy* (New York: Macmillan, 1916)；也可參見G. Lowes Dickinson, *The International Anarchy, 1904-1914* (New York: Century Company, 1926), esp. chap. 1。
48. Dickinson, *European Anarchy*, pp. 14, 101.
49. 艾瑞克・拉布斯（Eric Labs）、尼古拉斯・斯巴克曼（Nicholas Spykman）和馬丁・懷特（Martin Wight）也在他們的著作中對攻勢現實主義作了個案分析，儘管他們都沒有提出任何詳細理論。參見Eric J. Labs. "Offensive Realism and Why States Expand Their War Aims," *Security Studies* 6 No. 4, pp. 1-49; Nicholas J. Spykman, *America's Strategy in World Politics: The United States and the Balance of Power* (New York: Harcourt, Brace, 1942), introduction and chap. 1; Martin Wight, *Power Politics*, eds. Hedley Bull and Carsten Holbraad (New York: Holmes and Meier, 1978), chaps. 2, 3, 9, 14, 15。我們也可以在赫伯特・巴特菲爾德（Herbert Butterfield）的書中見到該理論。參見Herbert Butterfield, *Christianity and History* (New York: SScribner's, 1950), pp. 89-91; Dale C.

有誘惑力的結構似乎沒有為滿足的大國留有餘地。還有，摩根索沒有為這種明顯的自相矛盾提供解釋。阿諾德・沃爾福斯（Arnold Wolfers）也提到摩根索著作中同樣的問題。參見Wolfers, *Discord and Collaboration: Essays on International Politics* (Baltimore, MD; Johns Hopkins University Press, 1962), pp. 84-86。

36. 沃爾茲（Kenneth Waltz）其他關於現實主義的重要著作包括：*Man, the State, and War: A Theoretical Analysis* (New York: Columbia University Press, 1959); "Theory of International Relations," in Fred I. Greenstein and Nelson W. Polsby, eds., *The Handbook of Political Science*, vol. 8, *International Politics* (Reading, MA: Addison-Wesley, 1975), pp. 1-85; "The Origins of War in Neorealist Theory," in Robert I. Rotberg and Theodore K. Rabb, eds., *The Origin and Prevention of Major Wars* (Cambridge University Press, 1989), pp. 39-52; "Reflections on Theory of International Politics: A Response to My Critics," in Robert Keohane, ed., *Neorealism and Its Critics* (New York: Columbia University Press, 1986), pp. 322-345。與摩根索的《國家間政治》不同，沃爾茲的《國際政治理論》明顯稱得上是一部現代社會科學著作（特別是該書第一章）。
37. 結構現實主義強調，國際體系結構嚴重限制大國的行為，並迫使它們以相似的方式行動。因此，我們應該找到大國的共同模式，並促使它們以相似的方式行動。因而，我們應該找到無政府體系中的大國共同模式。然而，無政府體系本身有不同的配置，它取決於大國的數目以及它們之間如何分配權力。正如後文所討論的，那些結構差異有時引起國家行為的重大變化。
38. Waltz, *Theory of International Politics*, p. 126.也可參見該書pp. 118, 127; Joseph M. Grieco, "Anarchy and the Limits of Cooperation: A Realist Critique of the Newest Liberal Institutionalism," *International Organization* 42, No. 3 (Summer 1988), pp. 485-507，該文直接建立在沃爾茲的論點之上，即國家主要關注維護世界權力的配額。
39. Randall L. Schweller, "Neorealism's Status-Quo Bias: What Security Dilemma?" *Security Studies* 5, No. 3 (Spring 1996, special issue), pp. 90-121。也可參見Keith L. Shimko, "Realism, Neorealism, and American Liberalism." *Review of Politics* 54, No. 2 (Spring 1992), pp. 281-301。
40. Waltz, T*heory of International Politics*, chaps. 6, 8。另外，史蒂芬・沃爾特（Stephen M. Walt）的著作強調國家具有抗衡侵略的強烈傾向，參見Stephen M. Walt, *The Origin of Alliances* (Ithaca, NY: Cornell University Press, 1987)。
41. 參見Waltz, *Theory of International Politics*, chaps. 8; Waltz, "Origins of War"。
42. Waltz, "Origins of War," p. 40.
43. 重要著作包括：Robert Jervis, "Cooperations under the Security Dilemma,"

革命的腳步。二十世紀七〇年代早期，行為科學革命支配著國際政治的研究。摩根索很不喜歡現代社會科學理論，但是，在這一戰爭思想方面，他已失去了多數人的支持，而且其理論喪失了它的合法性。關於摩根索對社會科學的觀點，參見Hans Morgenthau, *Scientific Man vs Power Politics* (Chicago: University of Chicago Press, 1946)。關於最近數量不多的人性現實主義例子，參 見Samuel P. Huntington, "Why International Primacy Matters," *International Security* 17, No. 4 (Spring 1993), pp. 68-71。也可參見Bradley A. Thayer, "Bringing in Darwin: Revolutionary Theory, Realism, and International Politics," *International Security* 25, No. 2 (Fall 2000), pp. 124-151。

33. 參見Morgenthau, *Politics among Nations*以及Morgenthau, *Scientific Man*。雖然摩根索是最著名的人性現實主義者，但是，萊因霍爾德·尼布爾（Reinhold Niebuhr）也是這一流派的主要力量。參見尼布爾的*Moral Man and Immoral Society* (New York: Scribner's, 1932)。早在二十世紀四〇年代中期摩根索發表他對國際政治的觀點之前，佛里德里克·邁內克（Friedrich Meinecke）就對人性現實主義作了詳細的個案研究。參見Meinecke, *Machiavellism: The Doctrine of Raison d'Etat and Its Place in Modern History*, Trans. Douglas Scott (Boulder, CO: Westview, 1984)，該書最早於1924年在德國出版，直到1957年才出版英文版。根據摩根索的學生肯尼士·W·湯普森（Kenneth W. Thompson）1999年8月9日與作者的通信，摩根索是在德國接受的教育，他對《馬基維利主義》一書很熟悉。也可參見Christoph Frei, Hans J. *Morgenthau: An Intellectual Biography* (Baton Rouge: Louisiana State University Press, 2001), pp. 207-226。
34. Morgenthau, *Scientific Man*, p. 194。同時參見Morgenthau, *Politics among Nations*, p. 208。
35. Morgenthau, *Scientific Man*, p. 192。儘管摩根索認為「獲得最大化權力的欲望是普遍存在的」(Morgenthau, *Politics among Nations*, p. 208)，但他在他的著作中還是對現狀大國和修正主義大國作了區分（Morgenthau, *Politics among Nations*, pp. 40-44, 64-73）。但是，這裡有一個明顯的問題：如果所有國家都有一種「慾壑難填的權力野心」(Morgenthau, *Politics among Nations*, p. 208)，那麼世界上怎麼會有現狀大國呢？再有，雖然摩根索強調追求權力的驅動力在於人性，但他同時也承認，國際體系結構為國家追求進攻創造了強大的誘因。例如，他寫道：「由於……所有國家時刻擔心它們的對手會在適當的時候掠奪它們的權力地位，因此，所有國家的至高利益是期望這種情況發生在其他國家頭上，而且不希望其他國家對它們這樣做。」(Morgenthau, *Politics among Nations*, p. 208）然而，如果當機會出現時，所有國家都把利用彼此當作至高的利益，那麼該體系中怎樣才有現狀大國呢？的確，這種具估內部行為時，很容易區分好國家和壞國家。然而，這種區分幾乎沒有告訴我們國際政治方面的任何知識。

28. 對於這第二個觀點，摩根索似乎是一個例外。如同其他現實主義者一樣，他不區分好國家和壞國家，而且，顯然他認為，外部環境決定國家的行為；但是，權力欲望（他把它看成國家行為背後的主要驅動力）是國家的內在屬性。
29. Carl von Clausewitz, *On War*, trans. and ed. Michael Howard and Peter Paret (Princeton, NJ: Princeton University Press, 1976), esp. books1, 8.也可參見Richard K. Betts, "Should Strategic Studies Survive?" *World Politics* 50, No. 1 (October 1997), pp. 7-33, esp. p. 8; Michael I. Handel, *Masters of War: Classical Strategic Thought*, 3d ed. (London: Frank Cass, 2001)。
30. 麥克・史密斯（Mike Smith）在《從韋伯到季辛吉的現實主義思想》〔*Realist Thought from Weber to Kissinger* (Baton Rouge: Louisiana State University Press, 1986)〕一書中指出，卡爾沒有解釋「為什麼政治總是涉及權力，這種解釋對任何試圖將權力行使納入與一個有序的社會存在相協調的軌道來講是至關重要的。對權力的貪欲是人的本性（尼布爾和摩根索的觀點）嗎？或者說，這就是安全競爭的結果嗎？」（p. 93）
31. George F. Kennan, *American Diplomacy, 1900-1950* (Chicago: University of Chicago Press, 1951).史密斯寫道：「凱楠沒有對國際政治提供一個系統的解釋方法，也沒有提出他總的政治哲學：他是一位由外交家轉變而來的史學家，並不是一個理論家或政治理論家，他既不費心提出人性論，也沒有以準理論的方式提出一個顛撲不破的國際政治真理。」參見Smith, *Realist Thought*, p. 166。
32. 二十世紀七〇年代早期，人性現實主義失去了許多吸引力，原因有多種。反越南戰爭的衝擊波導致了它的死亡，因為到了1970年，任何把軍事權力看作不可避免的理論都是不受校園歡迎的。〔具有諷刺意義的是，摩根索早先是越南戰爭的有力批評者。參見Hans J. Morgenthau, *Vietnam and the United States* (Washington, D. C: Public Affairs, 1965); "Bernard Johnson's Interview with Hans J. Morgenthau," in Kenneth Thompson and Robert J. Myers, eds., *Truth and Tragedy: A Tribute to Hans J. Morgenthau* (New Brunswick, NJ: Transaction Books, 1984), pp. 382-384。〕另外，1971年佈雷頓森林體系的崩潰、1973年的石油衝擊以及跨國公司力量的增加，使很多人認為經濟問題已比安全問題更重要了，而現實主義特別是摩根索的理論幾乎沒有談到國際政治經濟問題。二十世紀七〇年代早期，有人甚至認為，跨國公司和其他跨國力量正威脅著國家本身的完整性。「主權陷入困境」（sovereignty at bay）是當時廣泛使用的一個詞語。最後，人性現實主義的哲學理論根本跟不上行為科學

(New York: G. P. Putnam's, 1912); Thomas L. Friedman, *The Lexus and the Olive Tree: Understanding Globalization* (New York: Farrar, Straus and Giroux, 1999); Edward D. Mansfield, *Power, Trade, and War* (Princeton, NJ: Princeton University Press, 1994); Susan M. McMillan, "Interdependence and Conflict," *Mershon International Studies* Review 41, Suppl. 1 (May 1997), pp. 33-58; Richard Rosecrance, *The Rise of the Trading State: Commerce and Conquest in the Modern World* (New York: Basic Books, 1986)。

24. 關於民主和平理論的重要著作有：Michael E. Brown, Sean M. Lynn-Jones, and Steven E. Miller, eds., *Debating the Democratic Peace* (Cambridge, MA: MIT Press, 1996), pts. I and III; Michael Doyle, "Liberalism and World Politics," *American Political Science Review* 80, No. 4 (December 1986), pp. 1151-1169; Fukuyama. "End of History?"; John M. Owen IV, *Liberal Peace, Liberal War: American Politics and International Security* (Ithaca, NY: Cornel University Press, 1997); James L. Ray, *Democracy and International Conflict: An Evaluation of the Democratic Peace Proposition* (Columbia: University of South Carolina Press, 1995); Bruce Russett, *Grasping the Democratic Peace: Principle for a Post-Cold War World* (Princeton, NJ: Princeton University Press, 1993)。有些學者認為，民主國家比非民主國家更和平，而不管它們的對手是何種政治體制。然而，這種論點是站不住腳的。有更多的證據表明，民主的和平效果局限於民主國家之間的關係。

25. 特別參見David A. Baldwin, ed., *Neorealism and Neoliberalism: The Contemporary Debate* (New York: Columbia University Press, 1993); Robert O. Keohane, *After Hegemony: Cooperation and Discord in the World Political Economy* (Princeton, NJ: Princeton University Press, 1984); *International Organization* 36, No. 2 (Spring 1982, special issue on "International Regimes," ed. Stephen D. Krasner); Lisa L. Martin and Beth A. Simmons, "Theories and Empirical Studies of International Institution," *International Organization* 52, No. 4 (Autumn 1998), pp. 729-757; John G. Ruggie, *Constructing the World Policy: Essays on International Institutionalization* (New York: Routledge, 1998), chaps. 8-10。體制（regimes）和國際法（international law）與制度（institution）是相近的，因為它們都是國家彼此協商達成的必要法則。

26. Carr, *Twenty Years'Crisis*, p. 10.

27. 雖然現實主義者相信，國際體系不允許大國外部行為的任何變化，但是，他們意識到，有時在政府如何應付它們自己的人民的問題上存在極大分歧。例如，雖然蘇聯和美國在冷戰中針對對方的行為是相似的，但是毫無疑問，兩個超級大國各自的領導人對待他們的國民是有根本區別的。因此，當人們評

14. 儘管整個冷戰期間北約在與華約的對抗中採用了防禦戰略，但是，杭廷頓（Samuel P. Huntington）在一篇文章中認為是進攻戰略，這一文章在安全共同體內引發了大辯論。參見Samuel P. Huntington, "Conventional Deterrence and Conventional Retaliation in Europe," *International Security* 8, No. 3 (Winter 1983-1984), pp. 32-56。
15. 關於這一點，參見Michael W. Doyle, *Ways of War and Peace: Realism, Liberalism, and Socialism* (New York: Norton, 1997); Brian C. Schmidt, *The Political Discourse of Anarchy: A Disciplinary History of International Relations* (Albany: State University of New York Press, 1998)。
16. E. H. Carr, *The Twenty Years' Crisis, 1919-1939: An Introduction to the Study of International Relations*, 2d ed. (London: Macmillan, 1962; the first edition was published in 1939); Hans Morgenthau, *Politics among Nations: The Struggle for Power and Peace*, 5thed. (New York: Knopf, 1973; the first edition was published in 1948); Waltz, *Theory of International Politics*.
17. Carr, The *Twenty Years' Crisis*, chap. 4; Kenneth Waltz, "The Myth of National Interdependence," in Charles P. Kindelberger, ed., *The International Corporation* (Cambridge, MA: MIT Press, 1970), pp. 205-223; Waltz, *Theory of International Politics*, chap. 7.
18. 參見Morgenthau, *Politics among Nations*, chaps. 14, 21; Kenneth N. Waltz, "The Stability of a Bipolar World," *Daedalus* 93, No. 3 (Summer 1964), pp. 881-909。
19. 關於這些分歧的更進一步證據，參見*Security Studies* 5, No. 2 (Winter 1995-1996, special issue on "Roots of Realism," ed. Benjamin Frankel); *Security Studies* 5, No. 3 (Spring 1996, special issue on "Realism: Restatements and renewal," ed. Benjamin Frankel)。
20. 參見F. H. Hinsley, *Power and the Pursuit of Peace: Theory and Practice in the History of Relations between States* (Cambridge: Cambridge University Press, 1967), pt. I; Torbjorn L. Knutsen, *A History of International Relations Theory: An Introduction* (New York: Manchester University Press, 1992), chap. 5; F. Parkinson, *The Philosophy of International Relations: A Study in the History of Thought* (Beverly Hills, CA: Sage Publications, 1977), chap. 4。
21. 參見Andrew Moravcsik, "Taking Preference Seriously: A Liberal Theory of International Politics," *International Organization* 51, No. 4 (Autumn 1997), pp. 513-553。
22. 參見Michael Howard, *War and the Liberal Conscience* (New Brunswick, NJ: Rutgers University Press, 1978)。
23. 特別參見Norman Angell, *The Great Illusion: A Study of the Relation of Military Power in Nations to Their Economic and Social Advantage*, 3d rev. and enl. ed.

7. 對於1792-1990年間哪些國家具備大國資格的問題，學者的意見基本一致。參　見Levy, War, chap. 2; J. David Singer and Melvin Small, *The Wages of War, 1816-1965: A Statistical Handbooks* (New York: Wiley, 1972), p. 23。我接受常規的理解，因為它似乎與我的大國概念總體上是一致的。如果在「逐一考察個案的基礎上」分析每個潛在大國，「在時間和資料上都是不允許的，而且到頭來，無法對其進行區別」。參見Levy, *War*, p. 26。俄羅斯（一九一七—一九九一年為蘇聯）是唯一一個在整個時段都稱得上是大國的國家。英國和德國（一八七〇年前為普魯士）在一七九二——九四五年期間是大國，法國從一七九二年到一九四〇年被納粹德國擊敗並佔領為止，屬大國。有學者把一九四五年後的英國、法國和德國也劃為大國，而把強大得多的蘇聯和美國劃為超級大國，我沒有發現這種劃分有什麼價值。雖然我有時把美國和蘇聯稱為超級大國，但是它們在冷戰期間是體系中的大國，而當時英國、法國和德國（還有中國和日本）缺乏成為大國的軍事實力。有人把一八六一年到一九四三年在二戰中潰敗的義大利看成大國。奧匈帝國（一八六七年前為奧地利）從一七九二年到一九一八年解體時止，算得上大國。日本從一八九五年到一九四五年被視作大國，而一八九八年至一九九〇年間的美國常被看成大國。至於一九九一年至二〇〇〇年這一時段，中國（從一九九一年開始被看成大國）、俄羅斯和美國被視為大國，原因在第十章中討論。
8. 引自Stephen Van Evera, *Causes of War: Power and the Roots of Conflict* (Ithaca, NY: Cornell University Press, 1999), p. 2。
9. William J. Clinton, "Commencement Address," United States Military Academy, West Point, NY, May 31, 1997. 也可參見*A National Security Strategy of Engagement and Enlargement* (Washington, DC: The White House, February 1996)。10. Strobe Talbott, "Why NATO Should Grow," *New York Review of Books*, August 10, 1995, pp. 27-28. 也可參見Strobe Talbott, "Democracy and the National Interest," *Foreign Affairs* 75, No. 6 (November-December 1996), pp. 47-63。
11. Madeleine Albright, "A Presidential Tribute to Gerald Ford," speech at Ford Museum Auditorium, Grand Rapids, MI, April 16, 1997. 也可參見Madeleine Albright, "Commencement Address," Harvard University, Cambridge, MA, June 5, 1997; Richard Holbrooke, "America, A European Power," *Foreign Affairs* 74, No. 2 (March-April 1995), pp. 38-51。
12. 關於一種好理論由什麼組成，參見Stephen Van Evera, *Guide to Methods for Students of Political Science* (Ithaca, NY: Cornell University Press, 1997), pp. 17-21。
13. 這一主題的重要著作是：Marc Trachtenberg, *A Constructed Peace: The Making of the European Settlement, 1945-1963* (Princeton, NJ: Princeton University Press, 1999)。

注釋

第一章 注釋

1. 「永久和平」一詞因伊曼紐爾·康德（Immanuel Kant）的提出而聞名。參見Hans Reiss, ed., *Kant's Political Writings*, trans. H. B. Nisbet (Cambridge: Cambridge University Press, 1970), pp. 93-130。同時參見John Mueller, *Retreat from Doomsday: The Obsolescence of Major War* (New York: Basic Books, 1989); Michael Mandelbaum, "Is Major War Obsolete?" *Survival* 40, No. 4 (Winter, 1998-1999), pp. 20-38; Francis Fukuyama, "The End of History?" *The National Interest*, No. 16 (Summer 1989), pp. 3-18，這是法蘭西斯·福山《歷史的終結和最後一人》〔Francis Fukuyama, *The End of History and the Last Man* (New York: Free Press, 1992)〕一書的基礎。
2. Charles L. Glaser, "Realists as Optimists: Cooperation as Self-Help," *International Security* 19, No. 3 (Winter 1994-1995), pp. 50-90.
3. 權力平衡是一個具有多種意義的概念。參見Inis L. Claude, Jr., *Power and International Relations* (New York: Random House, 1962), chap. 2; Ernst B. Haas, "The Balance of Power: Prescription, Concept, or Propaganda?" *World Politics* 5, No. 4 (July 1953), pp. 442-477。我用它表示體系中大國間軍事資源的實際分配。
4. 引自Lothar Gall, Bismarck: *The White Revolutionary*, vol. 1, 1851-1871, trans. J. A. Underwood (London: Unwin Hyman, 1986), p. 59。
5. 但是，該理論對較小的大國也是適用的。沃爾茲對此作了很好的說明，他寫道：「一個國際政治的一般理論……一經著述而成，它同時也適用於較小國家，因為它們的活動範圍隔離於體系中其他大國的干預，不管是由於後者的相對漠不關心還是由於通訊和交通困難所致。」參見Waltz, *Theory of International Politics* (Reading, MA: Addison-Wesley, 1979), p. 73。
6. 大國的其他定義，參見Jack S. Levy, *War in the Modern Great Power System, 1495-1975* (Lexington: University Press of Kentucky, 1983), pp. 10-19。

國家圖書館出版品預行編目資料

大國政治的悲劇／約翰・米爾斯海默（John Mearsheimer）作；唐小松、王義桅譯. -- 二版. -- 臺北市：麥田出版：英屬蓋曼群島商家庭傳媒股份有限公司城邦分公司發行，2021.10
面；　公分
譯自：The tragedy of great power politics
ISBN 978-626-310-072-5（平裝）
1. 國際政治　2. 國際關係
578　　110011445

麥田國際 001

大國政治的悲劇

作　　者／約翰・米爾斯海默（John Mearsheimer）
譯　　者／王義桅、唐小松
附錄譯者／潘崇易、張登及
初版編輯／王家軒
校　　對／陳佩伶
二版編輯／林怡君

國際版權／吳玲緯
行　　銷／巫維珍　陳欣岑　何維民　吳宇軒　林欣平
業　　務／李再星　陳紫晴　陳美燕　葉晉源
編輯總監／劉麗真
總 經 理／陳逸瑛
發 行 人／凃玉雲
出　　版／麥田出版
10483臺北市民生東路二段141號5樓
電話：(886)2-2500-7696　傳真：(886)2-2500-1967
發　　行／英屬蓋曼群島商家庭傳媒股份有限公司城邦分公司
10483臺北市民生東路二段141號11樓
客服服務專線：(886) 2-2500-7718、2500-7719
24小時傳真服務：(886) 2-2500-1990、2500-1991
服務時間：週一至週五09:30-12:00・13:30-17:00
郵撥帳號：19863813　戶名：書虫股份有限公司
讀者服務信箱E-mail：service@readingclub.com.tw
麥田網址／https://www.facebook.com/RyeField.Cite/
香港發行所／城邦（香港）出版集團有限公司
香港灣仔駱克道193號東超商業中心1/F
電話：(852)2508-6231　傳真：(852)2578-9337
馬新發行所／城邦（馬新）出版集團Cite (M) Sdn Bhd.
41-3, Jalan Radin Anum, Bandar Baru Sri Petaling, 57000 Kuala Lumpur, Malaysia.
電話：(603)9056-3833　傳真：(603)9057-6622
讀者服務信箱：services@cite.my

封面設計／兒日設計
印　　刷／前進彩藝有限公司

■2014年7月　一版一刷
■2023年5月　二版三刷
Printed in Taiwan.

定價：550元
ISBN：978-626-310-072-5

cite城邦媒體 麥田出版
Rye Field Publications
A division of Cité Publishing Ltd.

廣 告 回 函
北區郵政管理局登記證
台北廣字第000791號
免 貼 郵 票

英屬蓋曼群島商
家庭傳媒股份有限公司城邦分公司
104 台北市民生東路二段141號5樓

▼
請沿虛線折下裝訂，謝謝！

文學・歷史・人文・軍事・生活

麥田出版
Rye Field Publications

書號：RP4001X　　書名：大國政治的悲劇

讀者回函卡

cite城邦媒體

※為提供訂購、行銷、客戶管理或其他合於營業登記項目或章程所定業務需要之目的，家庭傳媒集團（即英屬蓋曼群島商家庭傳媒股份有限公司城邦分公司、城邦文化事業股份有限公司、書虫股份有限公司、墨刻出版股份有限公司、城邦原創股份有限公司），於本集團之營運期間及地區內，將以e-mail、傳真、電話、簡訊、郵寄或其他公告方式利用您提供之資料（資料類別：C001、C002、C003、C011等）。利用對象除本集團外，亦可能包括相關服務的協力機構。如您有依個資法第三條或其他需服務之處，得致電本公司客服中心電話請求協助。相關資料如為非必填項目，不提供亦不影響您的權益。

□ 請勾選：本人已詳閱上述注意事項，並同意麥田出版使用所填資料於限定用途。

姓名：________________ 聯絡電話：________________

聯絡地址：□□□□□________________

電子信箱：________________

身分證字號：________________（此即您的讀者編號）

生日：____年____月____日 性別：□男 □女 □其他________

職業：□軍警 □公教 □學生 □傳播業 □製造業 □金融業 □資訊業 □銷售業

□其他________________

教育程度：□碩士及以上 □大學 □專科 □高中 □國中及以下

購買方式：□書店 □郵購 □其他________________

喜歡閱讀的種類：（可複選）

□文學 □商業 □軍事 □歷史 □旅遊 □藝術 □科學 □推理 □傳記 □生活、勵志

□教育、心理 □其他________________

您從何處得知本書的消息？（可複選）

□書店 □報章雜誌 □網路 □廣播 □電視 □書訊 □親友 □其他________

本書優點：（可複選）

□內容符合期待 □文筆流暢 □具實用性 □版面、圖片、字體安排適當

□其他________________

本書缺點：（可複選）

□內容不符合期待 □文筆欠佳 □內容保守 □版面、圖片、字體安排不易閱讀 □價格偏高

□其他________________

您對我們的建議：________________

____